Grundlagen

Werkstoffe, Hilfsstoffe

Mathematische Zeichen — DIN 5473, 5474

Zeichen	Bedeutung	Zeichen	Bedeutung	Zeichen	Bedeutung	Zeichen	Bedeutung
+	plus , und	=	gleich	Σ	Summe	$\angle$	Winkel
–	minus	$\neq$	ungleich	Δ	Differenz	$\perp$	rechtwinklig
· ×	mal	$\equiv$	identisch	$\{[()]\}$	Klammer	$\nparallel$	nicht parallel
:	geteilt durch	$\not\equiv$	nicht identisch	$1°$	Grad	$\parallel$	parallel
— /	Bruchstrich	$\approx$	ungefähr gleich	$1'$	Winkelminute	log	Logarithmus
$\sqrt[n]{a}$	n-te Wurzel	>	größer als	$1''$	Winkelsekunde	ln	Natürlicher Log, Basis e
$\sqrt{a}$	Quadratwurzel	$\geq$	größer o. gleich	sin	Sinus	lg	Log Basis 10
a^n	a hoch n	<	kleiner als	cos	Cosinus	arc	Bogenmaß
%	Prozent	$\leq$	kleiner o. gleich	cot	Cotangens	tan	Tangens
‰	Promille	~	proportional	∞	unendlich	...	und so weiter

Griechisches Alphabet

Buchstabe		Benennung	Aussprache	Buchstabe		Benennung	Aussprache	Buchstabe		Benennung	Aussprache
A	α	Alpha	'alfa	I	ι	Iota	'jo:ta:	P	ϱ	Rho	ro:
B	β	Beta	'be:ta:	K	χ	Kappa	'kapa:	Σ	σ	Sigma	'sigma
Γ	γ	Gamma	'gama	Λ	λ	Lambda	'lambda	T	τ	Tau	tau
Δ	δ	Delta	'delta	M	μ	My	mü	Y	υ	Ypsilon	'ypsilon
E	ε	Epsilon	'epsilon	N	ν	Ny	nü	Φ	φ	Phi	fi:
Z	ζ	Zeta	'tse:ta	Ξ	ξ	Xi	ksi	X	χ	Chi	chi:
H	η	Eta	'e:ta:	O	o	Omikron	'omikron	Ψ	ψ	Psi	psi:
Θ	ϑ	Theta	'te:ta:	Π	π	Pi	pi:	Ω	ω	Omega	'o:mega:

Anwendung griechischer Buchstaben als Formelzeichen — DIN 1338

Zeichen	Beispiele	Zeichen	Beispiele
α, β, γ	Winkel	ν	kinematische Zähigkeit
α	Längenausdehnungszahl, Wärmeübergangszahl	ϱ	Dichte, spezifischer elektrischer Widerstand
β	Flächenausdehnungszahl	π	Ludolph'sche Zahl 3,141592, Pi
γ	Volumenausdehnungszahl, Wichte	Σ	Summe
Δ	Differenz (z. B. Temperaturdifferenz, Farbdifferenz im CIELAB-System)	σ	(Oberflächen-)Spannung, Verdunstungszahl
ε	Oberflächenenergie, Wirkungsgrad	τ	Schubspannung
η	dynamische Viskosität, Wirkungsgrad	Φ	Wärmestrom
ϑ, Θ	Temperatur in °C	φ	relative Luftfeuchtigkeit, elektr. Potenzial
λ	Wärmeleitfähigkeit, Wellenlänge	ω	Winkelgeschwindigkeit
μ	Diffusionswiderstandzahl	Ω	Ohm (elektr. Widestand)

Römische Ziffern

I	II	III	IV	V	VI	VII	VIII	IX	X	XX	XXX	XL	L
1	2	3	4	5	6	7	8	9	10	20	30	40	50
LX	LXX	LXXX	XC	C	CC	CCC	CD	D	DC	DCC	DCCC	CM	M
60	70	80	90	100	200	300	400	500	600	700	800	900	1000

Beispiele: CXCVI = 196, MDCXCIX = 1699, MDCCXXIV = 1724, MMI = 2001

Vorsätze von Einheiten   DIN 1301-1

Vorsätze sind Zahlen-Faktoren und können wie Zahlen verrechnet werden.
Beispiel Dichteangaben: $3{,}04 \text{ g/cm}^3 = 3{,}04 \cdot 10^6 \cdot \text{g} \cdot \text{m}^{-3} = 3040 \text{ kg/m}^3 = 3{,}04 \text{ t/m}^3$.

Verkleinerung				Vergrößerung			
Vorsatz	Zeichen	Faktor	Zehnerpotenz	Vorsatz	Zeichen	Faktor	Zehnerpotenz
Dezi	d	0,1	10^{-1}	Deka	da	10	10^1
Zenti	c	0,01	10^{-2}	Hekto	h	100	10^2
Milli	m	0,001	10^{-3}	Kilo	k	1000	10^3
Mikro	μ	0,000 001	10^{-6}	Mega	M	1000 000	10^6
Nano	n	0,000 000 001	10^{-9}	Giga	G	1000 000 000	10^9

Darstellung von Zahlen und Größen auf der Zahlengeraden und in Koordinatensystemen

Lineare Darstellung: Eine zehnmal so große Zahl ist zehnmal soweit vom Nullpunkt entfernt.

Logarithmische Darstellung: Eine zehnmal so große Zahl ist um eine Einheit weiter von 1 entfernt, ein Zehntel der Zahl ist um eine Einheit in der anderen Richtung von 1 entfernt. Negative Zahlen sind nicht zulässig.

Zahlen

Zahlen	Beispiele	Konstruktion	Mengenzeichen
Natürliche n	0, 1, 2, 3 ...	Nachfolger von n	N
Ganze z	$-1, -2, -3$ ...	Nachfolger und Vorgänger von n	Z
Rationale (Bruch-)	½, ¼ oder 0,24 ...	Quotient ganzer Zahlen z_1/z_2	Q
Reelle	$\sqrt{2}$, π, e ...	rationale Zahlen und irrationale Z.	R

Komplexe Zahlen haben beim Aufmaß keine Bedeutung.

Grundrechenarten

Rechenart	Benennung	Beispiele	Bemerkung
Addition	1 plus 2 gleich 3 Summand + Summand = Summe	$8{,}21 \text{ m} + 3{,}57 \text{ m} = 11{,}78 \text{ m}$ $4a + 12a = 16a$	Addition und Subtraktion sind Strichrechnungen.
Subtraktion	3 minus 2 gleich 1 Minuend – Subtrahend = Differenz	$14 \text{ cm} - 2 \text{ cm} = 12 \text{ cm}$ $5a - 2a = 3a$	
Multiplika-tion, malnehmen	3 mal 4 gleich 12 Faktor · Faktor = Produkt	$40 \text{ N} \cdot 2 \text{ m} = 80 \text{ Nm}$ Größen werden wie Zahlen behandelt	Multiplikation und Division sind Punktrechnungen, auch mit Bruchstrich.
Division, teilen	12 geteilt durch 3 gleich 4 Dividend : Divisor = Quotient	$80 \text{ Nm} : 2 \text{ m} = 40 \text{ N}$	Punktrechnen geht vor Strichrechnen.
Rechenarten kombiniert	Produkt + Summand Faktor · Summe Differenz · Faktor	$2 \cdot 3 + 5 = 6 + 5 = 11$ $2 \cdot (3 + 5) = 2 \cdot 8 = 16$ $(5 - 2) \cdot 2 = 3 \cdot 2 = 6$	Soll die Strichrechnung Vorrang haben, werden Klammern gesetzt.

Vorzeichenregeln

Vorzeichen sind Faktoren; minus mal minus ergibt plus, minus mal plus ergibt minus.

Klammerrechnung · Brüche · Potenzen · Wurzeln **9**

Grundlagen

Werkstoffe Hilfsstoffe

Werkzeuge Geräte, Gerüste

Arbeits- techniken

Gestaltung

Arbeitsschutz Umweltschutz

Aufmaß Abrechnung

Betriebs- führung

Quellen

Klammerrechnung

Rechenart	Beispiel	Erklärung
Plus-klammer	$2a + (b - 3c) = 2a + b - 3c$	Beim Auflösen einer Plusklammer bleiben alle Rechenzeichen erhalten.
Minus-klammer	$a - (-3b + 2c) = a + 3b - 2c$	Beim Auflösen einer Minusklammer ändern sich alle Rechenzeichen in der Klammer.
Mehrfache Klammern	$a - [-b + (c - d)] = a - [-b + c - d]$ $= a + b - c + d$	Die Klammern werden von innen nach außen aufgelöst.
Zahl mal Klammer	$2a \cdot (b - 3c) = 2a \cdot b - 2a \cdot 3c$ $= 2ab - 6ac$	Die Zahl wird mit jedem Summanden der Klammer multipliziert.
Klammer mal Klammer	$(a + b) \cdot (c + d) = a(c + d) + b(c + c)$ $= ac + ad + bc + bd$	Jeder Summand der ersten Klammer wird mit jedem Summand der zweiten Klammer multipliziert.
Klammer durch Zahl	$(a + b) : c = a : c + b : c$ $= \dfrac{a}{c} + \dfrac{b}{c}$	Jeder Summand der Klammer wird durch die Zahl dividiert.
Klammer durch Klammer	$(a + b) : (c + d) = a : (c + d) + b : (c + d)$ $= \dfrac{a}{c + d} + \dfrac{b}{c + d}$	Jeder Summand der ersten Klammer wird durch die zweite Klammer dividiert.

Beispiele:
$$\Delta l = 20 \cdot 1{,}16 \cdot (40 - 10) = 696$$

$$q = (160 - 20) \cdot \left(\frac{0{,}37}{11{,}7} + 0{,}009 \right) = 140 \cdot (0{,}0316 + 0{,}009) \approx 5{,}68$$

Rechnen mit Brüchen

Rechenart	Beispiel	Erklärung
Erweitern oder Kürzen	$\dfrac{3 \cdot 3}{7 \cdot 3} = \dfrac{9}{21}$ oder $\dfrac{9 : 3}{21 : 3} = \dfrac{3}{7}$	Zähler und Nenner mit derselben Zahl multiplizieren bzw. durch dieselbe Zahl dividieren.
gleichnamig machen	$\dfrac{3}{2} + \dfrac{4}{3} = \dfrac{3 \cdot 3}{2 \cdot 3} + \dfrac{4 \cdot 2}{3 \cdot 2} = \dfrac{9}{6} + \dfrac{8}{6} = \dfrac{17}{6} = 2\dfrac{5}{6}$	Jeden Bruch so erweitern, dass alle den kleinsten gemeinsamen Nenner haben.
Addition und Subtraktion	$\dfrac{3}{7} + \dfrac{5}{7} - \dfrac{2}{7} = \dfrac{3 + 5 - 7}{7} = \dfrac{6}{7}$	Nur gleichnamige Brüche; Zähler addieren bzw. subtrahieren.
Multiplikation mit Zahl	$3 \cdot \dfrac{7}{5} = \dfrac{3 \cdot 7}{5} = \dfrac{21}{5} = 4\dfrac{1}{5}$	Die Zahl mit dem Zähler des Bruches multiplizieren.
mit Bruch	$\dfrac{2}{3} \cdot \dfrac{7}{5} = \dfrac{2 \cdot 7}{3 \cdot 5} = \dfrac{14}{15}$	Jeweils die Zähler und die Nenner multiplizieren.
Division mit Zahl	$\dfrac{7}{5} : 6 = \dfrac{7}{5 \cdot 6} = \dfrac{7}{30}$	Nenner mit der Zahl multiplizieren.
mit Bruch	$6 : \dfrac{7}{5} = 6 \cdot \dfrac{5}{7} = \dfrac{30}{7} = 4\dfrac{2}{7}$	Zahl mit dem Kehrwert des Bruches multiplizieren.
zwei Brüche	$\dfrac{3}{5} : \dfrac{7}{8} = \dfrac{3 \cdot 8}{5 \cdot 7} = \dfrac{24}{35}$	Den ersten Bruch mit dem Kehrwert des zweiten multiplizieren.

Potenzen und Wurzeln

Potenz: $a^n = b$	a	Basis	Wurzel: $\sqrt[n]{b} = a$	b	Radikand
	n	Exponent		n	Wurzelexponent
	b	Potenzwert		a	Wurzelwert

Rechnen mit Zehnerpotenzen (die Basis 10 kann durch jede andere Zahl ersetzt werden)

Rechenart	Beispiel	Erklärung
Addition und Subtraktion	$3 \cdot 10^2 + 2 \cdot 10^2 = 5 \cdot 10^2$ $5 \cdot 10^2 - 2 \cdot 10^2 = 3 \cdot 10^2$	Nur Potenzen mit gleicher Basis und gleichem Exponenten können addiert bzw. subtrahiert werden.
Multiplikation	$10^3 \cdot 10^2 = 10^{3+2} = 10^5$	Potenzen mit gleicher Basis werden multipliziert, indem man die Exponenten addiert.
Division	$\dfrac{10^5}{10^2} = 10^{5-2} = 10^3$	Potenzen mit gleicher Basis werden dividiert, indem man die Exponenten subtrahiert.
Potenzieren	$(10^2)^3 = 10^{2 \cdot 3} = 10^6$	Potenzen werden potenziert, indem man die Basis beibehält und die Exponenten multipliziert.
Radizieren	$\sqrt[3]{10^6} = 10^{\frac{6}{3}} = 10^2$	Potenzen werden radiziert, indem man die Basis beibehält und den Potenzwert durch den Wurzelwert dividiert.
Sonderfälle	$10^1 = 10 \qquad 10^0 = 1 \qquad \dfrac{1}{10^2} = 10^{-2} \qquad 10^2 = \dfrac{1}{10^{-2}}$	

Beispiele:
$2 \cdot 3^2 + 3 \cdot 3^2 = (2 + 3) \cdot 3^2 = 45;$

$\begin{aligned} 5^3 \cdot 7^0 \cdot 3^1 &= 125 \cdot 1 \cdot 3 = 375; \\ 2^3 \cdot 3^4 &= 8 \cdot 81 \quad\;\; = 648; \end{aligned} \qquad \dfrac{2^5}{3^4} = \dfrac{32}{81} \approx 0{,}395$

Proportionen, Verhältnisse

(Abbildung)	Um zwei Zahlen oder Größen wie Menge, Länge oder Masse miteinander zu vergleichen, werden sie ins Verhältnis gesetzt (Quotient), z. B. Maßstäbe, Mischungsverhältnisse oder Hebel. Stammlack und Härter werden im Verhältnis 3 : 1 gemischt. Breite zu Höhe der Platte verhalten sich wie 2,5 : 0,9.

Zwei Größen a und b sind direkt proportional, wenn dem n-fachen der Größe a das n-fache der Größe b zugeordnet ist. Steigung einer Gerade.

a	1	2	3	4	5
b	3	6	9	12	15

Zwei Größen a und b sind indirekt proportional, wenn dem n-fachen der Größe a der n-te Teil der Größe b zugeordnet ist. $a \cdot b =$ konstant, Hyperbel

a	1	2	3	4	5
b	1	0,5	0,33...	0,25	0,20

Verhältnisgleichung, Proportion

Außenglieder $\overline{a_1 : b_1 = a_2 : b_2}$ Innenglieder	Zwei gleiche Verhältnisse können in eine Verhältnisgleichung oder Proportion gebracht werden. Ist eine der Größen unbekannt, wird sie vierte Proportionale genannt. Sie kann durch Auflösen der Gleichung ermittelt werden. In wahren Verhältnisgleichungen gelten die Produkt- und Vertauschungssätze.
$a_1 \cdot b_2 = a_2 \cdot b_1$ $b_2 : b_1 = a_2 : a_1$ $a_1 : a_2 = b_1 : b_2$ $b_1 : a_1 = b_2 : a_2$	Das Produkt der Innenglieder ist gleich dem Produkt der Außenglieder. Auch nach Vertauschen der Innenglieder, der Außenglieder oder der Innenglieder mit den Außengliedern bleibt die Proportion wahr bzw. richtig.

Prozentrechnung

$p = \dfrac{w \cdot 100 \, \%}{g}$	$1 \, \% = \dfrac{1}{100}$	Gibt den Bruchteil in Hunderstel an

p Prozentsatz in %
w Prozentwert
g Grundwert (entspricht 100 %)

Mischungsrechnen

$\dfrac{m}{m_1} = \dfrac{t}{t_1}$	$\dfrac{m}{m_1} = \dfrac{100\,\%}{p_1}$
$m = m_1 + m_2 + ...$	$t = t_1 + t_2 + ...$

m Gesamtmenge in kg oder l
m_1 Teilmenge in kg oder l
t Gesamtteile
t_1 Anteile
p Prozentanteile in %

Teilmenge m_1 verhält sich zu Gesamtmenge m wie Anteile t_1 zu Gesamtteilen t

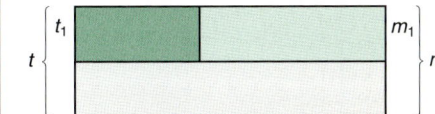

Zinsrechnung

$$z = \dfrac{p \cdot K}{100\,\%} \cdot t$$

z Jahreszins in EUR
K Kapital in EUR
p Zinssatz in %
t Zeit in Jahren
Es können auch Bruchteile eines Jahres sein!

Jährliche Kosten eines Darlehens

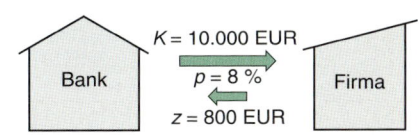

$K = 10.000$ EUR
Bank $p = 8\,\%$ Firma
$z = 800$ EUR

Dreisatzrechnung

Sätze	Dreisatz mit gleichem Verhältnis	Dreisatz mit umgekehrtem Verhältnis
1. Satz: Behauptungssatz (gegebene Vielzahl) Frage:	**Beispiel:** 7 Rollen Prägetapete kosten 210,00 EUR. Wie viel kosten 12 Rollen?	**Beispiel:** 6 Gesellen tapezieren eine Wohnung in 8 Stunden. Wie lange brauchen 4 Gesellen?
2. Satz: Zwischensatz (schließen von der Mehrheit auf die Einheit)	**1. Satz:** 7 Rollen $\triangleq$ 210 EUR **2. Satz:** 1 Rolle $\triangleq$ 210 EUR/7 **3. Satz:** 12 Rollen $\triangleq$ 210 EUR · 12/7	**1. Satz:** 6 Gesellen $\triangleq$ 8 h **2. Satz:** 1 Geselle $\triangleq$ 8 h · 6 **3. Satz:** 4 Gesellen $\triangleq$ 8 h · 6/4
3. Satz: Schlusssatz (schließen von der Einheit auf die neue Mehrheit)	12 Rollen kosten 360,00 EUR.	4 Gesellen brauchen 12 Stunden.

Umstellen von Gleichungen

Vorgang	Beispiel	Erklärung
Seiten austauschen	$(a + b) \cdot c = M$ $M = (a + b) \cdot c$	Die linke und die rechte Seite einer Gleichung können ausgetauscht werden, wenn die gesuchte Größe auf der rechten Seite der Gleichung steht.
Kehrwert bilden	$\dfrac{1}{k} = \dfrac{s}{\lambda}$ wird zu $k = \dfrac{\lambda}{s}$	Von beiden Seiten der Gleichung können die Kehrwerte gebildet werden, wenn die gesuchte Größe im Nenner eines Bruches steht.
Summengleichung	$2 \cdot s + d = D$ $2 \cdot s + d - d = D - d$ $2 \cdot s = D - d$	Auf der linken und der rechten Seite der Gleichung wird der gleiche Wert subtrahiert. So wird ein Summand beseitigt.
Differenzgleichung	$D^2 - d^2 = 1{,}27 \cdot A$ $D^2 - d^2 + d^2 = 1{,}27 \cdot A + d^2$ $D^2 = 1{,}27 \cdot A + d^2$	Auf der linken und der rechten Seite der Gleichung wird der gleiche Wert addiert. So wird ein Subtrahend beseitigt.

Werkstoffe Hilfsstoffe

Werkzeuge Geräte, Gerüste

Arbeits- techniken

Gestaltung

Arbeitsschutz Umweltschutz

Aufmaß Abrechnung

Betriebs- führung

Quellen

Umstellen von Gleichungen (Fortsetzung)

Produkt-gleichung	$m \cdot c \cdot (\vartheta_2 - \vartheta_1) = Q$ $\dfrac{m \cdot c \cdot (\vartheta_2 - \vartheta_1)}{m \cdot c} = \dfrac{Q}{m \cdot c}$ $\vartheta_2 - \vartheta_1 = \dfrac{Q}{m \cdot c}$	Die linke und die rechte Seite einer Gleichung werden durch den gleichen Wert geteilt. So wird ein Faktor beseitigt.
Quotienten-gleichung	$\dfrac{D + d}{2} = U \cdot \mathrm{p}$ $\dfrac{D + d}{2} \cdot 2 = U \cdot \mathrm{p} \cdot 2$ $D + d = U \cdot \mathrm{p} \cdot 2$	Die linke und die rechte Seite einer Gleichung werden mit dem gleichen Wert multipliziert. So wird ein Divisor beseitigt.
Potenz-gleichung	$a^3 = V$ $\sqrt[3]{a^3} = \sqrt[3]{V}$ $a = \sqrt[3]{V}$	Die linke und die rechte Seite der Gleichung werden radiziert (Wurzel gezogen). So wird eine Potenz beseitigt.
Wurzel-gleichung	$\sqrt{c^2 - a^2} = b$ $\left(\sqrt{c^2 - a^2}\right)^2 = b^2$ $c^2 - a^2 = b^2$	Die linke und die rechte Seite der Gleichung werden potenziert (mit sich selbst mal genommen). So wird eine Wurzel beseitigt.

Gleichungen ersten Grades mit zwei Unbekannten

Gleichungen ersten Grades mit zwei Unbekannten lassen sich nur lösen, wenn zwei unabhängige Gleichungen mit diesen Unbekannten gegeben sind. Man stellt aus ihnen eine dritte Gleichung mit nur einer Unbekannten her, die andere ist dann über die erste Gleichungen zu ermitteln.

Beispiel: I. Gleichung $x + y = 2$; II. Gleichung $3x + y = 4$

Einsetzungsmethode	Gleichsetzungsmethode	Additions-/Subtraktionsmethode
Aus I. Gleichung ergibt sich: $y = 2 - x$ In II. Gleichung eingesetzt: $3x + 2 - x = 4$ Daraus folgt: $2x = 2$ $x = 1$ und aus II. $y = 1$	Aus I. Gleichung ergibt sich: $x = 2 - y$ Aus II. Gleichung ergibt sich: $x = 4/3 - y/3$ Gleichgesetzt: $2 - y = 4/3 - y/3$ Daraus folgt: $2/3 y = 2/3$ $y = 1$ und aus I. $x = 1$	Aus I. Gleichung $3x + 3y = 6$ minus II. Gleichung $3x + y = 4$ Daraus ergibt sich $0 + 2y = 2$ Daraus folgt: $y = 1$ und aus I. $x = 1$

Lehrsatz des Pythagoras

$c^2 = a^2 + b^2$		Ermöglicht die Berechnung der Seiten im Dreieck
$c = \sqrt{a^2 + b^2}$	$a = \sqrt{c^2 - b^2}$ $b = \sqrt{c^2 - a^2}$	

c Hypotenuse in m
a, b Katheten in m
In einem rechtwinkeligen Dreieck ist das Quadrat über der Hypotenuse c gleich der Summe der Quadrate über den Katheten a und b. Das Seitenverhältnis 3 : 4 : 5 ergibt einen rechten Winkel.

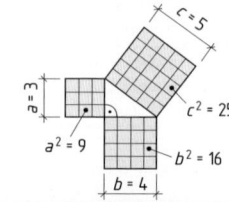

c = 5
a = 3
c² = 25
a² = 9
b² = 16
b = 4

Grundlagen

Werkstoffe Hilfsstoffe

Werkzeuge Geräte, Geräte

Arbeits-techniken

Gestaltung

Arbeitsschutz Umweltschutz

Aufmaß Abrechnung

Betriebs-führung

Quellen

Boolesche Operatoren

Beim Suchen im Internet können in Suchmaschinen Boolesche Operatoren verwendet werden, die auch Elemente der Schaltalgebra sind. Häufig können die Wörter OR, AND, AND NOT und NEAR oder deren Zeichen verwendet werden. Sie stellen eine Verknüpfung zwischen den Wörtern einer Suchanfrage her. In der sogenannten Profisuche kann man auch Klammern ( ) verwenden. Sie erfüllen dort den gleichen Zweck wie bei mathematischen Funktionen.

Verknüpfung	Zeichen	Erläuterung
AND	&	Findet alle Dokumente, die beide eingegebenen Worte oder Satzteile beinhalten. „Sport AND Fußball" findet alle Dokumente, die beide Suchbegriffe enthalten, jedoch nicht Dokumente, die entweder Sport oder Fußball enthalten.
OR	I	Findet alle Dokumente, die mindestens einen der gesuchten Begriffe enthalten. „Sport OR Fußball" findet alle Dokumente, die das Wort Sport oder das Wort Fußball enthalten. Die gefundenen Dokumente können auch über beide Begriffe verfügen. Das ist aber nicht zwangsläufig der Fall.
AND NOT	!	Gibt die Möglichkeit, die Suche einzugrenzen. „Sport AND NOT Fußball" schließt die Sportseiten, in denen es um Fußball geht, aus der Suche aus. Einige Suchmaschinen akzeptieren NOT nicht isoliert. Begriffe ausschließen geht nur mit der Kombination AND NOT.
NEAR	~	Mit der Kontextsuche wird nach dem gesuchten Wort innerhalb eines Radius von „gesuchtem Begriff plus 10 Wörtern" gesucht. „Sport NEAR Fußball" findet alle Dokumente, in denen die Wörter Sport und Fußball im Text nahe beieinander stehen.
	( )	Benutzen Sie Klammern, um mehrere Boolesche Operatoren miteinander zu verbinden. Die Eingabe „(Sport AND Fußball) AND (Damen OR Herren)" findet z. B. alle Dokumente, die die Wörter 'Sport, Fußball und Damen' oder 'Sport, Fußball und Herren' oder beide Möglichkeiten enthalten.
Groß- und Kleinschreibung		In einigen Suchmaschinen gelten die folgenden Regeln: • Kleingeschriebene Suchwörter finden klein und groß geschriebene Wörter. • Große Anfangsbuchstaben gelten für genau das Substantiv oder den Namen.

Flächen

Einheitenumrechnung	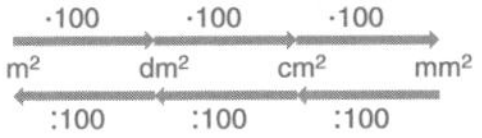
$\cdot100$ $\cdot100$ $\cdot100$ m^2 dm^2 cm^2 mm^2 $:100$ $:100$ $:100$	**Beispiele:** $1\ mm^2 = 10\ 000\ cm^2$ $10\ 000\ mm^2 = 100\ cm^2 = 1\ dm^2$ $125\ 000\ cm^2 = 12{,}5\ m^2$

A	Fläche	h	Höhe	r	Radius	α	Winkel
b, l_B	Bogenlänge	l, l_1, l_2	Länge	s	Wanddicke		
D, d	Durchmesser	n	Eckenzahl	U	Umfang		

Quadrat		Rechteck	
$A = l \cdot l$		$A = l_1 \cdot l_2$	
$U = l \cdot 4$		$U = (l_1 + l_2) \cdot 2$	

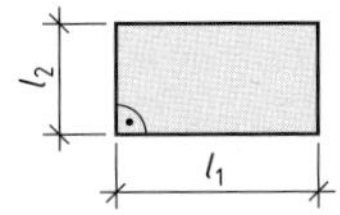

Parallelogramm (Rhomboid)		Trapez	
$A = l_1 \cdot h$		$A = \dfrac{1}{2} \cdot (l_1 + l_2) \cdot h$	
$U = (l_1 + l_2) \cdot 2$		$U = l_1 + l_2 + l_3 + l_4$	

Werkstoffe Hilfsstoffe

Werkzeuge Geräte, Gerüste

Arbeitstechniken

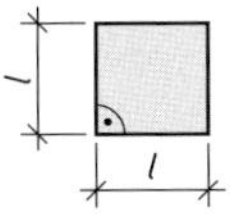

Gestaltung

Arbeitsschutz Umweltschutz

Aufmaß Abrechnung

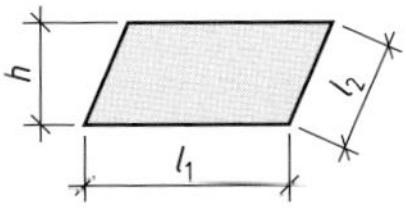

Betriebsführung

Quellen

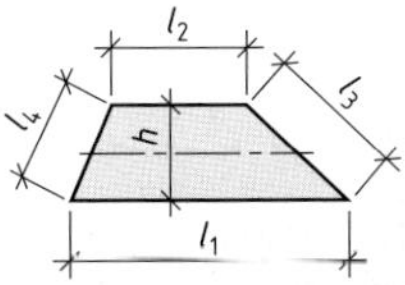

Berechnung von Flächen

Dreieck

$$A = \frac{l \cdot h}{2}$$

U Summe der Seiten

Regelmäßiges Vieleck

$$A = \frac{n \cdot d \cdot h}{4} \qquad A = n \cdot A_\Delta$$

U Summe der Seiten

Kreis

$$A = d^2 \cdot \frac{3,14}{4} \; ; \; r = \frac{d}{2}$$

$$U = d \cdot 3,14$$

Kreisring

$$A = (D^2 - d^2) \cdot \frac{3,14}{4}$$

$$U = (D + d) \cdot 3,14$$

Kreisausschnitt

$$A = \frac{d^2 \cdot 3,14}{4} \cdot \frac{\alpha}{360} \; ; \; r = \frac{d}{2}$$

$$U = 2 \cdot r + b$$

Kreisringausschnitt

$$A = (D^2 - d^2) \cdot 3,14 \cdot \frac{\alpha}{360}$$

$$U = (D + d) \cdot 3,14 \cdot \frac{\alpha}{360}$$

Kreisabschnitt

$$A \approx \frac{2}{3} \cdot l \cdot h$$

$$U = l + b$$

Ellipse

$$A = D \cdot d \cdot \frac{3,14}{4}$$

$$U \approx \frac{D + d}{2} \cdot 3,14$$

Körper

Einheitenumrechnung

$\cdot 1000 \quad \cdot 1000 \quad \cdot 1000$

m³   dm³   cm³   mm³

$:1000 \quad :1000 \quad :1000$

Beispiele:

$1 \text{ m}^3 = 1000 \text{ dm}^3 = 1\,000\,000 \text{ cm}^3$

$1\,000\,000 \text{ mm}^3 = 1000 \text{ cm}^3 = 1 \text{ dm}^3$

D, d Durchmesser	h_s, h Seitenhöhe	M Mantelfläche	π 3,14
h Höhe	l, l_1, l_2 Länge	O Oberfläche	V Volumen

Für gerade Körper gilt allgemein:
Mantelfläche M = Umfang · Höhe

Oberfläche $O = M$ + Grundfläche + Deckfläche
Volumen V = Grundfläche · Körperhöhe

Würfel

$$M = 4 \cdot l \cdot l$$

$$O = M + 2 \cdot l \cdot l$$

$$V = l \cdot l \cdot l = l^3$$

Abwicklung

Zylinder

$$M = d \cdot 3,14 \cdot h$$

$$O = M + \frac{d^2}{4} \cdot 3,14 \cdot 2$$

$$V = \frac{d^2 \cdot 3,14}{4} \cdot h$$

Abwicklung

Werkstoffe Hilfsstoffe · Werkzeuge Geräte, Gerüste · Arbeits- techniken · Gestaltung · Arbeitsschutz Umweltschutz · Aufmaß Abrechnung · Betriebs- führung · Quellen

Körper (Fortsetzung)

Quader (Prisma)

$$M = (l_1 + l_2) \cdot 2 \cdot h$$

$$O = M + l_1 \cdot l_2 \cdot 2$$

$$V = l_1 \cdot l_2 \cdot h$$

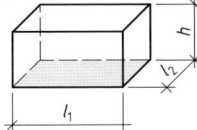

Abwicklung

Hohlzylinder

$$M = D \cdot \pi \cdot h$$

$$O = (D^2 - d^2) \cdot \frac{3{,}14}{2} + (D + d) \cdot 3{,}14 \cdot h$$

$$V = (D^2 - d^2) \cdot \frac{3{,}14}{4} \cdot h$$

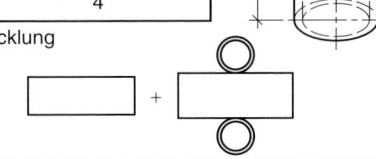

Abwicklung

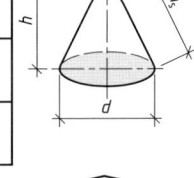

Quadratische Pyramide

$$M = \frac{l \cdot h_s}{2} \cdot 4$$

$$O = M + l \cdot l$$

$$V = \frac{l \cdot l \cdot h}{3}$$

Abwicklung

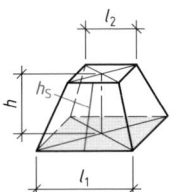

Kegel

$$M = \frac{h_s \cdot d \cdot 3{,}14}{2}$$

$$O = M + \frac{d}{2} \cdot \frac{d}{2} \cdot 3{,}14$$

$$V = \frac{d^2 \cdot 3{,}14}{2} \cdot \frac{h}{3}$$

Abwicklung

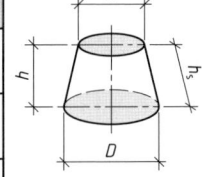

Quadratischer Pyramidenstumpf

$$M = (l_1 + l_2) \cdot 2 \cdot h_s$$

$$O = M + l_1^2 + l_2^2$$

$$V \approx \frac{l_1 \cdot l_1 + l_2 \cdot l_2}{2} \cdot h$$

Abwicklung

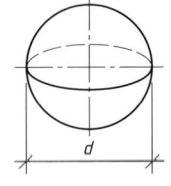

Kegelstumpf

$$M = \frac{D + d}{2} \cdot 3{,}14 \cdot h_s$$

$$O = M + (D^2 + d^2) \cdot \frac{3{,}14}{4}$$

$$V \approx \frac{h \cdot 3{,}14}{12} \cdot (D^2 + d^2 + D \cdot d)$$

Abwicklung

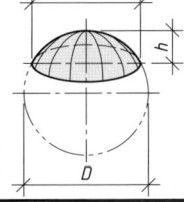

Kugel

–

$$O = d^2 \cdot \pi$$

$$V = \frac{d^3 \cdot 3{,}14}{6}$$

Abwicklung nicht möglich

Kugelabschnitt

$$M = D \cdot 3{,}14 \cdot h$$

$$O = D \cdot 3{,}14 \cdot h + \frac{d^2 \cdot 3{,}14}{4}$$

$$V = h^2 \cdot 3{,}14 \cdot \left(\frac{D}{2} - \frac{h}{3}\right)$$

Abwicklung nicht möglich

Werkstoffe Hilfsstoffe

Werkzeuge Geräte, Gerüste

Arbeits- techniken

Gestaltung

Arbeitsschutz Umweltschutz

Aufmaß Abrechnung

Betriebs- führung

Quellen

Basisgrößen und -einheiten des internationalen Einheitensystems (SI) DIN 1301-1

Basisgröße		SI-Basiseinheit		Basisgröße		SI-Basiseinheit	
Name	Zeichen	Name	Zeichen	Name	Zeichen	Name	Zeichen
Länge	l	Meter	m	Stromstärke	I	Ampere	A
Zeit	t	Sekunde	s	Stoffmenge	n	Mol	mol
Masse	m	Kilogramm	kg	Lichtstärke	I	Candela	cd
Temperatur	T	Kelvin	K				

Abgeleitete SI-Einheiten und Einheiten außerhalb des SI (Auswahl) DIN 1301-1

Größe	Zeichen	Einheit (Zeichen)	Definition, Beziehungen zu Basiseinheiten	Bemerkungen Anwendungsbereich
Zeit	t	Sekunde (s) Minute (min) Stunde (h) Tag (d) Jahr (a)	1 min = 60 s 1 h = 60 min = 3600 s 1 d = 24 h 1 a = 8765,8 h	min, h, d, und a erhalten keine Vorsätze
Frequenz Drehzahl	f, v, n	Hertz (Hz), 1/s 1/min	1 Hz = 1/s 1/s = 60/min = 60 min^{-1} 1/min = 1 min^{-1} = 1/60 s	Auch: Häufigkeit eines Ereignisses, z. B. radioaktiver Zerfall
Länge Breite Höhe	l b h	Meter m	1 m = 10 dm = 100 cm 1 m = 1 000 mm 1 mm = 1 000 µm 1 km = 1 000 m	In angelsächsischen Ländern: Inch und Zoll (") 1 inch = 1" = 25,4 mm int. Seemeile = 1852 m
Geschwindigkeit	v	m/s km/h	1 m/s = 60 m/min 1 m/s = 3,6 km/h	1 km/h = 0,278 m/s
Beschleunigung	$a; g$	m/s^2	$1 m/s^2 = 1 m/s : 1 s$	g nur für örtliche Fallbeschleunigung, g = 9,81 m/s^2
Masse	m	Kilogramm kg Tonne t Karat Kt	1 kg = 1000 g 1 t = 1000 kg = 1 Mg 1 Kt = 0,2g	Metrisches Kt für Masse von Edelsteinen, Kt auch als Reinheitsmaß von Gold
Fläche	$A; S$	Quadratmeter m^2 Ar a Hektar ha	$1 m^2 = 10 000 cm^2$ $1 m^2 = 1 000 000 mm^2$ 1 ha = 100 a = 10 000 m^2 100 ha = 1 km^2	S für Querschnitt a und ha für Boden-, Wald- und Wasserflächen
Flächenbezogene Masse	m''	g/m^2	$1 g/m^2 = 0,1 mg/cm^2$	m'' für die Berechnung der Schichtdicke
Volumen	V	Kubikmeter m^3 Liter l, L	$1 m^3 = 1 000 dm^3$ $1 m^3 = 1 000 000 cm^3$ 1 l = 1 L = 1 dm^3 = 10 dl 1 l = 0,001 m^3, 1 ml = 1 cm^3	Liter vorwiegend für Flüssigkeiten
Dichte	ϱ	kg/m^3	1000 kg/m^3 = 1 t/m^3 = 1 g/cm^3 = 1 kg/dm^3	Ortsunabhängige Größe
Kraft, Gewichtskraft	F $G; F_G$	Newton, N	$F = m \cdot a$ 1 N = 1 kg · m/s^2 = 1 J/m	Einheit kp nicht mehr zulässig; 1 kp = 9,81 N
Druck	p	Pascal, Pa bar	$p = F/A$; 1 Pa = 1 N/m^2 1000 hPa = 1000 mbar	Normaldruck: 1013 mbar 1013 hPa
Leistung	P	Watt, W	1 W = 1 J/s 1 W = 1 V · A = 1 m^2 · kg/s^2	Beschleunigung einer Masse von 1 kg mit 1 m/s^2 durch 1 W

Abgeleitete SI-Einheiten (Auswahl, Fortsetzung) — DIN 1301-1

Größe	Zeichen	Einheit (Zeichen)	Definition, Beziehungen zu Basiseinheiten	Bemerkungen Anwendungsbereich
Elektrische Ladung	Q	Coulomb, C	$Q = I \cdot t$ $1\,C = 1\,A \cdot s$	Elementarladung $e^- = 1{,}602 \cdot 10^{-19}\,C$
El. Spannung	U	Volt, V	$U = P/I$; $1\,V = 1\,W/A$	Elektr. Potenzial
El. Widerstand	R	Ohm, Ω	$1\,\Omega = 1\,V/A$	
Ebener Winkel	α, β, γ	Radiant rad Grad ° Minute ' Sekunde "	$1\,\text{rad} = 1\,m/m = 180°/\pi$ $1° = \pi/180\,\text{rad} = 60'$ $1' = 1°/60 = 60''$ $1'' = 1°/3600 = 1'/60$	Grad, Minute, Sekunde in technischen Berechnungen nur dezimal verwenden, z. B. 15,672°
Raumwinkel	Ω	Steradiant sr	$\Omega_0 = 1\,\text{sr}$	DIN 1315, 5031-3
Lichtstrom	Φ	Lumen, lm	$1\,Lm = 1\,cd \cdot sr$ sr Steradiant	Lichtstärke mal Raumwinkel in sr, DIN 5031-3
Beleuchtungsstärke	E	Lux	$1\,Lx = 1\,lm/m^2$	Lichttechnik DIN 5031-3
Temperatur	T, Θ, ϑ	K, °C	Kelvin, Grad Celsius	$0\,°C = 273{,}15\,K$
Energie, Wärmemenge	W Q	Joule, J $1\,J = 1\,Nm$ $= 1\,Ws$	$W = F \cdot s$; Kraft-Weg-Arbeit $W = m \cdot g \cdot h$; Hubarbeit $W = m \cdot c \cdot \Delta T$; Wärme $W = m/2 \cdot v^2$; kinetisch $W = I \cdot U \cdot t$; elektrisch	Jede Energie kann in jede andere Energieform umgewandelt werden
Stoffmengenkonzentration	C $[x]$	Mol/l	Stoffmenge je Volumen (Teilchenzahl)	Bestimmt die chemische Wirksamkeit eines Stoffes

Geschwindigkeit, geradlinige Bewegung

$$v = \frac{s}{t}$$

v Geschwindigkeit in m/s
s Weglänge in m
t Zeit in s

$t = 2\,h$
$v = 54\,km/h$
$s = 108\,km$

Gleichmäßig beschleunigte bzw. verzögerte, geradlinige Bewegung

Beschleunigung: $a = \dfrac{v}{t}$ oder $a = \dfrac{2 \cdot s}{t^2}$

Endgeschwindigkeit: $v = \dfrac{2 \cdot s}{t}$ oder $v = \sqrt{2 \cdot a \cdot s}$

a Beschleunigung oder Verzögerung in m/s²
v End- bzw. Anfangsgeschwindigkeit in m/s

Beschleunigung ohne Anfangsgeschwindigkeit

Verzögerung ohne Endgeschwindigkeit

$a = 2\,m/s^2$

Masse und Dichte

$$m = V \cdot \varrho$$

m Masse in kg
V Volumen in dm³
ϱ Dichte in kg/dm³

Volumen $V = 1\,dm^3$
Masse $m = 7{,}85\,kg$
Dichte $\varrho = 7{,}85\,kg/dm^3$

18 *Kraft · Arbeit · Energie*

Grundlagen

Werkstoffe Hilfsstoffe

Werkzeuge Geräte, Gerüste

Arbeits- techniken

Gestaltung

Arbeitsschutz Umweltschutz

Aufmaß Abrechnung

Betriebs- führung

Quellen

Kraft

$F = m \cdot a$	$1\,N = 1\,kg \cdot 1\,m/s^2$

F Kraft in N
m Masse in kg
a Beschleunigung in m/s^2

Kräfte sind vektorielle Größen und an ihrer Wirkung erkennbar. Wird der Körper mit 1 kg Masse um 1 m/s^2 beschleunigt, dann wirkt auf ihn die Kraft von 1 N.

Darstellung: Eine Kraft ist bestimmt durch Größe, Richtung und Ansatzpunkt

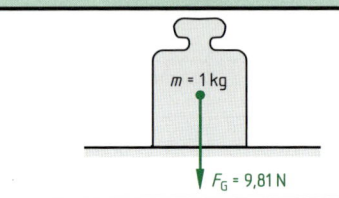

Gewichtskraft

$F_G = m \cdot g$	$g = 9{,}81\,m/s^2 = 9{,}81\,N/kg$

F_G Gewichtskraft in N
m Masse in kg
g Fallbeschleunigung in m/s^2

Beispiel: Die Masse von 12 kg wird beschleunigt und wirkt mit einer Gewichtskraft von
$F_G = m \cdot g = 12\,kg \cdot 9{,}81\,m/s^2 = 117{,}72\,N$

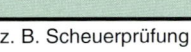
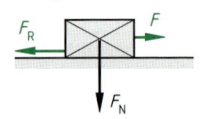

Reibkraft

Haftreibkraft oder Gleitreibkraft
$F_R = \mu \cdot F_N$

F_R Reibkraft in N
F_N Normalkraft in N (senkrecht zur Auflage)
μ Reibzahl (ohne Einheit)

z. B. Scheuerprüfung

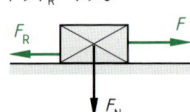

Erst wenn $F > F_R$, setzt sich der Körper in Bewegung.

Mechanische Arbeit

$W = F \cdot s$	$1\,N \cdot 1\,m = 1\,J$

W Arbeit in J oder Nm
F Kraft in N
s Weglänge in m

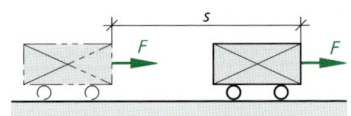

Die Arbeit von 1 J wird durch die Kraft von 1 N bei Verschiebung einer Last um 1 m verrichtet.

Potentielle Energie (Lageenergie)

$W_P = F_G \cdot h$	$W_P = m \cdot g \cdot h$	$1\,Nm = 1\,J = 1\,Ws$

W_P potentielle Energie in J oder Nm oder Ws
F_G Gewichtskraft in N oder kg · m/s^2
m Masse in kg
g Fallbeschleunigung in m/s^2
h Höhe in m

Kinetische (Bewegungs-)Energie

$W = \dfrac{m}{2} \cdot v^2$	$1\,kg \cdot 1\dfrac{m^2}{s^2} = Nm = 1\,J$

W kinetische Energie in J oder Nm oder Ws
v Geschwindigkeit in m/s

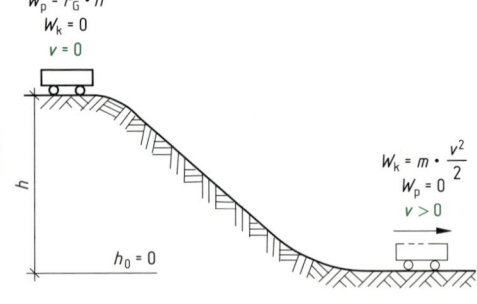

Leistung · Wirkungsgrad · Druck · Auftrieb **19**

Grundlagen

Werkstoffe Hilfsstoffe

Werkzeuge Geräte, Geräte

Arbeits- techniken

Gestaltung

Arbeitsschutz Umweltschutz

Aufmaß Abrechnung

Betriebs- führung

Quellen

Leistung

$$P = \frac{W}{t} \text{ oder } P = \frac{F \cdot s}{t} \text{ oder } P = F \cdot v \qquad \frac{1J}{1s} = 1\,W$$

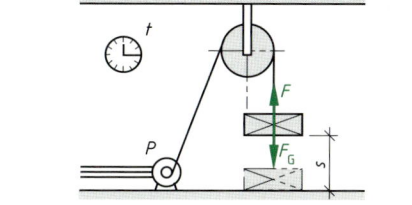

P	Leistung in W oder J/s oder Nm/s
W	Arbeit in J oder in Nm
F	Kraft in N
s	Weglänge in m
t	Zeit in s
v	Geschwindigkeit in m/s

Die Leistung von 1W wird durch die Arbeit von 1 J in der Zeit von 1 s erbracht.

Wirkungsgrad

$$\eta = \frac{P_{ab}}{P_{zu}} \quad \text{oder} \quad \eta = \frac{W_{ab}}{W_{zu}} \qquad \eta_g = \eta_1 \cdot \eta_2 \cdot \eta_3 \cdot \ldots$$

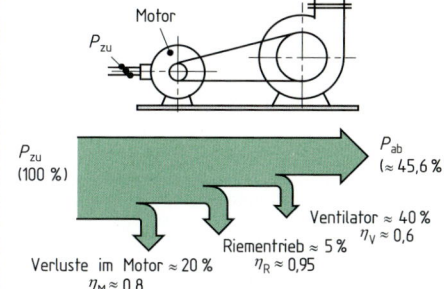

η_g	Gesamtwirkungsgrad (ohne Einheit)
η_1, η_2, η_3	Teilwirkungsgrad (ohne Einheit)
P_{ab}	abgegebene Leistung in W
P_{zu}	zugeführte Leistung in W
W_{ab}	abgegebene Arbeit in J
W_{zu}	zugeführte Arbeit in J

Beispiel:
$\eta_g = \eta_1 \cdot \eta_2 \cdot \eta_3 = 0{,}8 \cdot 0{,}95 \cdot 0{,}6 = 0{,}456 = 45{,}6\,\%$

Druck

$$p = \frac{F}{A}$$

$1\,Pa = 1\,N/m^2$
$10^5\,Pa = 1\,bar$

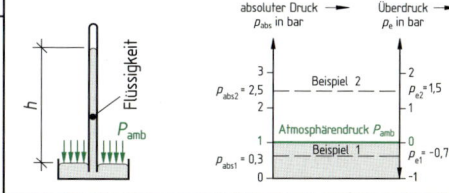

Drückt die Kraft von 1N auf die Fläche von 1m², dann wirkt der Druck von 1 Pa.

p	Druck in Pa oder in N/m²
F	Kraft in N
A	Fläche in m²

Druck wirkt in alle Richtungen.

Atmosphärendruck (Luftdruck), absoluter Druck, Überdruck

$$p_{amb} = h \cdot \varrho \cdot g \qquad p_e = p_{abs} - p_{amb}$$

p_{amb}	Atmosphärendruck in Pa oder bar
h	Flüssigkeitshöhe in m
ϱ	Dichte der Flüssigkeit in kg/m³
g	Fallbeschleunigung in m/s² oder N/kg
p_e	Überdruck in Pa oder bar
p_{abs}	absoluter Druck in Pa oder bar

Auftrieb

$$F_A = V \cdot \varrho \cdot g$$

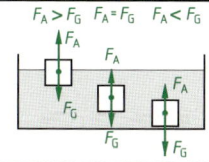

F_A	Auftriebskraft in N
V	eingetauchtes Volumen in dm³
ϱ	Dichte der Flüssigkeit in kg/dm³
g	Fallbeschleunigung in m/s² oder N/kg

$F_A > F_G$ Körper steigt

$F_A = F_G$ Körper schwebt

$F_A < F_G$ Körper sinkt

Adhäsion, Haftung

Allgemeine Bezeichnung für eine Haftwirkung zwischen einer festen Grenzfläche und einer zweiten Phase, die entweder aus individuellen Teilchen oder einer kontinuierlichen festen oder flüssigen Phase besteht. Wichtiges Merkmal der Haltbarkeit der Beschichtung. Ursache sind elektrostatische oder chemische Wechselwirkungen.

Wirksame Oberfläche

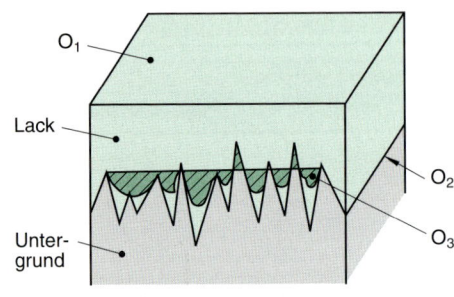

O_1 Messbare Oberfläche (Labormessung)
O_2 Wirkliche Oberfläche (nur berechenbar)
O_3 Wirksame Oberfläche (schraffiert)

Die wirksame Oberfläche hängt ab von:
- Vollständigkeit der Benetzung
- Quellbarkeit
- Trocknung
- Zusammensetzung des Lacks
- Menge, Größe und Form der eingesetzten Füllstoff- und Pigmentpartikel
- Kristallinität der Polymere
- Alterung, Diffusion, Permeation
- Geometrischen Veränderungen

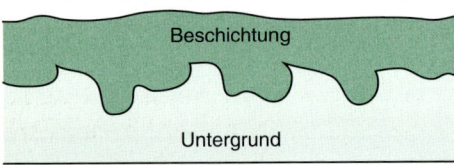

Mechanisch, Physisorption:
In eine zerklüftete Oberfläche dringt ein Bindemittel soweit ein, dass es sich dort „verkeilt". Das Bindemittel ist dann mechanisch verankert, soweit es nicht plastisch oder elastisch ist.

Eine feste Haftung der Beschichtung auf dem Untergrund auch unter Einfluss von Feuchtigkeit, Licht, Salzen und mechanischer Belastung ist Voraussetzung der dauerhaften Schutzwirkung.

Kohäsion

Sonderfall der Adhäsion. Zusammenhalt von Stoffen innerhalb einer homogenen Phase und damit für ihren Widerstand gegenüber Verformung, Zerbrechen, Zerreißen und Zerschneiden verantwortlich.

Mit den Kohäsionskräften **steigt** die:	Mit steigenden Kohäsionskräften **sinkt** die:
• Grenzflächenspannung, Oberflächenenergie • Viskosität • Zersetzungsneigung • Härte	• Elastizität • Plastizität • Benetzung

Oberflächenspannung, Grenzflächenspannung   DIN 13310

Entscheidende Größe neben der Polarität für die Benetzung, den Verlauf und die anschließende Haftung einer Beschichtung. Sie beruht auf den Kohäsionskräften eines Stoffes.

Alle waagerechten Teilkräfte heben sich gegenseitig auf. 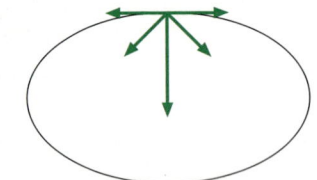	Energie, die nötig ist, um die Oberfläche eines Stoffes isotherm und reversibel zu vergrößern bzw. Kraft, die nötig ist, um zwei benachbarte Randteilchen voneinander zu entfernen. Einheit mN/m oder mW/m^2. Sie beruht auf den Kohäsionskräften der Randmoleküle und erscheint als eine „Haut" der Oberfläche. Flüssigkeiten und Gasblasen in Flüssigkeiten sind bestrebt, eine kugelförmige Oberfläche einzunehmen: Ein Minimum des Volumens entsteht.

Labels in first figure: O_1, Lack, Unter-grund, O_2, O_3

Labels in second figure: Beschichtung, Untergrund

Oberflächenspannung, Grenzflächenspannung (Fortsetzung)   DIN 13310

Messmethoden

Bügelmethode Ein U-förmiger Bügel wird aus der Flüssigkeit heraus- gezogen.	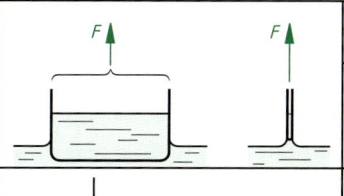	$\sigma = \dfrac{F}{2 \cdot l}$
		σ Oberflächenspannung in N/m F Kraft bei Abreißen der Lamelle in N l Bügelbreite in m
Je nach Verhältnis der Ober- flächenspannungen wird die Flüssigkeit in einer Kapillare steigen oder sinken (Queck- silber). Bild des Meniskus an der Wand.	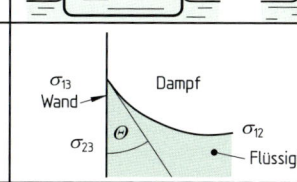	$\sigma_{13} - \sigma_{23} = \sigma_{12} \cdot \cos\theta$ Θ Winkel zum Rand σ Grenzflächenspannung
Tenside setzen die Oberflä- chenspannung einer Flüssig- keit herab und bewirken so eine bessere Benetzung. Be- deutung bei der Benetzung von Substraten und Pigmen- ten bei ihrer Dispergierung.	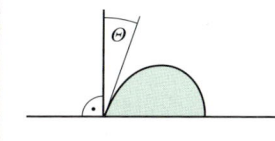	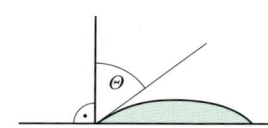

Oberflächenspannungen von Flüssigkeiten bei Raumtemperatur

Stoff	Oberflächenspannung σ in N/m	Stoff	Oberflächenspannung σ in N/m
Diethylether	$16{,}9 \cdot 10^{-3}$	Styrol	$32{,}0 \cdot 10^{-3}$
Oktan	$21{,}0 \cdot 10^{-3}$	Quecksilber	$500{,}0 \cdot 10^{-3}$
Ethanol	$22{,}3 \cdot 10^{-3}$	Wasser	$72{,}8 \cdot 10^{-3}$
Wasser	$129{,}6 \cdot 10^{-3}$ bei 0 °C	Wasser	$20{,}43 \cdot 10^{-3}$ bei 100 °C

Viskosität, Fließverhalten, Rheologie   DIN 1341-1, DIN 13342

Newtonsche Flüssigkeiten

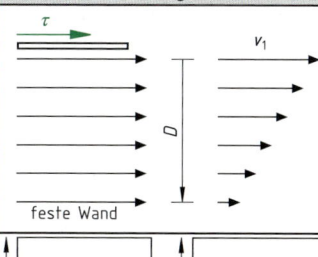

Unter Einwirkung einer Kraft (**Schubspannung** τ) auf eine Ober- fläche und parallel zu ihr beginnt ein Stoff zu fließen und wird irre- versibel deformiert. Auch entferntere Flüssigkeitsschichten wer- den mitgenommen (innere Reibung), fließen aber langsamer, so dass ein **Geschwindigkeitsgefälle D** entsteht (auch Scherge- schwindigkeit genannt). Der **Viskositätskoeffizient η** (dynami- sche Viskosität) ist das Verhältnis von Schubspannung τ zu Geschwindigkeitsgefälle D in diesem Stoff. η ist eine stoffspezi- fische Konstante, die temperatur- und druckabhängig ist.

$\tau = \eta \cdot D$	τ D η	Schubspannung in N/m² Geschwindigkeitsgefälle in 1/s dynamische Viskosität in kg/(m · s)

Wenn in einem senkrechten Rohr (Kapillare) die Schwerkraft wirkt und die Randschichten an der Wand gebremst werden, liegt kinematische Viskosität ν vor.

$\nu = \dfrac{\eta}{\varrho}$	ν ϱ	kinematische Viskosität in m²/s Dichte in kg/m³

Der Fließbecher ist das einfachste Kapillarviskosimeter.
Nur Wasser, Mineralöle und Lösemittel sind in der Regel Newtonsche Flüssigkeiten.

Grundlagen

Werkstoffe Hilfsstoffe

Werkzeuge Geräte, Geräte

Arbeits- techniken

Gestaltung

Arbeitsschutz Umweltschutz

Aufmaß Abrechnung

Betriebs- führung

Quellen

Nicht newtonsche Flüssigkeiten

τ Schubspannung in N/m^2
D Geschwindigkeitsgefälle in 1/s
τ_0 minimale Schubspannung zum Fließen

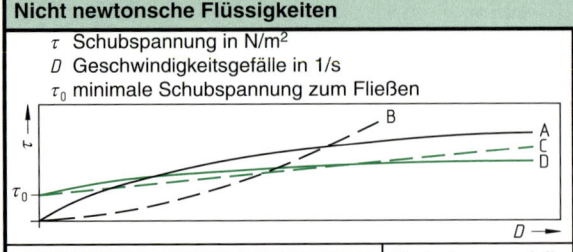

A Strukturviskos durch Ausrichtung der im Ruhezustand verfilzten Makromoleküle. Bei Lacken häufig.
B Dilatanz. Der gegenteilige Effekt.
C Plastischer Fluss. Ideal plastisches Fließen nach Überschreiten von τ_0.
D Plastisch strukturviskoses Fließen (z. B. Pasten).

Thixotropes Fließen — Rheopexie	Kartenhausmodell der Thixotropie 	Die Viskosität von Stoffen hängt von Temperatur und Druck ab. Die Viskosität von Lösungen mehrerer Stoffe hängt darüber hinaus von deren Konzentrationen und ihren spezifischen Viskositäten ab. Viskositätsmessung vgl. Seite 122. DIN 51550, DIN 53018-1, DIN 53019-1

Rheologische Begriffe   DIN 1310, 1342

Fluidität: Kehrwert der Viskosität	**Zähigkeit:** Früher an Stelle der Vikosität gebraucht
Phase: Homogene Stoffportion	**Mischphase:** Phase aus mehreren Stoffen
Ideale Flüssigkeit: Inkompressible Flüssigkeit, mit vernachlässigbar kleiner Viskosität	**Scherströmung:** Strömung, die sich durch Schubspannung nur bedingt darstellen lässt
Normalspannung: Spannung, deren Richtung senkrecht zur Angriffsfläche steht	**Navier-Stokes-Gleichung:** Allgemeine Bewegungsgleichung für newtonsche Flüssigkeiten
Rheologie: Lehre vom Deformations- und Fließverhalten der Stoffe	**Hooksche Feder:** Modell zur Deutung der Proportionalität von Kraft und Dehnung
Plastizität: Fähigkeit eines Stoffes, nur oberhalb einer Fließgrenze bleibende Deformationen anzunehmen (zu fließen)	**Spannung:** Quotient Kraft durch Fläche, zerlegbar in die Komponenten Normalspannung σ und Schubspannung τ
Newtonsche Flüssigkeit: Bei der einfachen Scherströmung ist die Schubspannung proportional dem Geschwindigkeitsgefälle	**Isotrop:** Eigenschaft eines Stoffes, sich in allen Richtungen gleich zu verhalten, *anisotrop* ist das Gegenteil
Relaxationszeit: Zeitkonstante t^0 eines Entspannungsvorganges unter konstant gehaltener Verformung	**Laminare Strömung:** Strömung, in der keine merkliche Querdurchmischung auftritt; Gegensatz *turbulente Strömung*
Thixotropie: Zeitabhängiges Fließverhalten, bei dem die Viskosität infolge andauernder mechanischer Beanspruchung vom Wert im Ruhezustand zu einem Endwert abnimmt und nach Ende der Beanspruchung wieder zunimmt	**Elastizität:** Eigenschaft eines Stoffes, derzufolge eine Spannung eine reversible Formänderung hervorruft
	Viskoelastizität: Erscheinung, dass Stoffe sowohl Viskosität als auch Elastizität besitzen können

Messgrößen

Stoffmengenkonzentration c_i in mol/l	$c_i = n_i/V$	
Massenanteil w_i	$w_i = m_i/m$	m Gesamtmasse
Volumenanteil φ_i:	$\varphi_i = V_i/V_0$	V_0 Gesamtvolumen
Stoffmengenanteil x_i	$x_i = n_i/n$	n Gesamtstoffmenge
Massenkonzentration β_i in kg/m^3	$\beta_i = m_i/V$	V Gesamtvolumen nach Mischung

Temperatur

0 K = − 273 °C   oder   0 °C = 273 K

Für Umrechnungen gilt:
von °C in K: 273 addieren $\Rightarrow\ T = \vartheta_c + 273\ K$
von K in °C: 273 subtrahieren $\Rightarrow\ \vartheta_c = T - 273\ K$

$\Delta T = T_2 - T_1$ oder $\Delta T = \vartheta_2 - \vartheta_1$	$\Delta T = \Delta \vartheta$

$\Delta T, \Delta \vartheta$ Temperaturdifferenz immer in K
T_1, T_2 Temperatur in K (absolute Temperatur)
ϑ_1, ϑ_2 Temperatur in °C, neuerdings auch Θ_1, Θ_2

Wasser siedet (bei p_{amb} = 1,013 bar)	373 K	100 °C
Wasser gefriert	273 K	0 °C
Absoluter Nullpunkt	0 K	-273 °C

Längenausdehnung

$\Delta l = l_0 \cdot \alpha \cdot \Delta \vartheta$	$\Delta \vartheta = \vartheta_2 - \vartheta_1$

Δl Längenänderung in m
l_0 Länge vor der Temperaturänderung in m
α Längenänderungskoeffizient in 1/K
$\Delta \vartheta$ Temperaturdifferenz in K
ϑ_1, ϑ_2 Temperatur in °C

Volumenausdehnung fester und flüssiger Stoffe

$\Delta V = V_0 \cdot \gamma \cdot \Delta \vartheta$	$\Delta \vartheta = \vartheta_2 - \vartheta_1$

ΔV Volumenänderung in m^3 oder l
V_0 Volumen vor Temperaturänderung in m^3
γ Volumenänderungskoeffizient in 1/K
    bei festen Körpern ist $\gamma \approx 3 \cdot \alpha$ (vgl. Seite 63)
$\Delta \vartheta$ Temperaturdifferenz in K
ϑ_1, ϑ_2 Temperatur in °C

Temperaturmessung

Bimetallthermometer (z. B. im Thermostat)

Zwei unterschiedliche Metallstreifen sind fest miteinander verbunden. Bei Erwärmung dehnen sie sich
unterschiedlich, der Streifen verbiegt sich.

Mittels Thermospannung

Zwischen zwei unterschiedlichen Metallen tritt an der
Kontaktstelle eine thermoelektrische Spannung auf,
die bei Cu-Konstantan oder Fe-Konstantan proportional der Temperatur ist.

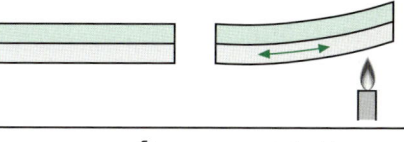

Längenausdehnungszahl α fester Körper (Temperaturbereich 0 °C bis 100 °C)

Stoff	α [1]	Stoff	α [1]	Stoff	α [1]	Stoff	α [1]
Aluminium	2,38	Nickelstahl 20	1,95	Acrylnitril, schlagfest	8,0	Gipsplatten	2,50
Blei	2,90	Stahl	1,15	PE-HD und PE-LD	20,0	Glas (Fenster)	1,00
Bronze	1,75	Titan	0,82	Polypropylen PP-C	18,0	Kalkstein	0,70
Chrom	0,70	Zink	1,40	PE-X (vernetzt)	18,0	Quarzglas	0,05
Gusseisen	1,04	Zink, Ti-legiert	2,20	Polyvinylchlorid PVC	8...10	Eis [2]	5,10
Kupfer	1,65	Zinn	2,05	Asbestzementplatte	1,00	Stahlbeton	1,20
Mörtel (Zement)	0,85... 1,35	Edelputz	0,46... 0,90	Tanne, senkrecht zur Faser	5,80	Tanne, parallel zur Faser	0,30

[1] in mm/(m · 100 K); [2] − 20 °C bis − 1 °C)

24 *Wärme · Formelzeichen · Wärmeleitung*

Grundlagen

Werkstoffe Hilfsstoffe

Werkzeuge Geräte, Geräte

Arbeits- techniken

Gestaltung

Arbeitsschutz Umweltschutz

Aufmaß Abrechnung

Betriebs- führung

Quellen

Wärmeinhalt, Wärmezufuhr oder Wärmemenge

$Q = m \cdot c \cdot T$	$Q = m \cdot c \cdot \Delta\vartheta$	$\Delta\vartheta = \vartheta_2 - \vartheta_1$
$m = \dfrac{Q}{c \cdot \Delta\vartheta}$	$\Delta\vartheta = \dfrac{Q}{m \cdot c}$	$\vartheta_2 = \vartheta_1 + \Delta\vartheta$ $\vartheta_1 = \vartheta_2 - \Delta\vartheta$

Q Wärmemenge, Wärmezufuhr oder Wärmeinhalt in J oder Wh
m Masse in kg
c spezifische Wärmekapazität in J/(kg · K) oder Wh/(kg · K)
$\Delta\vartheta$ Temperaturdifferenz in K
ϑ_1, ϑ_2 Temperatur in °C

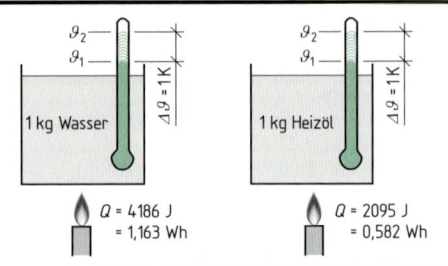

Schmelzwärme

$Q = m \cdot q_s$

Q Schmelzwärme in J oder Wh
m Masse in kg
q_s spezifische Schmelzwärme in J/kg oder Wh/kg

Verdampfungswärme

$Q = m \cdot r$

Q Schmelzwärme in J oder Wh
m Masse in kg
r spezifische Verdampfungswärme in J/kg oder Wh/kg

T-Haltepunkte bei gleichmäßiger Wärmezufuhr

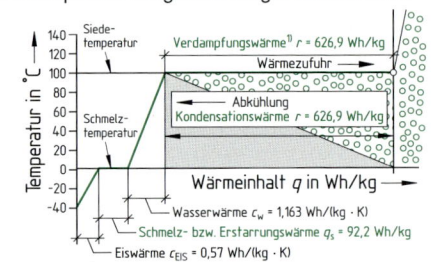

Formelzeichen im Vergleich

Für den Wärmeschutz wurden europäische Normen – EN ISO 7345 und weitere – erarbeitet. Gegenüber der DIN 4108 wurden Änderungen vorgenommen, die sich besonders auf die Definition von Koeffizienten und Widerständen beziehen. Die folgenden Indizes werden empfohlen:

Physikalische Größe	bisher üblich	DIN EN ISO 7345	SI-Einheit
Wärmedurchlasswiderstand	$1/\Lambda$	R	$m^2 \cdot K/W$
Wärmeübergangskoeffizient	α, λ	h	$W/(m^2 \cdot K)$
Wärmeübergangswiderstand außen	$1/\alpha_a$	R_{se}	$m^2 \cdot K/W$
Wärmedurchgangskoeffizient	k	U	$W/(m^2 \cdot K)$
Wärmedurchgangswiderstand	$1/k$	R_T	$m^2 \cdot K/W$
Celsius-Temperatur	ϑ	Θ	°C

innen	i	innere Oberfläche	si	Konvektion	cv	gasgefüllter Raum	g
außen	e	Äußere Oberfläche	se	Strahlung	r	angrenzende Umgebung	a
Oberfläche	s	Wärmeleitung	cd	Kontakt	c		

Wärmeleitung

$$\Phi_{cd} = A \cdot \frac{\lambda}{d} \cdot \Delta\vartheta \qquad \Delta\vartheta = \vartheta_1 - \vartheta_2$$

Φ_{cd} Wärmestrom in W
A strahlende Fläche in m^2
λ Wärmeleitfähigkeit in W/(m · K)
d Bauteildicke in m
$\Delta\vartheta$ Temperaturdifferenz in K
ϑ_1, ϑ_2 Temperatur in °C

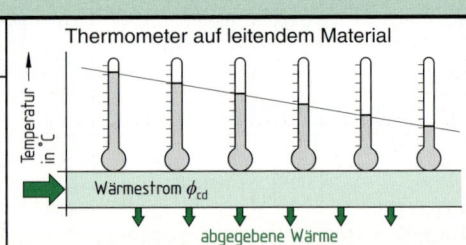

Thermometer auf leitendem Material

Wärmestrahlung (Gesetz von Stefan-Boltzmann)

$$\Phi_r = A \cdot \alpha_r \cdot \Delta\vartheta$$

$$\Delta\vartheta = T_1 - T_2$$

$$\alpha_r = C \cdot \frac{\left(\dfrac{T_1}{100}\right)^4 - \left(\dfrac{T_2}{100}\right)^4}{T_1 - T_2}$$

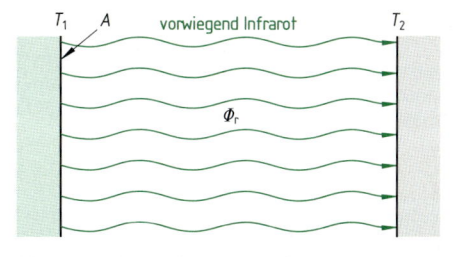

Φ_r	Wärmestrom in W
A	Fläche in m^2
α_r	Strahlungsübergangszahl in W/(m$^2\cdot$ K)
$\Delta\vartheta$	Temperaturdifferenz in K
T_1, T_2	Oberflächentemperatur in K
C	Strahlungszahl in W/(m$^2 \cdot$ K^4)

Wärmekonvektion

$$\Phi_{cv} = A \cdot h_{cv} \cdot \Delta\vartheta \qquad h_{cv} = 1/R_S$$

Φ_{cv}	Wärmestrom in W
A	Fläche in m^2
h_{cv}	Wärmeübergangskoeffizient
$\Delta\vartheta$	Temperaturdifferenz in K
R_S	Wärmeübergangswiderstand

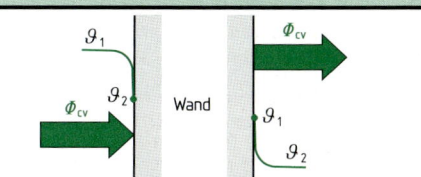

Wärmedurchgang

$$\Phi = A \cdot U \cdot \Delta\vartheta \qquad \text{oder} \qquad \Phi = A \cdot \frac{1}{R_T} \cdot \Delta\vartheta$$

Φ	Wärmestrom in W
A	Fläche in m^2
U	Wärmedurchgangskoeffizient in W/(m$^2 \cdot$ K)
$\Delta\vartheta$	Temperaturdifferenz in K

$$\frac{1}{U} = \frac{1}{h_i} + \frac{d_1}{\lambda_1} + \frac{d_2}{\lambda_2} + \dots + \frac{1}{h_e} \qquad U = \frac{1}{R_T}$$

$$R_T = R_{si} + R_{\lambda_1} + R_{\lambda_2} + \dots + R_{se}$$

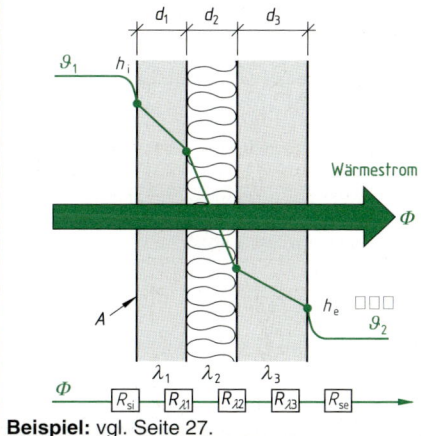

h_i	Wärmeübergangszahl innen in W/(m$^2 \cdot$ K)
d_1, d_2	Bauteildicke in m
λ_1, λ_2	Wärmeleitfähigkeit in W/(m $\cdot$ K)
h_e	Wärmeübergangszahl außen in W/(m$^2 \cdot$ K)
R_T	Wärmedurchgangswiderstand in m$^2 \cdot$ K/W
$R_{\lambda_1}, R_{\lambda_2}$	Wärmeleitwiderstand in m$^2 \cdot$ K/W
R_{si}	Wärmeübergangswiderstand innen in m$^2 \cdot$ K/W
R_{se}	Wärmeübergangswiderstand außen in m$^2 \cdot$ K/W

Beispiel: vgl. Seite 27.

Dichte, Spezifische Wärmekapazität und Wärmeleitfähigkeit fester Körper (bei 20 °C)

ϱ Dichte in kg/dm^3
c spezifische Wärmekapazität in J/(kg $\cdot$ K); in Wh/(kg $\cdot$ K): durch 3600 teilen
λ Wärmeleitfähigkeit in W/(m $\cdot$ K)

Stoff	ϱ	c	λ	Stoff	ϱ	c	λ
Metalle und Legierungen							
Aluminium (99,5%)	2,70	920	221	Kupfer	8,90	390	393
Eisen	7,86	465	71	Messing (CuZn 28)	8,56	390	92
• Grauguss	7,1...7,3	545	46...63	Quecksilber	13,60	138	10,5
• Stahl 0,6% C	7,84	460	46	Zink	7,14	376	109
• 18% Cr, 8% Ni (V2A)	7,88	500	15	Zinn	7,28	230	63

Werkstoffe Hilfsstoffe
Werkzeuge Geräte, Geräste
Arbeits- techniken
Gestaltung
Arbeitsschutz Umweltschutz
Aufmaß Abrechnung
Betriebs- führung
Quellen

26 *Stoffwerte Wärme*

Grundlagen

Werkstoffe Hilfsstoffe

Werkzeuge Geräte, Geräte

Arbeits- techniken

Gestaltung

Arbeitsschutz Umweltschutz

Aufmaß Abrechnung

Betriebs- führung

Quellen

Dichte, Spezifische Wärmekapazität und Wärmeleitfähigkeit fester Körper (bei 20 °C) (Forts.)

Stoff	ϱ	c	λ	Stoff	ϱ	c	λ
Andere feste Stoffe							
Asphalt	1,1...1,5	920	0,7	Kalkmörtel	1,80	–	0,87
Beton	1,9...2,3	880	0,8...1,4	Kalk-Gipsmörtel	1,40	–	0,70
Bitumen (Teer)	1,1	1630	0,16	Kalk-Sandstein	1,8	880	0,99
Eis 0 °C	0,92	2052	2,21	Marmor	2,5...2,7	810	2,8
Faserzement	2,0	736	0,34...0,44	Sandstein	2,2...2,3	710	1,63
(gepresst)				Sperrholz	0,55	1700	0,14
Gipskartonplatten	0,9	900	0,21	Ton, trocken	1,8	830	0,84
Glas, Fenster-	2,5	840	0,81	Zementestrich	2,0	–	1,40
Holzspanplatte	0,65	1700	0,14	Zementmörtel	2,0	–	1,40
Kunststoffe – Thermoplaste							
Acrylnitril-ABS	1,06	1550	0,15	Polymethylmetha-	1,18	1300	0,19
PE-X (vernetzt)	0,94	2100	0,43	crylat (Plexiglas)			
Polypropylen	0,91	1700	0,22	Polystyrol	1,05	1300	0,17
Duroplaste				**Hartschaumstoffe**	$\varrho \cdot 100$	c	
Bakelit	1,27	1600	0,23	Harnstoffharz-Sch.	0,8...1,5	0,041	–
Epoxidharz	1,15...1,2	–	0,21	Polystyrol-Sch.	1,5...5,0	0,041	–
Polyesterharz	1,3...1,6	–	0,21	Polyurethan-Sch.	3,0...20	0,035	–

Dichte und spezifische Wärmekapazität flüssiger Stoffe (bei 20 °C)

ϱ Dichte in kg/dm^3
c spezifische Wärmekapazität in J/(kg · K)

Stoff	ϱ	c	Stoff	ϱ	c
Butan (n) bei 0,5 °C	0,60	2280	n-Oktan	0,70	2083
Ethylacetat	0,90	1932	Petroleum	0,78...0,86	2140
Ethylalkohol	0,79	2390	Toluol	0,87	1697
Glykol, Ethylenglykol	1,114	2300	**Wasser,** destilliert	**1,0**	**4190**

Wärmeübergangszahl h_{cv} für vertikale ebene Wände in bewegter Luft

Luftgeschwindigkeit: $v \leq 5$ m/s	Luftgeschwindigkeit: $v \geq 5$ m/s
$h_{cv} = 6,2 + 4,2 \cdot v$	$h_{cv} = 7,6 \cdot v^{0,8}$
h_{cv} in W/(m^2 · K); v in m/s	h_{cv} in W/(m^2 · K); v in m/s

v	h_{cv}	v	h_{cv}	v	h_{cv}	v	h_{cv}	v	h_{cv}	v	h_{cv}	v	h_{cv}	v	h_{cv}
0,1	6,6	1,0	10,4	2,5	16,7	4,0	23,0	5,0	27,5	8,0	40,1	12	55,5	18	76,7
0,3	7,5	1,5	12,5	3,0	18,8	4,5	25,1	6,0	31,9	9,0	44,1	14	62,8	20	83,5
0,5	8,3	2,0	14,6	3,5	20,9	5,0	27,2	7,0	38,0	10	48,0	16	69,8	25	99,8

Strahlungszahlen und Absorptionsvermögen verschiedener Oberflächen

ϑ Oberflächentemperatur in °C
α Absorptionsvermögen (ohne Einheit)
C Strahlungszahl in W/(m^2 · K^4)

Stoffoberfläche	ϑ	α	c	Stoffoberfläche	ϑ	α	c
Abs. schwarz. Körper		1	5,77	Aluminiumbronze	100	0,35...0,43	2,0...2,5
Beton	20	0,91	5,23	Heizkörperlack	100	0,925	5,34
Metalle, hochglanz-	20	0,02...	0,115...	Ölfarben, auch weiß		0,88...0,97	5,1...5,6
poliert		0,03	0,173	Lack, schwarz, matt	80	0,97	5,6
Aluminium, walzblank	170	0,04	0,231	Menschliche Haut		0,81	≈ 4,7
Eisen, stark angerostet	20	0,85	4,90	Gips, Putz, Ziegel	20	0,9...0,94	5,2...5,4
Kupfer, oxydiert	130	0,76	4,4	Holz, Papier, Porzellan	20	0,9...0,94	5,2...5,4

Ermittlung der Wärmedurchgangskoeffizienten U (Beispiele)							DIN 4701-1
Bauteil außen innen	Baustoff	d in m	ϱ in kg/m³	$d \cdot \varrho$ in kg/m²	λ in W/(m · K)	$R_T = \frac{d}{\lambda}$ in m² · K/W	$U = \frac{1}{R_T}$ in W/(m² · K)
Außenwand EG, OG	Innenputz Vollziegel (DIN 105) Außenputz (Kalk-zementmörtel)	0,015 0,365 0,020	1800 1600 1800	27 584 36	0,87 0,68 0,87	0,017 0,537 0,023 $R_{si}=0,13$ $R_{se}=0,04$	
		0,400		647		0,747	1,34
Außenwand KG	Innenputz (Kalkmörtel) Vollziegel (DIN 105) Außenputz (Zementmörtel) Bitumen Kies	0,015 0,365 0,020 0,002 0,200	1800 1600 2000 1100 1800	27 584 40 2 360	0,87 0,68 1,40 0,17 0,70	0,017 0,537 0,014 0,012 0,286	
		0,602		1013		0,866	–
Innenwand Treppenhaus	Innenputz (Kalkmörtel) Vollziegel (DIN 105) Innenputz (Kalkmörtel)	0,015 0,240 0,015	1800 1600 1800	27 384 27	0,87 0,68 0,87	0,017 0,353 0,017 $R_{si}=0,13$ $R_{se}=0,13$	
		0,270		438		0,647	1,55
Kellerfußboden	Spannteppich Zementestrich PUR-Hartschaum Feuchtigkeitssperre Normalbeton Kies	0,010 0,045 0,040 – 0,150 0,200	700 2000 30 2400 1800	7 90 1 – 360 360	0,081 1,400 0,035 2,100 0,700	0,123 0,032 1,143 – 0,071 0,286	
		0,445		818		1,655	–
Decke zum Dachraum	Holzspanplatte (Nach DIN 68 761) Mineralfaser Normalbeton (DIN 1045) Deckenputz (Kalkmörtel)	0,020 0,080 0,150 0,015	700 300 2400 1800	14 24 360 27	0,130 0,040 2,100 0,870	0,154 2,000 0,071 0,017 $R_{si}=0,13$ $R_{se}=0,13$	
		0,265		425			0,400

Grundlagen

Werkstoffe Hilfsstoffe

Werkzeuge Geräte, Gerüste

Arbeits- techniken

Gestaltung

Arbeitsschutz Umweltschutz

Aufmaß Abrechnung

Betriebs- führung

Quellen

Diffusion | EN 1062, DIN 52615

Zeitlicher Verlauf	Ursache und Bedeutung
vorher Luft mit H$_2$O Ziegel trocken nachher	Diffusion: zeitabhängige Vermischung verschiedener Stoffe ohne Einwirkung äußerer Kräfte, auch über Phasengrenzen hinweg. Allein die Wärmebewegung der Teilchen bewirkt die Diffusion; sie ist umso größer, je höher die Temperatur ist. In flüssigen und festen Stoffen ist die Diffusion geringer als in Gasen wie Luft. Der Widerstand wird gekennzeichnet durch die stoffspezifische Diffusionswiderstandszahl μ (ohne Einheit). Der s$_d$-Wert ist die Dicke einer Schicht, die den gleichen Diffusionswiderstand bietet wie eine Luftschicht von 1 m Dicke ($s_d = \mu \cdot s$).

Wasserdampfdiffusionswiderstandszahlen μ und berechnete s$_d$-Werte

Stoff	μ (H$_2$O)	μ (CO$_2$)	Typische Dicke d	s$_d$-Wert (H$_2$O)	s$_d$-Wert (CO$_2$)
Zementputz	15 bis 35	200	2 cm	0,50 m	4,00 m
Kalkzementputz	15 bis 30	70	2 cm	0,22 m	1,40 m
Kalkputz	10 bis 25	30	2 cm	0,34 m	0,60 m
Gipsputz	10		2 cm	0,20 m	
Gips	6 bis 9		2 cm	0,16 m	
Silikonharzfarbe	150		100 µm	0,015 m	
Lösemittelhaltige Fassadenfarbe	4000	1200000	100 µm	4,00 m	120 m
Silikatfarbe	70		100 µm	0,007 m	
Silikatputz	100	20000	4 mm	0,40 m	80,00 m
Dispersion außen	3000	2000000	130 µm	0,39 m	260,00 m
Kalksandstein	5 bis 25		36 cm	5,40 m	
Vollklinker	50 bis 100		36 cm	27,00 m	
Betonsteine	5 bis 10		30 cm	2,25 m	
PE-Folie > 0,1 mm	100000		0,1 mm	10 m	
Vollholz	40		12 cm	3,60 m	
Sperrholz	50 bis 400		2 cm	5,00 m	
PF-Hartschaum	10 bis 50		16 cm	5,00 m	
PUR-Hartschaum	30 bis 100		16 cm	10,00 m	

Metallfolien, Kunstharzputz, Glas, PS-Hartschaum sind praktisch dampfdicht, der μ-Wert unendlich groß.

Kapillare Wasseraufnahme | DIN 52617

w ist die Wasseraufnahme in kg/(m^2 · Zeit^{0,5}); verlangt wird ein w-Wert unter 0,10 kg/(m^2 · h^{0,5}), da sonst hinter der Beschichtung ein zu hoher Feuchtegehalt vorliegt. Dispersionsfarbe mit hoher PVK besitzen eine sehr hohe Wasseraufnahme.

Poren, Porosität | DIN 55670, DIN 52102

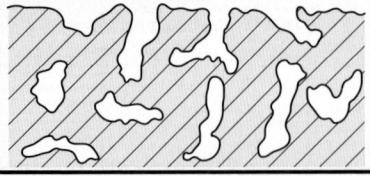

Hohlräume in Stoffen und Oberflächen, deren Tiefe im Verhältnis zum Querschnitt groß ist. Das Verhältnis ihres Volumens zum Gesamtvolumen nennt man Porosität. Mit Porenfüller nach DIN 55945 an der Oberfläche zu beseitigen. Geschlossene Poren sind für die Wärmedämmung erwünscht; offene Poren besitzen meist unerwünschte kapillare Wirkung.

Osmose

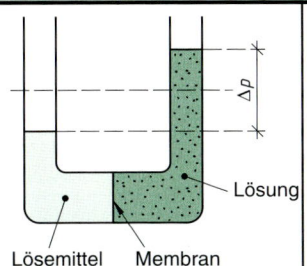

Lösemittel Membran

Lösemittel-Wanderung (Permeation). In der Regel können gelöste Stoffe die Phasengrenze nicht überwinden. Wandern Lösemittelmoleküle in die Phase mit gelösten Stoffen, steigt der Innendruck. Es bilden sich Blasen oder es entsteht Unterrostung. Ungenügende Reinigung von Oberflächen vor der Beschichtung und unvollständiges Aushärten von 2-K-Beschichtungsstoffen fördern die Osmose. Die Permeabilität der Bindemittel sinkt in der Reihe Alkydharze, PVC, Epoxidharz, Polyurethane. Sie sinkt auch mit steigender Pigmentkonzentration, insbesondere bei blättchenförmigen Pigmenten (Eisenglimmer, Aluminium und Graphit), die eine Sperrschicht bilden.

Kapillarität, Kapillardruck — DIN 13310

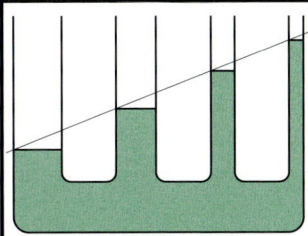

Offene Poren geringen Durchmessers heißen Kapillaren. Wegen der Oberflächenspannungen der Komponenten (Luft – Wandmaterial – Dampf bzw. Flüssigkeit) benetzt die kondensierte Flüssigkeit die Wände der Kapillare (Kapillarkondensation). Dabei steigt die Flüssigkeit gegen die Schwerkraft umso höher, je geringer der Radius der Kapillare ist. In Mauerwerk kann so Feuchte mehrere Meter aufsteigen.

Feuchte — DIN 52103

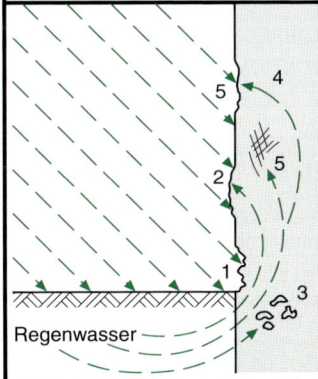

Regenwasser

Feuchte Baustoffe unterliegen in verstärktem Maß der Baustoffkorrosion. Die o. g. Phänomene fördern die Aufnahme von Feuchtigkeit aus der Luft oder dem Boden: Osmose und hygroskopische Wasseraufnahme, Wasserdampf- und Kapillarkondensation, kapillare Saugfähigkeit und dazu Regen bzw. Schlagregen sowie drückendes Wasser aus dem Boden. Die Feuchte von Baustoffen wird in Masse-% oder als relative Feuchte (Sättigungs-%) angegeben (vgl. Seite 115). Folgen sind:
- Abplatzungen (1)
- Ausblühungen (2)
- Auslaugungen und Absandungen (3)
- Minderung der Wärmedämmung (4)
- Flecken und nachfolgend Bewuchs (5)

DIN 4108-3 enthält eine Regenkarte Deutschlands, Teil 5 enthält Tabellen der Taupunkte und der Wasserdampfsättigung.

Normklimate — DIN 50014

Normklimate sind Konstantklimate mit festgelegten Werten für Temperatur und Feuchte der Luft mit eingeschränkten Bereichen für den Luftdruck und die Luftgeschwindigkeit und ohne wesentliche zusätzliche Bestandteile und Strahlungseinflüsse. Sie ermöglichen das Erzielen und Aufrechterhalten eines definierten Zustands von temperatur- und feuchteempfindlichen Objekten. Normklimate können in Klimaschränken, -kammern und -räumen eingestellt werden.

Kurzzeichen	Lufttemperatur ϑ in °C	Rel. Luftfeuchte U in %	Taupunkttemperatur ϑ_s in °C	Luftdruck p in mbar	Luftgeschwindigkeit v in m/s
23/50	23	50	12,0		
20/65	20	65	13,2	860 bis 1060	≤ 1
27/65	27	65	20,0		

Grundlagen

Werkstoffe Hilfsstoffe · Werkzeuge Geräte, Gerüste · Arbeits- techniken · Gestaltung · Arbeitsschutz Umweltschutz · Aufmaß Abrechnung · Betriebs- führung · Quellen

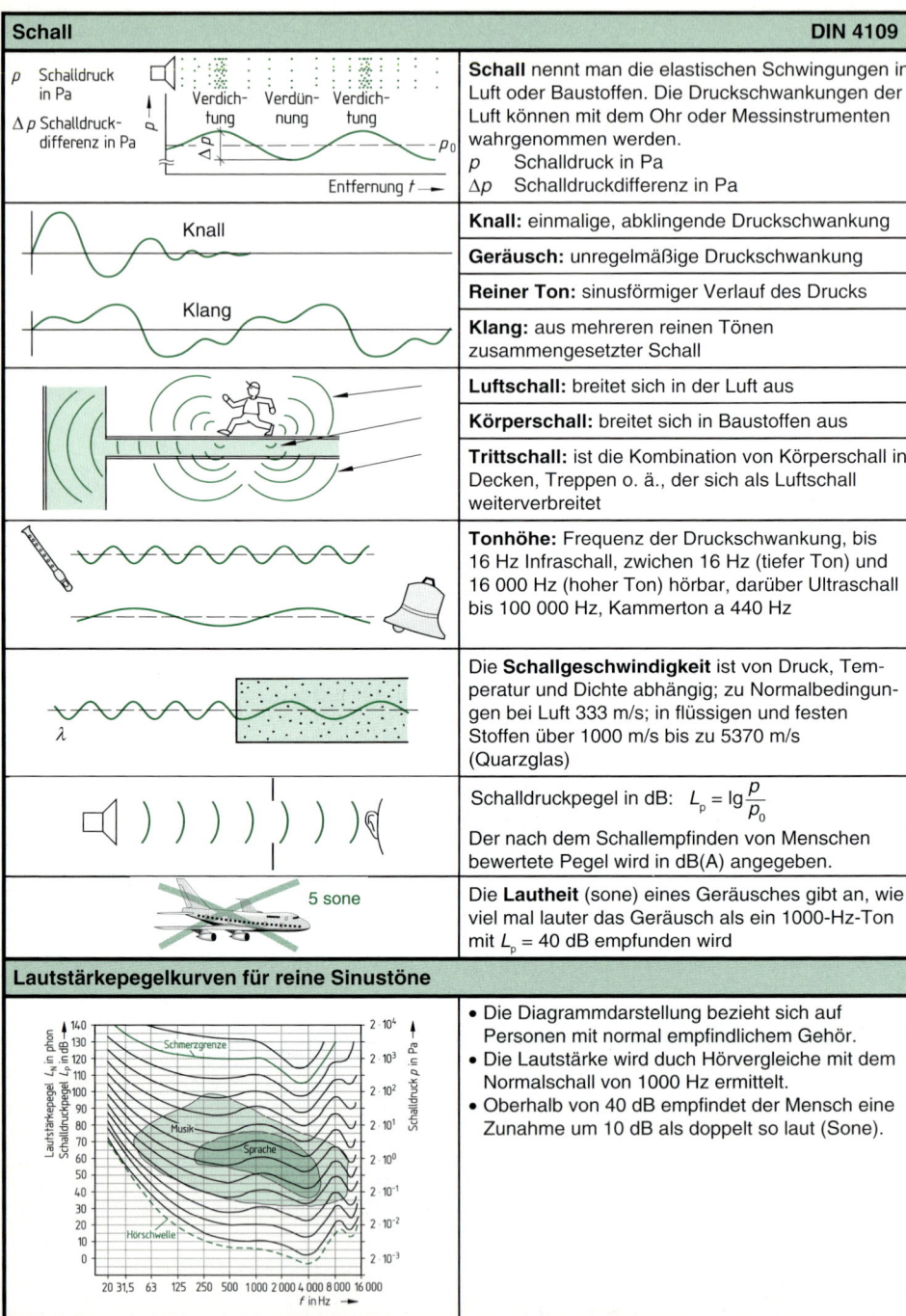

Schall	DIN 4109

p Schalldruck in Pa
Δp Schalldruck- differenz in Pa

Verdich- tung — Verdün- nung — Verdich- tung

Entfernung t →

Schall nennt man die elastischen Schwingungen in Luft oder Baustoffen. Die Druckschwankungen der Luft können mit dem Ohr oder Messinstrumenten wahrgenommen werden.
p Schalldruck in Pa
Δp Schalldruckdifferenz in Pa

Knall

Knall: einmalige, abklingende Druckschwankung

Geräusch: unregelmäßige Druckschwankung

Reiner Ton: sinusförmiger Verlauf des Drucks

Klang

Klang: aus mehreren reinen Tönen zusammengesetzter Schall

Luftschall: breitet sich in der Luft aus

Körperschall: breitet sich in Baustoffen aus

Trittschall: ist die Kombination von Körperschall in Decken, Treppen o. ä., der sich als Luftschall weiterverbreitet

Tonhöhe: Frequenz der Druckschwankung, bis 16 Hz Infraschall, zwichen 16 Hz (tiefer Ton) und 16 000 Hz (hoher Ton) hörbar, darüber Ultraschall bis 100 000 Hz, Kammerton a 440 Hz

λ

Die **Schallgeschwindigkeit** ist von Druck, Tem- peratur und Dichte abhängig; zu Normalbedingun- gen bei Luft 333 m/s; in flüssigen und festen Stoffen über 1000 m/s bis zu 5370 m/s (Quarzglas)

Schalldruckpegel in dB: $L_\mathrm{p} = \lg \dfrac{p}{p_0}$

Der nach dem Schallempfinden von Menschen bewertete Pegel wird in dB(A) angegeben.

5 sone

Die **Lautheit** (sone) eines Geräusches gibt an, wie viel mal lauter das Geräusch als ein 1000-Hz-Ton mit $L_\mathrm{p} = 40$ dB empfunden wird

Lautstärkepegelkurven für reine Sinustöne

Lautstärkepegel L_N in phon
Schalldruckpegel L_p in dB
Schalldruck p in Pa
Schmerzgrenze
Musik
Sprache
Hörschwelle
f in Hz →

- Die Diagrammdarstellung bezieht sich auf Personen mit normal empfindlichem Gehör.
- Die Lautstärke wird duch Hörvergleiche mit dem Normalschall von 1000 Hz ermittelt.
- Oberhalb von 40 dB empfindet der Mensch eine Zunahme um 10 dB als doppelt so laut (Sone).

Anhaltswerte für den Schalldruckpegel bei Geräuschen

L_p dB(A)	Beispiel	Hinweise	L_p dB(A)	Beispiel	Hinweise
Bis 10	Kaum hörbar	sehr leise	70...80	starker Straßenverkehr	sehr laut und lästig
15...20	Nachts im Freien, Kirche		75...85	U-Bahn, div. Fabriken	
25...30	Flüstern	leise	80...85	Schreien, laut rufen	
30...40	Ruhige Wohngegend		80...90	LKW, laute Werkhallen	teilweise unerträglich
40...50	Büro, leises Gespräch		90...100	Schnellzug	
50...60	Normale Unterhaltung		100...110	Schmiede, laute Diskothek	
55...65	Staubsauger	mäßig laut	110...120	Flugzeug, laute Hupe	teilweise schmerzhaft
60...65	Lautes Büro, Kaufhaus		120...130	Presslufthammer	
65...70	Schreibmaschine, Hund		130...150	Düsentriebwerke	

Schallschutz   DIN 4109

Der Schallschutz in Gebäuden hat große Bedeutung für die Gesundheit und das Wohlbefinden der Menschen. Da trotz Schallschutzmaßnahmen nicht erwartet werden kann, dass Geräusche von außen nicht mehr wahrgenommen werden, ergibt sich die Notwendigkeit gegenseitiger Rücksichtnahme durch Vermeidung unnötigen Lärms.

Luftschalldämmung, Räume

Schallpegeldifferenz $D = L_1 - L_2$
(1 Empfangsraum, 2 Senderaum)

Schalldämmmaß $R = D + 10 \cdot \lg(S/A)$ in dB
S/A Flächenverhältnis

Das bewertete Schalldämmmaß R_w und R'_w wird nach DIN 52210-4 mit Hilfe einer Frequenzanalyse an Hand einer Bezugskurve ermittelt. Große flächenbezogene Massen, angemessene Biegesteifigkeit.

Ähnlich wird das Trittschallverbesserungsmaß $\Delta L_{w,R}$ ermittelt. Biegeweiche Werkstoffe, Flankenanschlüsse.

Körperschalldämmung

Erfolgt hauptsächlich durch Schallabsorption, das ist der Verlust an Schallenergie durch Reflexion an den Begrenzungsflächen eines Raumes oder an Gegenständen und Personen in einem Raum. Der Verlust entsteht vorwiegend durch Umwandlung von Schall in Wärme.

Ohmsches Gesetz

$U = R \cdot I$ $1\,V = 1\,\Omega \cdot 1\,A$

U Spannung in V
R Widerstand in Ω
I Stromstärke in A

Leiterwiderstand

$R = \dfrac{r \cdot l}{A}$

R Leiterwiderstand in Ω
r spezifischer Widerstand in $\Omega \cdot mm^2/m$
l Leiterlänge in m
A Leiterquerschnitt in mm^2

Werkstoff	r in $\frac{\Omega \cdot mm^2}{m}$
Aluminium	0,0278
Silber	0,016
Kupfer	0,018
Konstantan	0,48

Reihenschaltung von Widerständen

$I = I_1 = I_2 = I_3 = \ldots$	$U = U_1 + U_2 + U_3 + \ldots$

$R = R_1 + R_2 + R_3 + \ldots$

I	Stromstärke in A
U	Gesamtspannung in V
U_1, U_2, U_3	Teilspannung in V
R	Gesamtwiderstand in Ω
R_1, R_2, R_3	Einzelwiderstand in Ω

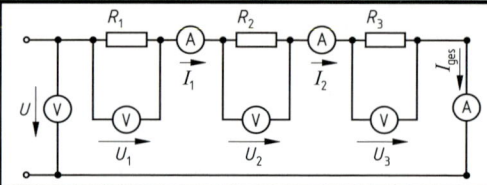

Parallelschaltung von Widerständen

$U = U_1 = U_2 = U_3 = \ldots$	$I = I_1 + I_2 + I_3 + \ldots$

$$\frac{I}{R} = \frac{I}{R_1} + \frac{I}{R_2} + \frac{I}{R_3} + \ldots$$

U	Spannung in V
I	Gesamtstromstärke in A
I_1, I_2, I_3	Teilstromstärke in A
R	Gesamtwiderstand in Ω
R_1, R_2, R_3	Einzelwiderstand in Ω

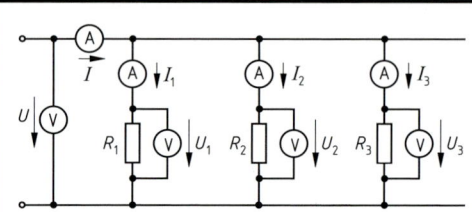

Leistung bei Gleichstrom

$$P = U \cdot I \quad \text{oder} \quad P = \frac{U^2}{R} \quad \text{oder} \quad P = I^2 \cdot R$$

P	Leistung in W
U	Spannung in V
I	Stromstärke in A
R	Widerstand in Ω

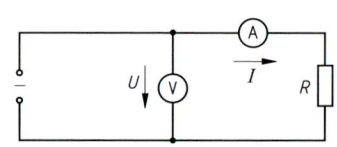

Leistung bei Wechselstrom

$P = U \cdot I \cdot \cos \varphi$	$S = U \cdot I$

P	Wirkleistung in W
U	Spannung in V
I	Stromstärke in A
$\cos \varphi$	Leistungsfaktor (ohne Einheit)
S	Scheinleistung in VA
X_L	Blindwiderstand in Ω

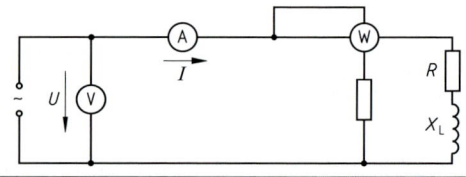

Elektrische Arbeit

$W = P \cdot t$

W	Arbeit in Ws
P	Leistung in W
t	Zeit in s

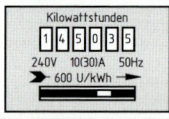

1 Wh = 3 600 Ws
1 kWh = 3 600 000 Ws

Elektromagnetische Strahlung

Elektromagnetische Schwingungen sind periodische Zustandsänderungen des elektromagnetischen Feldes.

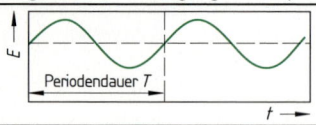

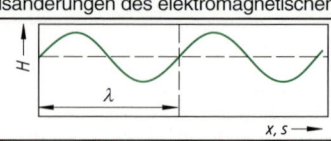

Die Schwingungen werden nach ihrer Frequenz f in 1/s oder nach ihrer Wellenlänge λ in m geordnet. Zwischen ihnen besteht die Beziehung $c_0 = \lambda \cdot f$ mit $c_0 = 299790$ km/s, der Vakuumlichtgeschwindigkeit.

Wellenlängenbereiche

Logarithmisches Spektrum, Wellenlängen der elektromagnetischen Strahlung

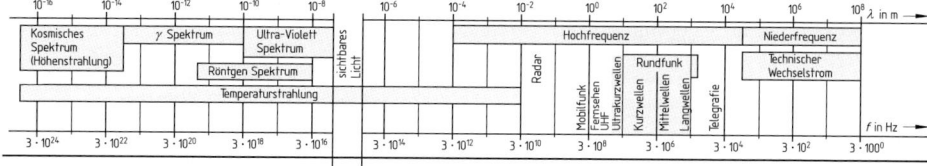

Spektrum des sichtbaren Lichts

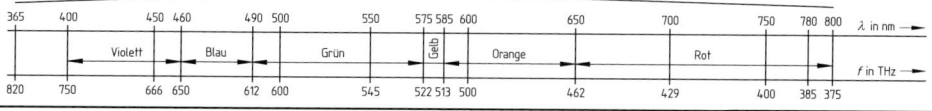

Licht ist der für Menschen sichtbare Bereich des elektromagnetischen Spektrums zwischen 380 nm (Violett) und 780 nm (Rot).

Lichtgeschwindigkeiten, Brechzahl

Die Lichtgeschwindigkeit c verringert sich bei Durchgang durch Materie. Der Brechungsindex oder die Brechzahl n ist das Verhältnis c_0 zu c. (Vakuum: $c_0 = 299\ 792\ 458\ \text{ms}^{-1}$)

Stoff	c in km/s	Brechzahl n	Stoff	c in km/s	Brechzahl n
Luft	299 700	1,0003	Kreide	197 230	1,52
Wasser	225 406	1,33	Quarz	194 669	1,54
Ethanol	220 434	1,36	Bariumsulfat	182 799	1,64
Alkydharz	195 914	1,53	Zinkoxid	149 895	2,00
Polyester	173 289	1,73	Titandioxid	111 033	2,70

Lichtentstehung

Elektromagnetische Strahlung, im engeren Sinne Licht, entsteht durch Änderung des Energieniveaus von Elektronen in Atomen (Quantensprünge). Die Energiedifferenz wird abgestrahlt. Wurden die Elektronen in Atomen von Festkörpern mit vielen Elektronen z. B. durch Wärme angeregt, gibt es viele verschiedene Wellenlängen.

Elektron im Atom

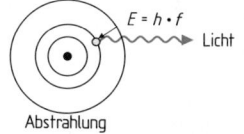

$E = h \cdot f$ Licht

Anregung   Abstrahlung

Lichtquellen, Strahler

Lichtquellen werden eingeteilt nach Verteilung der Intensität der Strahlung im Spektrum als **Temperaturstrahler** mit kontinuierlichen Spektren und **Gasentladungsstrahler** sowie **Lumineszenzstrahler** mit diskreten Linienspektren. **Indirekte** Lichtquellen sind beleuchtete Körper, die einen Teil des eingestrahlten Lichts reflektieren oder durchlassen.

Temperaturstrahler:
- Kerzenflamme
- Glühdraht
- Sonne

Gasentladungsstrahler:
- Blitz
- Neonröhren

Lumineszenzstrahler:
- UV- und Tageslichtleuchtfarben

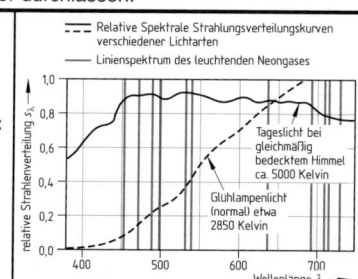

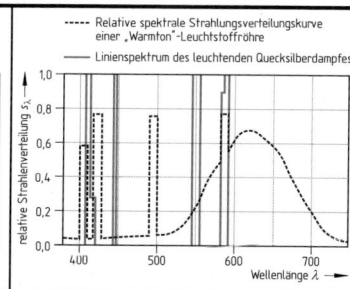

Grundlagen

Werkstoffe Hilfsstoffe

Werkzeuge Geräte, Gerüste

Arbeits- techniken

Gestaltung

Arbeitsschutz Umweltschutz

Aufmaß Abrechnung

Betriebs- führung

Quellen

34 *Lichtquellen · Normlicht · Lichtstärke*

Grundlagen

Werkstoffe Hilfsstoffe

Werkzeuge Geräte, Gerüste

Arbeits-techniken

Gestaltung

Arbeitsschutz Umweltschutz

Aufmaß Abrechnung

Betriebs-führung

Quellen

Normlichtarten   DIN 5033-7

Im allgemeinen unterscheidet man Licht von natürlichen Lichtquellen (Tageslicht) und von künstlichen Lichtquellen. Zur Beleuchtung von Proben für die Farbmessung und Farbmusterung sind Normlichtarten künstlicher Lichtquellen festgelegt worden.

Die im folgenden verwendete Farbtemperatur einer Lichtquelle ist die Temperatur eines schwarzen Hohlraumstrahlers, der subjektive Farbtongleichheit mit einer Lichtquelle oder eines anderen Mess-objekts besitzt. Damit ist nicht eine Gleichheit der spektralen Verteilung des Lichts gemeint.

Relative spektrale Verteilungskurven:

a) Glühlampenlicht, Farbtemperatur etwa 1900 Kelvin
b) Glühlampenlicht normal, Farbtemperatur etwa 2850 Kelvin
c) Direktes Sonnenlicht, Farbtemperatur etwa 3500 Kelvin
d) Tageslicht bei gleichmäßig bedecktem Himmel, Farbtemperatur etwa 5000 Kelvin

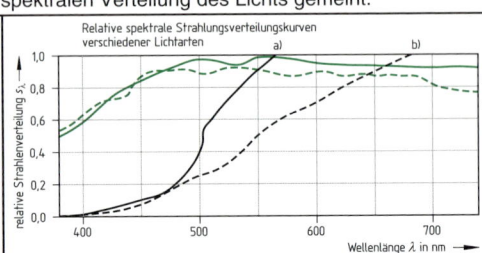

Normlichtart A:
Glühlampenlicht der Farbtemperatur 2856 Kelvin
Normlichtart C:
„Tageslicht", Farbtemperatur 6500 Kelvin mit geringem UV-Anteil
Normlichtart D 65:
„Mittleres Tageslicht" mit zusätzlichem UV-Anteil, das für die Farbmetrik eingesetzt wird, in der Praxis eine Xenon-Lampe, teilweise mit UV-Filtern

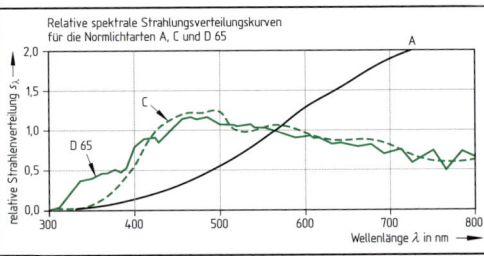

Weitere, ebenfalls genormte Lichtarten D 50, D 55 und D 75 werden in Spezialfällen verwendet.

Lichtstärke

Die Basiseinheit der Lichtstärke ist das Candela (cd). 1 Candela ist die Lichtstärke, mit der 1/60 cm^2 der Oberfläche eines schwarzen Strahlers bei der Temperatur 1774 °C (Erstarrungstemperatur des Platins) senkrecht zu seiner Oberfläche leuchtet. Sie entspricht etwa der Lichtstärke einer Stearinkerze mit einer 3 cm hohen Flamme.

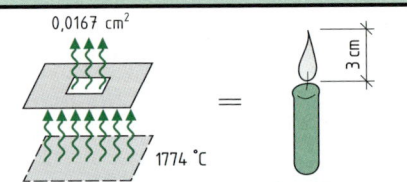

Lichtbegriffe

Aufhellvermögen	Fähigkeit eines Weißpigment, die Helligkeit zu vergrößern. Messwert Hellbezugswert nach DIN 55 982.
Deckvermögen	Fähigkeit die Farbe eines Untergrunds zu verdecken (DIN 55987).
Lichtechtheit, Wollskala	Beständigkeit von Materialien gegen Licht. DIN EN ISO 787-15, Bewertung nach Wollskala DIN 54 003.
Pigment-orientierung	Ausschlaggebend bei der Ausbildung eines guten Metalleffekts. Optimal bei paralleler Ausrichtung.
Remission	Diffuse Reflexion
Schwarzzahl	Charakterisiert coloristisch die schwarze Einfärbung. Messbar mit Spektralfotometer oder einfacher mit dem Densitometer.
Teilchengröße-verteilung	Kornverteilung, beeinflusst wellenlängeabhängig das Verhältnis von Reflexion, Streuung und Absorption, also den Farbeindruck und die mechanischen Eigenschaften insbesondere in Hinblick auf Korrosionsvorgänge.

Lichtausbreitung · Beleuchtungsstärke · Reflexion · Brechung **35**

Grundlagen

Werkstoffe / Hilfsstoffe

Werkzeuge / Geräte, Gerüste

Arbeits- / techniken

Gestaltung

Arbeitsschutz / Umweltschutz

Aufmaß / Abrechnung

Betriebs- / führung

Quellen

Lichtausbreitung

- Vorbeiflutendes Licht ist nicht sichtbar.
- Licht breitet sich geradlinig aus.
- Mit der Ausbreitung von Licht ist ein Energie-transport verbunden.

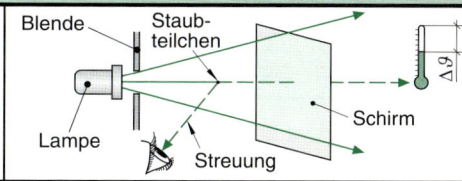

Der Lichtstrom Φ hat die Einheit Lumen (lm) und ist das Produkt aus Lichtstärke in cd und Raumwinkel in Steradiant (sr). Wird der Raumwinkel 1 (1 m² von einer Kugeloberfläche um die Quelle), so ist der Lichtstrom Φ gleich der Lichtstärke I.

Beleuchtungsstärke, Abstands- und Neigungsgesetz

Abstandsgesetz	Neigungsgesetz
$E = \dfrac{I}{r^2}$	$E = \dfrac{I \cdot \cos \alpha}{r^2}$

E Beleuchtungsstärke in Lux
I Lichtstärke in cd
r Abstand zwischen der Lichtquelle und dem beleuchteten Gegenstand
α Winkel zwischen den Lichtstrahlen und der Sekrechten der beleuchteten Fläche

Abstandsgesetz

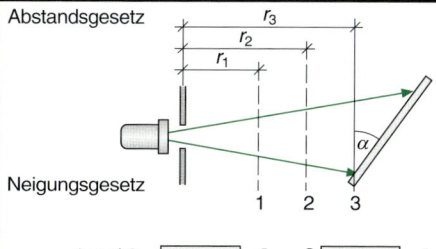

Neigungsgesetz

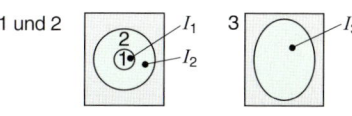

Reflexion

Reflexionsgesetz:
$\alpha = \beta$
α Einfallswinkel
β Ausfallswinkel

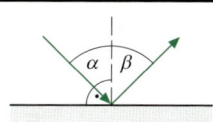

Diffuse Reflexion: Auf unregelmäßigen Ober-flächen gilt zwar für jeden Punkt das Reflexions-gesetz, die einzelnen Flächen haben aber nicht die gleiche Neigung zum einfallenden Lichtstrahl, so dass der Lichteindruck diffus wird.

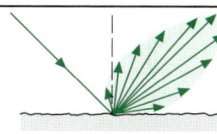

Brechung, Dispersion und Totalreflexion

Ein Lichtstrahl, der nicht senkrecht auf die Grenze zweier Medien verschiedener Brechzahl n trifft, setzt seinen Weg im optisch dichteren Medium (größere Brechzahl) zur Senkrechten hin gebro-chen fort. Wird nach dem Brechungsgesetz ein Winkel 90° oder größer, tritt Totalreflexion ein.

a Brechung
b Totalre-flexion

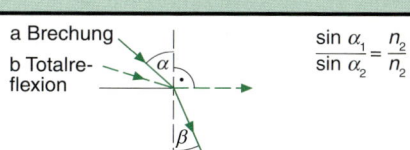

$$\frac{\sin \alpha_1}{\sin \alpha_2} = \frac{n_2}{n_2}$$

Die Brechzahl ist wellenlängenabhängig. Bei jeder Brechung findet also eine **Dispersion** (Auffäche-rung) der Lichtstrahlen nach Wellenlängen statt, sodass ein (farbiges) Spektrum entsteht.

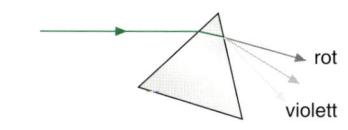

rot

violett

36 *Brechzahlen · Interferenz · Glanz*

Grundlagen

Werkstoffe Hilfsstoffe

Werkzeuge Geräte, Gerüste

Arbeits-techniken

Gestaltung

Arbeitsschutz Umweltschutz

Aufmaß Abrechnung

Betriebs-führung

Quellen

Brechzahlen von Pigmenten und Bindemitteln

Calciumcarbonat	1,48...1,65	Wasser	1,33
Magnesiumsilikat	1,54...1,59	Leinöl	1,48
Calciumsilikat	1,55...1,63	Ethanol	1,36
Glimmer	1,59...1,61	Polyacrylate	1,47...1,49
Aluminiumsilikat	1,56	Celluloseester	1,47...1,53
Bariumsulfat	1,64	Alkydharze	1,51...1,55
Lithopone	1,84...2,08	PVC	1,54
Bleiweiß	1,94...2,09	Polyesterharze	1,54...1,57
Zinkoxid	2,01	Melaminharze	1,55..1,68
Titandioxid – Anatas	2,55	Epoxidharze	1,56...1,60
Titandioxid – Rutil	2,75	Harnstoff/Formaldehydharze	1,57
Quarz	1,55	Phenol/Formaldehydharze	1,63

Die relative Brechzahl n_{rel} ist der Quotient der Brechzahlen von Pigment und Bindemittel.

Streuung und Interferenz (Überlagerung)

An jeder Phasengrenze wird Licht teilweise reflektiert, gebrochen und gestreut. In einer Phase wird Licht teilweise absorbiert.

I_0
Wellenfront
1 reflektierter Strahl
2 gestreuter Strahl
Elementar-wellen nach Huygens
$I < I_0$
I
3 gebrochener Strahl

Interferenz: Wellen gleicher Wellenlänge (kohärent) überlagern sich. Je nach Phasenverhältnis $\Delta\varphi$ (Gangunterschied) kommt es zu Verstärkung oder Auslöschung.

$\Delta\varphi = 0$
$\Delta\varphi = \pi$
A
B
C
A + B = 2 · A
B + C = 0

In **Interferenzpigmenten** (Perlglanz) wird Licht an dünnen Schichten reflektiert. Liegt ihr Abstand in der Größe der Wellenlänge, interferieren die reflektierten Lichtwellen und es kommt winkelabhängig zu Auslöschung und Verstärkung. Auf diese Weise entstehen farbige oder Hell-Dunkel-Muster.

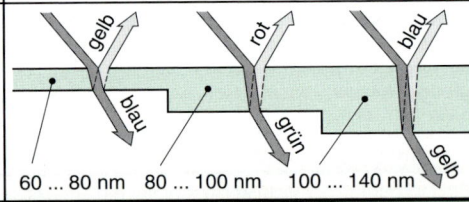

gelb
rot
blau
blau
grün
gelb
60 ... 80 nm   80 ... 100 nm   100 ... 140 nm

Glanz   DIN 67530 ISO-Norm 2813

Glanz ist der subjektive Eindruck des von einer Oberfläche reflektierten und gestreuten Lichts. Das Verhältnis von reflektiertem und gestreutem Licht bestimmt den Glanzgrad.

Spiegelglanz: Die Oberfläche reflektiert ohne Streulichtanteile. Die Bildschärfe ist ohne jeden Schleier.	**Stumpfmatt:** Die Streulichtanteile sind so groß, dass keine Abbildung erkennbar ist.	Das Verhältnis von reflektiertem zu gestreutem Licht steigt mit flacheren Betrachtungswinkeln.
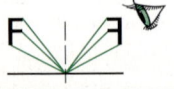		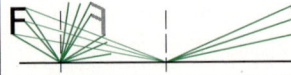

Elementarteilchen und Atombau

Es gibt drei Elementarteilchen, aus denen alle Atome aufgebaut sind. Die verbreitetste physikalische Theorie über Materie und Felder hat eine Systematik von 12 Bausteinen der Materie.

Teilchen	Masse	Ladung
Elektron	$9,1081 \cdot 10^{-31}$ kg relativ 1	$-1,602 \cdot 10^{-19}$ As relativ -1
Neutron	$1,6747 \cdot 10^{-27}$ kg relativ 1836	0
Proton	$1,6747 \cdot 10^{-27}$ kg relativ 1836	$+1,602 \cdot 10^{-19}$ As relativ $+1$

Atombau und Isotope

Bohrsches Atommodell

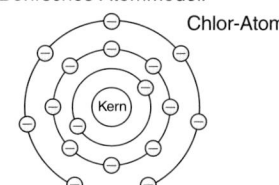

Chlor-Atom

Im **Kern** befinden sich Protonen p^+ und Neutronen n^0; der Kern ist positiv geladen. Sein **Durchmesser** beträgt etwa 10^{-15} m. Die Elektronen **e⁻**, befinden sich in großem Abstand vom Kern, sodass der Atomdurchmesser zwischen 30 pm (H) und 265 pm (Cs) beträgt.

Die **Elemente** unterscheiden sich in der Anzahl der Protonen und Neutronen im Kern und damit auch der Elektronen. Atome mit gleicher Protonenzahl und unterschiedlicher Neutronenzahl nennt man **Isotope**. Manche Isotope sind radioaktiv.

Ionen sind geladene Atome, die entweder Elektronen aufgenommen (Anionen) oder abgegeben haben (Kationen). Nach ihrer Stellung im „Periodensystem der Elemente" neigen Atome entweder zur Abgabe (Metalle) oder zur Aufnahme (Nichtmetalle) von Elektronen (Edelgasregel, Elektronegativität).

Darstellung von Atomen und Molekülen, Formeln

Bild	Bezeichnung, Regeln, Verbreitung
$_{16}^{32}S^{2-}$	Symbol eines Schwefelions des Isotops der Massenzahl 32, Ordnungszahl 16 (Protonen), Ladung des Ions zweifach negativ, also 18 Elektronen insgesamt vorhanden. Zahlen links zur Kennzeichnung von Isotopen.
Al_2O_3	Summenformel von Aluminiumoxid (Di-Aluminiumtrioxid). Die Zahlenverhältnisse in der Verbindung werden durch Indizes angegeben.

Atom- und molekulare Massen

Fe_2O_3: $M = 159,68$ g/mol	Die Summe der Atommassenzahlen ist die molare Masse M in g/mol. Die Stoffmenge 1 mol einer Stoffportion Eisen(III)-oxid hat die Masse $2 \cdot 55,84$ g $+ 3 \cdot 16,00$ g $= 159,68$ g.

Reaktionsgleichungen

Calciumhydroxid + Salzsäure reagiert zu Calciumchlorid + Wasser $$Ca(OH)_2 + 2\ HCl \rightleftharpoons CaCl_2 + 2\ H_2O$$ 74 g + 73 g = 111 g + 36 g 147 g = 147 g	Die Reaktionsgleichung vereinfacht die Niederschrift von Reaktionen. Darüberhinaus gibt sie die Zahlenverhältnisse (stöchiometrische Faktoren) an. Mit den molaren Massen der beteiligten Stoffe können die Massen berechnet werden: **Gesetz von der Erhaltung der Masse.**

Konzentrationsangaben

Die Stoffmengenkonzentration c (x) des Stoffes x in mol/l gibt an, wie viel Mol in einem Liter enthalten sind. Die Angabe [x] ist eine weitere Schreibweise für die Stoffmengenkonzentration.

Periodisches System der Elemente (PSE)

Elemente in gleichen Hauptgruppen (Spalten des PSE) besitzen ähnliche Eigenschaften und bilden analoge Verbindungen.
Die Alkalimetalle (1. Hauptgruppe) sind unbeständige Metalle, die lösliche Salze bilden, die Erdalkalimetalle bilden schwerlösliche Sulfate und sind in Gestein und Erden anzutreffen, zusammen mit den Chalkogenen (Erzbildner, 6. Hauptgruppe). Die Halogene sind Salzbildner (7. Hauptgruppe), Edelgase sind in der 8. Gruppe. Die Diagonale von B (Bor) nach Te (Tellur) trennt Metalle von Nichtmetallen.

Werkstoffe Hilfsstoffe

Werkzeuge Geräte, Gerüste

Arbeitstechniken

Gestaltung

Arbeitsschutz Umweltschutz

Aufmaß Abrechnung

Betriebsführung

Quellen

Werkstoffe Hilfsstoffe

Werkzeuge Geräte, Gerüste

Arbeits- techniken

Gestaltung

Arbeitsschutz Umweltschutz

Aufmaß Abrechnung

Betriebs- führung

Quellen

Periodensystem der Elemente (PSE)

Periode	1 Alkali-metalle	2 Erd-alkali-metalle	3	4	5	6	7	8	9	10	11	12	13 Bor-gruppe	14 Kohlen-stoff-gruppe	15 Stick-stoff-gruppe	16 Chalko-gene, Erz-bildner	17 Halo-gene, Salz-bildner	18 Edel-gase
							Nebengruppen											
1	1,01 H 1 Wasser-stoff																	4,00 He 2 Helium
2	6,94 Li 3 Lithium	9,01 Be 4 Beryl-lium											10,81 B 5 Bor	12,01 C 6 Kohlen-stoff	14,01 N 7 Stick-stoff	16,00 O 8 Sauer-stoff	19,00 F 9 Fluor	20,18 Ne 10 Neon
3	22,99 Na 11 Natrium	24,31 Mg 12 Magne-sium											26,96 Al 13 Alumi-nium	28,09 Si 14 Silicium	30,97 P 15 Phos-phor	32,06 S 16 Schwe-fel	35,45 Cl 17 Chlor	39,95 Ar 18 Argon
4	39,10 K 19 Kalium	40,08 Ca 20 Calcium	44,96 Sc 21 Scan-dium	47,90 Ti 22 Titan	50,94 V 23 Vana-dium	52,00 Cr 24 Chrom	54,94 Mn 25 Mangan	55,85 Fe 26 Eisen	58,93 Co 27 Cobalt	58,71 Ni 28 Nickel	63,55 Cu 29 Kupfer	65,38 Zn 30 Zink	69,72 Ga 31 Gallium	72,59 Ge 32 Germa-nium	74,92 As 33 Arsen	78,96 Se 34 Selen	79,90 Br 35 Brom	83,80 Kr 36 Krypton
5	85,47 Rb 37 Rubi-dium	87,62 Sr 38 Stron-tium	88,91 Y 39 Yttrium	91,22 Zr 40 Zirko-nium	92,91 Nb 41 Niob	95,94 Mo 42 Molyb-dän	98,91 Tc 43 Techne-tium	101,07 Ru 44 Ruthe-nium	102,91 Rh 45 Rho-dium	106,42 Pd 46 Palla-dium	107,87 Ag 47 Silber	112,41 Cd 48 Cad-mium	114,82 In 49 Indium	118,69 Sn 50 Zinn	121,75 Sb 51 Antimon	127,60 Te 52 Tellur	126,90 I 53 Iod	131,30 Xe 54 Xenon
6	132,91 Cs 55 Cäsium	137,33 Ba 56 Barium	57...71 La...Lu Lantha-noide	178,49 Hf 72 Hafnium	180,95 Ta 73 Tantal	183,85 W 74 Wolfram	186,21 Re 75 Rhenium	190,23 Os 76 Osmium	192,22 Ir 77 Iridium	195,09 Pt 78 Platin	196,97 Au 79 Gold	200,59 Hg 80 Queck-silber	204,37 Tl 81 Thal-lium	207,20 Pb 82 Blei	208,98 Bi 83 Bismut	208,98 Po 84 Polo-nium	209,99 At 85 Astat	222,02 Rn 86 Radon
7	223,02 Fr 87 Fran-cium	226,03 Ra 88 Radium	89...103 Ac...Lr Acti-noide															

Einteilung der Stoffe, Stoffgemische

Reine Stoffe

Chemische Verbindungen	Nur **chemisch** durch Stoffumwandlung zu zerlegen, z. B. Natriumchlorid, Ethanol, Schwefeldioxid. Sie sind an ihrem konstanten Siede- und Schmelzpunkt erkennbar.
Chemische Elemente	Sie sind auch chemisch nicht mehr in verschiedene Bestandteile zu zerlegen, z. B. Eisen, Sauerstoff, Kohlenstoff, Gold.

Stoffgemische (heterogene oder homogene Gemenge)

Heterogen	Mehrere Phasen (abgegrenzte Bereiche) sind erkennbar bzw. auf Grund physikalischer Unterschiede messbar und trennbar. Beispiele: Holz, Blähton, Nebel, Frischbeton.
Homogen (Mischphasen)	Nur eine Phase mit überall gleichen physikalischen und chemischen Eigenschaften. Mit **physikalischen** Methoden ohne Stoffumwandlung in reine Stoffe trennbar, z. B. Mineralwasser, Luft, Legierungen.

Kristalline und amorphe Stoffe

Gitter, mit Fehlstellen 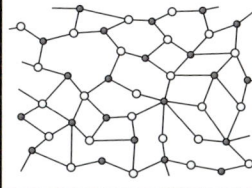	In **idealen** Kristallen sind die Teilchen (Atome, Ionen oder Moleküle) streng geometrisch in sogenannten Kristallgittern angeordnet. Eine **Elementarzelle** wiederholt sich dreidimensional, sodass eine **Fernordnung** besteht. In **realen** Kristallen gibt es **Fehlstellen** (Leerstellen, Fremddionen, Versetzungen, Poren, Einschlüsse), die die idealen Eigenschaften stark verändern, bei dotierten Halbleitern aber auch neue, gewünschte Eigenschaften bewirken.
Amorph 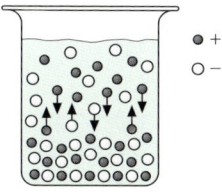	Amorphe Stoffe besitzen keine Ordnung, sodass auch im festen Zustand Eigenschaften einer Flüssigkeit vorhanden sind. Gläser nennt man daher auch unterkühlte Schmelzen. Sie können aus ihrem metastabilen Zustand in den energieärmeren Kristallzustand übergehen („Entglasen"). Lackfilme gehen am **Glaspunkt** vom gummielastischen in den hartelastischen Zustand über. Dabei finden drastische Änderungen von Härte, Elastizitäts-Modul und Volumen statt.

Echte Lösungen

 Lösemittel **solvatisieren** (umhüllen) einzelne Ionen oder Moleküle des gelösten Stoffs und erniedrigen so die Energie des Systems. Demzufolge hat die Löslichkeit eine **Sättigungsgrenze**, die gewöhnlich mit der Temperatur steigt. Die physikalischen und chemischen Eigenschaften werden durch die Solvathülle modifiziert. Mit ungelöstem Bodenkörper besteht ein Austausch, ein dynamisches Gleichgewicht.

Kolloid

Bezeichnung für den Zustand von Stoffen, die in einem zweiten Stoff (Dispersionsmittel) fein verteilt in Teilchengrößen zwischen 100 und 1 nm vorliegen, etwa 10^3 bis 10^9 Atome. Die Teilchen besitzen eine so hohe Oberflächenenergie, dass ihre Eigenschaften besonderen Gesetzen gehorchen. Sie werden nach Aggregatzustand, Teilchenform, chemischer Zusammensetzung, Redispergierbarkeit (reversibel, irreversibel), Beweglichkeit (kohärent sind unbewegliche Gele, inkohärent sind bewegliche Sole), Löslichkeitsverhalten (hydrophil, hydrophob) und Form der Stabilisierung (elektrostatisch oder sterisch) unterschieden.

40 *Kolloide · Gele · Sole*

Grundlagen

Werkstoffe Hilfsstoffe

Werkzeuge Geräte, Geriste

Arbeits- techniken

Gestaltung

Arbeitsschutz Umweltschutz

Aufmaß Abrechnung

Betriebs- führung

Quellen

Einteilung kolloiddisperser Systeme nach Aggregatzuständen

Dispersionsmittel (kontinuierliche Phase)	Zerteilter Stoff (disperse Phase)	Benennung und Beispiele
Gasförmig	Flüssig	Nebel, Spray,
Gasförmig	Fest	**Aerosol**, Rauch, staubige Industrieabgase
Flüssig	Gasförmig	Schaum, Schlagsahne
Flüssig	Flüssig	**Emulsion**, Lotion, Teeremulsion
Flüssig	Fest	**Suspension**, auch Dispersion, Leim, Anstrichfarben
Fest	Gas	Schaumstoff, Gasbeton, Brot
Fest	Fest	Metalloxide in Silikaten, Pigmente im festen Lackfilm

Lack-Dispersionen sind heterogene Systeme, in denen die Filmbildner als Dispersionen in bis zu millimetergroßen Tröpfchen evtl. als Schutzkolloide vorliegen (dreifacher Aufbau, vgl. unten).

Eigenschaften und Verhalten inkohärenter kolloider Systeme (Sole)

Ausflockung	Koagulation: Bei einem bestimmten pH-Wert (isoelektrischer Punkt) bilden die Kolloidteilchen größere Aggregate, Gele oder solche, die nicht mehr dispergiert bleiben.	Elektrophorese	Aufgeladene Teilchen wandern im elektrischen Feld unterschiedlich schnell und lassen sich damit nach Größe trennen.
Sedimentation, Absetzen	Absetzen: Alterung oder geringe Änderung (Temperatur, Zusammensetzung) des Systems führt zur Ausflockung und anschließendem Absetzen.	Tyndall-Effekt	Senkrecht zu einem Lichtstrahl wird polarisiertes Licht gestreut. Erkennungsmethode.
Ultrafiltration	Echte Kolloide werden nur von Membranfiltern zurückgehalten.	Viskosität	Die Viskosität der Dispersion steigt erst ab einem Feststoffgehalt von etwa 50 % an.

Eigenschaften und Verhalten kohärenter kolloider Systeme (Gele)

Viskosität	Dilatanz, Strukturviskosität, Rheopexie und Thixotropie.
Elastizität	Die räumlich fixierten Teilchen bilden ein Netz, das formbeständig und sehr elastisch ist.

Schutzkolloide

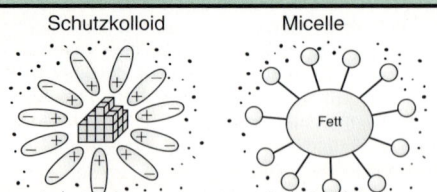

Schutzkolloid Micelle

Um zu erreichen, dass dispergierte Teilchen erst nach Verdunsten des Lösemittels koagulieren, werden **Schutzkolloide** mit abstoßenden Kräften eingesetzt. Sie umhüllen die Dispersionströpfchen. Emulgatoren wie Seifen dagegen bilden **Micellen**, in deren Inneren sich ein sonst unlöslicher (z. B. hydrophober) Stoff befindet.

Chemische Bindungen

Alle Bindungstypen zwischen Atomen, Ionen und Molekülen beruhen auf elektrostatischen Kräften und auf Symmetrieerscheinungen.

Gemeinsames Orbital (s-s)-Einfachbindung 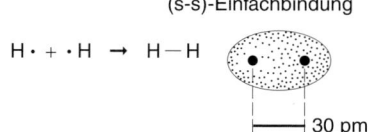 ├───┤ 30 pm	**Atombindung,** homöopolar bzw. unpolar, gleichmäßige Ladungsdichte. Beispiel: H-H-Bindung, zwei Elektronen (eins von jedem Atom) werden gemeinsam „genutzt", um die Edelgas-Konfiguration zu erreichen. Bindungsenergie: 60 bis 700 kJ/mol.
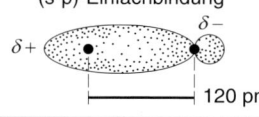 (s-p)-Einfachbindung ├───┤ 120 pm	**Polare Atombindung:** wie oben, aber Dipolmoment zwischen Atomen unterschiedlicher Elektronegativität. Beispiel: H-Cl-Bindung. δ^+, δ^- sind Teilladungen, die den elektrischen Dipol bilden. Bindungsenergie: 60 bis 700 kJ/mol.
Kation, Anion, Ionengitter 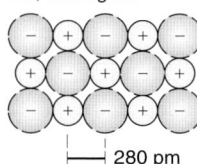 ├───┤ 280 pm	**Ionenbindung:** Atome haben ein Elektron oder mehrere Elektronen vollständig abgegeben – **Kation** – oder aufgenommen –**Anion**. Zwischen entgegengesetzt geladenen Ionen wirken starke elektrostatische Kräfte. Die Ionen nähern sich solange, bis die elektrostatische Abstoßung der Elektronenhüllen einsetzt. Bindungsenergie: 600 bis 1600 kJ/mol.
Metallgitter 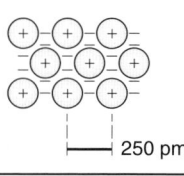 ├───┤ 250 pm	In der **Metallbindung** lagern sich die positiv geladenen Rümpfe der Metallatome zu einem Metallgitter zusammen. Die negativen Außenelektronen halten gemeinsam wie ein **Elektronengas** die Atome zusammen. Bindungsenergie: 200 bis 800 kJ/mol.

Bindungen bzw. Anziehungskräfte zwischen Molekülen führen zu Kohäsion zwischen Molekülen in einer Phase und zu Adhäsion zwischen Molekülen in verschiedenen Phasen.

H-Brückenbindung 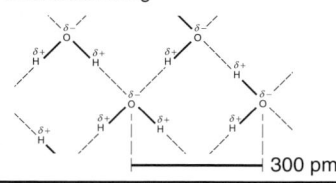 ├───┤ 300 pm	**Wasserstoffbrückenbindung** Ein Wasserstoffatom, an ein Sauerstoff- oder ein Stickstoffatom gebunden, besitzt wegen der polaren Atombindung eine positive Teilladung (s. o.). Es kann leicht von einem Sauerstoffatom eines Nachbarmoleküls mit negativer Teilladung angezogen werden. Beispiele: Wasser, Polyole wie Glycerin und Zucker. Bindungsenergie: 50 kJ/mol.
Entstehung der van-der-Waals-Kräfte 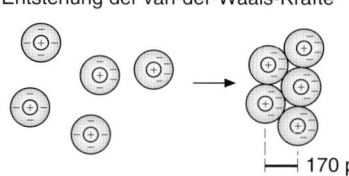 ├───┤ 170 pm	**Van-der-Waals-Bindung** Benachbarte Atome beeinflussen sich elektrostatisch. Der Kern eines Atoms verformt die Elektronenhülle des Nachbaratoms, sodass vorübergehend ein schwaches Dipolmoment entsteht, das zu einer schwachen gegenseitigen Anziehung führt. Beispiel: Kohlenwasserstoffe. Bindungsenergie: 0,1 bis 40 kJ/mol.

Nomenklatur von Verbindungen — UPAC, DIN 32640

In anorganischen Verbindungen wird an den Namen des oder der beteiligten Metalle der Name des Nichtmetalls angefügt, modifiziert durch Endsilben, die den Sauerstoffgehalt angibt. Beispiel: Chlor.

Oxidationsstufe, Ladung des Nichtmetalls	Säure		Metallsalz	
	Formel	Name	Formel	Name
+1	HClO	Hypochlorige Säure	NaClO	Natriumhypochlorit
+3	$HClO_2$	Chlorige Säure	$NaClO_2$	Natriumchlorit
+5	$HClO_3$	Chlorsäure	$NaClO_3$	Natriumchlorat
+7	$HClO_4$	Perchlorsäure	$NaClO_4$	Natriumperchlorat
−1	HCl	Chlorwasserstoff (Salzsäure)	NaCl	Natriumchlorid

Häufige Anionen

Säurerest	Name	Säurerest	Name	Säurerest	Name
C^-	Carbid	CO_3^-	Carbonat	HCO_3^-	Hydrogencarbonat
N	Nitrid	NO_3^-	Nitrat	PO_3^{3-}	Phosphat
O^{2-}	Oxid	OH^-	Hydroxid	$H_2PO_4^-$	Dihydrogenphosphat
F^-	Fluorid	S^{2-}	Sulfid	SiO_3^-	Silikat
Br^-	Bromid	SO_4^-	Sulfat	$[Fe(CN)_6]^{4-}$	Hexacyanoferrat
I^-	Iodid	–	–	AlO_2^-	Aluminat

Nomenklatur organischer Stoffe

Bei organischen Verbindungen wird ein Stammname, der sich aus der längsten Kohlenstoffkette ergibt, mit Präfixen und Suffixen für die anhängenden funktionellen Gruppen versehen.

Homologe Reihe der Alkane mit dem Suffix -an für gesättigte Kohlenwasserstoffe (KW)

Anzahl der Kohlenstoffatome	Stammname	Anzahl der Kohlenstoffatome	Stammname	Anzahl der Kohlenstoffatome	Stammname
1: CH_4	Methan	6: C_6H_{14}	Hexan	11: $C_{11}H_{24}$	Undecan
2: C_2H_6	Ethan	7: C_7H_{16}	Heptan	12: $C_{12}H_{26}$	Dodecan
3: C_3H_8	Propan	8: C_8H_{18}	Octan	13: $C_{13}H_{28}$	Tridecan
4: C_4H_{10}	Butan	9: C_9H_{20}	Nonan	14: $C_{14}H_{30}$	Tetradecan
5: C_5H_{12}	Pentan	10: $C_{10}H_{22}$	Decan	20: $C_{20}H_{42}$	Eicosan/Icosan

Ringförmige aromatische KW wie Benzol, Naphtalin und Anthracen besitzen ein eigenes System.

Suffixe als Kennzeichnung für funktionelle Gruppen

Name	Funktionelle Gruppe	Suffix	Beispiele		
			Formel	Name	Trivialname
Aldehyd	$-CH=O$	-al	CH_3CHO	Ethanal	Acetaldehyd
Alkanol	$-OH$	-ol	C_2H_5OH	Ethanol	Alkohol
Alken	$-C=C-$	-en	$CH_3CH=CH_2$	Propen	Propen
Alkin	$-C\kappa C-$	-in	$HC\kappa CH$	Ethin	Azetylen
Amin	$-C-NH_2$	-amin	$H_2N-(CH_2)_6-NH_2$	1,6-Hexandiamin	Hexamethylendiamin
Keton	$C=O$	-on	$CH_3-CO-CH_3$	Propanon	Aceton
Säure	$-COOH$	-säure	CH_3COOH	Ethansäure	Essigsäure

Darstellung von Molekülen · Massenwirkungsgesetz **43**
Grundlagen
Werkstoffe Hilfsstoffe
Werkzeuge Geräte, Geräte
Arbeits- techniken
Gestaltung
Arbeitsschutz Umweltschutz
Aufmaß Abrechnung
Betriebs- führung
Quellen

Darstellung von Molekülstrukturen in der Chemie

Die Vielfalt der organischen Verbindungen erfordert über die Summenformel hinaus eine genauere Darstellung der Moleküle. Dabei wird nur der dem Zweck entsprechende Aspekt hervorgehoben.

Styrol:
$C_6H_5CH=CH_2$ statt C_8H_8
Essigsäure:
CH_3COOH statt $C_2H_4O_2$
Glucose:
$CH_2OH(CHOH)_4CHO$ statt $C_6H_{12}O_6$

Aufgelöste Summenformel. Trägt der Struktur Rechnung durch Darstellung funktioneller Gruppen, die die Träger chemischer Eigenschaften sind. Wiederholungen von Molekülgruppen werden eingeklammert und ihre Zahl wie bei Elementen rechts unten angegeben. Doppelstriche bedeuten Doppelbindungen (4-Elektronen-Bindung).

Styrol:

Strukturformel. Sie gibt teilweise die räumliche Struktur wieder. Mit Hilfe von Konventionen lassen sich auch die Symmetrieverhältnisse wiedergeben (RS-Nomenklatur). Häufig werden die H-Atome weggelassen. In diesen Formeln muss der Betrachter fehlende Wertigkeiten durch H-Atome ergänzen.

Essigsäure:

An der Strukturformel lassen sich gut besondere Merkmale wie Ladungsverteilungen kennzeichnen, bei der Essigsäure die Polarität der C-O-Bindung und die Dissoziationsfähigkeit des H-Atoms.

Glucose:

Bei der Glucose sind die mit * bezeichneten Atome asymmetrisch, aber eindeutig zuzuordnen. Andere Zucker mit gleicher Summenformel, die z. B. physiologisch unverträglich sind, können so unterschieden werden.

Räumliche Darstellung der (Elektronen-)Oberfläche. Atome werden als Kugeln dargestellt, die unterschiedlichen Raum einnehmen. Unerlässlich zur Visualisierung der räumlichen Verhältnisse, insbesondere der Elektronenverteilung.

Darüber hinaus gibt es weitere symbolische Darstellungen mit anderen Symbolen, die die Eigenschaften Ladung, Raumerfüllung, Funktionalität, Form oder Unterscheidbarkeit wiedergeben.

Chemische Reaktionen und chemisches Gleichgewicht

Chemische Reaktionen finden statt, wenn reaktionsfähige Moleküle aufeinander treffen. Die Wahrscheinlichkeit ist um so höher, je höher die **Konzentration** c (in mol/l) der Teilchen ist. Das Produkt der Konzentrationen der Reaktionspartner ist ein Maß für die Reaktionsgeschwindigkeit.
Chemische Reaktionen laufen nicht vollständig ab, es stellt sich ein **dynamisches Gleichgewicht** zwischen der Hinreaktion und der Rückreaktion ein. Die Lage des Gleichgewichts hängt vor allem von dem Energiegehalt der Reaktionspartner ab, sodass Temperaturänderungen die Lage des Gleichgewichts verschieben. Im **Massenwirkungsgesetz** wird die Gleichgewichtslage mit der **Gleichgewichtskonstanten K** dargestellt.

Beispiel: Erhärten von Kalkmörtel
Reaktionsgleichung: $Ca(OH)_2 + CO_2 \rightleftarrows CaCO_3 + H_2O$

Massenwirkungsgesetz: Im Gleichgewicht ist die Geschwindigkeit der Hinreaktion gleich der der Rückreaktion.	$$\frac{[CaCO_3] \cdot [H_2O]}{[Ca(OH)_2] \cdot [CO_2]} = K$$ Die Angabe [x] ist eine weitere Schreibweise für die Stoffmengenkonzentration.	Die Gleichgewichtskonstante K ist das Verhältnis des Konzentrationsprodukts der Endstoffe zu dem Konzentrationsprodukt der Ausgangsstoffe.
Bedeutung: Wie entsteht möglichst viel Kalkstein?	$$[CaCO_3] = K \cdot \frac{[Ca(OH)_2] \cdot [CO_2]}{[H_2O]}$$	Kalk härtet vollständig aus; $[CaCO_3]$ wird groß, wenn viel CO_2 vorhanden ist und H_2O gleich entfernt wird.

Die chemische Reaktion wird außerdem von Temperatur, Druck, Katalysatoren und bei festen oder heterogenen Stoffen von der spezifischen Oberfläche (Feinheit und Kristallisationszustand) beeinflusst.

44 *Säure · Base · pH-Wert · Puffer · Indikatoren*

Grundlagen

Werkstoffe Hilfsstoffe

Werkzeuge Geräte, Geräste

Arbeits- techniken

Gestaltung

Arbeitsschutz Umweltschutz

Aufmaß Abrechnung

Betriebs- führung

Quellen

Säure-Base-Reaktionen: Austausch von Protonen (Protolyse)

Säure	Base	Protonendonator + Protonenakzeptor, Beispiele:
H_2SO_4 H_2O	H_2O H_2O NaOH	$H_2SO_4 + 2\,H_2O \rightleftarrows SO_4^{2-} + 2\,H_3O^+$; **Säuredissoziation**, $2\,H_2O \rightleftarrows H_3O^+ + OH^-$; es entstehen H_3O^+-Ionen, **Eigendissoziation** des Wassers NaOH $\rightleftarrows$ $Na^+ + OH^-$; **Basendissoziation**
H_2SO_4	NaOH	$H_2SO_4 + 2\,NaOH \quad Na_2SO_4 + 2\,H_2O$; **Neutralisation,** es entsteht Wasser.
H_2O NH_4^+	Cl^- H_2O	$NH_4Cl + H_2O \rightleftarrows NH_4OH + HCl$; es entsteht eine saure Lösung, weil sich anschließt: $NH_4OH \rightleftarrows NH_3 + H_2O$ **Hydrolyse, Umkehrung der Neutralisation**

Berechnung des pH-Werts

Der **pH-Wert** ist der negative dekadische Logarithmus der H^+-Ionenkonzentration: $pH = -\lg c\,(H^+)$

Säure oder Base	$c_{S,B}$ in mol/l	$c\,(H^+)$ oder $c\,(OH^-)$ in mol/l	pH- Wert	Erläuterung: In Wasser entstehende H^+-Ionen werden von H_2O-Molekülen aggregiert.
HCl	1	1	0	Vollständige Dissoziation einer starken Säure
NaOH	1	1	14	Starke Lauge, praktisch keine H^+-Ionen mehr da
H_2SO_4	2	4	–0,22	Der pH-Wert kann in Wasser minimal –1,74 sein
CH_3COOH (Essigsäure)	1	0,0044	2,37	Nur vier von 1000 Essigsäuremolekülen sind dissoziiert, es ist eine schwache Säure
$Ca(OH)_2$ (gesättigt)	0,17	0,34	12,53	Kalklauge ist trotz der geringen Dissoziation noch stark alkalisch

Entsprechend der Eigendissoziation des Wasser bezeichnet man eine Lösung mit dem genauen pH-Wert 7 als neutral, Lösungen mit höheren H^+-Ionenkonzentrationen und damit kleineren pH-Werten als sauer und entsprechend solche mit höheren pH-Werten als basisch oder alkalisch.

pH-Werte einiger Flüssigkeiten

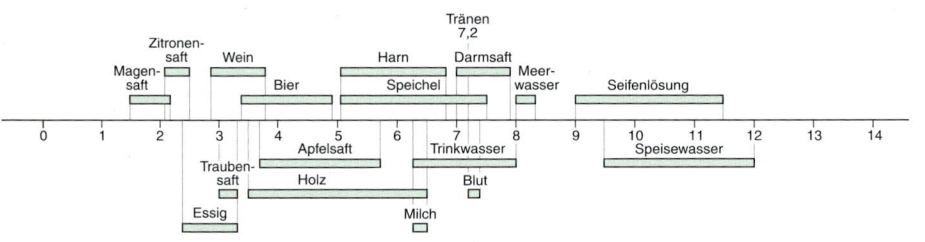

Puffer

Lösungen schwacher Säuren oder Basen ändern den pH-Wert bei Zugabe starker Basen und Säuren anfänglich wenig. Es liegt an der geringen Dissoziation der schwachen Säuren und Basen, die das Gegenion „nachliefern" können und so ein Teil der H^+- oder OH^--Ionen neutralisieren. Mit Zugabe schwacher Säuren und ihrer Salze können saure Lösungen gepuffert werden, basische Lösungen mit ebensolchen Basen. Alle Körperflüssigkeiten sind gepuffert. Chemische Messungen werden mit Pufferlösungen standardisiert.

Indikatoren

Indikatoren sind organische Farbstoffe und gleichzeitig schwache Säuren/Basen mit unterschiedlichen Farben in der protonierten und deprotonierten Form. Der Universalindikator ist ein Indikatorgemisch. Indikatoren zeigen durch ihre Farbe den pH-Wert an.

Name	pH des Farbumschlags	Name	pH des Farbumschlags
Methylorange	3,1 bis 4,4 Rot – Gelb	Thymolphthalein	9,3...10,5 farblos – Blau
Lackmus	5,0 bis 8,0 Rot – Blau	Phenolphthalein	8,0...10,0 farblos – Rot

Fällungsreaktionen · Komplexbildung · Redoxreaktionen · Polymere **45**

Grundlagen
Werkstoffe Hilfsstoffe
Werkzeuge Geräte. Geräte
Arbeits- techniken
Gestaltung
Arbeitsschutz Umweltschutz
Aufmaß Abrechnung
Betriebs- führung
Quellen

Fällungsreaktionen: schwerlösliche Stoffe werden gebildet.

Schwerlösliche Salze werden durch ihr Löslichkeitsprodukt $Lp = [M^+] \cdot [A^-]$ charakterisiert; es entspricht der Massenwirkungskonstanten K. Beispiel: $Ba^{2+} + SO_4^{2-} \rightleftarrows BaSO_4\downarrow$; $Lp = [Ba^{2+}] \cdot [SO_4^{2-}]$; da $Lp_{BaSO4} = 10^{-10}$ mol^2/l^2 ist, ist die Restkonzentration von Ba^{2+} in der überstehenden Lösung $[Ba^{2+}] = 10^{-5}$ mol/l. Durch Zugabe passender Säuren oder Laugen kann ein leichtlösliches Salz in ein schwerlösliches umgewandelt werden, sinnvoll um störende Stoffe durch Ausfällung zu entfernen. Immer leichtlöslich bleiben Alkalisalze. Schwerlöslich sind Erdalkalicarbonate und -sulfate, Schwermetallhydroxide und -sulfide sowie Oxide von zwei- und dreiwertigen Metallen; insbesondere:

Salz	Lp in (mol/l)^2 oder (mol/l)^3	Salz	Lp in (mol/l)^2 oder (mol/l)^3	Salz	Lp in (mol/l)^2 oder (mol/l)^3	Anmerkung
$BaSO_4$	10^{-10}	$Al(OH)_3$	10^{-33}	$Mn(OH)_2$	$6,4 \cdot 10^{-15}$	Mit Säurezugabe können schwer- lösliche Salze oft gelöst werden
$BaCO_3$	$5 \cdot 10^{-19}$	$Ca(OH)_2$	$8 \cdot 10^{-6}$	$Zn(OH)_2$	10^{-10}	
$BaCrO_4$	$2,6 \cdot 10^{-10}$	$Fe(OH)_3$	10^{-38}	CdS	10^{-28}	
$CaCO_3$	$4,5 \cdot 10^{-9}$	$Fe(OH)_2$	10^{-15}	FeS	$4 \cdot 10^{-19}$	
CaF_2	$3,4 \cdot 10^{-11}$	$Mg(OH)_2$	10^{-12}	CuS	10^{-40}	

Komplexbildung

Metallionen können auch durch Komplexierung (Maskie- rung) unwirksam gemacht werden. Komplexe entstehen mit Metallionen, wenn Liganden mit freien Elektronen- paaren sich um das zentrale Metallatom anordnen. Vielfach ist das Metallatom nach außen nicht mehr wirksam. Sind die Liganden Teil eines größeren Moleküls wie Ethylendiamintetraessigsäure (EDTA), dann entstehen besonders stabile Chelat-Komplexe, die zur Enthärtung von Wasser eingesetzt werden. Phthalocyanin-Farbstoffe und -Pigmente, dem sauerstoff- haltigen Hämoglobin verwandt, sind ebenfalls Komplexe.

Kupfer-Phthalocyanin-Pigment $C_{32}H_{16}CuN_8$

Redoxreaktionen: Oxidations- und Reduktionsreaktion, Austausch von Elektronen

Oxidation	Reduktion	Beispielreaktion
Aufnahme von Sauerstoff	Abgabe von Sauerstoff	$2 Fe + O_2 \rightleftarrows 2 FeO$ Eisen wird oxidiert und Sauerstoff reduziert
Abgabe von Wasserstoff	Aufnahme von Wasserstoff	$2 MnO_2 + CH_4 \rightleftarrows Mn + CO_2 + 2 H_2O$
Abgabe von Elektronen	Aufnahme von Elektronen	$Fe^{2+} + Zn \rightleftarrows Fe + Zn^{2+}$ Eisen wird reduziert und Zink oxidiert

Polymerisation, Polyaddition, Polykondensation: Kettenreaktionen von Monomeren

Mit diesen Reaktionen werden hochmolekulare Kunststoffe hergestellt, die aus Ketten von Kohlenstoff- atomen bestehen. Die Kettenverlängerung erfolgt durch Hinzufügen eines weiteren Monomers. Die Art der Monomere hat Einfluss auf die späteren Eigenschaften, nicht die der Kettenbildung.

Polymerisation	Polyaddition	Polykondensation
(Poly)styrol	(Poly)urethan	(Poly)amid
Lediglich Umlagerung von Bindungen	Hinzu kommt die Umlagerung von Atomen	Hier wird ein kleines Molekül (H_2O) abgespalten

Struktur und Eigenschaften von Kunststoffen (vgl. Seite 41)

Eigenschaftsbestimmend sind die zwischenmolekularen Kräfte. Sie hängen ab von der Anzahl und der Art polarer Gruppen wie C-O, C-N, von der Kristallinität sowie von der Symmetrie von Molekülteilen. Da in Kunststoffen nach dem Baukastenprinzip (Copolymerisate) diese Parameter weit variiert und durch Hilfsstoffe oder Mischungen (Blends) modifiziert werden können, gibt es keine scharfe Abgrenzung der Kunststoffarten voneinander. An den Seitenketten können andere Eigenschaften buchstäblich eingebaut werden, z. B. Farbigkeit, Puffer- und Ionenaustauscher, Absorptionsfähigkeit, Fähigkeit zu spezifischen chemischen Reaktionen wie z. B. Eiweißsynthese.

lineare	verzweigte	vernetzte
Polyethylen(PE)	Polystyrol (PS)	Polyurethan (PUR)
weichelastisch	sprödhart bis hornartig	vernetzt eng vernetzt
Plastomere: zwischen −20 bis +60 °C weichplastisch bis weichelastisch	Plastomere, teilweise thermoelastisch (Spannungen eingefroren)	**Elastomere** weitmaschig, gummielastisch, kautschukartig; **Duromere** engmaschig

Weichmacher:	Vulkanisation:
Weichmacher: Sie lagern sich zwischen die Molekülketten und verringern die intermolekularen Wechselwirkungen. 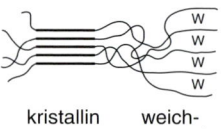 kristallin weichgemacht	**Vulkanisation:** Molekülketten werden nachträglich mit Schwefel, Diaminen o. Ä. weitmaschig vernetzt. 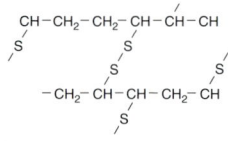

Bezeichnungen, mechanische und thermische Eigenschaften, Anwendungen

ϱ Dichte in kg/dm³; α Längenausdehnungszahl in 1/K; ϑ_{zul} zulässige Betriebstemperatur in °C

Kurzzeichen	Bezeichnung	Handelsnamen	ϱ in kg/dm³	$\alpha \cdot 1000$ in 1/K	ϑ_{zul} in °C	Weitere Eigenschaften, Verwendung
Thermoplaste (alle, auch Bindemittel)						
PVC-U	Polyvinylchlorid	Hostalit	1,38	0,08	+70	Dachrinne, Behälter, Rohr
PVC-P		Tivolen	1,30	0,20	+60	Abdichtungsbahn, Profil, Folie
PE-HD	Polyethylen	Hostalen, Lupolen	0,95	0,16	−60...+60	Quellbar, Gas-, Trinkwasserrohr
PE-LD			0,92	0,22	bis +60	Abwasserrohr, Öltank, Folie
PS	Polystyrol-Hartschaum	Hostyren	1,05	0,08	+70	Gehäuse, Schauglas, Verpackung
PS-E		Styropor	bis 0,05	–	−200...+70	Schaumstoff, Wärmedämmung
PMMA	Polymethylmethacrylat	Plexiglas, Resatglas	1,18	0,08	+68	Farblos, Verglasung, Formmasse, Bindemittel
Duroplaste						
UP-Harz	Ungesättigter Polyesterharz	Palatal, Vestopal	1,3...1,6	0,25	−50...+130	Kunstharz-Beton, Klebstoff, Bindemittel
EP	Epoxidharz	Avaldit	1,15...1,2	ähnlich wie UP-Harz		Industrieboden, 2-K-Bindemittel
PUR-Schaum	Polyurethan-Hartschaum	Moltopren, Contipren	0,015...0,050	–	−40...+90	Wärmedämmung, Polstermaterial, 2-K-Bindemittel
UF-Schaum	Harnstoffharz-Schaum	Isoschaum	bis 0,015	–	+100	Schaumstoff, Bindemittel

Weitere Abkürzungen für Kunststoffe — DIN 7728-1

ABS Acryl-Butadien-Styrol-Copolymerisat	CR Chloroprenkautschuk	PPO Polypropylenoxid
MF Melamin-Formaldehyd-Harz	PA Polyamid	PVAC Polyvinylacetat
PEG Polyethylenglycol	PB Polybutadien	PVB Polyvibylbutyral
PEO Polyethylenoxid (PEG)	PP Polypropylen	PVDC Polyvinylidenchlorid
PF Phenol-Formaldehyd-Harz	PC Polycarbonat	PVDF Polyvinylidenfluorid

Kennbuchstaben für besondere Eigenschaften — DIN 7728

Buchstabe	Besondere Eigenschaften	Buchstabe	Besondere Eigenschaften	Buchstabe	Besondere Eigenschaften
C	chloriert	I	schlagzäh	R	erhöht, Resol
D	Dichte	L	linear, niedrig	U	ultra, weichmacherfrei
E	verschäumt	M	Masse, mittel, molekular	V	sehr
F	flexibel, flüssig	N	normal, Novolak	W	Gewicht
H	hoch	P	weichmacherhaltig	X	vernetzt, vernetzbar

Beispiele: PVC-C (chloriert), PE-HD (hohe Dichte), PE-X (vernetzt)

Beständigkeit von Kunststoffen bei 20 °C

Kunststoff	Säuren schw.	Säuren stark	Laugen schw.	Laugen stark	Benzin Öle	Kunststoff	Säuren schw.	Säuren stark	Laugen schw.	Laugen stark	Benzin Öle
PVC-U	+	+	+	+	+	PIB	+	+	+	+	–
PVC-P	+	o	+	o	o	PP	+	–	+	+	–
PE	+	+	+	+	+	UP-Harz	+	o	o	–	+
PS	+	+	+	+	+	EP	+	+	+	+	+
PA	–	–	+	–	+	PUR-Sch.	+	–	+	o	o
PMMA	+	–	+	+	+	UF-Sch.	o	–	+	+	+
PB	+	+	+	+	+	PS-Sch.	+	+	+	+	–

+ beständig o bedingt beständig – nicht beständig

Spannungsreihe der Metalle (für reine Metalle)

Die elektrische Aufladung der Metalle in einer genormten Flüssigkeit ist ein Maß für das Auflösungs- und Korrosionsverhalten des jeweiligen Metalles. Je negativer die Ladung (das Potenzial) eines Metalles ist, desto schneller löst es sich auf.

Metall	U in V	Metall	U in V	Metall	U in V
Sauerstoffelektrode	+1,20	Blei	–0,13	Chrom	–0,56
Silber	+0,80	Zinn	–0,14	Zink	–0,76
Kupfer	+0,34	Nickel	–0,23	Aluminium	–1,67
Wasserstoffelektrode	**±0**	Eisen	–0,44	Magnesium	–2,40

Elektrochemische Korrosion — DIN 50900-2

Wasserstofftyp bei pH < 4,5; Kontakt zu einem edleren Material: Anode: $Fe \rightleftarrows Fe^{2+} + 2\ e^-$; Kathode: $2\ e^- + 2\ H_3O^+ \rightleftarrows H_2\uparrow + 2\ H_2O$

Sauerstofftyp bei behindertem Luftzutritt; O_2-arme Anode: $Fe \rightleftarrows Fe^{2+} + 2\ e^-$ Kathode: $2\ e^- + \frac{1}{2}\ O_2 + H_2O \rightleftarrows 2\ OH^-$

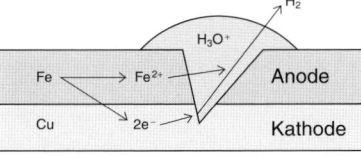

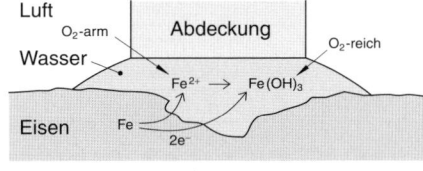

Fe^{2+} wird ausgewaschen

Folge: $2\ Fe(OH)_2 + H_2O + \frac{1}{2}\ O_2 \rightleftarrows Fe_2O_3 \cdot x\ H_2O$

Arten der Korrosion   DIN 50900-1

Art und Darstellung	Hervorgerufen durch	Art und Darstellung	Hervorgerufen durch
Flächenförmige Korrosion	Luft, Wasser oder Chemikalien	Lochfraß-Korrosion	Örtliche elektrochemische Vorgänge (Späne, Belüftungselement)
Kontaktkorrosion	Berührung von unterschiedlichen Metallen und einem Elektrolyten	Taupunktkorrosion	Unterschreitung des Taupunktes und Entstehung von Säuren und H_2O
Spaltkorrosion	Konzentrationsverschiebung oder Verunreinigung im Spalt	Interkristalline Korrosion	Ausscheidungen von Legierungsbestandteilen an den Korngrenzen

Korrosionsschutz von Metalloberflächen

Art	Vorgang	Anwendung	Art	Vorgang	Anwendung
Asphalt-, Teerüberzug	Anstreichen oder Tauchen	Für erdverlegte Gas-, Wasser- und Ölleitungen, Erdtanks	Kunststoffüberzug	Flammenspritzen von PVC, PE, PA-Pulver oder Granulat oder Wirbelsintern	Behälter, Platten, Geräte
Emaillieren, Glasur	Überziehen mit Glasfluss bei 500 bis 1000 °C	Warmwasserspeicher, Badewanne	Farb-, Lacküberzug	Spritz- oder Tauchverfahren, luft- oder ofengetrocknet	Witterungseinflüsse, Bleche
Schmelztauchen	Tauchen in flüssiges Überzugsmetall (Zn, Pb, Sn usw.)	Gegen Luft und Wasser, für Rohre und Bleche	Fetten, Ölen, Wachsen	Auftragen von wasserabweisenden Fett-, Öl- oder Wachsschichten	Für Transport oder Lagerung
Galvanisieren	Elektrochemische Elektrolyse, Überzugsmetalle Cu, Cr, Ni usw.	Gegen Luft und Wasser, für Armaturen und Rohre	Kathodischer Schutz	Leitende Verbindung Metall – Opferanode aus unedlerem Metall	Schiffskörper, Wasserbauwerke, Turbinenschaufeln
Plattieren	Walzen oder Pressen, Überzugsmetalle Cu, Ni, Ag	Für Bleche	Anodischer Schutz	Leitende Verbindung des Metalls mit einer Stromquelle	Erdverlegte Rohre, Tanks

Bauschädliche Salze

Sulfate		Carbonate	
$CaSO_4 \cdot 1/2\ H_2O$	Halbhydrat, Gips	$Na_2CO_3 \cdot H_2O$	Thermonatrit, Natriumcarbonat
$CaSO_4 \cdot 2H_2O$	Gips, Calciumsulfat	$Na_3H(CO_3)_2 \cdot H_2O$	Trona, Natriumhydrogencarbonat
$K_2Ca(SO_4)_2 \cdot H_2O$	Syngenit, Mischsulfat	$NaHCO_3$	Natriumhydrogencarbonat
$K_2Ca_5(SO_4)_6 \cdot H_2O$	Gorgeyit, Mischsulfat	**Chloride**	
$K_2Mg(SO_4)_2 \cdot 6H_2O$	Picromerit, Mischsulfat	$NaCl$	Steinsalz, Natriumchlorid
$K_2Na(SO_4)_2$	Glaserit, Mischsulfat	$CaCl_2$	Calciumchlorid
$MgSO_4 \cdot H_2O$	Monohydrat	**Nitrate**	
$MgSO_4 \cdot 6H_2O$	Hexahydrat, Mg-Sulfat	KNO_3	Nitrokalit, Kaliumnitrat
Na_2SO_4	Thenardit, Natriumsulfat	$NaNO_3$	Nitronatrit, Natriumnitrat

Werkstoffe Hilfsstoffe

Werkzeuge Geräte, Gerüste

Arbeitstechniken

Gestaltung

Arbeitsschutz Umweltschutz

Aufmaß Abrechnung

Betriebsführung

Quellen

Salze

Bauschädigende Salze entstehen, wenn Schadstoffe aus der Luft, dem Wasser und dem Erdreich mit in Bauteilen vorhandenen Stoffen chemische Verbindungen eingehen. Es können u.a. folgende Schäden und Schadensbilder entstehen:

• Bildung von Salzausblühungen und Salzkrusten auf der Oberfläche des Bauwerkes
• Bindemittel im Mörtel oder in Bausteinen werden in lösliche Verbindungen überführt
• Zerstörung des Porengefüges (verändertes Kapillarverhalten) und der Oberfläche des Baustoffes durch Salzsprengungen (Kristallisations- und Hydratationsdruck)
• Feuchtigkeit wird im Bauteil gebunden (hygroskopische Feuchtigkeitsaufname)

Salzart	Entstehung/Vorkommen	Auswirkung/Eigenschaften	Schadensbild/Erkennung
Sulfate u.a. Calciumsulfat (Gips) Natriumsulfat (Glaubersalz) Kaliumsulfat Magnesium-sulfat (Bittersalz) Ettringit	• Salze der Schwefelsäure • vor allem auf Kalk und Zementmörtel, Beton oder kalkhaltigen Natursteinen • Schwefeldioxid (aus Brennvorgängen mit fossilen Baustoffen) oxidiert mit dem Sauerstoff der Luft und mit Regenwasser zu Schwefelsäure (es ensteht saurer Regen) • Neutralisation von Schwefelsäure durch die Alkalität des Untergrundes • dringen auch mit der Erdfeuchtigkeit ins Mauerwerk ein	• Umwandlung von Calciumcarbonat in Calciumsulfat • kristallisiert unter erheblicher Volumenvergrößerung aus und wird beim nächsten Wasserkontakt erneut gelöst • gute Wasserlöslichkeit, Hygroskopizität eher gering • bilden mit den Aluminatphasen des Zementes Calciumsulfataluminat mit hohem Hydratwasseranteil (Ettringit = Sulfattreiber)	• starke Schäden durch Sprengwirkung (besonders durch Ettringt/Sulfattreiber) • beeinträchtigen die Haftung des Putzes und wirken zerstörend auf das Mauerwerk • Ausblühungen weiß bis weißgrau • besonders in Bauteilen mit dauernder Feuchtigkeitsbelastung (z.B. Kellerbereich) • Bestimmung mit Sulfattest (Messstäbchen kurz in das klare Filtrat eintauchen, abschütteln und nach 2 Minuten die Reaktionszone mit der Farbskala vergleichen)
Nitrate Magnesiumnitrat Calciumnitrat (Mauersalpeter) Natriumnitrat Kaliumnitrat	• Salze der Salpetersäure • entstehen durch die Einwirkung von stickstoffhaltigen Verbindungen, die sich bei der Zersetzung von organischen Stoffen entwickeln (u.a. an Ställen, Jauchegruben, defekten Toilettenanlagen) • freiwerdender Ammoniak aus tierischen Abfallprodukten (Jauche, Urin, Fäkalien) und Eiweißabbauprodukten wird zu Salpetersäure oxidiert	• Umwandlung von im Mauerwerk und Mörtel enthaltenem Kalk in Calciumnitrat (Mauersalpeter) • Nitrate sind hochhygroskopisch und leicht wasserlöslich • kristallisiert in Trockenphasen aus und vergrößert das Volumen erheblich • Nitrate sind sehr stark schädigend, da das Mauerwerk durch ständige Feuchtigkeitsaufnahme- und abgabe bzw. Zerfließen und Auskristallisieren des Salzes regelrecht zermürbt wird	• starke Schäden durch Calciumnitrat (Mauer bzw. Kalksalpeter), der den Mörtel und das Mauerwerk mit der Zeit mürbe und bröckelig macht • durch Kristallisations- und Hydratationsdruck Zermürbung des Baustoffes und Abmehlen der Oberfläche • neigt besonders stark zu Ausblühungen • Bestimmung mit dem Nitrattest (Messstäbchen kurz in das klare Filtrat tauchen, abschütteln und nach einer Minute die Reaktionszone mit der Farbskala vergleichen)

Werkstoffe Hilfsstoffe

Werkzeuge Geräte, Gerüste

Arbeits-techniken

Gestaltung

Arbeitsschutz Umweltschutz

Aufmaß Abrechnung

Betriebs-führung

Quellen

50 *Bauschädigende Salze · Entstehung · Auswirkungen · Schadensbilder · Salzanalyse*

Grundlagen

Werkstoffe Hilfsstoffe

Werkzeuge Geräte, Gerüste

Arbeits-techniken

Gestaltung

Arbeitsschutz Umweltschutz

Aufmaß Abrechnung

Betriebs-führung

Quellen

Salze (Fortsetzung)

Salzart	Entstehung/Vorkommen	Auswirkung/Eigenschaften	Schadensbild/Erkennung
Chloride Natriumchlorid Magnesium-chlorid Kaliumchlorid Calciumchlorid	• Salze der Salsäure • Natriumchlorid dringt überwiegend von außen in den Baustoff ein u.a. als Tausalz oder Meer-wasser • Calciumchlorid kann bei der Verwendung von chloridhaltigen Zusatz-stoffen z.B. Frostschutz-mitteln in Beton und Mörtel entstehen. • aus der PVC-Verbrennung (thermische HCL-Abspal-tung) • Verwendung von salzsäu-rehaltigen Fassadenreini-gern in falscher Konzent-ration oder bei ungenü-gendem Vor- und Nach-wässern	• Calciumnitrat bildet mit der Aluminatphase (Tri-calciumaluminat) in Ze-ment bzw. Beton das Friedelsche Salz (entwi-ckelt große Sprengwir-kung beim Auskristallisie-ren) • Chloride erhöhen die Gefahr der Stahlkorrision bei Stahl- Spannbeton (chloridhaltige Zusatz-stoffe verboten) • stark hygroskopisch und leicht wasserlöslich	• erscheinen meist als weiße, feuchte Flecken • kristallisieren auch durch Verdunstung an der Oberfläche aus • stellen selbst für das Bauteil keine große Gefahr dar, können aber ein Hinweis auf weitergehende Schä-den an Beton oder Stahlbauteilen sein • Chloridausblühungen daher rasch entfernen, bevor sie tiefer ins Bauteil eindringen • Bestimmung mit dem Nitrattest (Messstäb-chen kurz in das klare Filtrat eintauchen, ab-schütteln und nach einer Minute die Reak-tionszone mit der Farb-skala vergleichen)
Carbonate Calciumcarbonat Natriumcarbonat (Soda) Kaliumcarbonat (Pottasche)	• Salze der Kohlensäure • Regenwasser verbindet sich mit dem Kohlendi-oxid der Luft zu Kohlen-säure • Angriff der Kohlensäure erfolgt dann in mehreren Stufen und entspricht dem Ablauf der Tropf-steinbildung	• Kohlensäure dringt in das Bauteil ein und löst darin Kalk aus Hydrogencarbo-nat Ca(HCO$_3$)$_2$ auf; an der Bauteiloberfläche zerfällt es dann wieder in Calcium-carbonat (Ausblühungen) • Carbonate sind extrem säureempfindlich, aber nicht wasserlöslich	• Ausblühungen sind feste, weiße Krusten • Cabonate zählen nicht unbedingt zu den bau-schädigenden Salzen • das bekannteste ist das Caliumcarbonat (Kalk, Bindemittel vieler mine-ralischer Untergründe)

Salzanalyse

Die Auswirkung bauschädigender Salze ist von der Art, der Konzentration im Mauerwerk und von der zur Verfügung stehenden Feuchtigkeit abhängig. Folgende Punkte müssen bei einer Salzanalyse geklärt werden: 1) Welche bauschädigenden Salze sind vorhanden?
2) Wie hoch ist die Belastung mit den einzelnen Salzen?
3) Wie sind die Salze im Mauerwerk verteilt?
Erst dann wird entschieden, ob die Sanierungsmaßnahmen notwendig sind und welches Sanierungs-konzept (z.B. Sanierputz, chemische Umwandlung der Salze) sinnvoll ist.

Qualitative Salzanalyse: Es wird mit Hilfe weniger Proben von Schadstellen des Bauwerkes geklärt, ob Salze vorhanden sind und um welche Art es sich handelt.

Halbquantitative Salzanalyse: Es wird geklärt, wie hoch die Salzbelastung des Bauwerkes ist. Häufig ist es aber ausreichend eine grobe Einteilung z.B. in kein/wenig Salz; mittlere Belastung und starke Belastung vorzunehmen. (Teststäbchen, Testlösungen). In der Regel zur Beurteilung ausreichend!

Quantitative Salzanalyse: Bestimmung der Salzbelastung mit einem exakten Wert. Hoher finanzieller und zeitlicher Aufwand. (Bestimmung des Anionengehaltes mit nasschemischen (gravimetrisch, titri-metrisch)-, photometrischen oder ionenchromatographischen Analysen)

Durchführung einer qualitativen Salzanalyse

Salzart	Geräte/Chemikalien	Durchführung	Auswertung
Sulfate	• Reagenzglas, Filter, Filterpapier, Pipette • Bunsenbrenner • verdünnte Salzsäure • destilliertes Wasser • Bariumchlorid $BaCL_2$	• Baustoffprobe im Reagenzglas mit verdünnter Salzsäure auflösen und filtrieren (durch Erhitzen beschleunigen) • Bariumchlorid in destiliertem Wasser auflösen • beide Flüssigkeiten vorsichtig zusammenschütten	• sehr feiner weißer, kristalliner Niederschlag • geringe Sulfatkonzentration kristallisieren nur langsam
Nitrate	• Reagenzglas, Filter, Filterpapier, Pipette • Bunsenbrenner • verdünnte Salzsäure • Eisen(II)-sulfat $FeSO_4$ • verdünnte Schwefelsäure • konzentrierte Schwefelsäure	• Baustoffproben im Reagenzglas mit verdünnter Salzsäure auflösen und filtrieren (durch Erhitzen beschleunigen) • einige Kristalle Eisen(II)-sulfat und einige Tropfen verdünnte Schwefelsäure zugeben • nach dem Abkühlen Reagenzglas neigen und vorsichtig mit einer Pipette konzentrierte Schwefelsäure aufträufeln	• Bildung eines braunen bis violettbraunen Ringes an der Grenzfläche zwischen konzentrierter Schwefelsäure und Baustofflösung
Chloride	• Reagenzglas, Filter, Filterpapier, Pipette • Bunsenbrenner • verdünnte Schwefelsäure • Silbernitrat $AgNo_3$	• Baustoffprobe in einem Reagenzglas mit verdünnter Schwefelsäure auflösen und filtrieren (durch Erhitzen beschleunigen) • Einige Tropfen Silbernitrat zufügen	• voluminöser, flockiger, weißer Niederschlag
Carbonate	• Glasschale o.ä., Pipette • verdünnte Salzsäure	• Baustoffprobe mit verdünnter Salzsäure beträufeln • qualitative Carbonatbestimmung bei allen kalkhaltigen Baustoffen nicht möglich	• Probe schäumt auf (Gasentwicklung durch frei werdende Kohlensäure)

Menge der Baustoffprobe ca. 10 g
Gesundheits- und Umweltschutz beachten! Bei der Durchführung der qualitativen Salzanalyse ist Vorsicht beim Umgang mit den Chemikalien geboten und das Tragen einer persönlichen Schutzausrüstung besonders zu achten!

Bewertung der Schadensverursachenden Wirkung verschiedener Salze   (WTA-Merkblatt 4-5-99/D)

Salzart	Gehalt in Massen %	Belastung	Bewertung/Maßnahmen
Sulfate	< 0,5	gering	nur im Ausnahmefall erforderlich
Nitrate	< 0,1		
Chloride	< 0,2		
Sulfate	0,5 – 1,5	mittel	im Einzelfall erforderlich Untersuchungen zum Gesamtsalzgehalt erforderlich
Nitrate	0,1 – 0,3		
Chloride	0,2 – 0,5		
Sulfate	> 1,5	hoch	Maßnahmen erforderlich Untersuchungen zum Gesamtsalzgehalt erforderlich
Nitrate	> 0,3		
Chloride	> 0,5		

Chemische Begriffe

Begriff	Erläuterung
Alkalitreiben	Reaktion von Zement mit alkalilöslicher „Kieselsäure"
Angriff durch Salzsäure	$CaO + 2\ HCl \rightleftarrows CaCl_2 + H_2O$ Auflösung von Kalk
Angriff durch schweflige Säure	$SO_2 + H_2O \rightleftarrows H_2SO_3$ Die schweflige Säure greift Kalk und Gips an.
Aufschluss	Überführen eines schwer löslichen Salzes (z. B. Zuschlagstoffe) in eine lösliche, analysierbare Form durch Schmelzen in einem Soda-Pottasche-Gemisch (Sodaaufschluss) oder in $KHSO_4$ (saurer Aufschluss)
Bildung von Hydrogencarbonat	$Ca(OH)_2 + 2\ CO_2 + H_2O \rightleftarrows Ca(HCO_3)_2$; löslich
Bioverfügbarkeit	Anteil einer (meist) schädigenden Substanz, der in der Biosphäre umgesetzt werden kann
Calcinieren	Verfahren: Trocknen durch Glühen bei Wasserabgabe
Carbonatisieren	Abbinden, Aufnahme von CO_2 und Bildung von Carbonat
Härte von Wasser	Maßzahl für Carbonatgehalt (temporäre Härte) und Erdalkaliionen-Gehalt (permanente Härte) in Wasser; führt zu erhöhtem Seifen-Verbrauch
Hydraulische Härtung	Verfestigung unter Wasseraufnahme, entweder in einer chemischen Reaktion oder durch Kristallwasseraufnahme
Kalktreiben	Umwandlung von CaO in $Ca(OH)_2$ durch Wasseraufnahme
Kalter Fluss	Vgl. Koaleszenz
Koaleszenz	Zusammenfließen von Emulsionströpfchen oder von Teilchen einer Polymersuspension; führt zur Filmbildung von Dispersionsfarben; vgl. Koagulation (S. 40)
Lösender Angriff	Wird bewirkt durch Säuren, austauschfähige Salze, weiches Wasser und/oder organische Stoffe
Magnesiatreiben	Umwandlung von MgO in $Mg(OH)_2$ durch Wasser
Oxidative Trocknung	Fette Öle und teilweise Alkydharze reagieren mit Sauerstoff; dabei bilden sich zwischen den Molekülketten der ungesättigten Fettsäuren Sauerstoffbrücken aus und vernetzen das Bindemittel
Schwermetalle	Metalle mit einer Dichte größer 4,5 g/cm^3
Stahlkorrosion in Beton	$2\ Fe + 1,5\ O_2 + H_2O \rightleftarrows 2\ FeOOH$
Sulfattreiben	Umwandlung von CaO in $CaSO_4$ durch SO_2 bzw. SO_3
Treibender Angriff	Siehe Alkalitreiben, Sulfattreiben und Magnesiatreiben
Vergilbung	Gelbfärbung von Anstrichstoffen durch Bildung von Farbstoffen – Polyene
Verkieselung	Ausbildung von Calciumsilikat
Verseifung	Spaltung eines Esters durch eine anorganische Base in Gegenwart von Wasser; dabei entsteht ein organischer Alkohol und das Salz der organischen Säure, das häufig grenzflächeaktiv ist (Tensid)
Wassergipswert w	Nach DIN 1168-2 der 100fache Kehrwert der Einstreumenge von Baugips innerhalb von 2 Minuten in ein Prüfgefäß mit 100 ml Wasser

Zusammensetzung von Beschichtungsstoffen

Nach DIN EN 971-1 ist „Beschichtungsstoff" der Oberbegriff für flüssige bis pastenförmige oder auch pulverförmige Stoffe, die aus Bindemitteln und gegebenenfalls aus Pigmenten und anderen Farbmitteln, Füllstoffen, Lösemitteln und Additiven bestehen.
Beschichtungsstoffe werden eingeteilt nach dem **Bindemittelsystem** (z. B. Alkydharzlack, PUR-Lack) oder nach der Funktion in einem **Beschichtungsaufbau** (z. B. Grundierung, Decklack) oder nach dem **Lösemittelgehalt** (z. B. High Solid-Lack, Pulverlack).

Bestandteile	Aufgaben
Bindemittel	• Nichtflüchtiger Anteil eines Beschichtungsstoffes ohne Pigmente und Füllstoffe, aber einschließlich Weichmachern, Trockenstoffen und anderen nichtflüchtigen Hilfsstoffen • Durch Kohäsionskräfte hält das Bindemittel die Beschichtung zusammen und durch Adhäsionskräfte erfolgt die Haftung am Untergrund • Die meisten chemischen und physikalischen Eigenschaften einer Beschichtung werden durch die Wahl des Bindemittels bestimmt, z. B. Härte, Elastizität, Beständigkeit gegen Chemikalien, UV-Strahlen und Witterung • Als Bindemittel kommen Naturstoffe (z. B. trocknende Öle und Harze) oder modifizierte Naturstoffe (z. B. Cellulosenitrat) oder synthetische Stoffe (z. B. Polyurethanharze und Alkydharze) zum Einsatz
Lösemittel	• Ermöglichen und erleichtern die Verarbeitung eines Beschichtungsstoffes und werden während und nach der Applikation wieder abgegeben (flüchtig) • Regulieren den Trocknungsvorgang, wobei verhindert werden muss, dass Lösemittel in der Beschichtung zurückgehalten werden (Lösemittelretention) • Verhindern Oberflächenstörungen wie Kocher- und Kraterbildung • Ermöglichen das Einstellen der Viskosität (abgestimmt auf das Applikationsverfahren) • Verbessern die Verlaufseigenschaften durch mehrere aufeinander abgestimmte Lösemittel (**niedrigsiedende** Lösemittel bewirken eine schnelle Antrocknung, **mittelsiedende** Lösemittel halten die Beschichtung einige Zeit offen, damit Lösemittel und Kondensationsprodukte entweichen können, **hochsiedende** Lösemittel verbessern Verlauf und Glanz) • Als Lösemittel werden niedrigmolekulare organische Substanzen, z. B. Benzine, Ester, Alkohole und zunehmend auch Wasser verwendet
Farbmittel/ Pigmente	• Geben den gewünschten Farbton und bestimmen das Deckvermögen • Schützen den Untergrund vor chemischen und physikalischen Einflüssen, z. B. UV-Strahlung, Korrosion • Eine Einteilung der Pigmente kann nach Farbton (z. B. Weiß-, Schwarzpigmente), Verwendung (z. B. Korrosionsschutzpigmente), Zusammensetzung (z. B. Bleipigmente) und nach Herkunft (z. B. anorganische und organische Pigmente) erfolgen
Füllstoffe	• Füllstoffe sind gerüstbildende Substanzen, deren Hauptaufgabe die Verbesserung des Füllvermögens von Beschichtungsstoffen ist • Erhöhen die Biege-, Haft- und Zugfestigkeit einer Beschichtung • Erhöhen die Sperrwirkung gegen Witterungseinflüsse • Verbessern die Schleifbarkeit • Bestimmen Glanzgrad bzw. Mattierungsgrad • Verringern den Preis eines Beschichtungsstoffes • Als Füllstoffe werden überwiegend helle, meist anorganische, pulverförmige Substanzen, die sich von den Weißpigmenten durch einen niedrigeren Brechungsindex und einer höheren Teilchengröße unterscheiden, eingesetzt (z. B. Calciumcarbonat, Kreide)
Additive	• Sollen bestimmte Eigenschaften des Beschichtungsstoffes verbessern oder unerwünschte Eigenschaften verhindern • Zum Einsatz kommen z. B. Entschäumer, Netz- und Dispergiermittel, Oberflächenadditive, Mattierungsmittel, Inhibitoren, Lichtschutzmittel, Trockenstoffe, Antihaut- und Absetzmittel, Biozide, Weichmacher und Katalysatoren

Naturrohstoffe (Naturharze)

Eine Einteilung der Naturharze erfolgt aus lacktechnischer Sicht nach dem Alter der Harze. Es wird in vier Gruppen unterschieden:

- Flüssige Harzsekrete und Harzbalsame, die von lebenden Bäumen ausgeschieden werden
- Rezente Harze sind Harzsäuren lebender Bäume
- Rezent-fossile Harze sind Ablagerungen von Baumharzen im Boden, die ausgegraben werden
- Fossile Harze sind umgewandelte Harze aus Ablagerungen ausgestorbener Bäume

Gruppe	Vorkommen und Zusammensetzung	Eigenschaften und Verwendung
Harzbalsame	• Lösungen von Naturharzen in flüchtigen Terpenen • Vorstufe der Naturharze, treten meist als inhomogene, trübe Lösung aus lebenden Bäumen aus (natürliche Ausscheidung oder durch Verletzung der Rinde) • Verwertet werden die Balsame von Kiefern und ähnlichen Koniferen	• Aus dem Harzbalsam werden Balsamharz (Kolophonium) und Terpentinöl gewonnen • Einige Harzbalsame sind selbständige Rohstoffe, z. B. Oregonbalsam • Verwendung finden Balsame bei der Herstellung von Künstlerfarben, Holzfirnissen und Naturharzlacken
Kolophonium DIN 55935	• Wird durch das Abdestillieren des flüssigen Terpentinöls aus Harzbalsamen gewonnen • Erhebliche Mengen fallen auch bei der Extraktion von Koniferenwurzeln bzw. bei der fraktionierten Destillation des Tallöls an	• Wichtige Eigenschaft ist die möglichst helle Farbe des Kolophoniums (Farbzahl) • Kolophonium ist löslich sowohl in polaren als auch in unpolaren Lösemitteln (Kohlenwasserstoffe und Terpene) • Verwendung findet Kolophonium in Künstlerfarben, Holzleimen, Firnissen und Druckfarben • Einsatz als Lackrohstoff wegen der Sprödigkeit begrenzt, aber in Kombination mit trocknenden Ölen möglich
Dammar	• Rezentes Naturharz von Laubbäumen (Indonesien und Philippinen) • Wird aber auch durch Grabungen von Ablagerungen gewonnen	• Farbe Hellgelb bis Braun • Sehr geringe Vergilbungsneigung • Heiß löslich in fetten Ölen, sonst Terpentinöl und Benzol • Einsatz in Klarlacken und Gemäldeschlussfirnis, in weißen nichtgilbenden Öl- und CN-Lacken
Schellack	• Stoffwechselprodukt des Weibchens der Lackschildlaus • Das Ausscheidungsprodukt bedeckt die Äste der Bäume mit bis zu 8 mm dicken Krusten • Durch Abschlagen wird das Rohprodukt (Stocklack) gewonnen • Nach der Reinigung und weiterer Verarbeitung erhält man Blätter- oder Rubinschellack	• Schellack ist löslich in Alkoholen und in wässrigen alkalischen Lösungen • Kombination mit Cellulosenitrat ist möglich, dadurch auch Verbesserung der Haftung zum Untergrund • Einsatzgebiete sind Spirituslacke, Holzlacke für Möbel, Polituren, Folienlacke und Druckfarben
Kopale	• Rezent-fossiles Harz von Bäumen, die in der Eiszeit und Neueiszeit wuchsen und deren Ausscheidungen sich in Sandbänken ablagerten • Werden nach ihren Fundorten in verschiedene Typen eingeteilt • Heute sind noch Sansibar- und Kongokopale im Handel	• Sind sehr schwer löslich und haben relativ hohe Schmelzbereiche (150 bis 200 °C) • Tragen effektiv zur physikalischen Trocknung von Lacksystemen bei • Werden bei 300 °C aufgeschmolzen und können dann mit oxidativ trocknenden Ölen kombiniert werden • Herstellung von Öllacken, Lackspachteln, Schleiflacken

Naturrohstoffe (Naturharze, Fortsetzung)

Gruppe	Vorkommen und Zusammensetzung	Eigenschaften und Verwendung
Bernstein	• Fossiles Harz von im mittleren Tertiär im Nord- und Ostseeraum wachsenden Koniferen • Ausgeschiedenes Harz lagerte sich in den Sandbänken dieses Raumes ab und wurde im Laufe der Zeit chemisch verändert • Findet sich heute vor allem auf der Halbinsel Samland	• Kleine und verunreinigte Stüce werden als Lackrohstoff verwendet • Unterschiedliche Schmelzbereiche zwischen 340 bis 385 °C • Wird aufgeschmolzen, um ölverträglich zu werden und bewirkt dann in Öllacken eine gute Antrocknung, Durchtrocknung und Härte • Einsatz als „Bernsteinlack" u. a. in der Fußbodenbeschichtung

Naturrohstoffe (Öle und Fette)

Alle fetten Öle und Fette (Triglyceride) sind Ester höherer acyclischer Monocarbonsäuren (gesättigter und ungesättigter Fettsäuren) mit Glycerol (1,2,3,-Propantriol). Fette sind bei Raumtemperatur feste, wachsartige Substanzen und unterscheiden sich dadurch von den fetten Ölen, die bei Raumtemperatur mehr oder weniger viskose Flüssigkeiten sind. Aus lacktechnischen Gesichtspunkten wird nach ihrem Trocknungsverhalten in trocknende, halbtrocknende und nichttrocknende Öle und Fette unterschieden. Die Trocknung erfolgt durch Oxidation mit dem Sauerstoff der Luft, wobei eine Sättigung der ungesättigten Fettsäuren erfolgt. Öle und Fette werden durch die Anzahl der Doppelbindungen und den Gehalt an Estergruppen charakterisiert.

Trocknende Öle bilden innerhalb weniger Tage durch Autoxidation einen beständigen Lackfilm, der nicht mehr löslich ist und sind als selbständige Bindemittel einsetzbar. Verwendet werden können z. B. Leinöl, Holzöl, Ricinenöl (aus Rizinusöl hergestellt) und Fischöle.

Bezeichnung	Herstellung und Zusammensetzung	Eigenschaften und Verwendung
Leinöl DIN ISO 277	• Wird aus den Samen der Leinpflanze (Flachs) durch Auspressen gewonnen • Durch kalte Pressung erhält man gutes und helles Leinöl (Kaltvorschlagöl) in geringen Mengen • Bei der heißen Pressung erhält man minderwertiges und dunkles Leinöl mit höherer Ausbeute • Das rohe Leinöl wird entschleimt (raffiniertes Leinöl) • Leinöl kann durch Bleichen heller gemacht werden • Die Samen enthalten 32 bis 43 % Leinöl • Leinöl enthält Linolsäure ($\approx$ 30 %), Linolensäure ($\approx$ 60 %) und Ölsäure ($\approx$ 10 %)	• Jodzahl liegt zwischen 160 bis 200 • Leinöl ist dünnflüssig; trocknet in 4 bis 8 Tagen von der Oberfläche ausgehend • Nach der Trocknung elastisch • Bindemittel für Ölfarben und Grundlage für Alkydharzbindemittel • Starke Vergilbungsneigung durch Gehalt an Linolensäure (Dunkelgilbung) • Dicke Schichten neigen zur Runzelbildung (Durchtrocknung verzögert, siehe auch Alkydharzlacke Seite 55) • Mit basischen Pigmenten Seifenbildung (Korrosionsschutz) • Auf alkalischen Untergründen erfolgt eine Verseifung
Holzöl DIN ISO 277	• Wird aus den nussartigen Samen des Holzöl- oder Tungbaumes gewonnen • Die Samen enthalten 25 bis 45 % Öl • Holzöl enthält α-Eleostearinsäure mit drei konjugierten Doppelbindungen ($\approx$ 80 %) und Ölsäure ($\approx$ 15 %)	• Jodzahl liegt zwischen 160 bis 175 • Verwendung in hochwertigen Rostschutzgrundierungen (bedingt durch dunkle Farbe und starke Gilbung) • Holzöl ist sehr teuer und wird häufig durch Oiticicaöl ersetzt, das sich ähnlich verhält • Neigt zur Versprödung • Nur in Kombination mit anderen Ölen zur Alkydharzherstellung einsetzbar

Naturrohstoffe (Öle und Fette, Fortsetzung)

Bezeichnung	Herstellung und Zusammensetzung	Eigenschaften und Verwendung
Fischöle	• Werden aus den Organen verschiedener Fische (z. B. Hering, Dorsch, Sardine) gewonnen • Zusammensetzung der Öle ist unterschiedlich und stark schwankend in der Fettsäuremischung • Öle enthalten Eiweiß- und andere Abbaustoffe und Farbstoffe • Fischöle bestehen aus sehr langkettigen und hochungesättigten Fettsäuren (bis zu 6 Doppelbindungen)	• Jodzahl liegt zwischen 115 bis 190 • Verhalten sich bei einer Jodzahl über 140 in der Trocknung ähnlich wie Leinöl • Versprödungsneigung durch hohe Anzahl an Doppelbindungen • Fischöle sind sehr preiswert • Fischöle haben einen spezifischen Geruch, der auch im Fertigprodukt bemerkbar ist • Verwendung in Rostschutzgrundierungen (gutes Kriechverhalten auf rostigen Untergründen)

Halbtrocknende Öle bilden erst nach längerer Zeit einen Film, der aber aufweichbar und löslich bleibt. Werden als modifizierende Komponente (z. B. Weichmacher), aber auch als selbstständige Bindemittel (hoher Linolsäuregehalt) in Beschichtungsstoffen eingesetzt. Verwendet werden können z. B. Sojaöl, Safloröl, Sonnenblumenöl und Baumwollsaatöl.

Bezeichnung	Herstellung und Zusammensetzung	Eigenschaften und Verwendung
Sojabohnenöl DIN 55938 DIN 55964 (Lacksojaöl)	• Wird aus Sojabohnen gewonnen • Bohnen enthalten 18 bis 20 % Sojaöl • Sojaöl enthält Linolsäure ($\approx$ 50 %), Linolensäure ($\approx$ 8 %), Ölsäure ($\approx$ 35 %) und gesättigte Fettsäuren ($\approx$ 7 %)	• Jodzahl liegt zwischen 120 bis 141 • Sojaöl ist unter den pflanzlichen Ölen am preiswertesten • Grundlage für Alkydharzbindemittel • Geringere Vergilbungsneigung und bessere Durchtrocknung durch geringeren Anteil an Linolensäure • Verwendung auch in Heizkörperlacken (kann bis zu 110 °C wärmegetrocknet werden)
Safloröl	• Wird aus dem Samen der Saflor (Färberdistel) gewonnen • Samen (ohne Schale) enthalten 46 bis 63 % Safloröl • Safloröl enthält Linolsäure ($\approx$ 70 %), Ölsäure ($\approx$ 20 %) und gesättigte Fettsäure ($\approx$ 10 %)	• Jodzahl liegt zwischen 140 bis 150 • Safloröl ist sehr teuer und kommt nur für Spezialzwecke zum Einsatz • Grundlage für Alkydharzbindemittel • Sehr geringe Vergilbungsneigung
Sonnen- blumenöl	• Wird aus Sonnenblumenkernen gewonnen • Samen (ohne Schale) enthalten 42 bis 63 % Sonnenblumenöl • Sonnenblumenöl enthält Linolsäure ($\approx$ 55 %), Ölsäure ($\approx$ 40 %) und gesättigte Fettsäuren ($\approx$ 5 %)	• Jodzahl liegt zwischen 125 bis 136 • Grundlage für Alkydharzbindemittel • Keine Vergilbungsneigung
Baumwoll- saatöl	• Wird aus dem Samen der Baumwollpflanze gewonnen • Samen enthalten 14 bis 25 % Baumwollsaatöl • Baumwollsaatöl enthält Linolsäure ($\approx$ 45 %), Ölsäure ($\approx$ 30 %) und gesättigte Fettsäuren ($\approx$ 25 %)	• Jodzahl liegt zwischen 99 bis 113 (Jodzahl knapp über 100 und damit gerade noch in trocknenden Alkydharzen anwendbar) • Grundlage für Alkydharzbindemittel • Gute Gilbungsbeständigkeit, auch bei Wärmebelastung, daher Einsatz auch in Heizkörperlacken

Naturrohstoffe (Öle und Fette, Fortsetzung)

Nichttrocknende Öle bilden keinen Film und werden in der Lackindustrie ausschließlich als modifizierende Komponente (z. B. Weichmacher) in Beschichtungsstoffen eingesetzt. Verwendet werden können z. B. Erdnussöl, Rizinusöl, Kokosfett und Palmkernöl.

Bezeichnung	Herstellung und Zusammensetzung	Eigenschaften und Verwendung
Erdnussöl	• Wird aus den nussartigen Früchten des Erdnussstrauches hergestellt • Samen enthalten 46 bis 50 % Öl • Erdnussöl enthält Ölsäure (50 bis 80 %), Linolsäure (5 bis 20 %) und Stearinsäure (≈ 15 %)	• Jodzahl[1] liegt zwischen 84 bis 100 • Verwendung bei der Herstellung von nichttrocknenden Alkydharzen, die als Weichharz in Nitrokombilacken eingesetzt werden
Rizinusöl	• Wird aus den Samen der Rizinusstaude gewonnen • Samen enthalten 50 bis 60 % Rizinusöl • Rizinusöl enthält Ricinolsäure (≈ 85 %), Stearinsäure und Ölsäure (jew. ≈ 5 %)	• Jodzahl liegt zwischen 80 bis 90 • Grundlage für Ricinenalkydharze • Alkydharz auf Basis von Rizinusöl wird als Weichharz in Cellulosenitratlacken oder als modifizierende Komponente in 2-K-PUR-Lacken eingesetzt
Kokosfett	• Ist im getrockneten Fruchtfleisch der Kokosnuss zu ≈ 70 % enthalten • Kokosfett enthält Laurinsäure (≈ 50 %), Myristinsäure (≈ 20 %), Palmitinsäure (≈ 15 %) und Ölsäure (≈ 10 %)	• Jodzahl liegt zwischen 13 bis 16 • Herstellung von Alkydharzen, die in Kombination mit Melaminharzen hochwertige ofentrocknende Lacke ergeben oder als Weichharz in Cellulosenitratlacken eingesetzt werden
Palmkernfett	• Wird aus den Samen der Ölpalme gewonnen • Palmkernfett enthält überwiegend gesättigte Fettsäuren (siehe Kokosfett)	• Jodzahl liegt zwischen 14 bis 23 • Einsatzbereich ähnlich wie Kokosfett

[1] Die Jodzahl (DIN 53241-1) gibt an, wie viel Gramm Jod von 100 g Öl oder Fett chemisch gebunden werden. Die Jodzahl ermöglicht die genaue Berechnung der im Öl oder Fett enthaltenen ungesättigten Doppelbindungen. Je höher die Jodzahl desto besser ist das Trocknungsverhalten.

Modifizierte Naturstoffe (Auswahl)

Die Modifizierung von Naturstoffen, z. B. trocknenden Ölen, hat verschiedene Vorteile, z. B.
• Erzielung einer schnelleren An- und Durchtrocknung oder
• Verbesserung der Wetterbeständigkeit.
Öle lassen sich u. a. durch Mischen mit anderen Substanzen oder durch Reaktionen an den Doppelbindungen modifizieren.

Gruppe	Herstellung	Eigenschaften/Verwendung
Standöle DIN 55945	• Öle werden unter Luftabschluss erhitzt, dabei kommt es zur Polymerisation des Öls • Durch die Polymerisation kommt es zu einer Viskositätserhöhung • Kombination von mehreren Ölen möglich, z. B. Leinöl – Holzöl– Standöl	• Zur Herstellung von Alkydharzlacken • Als Imprägnierung für Holz • Verbesserung der Trocknung • Wasser- und Wetterbeständigkeit wird verbessert • Verbesserung von Verlauf und Glanz • Höheres Füllvermögen
Firnisse DIN 55945	• Öle, hauptsächlich Leinöl, werden mit Trockenstoffen (Sikkativen) versetzt • Zugabe der Trockenstoffe kann bei höheren Temperaturen, aber auch im kalten Zustand erfolgen	• Als Imprägnierung für Holz • Trocknung eines Leinölfilms kann so von etwa 120 Stunden auf etwa 3 Stunden reduziert werden

Modifizierte Naturstoffe (Cellulosederivate, Auswahl)

Cellulose ist der gerüstbildende Bestandteil von Pflanzen und steht in relativ großen Mengen zur Verfügung. Als Bindemittel ist die Cellulose nur einsetzbar, wenn sie chemisch modifiziert wird, da sie absolut unlöslich in allen gängigen Lösemitteln und Wasser ist.

Gruppe	Herstellung und Zusammensetzung	Eigenschaften und Verwendung
Cellulose-nitrat (CN) DIN ISO 14446	• Behandlung von Cellulose mit einer Mischsäure aus Schwefelsäure, Salpetersäure und Wasser (Nitrierung) • Cellulosenitrat wird nach dem Veresterungsgrad bzw. nach dem Gehalt an Stickstoff (N) klassifiziert 10,6 bis 11,2 % N = A-Type (in Alkohol löslich) • CN-Lack: Lösung von Cellulosenitrat (etwa 25 %), Harzen, Weichmachern in Lösemitteln (etwa 75 %)	• Lacke haben geringen Festkörperanteil und bilden nur dünne Filme (reversibel und wasserempfindlich) • Kombination mit Alkydharzen (dienen als Weichmacher) als Nitrokombinationslack • Zaponlacke (Festkörpergehalt unter 10 %) • Farblose Holzlackierungen und Polituren • Ölfreie Grundiermittel • Trocknet physikalisch durch Verdunsten der Lösemittel, schnelle Trocknung • Entzündlich durch hohen Lösemittelanteil (Sicherheitsbestimmungen beachten)

Synthetische Bindemittel (Polykondensationsharze, Auswahl)

Gruppe	Herstellung und Zusammensetzung	Eigenschaften und Verwendung
Gesättigte Polyester	• Veresterung von mehrwertigen Alkoholen (u. a. Ethylenglykol) mit gesättigten Polycarbonsäuren (u. a. o-Phtalsäure)	• Linearer Aufbau, thermoplastisch • Gute Abriebfestigkeit und Haftung • Einbrennlacke (z. B. im Coil-Coating-Bereich) • Pulverlacke, Polyurethanlacke
Ungesättigte Polyester (UP) DIN 53184 DIN EN ISO 4617	• Veresterung von mehrwertigen Alkoholen (u. a. Ethylenglykol) mit ungesättigten Polycarbonsäuren (u. a. Maleinsäure) • Reaktive Lösemittel (überwiegend Styrol, u. a. aber auch Vinyltoluol) • Initiatoren (organische Peroxide)	• Reaktives Lösemittel wird beim Polymerisationsprozess in das Harzgerüst eingebaut (Verlust durch Verdunstung etwa 5 %) • Fast 100 % Festkörpergehalt, dadurch kein Einfallen oder Schrumpfen • Verarbeitung nach Zugabe der Initiatoren zeitlich begrenzt (Topfzeit einhalten) • Spachtelmassen und Füller, Lacke
Alkydharze DIN EN ISO 4617	• Polyesterharz besteht aus Dicarbonsäure (u. a. o-Phtalsäure) und drei- und höherwertigen Alkoholen (u. a. Glycerin) und wird mit trocknenden Ölen (Fettsäuren) modifiziert • Unterscheidung nach der Menge der eingebauten Fettsäuren in: **Langölige, fette Alkydharze** mehr als 60 % Ölgehalt (Öllänge) **Mittelölige, mittelfette Alkydharze** 40 % bis 60 % Ölgehalt (Öllänge) **Kurzölige, magere Alkydharze** weniger als 40 % Ölgehalt (Öllänge) • Alkydharze lassen sich zusätzlich durch weitere Komponenten modifizieren, z. B. Thixotrope Alkydharze durch Zugabe von Polyamidharz • Häufigstes Lösemittel: Testbenzin (Kohlenwasserstoffgemisch Gruppe 2 TRGS 404 aromatenarm)	• Langölige, fette Alkydharze werden eingesetzt als Bindemittel in lufttrocknenden Lacken für den Innen- und Außenbereich • Grundierungen und Schlussbeschichtungen (hochglänzend, seidenglänzend) • Korrosionsschutzgrundierungen in Kombination mit aktiven Pigmenten • Gutes Deckvermögen, gute Haftung, guter Verlauf, hohe Flexibilität, gute Wetterbeständigkeit und Verarbeitbarkeit • Alkydharzlacke, die Leinöl enthalten, neigen stark zur Vergilbung, deshalb im Grundierbereich einsetzen (Sojaöl neigt nicht zur Vergilbung, auch als Decklack einsetzbar) • Lösemittelgehalt der konventionellen Alkydharzlacke liegt zwischen 35 % bis 55 %, High-Solid-Lacke enthalten zwischen 10 % bis 15 % Lösemittel • Alkydharzlacke trocknen durch Verdunsten des Lösemittels und durch Sauerstoffaufnahme (Runzelneigung bei zu hohen Schichtddicken)

Synthetische Bindemittel (Polyadditionsharze, Auswahl)

Gruppe	Herstellung und Zusammensetzung	Eigenschaften und Verwendung
Polyurethan-harze (PUR) (Poly-isocyanat) DIN EN ISO 11909 DIN EN ISO 4617	• Hydroxylgruppenhaltige Harze (u. a. Polyester-, Acryl-, kurzölige Alkydharze, Polyester) und Poly-isocyanate • Bei Zweikomponentensystemen werden Harz (Stammkomponente z. B. in 50 %-iger Lösung mit Pig-menten, Füllstoffen) und Poly-isocyanat (Härter) getrennt geliefert (Gesundheitsschutz beachten) • Auch als High-Solid-Lacke mit höherem Festkörpergehalt • Auch wasserverdünnbare Systeme	• 2-K-PUR-Lacke (Handelsname: DD-Lacke) werden vor der Verarbeitung im angegebenen Mischungsverhältnis angesetzt • Begrenzte Verarbeitungszeit (Topfzeit), chemi-sche Aushärtung durch Polyaddition • Härter darf nicht mit Alkoholen oder Feuchtig-keit in Verbindung gebracht werden, sonst kommt es zu Vernetzungsreaktionen (Löse-mit-tel nur aus dem System verwenden) • Gute Chemikalien-, Lösemittel- und Wasserbe-ständigkeit, universelle Haftung • Hohe Abriebfestigkeit (Klarlacke u. a. für Holz, Parkettversiegelung) • Stark beanspruchte Grund- und Deck-beschichtungen im Innen- und Außenbereich (u. a. Korrosionsschutz, Balkonböden)
Epoxidharze (EP) DIN EN ISO 4617	• Zweikomponentensystem • Stammkomponente: Harz aus Diphenolen und Epichlorhydrin (charakteristisch für das Epoxidharz sind zwei endständige Epoxid-gruppen); Lösung von Epoxidharz in Lösemitteln • Härterkomponente: Polyamine und Polyamide (Gesundheitsschutz beachten) • Auch wasserverdünnbare Systeme • Dickschichtsysteme (lösemittelfrei 100 % Festkörper)	• 2-K-EP-Lacke werden vor der Verarbeitung im angegebenen Mischungsverhältnis angesetzt • Begrenzte Verarbeitungszeit (Topfzeit), chemi-sche Aushärtung durch Polyaddition • Gute Chemikalien-, Lösemittel- und Wasserbe-ständigkeit, sehr gute Haftung und Elastizität • Stark beanspruchte Grund- und Deckbe-schichtungen im Innen- und Außenbereich (abhängig von Zusammensetzung/Hersteller-angaben; u. a. Korrosionsschutz, Industriefuß-böden) • Im Außenbereich zeigen pigmentierte EP-Lacke bei Bewitterung eine starke Kreidung (überwiegend als Grundierungen einsetzen) • Im schweren Korrosionsschutz (Dickschicht-system)

Synthetische Bindemittel (Polymerisationsharze, Auswahl)

Gruppe	Herstellung und Zusammensetzung	Eigenschaften und Verwendung
Acrylharze DIN EN ISO 4617	• Ester der Acrylsäure oder der Me-thacrylsäure; es können auch noch andere Monomere u. a. Styrol, Toluol, Vinylester enthalten sein • Polymerisate, die ausschließlich Acryl und/oder Methacrylat enthal-ten, werden als Reinacrylate be-zeichnet • Acrylharze lassen sich in zwei Gruppen aufteilen: Polyacrylate ohne funktionelle Gruppen (nicht vernetzbar und wer-den in physikalisch trocknenden Lacken eingesetzt); Polyacrylate mit funktionellen Grup-pen (vernetzbar, selbst- oder fremd-vernetzend)	• Z. B. Kunststoffdispersionen werden durch Emulsionspolymerision hergestellt, d. h., die Monomere werden in einer wässrigen Lösung mit Emulgatoren verteilt und polymerisiert • Reinacrylat-Dispersionen mit dem größten Einsatzbereich zeigen hohe Vergilbungs- und Alkalibeständigkeit, gute Elastizität, gute Wasser- und Wetterbeständigkeit (u. a. Dispersionsfarben, Holzlasuren) • Styrol-Acrylat-Dispersionen zeigen eine hohe Alkalibeständigkeit (preiswerte Alternative zu Reinacrylaten) • Styrol-Butadien-Dispersionen (Neigung zum Kreiden) u. a. für scheuerbeständige Wand-beschichtungen im Innenbereich (Latexfarbe) • Magnetfarbe www.magnetfarbe.de

Grundlagen
Werkstoffe Hilfsstoffe
Werkzeuge Geräte, Gerüste
Arbeits-techniken
Gestaltung
Arbeitsschutz Umweltschutz
Aufmaß Abrechnung
Betriebs-führung
Quellen

Left margin tabs: Grundlagen · Werkstoffe Hilfsstoffe · Werkzeuge Geräte, Gerüste · Arbeitstechniken · Gestaltung · Arbeitsschutz Umweltschutz · Aufmaß Abrechnung · Betriebsführung · Quellen

Additive		DIN EN 971-1, DIN EN ISO 4617
Gruppe	**Wirkungsweise**	**Einsatzbereich**
Biozide	• Reduzieren oder verhindern das Wachstum von Mikroorganismen (Pilze, Algen, Bakterien) im Beschichtungsstoff oder in/auf der Beschichtung • Konservierungsmittel schützen bei der Produktion, während des Transportes und der Lagerung • Antimikrobielle Ausrüstung stellt den Schutz der ausgehärteten Beschichtung vor Befall sicher • Antifouling-Additive in Schiffsbeschichtungen	• Einsatz vor allem in wässrigen Beschichtungsstoffen und Dispersionsfarben, da hier der Gehalt an antimikrobiell wirkenden organischen Lösemitteln reduziert ist • Als Konservierungsmittel kommt überwiegend Formaldehyd zum Einsatz • Antimikrobielle Ausrüstungen bestehen aus zum Teil ökologisch bedenklichen Substanzen (metallorganische Verbindungen), aber auch schwefel- und stickstoffhaltige Verbindungen kommen zum Einsatz
Entschäumer/ Entlüfter	• Entschäumer sollen nur an der Oberfläche wirken, müssen deshalb im Beschichtungsstoff nahezu unlöslich/ unverträglich sein und an die Oberfläche ausschwimmen • An der Oberfläche der flüssigen Beschichtungsstoffes bewirken die Entschäumer ein Aufplatzen der Blasen und ein Zusammenfallen des Schaumes • Entlüfter sorgen dafür, dass Gasbläschen aus der flüssigen Beschichtung schneller entweichen können (durch Erhöhung der Aufstiegsgeschwindigkeit)	• In wässrigen Systemen (enthalten seifenähnliche Emulgatoren, die zur Schaumbildung führen) werden Mineralölentschäumer und Silikonentschäumer eingesetzt • In lösemittelhaltigen Systemen kommen Polysiloxane zum Einsatz • Durch den Einsatz von Entschäumern kann es zu folgenden Beeinträchtigungen kommen: Trübungen in Klarlacken, Glanzbeeinträchtigungen, Kraterbildungen und Haftungsprobleme bei nachfolgenden Beschichtungen • Entschäumer können bei längerer Lagerung ihre Wirksamkeit verlieren
Sikkative	• Haben die Aufgabe, die oxidative Trocknung von ungesättigten Ölen und Fettsäuren besonders in Alkydharzlacken zu beschleunigen • Unterteilung in Primär- und Sekundärtrockner (Hilfstrockner) • Trockstoffe werden in Kombinationen eingesetzt, um sowohl Oberflächentrocknung (z. B. Cobalt) und Durchtrocknung (z. B. Zirkonium) zu fördern	• Bestehen aus Metallsalzen natürlicher organischer Säuren • Als Metalle werden in Trockenstoffen Cobalt, Mangan, Blei, Zirkonium, Calcium und Barium eingesetzt (auf Blei wird weitestgehend verzichtet) • Bei falscher Dosierung kann es zu einer Kräuselung und zu schlechter Durchtrocknung kommen
Antihautmittel	• Verhindern die Hautbildung auf der Oberfläche von Beschichtungsstoffen, besonders bei angebrochenen Gebinden während der Lagerung	• Blockieren die als Trockenstoffe wirksamen Metall-Ionen durch Komplexverbindungen und verhindern so vorzeitige Vernetzungsreaktionen • Antihautmittel verdunsten nach dem Auftragen und geben die Trockenstoffe zur Beschleunigung der oxidativen Trocknung wieder frei
Mattierungsmittel	• Verhindern die Ausbildung einer glatten und damit glänzenden Oberfläche • Ermöglichen eine Verringerung des Glanzes bei gleichzeitiger Transparenzerhaltung der Beschichtung	• Zusatz von feinverteilten bindemittelunverträglichen Stoffen (z. B. PE-Wachse) in geringer Menge, die sich an der Oberfläche der Beschichtung anreichern

Additive (Fortsetzung)		
Gruppe	Wirkungsweise	Einsatzbereich
Katalysatoren /Initiatoren	• Katalysatoren beschleunigen die Vernetzungsreaktion bzw. die Aushärtung von Beschichtungsstoffen (katalysierte Vernetzung) • Wirkungsweise hängt vom eingesetzten Bindemittel ab • Initiatoren starten durch Radikalbildung eine Polymerisationsreaktion und nehmen nach dem Zerfall selbst an der Reaktion teil • Initiatoren müssen vor Wärme und Licht geschützt werden	• Säurekatalysatoren (Sulfonsäurederivate) finden ihren Einsatz in Einbrennlacken und säurehärtenden Systemen (Phenol-Formaldehyd- und Amin-Formaldehyd-Harze) • Organische Zinnverbindungen und Amine beschleunigen die Vernetzung von Polyurethanlacken und Epoxidharzlacken (hier eher Amine) • Initiatoren für ungesättigte Polyesterharze sind organische Peroxide (z. B. Benzoylperoxid)
Oberflächenadditive (Verlaufmittel)	• Sollen die Entstehung von Oberflächenstörungen (z. B. schlechter Verlauf, Orangenschaleneffekt, Kraterbildung, Ghosting, Bénardsche Zellen) bei applizierten Beschichtungsstoffen verhindern, die durch unterschiedliche Oberflächenspannungen begründet sind • Reichern sich an der Oberfläche an und reduzieren die Oberflächenspannung des Beschichtungsstoffes	• In wässrigen Beschichtungsstoffen werden u. a. Tenside eingesetzt • In lösemittelhaltigen Beschichtungsstoffen kommen modifizierte Polysiloxane und Silikonöle zum Einsatz • Auf der gesamten Oberfläche stellt sich eine gleichmäßige niedrige Oberflächenspannung ein, u. a. kommt es so zu einer besseren Benetzung des Untergrundes
Verdickungsmittel (Antiabsetzmittel)	• Beeinflussen die rheologischen Eigenschaften eines Beschichtungsstoffes durch Verdickung der flüssigen Phase • Verhindern das Absetzen von Pigmenten und Füllstoffen während der Lagerung und des Transportes	• Wichtigster Einsatzbereich sind Dispersionsfarben • Zum Einsatz kommen Cellulosederivate (z. B. Methylcellulose), Polyacrylate, Polyurethanderivate, Polyetherpolyole
Thixotropierungsmittel	• Sollen ein Ablaufen des Beschichtungsstoffes (möglichst hohe Viskosität) nach der Applikation verhindern, gleichzeitig darf der gute Verlauf der Beschichtungsoberfläche (relativ niedrige Viskosität) nicht behindert werden • Durch hohe Schergeschwindigkeiten bei der Applikation weist ein thixotrop eingestellter Beschichtungsstoff eine niedrige Viskosität auf, bei Nachlassen der Scherbelastung steigt die Viskosität wieder an (Kartenhausstruktur)	• Als Thixotropierungsmittel werden modifizierte Schichtsilikate, pyrogenes Siliciumdioxid und hydriertes Ricinusöl und Harnstoffderivate eingesetzt • Verwendung auch in High Solid- und Medium Solid-Lacken (High Solids sind festkörperreiche Lacke mit Festkörpergehalt zwischen 55 und 80%)
Lichtschutzmittel	• Schützen vor schädlicher UV-Strahlung und verhindern so den Abbau sowie die Veränderung (z. B. Glanzverlust, Versprödung, Rissbildung, Vergilbung) von Beschichtungen • UV-Strahlen werden absorbiert und in unschädliche Wärmeenergie umgewandelt (UV-Absorber) • Entstehende reaktive Radikale werden aufgefangen und in stabile Verbindungen umgewandelt (Radikalfänger)	• Einsatz finden Lichtschutzmittel in hochwitterungsbeständigen Bautenbeschichtungen, hochwertigen Industrielacken und Decklacken z. B. in der Fahrzeuglackierung • Lasuren (Holzschutz)

Löse- und Verdünnungsmittel

Nach DIN EN 971-1 ist ein **Lösemittel** eine aus einer oder mehreren Komponente(n) bestehende Flüssigkeit, die Bindemittel ohne chemische Umsetzung lösen kann. Lösemittel müssen unter den Bedingungen der Filmbildung flüchtig sein. Bezüglich ihres Lösevermögens ist eine Einteilung in **echte Löser**, **latente Löser** und **Nichtlöser** üblich. Zum Einsatz kommen auch „Reaktive Verdünner" z. B. bei UP.

Latente Löser sind alleine nicht in der Lage das Bindemittel zu lösen. Durch Zusatz eines **echten Lösers** kann ein ausreichendes Lösevermögen für ein bestimmtes Bindemittel erzielt werden. **Nichtlöser** können auch in Kombination das Bindemittel nicht lösen und werden als Verschnittmittel eingesetzt. **Reaktive Verdünner** werden beim Härtungsprozess an der Reaktion beteiligt und werden eingebaut.

Wichtige physikalische und sicherheitstechnische Kennzeichen von Lösemitteln

Verdunstungszahl (DIN 53170)			Siedetemperatur (Siedepunkt) DIN 53171		
Die Verdunstungszahl (VD) gibt an, um wie viel langsamer ein Lösemittel im Vergleich zu Diethylether (VD = 1) verdunstet.			Der Siedepunkt ist die Temperatur, bei der das Lösemittel vom flüssigen in den gasförmigen Zustand übergeht.		
Klassifizierung	VD	Beispiele	Klassifizierung	Siedebereich	Beispiele
leichtflüchtig	< 10	Toluol, Methanol	Niedrigsieder	unter 100 °C	Methanol
mittelflüchtig	10 bis 35	Ethanol, Testbenzin	Mittelsieder	100 bis 150 °C	Testbenzin
schwerflüchtig	35 bis 50	Ethylglykol	Hochsieder	über 150 °C	Butylglykol
sehr schwer flüchtig	> 50	Butylglykol	Für die meisten technischen Lösemittel wird ein **Siedebereich** angegeben, da chemische Reinheit selten erforderlich ist		
Flammpunkt DIN EN 456			VOC (Volatile Organic Compounds) DIN EN ISO 4617		
• Flammpunkt ist die niedrigste Temperatur, bei der ein Lösemitteldampf/Luft-Gemisch entsteht, das durch eine offene Flamme entflammbar wird • Kennzeichnung nach VbF			• VOC ist die Gesamtsumme aller flüchtigen organischen Lösemittel im Lack • Der Wert wird immer in Gramm (g) VOC je Liter (*l*) Lack angegeben		

Einteilung der Lösemittel

Lösemittelgruppe	Eigenschaften	Beispiele	Verwendung
Aliphatische Kohlenwasserstoffe DIN 51632 (Spezialbenzine)	• Sind in der chemischen Struktur nur aus Kohlenstoff- und Wasserstoffatomen aufgebaut (kettenförmig) • Die unpolarsten aller Lösemittel • Zum Lösen von unpolaren Bindemitteln • Fast immer Siedebereichsgemische • Verwendung in schnelltrocknenden Beschichtungsstoffen	• Testbenzine (enthalten bis zu 20 % Aromate) • Spezialbenzine (Flammpunkte weit unter 21 °C); nur in explosionsgeschützten Räumen	• U. a. Löser für Öllacke, Chlorkautschuklacke, Alkydharzlacke, Polyacrylate • Nicht gelöst werden u. a. Epoxidharze, Cellulosederivate
Cycloaliphatische Kohlenwasserstoffe	• Lösevermögen liegt zwischen den aliphatischen und den aromatischen Kohlenwasserstoffen • Mit den meisten organischen Lösemitteln mischbar • In Wasser unlöslich	• Tetralin® • Dekalin® (Hochsieder mit sehr gutem Lösevermögen)	• Siehe aliphatische Kohlenwasserstoffe • Zusätzlich Bitumen • Abbeizfluide
Terpenkohlenwasserstoffe	• Gewonnen durch Destillation des Harzausflusses von Nadelhölzern • Mit Alkoholen und den meisten organischen Lösemitteln mischbar • In Wasser unlöslich	• Terpentinöl	• Öl- und Alkydharzlacke (in Kombination mit Testbenzin) • Naturharzlacke

Lösemittel · Eigenschaften · Verwendung **63**

Grundlagen

Werkstoffe Hilfsstoffe

Werkzeuge Geräte, Geräiste

Arbeits-techniken

Gestaltung

Arbeitsschutz Umweltschutz

Aufmaß Abrechnung

Betriebs-führung

Quellen

Einteilung der Lösemittel (Fortsetzung)

Lösemittelgruppe	Eigenschaften	Beispiele	Verwendung
Aromatische Kohlenwasserstoffe	• Gewonnen durch Destillation des Steinkohlenteers oder Umwandlung von Erdölfraktionen • Bestehen aus ringförmigen ungesättigten Kohlenstoffen; leiten sich vom Benzol ab • Werden zunehmend durch weniger gefährliche Lösemittel ersetzt • Sind relativ unpolar • Breiteres Lösevermögen als die Benzine (aliphatische KW)	• Toluol • Xylol (beides auch in Nitroverdünnung) • Styrol (u. a. als reaktives Lösemittel[1] für Polyesterharze)	• Alkydharzlacke, Polyesterharze, Acrylharze, Vinylpolymerisate u. a. • Auch andere, weniger polare Harze • Für Cellulosenitrat als Verschnittmittel
Chlorkohlenwasserstoffe	• Leiten sich von den aliphatischen Kohlenwasserstoffen ab; ein oder mehrere Wasserstoffatome sind durch Chloratome ersetzt • Polarität bedingt ein sehr gutes Lösevermögen • Hohe Toxizität (kaum noch Einsatz in der Lackindustrie)	• Dichlormethan (Methylenchlorid)	• Abbeizmittel (hier aber zunehmend umweltschonendere Lösungen)
Ester	• Entstehen aus der Verbindung von Säuren (Essigsäure) mit Alkohol (u. a. Butanol) • Zeigen deutlich ausgeprägte Polarität und haben ein sehr breites Lösevermögen • Sind mit allen üblichen Lösemitteln mischbar; nur teilweise mit Wasser	• Ethylacetat • Buthylacetat (als Ersatz für Aromaten von grosser Bedeutung)	• Physikalisch schnell trocknende Lacke auf Basis von Cellulosenitrat u. a. • Polyurethanlacke
Ketone	• Zeigen deutlich ausgeprägte Polarität und haben ein sehr breites Lösevermögen • Der sehr intensive Geruch wird häufig als störend empfunden (Ester werden deshalb bei ungefähr gleichem Löse- und Verdunstungsverhalten vorgezogen)	• Aceton • Ethylmethylketon • Cyclohexanon • Auch in Nitroverdünnung	• Hervorragendes Lösemittel für alle polaren Bindemittel • Cellulosenitrat, Alkydharzlacke, Polymerisatharze u. a.
Alkohole	• Sehr hohe Polarität und Neigung zur Bildung von Wasserstoffbrücken • Besonders niedere Alkohole (bis zu 3 Kohlenstoffatomen) zeigen diese hohe Polarität und sind sehr gut mit Wasser mischbar • Mit längerer Kohlenstoffkette nimmt Lösevermögen für polare Harze ab	• Methanol • Ethanol • n-Butanol (wichtigster Alkohol in der Lackindustrie) • Propanol-Isomere	• U. a. Naturharze (Schellack), Alkyd- und Polyesterharze, Melamin- und Harnstoffharze, Cellulosenitrat, Phenolharzlacke
Glykole, Glykolether	• Hochpolare Lösemittel mit Neigung zur Bildung von Wasserstoffbrücken • Unbegrenzt mischbar mit Wasser; mischbar mit organischen Lösemitteln	• Buthylglykol • Propylenglykol	• Co-Lösemittel[2] in Wasserlacken • Einbrennlacke • Abbeizmittel

[1] Reaktive Löser werden bei der Filmbildung durch chemische Reaktion in das Bindemittel eingebunden.
[2] Durch Cosolvenzien (Co-Löser) sind Wechselwirkungen mit dem Wasser (Lösemittel) und dem unpolaren Bindemittel möglich; Verhinderung von Viskositätsanomalien „Wasserberg" bei Wasserlacken.

Pigmente

Nach DIN 55943 sind Pigmente aus Teilchen bestehende Substanzen, die im Anwendungsmedium **unlöslich** sind und die als Farbmittel (Sammelname für alle farbgebenden Stoffe) oder wegen ihrer korrosionshemmenden oder magnetischen Wirkung eingesetzt werden.
Ein Farbstoff ist ein im Anwendungsmedium **lösliches** Farbmittel.
Pigmente, die nicht als Farbmittel eingesetzt werden, erhalten in ihrer Bezeichnung eine anwendungsbezogene Ergänzung, z. B. Korrosionsschutzpigment.
Die Einteilung der Pigmente kann nach unterschiedlichsten Gesichtspunkten erfolgen, z. B. Herkunft, Farbton, Zusammensetzung. Nach DIN 55944 erfolgt eine Einteilung der Pigmente in **anorganische** und **organische** Farbmittel.

Natürlich anorganische Pigmente/Erdpigmente			Künstlich anorganische Pigmente/Mineralpigmente		
Weißpigmente	Buntpigmente	Schwarz- und Graupigmente	Weißpigmente	Buntpigmente	Schwarzpigmente
Kreide, Dolomit, Schwerspat, Talkum, Gips, Quarz u. a.	Ocker, Umbra, Terra di Siena, Veroneser Grün u. a.	Graphit, Schiefergrau, Schiefer-schwarz u. a.	Titandioxid, Lithopone, Zinkoxid, Blanc-fixe u. a.	Eisenoxidrot, Zinkphosphat, Chromoxidgrün, Ultramarinblau u. a.	Eisenoxidschwarz

Natürliche organische Pigmente/ Tier- und Pflanzenpigmente	Künstliche organische Pigmente/Teerpigmente	
Buntpigmente	Buntpigmente	Schwarzpigmente
Indischgelb, Karmin, Purpur, Sepia, Kasseler Braun, Indigo, Krapplack u. a.	Echtrot, Echtgelb, Azopigmente in Rot und Gelb, Malachitgrün, Pigmentpurpur u. a.	Ruß, Rebschwarz, Anilinschwarz u. a.

Sondergruppen			
Metallpigmente	Metalleffektpigmente	Perlglanzpigmente	Leuchtpigmente
Aluminiumpigment, Kupferpigment, Zinkstaub u. a.	Goldbronze, Silberbronze, Aluminiumbronze u. a.	Interferenzpigmente (Aufbau aus mehreren transparenten Schichten mit unterschiedlicher Lichtbrechung)	Tagesleuchtpigment, nachleuchtende Pigmente (mit fluoreszierenden Farbstoffen eingefärbt) u. a.

Wichtige Pigmenttypen (Auswahl)

Name	Zusammensetzung	Eigenschaften	Verwendung
Titandioxid DIN 55912	• Herstellung erfolgt im Sulfat- oder Chloridverfahren • Sorten: Rutil und Anatas (Rutil hat stabileren Kristallaufbau) • Titanweiß ist ein Gemisch aus Titandioxid und Verschnittmitteln	• Sehr gutes Deck- und Aufhellvermögen[1] (bedingt durch hohe Brechzahl[2] Rutil: 2,75 und Anatas: 2,55) • Anatas neigt sehr stark zum Kreiden; auch Rutil muss nachbehandelt werden, um eine ausreichende Wetterstabilität zu erreichen • Absorbiert UV-Strahlung (Photoaktivität)	• Wichtigstes Weißpigment; in allen Beschichtungsstoffen einsetzbar • Rutil im Innen- und Außenbereich • Anatas nur im Innenbereich (Photoaktivität führt zum Bindemittelabbau)

[1] Das Aufhellvermögen (DIN 55982) eines Pigmentes bezeichnet die Fähigkeit, die Helligkeit eines bunten, grauen oder schwarzen Systems zu erhöhen.

[2] Die Brechzahl (DIN 51423) bezeichnet die Eigenschaft eines Stoffes, die einfallenden Lichtstrahlen aus ihrem Einfallwinkel abzulenken. Je stärker die Ablenkung, desto größer ist die Brechzahl und damit das Deckvermögen eines Pigmentes. Luft hat die Brechzahl 1.

Grundlagen
Werkstoffe Hilfsstoffe
Werkzeuge Geräte, Gerüste
Arbeits-techniken
Gestaltung
Arbeitsschutz Umweltschutz
Aufmaß Abrechnung
Betriebs-führung
Quellen

Wichtige Pigmenttypen (Fortsetzung)

Name	Zusammensetzung	Eigenschaften	Verwendung
Lithopone DIN 55910	• Gemeinsame Fällung von Bariumsulfat und Zinksulfid (ZnS) • Unterscheidung je ZnS-Gehalt in Rotsiegel (30 %), Grünsiegel (40 %) und Silbersiegel (60 %)	• Mit Zinksulfidanteil steigen auch die qualitativen Eigenschaften • Gutes Deck- und Aufhellvermögen (Brechzahl Zinksulfid 2,37) • Durch Zusatz von Cobalt wird ausreichende Lichtstabilität erreicht • Gute Benetzbarkeit • Sehr gute Alkalibeständigkeit • Neigt zum Kreiden	• Einsatz in Grundierungen, Füllern und Spachtelmassen • Wand- und Fußbodenbeschichtungen • Für Beschichtungen im Außenbereich Kombination mit ZnO
Zinkoxide DIN 55943	• Brennen von metallischem Zink • Zinkweiß hat eine Reinheit von 99 % (bleifrei)	• Gutes Deck- und Aufhellvermögen (Brechzahl 2,03) • Sehr gute Lichtbeständigkeit • Gute Wetterbeständigkeit	• Bedeutung liegt in der Verwendung als Korrosionsschutzpigment
Eisenoxidpigment DIN ISO 1248	• Werden überwiegend durch Fällung erzeugt • Eisenoxidgelb geht beim Glühen durch Wasserabspaltung in Eisenoxidrot über	• Hohe Licht- und Wetterbeständigkeit • Hohes Deck- und Färbevermögen • Hohe Alkalibeständigkeit • Verträglichkeit mit allen Weiß- und Buntpigmenten und in allen Bindemitteln einsetzbar	• Herstellung von Metalleffektlacken im KFZ-Bereich u. a. • Korrosionsschutzgrundierungen • Holzlasuren • Dispersions- und Silikatfarben

Füllstoffe

Nach DIN 55943 ist ein Füllstoff eine aus Teilchen bestehende pulverförmige Substanz, die im Anwendungsmedium unlöslich ist und zur Verbesserung der technischen und optischen Eigenschaften des Beschichtungsstoffes beitragen soll. Die Bezeichnung einer Substanz als Pigment oder Füllstoff ist nur von der Verwendung abhängig (siehe Erläuterung der DIN 55943).

Siliciumdioxid und Kieselsäuren

Gruppe	Zusammensetzung/Eigenschaften	Einsatzgebiete (Auswahl)
Quarzmehl	• Hauptbestandteil Quarz (SiO_2 Siliciumdioxid) • Vermahlen von Quarzsanden und -kiesen • Hohe Wasser-, Hitze-, Licht- und Chemikalienbeständigkeit • Große Härte (Mohs 7)[1]	• In Spachtelmassen und Schleifpasten • Wandbeschichtung (u. a. in Silikatfarben) • In Beschichtungen mit besonderen Anforderungen an die Abriebfestigkeit • Quarzstaub ist lungengängig und kann Silikose verursachen. Nicht einatmen!
Kieselgur	• Auch Diatomeerde, Kieselerde genannt • Zusammensetzung und Eigenschaften siehe Quarzmehl	• Preiswertes Mattierungsmittel • Trocknung, Schleifbarkeit und Haftung von Beschichtungen wird verbessert
Pyrogene Kieselsäure	• Koaguliertes Siliciumdioxid • Hohe Feinheit und niedrige Brechzahl • Hohe Transparenz	• Verursachen in einem Beschichtungsstoff die Thixotropie (Aufbau eines dreidimensionalen Gerüstes)

Silikate

Gruppe	Zusammensetzung/Eigenschaften	Einsatzgebiete (Auswahl)
Talkum	• Magnesiumsilikathydrat • Plättchenförmige Teilchenstruktur (hohe Barrierewirkung) • Niedrige Härte (Mohs: 1)[1] • Hohe Wetter-, Hitze- und Chemikalienbeständigkeit	• In Spachtelmassen und Füllern (Gute Schleifbarkeit durch geringe Härte und gutes Füllvermögen • In Grundierungen (Haftungsverbesserung) • In Korrosionsschutzbeschichtungen (Barriereprinzip)

Füllstoffe (Fortsetzung)		
Gruppe	**Zusammensetzung/Eigenschaften**	**Einsatzgebiete (Auswahl)**
Kaolin	• Auch China Clay, ASP oder Porzellanerde genannt • Aluminiumsilikathydrat • Plättchenförmige Teilchenstruktur (feinere Korngröße als Talkum) • Härte (Mohs 2 bis 2,5, calciniert auch 4)[1] • Wetter-, Hitze- und Alkalienbeständigkeit	• Als Verschnittmittel für Weißpigmente • In Grundierungen und Füllern (Haftung wird verbessert) • In Elektrotauchlacken (ohne Schleifen ergeben sich hochwertige Oberflächen) • In Dispersionsfarben (hoher Weißgrad)
Glimmer	• Auch Mica genannt • Kalium-Natrium-Aluminium-Silikate in unterschiedlicher Zusammensetzung (überwiegend als Muskovit) • Transparente, perlmuttglänzende Plättchen mit hoher Elastizität • Hohe Wetter-, Chemikalien-, Hitze- und UV-Beständigkeit	• In Grundierungen und Füllern • In Dispersionsfarben • In Korrosionsbeschichtungen • Als Zusatz in Systemen mit rissüberbrückender Wirkung (gute Armierungseigenschaften, da sehr biegsam) • In Systemen, mit einer erhöhten Anforderung gegenüber Chemikalien u. a.

Sulfate		
Gruppe	**Zusammensetzung/Eigenschaften**	**Einsatzgebiete (Auswahl)**
Schwerspat DIN EN ISO 3262	• Bariumsulfat • Hohe Wetter-, Hitze- und Chemikalienbeständigkeit • Kompakte Kornform (gröbere Körnung als Blanc-fixe) • Hohe Dichte, setzt sich leicht ab	• In Spachtelmassen (da geringe Helligkeit durch Verunreinigungen) • Als Verschnittmittel, z. B. Bleimennigeverschnitt • Kombination mit plättchenförmigen Füllstoffen (optimale Packungsdichte)
Blanc-fixe DIN EN ISO 3262	• Synthetisch gewonnenes (gefälltes) Bariumsulfat • frei von natürlichem Schwerspat und anderen Zusätzen • Kompakte Kornform mit gleichmäßiger Kornfeinheit (Teilchendurchmesser zwischen 0,5 und 4 µm) • Höchster Weißgrad und Helligkeit • Hohe Wetter-, Hitze- und Chemikalienbeständigkeit	• In Spachtelmassen • In Grundierungen und Vorlacken • In Füllern (Nass-in-Nass-Füller) • In Industrielacken, da hohe Chemikalienbeständigkeit • Verschnittmittel zur Verbilligung von hochwertigen Decklacken • Auch mikronisierte Typen (Teilchendurchmesser 0,03 bis 0,06 µm) für hochwertige Decklacke mit hohem Glanzgrad; teuer

Carbonate		
Gruppe	**Zusammensetzung/Eigenschaften**	**Einsatzgebiete (Auswahl)**
Kreide DIN EN ISO 3262	• Calciumcarbonat • Unbeständigkeit gegenüber Witterung (starke Saugwirkung) und Säuren • Alkalien- und Hitzebeständigkeit • Kompakte Kornform (zahlreiche Korngrößenbereiche und Helligkeiten) • Deckkraft in wässrigen Systemen gut	• Empfehlenswert nur im Innenbereich • In Dispersionsfarben (hier auch als Verschnittmittel für Pigmente, da preiswert) • In Leimfarben und Wasserglasfarben als Füllstoff und/oder farbgebender Bestandteil
Gefälltes Calciumcarbonat	• Synthetisches Calciumcarbonat • Kristalline Form • Hohe Helligkeit und geringer Teilchendurchmesser (bis etwa 0,06 µm)	• Verschnittmittel für Weißpigmente • Verminderung der Ablaufneigung

[1] Mohssche Härteskala: Vergleichsgrundlage für den Härtegrad von Stoffen. Mohs stellte 10 Mineralien zusammen, von denen jedes das vorhergehende einritzen kann.
Skala: 1 Talkum, 2 Gips, 3 Kalkspat, 4 Flussspat, 5 Apatit, 6 Feldspat, 7 Quarz, 8 Topas, 9 Korund, 10 Diamant

Füllstoffe (Fortsetzung)

Gruppe	Zusammensetzung/Eigenschaften	Einsatzgebiete (Auswahl)
Calcit	• Calciumcarbonat (kristalline Form) • Gute Wetter-, Hitze und Alkalienbeständigkeit • Säureempfindlich	• In Spachtelmassen • In Grundierungen, auch Korrosionsschutz • In Füllern, Dispersionsfarben und Decklacken (seidenglänzend)
Dolomit	• Calcium-Magnesiumcarbonat • Eigenschaften siehe Calcit, aber härter und weniger säureempfindlich	• Ersatz von Calcit in Dispersionsfarben • Verschnittmittel

Spachtelmassen

Spachtelmassen (Ausgleichsmassen) sind nach DIN 55945 stark pigmentierte und gefüllte Beschichtungsstoffe, die zum Ausgleichen von Unebenheiten des Untergrundes sowie zum Füllen von Rissen, Löchern, Lunkern und anderen Beschädigungen im Untergrund eingesetzt werden. Unterschieden werden kann nach Art der Verwendung, z. B. Ausgleichsmasse und Füllspachtel, nach dem Bindemittel z. B. Ölspachtel und Kunstharzspachtel, nach dem Auftragsverfahren z. B. Zieh- und Spritzspachtel oder nach dem Untergrund z. B. Holzspachtel und Metallspachtel.

Wässrige Spachtelmassen

Gruppe	Zusammensetzung	Verwendung/Eigenschaften
Spachtel-makulatur	• Füll- und Faserstoffe (Kaolin, Leichtspat, Papierfasern) • Leim (Methylcellulose) oder Kunststoffdispersion • Spezialfabrikat • Pulverform	• Als Grundierung für nachfolgende Tapezierung (Ersatz für Klebemakulatur; nur leichte Tapeten) • Zur Glättung rauer Untergründe (u. a. Putze) • Als Zusatz zu Spachtelmassen; Erhöhung der Füllkraft und Elastizität z. B. von Leim- und Dispersionsspachtel
Leimspachtel	• Leime auf Eiweiß- oder Kohlenhydratbasis gefüllt mit Kreide, Leicht- und Schwerspat • Pulverform	• Schnell trocknend, wasserlöslich und nicht wetterbeständig • Sehr gute Schleifbarkeit (nur trocken) • Mit allen Beschichtungsstoffen überstreichbar • Verwendung für mineralische Untergründe im Innenraum, Spachtelungen auf Holz
Füllspachtel (Gipsspachtel)	• Gips • Zusatz von Quarz, Kunstfasern und Kunstharzen • Leim- oder Dispersionszusatz zur Erhärtungsverzögerung und Erhöhung der Elastizität	• Schnell trocknend, feuchtigkeitsempfindlich und nicht wetterbeständig • Sehr gute Schleifbarkeit • Mit allen Beschichtungsstoffen überstreichbar • Sehr gutes Füll- und Haftvermögen • Verwendung für mineralische Untergründe im Innenraum, Spachtelung von Wand- und Deckenflächen sowie zum Füllen von Rissen und Löchern • Geeignet zum Verfugen und für Dübellöcher
Zement-spachtel	• Zement • Zusatz von Casein oder Kunststoffdispersion • Pulverform	• Sehr gutes Füll- und Haftvermögen, bei stark saugenden Untergründen ist Vornässen erforderlich • Verarbeitungszeit ist eingeschränkt • Verwendung siehe bei Gipsspachtel, außerdem zur Spachtelung von Sichtbeton geeignet
Kunststoff-dispersions-spachtel	• Kreide, Schwerspat, Lithopone • Kunststoffdispersion (z. B. PVAC) • Eventuell Kombination mit hydraulischen Bindemitteln • Fertigspachtel	• Sehr gute Schleifbarkeit (Trocken- und Nassschleifen möglich) • Sehr gutes Haftvermögen (mit Grundierung) • Überstreichbar mit Dispersionsfarben • Nicht wetterbeständig, deshalb Verarbeitung nur im Innenbereich zur Spachtelung großflächiger Holz- und Putzflächen (auch ohne Grundierung auf Holz) • Auch auf Gipskartonplatten

Spachtelmassen (Fortsetzung)

Einkomponenten-Lackspachtel

Gruppe	Zusammensetzung	Verwendung/Eigenschaften
Ölspachtel	• Kreide und Weißpigmente (Titanweiß, Zinkweiß, Lithophone) • Leinölfirnis (Sikkative)	• Langsam trocknend, Durchtrocknung nur in dünnen Schichten (oxidative Trocknung) • Schleifbar nach etwa 24 Stunden, Glattschliff nur nass (wasserfestes Schleifpapier) • Gute Wasserbeständigkeit, Einsatz auch im Außenbereich möglich • Gutes Haftvermögen (mit Grundierung) • Spachtelungen auf Holz, neutralen mineralischen Untergründen und Metallen
Lackspachtel (Öllackspachtel)	• Kreide, Schiefermehl und Weißpigmente (Zinkweiß, Lithophone und Bleiweiß) • Ölharzgemisch (ölhaltige Alkydharze oder Kopalharze) • Leinöl- und Holzölfirnisse (Sikkative)	• Siehe Ölspachtel • Trocken- und Nassschliff möglich, Feinschliff nur nass mit entsprechendem Schleifpapier • Ölhaltige Spachtelmassen sind mit Öl- und Alkydharzlacken, Dispersionsfarben und -lacken überstreichbar • Beschichtungsstoffe mit lösenden Verdünnungsmitteln z. B. Nitrolack nicht verwenden
Alkydharzspachtel (Kunstharzspachtel)	• Füllstoffe wie Öllackspachtel • Alkydharzlack (Kunstharzlack)	• Relativ langsam trocknend; Durchtrocknung nur bei dünnen Schichten gut und ohne Risse (oxidative Trocknung) • Schleifbar nach ca. 12 Stunden (schwer schleifbar) • Gutes Haft- und Füllvermögen (mit Grundierung) • Universell einsetzbar • Überstreichbarkeit siehe Öllackspachtel
Nitrokombinationsspachtel	• Weißpigmente, z. B. Titandioxid, Lithopone • Nitrokombinationslack	• Schnelle Trocknung (physikalische Trocknung; es können sehr schnell mehrere dünne Schichten aufgetragen werden) • Schleifbar nach ca. 12 Stunden (schwer schleifbar) • Gute Wasserbeständigkeit (nass schleifbar) • Gutes Haftvermögen (mit Grundierung) • Verwendung in der Fahrzeuglackierung • Überstreichbar mit Alkydharzlacken, Acrylharzlacken und Nitrokombinationslacken

Zweikomponenten-Lackspachtel (Reaktionsspachtel)

Gruppe	Zusammensetzung	Verwendung/Eigenschaften
Polyesterharzspachtel	• Stammkomponente: Ungesättigter Polyester (UP) mit Füllstoffen und Pigmenten (siehe Kunstharzspachtel), Styrol • Härterkomponente: Katalysator (Peroxide)	• Sehr schnelle Trocknung durch chemische Reaktion (Polymerisation); begrenzte Topfzeit • Spachtelungen sind in großen Schichtdicken möglich (Lösemittel Styrol wird durch Polymerisation mit eingebaut), kein Schrumpfen oder Rissbildung während der Aushärtung • Genaue Härterzugabe (Peroxide) erforderlich, da ein Überschuss zum „Durchbluten" oder Verfärben der nachfolgenden Beschichtung führen kann sowie korrosionsfördernd ist • Einsatz in der Fahrzeuglackierung, aber auch auf Holz, Kunststoff und mineralischen Untergründen • Nassschleifen problematisch, da hydrophob • Überstreichbar mit allen Beschichtungssystemen • Verarbeitungshinweise und Gesundheitsschutz besonders beim Umgang mit dem Härter beachten

Spachtelmassen (Fortsetzung)

Gruppe	Zusammensetzung	Verwendung/Eigenschaften
Epoxidharz-spachtel	• Stammkomponente: Epoxidharz mit Füllstoffen und Pigmenten, Lösemittel (auch lösemittelfrei möglich) • Härterkomponente: z. B. Polyisocyanate, Polyamine	• Sehr schnelle Trocknung durch chemische Reaktion (Polyaddition); begrenzte Topfzeit • Spachtelungen je nach Lösemittelgehalt in größeren Schichtdicken möglich • Sehr gutes Haft- und Füllvermögen • Sehr gute Wasserbeständigkeit • Verwendung für Spachtelungen auf Beton, Holz, Kunststoff und Metall (auf saugenden Untergründen Grundierung auf Epoxidharzbasis)
Polyurethan-harzspachtel	• Stammkomponente: Polyester bzw. Polyether mit Füllstoffen und Pigmenten, Lösemittel • Härterkomponente: Polyisocyanate	• Sehr schnelle Trocknung durch chemische Reaktion (Polyaddition), eingeschränkte Topfzeit • Gutes Füll- und Haftvermögen (Untergrund muss trocken sein, da der Härter auch mit Feuchtigkeit reagiert) • Spachtelungen auf mineralischen Untergründen und Metallen • Überstreichbar mit allen Beschichtungssystemen • Verarbeitungshinweise und Gesundheitsschutz besonders beim Umgang mit dem Härter beachten

Klebstoffe und Leime

Klebstoff ist nach DIN EN 923 ein nicht metallischer Werkstoff, mit dem zusammengefügte Teile durch Flächenhaftung (Adhäsion) und innere Festigkeit (Kohäsion) mit einander verbunden werden.
Leime sind wasserlösliche Klebstoffe aus tierischen, pflanzlichen und synthetischen Grundstoffen. Synthetisch hergestellte Klebstoffe haben insbesondere die natürlichen organischen Leime auf Eiweiß- und Kohlenhydratbasis zurückgedrängt.

Natürliche Klebstoffe (Leime)

Gruppe	Zusammensetzung/Herstellung	Verwendung/Eigenschaften
Stärkeleime, Dextrin	• Pflanzlicher Herkunft (Kohlenhydratbasis) • Aufschluss der Stärke (Kartoffelstärke) durch chemische und/oder thermische Behandlung (Stärkeleime) • Abbau der Stärke durch Salpetersäure und Hitzeeinwirkung (Dextrin)	• Trockenleime nach Vorschrift des Herstellers in Wasser unter ständigem Rühren einstreuen, quellen und lösen lassen, danach verdünnen (warmes Wasser beschleunigt das Lösen) • Dextrinpulver kann in heißem Wasser gelöst werden • Trocknung erfolgt physikalisch durch Verdunsten des Wassers • Leimfilm ist reversibel und wenig elastisch, starke Spannungen können zum Reißen des Films führen • Anhaltende Feuchtigkeitsbelastung führt zur Fäulnis und zum Schimmelpilzbefall • Mit allen Pigmenten verträglich und emulgierbar • Bindemittel für Leimfarben und Klebemittel • Reißlacktechnik (Dextrin)
Methyl-cellulose-leime	• Behandlung von Cellulose mit Natronlauge und Methyl-chlorid	• Pulver nach Herstellerangaben unter ständigem Rühren in kaltes Wasser einrühren, quellen lassen und nochmals umrühren • Kalkbeständig, geruchlos und neutral • Trocknung erfolgt physikalisch durch Verdunsten des Wassers • Mit allen Pigmenten verträglich und emulgierbar • Fäulnis- und schimmelpilzbeständig

Grundlagen

Werkstoffe
Hilfsstoffe

Werkzeuge
Geräte, Gerüste

Arbeits-
techniken

Gestaltung

Arbeitsschutz
Umweltschutz

Aufmaß
Abrechnung

Betriebs-
führung

Quellen

Klebstoffe (Fortsetzung)

Gruppe	Zusammensetzung/Herstellung	Verwendung/Eigenschaften
Methyl-cellulose-leime	Fortsetzung von Seite 66	• Leimfilm ist reversibel, weist aber eine hohe Elastizität (Faserstruktur) auf • Lösung für mehrere Wochen lagerbeständig • Verwendung als Tapetenkleister, Bindemittel für Leimfarben, Zusatzbindemittel für Kalkfarben
Glutinleime, Gelantine	• Tierischer Herkunft (Eiweißbasis) • Aus tierischen Knochen, Häuten und Knorpeln werden die enthaltenen wasserunlöslichen Kollagene herausgekocht • Erster Extrakt enthält die Gelantine (Extraktion mit Salzsäure) • Bei längerer Behandlung (Herauskochen unter erhöhtem Dampfdruck und Hydrolyse) erhält man Glutin	• Perlleim, Pulverleim oder Tafelleim nach Herstellerangaben in kaltem Wasser quellen lassen und danach durch Erwärmen auflösen • Häufiges Wiedererwärmen und Erhitzen über 65 °C führt zum Verlust der Klebkraft • Mit allen Pigmenten verträglich • Leimfilm ist reversibel (warmwasserlöslich) • Trocknung und Verfestigung erfolgt durch Erkalten (Gelbildung) und Verdunstung des Wassers • Nachteile: schwierige Herstellung und Anfälligkeit gegenüber Mikroorganismen • Verwendung als Bindemittel für Leimfarben • Klebstoff für Holz, Pappe und Papier • Restaurierungsanstriche in der Denkmalpflege • Polimentvergoldung • Gelantine findet hauptsächlich Verwendung bei der Hinterglasvergoldung
Kasein	• Tierischer Herkunft (Eiweißbasis) • Durch Zusatz von Säuren oder Fermenten wird Kasein aus der entfetteten Milch von Säugetieren gewonnen • Mithilfe von Alkalien (z. B. Kalkhydrat oder Ammoniak) wird das wasserunlösliche Kasein in wasserlöslichen Kaseinleim umgewandelt	• Wässrige alkalische Kaseinlösungen (Kaseinleime) kommen meist mit organischen Pigmenten zum Einsatz, wobei Kalkkaseinlösung (hauptsächliche Verwendung) nur mit alkalibeständigen Pigmenten oder Kalkhydrat verträglich ist • Basische Pigmente und der Einsatz von Kalziumhydroxid (Kalkmilch) beschleunigen die Trocknung • Kalkkaseinlösungen (Kalziumcaseinate) verfestigen durch Wasserverdunstung und teilweise durch Karbonatisierung • Kalkkaseinlösungen finden Verwendung als Anstriche auf kalk- und zementgebundenen Putzen, Lehmputzen, Beton und Naturstein in der Denkmalpflege • Nur begrenzte Witterungsbeständigkeit • Fresco-Seccomalerei • Mit Kasein hergestellte Farben müssen vor Mikroorganismen geschützt werden (Konservierungsmittelzusatz)

Synthetische Klebstoffe

Gruppe	Zusammensetzung/Herstellung	Verwendung/Eigenschaften
Dispersionsklebstoffe DIN 16860 DIN EN 15416	• Kunststoff (z. B. Polyvinylacetat PVAC, synthetischer Kautschuk, Polyvinylether, Polyacrylsäureester) wird in Wasser fein verteilt • Handelsnamen z. B. Ponal, Ovalit, Assil	• Dispersionsklebstoffe werden gebrauchsfertig in Gebinden wie Tuben, Kartuschen, Eimern angeboten • Härten physikalisch durch Verdunsten des Wassers und zum Teil auch chemisch aus • Trocknen transparent auf, werden aber auch eingefärbt (z. B. Korkkleber) • Hohe Anfangshaftung und Klebkraft • Klebstoffe sind je nach verwendeter Kunststoffart leicht wasserempfindlich, werden aber auch wasserfest angeboten

Klebstoffe (Fortsetzung)		
Gruppe	Zusammensetzung/Herstellung	Verwendung/Eigenschaften
Dispersions-klebstoffe DIN 16860	• Fortsetzung Dispersions-klebstoffe	• Verwendung findet Dispersionskleber u. a. beim Kleben von schweren Wandbelägen und Tapeten, Bordüren, Dekorplatten, Zierprofilen und Boden-belägen aus verschiedenen Materialien (z. B. Po-lystyrol, Kork, PVC) im Innen und Außenbereich
Lösemittel-klebstoffe (Kleblacke) DIN 16860	• Kunststoff wird in organischen Lösemitteln (z. B. Aceton, Tetrachlorkohlenstoff) gelöst • Handelsname z. B. UHU (gelöstes Cellulosenitrat)	• Härten durch Verflüchtigung des Lösemittels und zum Teil auch chemisch aus • Gleichzeitiges Anlösen oder Anquellen der zu kleben-den Teile durch das Lösemittel möglich (Tetrahydro-furanklebstoff) • Klebstoffe, die Lösemittel enthalten, sind gekenn-zeichnet, wenn sie feuergefährlich oder gesundheits-schädlich sind (Hinweise auf den Etiketten beachten) • Für gute Lüftung während der Verarbeitung sorgen
Kontakt-klebstoffe	• Kautschukartige Festkörper (z. B. Polyisobutylen, Poly-chloropren „Neopren-Kleber") werden in Lösemitteln gelöst • Handelsname z. B. Pattex	• Kontaktklebstoff auf beiden Klebeflächen auftragen und nach Verdunsten des Lösemittels (Klebstoff zieht keine Fäden mehr) mit Druck zusammenfügen • Sind die Klebefugen besonders beansprucht (Feuch-tigkeit oder Wärme) kann dem Kontaktklebstoff ein Härter zugegeben werden • Klebefilm ist elastisch, wasserfest und wärme-beständig • Klebstoffe, die Lösemittel enthalten, sind feuerge-fährlich und die Lösemitteldämpfe sind gesundheits-schädlich (Hinweise auf dem Etikett beachten) • Für gute Lüftung während der Verarbeitung sorgen • Verwendung als Kleber u. a. für Fußbodenbeläge
Reaktions-harz-klebstoffe	• Reaktionsklebstoffe sind Klebstoffe, die durch eine chemische Reaktion aushärten • Polykondensationsharze auf Formaldehydbasis • 2-Komponenten-Kleber auf Basis von Polyurethanharz PUR, Epoxidharz EP, ungesättigtem Polyesterharz UP und Acrylharz (Kurzzeichen nach DIN 7728)	• Nach Vermischen der beiden Komponenten (2-K-Kleber) ist der Klebstoff innerhalb einer Topfzeit (0,5 bis mehrere Stunden) verarbeitbar und härtet dann chemisch aus • Lieferform meist flüssig bis pastös, eine Komponente ist häufig pulverisiert • Bei 1-K-Klebern wird die chemische Reaktion erst nach Verdunsten des Lösemittels oder durch Tempe-ratureinwirkung und/oder Druck ausgelöst • Reaktionsklebstoffe werden für Stein-, Beton-, Holz-, Glas-, Kunststoff- und Metallverklebungen eingesetzt • Gute Haftung auf allen fettfreien Untergründen • Nach der Aushärtung wasserfest, chemikalien-beständig und unlöslich • Schwierigkeiten können sich durch Feuchtigkeits-einwirkung bei der Erhärtung ergeben • Enthalten gefährliche Inhaltsstoffe wie Isocyanate (in PUR), Epichlorhydrin und Amine (in EP), Styrol (in UP), Formaldehyd und Lösemittel • Für entsprechende Sicherheitsmaßnahmen sorgen
Schmelz-klebstoffe	• Müssen geschmolzen wer-den, um ihre Klebkraft zu entwickeln	• Verarbeitung mit der Klebepistole • Enthalten keine Lösemittel

Korrosionsschutz durch Korrosionsschutzpigmente

Nach DIN 55943 soll der Einsatz von Korrosionsschutzpigmenten in Grundbeschichtungen die Metall-korrosion verhindern oder zumindest verzögern.
Anforderungen:
• Verhinderung anodischer als auch kathodischer Korrosionsreaktionen
• Ausbildung schwerlöslicher Produkte an der Metalloberfläche
• Wirksamkeit bei einem pH-Wert von 4 bis 10
• Ausbildung einer Inhibierungsschicht zwischen Metalloberfläche und Beschichtung

Pigmente	Eigenschaften	Verwendung
Bleihaltige Pigmente, z. B. Bleimennige (aktiv) DIN 55916 ISO 510	• Wirkt passivierend auf die Stahloberfläche • Bildet mit den fettsauren Bestandteilen des Bindemittels Bleiseifen, die die Beschichtung lamellenartig durchziehen und somit die mechanische Festigkeit, die Wasserbeständigkeit und die Haftung auf dem Substrat verbessern • Einsatz überwiegend in langöligen Alkydharzen	Grundbeschichtung auf Baustahl im schweren Korrosions-schutz, meist als Blei-mennige-Verschnitt **Giftig!**
Chromathaltige Pigmente, z. B. Zinkchromat, Strontium-chromat, Zinktetraoxi-chromat (aktiv)	• Weisen durch sich ergänzende chemische und elektro-chemische Prozesse eine sehr gute Schutzwirkung auf • Bilden auf der Stahloberfläche eine Passivierungsschicht (Chromatieren) und stellen einen basischen pH-Wert ein • Entstehung schwerlöslicher Mischverbindungen aus Eisen und dreiwertigem Chrom • Aus Umweltgründen und da sie als **krebserregend** einge-stuft sind, ist ihr Einsatz aber nicht mehr zu vertreten	Washprimer, Coil-Coating
Phospathaltige Pigmente, z. B. Zinkphosphat (aktiv)	• Sind wichtige Ersatzstoffe für Chromate • Phosphationen verhindern die Auflösung der Stahlober-fläche im anodischen Bereich • Zinkphosphat bildet im kathodischen Bereich schwerlös-liche Zinkhydroxide, die inhibierend wirken • Wirksamkeit dieser Pigmente wird durch die Kombination verschiedener Phosphate und durch den Zusatz anderer Substanzen verbessert, z. B. erhöht der Zusatz von Zink-oxid in der Anfangsphase der Hydrolysereaktion den Korrosionsschutz	Grundbeschichtung auf Baustahl
Metallische Pigmente, z. B. Zinkstaub (aktiv)	• Verwendet wird Zinkstaub mit einer Korngröße zwischen 1 bis 10 µm • Zinkstaubgrundierungen schützen den Stahluntergrund im kathodischen Bereich • Zink fungiert als Opferanode, lässt sich zu Zinkionen oxidieren und geht an Stelle von Eisen in Lösung, dabei entstehende Oxidationsprodukte (Zinkhydroxid) dichten die Beschichtung zusätzlich ab und erschweren die weitere Korrosion • Grundierungen sind hochpigmentiert (etwa 90 bis 95 % Zinkstaub, bezogen auf Trockenschicht), damit die einzel-nen Pigmentteilchen ausreichend Kontakt untereinander und zum Substrat haben • Einsatz überwiegend in Epoxidharz und Alkalisilikaten	Zinkstaubgrundie-rungen für den schweren Korrosionsschutz
Sonstige Pigmente, z. B. Eisenglimmer, plättchenförmige Eisenoxid-pigmente	• Wirkungsweise ist rein physikalisch (passiv) • Durch die Ausbildung einer Barriereschicht (lamellare Struktur der Pigmente) wird der Diffusionsweg für korrosi-onsfördernde Substanzen verlängert	Zwischen- und Deck-beschichtungen

Baulicher und chemischer Holzschutz	DIN 68800-1 bis 68800-5[1)]
Begriff	**Maßnahmen**
Baulicher Holzschutz (Konstruktiver Holzschutz) Physikalischer Holzschutz	Konstruktive und bauphysikalische Maßnahmen, die eine unzuträgliche Feuchtebelastung (Holzfeuchte > 20 %, Ansiedlung von pflanzlichen Schädlingen, Vermeidung von Quellen und Schwinden) sowie den unkontrollierten Zugang von holzschädigenden Insekten (bevorzugen pilzbefallenes Holz) verhindern. • Auswahl geeigneter Holzarten mit höherer natürlicher Dauerhaftigkeit (DIN EN 350-2) • Vorstehende, waagerechte Flächen sind mit einer Neigung von 15° bis 20° abzuschrägen und mit einer Tropfnase zu versehen • Scharfkantige Holzprofile sind mit einem Radius von mindestens 2 mm abzurunden • Hirnholzflächen müssen oben durch Abdeckungen geschützt werden (auch die Unterseite durch eine Beschichtung schützen) • Holzbekleidungen im Außenbereich sind durch weite Dachüberstände zu schützen, enden mindestens 30 cm über dem Erdreich und sollten hinterlüftet sein • Angrenzende Bauteile aus Stahl sind vorher mit einem Korrosionsschutz zu beschichten • Abstimmung von Grund-, Zwischen- und Schlussbeschichtung in ausreichender Schichtdicke (physikalischer Holzschutz)
Chemischer Holzschutz	Einsatz von fungiziden (pilzabtötenden) und insektiziden (insektentötenden) Wirkstoffen und wirkstoffhaltigen Zubereitungen, um dem Befall von Holz durch holzzerstörende und holzverfärbende Organismen vorzubeugen oder einen Befall zu bekämpfen. • Bauaufsichtlich verlangt nur für Holzbauteile die eine tragende und aussteifende Funktion haben und für die Standfestigkeit der Anlage von Bedeutung sind (DIN 68800-3) • Maßhaltiges Holz (Außenfenster und Außentüren) gehört zur Gefährdungsklasse 3 (DIN 68800-3) und muss gegen Bläue und Pilze geschützt werden; wird Kernholz der Resistenzklasse 1 oder 2 (DIN EN 350-2) verwendet, kann darauf verzichtet werden (Gefährdungsklasse 0) • Direktes Einbringen von Holzschutzmitteln in das Holz mit verschiedenen Verfahren (z. B. Niederdruck- und Kesseldruckverfahren, Vakuumtränkung, Osmoseverfahren) • Holzschutzwirkstoffe als Zusatz in Beschichtungsstoffen (z. B. Holzschutzlasuren)

Prüfprädikate für Holzschutzmittel (HSM)

Prüfprädikat	Schutzwirkung	Prüfprädikat	Schutzwirkung
P	Gegen Pilze vorbeugend wirksam	Iv	Gegen Insekten vorbeugend wirksam
W	Auch für Holz, das der Witterung ausgesetzt ist; kein ständiger Erd- und Wasserkontakt	E	Auch für Holz mit ständigem Erd- und Wasserkontakt und Rissen (extreme Beanspruchung)
Ib	Gegen Insekten bekämpfend wirksam (alle HSM, auch Iv, einige auch P)	M	Verhindert das Durchwachsen von Hausschwamm durch das Mauerwerk
B	Bläueschutz	S	Zum Streichen, Spritzen, Tauchen

Gefährdungsklassen von Holzbauteilen

Gefährdungsklasse	0	1	2	3	4
Beanspruchung	• Innen verbautes Holz, ständig trocken • Relative Feuchte < 70 %		• Kein Erdkontakt • Keine direkte Bewitterung und Auswaschung • Vorübergehende Befeuchtung	• Kein Erdkontakt • Direkte Bewitterung • Holz in Nassräumen	• Erdkontakt • Ständige starke Befeuchtung

[1)] Parallel zu diesen in Deutschland verbindlichen Normen existiert ein europäisches Normenwerk zum Holzschutz, das bei vollständigem Vorliegen die DIN 68800-3 ersetzen soll: DIN EN 335; DIN EN 350; DIN EN 351; DIN EN 460; DIN EN 599

Grundlagen

werkstoffe Hilfsstoffe

Werkzeuge Geräte, Geräte

Arbeits- techniken

Gestaltung

Arbeitsschutz Umweltschutz

Aufmaß Abrechnung

Betriebs- führung

Quellen

Gefährdungsklassen von Holz und Anforderungen an Holzschutzmittel (HSM) DIN 68800-3

Gefährdungsklasse	0	1	2	3	4
Prüfprädikate	keine HSM	Iv (auf Kundenwunsch)	Iv, P	Iv, P, W	Iv, P, W, E

Holzschutzmittel zum vorbeugenden Schutz gegen holzzerstörende Pilze und Insekten

Wasserbasierende (wasserlösliche) vorbeugende Holzschutzmittel (Auswahl)

• Durch Auflösen in Wasser gebrauchsfertig gemacht oder gebrauchsfertig als Imprägnierung geliefert
• Geeignet für halbtrockenes (20 bis 30 % Holzfeuchte) bis feuchtes Holz (über 30 % Holzfeuchte)
• Überstreichbar mit allen Anstrichmitteln (Gefahr des Durchschlagens bei Salzen mit Dinitrophenol)
• Gefahrstoffverordnung beachten, bei der Verarbeitung Schutzausrüstung (PSA) tragen

Gruppe	Hauptbestandteile	Eigenschaften/Einsatzbereiche
SF-Salze	• Silicofluoride	• Prüfprädikate: Iv, P; Kennzeichnung: gesundheitsschädlich • Im Innenbereich, da auslaugbar (Gefährdungsklasse 1, 2)
B-Salze	• Anorganische Borverbindungen	• Prüfprädikate: Iv, P; nicht kennzeichnungspflichtig • Im Innenbereich, da auslaugbar (Gefährdungsklasse 1, 2)
CFB-Salze	• Bor- und Fluorverbindungen, Chromate[1]	• Prüfprädikate: Iv, P, W; Kennzeichnung: ätzend • Im Innen- und Außenbereich, geringe bis mittlere Auswaschbeanspruchung (Gefährdungsklasse 1, 2, 3)
CK-Salze (CKA-, CKB-, CKF-Salze)	• Kupfersalze, Chromate[1] meist mit Zusatz von Arsen-, Bor- oder Fluorverbindungen	• Prüfprädikate: Iv, P, W, E; Kennzeichg.: giftig, gesundheitsschädl. • Im Innen- und Außenbereich, starke Auswaschbeanspruchung (Gefährdungsklasse 1 bis 4) • Arsenhaltige Salze sind sehr giftig, Einschränkung des Anwendungsbereiches (nicht in geschlossenen Räumen)
Quat-Präparate	• Quatäre Ammoniumverbindungen	• Prüfprädikate: Iv, P, W; Kennzeichnung: Ätzend • Im Innen- und Außenbereich; geringe bis mittlere Auswaschungsbeanspruchung (Gefährdungsklasse 1 bis 3)

Lösemittelhaltige vorbeugende Holzschutzmittel

• Organische Insektizide und/oder Fungizide in organischen Lösemitteln
• Prüfprädikate: Iv, P, W (teilweise mit erhöhter Wirkung); einige Präparate auch Ib
• Einsatz als Imprägnierung, Grundierung (bindemittelhaltig, meist Alkydharz und (pigmentfrei) und Lasur (bindemittel- und pigmenthaltig); Lieferung und Verarbeitung erfolgt gebrauchsfertig
• Geeignet für trockenes (< 20 % Holzfeuchte) bis halbtrockenes Holz
• Gefahrstoffverordnung / Betriebsanweisung beachten, bei der Verarbeitung Schutzausrüstung tragen

Ölige Holzschutzmittel

Gruppe	Hauptbestandteile	Eigenschaften/Einsatzbereiche
Teeröle (Imprägnieröle)	• Destillate aus Steinkohlenteer (Carbolineen)	• Prüfprädikate: Iv (bei mehr als 10 mm Eindringtiefe), P, W, E; einzelne Präparate durch Zusätze auch Ib • Keine Filmbildung; keine oxidative Trocknung • Nicht überstreichbar; schlägt durch • Geeignet für Holz < 30 % Holzfeuchte • Im Außenbereich; Holz mit dauerndem Erdkontakt oder starker Befeuchtung (Gefährdungsklasse 4) • Chemikalienverbotsordnung ist zu beachten
Chlornaphthalin-Präparate	• Chlorierte Naphthaline	• Prüfprädikate: Iv, P, W; mit Spezialzusätzen auch Ib • Sind überstreichbar ohne Gefahr des Durchschlagens (Ölfarben) • Verwendung wie Teeröle, jedoch auch im Innenbereich
Bläueschutz	• Chlorierte Phenole	• Alkydharzlösung mit Zusatz von Fungiziden (gering pigmentiert) • Konservierende Grundierung gegen Bläuepilze • Sofort nach der Trocknung überstreichbar

[1] Chromathaltige HSM sind als krebserregend eingestuft, stark ätzend, können Allergien auslösen.

Holzbeizen und ähnliche Oberflächenveredelungsverfahren

Durch das „Beizen" wird die Holzoberfläche farblich verändert, die Holzmaserung soll dabei sichtbar bleiben und auch deutlicher hervorgehoben werden. Schützen das Holz nicht, Oberflächen müssen mit farblosen Beschichtungen versehen werden.

Gruppe	Zusammensetzung/Eigenschaften
Farbstoff-beizen	• Farbstoffpulver (meist Teerfarbstoffbasis) werden in kochend heißem Wasser, in Spiritus oder Öl aufgelöst • Wird in einem Arbeitsgang kalt aufgetragen; das Beizbild zeigt sich sofort nach dem Auftragen (physikalischer Vorgang) • Es entsteht ein negatives Beizbild, da das Frühholz durch die Farbstoffbeizen stärker eingefärbt wird (größere Zellen ermöglichen besseres Eindringen der Beize) als das Spätholz (geringere Farbstoffaufnahme) • Beizfarbstoffe sind nicht lichtecht (Verwendung im Innenbereich) • Farbstoffbeizen werden je nach Anwendung und Zusammensetzung bezeichnet z. B. als Wasserbeize, Salmiakbeize, Wachsbeize (enthalten emulgiertes Wachs) • Gebeizte Fläche muss durch geeignete Beschichtung oder durch Wachsen geschützt werden (Wasserlacke können die Beize anlösen, Peroxide in Polyesterlacken Verfärbungen hervorrufen)
Chemische Beize oder Doppelbeize (Einfach-beizen bei gerbstoff-reichen Holzarten)	• In flüssiger Form oder als Pulver geliefert; Pulver wird in Wasser, Spiritus oder Terpentin angerührt (Wasser-, Spiritus-, Terpentinbeize) • Dürfen nicht mit Farbstoffbeizen vermischt werden • Reagieren mit den Gerbstoffen (natürlich oder zugeführt) im Holz; Farbton entwickelt sich sehr langsam (chemischer Vorgang) • Es entsteht ein positives Beizbild; Spätholz enthält mehr Holzmasse, die sich beim Beizen durch die chemische Reaktion verfärbt (natürliches Holzbild bleibt erhalten) • Es sind zwei Arbeitsgänge notwendig: **Vorbeizen** mit gerbstoffsauren Lösungen (z. B. Tannin), da viele Holzarten zu wenig Gerbstoffe enthalten (bei gerbstoffreichen Holzarten wie Eiche oder Lärche kann das Vorbeizen entfallen) **Nachbeizen** mit Lösungen von Kupfer-, Kalium- und Eisensalzen (z. B. Kupfersulfat, Kaliumbichromat[1]) nachdem die Vorbeize getrocknet ist • Vor- und Nachbeize müssen aufeinander abgestimmt werden; Farbeffekt ist vom verwendeten Metallsalz abhängig, z. B. Kaliumchromat (dunkelbraun) • Gebeizte Fläche muss durch eine geeignete Beschichtung geschützt werden (Anwendung im Außenbereich möglich)
Kombina-tionsbeize	• Liegt zwischen der Farbstoffbeize und der chemischen Beize • Wird nur auf gerbstoffreichen Holzarten (vorwiegend Eiche) eingesetzt (Räucherbeize)
Bleichen	• Verfahren zum Aufhellen von Hölzern durch Bleichmittel, z. B. organische Säuren (Oxalsäure[2], Zitronensäure bzw. Kleesalz) oder Wasserstoffsuperoxid • Säure wird in Pulverform geliefert, mit heißem Wasser aufgelöst und auf die Fläche aufgetragen; mit warmem Wasser nachwaschen (gerbstoffreiche Hölzer) • Wasserstoffperoxid wird in 30%iger Lösung geliefert; im Verhältnis 1 : 1 mit Wasser verdünnen, auf die Fläche auftragen, einwirken lassen und mit Wasser nachwaschen

Lasuren

Imprägnierlasuren	Sehr niedriger Festkörpergehalt, dünnflüssig mit besonderem Eindringvermögen, sehr geringe Schichtdicke, insekten- und pilzwidrige Zusätze möglich
Dünnschichtlasuren	Festkörpergehalt bis zu 30 %, Schichtdicke etwa 5 bis 10 µm, Einsatz auf nicht maßhaltigen Bauteilen u. a. Holzverkleidungen
Dickschichtlasuren	Festkörpergehalt zwischen 30 % und 60 %, Schichtdicken etwa 15 µm pro Anstrich, Einsatz auf maßhaltigen Bauteilen (u. a. Fenster, Türen)

[1] Chromathaltige Produkte sind krebserregend
[2] Oxalsäure ist gesundheitsschädlich

Mineralische Putze

Nach DIN 18550 werden mineralische Putze in fünf Mörtelgruppen unterteilt. Die Einteilung erfolgt nach dem verwendeten Bindemittel. Mineralische Putze werden als Trockenmörtel in Säcken mit Folieneinlage zu 20- und 40-kg-Einheiten geliefert.

Putzmörtel-gruppe	Bindemittel	Zusammensetzung (Mischungsverhältnis)	Eigenschaften/Verwendung/Einsatzbereich
P Ia	Luftkalk	Kalk und Sand (1 : 3 bis 1 : 4)	• Hohe Wasserdampfdiffusionsfähigkeit • Geringe Festigkeit • Wirken gering wasserabweisend • Stark alkalisch (Sicherheitshinweise beachten!) • Resistent gegen Schimmel- und Bakterienbefall • Aushärtung durch Aufnahme von Kohlendioxid aus der Luft (Karbonatisierung) • Nur mit mineralischen Beschichtungsstoffen bearbeiten, da sonst der Zutritt von CO_2 zu stark behindert wird und keine Regeneration des Kalkputzes erfolgen kann (Folge: Kalkputz wird unter der Beschichtung mürbe) • Außen nur bei geringer Beanspruchung, sonst Innenputz
P Ib	Wasserkalk	Kalk und Sand (1 : 3 bis 1 : 4)	
P Ic	Hydraulischer Kalk	Kalk und Sand (1 : 3 bis 1 : 4) Erhärtung erfolgt gleichzeitig über Wasserbindung und Carbonatisierung. Nach vorheriger Luftlagerung (etwa 5 Tage) ist eine Erhärtung auch unter Wasser möglich.	
P IIa	Hochhydraulischer Kalk	Kalk und Sand (1 : 3 bis 1 : 4) Zeitdauer der Luftlagerung etwa 3 Tage	• Wasserdampfdurchlässig • Wirkt wasserhemmend • Schwächer saugend
P IIb	Kalk-Zement-Gemisch	Kalk und Zement und Sand (2 : 1 : 9 bis 1 : 2 : 11)	• Stark alkalisch (Sicherheitshinweise beachten) • Einsatz als Außenputz und als Innenputz bei stärkerer Beanspruchung • Für alle Beschichtungssysteme geeignet
P IIIa	Zement mit Luftkalk	Zement und Kalk und Sand (2 : 0,5 : 6 bis 2 : 0,5 : 8)	• Hohe Festigkeit • Kaum wasserdampfdurchlässig • Wirken wasserabsperrend
P IIIb	Zement	Zement und Sand (1 : 3 bis 1 : 4)	• Stark alkalisch (Sicherheitshinweise beachten!) • Für mechanisch stark beanspruchte Flächen, z. B. Sockelbereich, Kellerwände • Einsatz auch für Schwimmbad- und Trinkwasserbehälterbau • Aushärtung erfolgt hydraulisch durch chemische Wasserbindung
P IVa	Gips	Gips	• Reagieren hygroskopisch (wasseranziehend) • Einsatz nur im Innenbereich ohne Feuchtigkeitsbelastung • Beeinflussen das Wohnklima positiv, da aufgenommene Feuchtigkeit bei Klimaänderungen wieder an die Raumluft abgegeben wird • Wasserdampfdurchlässig • Schall- und wärmedämmend • Aushärtung erfolgt durch chemische Bindung von Wasser (Kristallwasser) • Gips muss trocken gelagert werden, um nicht vorzeitig auszuhärten
P IVb	Gips-Sand-Gemisch	Gips und Sand (1 : 1 bis 1 : 3)	
P IVc	Gips-Kalk-Gemisch	Gips und Kalk und Sand (1 : 1 bis 2 : 3 bis 4)	
P IVd	Kalk-Gips-Gemisch	Kalk und Gips und Sand (1 : 0,2 bis 0,5 : 3 bis 4)	

Mineralische Putze (Fortsetzung)

Putzmörtel-gruppe	Bindemittel	Zusammensetzung (Mischungsverhältnis)	Eigenschaften/Verwendung/Einsatzbereich
P Va	Anhydrit	Anhydrit und Sand (1 : 0 bis 1 : 2,5)	• Anhydrit muss ebenfalls trocken gelagert werden, damit keine vorzeitige Erhärtung erfolgt
P Vb	Anhydrit-Kalk-Gemisch	Anhydrit und Kalk und Sand (3 : 1 bis 1,5 : 12)	• Einsatz als Innenputz oder Gipsestrich • Gesamtes Kristallwasser ist durch den Brennvorgang entzogen • Aushärtung erfolgt durch chemische Bindung von Wasser (Kristallwasser)

Kunstharzputze

Nach DIN 18558 sind Kunstharzputze Beschichtungen mit putzartigem Aussehen. Kunstharzputze werden verarbeitungsfertig angeboten.

Zusammensetzung	Eigenschaften	Einsatzbereiche
• 8 bis 10 % organische Bindemittel und Zusätze (Dispersionen) • 80 % mineralische Bestandteile	• Weisen ein höhere Elastizität als mineralische Putze auf • Antönen der Kunstharzputze ist einfacher; durch Kombination von mineralischen und organischen Pigmenten sind alle Farbtöne möglich	• Endbeschichtung von Wärmedämmverbundsystemen • Vor dem Auftragen ist ein Grundanstrich erforderlich (Putzgrund) • P Org 1 Außen- und Innenputz P Org 2 nur Innenputz

Silikatputze

Silikatputze sind in keiner Norm geregelt. Kunststoffdispersionsanteil kann deshalb je nach Hersteller schwanken. Silikatputze werden verarbeitungsfertig angeboten.

Zusammensetzung	Eigenschaften	Einsatzbereiche
• Kaliwasserglas und geringe Zusätze an Kunststoffdispersion • Mineralische Bestandteile	• Hohe Wasserdampfdiffusionsfähigkeit • Hohe Alkalität wirkt stark ätzend; empfindliche Oberflächen (z. B. Glas) während der Verarbeitung abdecken • Kaliwasserglas bildet keinen Film, sondern „verkieselt" mit dem Untergrund • Während der Verkieselung entsteht neben unlöslichem Calciumsilikat auch lösliches Kaliumcarbonat (kann zu Ausblühungen führen)	• u. a. in Verbindung mit einer mineralischen Wärmedämmung • Im Bereich des Denkmalschutzes • als Magnetputz (Silikatgebundener paströser Zwischenputz) www.marmorit.de

Silikonharzputze

Silikonharzputze sind in keiner Norm geregelt. Die Zusammensetzung kann je nach Hersteller schwanken. Silikonharzputze werden verarbeitungsfertig angeboten.

Zusammensetzung	Eigenschaften	Einsatzbereiche
• Unterschiedlich hohe Silikonharz- und Kunststoffdispersionsanteile • Mineralische Bestandteile	• Sehr gute wasserabweisende Wirkung (Silikonharzanteil) • Hohe Wasserdampfdiffusionsfähigkeit • Kunststoffdispersionszusatz verbessert Adhäsion und Kohäsion des Putzes und verhindert außerdem das Kreiden	• Einsatz auf allen mineralischen Untergründen • Einsatzbereiche ähnlich denen des Kunstharzputzes • auf tragfähigen Beschichtungen

Grundlagen

Werkstoffe Hilfsstoffe

Werkzeuge Geräte, Gerüste

Arbeitstechniken

Gestaltung

Arbeitsschutz Umweltschutz

Aufmaß Abrechnung

Betriebsführung

Quellen

Grundlagen

Werkstoffe
Hilfsstoffe

Werkzeuge
Geräte, Gerüste

Arbeits-
techniken

Gestaltung

Arbeitsschutz
Umweltschutz

Aufmaß
Abrechnung

Betriebs-
führung

Quellen

Lehmputze

Lehmputze sind mit dem Trend zum ökologischen Bauen wieder ins Bewusstsein gerückt. Lehm avanciert zum Nischenprodukt mit sehr interessanten Aussichten.
Lehmputze sind in keiner Norm geregelt. Sie werden in verschiedensten Handelsformen angeboten.
Lehmtrockenbaustoffe und Fertigelemente werden mit mehrlagigen Lehmdeck- und Dekorputzen bearbeitet.

Zusammensetzung	Eigenschaften	Einsatzbereiche
• Besteht im Allgemeinen aus Lehm und Sand (1 : 3) • Evtl. Molke zum Plastifizieren und zur Verbesserung der Haftung • Kann mit Marmormehl, Pflanzenfasern und Stroh vergütet werden • Lehmdekorputze enthalten außerdem Pigmente (Erdfarben), farbige Sande oder Glimmer	• Lehm ist hygroskopisch und sorgt so für ein angenehmes Wohnklima • Hohe Wasserdampfdiffusionsfähigkeit • Wird mit wenig Energieeinsatz gewonnen • Löst keine Allergien aus • Wirkt schall- und wärmedämmend • Lässt sich einfach reparieren • Verschmutzungen können mit einem feuchten Schwamm abgerieben werden	• Im traditionellen Fachwerkbau und bei historischer Bausubstanz (Lehm zieht die Feuchtigkeit aus den Holzbalken und verhindert so besonders in Verbindung mit Kalkbeschichtungen die Fäulnis des Holzes) • Im Innenbereich auf nahezu allen Untergründen (tragfähig und ausreichend rau für die mechanische Haftung) • Verarbeitung ähnlich wie Gips- und Kalkputze mit Putzmaschinen, aber auch mit rostfreien Stahlkellen • Nachdem der Lehmgrundputz aufgetragen und glattgezogen ist, wird der feinere Lehmoberputz aufgetragen, der nach entsprechender Ablüftzeit mit einem Schwammbrett abgerieben wird • Lehmputz kann mit Leim-, Kasein-, Kalk- und Silikatfarben beschichtet werden

Eine Einteilung der Putze kann nicht nur nach dem **Bindemittel**, sondern auch nach der zu erzielenden **Oberflächenstruktur** erfolgen. Die Auswahl des Bindemittels richtet sich nach bauphysikalischen und technischen Gesichtspunkten, da sich nahezu alle Strukturen mit den verschiedenen Bindemitteln erzielen lassen, ergeben sich daraus jedoch keine Schwierigkeiten. Angeboten werden auf dem Markt: u. a. Reibeputze, Kratzputze, Roll- und Kellenputze, Spritz- und Streichputze, Materialien für die Glättetechnik. Ein weiteres Einteilungskriterium ist die spezielle **Funktion** eines Putzes, z. B. Sanierputz.

Sanierputze

Sanierputze sind in keiner Norm reglementiert und werden in der DIN 18550 nur erwähnt. Eine Klassifizierung erfolgt durch das WTA-Merkblatt 2-2-91/D / 2-6-99/D (E 2-9-04/D Entwurf) „Sanierputzsysteme".

Zusammensetzung	Eigenschaften	Einsatzbereiche
• Hydraulische und hochhydraulische Bindemittel (z. B. Portlandzement, hochhydraulischer Kalk und Portlandzementtrassmischungen) • Zuschläge sind Kalk, Dolomitbrechsande und Quarzsand	• Hohe Wasserdampfdiffusionsfähigkeit • Reduzierte kapillare Leitfähigkeit • Porenhydrophob • Erhöhtes Porenvolumen • Durch eine spezielle Porengeometrie und -verteilung wandert das Wasser in flüssiger Form zwar aus dem Untergrund in den Sanierputz, kann hier jedoch wegen der Porenhydrophobie kapillar nicht weiter wandern und wird dann ausschließlich durch Diffusion weiter transportiert	• Zur Instandsetzung, Renovierung und Sanierung feuchter Fassaden und Innen-Wandflächen (auch salzgeschädigte) • Als flankierende Maßnahme zur Mauerwerkstrockenlegung

Sanierputze (Fortsetzung)

Zusammensetzung	Eigenschaften	Einsatzbereiche
• Leichtzuschläge zur Erhöhung des Porenvolumens • Zusätze von Luftporenbildnern, Hydrophobierungsmitteln, Wasserrückhaltemitteln und Acrylaten	• Salze können nicht mehr an die Putzoberfläche transportiert werden, sondern kristallisieren in den Poren des Sanierputzes aus – die Oberfläche bleibt schadensfrei • Sanierputze **reduzieren** den Salz- und den Feuchtigkeitsgehalt des Mauerwerkes, d. h., das Mauerwerk kann nicht trockengelegt und entsalzt werden	• Baudenkmalpflege und historische Bauten, Altbausanierung • Im Sockelbereich, da Salzschäden hier am häufigsten auftreten (Trennschicht zwischen Gehweg und Sanierputz z. B. aus Noppenfolie empfehlenswert) • Sanierputz im Sockelbereich wasserabweisend grundieren, bevor Endbeschichtung aufgebracht wird

Erforderliche Arbeitsgänge bei der Verarbeitung von Sanierputzen

Arbeitsschritt	Besondere Hinweise
Ursache finden	• Ursache für Feuchteschäden und Salzausblühungen feststellen • Schadensbilder untersuchen • WTA-Merkblatt „Mauerwerksdiagnose"
Probenentnahme	• Kapillare Wasseraufnahme und Durchfeuchtungsgrad ermitteln • Anteil der bauschädlichen Salze im Labor bestimmen lassen • Art der Feuchteaufnahme kann dadurch bestimmt werden und ein Sanierungskonzept kann ausgearbeitet werden (entsprechende Schulungen notwendig)
Maßnahmen	**Aufsteigende Feuchte aus dem Baugrund** Vertikale und/oder horizontale Abdichtung und danach Trockenlegung des Mauerwerks: • Bitumenbahnen, bituminöse Spachtelmassen, Dichtungsschlämme, wasserdichte Betonschale vor das Mauerwerk und Drainagelegung • Mechanisches Aufsägen des Gebäudes in einer Lagerfuge und Einbringen einer dichten Schicht, z. B. Kunststofffolien. Danach wird die Fuge mit einer Zementsuspension verschlossen • Chemisches Absperren durch das Einbringen eines Injektionsmittels in das Mauerwerk um eine Hydrophobierung der Kapillarwände zu erreichen • Elektrokinetisches Verfahren (Elektroosmose) • Nach erfolgreicher Abdichtung erfolgt Trockenlegung z. B. mit feuchteregulierenden Platten (Feuchtwandsystemen) oder Sanierputzen (siehe hygroskopisch aufgenommene Feuchte) **Hygroskopisch aufgenommene Feuchte** • Geschädigter Putz muss abgeschlagen werden, wenn nötig auch Mauerwerk ersetzen • Abschlagen des salzgeschädigten Putzes 70 bis 80 cm oberhalb des Schadens • Putz dabei sorgfältig vom Mauerwerk entfernen, Reste abbürsten (als Bauschutt entsorgen) • Auf einen geraden Verlauf der Abschlagkante achten, z. B. an Fensterbrüstungen ausrichten (da Alt- und Sanierputz unterschiedliches Verhalten bei Regeneinwirkung zeigen können und die Wand dann ein fleckiges Aussehen zeigt) • Mauerwerksfugen auf mindestens doppelte Fugenbreite auskratzen • Haftbrücke aufbringen (Spritzwurf aus Zementmörtel zum Saniersystem passend) • Eventuell Aufbringen eines Ausgleichsputzes (zum Saniersystem passend) damit der Sanierputz überall die gleiche Schichtstärke auf dem Mauerwerk bekommt • Aufbringen des Sanierputzes (einlagig oder mehrlagig) • Gesamtputzdicke muss mindestens 2 cm betragen und darf 4 cm nicht überschreiten • Nachträgliche Hydrophobierung des Altputzes empfehlenswert, sonst optische Beeinträchtigung durch u. a. unterschiedliche Verschmutzung

Fassadenbeschichtungen

Die technischen und bauphysikalischen Auswahlkriterien für eine Fassadenbeschichtung sind sehr unterschiedlich und beziehen sich u. a. auf:
- Wasserdampfdurchlässigkeit (s_d-Wert)
- Wasseraufnahmefähigkeit (w-Wert)
- CO_2- Durchlässigkeit
- Allgemeine Wetterbeständigkeit, Pilz- und Algenresistenz, Rissüberbrückung, Haftung, Schichtdicke, Struktur, Glanz, Farbpalette

Einteilung der Beschichtungen nach der Wasserdampfdurchlässigkeit   EN 1062

Die diffusionsäquivalente Luftschichtdicke (s_d-Wert) beschreibt die Größe des Diffusionswiderstandes eines Baustoffes gegenüber diffundierendem Wasserdampf.
Mit der Diffusionswiderstandszahl (μ ohne Einheit) und der Schichtdicke (d in m) wird die diffusionsäquivalente Luftschichtdicke errechnet ($s_d = \mu \cdot s$).
Bei Fassadenbeschichtungen hat sich ein s_d-Wert von < 2,0 m und bei Betonbeschichtungen ein s_d-Wert von < 4,0 m als günstig erwiesen.

Einstufung	Diffusionswiderstand s_d-Wert ($d = 200$ μm)	Klasse mit Beispiel
Wasserdampfdurchlässig und mikroporös	$s_d < 0,1$ m	I Kalkfarben, Silikat- und Silikonharzfarben
Wasserdampfdurchlässig	$s_d = 0,1$ m bis 0,5 m	II Dispersionsfarben
Wasserdampfbremsend	$s_d = 0,5$ m bis 2,0 m	III Polymerisatharzfarben (z. B. Acrylharz)
Wasserdampfdicht	$s_d > 2,0$ m	IV Epoxidharz

Einteilung der Beschichtungen nach der Wasseraufnahme   EN 1062

Der Wasseraufnahmekoeffizient (w-Wert) beschreibt die kapillare Wasseraufnahme (Menge in kg) eines Baustoffes in der ersten Stunde des Saug- und Beregnungsvorganges.
Bei den meisten gebräuchlichen Fassadenbeschichtungen (Ausnahme z. B. Silikatfarbe) liegt der Wasseraufnahmekoeffizient unter 0,1 kg/(m² · h^{0,5}). Sie sind damit wasserundurchlässig.

Einstufung	Wasseraufnahmekoeffizient	Klasse
Wasserundurchlässig	$w < 0,1$ kg/(m² · h^{0,5})	I
Wasserabweisend	$w = 0,1$ bis 0,5 kg/(m² · h^{0,5})	II
Wasserhemmend	$w = 0,5$ bis 2,0 kg/(m² · h^{0,5})	III
Wasserdurchlässig	$w > 2,0$ kg/(m² · h^{0,5})	IV

Fassadenbeschichtungssysteme

Gruppe	Zusammensetzung/Eigenschaften/Einsatzgebiete
Reinsilikatfarbe DIN 18363 (Zweikomponentensystem)	• **Rein anorganisches Bindemittel** (Fixativ): Kaliwasserglas (20- bis 30-prozentige kolloidale, alkalische Lösung in Wasser) • **Pigmente/Füllstoffe** (pulverförmig, frei von Leichtspat): z. B. Eisenoxidpigmente, Titandioxid, Chromoxidgrün, Talkum, Kreide, Schwerspat; Pigmente müssen alkalibeständig sein, sonst besteht Gefahr des Eindickung oder Farbänderung • Trocknung erfolgt durch Verdunsten des Wassers und durch eine chemische Reaktion mit dem Kohlenstoffdioxid der Luft sowie dem silikat- und kalkhaltigen mineralischen Untergrund (Verkieselung); es bilden sich wasserunlösliches Calciumsilikat und wasserlösliches Kaliumcarbonat (kann zu Ausblühungen führen); die Pigmente werden in die Verbindung einbezogen

Grundlagen

Werkstoffe Hilfsstoffe

Werkzeuge Geräte, Gerüste

Arbeitstechniken

Gestaltung

Arbeitsschutz Umweltschutz

Aufmaß Abrechnung

Betriebsführung

Quellen

Fassadenbeschichtungssysteme (Fortsetzung)

Gruppe	Zusammensetzung/Eigenschaften/Einsatzgebiete
Reinsilikat-farbe DIN 18363	• Mineralischer Untergrund wird zusätzlich gefestigt; das kann auch zu einer Überfestigung und Schalenbildung unter dem Silikatanstrich führen (Abplatzungen) • Hohe Wasserdampfdiffusionsfähigkeit ($s_d < 0,1$ m) • Hohe kapillare Wasseraufnahmefähigkeit ($w > 2,0$ kg/m^{2}h^{0,5}), bietet dem Untergrund keinerlei Feuchteschutz; bedingt aber auch hohe Austrocknungsgeschwindigkeit (guter Feuchtetransport) • CO_2-Dichtigkeit sehr gering, deshalb kein Betonschutz, aber Einsatz auf Kalkputz • Keine Primäransiedlung von Mikroorganismen (hohe Alkalität) • Fleckiges Aussehen nach Schlagregenbelastung (nachträgliche Hydrophobierung) • Lagerstabilität der angesetzten Silikatfarbe 1 bis 2 Tage • Verarbeitung erfolgt nass in nass, u. U. nach vorheriger Grundierung mit Fixativ (unterschiedliche Saugfähigkeit ausgleichen, um wolkiges Aussehen der Fläche zu vermeiden); keine Ausbesserung möglich • Grundbeschichtung erfolgt mit Streichbürste, nach 12 Stunden Trocknung kann die Endbeschichtung mit Bürste oder Rolle erfolgen (Ansätze vermeiden) • Silikatfarbe nicht mit Wasser, sondern nur mit Fixativ verdünnen und öfter umrühren • Persönliche Schutzmassnahmen und Abdecken von Fenstern, Leichtmetall- und Natursteinflächen, da Verätzungsgefahr durch die hohe Alkalität • Werkzeuge sofort mit Wasser (Spülmittelzusatz) reinigen • Einsatz vorwiegend im Denkmalschutz, als lasierender oder deckender Anstrich auf mineralischen Untergründen (auch Zink und Glas); nicht auf Flächen mit alten Beschichtungen (restlos entfernen) und Gips • Keine Rissüberbrückung möglich • Kann mit Dispersionsfarben, Silikatfarben und Silikonharzfarbsystemen überstrichen werden
Dispersions-silikatfarben (Ein-komponen-tensystem) DIN 18363	• Verarbeitungsfertiges Beschichtungssystem, das als Bindemittel Kaliwasserglas in Kombination mit einer Kunststoffdispersion enthält • Der Kunststoffdispersionsanteil darf nach DIN 18363 maximal 5 % bezogen auf die Gesamtmenge betragen • Kunststoffdispersionsanteil stabilisiert das System, erhöht die Lagerfähigkeit und verbessert das „Handling" bei der Verarbeitung • Zum Abtönen nur die vom Hersteller empfohlenen Silikat-Vollton- und Abtönfarben einsetzen • Grundbeschichtung erfolgt mit verdünnter, vorgetönter Dispersionssilikatfarbe (mit Grundiermittel auf Silikatbasis nach Herstellerangaben verdünnen) nach 12 Stunden Trocknung erfolgt Endbeschichtung mit Dispersionssilikatfarbe im entsprechenden Farbton (kann bis zu 10 % mit Grundiermittel verdünnt werden) • Rissüberbrückung bis etwa 0,3 mm möglich • Die Wasserdampfdurchlässigkeit wird durch den Kunststoffanteil nur unwesentlich behindert, dafür aber die Wasseraufnahmefähigkeit reduziert • Sonstige Eigenschaften und die Trocknung entsprechen der Reinsilikatfarbe • nicht auf Pla/Ib
Dispersions-farbe DIN 53778-1 bis 4	• Verarbeitungsfertiges Beschichtungssystem, das aus einer Kunststoffdispersion sowie Pigmenten, Füllstoffen und Additiven besteht • Kunststoffdispersion fungiert als Bindemittel und besteht aus in Wasser feinst verteilten Polymeren oder Copolymeren (Kunstharzen) z. B. Vinylacetat-Copolymer, Acrylat-Methacrylat-Copolymer (Reinacrylat-Dispersionsfarbe), Styrol-Butadien-Copolymer (Latex) • Die Zusammensetzung der Dispersion bestimmt maßgeblich die Qualität der Dispersionsfarbe, z. B. sind Reinacrylate besonders wetterbeständig, feuchtigkeitsunempfindlich und verseifungsbeständig • Wichtigstes Weißpigment ist Titandioxid in der Rutilmodifikation; zum Einsatz kommen auch Mischungen von Titandioxid mit Füllstoffen (Titandioxid-Mischpigmente)

Fassadenbeschichtungssysteme (Fortsetzung)

Gruppe	Zusammensetzung/Eigenschaften/Einsatzgebiete
Dispersions-farbe DIN 55945	• Zum Abtönen sind wetterfest gebundene Pigmente als Volltonfarben oder Abtönfarben nach Herstellerangaben zu verwenden (kalk- und zementechte Pigmente) • Als Füllstoffe kommen u. a. Calcit, Kreide, Kaolin, Dolomit, Quarz, Talkum und Kalziumcarbonat zum Einsatz • Als Additive werden u. a. Verdickungsmittel, Netzmittel, Emulgatoren, Konservierungsmittel, Weichmacher, Entschäumer und Lösemittel zugesetzt • Einsatz von Weichmachern ist kritisch zu sehen, da es bei äußeren Weichmachern zu Auswanderungserscheinungen bis zum Verflüchtigen kommen kann (Migration); Weichmacherwanderungen können zur Versprödung und schnelleren Verschmutzung der Beschichtung führen • Anteil an Lösemitteln (Filmbildungshilfsmitteln) z. B. Glykolether 　1) Emissions- und lösemittelfreien Dispersionsfarben weniger als 0,01 % 　2) Lösemittelfreien Dispersionsfarben bis zu 0,1 % • Anwendungsbereiche richten sich nach der Pigmentvolumenkonzentration (PVK)[1]; Kunststoffdispersionsfarben für Außenanwendung: zwischen 30 und 55 % • Haben nur begrenzte Lagerfähigkeit, sind frostempfindlich • Hohe Wetter-, Vergilbungs- und Alkalibeständigkeit • Ausreichende Wasserdampfdurchlässigkeit (Probleme ergeben sich erst nach mehrmaliger Beschichtung und hinterwandernder Feuchte) • Hohe CO_2-Dichtigkeit ermöglicht Einsatz als Betonschutz (Betonschutzfarbe, besondere Angaben im Technischen Merkblatt beachten) • Universeller Einsatz auf allen Untergründen möglich (Ausnahme Mörtelgruppe I, da hohe CO_2-Dichtigkeit) • Entfernung vom Untergrund durch Abbeizen möglich • Ausbesserungen möglich • Rissüberbrückende Rezeptierung möglich • Erhärtung erfolgt physikalisch nach dem Verdunsten des Wassers durch den „Kalten Fluss"[2] • Dürfen nicht unter einer Mindestfilmbildungstemperatur (MFT)[3] von 5 °C verarbeitet werden; die MFT muss in der Dispersionsfarbe, in der Umgebungsluft und auf dem Untergrund erreicht werden • Ebenfalls zu vermeiden sind hohe Temperaturen, da hier das Wasser zu schnell verdunstet und der „Kalte Fluss" behindert wird
Silikonharz-farbe DIN 18363	• Verarbeitungsfertiges Beschichtungssystem, das aus einer Silikonharzemulsion, Kunststoffdispersion, Pigmenten, Füllstoffen und Additiven besteht • Der Kunststoffdispersionsanteil fungiert als „Hilfsbindemittel" zur Verbesserung der Haftung und des Kreidungsverhaltens; sollte den Anteil an Silikonharzemulsion nicht überschreiten (keine Normung über die mengenmäßige Verteilung der beiden Komponenten)

[1] Nach ISO 4618/1 ist die Pigmentvolumenkonzentration PVK das Verhältnis des Volumens von Pigmenten und anderen Feststoffteilchen zum Gesamtvolumen an nichtflüchtigen Bestandteilen. Mit erreichen der kritischen Pigmentvolumenkonzentration (KPVK), hier sind Hohlräume zwischen den Feststoffteilchen gerade noch mit Bindemittel gefüllt, ändern sich wichtige Eigenschaften einer Beschichtung negativ.

[2] Bei der Trocknung von Dispersionsfarben verdunstet das Wasser, die darin verteilten Kunststoffteilchen verkleben miteinander, fließen zusammen („Kalter Fluss") und bilden einen zusammenhängenden Beschichtungsfilm.

[3] Die Mindestfilmbildungstemperatur MFT ist die Temperatur bei der Dispersionsfarben gerade noch einen homogenen Beschichtungsfilm bilden können. Wird die Temperatur unterschritten können die Kunststoffteilchen nicht mehr zusammenfließen und würden aufgrund der Lichtbrechung als kreidigweiße Schicht erscheinen („Weißpunkt"). MFT der Dispersion lässt sich durch den Zusatz von Filmbildungshilfsmittel, Weichmachern und Lösemitteln senken.

Fassadenbeschichtungssysteme (Fortsetzung)

Gruppe	Zusammensetzung/Eigenschaften/Einsatzgebiete
Silikonharz-farbe DIN 18363	• Der Kunststoffdispersionsanteil liegt zwischen 30 und 50 % und der Anteil der Silikon-harzemulsion zwischen 50 und 70 % • Vorsicht bei „preiswerten" Silikonharzfarben; hier sind häufig nur Hydrophobierungs-mittel (Siloxane) zugegeben, die anfänglich die wasserabweisende Wirkung einer Sili-konharzfarbe zeigen. Hydrophobierung lässt jedoch mit der Zeit nach • Hohe Wasserdampfdiffusionsfähigkeit ($s_d < 0,1$ m) • Geringe kapillare Wasseraufnahme, durch die hydrophobierende Wirkung des Silikon-harzes ($w < 0,1$ kg/m$^2 \cdot$ h^{0,5}) • Geringe CO_2-Dichtigkeit; verhindert nicht ausreichend die Carbonatisierung von Beton • Universeller Einsatz auf allen Untergründen möglich (auch Mörtelgruppe I, da gute CO_2-Diffusionsfähigkeit) • Geringe Verschmutzungsneigung Dieser Effekt soll durch die Oberflächenstruktur einer nach Lotus- oder Teflontechnolo-gie formulierten Silikonharzfarbe noch verstärkt werden, dabei ist die Kontaktfläche für die Schmutzpartikel so gering, dass sie durch abperlende Wassertropfen „mitgerissen" werden • Zeigen praktisch kein thermoplastisches Verhalten • Anfälligkeit gegen Bewuchs ist gering • Bindemittelsystem ist pH-neutral • Ausbesserungen möglich • Formulierung rissüberbrückender Systeme möglich (Silikonharzemulsion mit Zusatz von elastifizierten Reinacrylaten) • Bevorzugter Einsatz auf Sand- und Naturstein, Mineralputz, Kalksandstein, alten Kalk-anstrichen, alten Dispersionsfarbenbeschichtungen, Kunstharzputzen, auf Fassaden aus Baustoffen mit ungleicher Wasseraufnahme • Stark saugende Untergründe mit einer Spezialgrundierung auf Silikonharzbasis vorbe-handeln • Erhärtung des Dispersionsanteils erfolgt rein physikalisch durch den „kalten Fluss". Die Erhärtung der Silikonharzemulsion erfolgt zunächst auch physikalisch durch Verduns-tung des Wasser, die hydrophobierende Wirkung kommt dabei schon voll zur Wirkung. Danach erfolgt eine Molekülvergrösserung durch verschiedene chemische Vernet-zungsreaktionen, es entsteht ein „Siliconharznetzwerk" • Dürfen nicht unter einer Mindestfilmbildungstemperatur von 5 °C verarbeitet werden (siehe auch Dispersionsfarben)
Polymerisat-harzfarben	• Das Beschichtungssystem besteht aus in Lösemitteln gelösten Polymerisatharzen (z. B. Reinacrylate oder Copolymerisate), Pigmenten, Füllstoffen und Additiven • Werden als „Problemlöser" überall dort eingesetzt, wo die Eigenschaften der wasser-verdünnbaren Systeme nicht mehr ausreichen • Bevorzugter Einsatz auf Sichtbeton, Mineralputz, Kunstharzputz, Ziegel und Kalksand-stein • Gutes Eindringvermögen in den Untergrund, da Polymerisatharz in Lösemitteln (z. B. Testbenzin) gelöst ist • Sehr gute Haftung auch auf glatten, dichten Untergründen • Kein Durchschlagen von wasserlöslichen Verschmutzungen oder Nikotinablagerungen (in Innenräumen) • Einsatz auch auf durch Ruß und Industrieabgase verschmutzten Flächen • Einsatz auf Flächen mit Salzausblühungen • Können bei Temperaturen unter 5 °C verarbeitet werden, da die Lösemittel auch unter 0 °C verdunsten ohne zu gefrieren • Hohe CO_2-Dichtigkeit (s_d-$CO_2 > 50$ m); Schutz des Stahlbetons vor Carbonatisierung • Wasserdampfbremsend (s_d-$H_2O = 0,5$ m bis 2,0 m); bei Betonschutz s_d-$H_2O < 4$ m

Grundlagen
Werkstoffe Hilfsstoffe
Werkzeuge Geräte Gerüste
Arbeits-techniken
Gestaltung
Arbeitsschutz Umweltschutz
Aufmaß Abrechnung
Betriebs-führung
Quellen

Fassadenbeschichtungssysteme (Fortsetzung)

Gruppe	Zusammensetzung/Eigenschaften/Einsatzgebiete
Polymerisat-harzfarben	• Geringe kapillare Wasseraufnahme ($w < 0,1$ kg/m$^2 \cdot$ h^{0,5}) • Gute Dehnbarkeit und Rissüberbrückung • Erhärtung der Polymerisatharzfarben erfolgt physikalisch durch Verdunsten des Lösemittels

Erkennung der vorhandenen Altbeschichtung auf Fassaden

Beschich-tungssystem	Ritztest	Löseprobe	Benetzungsprobe mit Wasser	Abbeizprobe
Reinsilikat-farbe	Spröde	Keine Anlösung durch Testbenzin und Nitroverdünnung	Dunkelfärbung der benetzten Stelle	Werden von Abbeizern nicht angegriffen
Dispersions-silikatfarbe	Spröde	Nitroverdünnung löst an; Betropfen mit Salzsäure zeigt schwaches Aufschäumen	Schwache Dunkelfärbung der benetzten Stelle	Werden von Abbeizern nur schwach angelöst (weich)
Dispersions-farbe	Span	Nitroverdünnung löst an	Keine Dunkelfärbung der benetzten Stelle	Werden von Abbeizern stark angelöst (kräuseln)
Silikonharz-farbe	Span	Nitroverdünnung löst leicht an	Wasser perlt stark ab	Werden von Abbeizern angelöst (kräuseln)
Polymerisat-harzfarbe	Span	Testbenzin und Nitroverdünnung lösen stark an	Wasser perlt ab	Werden durch Abbeizer sofort weich

Wärmedämmstoffe (für alle gilt DIN 4108-4)

Ökologische Dämmstoffe

Dämmstoff	Herstellung/Entsorgung/Schadstoffe	Einsatzbereiche	Eigenschaften
Kork DIN 18161-1	• Rinde der Korkeiche • Recycling-Kork einsetzbar, z. B. aus Korken • Nachwachsender Rohstoff, aber nicht unbeschränkt verfügbar (Bäume können alle 8 bis 12 Jahre abgeerntet werden) • Relativ lange Transportwege (Hauptanbaugebiet ist Portugal) • Vollständig wiederverwertbar • Imprägnierte Korkplatten nicht im Innenraum verwenden, je nach Bindemittel können verschiedene Schadstoffe entweichen	• Schüttfähig als Naturkorkgranulat oder Blähkork, expandierte Backkorkplatten • Platten für Innenwände, Böden, hinterlüftete Fassaden und im Dachgeschoss • Granulat wird in Hohlräume von Böden, Decken und Wänden geschüttet	• Bei Durchfeuchtung verrottungs- und fäulnisfest, aber Pilzbefall möglich • Baustoffklasse B2 • Wärmeleitfähigkeit $\lambda = 0,045$ bis $0,050$ W/(m · K) • Wasserdampfdiffusionswiderstand $\mu = 5/10$
Schafwolle	• 100 % reine Schafschurwolle als Schafwoll-Vliesbahnen • 50 % Schafschurwolle und 50 % recycelte Altwolle als Schafwoll-Filze • Schafwoll-Fliesbahnen sind wiederverwertbar • Sehr leicht verarbeitbar und einpassbar	• Einsatzbereich der Vliesbahnen vergleichbar mit konventionellen Mineralfasermatten, wenn nur Baustoffklasse B2 gefordert ist	• Baustoffklasse B2 wird durch Zusatzstoff Borax erreicht • Borax ist außerdem insekten- und schimmelpilzfeindlich • Nicht sehr anfällig für Feuchtigkeit und Nässe

Wärmedämmstoffe (Fortsetzung)

Ökologische Wärmedämmstoffe

Dämmstoff	Herstellung/Entsorgung/Schadstoffe	Einsatzbereiche	Eigenschaften
Schafwolle	• Entsorgung muss über Müllverbrennungsanlagen erfolgen (Imprägnierung mit Borax und Harnstoffderivaten) • Schafwolle ist nachwachsend, aber begrenzt vorhanden	• Filzmatten sind auch als Ersatz für PUR-Ortschaumstoffe an Fenster- und Türanschlüssen geeignet	• Wärmeleitfähigkeit $\lambda = 0{,}040$ bis $0{,}045$ W/(m · K) • Wasserdampfdiffusionswiderstand $\mu = 1/2$
Baumwolle	• Rohmaterial ist langfaserige Rohbaumwolle (besteht überwiegend aus Cellulose) • Auf Pestizidrückstände achten (Pestizideinsatz ist ökologisches Problem in Anbauländern) • Energieaufwand zur Herstellung ähnlich gering wie bei Schafwolle (intensive Bewässerung beim Anbau notwendig) • Baumwolle gibt es als Vliesbahn und flockenförmig als Blaswolle • Baumwolldämmstoff ist wiederverwertbar • Entsorgung muss in Müllverbrennungsanlagen erfolgen (Borsalze)	• Baumwollbahnen bieten sich wie Schafwolle besonders zur Dämmung in Leichtbaukonstruktionen an • Auch zur Trittschall-Dämmung geeignet • Baumwolle flockenförmig als Blaswolle (rüttelfest) in Konkurrenz zu Isofloc (Zellulose)	• Aufgrund der natürlichen Wachsschicht sehr beständig • Da Baumwolle mit Borax besprüht wird, ist ein Insekten- und Schimmelpilzbefall nicht zu befürchten • Baustoffklasse B2 • Wärmeleitfähigkeit $\lambda = 0{,}040$ W/(m · K) • Wasserdampfdiffusionswiderstand $\mu = 1/2$
Zellulose DIN 18165	• Altpapier von Tageszeitungen • Altpapier wird durch Mahlen und Zerfasern zerkleinert und nach Zugabe von Borsalzen leicht verdichtet (wegen Borgehalt nicht auf Bauschuttdeponien ablagern) • Sollte nur von Fachfirmen eingebracht werden (Aufblas-, Einblas- und Sprühverfahren) • Keine Kontrolle beim Einblasverfahren, ob alle Hohlräume ausgefüllt sind	• Kann in Form von Flocken, Papierschnipseln oder Zellulosewolle verarbeitet werden (Produktname Isofloc) • Kann in allen üblichen Hüllflächen eingesetzt werden, die nicht an das Erdreich grenzen • Im Leichtbau empfehlenswert	• Besonders auf Wind- und Wasserdichtigkeit achten (Borsalze dürfen nicht ausgewaschen werden) • Baustoffklasse B2 • Wärmeleitfähigkeit $\lambda = 0{,}040$ bis $0{,}045$ W/(m · K) • Wasserdampfdiffusionswiderstand $\mu = 1/2$
Blähperlit	• Vulkanisches Gestein Perlit wird zerkleinert und erhitzt, dabei bläht es sich auf und vergrössert sein Volumen (Korngrössen bis 6 mm) • Das entstandene weisse Granulat wird Perlite genannt • Perlite kann hydrophobiert (Hyperlite) und staubgebunden (Superlite Staubex) werden • Perlite-Schüttungen sind wiederverwertbar	• Als Schüttmaterial in Säcken • Zum Ausfüllen von waagerechten Hohlräumen (Decken und Fussböden) • Kerndämmung in zweischaligem Mauerwerk • Ausgleichsschüttungen unter Estrich	• Hydrophobierte Perlite kann Wasser nicht kapillar transportieren • Baustoffklasse A1 • Wärmeleitfähigkeit $\lambda = 0{,}050$ W/(m · K) • Wasserdampfdiffusionswiderstand $\mu = 2/3$
Schaumglas DIN 18174	• Aus Quarzsand, Kalifeldspat, Kalk, Soda und Eisenoxid wird Glas hergestellt und gemahlen	• Im Außenbereich einzusetzen • Wärmedämmung u. a. für Flachdächer	• Chemikalienbeständig • Baustoffklasse A1 • Wasserdampfundurchlässig

Grundlagen

Werkstoffe Hilfsstoffe

Werkzeuge Geräte, Gerüste

Arbeitstechniken

Gestaltung

Arbeitsschutz Umweltschutz

Aufmaß Abrechnung

Betriebsführung

Quellen

Wärmedämmstoffe (Fortsetzung)

Ökologische Wärmedämmstoffe

Dämmstoff	Herstellung/Entsorgung/Schadstoffe	Einsatzbereiche	Eigenschaften
Schaumglas DIN 18174	• Herstellungskosten sind durch den notwendigen Schmelzprozess (hohe Temperaturen) hoch • Zusammen mit Kohlenstoff wird das Glaspulver auf Temperaturen bis 1000 °C erhitzt • Bei diesem Prozess entsteht u. a. CO_2 und das Material wird aufgeschäumt (geschlossene Zellstruktur ohne kapillare Verbindungen • Schaumglasblock kann u. a. in Platten geschnitten werden • Kann nicht wiederverwertet werden, da bitumenverklebt	• Perimeterdämmung für erdreichberührende Außenwände (mit schützender Beschichtung versehen) • Verklebung mit Heißbitumen (Gesundheitsschutz beachten)	• Praktisch dampfdicht • Wärmeleitfähigkeit $\lambda = 0,040$ bis $0,055$ W/(m · K) • Feuchtigkeitsbeständig, aber nicht gleichzeitig frostunempfindlich
Mineralschaum	• Quarzmehl, Zement, Kalkhydrat in unterschiedlichen Gewichtsanteilen • Zusatz von Hydrophobierungsmittel auf Wasserbasis < 2 % • Verarbeitungsreste können zerkleinert als Füllmaterial verwendet werden	• Wärmedämm-Verbundsystem für Alt- und Neubauten mit ebenen, trockenen, tragfähigen Untergründen • Gebäudehöhe bis 100 m (bis 20 m kleben und ab 20 m zusätzliche Verdübelung)	• Baustoffklasse A2 • Rein mineralisch und faserfrei • Wärmeleitfähigkeit $\lambda = 0,045$ W/(m ·K) • Durch Hydrophobierung geringen Wasseraufnahmewert • Wasserdampfdiffusionswiderstand $\mu = 5$

Konventionelle Dämmstoffe

Dämmstoff	Herstellung/Entsorgung/Schadstoffe	Einsatzbereiche	Eigenschaften
Mineralfaser DIN 18165	• Unterteilt in Glasfaser, Steinfaser, Schlackefaser und Keramikfaser • Hauptanteil Stein- und Glaswollmatten • Glasfaserstoffe bestehen aus bis zu 70% Altglas, Quarzsand, Soda, Dolomit, Kalkstein, Chemikalien und Flussmitteln • Steinfaserstoffe bestehen aus natürlichem Sediment- und Eruptivgestein wie Basalt und Diabas • Rohstoffe werden geschmolzen, dann werden durch Ziehen, Schleudern oder Blasen Fasern mit Dicken zwischen 2 bis 20 µm erzeugt • Fasern werden nach Zugabe von Bindemitteln weiterverarbeitet • Mineralfasern können nicht wiederverwertet werden und sind nicht biologisch abbaubar	• Werden in Form von Bahnen (Rollenware), Platten und Filzen auf dem Markt angeboten • Außenseitige Dämmung von Massivmauerwerk • Wärme- und Trittschalldämmung von Fußböden • Einsatz auch in Leichtbaukonstruktionen • Beim Einbau auf besondere Wind- und Wasserdichtigkeit achten (Dampf-bremse) • Beim Kauf auf Kanzerogenitätsindex mit wenigstens KI 40 achten	• Besondere Schutzmassnahmen bei der Verarbeitung sind zu beachten (Filtermasken tragen) • Mineralfaserstaub enthält lungengängige Fasern, die möglicherweise krebserregend sind • Bei der Verarbeitung muss die Freisetzung von Fasern minimiert werden • Mineralfaserstoffe sind nicht brennbar, ab etwa 300 °C verdampfen die Bindemittel • Baustoffklasse A1/A2/B2

Wärmedämmstoffe (Fortsetzung)			
Konventionelle Wärmedämmstoffe			
Dämmstoff	Herstellung/Entsorgung/Schadstoffe	Einsatzbereiche	Eigenschaften
Mineralfaser DIN 18165	• Müssen auf Deponien gelagert werden • Entsorgungsunternehmen	• Mineralwolle auch lose für Stopfisolierung, u. a. zur Abdichtung von Tür- und Fensterleibungen oder Leitungsschlitzen	• Wärmeleitfähigkeit $\lambda = 0{,}030$ bis $0{,}045$ W/(m · K) • Wasserdampfdiffusionswiderstand $\mu = 1/2$
Polyurethan-Hartschaum EN 14320-1	• Rohstoffbasis ist Erdöl • Flüssige Hauptkomponenten Polyol und Polyisocyanat werden zusammen mit Reaktionsbeschleunigern, Flammschutzmitteln, Treibmitteln und Schaumstabilisatoren in Mehrkomponentenmaschinen über Mischköpfe homogen vermischt • Gemisch kann entweder in eine Form (Blockschaum) oder zwischen Träger- und Deckschichten eingebracht werden (Platten) • Umweltbelastung durch Entweichen der Polyisocyanate und Treibmittel und den Transport des Rohöls • Entsorgung auf Sondermülldeponien oder -verbrennung (Baureststoffe), bzw. Entsorgungsunternehmen	• PUR-Hartschaumplatten werden eingefärbt und mit Deckschichten (z. B. Gipskarton, Folien, Vlies) angeboten • Einsatz in allen Dachtypen, in Fußböden und für Wände • Fenster- und Türanschlüsse sowie kleinere Hohlräume können mit PUR-Montageschaum abgedichtet werden • Abdichtung von Hohlräumen bei Wärmdämmverbundsystemen	• Hohe Temperatur- und Feuchtigkeitsbeständigkeit • Ist empfindlich gegen UV-Licht, vergilbt und verliert dabei oberflächlich seine Festigkeit • Schimmel- und fäulnisfest • Bei der Verarbeitung können gesundheitsschädliche Stäube entstehen (Filtermasken tragen) • Beim Brand entstehen toxische Gase • Baustoffklasse B1, B2 • Wärmeleitfähigkeit $\lambda = 0{,}020$ bis $0{,}035$ W/(m · K) • Wasserdampfdiffusionswiderstand $\mu = 30/100$
Polystyrol EN 13163 EN 13164	• Aus Rohöl wird durch Destillation Styrol gewonnen und durch Polymerisation weiterverarbeitet • Expandierten Partikelschaum (EPS) erhält man aus blähfähigen Polystyrolpartikeln, die bei 100 °C mit Pentan vorgeschäumt werden, danach erfolgt eine Behandlung bei 110 bis 120 °C mit Wasserdampf, die Partikel blähen weiter auf und werden zu einem homogenen Gefüge verschweißt • Extruderschaum (XPS) erhält man aus flüssigem Polystyrol (aufgeschmolzen im Extruder), das mit Treibmitteln aufgeschäumt und durch Düsen in die gewünschte Dicke gepresst wird • Polystyrolmaterial ist nicht verrottbar und gehört so zum deponiefähigen Bauschutt • Entsorgungsunternehmen	• Dämmstoffe aus Polystyrol werden als Platten in unterschiedlichen Abmessungen geliefert • U. a. Einsatz als Dachmantelsystem für die Dämmung über und zwischen den Sparren • Einsatz als Wärmedämm-Verbundsystem für die Fassade • Einsatz zur Dämmung der Kellerdecke und als vertikale Perimeterdämmung für die Kelleraußenwand • Trittschalldämmung unter schwimmendem Estrich	• Gegen Durchfeuchtung ist Polystyrol unempfindlich • Im Brandfall entstehen giftige Gase • Baustoffklasse B1 • Wärmeleitfähigkeit EPS $\lambda = 0{,}035$ bis $0{,}040$ W/(m · K) XPS $\lambda = 0{,}030$ bis $0{,}035$ W/(m · K) • Wasserdampfdiffusionsfähigkeit EPS $\mu = 20/100$ XPS $\mu = 80/250$

Grundlagen

Werkstoffe Hilfsstoffe

Werkzeuge Geräte, Gerüste

Arbeitstechniken

Gestaltung

Arbeitsschutz Umweltschutz

Aufmaß Abrechnung

Betriebsführung

Quellen

Taupunkttemperatur ϑ_s der Luft in Abhängigkeit von Temperatur und relativer Luftfeuchte

Lufttem- peratur ϑ in °C	Relative Luftfeuchte													
	30%	35%	40%	45%	50%	55%	60%	65%	70%	75%	80%	85%	90%	95%
	Taupunkttemperatur ϑ_s[1] in °C (DIN 4108-5)													
30	10,5	12,9	14,9	16,8	18,4	20,0	21,4	22,7	23,9	25,1	26,2	27,2	28,2	29,1
29	9,7	12,0	14,0	15,9	17,5	19,0	20,4	21,7	23,0	24,1	25,2	26,2	27,2	28,1
28	8,8	11,1	13,1	15,0	16,6	18,1	19,5	20,8	22,0	23,2	24,2	25,2	26,2	27,1
27	8,0	10,2	12,2	14,1	15,7	17,2	18,6	19,9	21,1	22,2	23,3	24,3	25,2	26,1
26	7,1	9,4	11,4	13,2	14,8	16,3	17,6	18,9	20,1	21,2	22,3	23,3	24,2	25,1
25	6,2	8,5	10,5	12,2	13,9	15,3	16,7	18,0	19,1	20,3	21,3	22,3	23,3	24,1
24	5,4	7,6	9,6	11,3	12,9	14,4	15,8	17,0	18,2	19,3	20,3	21,3	22,3	23,1
23	4,5	6,7	8,7	10,4	12,0	13,5	14,8	16,1	17,2	18,3	19,4	20,3	21,3	22,2
22	3,6	5,9	7,8	9,5	11,1	12,5	13,9	15,1	16,3	17,4	18,4	19,4	20,3	21,2
21	2,8	5,0	6,9	8,6	10,2	11,6	12,9	14,2	15,3	16,4	17,4	18,4	19,3	20,2
20	1,9	4,1	6,0	7,7	9,3	10,7	12,0	13,2	14,4	15,4	16,4	17,4	18,3	19,2
19	1,0	3,2	5,1	6,8	8,3	9,8	11,1	12,3	13,4	14,5	15,5	16,4	17,3	18,2
18	0,2	2,3	4,2	5,9	7,4	8,8	10,1	11,3	12,5	13,5	14,5	15,4	16,3	17,2
17	−0,6	1,4	3,3	5,0	6,5	7,9	9,2	10,4	11,5	12,5	13,5	14,5	15,3	16,2
16	−1,4	0,5	2,4	4,1	5,6	7,0	8,2	9,4	10,5	11,6	12,6	13,5	14,4	15,2
15	−2,2	−0,3	1,5	3,2	4,7	6,1	7,3	8,5	9,6	10,6	11,6	12,5	13,4	14,2
14	−2,9	−1,0	0,6	2,3	3,7	5,1	6,4	7,5	8,6	9,6	10,6	11,5	12,4	13,2
13	−3,7	−1,9	−0,1	1,3	2,8	4,2	5,5	6,6	7,7	8,7	9,6	10,5	11,4	12,2
12	−4,5	−2,6	−1,0	0,4	1,9	3,2	4,5	5,7	6,7	7,7	8,7	9,6	10,4	11,2
11	−5,2	−3,4	−1,8	−0,4	1,0	2,3	3,5	4,7	5,8	6,7	7,7	8,6	9,4	10,2
10	−6,0	−4,2	−2,6	−1,2	0,1	1,4	2,6	3,7	4,8	5,8	6,7	7,6	8,4	9,2

[1] Näherungsweise darf geradlinig interpoliert werden

Ermittlung der Taupunkttemperatur

- Die Luft kann bei einer bestimmten Temperatur nur eine ganz bestimmte Menge an Feuchtigkeit (Wasserdampf) aufnehmen
- Der Wasserdampfgehalt ist von der Lufttemperatur abhängig und wird in % ausgedrückt (relative Luftfeuchte φ)
- Die Sättigungsmenge (100 %) ist erreicht, wenn die Luft bei einer bestimmten Temperatur (Taupunkttemperatur) keine zusätzliche Feuchtigkeit mehr aufnehmen kann (maximale Luftfeuchte)
- **Beispiel**:
  Beträgt die Lufttemperatur in einem Raum 20 °C und die relative Luftfeuchte 65 %, dann liegt die Taupunkttemperatur bei 13,2 °C. Auf allen Bauteilen, die kälter als 13,2 °C sind, schlägt sich dann Tauwasser nieder (siehe Tabelle).

Entstehung von Tauwasser auf Bauteiloberflächen (Beispiele)

- Bei unzureichender Wärmedämmung der Außenbauteile wandert die Wärme zu schnell von der Innenwandoberfläche nach außen ab (z. B. Wärmebrücken in Raumecken oder Einbindung der Stahlbetondecke in das Außenmauerwerk)
- Im Raum herrscht eine hohe relative Luftfeuchte und die Lüftung ist unzureichend (z. B. im Bad)
- Möbel stehen zu dicht an der Außenwand und die Hinterlüftung wird dadurch stark eingeschränkt
- Folgen: Pilz- und Schimmelbildung, durchfeuchtete Wände, Verschlechterung des Wohnklimas u. a.

Fugendichtstoffe

Fugendichtstoffe sind Werkstoffe zum Abdichten von Fugen. Hier wird unterschieden zwischen Dichtstoffmassen und Fugenbändern. Nach DIN 52460 sowie DIN-EN 26927 „Prüfung von Materialien für Fugen- und Glasabdichtungen im Hochbau, Begriffe" werden die Dichtstoffe in drei Gruppen unterteilt.

Bezeichnung	Zusammensetzung	Eigenschaften	Einsatzbereiche
Harte (härtbare) **Dichtstoffe** werden im plastischen Zustand verarbeitet und erhärten durch den Trocknungsprozess.			
Leinölkitt	Leinöl, Trockenstoffe und Kreide	• Erhärten durch chemische Verbindung mit Sauerstoff • Versprödet nach längerer Zeit	• Für gering beanspruchte Fensterverglasung • Gute Überstreichbarkeit (nach ½ Jahr)
Bitumenmasse	Bitumen und Füllstoffe	• Erhärtet durch Erkalten • Reagiert thermoplastisch • Nicht lösemittelbeständig	• Für gering belastete Fußbodenfugen • Nicht überstreichbar
Plastische Dichtstoffe bleiben auch nach dem Trocknungsprozess plastisch, geben der Bewegung nach und bleiben in der Form bis eine neue Verformung stattfindet.			
Polyacrylat-Dispersion	In Wasser dispergiertes oder in Lösemitteln gelöstes Polyacrylat mit Pigmenten, Füllstoffen, Weichmachern, Viskositätskorrigentien und Haftmitteln	• Verfestigung erfolgt durch Verdunsten des Wassers oder Lösemittels bei normalen Temperaturen und „verschmelzen" der Kunststoffteilchen (Kalter Fluss) • Alterungsbeständig • Reagiert thermoplastisch • Regeneinfluss vor der Hautbildung problematisch	• Für Bauwerksfugen, die nur geringen Bewegungskräften ausgesetzt sind • Bei starker Belastung der Fugenflanken besteht Abrissgefahr • Nicht geeignet für Dauerbelastung durch Wasser • Nach Herstellerangaben überstreichbar
Butylkitte	Butylkautschuk mit Lösemitteln, Ölen, Weichmachern, Pigmenten und Füllstoffen	• Verfestigung erfolgt durch Verdunsten des Lösemittels • Reagiert thermoplastisch • Geringe Alterungsbeständigkeit	• Abdichtungen im Innenbereich mit geringer Beanspruchung
Elastische Dichtstoffe werden plastisch geliefert und gehen durch einen chemischen Trocknungsprozess in den dauerelastischen Zustand über; dadurch werden Bewegungskräfte in Rissen und Fugen besonders gut aufgefangen.			
Silikonkautschuk	Silikonharz, Weichmacher, Katalysatoren, Pigmente und Füllstoffe; Unterscheidung nach Vernetzungscharakter in alkalisch (Amin-System), sauer (Acetat-System) und neutral reagierende Systeme	• Übergang in den dauerelastischen Zustand durch Reaktion mit der Luftfeuchtigkeit • Temperaturbeständig • Hohe Alterungsbeständigkeit • Gute Lösemittel- und Chemikalienbeständigkeit • Sehr hohe Elastizität	• Versiegelung bei Verglasungen • Abdichten von Fassadenelementen mit größeren Dehnungen • Anschlussfugen im Sanitärbereich • Nicht überstreichbar (bis zu 1 mm auf der Dichtstoffoberfläche beschneiden)
1-K-Polyurethane	Polyurethane, Weichmacher, Katalysatoren, Pigmente und Füllstoffe	• Übergang in den dauerelastischen Zustand durch Reaktion mit der Luftfeuchtigkeit • Gute Lösemittel- und Chemikalienbeständigkeit • Alterungsbeständigkeit	• Abdichtung von Fassadenelementen • Verklebungen

Grundlagen · Werkstoffe Hilfsstoffe · Werkzeuge Geräte, Gerüste · Arbeitstechniken · Gestaltung · Arbeitsschutz Umweltschutz · Aufmaß Abrechnung · Betriebsführung · Quellen

Fugendichtstoffe (Fortsetzung)			
Bezeichnung	Zusammensetzung	Eigenschaften	Verarbeitungshinweise
Elastische Dichtstoffe (Fortsetzung)			
2-K-Poly-urethan	Stammkomponenten: Polyalkohole, Weich-macher, Katalysatoren, Pigmente und Füllstof-fe Härter: Polyisocyanate	• Übergang in den dauer-elastischen Zustand durch chemische Reaktion der beiden Komponenten • Gute Chemikalien- und Lösemittelbeständigkeit • Gute Alterungsbestän-digkeit • Nur bedingt überstreichbar	• Hohe Luftfeuchtigkeit kann den Reaktionsverlauf stören • Lieferform: Zwei Kompo-nenten in getrennten Ge-binden; unmittelbar vor der Verarbeitung mischen • Abdichtung von Fassaden-elementen und anderen Baustoffen
1-K-Polysulfid	Polysulfide, Weich-macher, Katalysatoren, Haftvermittler, Pigmen-te und Füllstoffe	• Übergang in den dauerela-stischen Zustand durch Reaktion mit der Luftfeuch-tigkeit • Gute Chemikalien- und Lösemittelbeständigkeit • Gute Alterungsbeständigkeit	• Versiegelung von Fenster-scheiben, Fassadenele-menten und Sanitärfugen
2-K-Polysulfid	Stammkomponenten: Polysulfide, Weich-macher, Katalysatoren, Pigmente und Füllstof-fe Härter: Blei-, Mangan-dioxid und Peroxide	• Übergang in den dauer-elastischen Zustand durch chemische Reaktion der beiden Komponenten • Gute Chemikalien- und Lösemittelbeständigkeit • Gute Alterungsbeständigkeit	• Lieferform: In Kartuschen mit getrennten Komponen-ten; unmittelbar vor der Verarbeitung mischen • Versiegelung von Fenster-scheiben, Fassadenele-menten und Sanitärfugen

Unterteilung der Dichtstoffe DIN EN 26927	
Plastische Dichtstoffe	Elastische Dichtstoffe
Plastische Dichtstoffe härten nicht vollständig aus und behalten das plastische Verhalten. Das Rückstellvermögen der plastischen Dichtstoffe ist gering. Verformungen sind dauerhaft. Der Einsatz ist deshalb nur eingeschränkt möglich.	Das Rückstellvermögen der elastischen Dichtstoffe ist gut. Nach der Vernetzung zeigen sie ein gum-mielastisches Verhalten (große Bruchdehnung und kleinen E-Modul[1]). Verformungen bilden sich zurück, solange die maximale Dehnung/Stauchung das Höchstmaß nicht überschreitet.

	Ausgangslage	
	Stauchung	
	Rückgang in Ausgangslage	
	Dehnung	
	Rückgang in Ausgangslage	
	Dehnung	

[1] Nach dem Hookeschen Gesetz ist das Verhältnis von flächenbezogener Kraft (Spannung) und der relativen Verlängerung (Dehnung) eine Konstante. Diese wird als Elastizitätsmodul (E-Modul) bezeichnet. Je kleiner das E-Modul, umso elastischer verhält sich das Material.

Fugendichtstoffe (Fortsetzung)

Rückstellvermögen und Beschichtung

Einteilung nach IVD-Merkblatt 2	Gesamt-verformung	Rückstell-vermögen	Dichtstoffsystem	Beschichtung
Elastisch	20 bis 25 %	≥ 70 %	Silikone, Polyurethane, Polysulfide, Acryldispersion, MS-Polymer	max. 1 mm im Randbereich
Plasto-elastisch	15 bis 20 %	≥ 40 % < 70 %	Acryl-Dispersion	max. 1 mm im Randbereich
Elasto-plastisch	5 bis 10 %	≥ 20 % < 40 %	Acryl-Dispersion	Vollflächige Beschichtung möglich
Plastisch	0 bis 5 %	< 20 %	Acryl-Lösemittel	Vollflächige Beschichtung möglich

Beschichtungsverträglichkeit und Überstreichbarkeit von Dichtstoffen   DIN 52460

Beschichtungsverträglich ist ein Fugendichtstoff, der zur Abdichtung von mit Beschichtungsstoffen beschichteten Bauteilen verwendet werden kann, ohne dass sich schädigende Wechselwirkungen zwischen dem Dichtstoff, der Beschichtung und dem angrenzenden Bauteil ergeben (DIN 52 460).
Überstreichbar ist ein Fugendichtstoff, der ganzflächig überdeckend mit einem oder mehreren Anstrichen beschichtet werden kann, ohne dass sich schädigende Wechselwirkungen ergeben (DIN 52 460).

Fugenbänder

Fugenbänder sind Bandmaterialien zur Überdeckung von Fugen. Sie werden in unterschiedlicher Dicke und Breite als plastische, selbstklebende oder elastische, nicht selbstklebende Meterware angeboten.

Plastische Fugenbänder	Butylkautschuk	• Vorkomprimiert • Selbstklebend (durch Eigenklebrigkeit Haftung auf fast allen Untergründen)	• Preiswerte Alternative zu Dichtstoffmassen, wenn Fugen sehr breit sind
Elastische Fugenbänder	Polyurethan, Polysulfid oder Silikon	• Werden mit zum System gehörenden Klebstoffen aufgeklebt	• Anwendung auch auf alten aufgerissenen Fugen über Altdichtstoff

Grundsätze für das Abdichten von Fugen (DIN 18540, DIN 18545, BFS-Merkblätter 18 u. 23)

Zur funktionsfähigen Abdichtung mit Dichtstoffen müssen konstruktive und verarbeitungstechnische Voraussetzungen gegeben sein bzw. beachtet werden. Die Auswahl des Dichtstoffes richtet sich nach besonderen Beanspruchungen bzw. den Forderungen des Wärmeschutzes (WschV, DIN 4108), Schallschutzes (DIN 4109), Feuchteschutzes (DIN 4108) und Brandschutzes (DIN 4102).

Belastungen, die der Dichtstoff dauerhaft, ohne zu reißen aufnehmen muss (Auswahl):

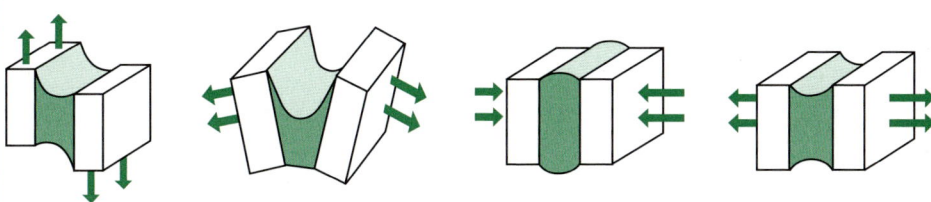

An den vorhandenen Haftflächen darf die Haftung des Dichtstoffes nicht durch z. B. Verschmutzungen oder Imprägnierungen beeinträchtigt sein. Der Dichtstoff kann die auftretenden Scher-, Dehn- und Stauchbewegungen sonst nicht aufnehmen und verliert seine abdichtende Funktion. Die Funktionstüchtigkeit des Dichtstoffes muss über Jahre erhalten bleiben (Alterungsbeständigkeit unter üblichen klimatischen Bedingungen und Umwelteinflüssen).

Grundlagen
Werkstoffe Hilfsstoffe
Werkzeuge Geräte, Gerüste
Arbeits-techniken
Gestaltung
Arbeitsschutz Umweltschutz
Aufmaß Abrechnung
Betriebs-führung
Quellen

Konstruktion der Fugen

Die Bewegungsmöglichkeit des Dichtstoffes in der Fuge darf nicht beeinträchtigt werden. Der Dichtstoff darf nur an zwei Fugeninnenflächen (Fugenflanken) haften. Die Fugenflanken sollten sich nahezu gegenüberliegen, damit der Dichtstoff die Bewegungen des Bauteils auch aufnehmen kann. Die Nichtbeachtung führt zum Reißen oder zum Ablösen des Dichtstoffes von den Fugenflanken.

Dreiflankenhaftung vermeiden (Hinterfüllung mit Schaumprofil oder Trennfolie benutzen)

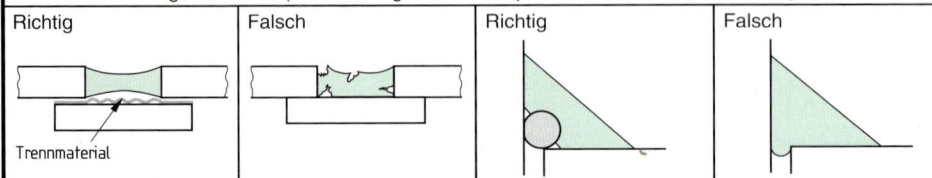

Richtig · Falsch · Richtig · Falsch

Trennmaterial

Fugendimensionierung DIN 18540 (Abdichten von Außenwandfugen)

In der DIN 18540 sind die Fugenmaße für Betonbauteile in Abhängigkeit der auftretenden Bewegungen und bei Verwendung eines Dichtstoffes mit einer zulässigen Gesamtverformung von 25 % angegeben. Die Fugenflanken müssen doppelt so tief wie breit sein und mindestens 30 mm parallel verlaufen, damit das Hinterfüllmaterial genügend Halt bekommt.

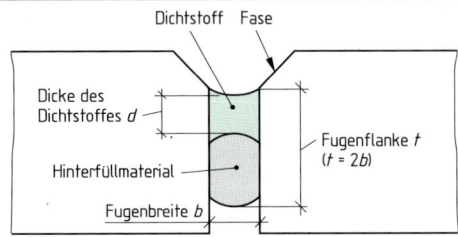

Dichtstoff   Fase

Dicke des Dichtstoffes d

Fugenflanke t ($t = 2b$)

Hinterfüllmaterial

Fugenbreite b

Maße der Fugen und Fugenabdichtung

Abstand zwischen den Fugen in m	bis 2,00	bis 3,50	bis 5,00	bis 6,50	bis 8,00
Fugenbreite Nennmaß für die Planung in mm	15	20	25	30	35
Mindestmaß zum Zeitpunkt der Fugenabdichtung in mm	10	15	20	25	30
Dicke des Fugendichtstoffes einschließlich Volumenschwund in mm	8	10	12	15	15
zulässige Abweichung in mm	±2	±2	±2	±3	±3

Verarbeitung von Fugenbändern

Unter bestimmten Voraussetzungen kann es sinnvoll sein Fugenbänder einzusetzen u. a.:
- Durch mangelnde Festigkeit und Oberflächenbeschaffenheit der Baustoffe im Fugenbereich ist eine ausreichende Haftung von spritzbaren Dichtstoffen nicht gewährleistet
- Starker Fugenversatz und stark schwankende Fugenbreiten
- Gebäudetrennfugen

Zu verklebende Elastomer-Fugenbänder z. B. auf die Bauteiloberfläche	Vorkomprimierte imprägnierte Dichtbänder (selbstklebend)
• Die Auswahl des Bandes richtet sich nach der Fugenbreite, der Fugenkonstruktion und der zu erwartenden Belastung in der Fuge und der Profilierung des Fugenbandes (IVD Merkblatt Nr. 4) • Das Verhältnis Klebefläche zu Bandbreite ist den Herstellerangaben zu entnehmen • Klebeflächen gründlich von Verschmutzung reinigen	• Die Banddicke sollte der Fugenbreite entsprechen bzw. diese nur geringfügig unterschreiten • Der Anpressdruck erfolgt über das Rückstellvermögen (bis zum 5fachen der ursprünglichen Dicke, vorkomprimiert) • Bei direkter Bewitterung mit Profil abdecken (Herstellerangaben) • Nur bedingt überstreichbar (Herstellerangaben)

Grundlagen

Werkstoffe Hilfsstoffe

Werkzeuge Geräte, Gerüste

Arbeitstechniken

Gestaltung

Arbeitsschutz Umweltschutz

Aufmaß Abrechnung

Betriebsführung

Quellen

Brandverhalten von Baustoffen und Bauteilen

Nach den ergänzenden Bestimmungen zur **DIN EN 13501 – Brandverhalten von Baustoffen und Bauteilen** – werden alle Baustoffe in Baustoffklassen unterteilt.

Baustoffklasse	Benennung	Beispiele
A	nicht brennbare Baustoffe	
A 1	100 % anorganischer Bestandteil	Beton, Kalkstein, Ziegel, Metalle
A 2	geringer Anteil organischer Bestandteile	Steinwolle, Gipskartonplatte nach DIN 18180 Mineralfaserplatten mit Prüfzeichen
B	brennbare Baustoffe	
B, C	schwer entflammbare Baustoffe	mineralisch gebundene Holzwolle, Leichtbau-platten
B, E	normal entflammbare Baustoffe	Holz und Holzwerkstoffe > 2 mm Dicke
F	leicht entflammbare Baustoffe	Holz < 2 mm Dicke

Feuerwiderstandsklassen

Die Zeitdauer von der Einwirkung der Hitze bis zum Versagen des Bauteils wird als Feuerwiderstands-dauer bezeichnet. Die Bauteile werden nach ihrer Feuerwiderstandsdauer in Feuerwiderstandsklassen eingeteilt.

Feuerwiderstandsklassen	Feuerwiderstandsdauer	Benennung
F 30	> 30 Minuten	feuerhemmend
F 60	> 60 Minuten	feuerhemmend
F 90	> 90 Minuten	feuerbeständig
F 120	> 120 Minuten	feuerbeständig
F 180	> 180 Minuten	hoch feuerbeständig

Dämmschichtbildende Brandschutzbeschichtung (Intumeszenz-Flammschutzsysteme)

Brandschutzbeschichtungen müssen generell durch das Deutsche Institut für Bautechnik (DIBt) bauauf-sichtlich zugelassen sein (gültiger Prüfbescheid muss vorliegen). Die Zulassung erfordert eine Prüfung des Brandverhaltens des Beschichtungsmaterials nach DIN 4102 in Kombination mit entsprechenden Bauteilen (Systemprüfung).

Dämmschichtbildende Brandschutzbeschichtungen entwickeln bei Einwirkung von Feuer und hohen Temperaturen (ab 150 °C) eine mikroporöse und nicht brennbare Kohledämmschicht. Ausgehend von 200 bis 300 μm Trockenschichtdicke schäumt die Brandschutzbeschichtung auf die 50- bis 100-fache Dicke auf; wirkt wärmeisolierend und schützt die darunterliegenden Bauteile vor weiterer Aufheizung.

Brandschutz von Stahlbauteilen	Brandschutz von Holzbauteilen
• Durch Brandschutzbeschichtungen kann bei Stahlbauteilen die Feuerwiderstandsklasse „feuerhemmend F 30" nach DIN 4102 erreicht werden • **Direkter** Brandschutz durch die Verwendung von Brandschutzbeschichtungen und **indirekter** Brandschutz durch Abschirmung z. B. durch Unterdecken möglich • Unterschieden werden müssen Beschichtungen für **normale** Luftfeuchtigkeit und für **erhöhte** Luftfeuchtigkeit; ausgenommen sind jeweils die Anwendungsbereiche, bei denen die Bauteile ständiger sehr hoher Luftfeuchtigkeit, Nässe und stark aggressiven Gasen ausgesetzt sind	• Brandschutzbeschichtungen auf Holzbauteilen haben die Aufgabe, aus Holz, das nach DIN 4102 in der Baustoffklasse B2 eingeordnet wird, einen schwerentflammbaren Baustoff der Klasse B1 zu machen • Einsatz auf Vollholz sowie auf Holzwerkstoffen mit einer Dicke > oder gleich 12 mm • Auch transparente Beschichtung möglich, wenn die Holzmaserung erhalten bleiben soll • Ausschließlich in trockenen Innenräumen anzu-wenden

Dämmschichtbildende Brandschutzbeschichtung (Fortsetzung)

Brandschutz bei Stahlbauteilen	Brandschutz von Holzbauteilen
• Die Missachtung der Einschränkungen kann zur Minderung der Brandschutzwirkung führen, das kann auch durch einen auf das System abgestimmten Schutzlack nicht ausgeschlossen werden • Brandschutzsystem besteht aus 1) **Korrosionsschutzbeschichtung,** die mit den nachfolgenden Schichten verträglich und hitzebeständig sein muss (Verträglichkeit prüfen lassen, falls Korrosionsanstrich vorhanden); Korrosionsschutz VOB, Teil C, DIN 18 364 2) **Schaumschichtbildende Zwischenbeschichtung**; Angabe der Nassauftragsmengen in g/m² unbedingt einhalten und Auftragsverluste einrechnen 3) **Schlussbeschichtung,** die gegen mechanische und atmosphärische Einflüsse schützen soll • Verarbeitung des Systems erfolgt mit Pinsel, Rolle oder Spritzgerät unter strenger Beachtung der Angaben in technischen Merkblättern und dem Zulassungsbescheid (muss für Träger und Stützen gelten) • Gesamtschichtdicke (Trockenschichtdicke) der Brandschutzbeschichtung muss den Angaben im Zulassungsbescheid entsprechen, hierfür müssen kontinuierliche Schichtdickenmessungen an relevanten Stellen erfolgen (BFS-Merkblatt Nr. 15)	• Wirkung der Brandschutzbeschichtung wird durch ständig hohe Luftfeuchte (zwischen 70 und 80 %) beeinträchtigt; hier ist ein auf das System abgestimmter zusätzlicher Schutzlack aufzutragen • Bei über 80 % Luftfeuchte ist der Einsatz von Brandschutzbeschichtungen ungeeignet • Brandschutzsystem besteht aus 1) **Schaumschichtbildendem Beschichtungsstoff**; Angabe der Nassauftragsmengen in g/m² unbedingt einhalten und Auftragsverluste einrechnen 2) **Schutzlack,** der gegen mechanische und atmosphärische Einflüsse schützen soll • Soll das Holz gleichzeitig vorbeugend gegen Pilze und Insekten geschützt werden, muss diese Maßnahme **vor** der Brandschutzbeschichtung nach Angaben des Herstellers erfolgen (Verträglichkeit prüfen lassen) • Verarbeitung des Systems erfolgt mit Pinsel, Rolle oder Spritzgerät unter strenger Beachtung der Angaben in technischen Merkblättern und dem Zulassungsbescheid (muss an der Verarbeitungsstätte mindestens als Kopie vorliegen) • Auftragsmengen und erforderliche Anzahl der Schichten sind dem Prüfbescheid zu entnehmen • Die Beschichtung muss allseitig erfolgen, außer das Holzbauteil ist vollflächig auf massivem mineralischen Untergrund befestigt

Allgemeine Hinweise zur Verarbeitung (siehe auch BFS-Merkblatt Nr. 15)

• Der Untergrund muss sauber, trocken, staubfrei und frei von fett- und wachshaltigen Schichten sein
• Alle losen, blätternden, unterrosteten Beschichtungen, sowie unverträgliche Grundbeschichtungen sind restlos zu entfernen (Entrostungsgrad 2,5 bei Stahlbauteilen, Haftzugwerte beachten)
• Vor Auftragen der Brandschutzbeschichtung ist die Haftfähigkeit auf dem Untergrund zu prüfen
• Stark saugende Untergründe sind nach Angaben des Herstellers zu grundieren
• Brandschutzbeschichtete Konstruktionen (insbesondere Stahlbauteile) müssen gekennzeichnet werden. Auf den witterungsbeständigen Schildern muss folgendes angegeben werden: Hersteller, Bezeichnung des Produktes, Datum und Zulassungsnummer des DIBt, Anzahl der aufgebrachten Schichten, Name und Anschrift der ausführenden Firma, Bezeichnung der Schlussbeschichtung, Datum der nächsten Überprüfung; Vermerk, dass keine Beschichtungen aus einem anderen System verwendet werden dürfen
• Für die Erhaltung der Brandschutzbeschichtung ist der Inhaber oder Nutzer des Gebäudes zuständig. Der Verarbeiter muss den Auftraggeber schriftlich darauf hinweisen, dass die Brandschutzbeschichtung fachgerecht instandgehalten werden muss und welche Beschichtungsstoffe dafür verwendet werden dürfen
• Ausführung von Brandschutzbeschichtungen **nur** durch Fachkräfte, die an Schulungen über die Wirkungsweise und Verarbeitung der Brandschutzmaterialien durch den Hersteller teilgenommen haben
• Verantwortlich für die Brandschutzwirkung des verwendeten Materials ist der Hersteller, deshalb sind Brandschutzbeschichtungen nur nach Angaben des Herstellers auszuführen
• Der Maler haftet für die fachgerechte Ausführung und Einhaltung der vorgeschriebenen Schichtstärke (werden Beratungen durch den technischen Berater des Herstellers in Anspruch genommen, sind die Aussagen schriftlich festzuhalten, wenn sie von den Angaben im Zulassungsbescheid abweichen)

Grundlagen | Werkstoffe Hilfsstoffe | Werkzeuge Geräte Gerüste | Arbeitstechniken | Gestaltung | Arbeitsschutz Umweltschutz | Aufmaß Abrechnung | Betriebsführung | Quellen

Pulverlacke (Prüfmethoden)

Pulverlacke bestehen aus dem Bindemittelsystem und enthalten meist nur noch Verlaufsmittel, Entgasungsmittel und Pigmente. Die einzelnen Komponenten werden gemischt und in einem Extruder zu einer homogenen Masse verarbeitet. Nach der Verfestigung der Masse auf einem Kühlband erfolgt das Brechen, Mahlen und Sieben bis zur gewünschten Korngröße des Pulvers. Von der Korngröße des Pulvers ist u. a. die Schichtdicke des Pulverlackschicht abhängig. Spezielle Prüfungen für Pulverlacke sind in der DIN ISO 8130 beschrieben.

Harztyp	Eigenschaften	Verwendung/Einsatzgebiete
Duroplastische Pulverlacksysteme		
Polyester-Epoxid (SP - EP) bzw. Epoxid-Polyester (EP - SP) (hoher Marktanteil)	• Je nach Mischungsverhältnis/Rezeptur (70 : 30 oder 50 : 50) • Nicht bis gering wetterbeständig • Weisen aber bessere Farbhaltung und UV-Beständigkeit als EP-Systeme auf • Bis hochglänzend	• Im Innenbereich • Heizkörperlackierungen, Haushaltsgeräte, Gartenmöbel • Grundierpulver • Türzargen, Radiatoren (überwiegend SP - EP)
Polyester (SP) (gesättigter Polyester)	• Gute Wetterbeständigkeit • Gute Glanzhaltung	• Fassadenelemente (Aluminium) (z. Zt. noch TGIC-vernetzte Polyester, giftig!)
Epoxid (EP)	• Nicht wetterbeständig, kreidungsanfällig • Aber hoch chemikalienbeständig • Sehr guter Verlauf, hochglänzende Oberflächen möglich	• Im Innenbereich • Maschinenteile, Behälter • Stahlregale- und schränke • Rohre
Acrylat (AY)	• Sehr guter Verlauf (Klarlack)	• Kfz-Lackierung
Polyurethan (PUR)	• Wetterbeständig	• Fassadenbeschichtungen
Thermoplastische Pulverlacksysteme		
Polyethylen, Polyvinylchlorid, Polyamid Vinylalkohol u. a.	• Auftrag überwiegend im Wirbelsinterverfahren • Abrieb- und Wetterbeständigkeit	• Für kleine Teile, Gestelle, Draht-waren • Elastische Korrosionsschutzbeschichtung
Polyvinylidenfluorid (PVDF)	• Hohe Wetterbeständigkeit • Gute Glanzhaltung	• Fassadenbauteile • Schwer benetzbares Antihaftpolymer

Beschichtung von pulverbeschichteten Bauteilen (Hinweise)   BFS-Merkblatt Nr. 24

• In der Regel ist die Pulverlackierung auf Bauteilen eine Schlussbeschichtung und muss nicht weiter behandelt werden. Gründe für eine Beschichtung können u. a. sein, dass die Bauteile mit Pulverlack grundiert sind oder das ein Überholungsanstrich ausgeführt werden muss.

• Pulverlackoberflächen zeigen besondere Eigenschaften, die eine Beschichtung mit Flüssiglack schwierig gestalten. Folgende Hinweise sollten bei der Planung Berücksichtigung finden:

Haftungsprobleme	• Der Bindemitteltyp der Pulverbeschichtung muss ermittelt werden, da nicht alle Pulverlacktypen beschichtet werden können (Pulverlackierungen aus PVCF) • Duroplastische Pulverlacke bilden dicht vernetzte Oberflächen, die durch Lösemittel nicht gelöst, sondern u. U. nur leicht angequollen werden • Einige Pulverlacke enthalten u. a. zur Verbesserung der Kratzfestigkeit Wachszusätze, die beim Einbrennen auf die Oberfläche ausschwimmen • Art und Menge der Zusätze kann eine Beschichtung unmöglich machen
Untergrundprüfung	• Verschmutzungen, Verwitterungsprodukte, Haftung der Pulverbeschichtung • Bindemitteltyp der Pulverbeschichtung feststellen u. a.: **Lösemittelquellbarkeit mit Nitroverdünnung** (polyesterreiche Harztypen lassen sich eher anquellen als epoxidharzreiche Harztypen; gibt nur Anhaltspunkt), **Laboruntersuchungen** (da baustellenübliche Prüfung zu unsicher), **Hersteller befragen** (eventuell sind Aufkleber an den Bauteilen angebracht)

Pulverlacke (Fortsetzung)

Untergrund-vorbehandlung	• Verschmutzungen und Verwitterungsprodukte lassen sich u. a. durch eine Netzmittelwäsche und Schleifen entfernen • Trägfähigkeit und Haftung der Pulverbeschichtung lassen sich durch Kratzprobe oder Gitterschnitt (DIN EN ISO 2409) überprüfen • Aufwändige Vorbereitung der pulverbeschichteten Oberfläche auf die Beschichtung ist empfehlenswert: Entfernung der Wachse z. B. durch Abwaschen mit Nitroverdünnung nicht möglich (werden wahrscheinlich auf der Oberfläche nur weiter verteilt) **Gründliches Anschleifen** mit Scotch-Brite-Schwamm, Schleifvlies oder Schleifpapier (Nassschleifen)
Untergrund-beschichtung	• Auswahl eines geeigneten Beschichtungsstoffes. **Problem**: Für pulverbeschichtete Untergründe gibt es im Moment keinen universell einsetzbaren Beschichtungsstoff • Der eingesetzte Beschichtungsstoff sollte vom Hersteller ausdrücklich für diese Verwendung empfohlen werden (tritt in die Haftung mit ein). Trifft das nicht zu, sind schriftlich Bedenken beim Auftraggeber einzureichen. • Das Anlegen von Probeflächen, auf denen nach der Aushärtung der Beschichtung mit Kratzprobe oder Gitterschnitt die Haftfestigkeit auf der Pulverbeschichtung geprüft wird, ist zu empfehlen. Einschränkung: Verhalten nach Bewitterung ist damit nicht zu beurteilen (Laborprüfung!)
Beschichtungsstoffe	• Zweikomponenten-Systeme zeigen bessere Ergebnisse als Einkomponentensysteme • Zweikomponenten-Epoxidharzlacke sind als Grundbeschichtung geeignet und müssen danach noch überstrichen werden, da Epoxidharze stark zum Kreiden neigen • Zweikomponenten-Polyurethanlacke (Acryl-Polyurethan) sind auch als Schlussbeschichtung geeignet

Materialentwicklungen bei Pulverlacken (Auswahl)

Pulverlacksysteme unterliegen einem kontinuierlichen Verbesserungsprozess und können heute, je nach ihrer chemischen Zusammensetzung, hohe Ansprüche an Chemikalien- und Wetterbeständigkeit, Oberflächenbeschaffenheit bzw. Oberflächenstruktur und Widerstandsfähigkeit gegenüber mechanischen Beanspruchungen erfüllen.

Pulverlacksystem	Harztyp	Eigenschaften	Einsatzbereiche
Acryl-Pulverlacke Acrylic-Polyester-Hybrids	Acrylat	• hohe Chemikalien- und Witterungsbeständigkeit • Verarbeitung von Acrylat-Pulverlacken im Wechsel mit konventionellen Pulverlacken möglich	• breite Einsatzmöglichkeiten
TGIC-freie Pulverlacke	Polyester	• seit 1998 in Europa überwiegend TGIC-freie Systeme • Angebote an alternativen Härtern verspricht eine gleichwertige Qualität	Fassadenelemente
Hochwetterbeständige Pulverlacke	Polyester, Acrylat	• verlängerte Lebensdauer u.a. in der Glanzhaltung • TGIC-freie Polyestersysteme	• Fassadenelemente
Dünnschichtpulver Thin-Film-Powder	Epoxid, Acrylat, Epoxid-Polyester	• Schichtdicken von < 30 µm • Pulverbeschichtungen wirtschaftlicher durchführbar • Bindemittel mit hoher Pigmentaufnahmefähigkeit erforderlich	• Coil-Coating (Stahl und Aluminium)

Grundlagen

Werkstoffe Hilfsstoffe

Werkzeuge Geräte, Gerüste

Arbeits-techniken

Gestaltung

Arbeitsschutz Umweltschutz

Aufmaß Abrechnung

Betriebs-führung

Quellen

Materialentwicklung bei Pulverlacken (Fortsetzung)

Pulverlacksystem	Harztyp	Eigenschaften	Einsatzgebiete
Niedrigtemperatur-härtende Pulverlacke NT-Pulver Low-Brake-Powder	Epoxid, Acrylat	• Härtungstemperatur sinkt < 140 °C • Beschichtung wärmeempfindlicher Substrate möglich	• Kunststoff • Holzwerkstoffe (MDF) • Coil-Coating
NIR-härtende Pulverlacke (Nah-Infra-Rot)	Epoxid, Epoxid-Polyester, Acrylat	• Schmelz- und Härtungszeiten sinken (< 5 s möglich) • wirtschaftlich bei einfachen geometrischen Formen	• Coil-Coating • wärmeempflindliche Substrate
UV-härtende Pulverlacke	Acrylat, Urethan-Acrylat, ungesättigter Polyester	• hohe Härte- und Lösemittelresistenz • guter Verlauf und hoher Glanz	• Kunststoff • Holzwerkstoffe (MDF)
Pulverklarlacke	Polyester, Acrylat, Polyurethan	• hohe Wetterbeständigkeit • guter Verlauf und Glanz	• Automobildecklack
Matte Pulverlacke	Epoxid-Polyester-Epoxid Polyester, Polyurethan, Acrylat	• Reflektometerwert (60°): < 5 für reine Epoxidharzsysteme und > 10 für wetterbeständige Polyesterharzsysteme	• Fassadenbau
Metallic Pulverlacke	Epoxid-Polyester Polyester, Acrylat	• witterungsbeständig • verschiedene Oberflächenbeschaffenheiten und Glanzgrade möglich	• Fassadenbau • Profile im Innenbereich

Fassadenimprägnierungen (Auswahl)

Dringen ohne Filmbildung in einen porösen, kapillar saugenden Untergrund ein. Aufgaben sind:
• Saugvermögen eines mineralischen Untergrundes zu egalisieren und zu verringern (hydrophobieren) [1]
• Den mineralischen Untergrund zu festigen (mürbe und mehlende Schichten)

Imprägniermittel	Wirkstoff	Eigenschaften	Einsatzbereiche
Silikonharze in Kohlenwasserstoffen	Methylpolysiloxan (5 %ige Lösung)	• Beständig bis pH-Wert 9 bis 10 • Wirkung unmittelbar nach Verdunstung des Lösemittels	• Auf allen saugfähigen, trockenen, mineralischen Untergründen
Siloxane in Kohlenwasserstoffen, Alkoholen	Niedermolekulare, höheralkylierte Polysiloxane (8- bis 10 %ige Lösung)	• Beständig bis pH-Wert 13 bis 14 • Nach 4 bis 5 Stunden wasserbelastbar • Häufigster Einsatz bei der Fassadenimprägnierung	• Auf allen saugfähigen, mineralischen Untergründen • Feucht, nicht nass
Silane in Alkoholen, Kohlenwasserstoffen	u. a. Iso-Butyltrimethoxysilan (40 %ige Lösung)	• Beständig bis pH-Wert 13 bis 14 • Hohe Flüchtigkeit ist nachteilig • Alkalität des Untergrundes wirkt als Vernetzungskatalysator	• Besonders auf Betonoberflächen • Mineralputz, Ziegel • Feucht, nicht nass
Kieselsäureester in Alkoholen, Ketonen	Tetraethylsilikat/Silan (60- bis 75 %ige Lösung)	• Beständig bis pH-Wert 9 bis 10 • reagieren mit Luftfeuchtigkeit, Kieselsäuregel lagert sich in Poren ab, dadurch Festigung besonders bei verwitterten und mürben Baustoffen	• Besonders für silikatische Untergründe • Sandstein, Kalksandstein • Trocken

[1] Hydrophobierung ist ein Imprägniervorgang durch den die kapillare Saugwirkung des Untergrundes aufgehoben wird. Die Wasseraufnahmefähigkeit wird stark herabgesetzt.

Grundlagen
Werkstoffe Hilfsstoffe
Werkzeuge Geräte, Geräste
Arbeits-techniken
Gestaltung
Arbeitsschutz Umweltschutz
Aufmaß Abrechnung
Betriebs-führung
Quellen

Streichwerkzeuge

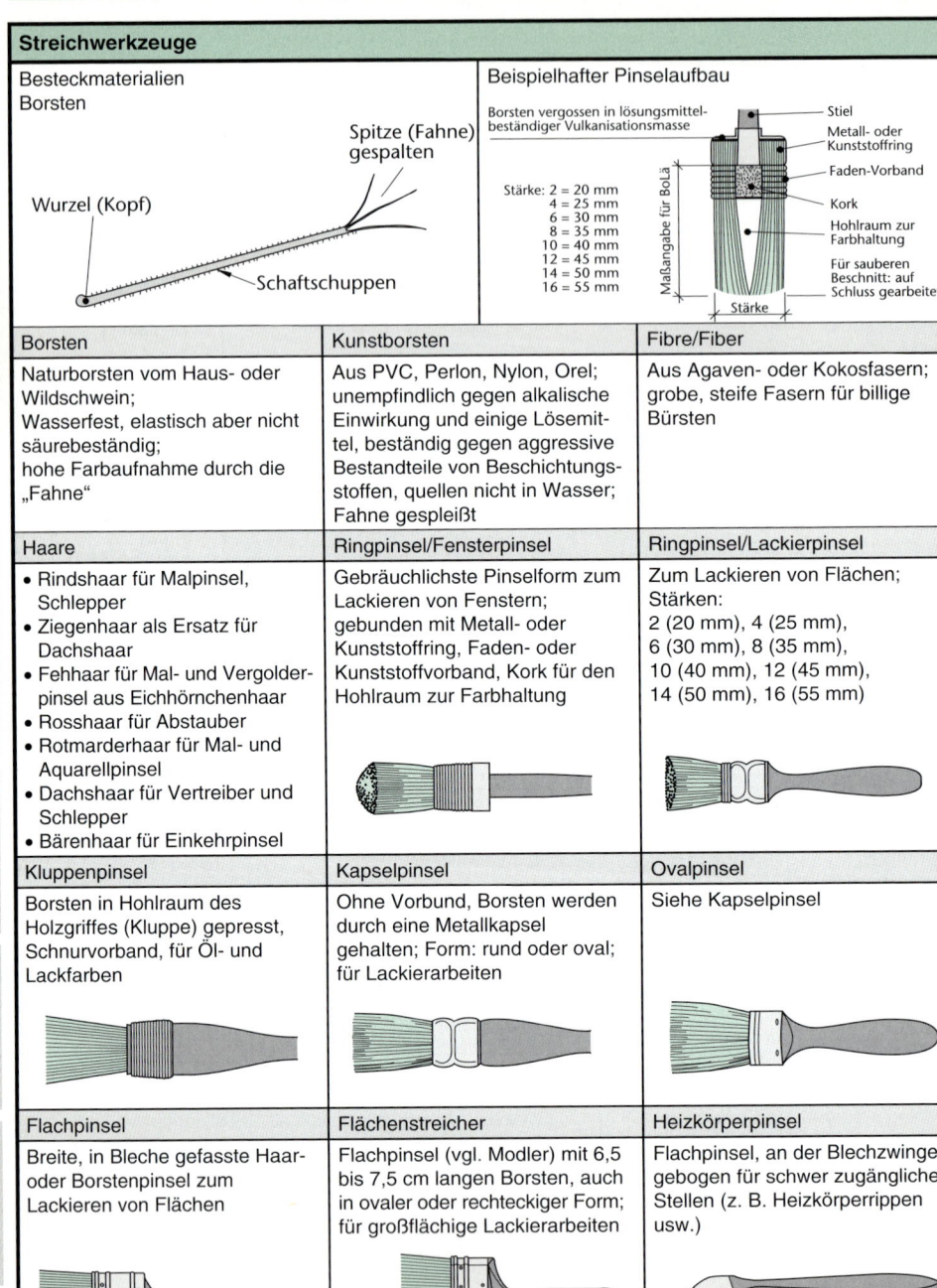

Besteckmaterialien
Borsten

Spitze (Fahne) gespalten

Wurzel (Kopf)

Schaftschuppen

Stärke: 2 = 20 mm
4 = 25 mm
6 = 30 mm
8 = 35 mm
10 = 40 mm
12 = 45 mm
14 = 50 mm
16 = 55 mm

Beispielhafter Pinselaufbau

Borsten vergossen in lösungsmittel-beständiger Vulkanisationsmasse

Maßangabe für BoLä

Stärke

Stiel
Metall- oder Kunststoffring
Faden-Vorband
Kork
Hohlraum zur Farbhaltung
Für sauberen Beschnitt: auf Schluss gearbeitet

Borsten	Kunstborsten	Fibre/Fiber
Naturborsten vom Haus- oder Wildschwein; Wasserfest, elastisch aber nicht säurebeständig; hohe Farbaufnahme durch die „Fahne"	Aus PVC, Perlon, Nylon, Orel; unempfindlich gegen alkalische Einwirkung und einige Lösemittel, beständig gegen aggressive Bestandteile von Beschichtungsstoffen, quellen nicht in Wasser; Fahne gespleißt	Aus Agaven- oder Kokosfasern; grobe, steife Fasern für billige Bürsten
Haare	Ringpinsel/Fensterpinsel	Ringpinsel/Lackierpinsel
• Rindshaar für Malpinsel, Schlepper • Ziegenhaar als Ersatz für Dachshaar • Fehhaar für Mal- und Vergolderpinsel aus Eichhörnchenhaar • Rosshaar für Abstauber • Rotmarderhaar für Mal- und Aquarellpinsel • Dachshaar für Vertreiber und Schlepper • Bärenhaar für Einkehrpinsel	Gebräuchlichste Pinselform zum Lackieren von Fenstern; gebunden mit Metall- oder Kunststoffring, Faden- oder Kunststoffvorband, Kork für den Hohlraum zur Farbhaltung	Zum Lackieren von Flächen; Stärken: 2 (20 mm), 4 (25 mm), 6 (30 mm), 8 (35 mm), 10 (40 mm), 12 (45 mm), 14 (50 mm), 16 (55 mm)
Kluppenpinsel	Kapselpinsel	Ovalpinsel
Borsten in Hohlraum des Holzgriffes (Kluppe) gepresst, Schnurvorband, für Öl- und Lackfarben	Ohne Vorbund, Borsten werden durch eine Metallkapsel gehalten; Form: rund oder oval; für Lackierarbeiten	Siehe Kapselpinsel
Flachpinsel	Flächenstreicher	Heizkörperpinsel
Breite, in Bleche gefasste Haar- oder Borstenpinsel zum Lackieren von Flächen	Flachpinsel (vgl. Modler) mit 6,5 bis 7,5 cm langen Borsten, auch in ovaler oder rechteckiger Form; für großflächige Lackierarbeiten	Flachpinsel, an der Blechzwinge gebogen für schwer zugängliche Stellen (z. B. Heizkörperrippen usw.)

Strichzieher · Modler · Walzen **99**

Grundlagen

Werkstoffe
Hilfsstoffe

Werkzeuge
Geräte, Gerüste

Arbeits-
techniken

Gestaltung

Arbeitsschutz
Umweltschutz

Aufmaß
Abrechnung

Betriebs-
führung

Quellen

Streichwerkzeuge und Farbwalzen

Knollenpinsel/Winkelpinsel/ Spantenpinsel	Fassadenpinsel	Schrägstrichzieher
Abgewinkelter Ringpinsel; für Korrosionsschutzanstriche von z. B. Stahlkonstruktionen an schlecht zugänglichen Stellen	Siehe Heizkörperpinsel, meist mit Chinaborste	Zum Beschneiden von Flächen (Konturieren), Ziehen von Strichen usw.; flach, mit kurzen, einseitig schräg gestaffelten Borsten in flachen Blechen und mit flachem Holzstiel
Berliner Strichzieher	**Greizer Strichzieher**	**Ringstrichzieher**
Zum Ziehen von Strichen und für Beschneidearbeiten; mit relativ langen Borsten	Zum Ziehen von Strichen, siehe Berliner Strichzieher	Zum Ziehen von Strichen, speziell für Leim- und Dispersionsfarben, relativ lange Chinaborsten, auf Schuss mit Fadenvorband
Flächenstreicher [1] **(Streichbürste/Deckenbürste)**	**Fußbodenstreicher**	**Modler**
Großes, langborstiges Streich- werkzeug; Kunst- oder Natur- borsten entweder in Bündel oder Reihe gesetzt in einer Holz-, Aluminium- oder Kunststoffplatte	Oder Versiegelungsbürste für Fußbodenanstriche; Bürste mit Stielhalter zum Einstecken eines Besenstiels	Flacher Borstenpinsel in ver- nickelten Blechzwingen gefasst mit kurzen Borsten; zum Streichen, Begrenzen von Flächen, Verarbeitung von Lasurfarben und sonstigen dekorativen Techniken
Schleifmodler	**Rollen mit Nylon-, Perlon- oder Lammfellbezug**	**Lackierroller (Heizkörperroller, Kleinroller)**
Doppelt so dick und kurzborsti- ger als der Modler; für die Bear- beitung von lackierten Flächen mit Wasser und Bimssteinmehl um den „Schleiflackeffekt" (Mattlack) zu erzielen	Für schnelle, rationelle Beschichtungen von Leim-, Dispersions- oder Lackfarben auf großen Flächen; Bezugs- materialien in Langfell- oder Kurzfellausführung	Zum Lackieren von Flächen; je nach gewünschtem Aussehen der zu lackierenden Oberfläche mit Ersatzwalzen aus Lammfell, Perlon, Moltopren, Mohair oder Goldflor

[1] Auch als Abwaschbürsten (Leimfarben, Abbeizen), Binderbürsten (Verarbeitung von Dispersions- farben) sowie Tapezierbürsten eingesetzt (Normgröße 7 x 16,5 x 17,5 oder 8,5 x 18,5 cm)

Grundlagen

Werkstoffe Hilfsstoffe

Werkzeuge Geräte, Geriste

Arbeits- techniken

Gestaltung

Arbeitsschutz Umweltschutz

Aufmaß Abrechnung

Betriebs- führung

Quellen

Spezialpinsel, Spezialwalzen

Künstlermalpinsel, spitz und flach		Haarschlepper
Allgemeine Bezeichnung für Pinsel, die in der Kunst- und Dekorationsmalerei sowie für Ausbesserungsarbeiten eingesetzt werden; sie sind mit Haaren oder Borsten feiner Qualität versehen, die in vernickelten oder versilberten Blechzwingen gefasst sind		Ein in Federkielen gefasster langhaariger Pinsel zum Ziehen dünnster Linien
Schattenfugenpinsel (Linierbürste)	Dreikant-Beschneidepinsel	Weißquast oder Mauerpinsel („Kölner")
Pinsel mit breitem, abgewinkeltem Blech, für Schattenfugen (z. B. bei einer Bossierung) und für schwer zugängliche Stellen	Beschneidepinsel in einem dreieckigen Blech gefasst für schwer zugängliche Stellen, besonders für Fenster geeignet	Pinsel meist mit gebündeltem Fibre zum Schlämmen von Kalk und Zement
Kaltleim- und Abbeizpinsel	Abbeiz-, Flach- und Rundpinsel	Abrollgeräte (Dekorationsapparate)
Pinsel aus hellem Fibre zum Abbeizen, mit Vorband	Pinsel zum Abbeizen mit Nylonborste und lösemittelfestem Kunststoffstiel	Zum endlosen Drucken von tapetenähnlichen Mustern auf Untergründen (Auftragwalze und Speisewalze, evtl. angehängter Blechbehälter)
Strukturroller und Walzen (Relief-Musterwalzen)	Inneneckenroller, Rohrroller	Staubbesen („Abstauber")
Walzen zur Bearbeitung und zum Strukturieren von plastischen Beschichtungsstoffen	Zum Beschichten von Raumecken bzw. Rohren	Zum Entfernen von Staub (z. B. Schleifstaub) von Fenster, Türen o. ä. vor der Beschichtung; Besteckmaterial: reines Rosshaar oder reine helle PVC-Borsten

Schablonieren

Schablonenmesser, fest	Schablonenmesser, Klinge beweglich	Pausrädchen
Messer zum Schneiden von Schablonen mit starrer Klinge	Messer zum Schneiden von Schablonen mit beweglicher Klinge, um Ansätze bei z. B. Rundungen zu vermeiden	Zur Herstellung einer Lochpause, dessen Motiv mittels Kohlenstaub auf den Untergrund übertragen wird

Schablonieren

Schablonensatz „A bis Z", „a bis z", „1 bis 0"	Schablonierpinsel
Vorgefertigter Schablonensatz aus Zinkblech zur Beschriftung eines Untergrundes	Zum Aufbringen des zu schablonierenden Motivs durch Auftupfen durch die offenen Stellen der Schablone; meist mit gebleichter China-Borste; in einer Weißblechzwinge gefasst

Vergolden

Anschießer	Vergolderpinsel/Doppelkielpinsel
Meist Fehhaar in einem Kartongriff gefasst; zur Aufnahme von losem Blattgold durch elektrostatische Aufladung des Besteckmaterials	Aus blauem Fehhaar, besonders weich, um Verletzungen des angeschossenen Blattgoldes zu vermeiden, zum Einkehren des überschüssigen Blattgoldes geeignet

Achate	Graviereisen	Ornamentwalzen
Zum abschließenden Polieren von Polimentvergoldungen; Material: Halbedelstein; in verschiedenen Größen erhältlich	Zum Eingravieren von feineren Zierschnitten, Gravurschnitten und Schraffuren usw.	Zum Eingravieren von Ornamentbändern

Polimentsieb	Kreidesieb
Tellersieb für die Polimentvergoldung	Zum Sieben der Kreide für die Polimentvergoldung

Grundierpinsel	Vergoldermesser	Vergolderkissen
Zum Schellackieren und Grundieren von zu vergoldenden Flächen	Zum Zuschneiden von losem Blattgold auf dem Vergolderkissen	Zum Zuschneiden und Abnehmen mittels des Anschießers von losem Blattgold; Bezug meist aus Wildleder, mit/ohne Windschutz

Grundlagen · Werkstoffe Hilfsstoffe · Werkzeuge Geräte, Gerüste · Arbeitstechniken · Gestaltung · Arbeitsschutz Umweltschutz · Aufmaß Abrechnung · Betriebsführung · Quellen

Grundlagen

Werkstoffe Hilfsstoffe

Werkzeuge Geräte, Geräte

Arbeits- techniken

Gestaltung

Arbeitsschutz Umweltschutz

Aufmaß Abrechnung

Betriebs- führung

Quellen

Vergolden (Fortsetzung)

Polimentpinsel	Polimentbürste	Netzpinsel
Zum Abreiben des aufgetragenen Poliments bei der Polimentvergoldung	Siehe Polimentpinsel	Aus Kunsthaar, zum Auftragen der Netze z. B. für die Hochglanzvergoldung

Lasieren, Imitieren, Stupfen

Maser-Viertelstab („Maserboy")	Dachshaarvertreiber	Schläger
Zur schnellen Imitation von Holzmaserung durch Ziehen und Abdruck des Viertelkreisstempels durch eine noch nicht angetrocknete Beschichtung, z. B. Bierlasur	Zum Feinstvertreiben von Lasuren bei Holz- und Lackmalarbeiten	Flacher Pinsel dient zur Imitation von Hölzern (z. B. Bierlasuren); China- oder Wildschweinborsten bis zu 20 cm lang, in Blechzwinge gefasst

Stupfbürste	Gummitupfer	Langer Modler (Lasurmodler)
Zum Strukturieren von hochviskosen Dispersionsbeschichtungsmitteln, Leimfarbe o. ä.; für dekorative Techniken wie Bierlasuren	Auf Holzplatten befestigte Hartgummistücke zu dekorativer Belebung von Wandflächen	Zum Auftragen von Lasuren, z. B. von Silikatfarbenlasuren

Zackenpinsel (Durchzieher, Fingerpinsel)	Stahlkämme
Bündelweise in Blech gefasste Borsten an einem Holzgriff für besondere Strukturen.	Zum Durchkämmen von Lasuren (Kammzugtechnik); verschiedenste Kammzugmuster sind möglich (z. B. bei Holzimitationen)

Spachteln, Glätten

Japanspachtel	Edelstahl-Eckenkellen	Venezianische Glättekelle
Dienen zum nahtlosen, gleichmäßigen Auftrag von Spachtelmassen; flexibles Blech mit einem schmalen Handschutz aus Kunststoff	Zum Modellieren plastischer Spachtelmassen an Wandecken	Glättekelle aus besonders gehärtetem Stahl zur Verdichtung spezieller, dekorativer Kalkspachteltechniken

Griffspachtel („Malerspachtel")	Traufel	Doppel-Flächenspachtel	Reibebrett mit/ohne Schwammgummibelag
Trapezförmige Klinge in einem Holzgriff gefasst; zum Verspachteln von Löchern aber auch zum Abstoßen von Verunreinigungen usw. geeignet	Dieses auch als Glättkelle bezeichnete Werkzeug dient zum großflächigen Auftragen von Spachtelmassen und Putzen	Ein mit einem zweiten, kürzeren Blech[1] versehener Spachtel; zum Spachteln größerer Flächen wie Türblätter geeignet	Zum Schlämmen und Glätten von Putzen; ohne Schwammgummibelag für Kratzputze

[1] Das zweite Blech übt einen Gegendruck beim Spachteln aus, um ein Durchbiegen zu vermeiden.

Tapezierwerkzeuge und Geräte   DIN 18366

Igelwalze/Tapetentiger	Cutterkant/Beschneideschiene	Kleisterbürste
Zum Perforieren alter Wandbekleidungen vor deren Entfernen	Zum genauen, rationellen Beschneiden von Tapeten an der oberen und unteren Kante mit einem Tapezierbeschneidemesser (Cuttermesser)	Zum Einkleistern der Wandbekleidung oder des Untergrundes

Tapezierspachtel „Ruck-Zuck"	Beschneideschiene	Senklot
Komplett aus Kunststoff, flexibel; Verwendung siehe Tapezierspachtel; insbesondere für Makulaturpapier	Zum Zuschneiden von Tapeten auf die richtige Breite o. als Unterlage für den Doppelnahtschnitt mit einem normalen Cuttermesser (Länge 2,50 m)	Zum lotgerechten Ausrichten der ersten Bahn

Tapezierwerkzeuge und Geräte (Fortsetzung) DIN 18366

Schlagschnurfärber	Tapetenlineal (Beschneidelineal)	Tapetenmesser
Zum Einfärben der Schlagschnur, dient zum Markieren langer, gerader Linien auf Decken und Wänden	Stahlschiene mit Holzgriff; zum genauen Zuschneiden von Tapeten und Belägen	Zum Zuschneiden von Tapeten und Belägen auf Länge
Tapetenabreißer	„Schwedenblech"	Tapezierspachtel
Zum Abreißen von Tapeten auf die richtige Länge	s. Tapetenabreißer	Holzgriff mit Kunststoffblatt; zum Andrücken von diversen Tapeten
Tapezierbürste	Tapezierwischer	Nahtroller
Rosshaar in einem Holzbrett befestigt; zum Andrücken von Tapeten	Wie Tapezierbürste, nur schmaler, mit Holzgriff und China- oder Nylonborsten; vulkanisiert	Konische, zylindrische oder tonnenförmige Kunststoffwalze mit einem Stahlbügel zum Andrücken der Nähte
Kanten-Winkel-Andrückroller	Gleitfußmesser für den Doppelnahtschnitt	Tapezierwalze
Spezialwerkzeug zum Andrücken von Wandbekleidungen in Ecken und Winkeln	Zum Schneiden von überlappenden Wandbelägen; der Gleitfuß verhindert die Beschädigung des Untergrundes	Moosgummiwalze zum Andrücken von Tapeten

Heißdampfgerät	Elektrisches Sprühgerät
Gerät zum Ablösen von Wandbekleidungen mit sehr fester Verklebung. Wasserdampf wird in einem Kessel erzeugt, dann über einen flexiblen Schlauch in die rechteckige Abdampfplatte geleitet. Diese wird an die Tapete gehalten, um so ein Erweichen thermoplastischer Kunststoffbestandteile von Spezialkleistern und Dispersionsklebern zu erwirken.	Zum rationellen Befeuchten von alten Tapeten bei größeren Renovierungsprojekten

Anstrichentfernung, Entrostung, Schleifen

Ziehklingen	Dreikantschaber	Zugschaber
Zum Entfernen von schlecht haftenden Beschichtungen	Siehe Ziehklingen; insbesondere für Ecken und Winkel	Siehe Ziehklingen

Rundschleifer	Winkelschleifer	Schwingschleifer („Rutscher")
Rundschleifer eignen sich zum Entfernen von Altbeschichtungen, zum Entrosten und Polieren usw.; der Schleifteller dreht sich um die eigene Achse	Siehe Rundschleifer, jedoch abgewinkelt und dadurch handlicher	Pneumatisch oder elektrisch betriebenes Schleifgerät zum Schleifen großer, ebener Flächen[1]

Exzenterschleifer	Schleifklotz	Delta-Schleifer
Zum Feinschliff auf kleinen bis mittleren auch gewölbten Flächen geeignet[2]	Zum Schleifen von Hand	Dieser Dreieckschleifer ist insbesondere für Ecken, Kanten und Profile geeignet

Bandschleifmaschinen	Drahtnadel-Druckluftpistole (Nadelpistole)	Putz- und Farbfräse
Hier läuft ein Schleifband über zwei quer liegende, rotierende Walzen; Bandschleifmaschinen eigenen sich insbesondere zum Anschleifen von Altbeschichtungen, Holz und Metall	Zum Entrosten kleiner, profilierter Flächen[3]; bei diesem Gerät wird durch Druckluft ein Nadelbündel aus Stahl vor und zurück geschleudert; dabei passen sich die Nadeln (2 bis 4 mm dick) jeder unebenen Oberfläche an	Aufsatz für starke Bohrmaschine (2500 bis 3500/min); für Flächenreinigung von Ablagerungen, Farb- und Putzresten; umweltfreundliche Alternative zu Abbeizfluiden

[1] Pneumatisch betriebene Schwingschleifer sind leichter, in explosionsgefährdeten Räumen und zum Nassschleifen einsetzbar.

[2] Der Schleifteller dreht sich nicht nur um die eigene Achse, sondern darüber hinaus exzentrisch um die Antriebsachse. Dies ermöglicht im Kantenbereich gute Ergebnisse.

[3] Entrostungsgrad 1 DIN 18363; Reinheitsgrad St 2, St 3 DIN 55928.

Grundlagen

Werkstoffe Hilfsstoffe

Werkzeuge Geräte, Gerüste

Arbeits- techniken

Gestaltung

Arbeitsschutz Umweltschutz

Aufmaß Abrechnung

Betriebs- führung

Quellen

Anstrichentfernung, Entrostung (Fortsetzung)

Heißluftabbrenngerät	Propangas-Abbrenngerät
Elektrisch betriebenes Heißluftgerät zur Entfernung von alten Öl- oder Alkydharzanstrichen	Mit Propangas betriebenes Gerät zur Entfernung von alten Öl- oder Alkydharzanstrichen

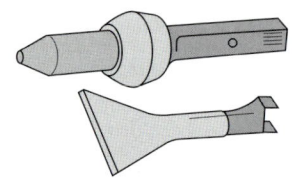 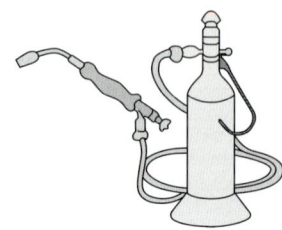

Flammstrahlgerät	Saugluftstrahlpistole

Nur zur Entrostung von mindestens 5 mm dickem Stahl geeignet. Eine Sauerstoff-Acetylen-Gas-flamme erzeugt eine etwa 2000 °C heiße Flamme, die eine Temperatur von 100 bis 300 °C am Objekt erzeugt. Rost und Zunder werden aufgrund verschiedener thermischer Ausdehnung abgesprengt. Entrostungsgrad 2 DIN 18363; Reinheitsgrad Fl DIN 55928.

Zum Entrosten von kleineren Flächen (z. B. Felgen usw.). Durch Anschluss an einen Kompressor wird Druckluft durch den Pistolenkörper geführt (etwa 5 bis 10 bar); das Strahlmittel wird aus dem Becher oder auch Vorratsbehälter gesaugt und auf die Oberfläche geschossen.

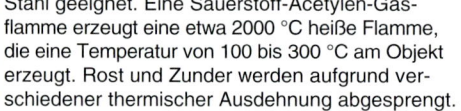

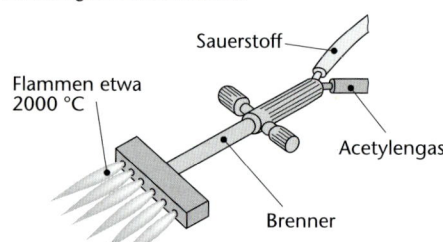

Flammen etwa 2000 °C — Sauerstoff — Brenner — Acetylengas

Hochdruckreiniger	Dampfstrahlreiniger

Zum Spritzen von Wasser unter hohem Druck (150 bar) für Reinigungszwecke (z. B. Fassaden usw.). Reinigungsmittel im Wasser; chemische Reinigungsmittel aber auch Abbeizmittel können verspritzt werden (die Umweltschutzbedingungen sind zu beachten). Antrieb: elektrisch oder Benzinmotor.

Elektrisch betriebenes Gerät. Ein Heißwasseraggregat sorgt für eine Wassertemperatur von 130 °C; eine Elektropumpe sorgt für einen Wasserdruck von bis zu 180 bar. Das Gerät wird zur intensiven Reinigung von Flächen wie abgebeizten oder chemisch gereinigten Flächen genutzt. Ein Reinigungsmittelbehälter ist integriert.

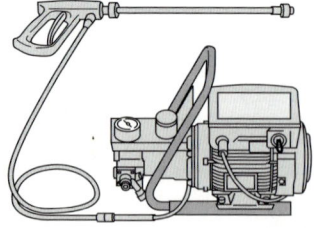 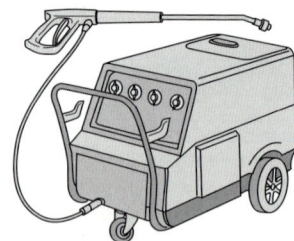

Grundlagen · Werkstoffe Hilfsstoffe · Werkzeuge Geräte, Gerüste · Arbeits-techniken · Gestaltung · Arbeitsschutz Umweltschutz · Aufmaß Abrechnung · Betriebs-führung · Quellen

Anstrichentfernung, Entrostung (Fortsetzung)

Freistrahl-Druckgebläse	Abbeizkrake
Zur rationellen Entrostung von großflächigen Objekten. Ein Freistrahl-Druckgebläse schießt das Strahlmittel auf die zu entrostende Oberfläche. Handlochverschlüsse oder Totmannschaltung am Strahlschlauchende sorgen für eine sofortige Unterbrechung der Strahlarbeiten im Notfall.	Für umweltschonende Abbeiz- und Reinigungsarbeiten. Die Reinigungshaube saugt sich (Unterdruck) an die Fläche an. Dort wird im geschlossenen System Abbeizer oder Wasser bei Leimfarben (bis zu 80 °C Aufheizung möglich) die Fläche behandelt und das Abwasser abgeführt. Eine Vorrichtung für die Behandlung von Fußböden ist lieferbar.

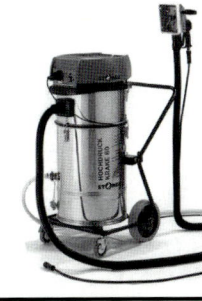 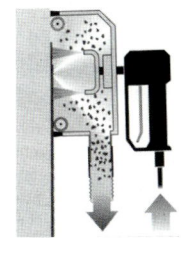

Industriesauger

Staubbeseitigende Maschinen wie Entstauber, Industriestaubsauger und Kehrsaugmaschinen beseitigen gesundheitsgefährdende Stäube und führen die gereinigte Luft in den Arbeitsraum zurück.

Staubklasse	Eignung für Stäube mit Expositionsgrenzwerten	Durchlassgrad
L (leicht)	> 1 mg/m³	max. 1 %
M (mittel)	> 0,1 mg/m³	max. 0,1 %
H (hoch)	Alle Stäube (einschließlich krebserzeugende)	max. 0,005 %

Die bisherigen Kategorien sind wie folgt zuzuordnen:
• H2 (für Holzstäube) und C (für Mineralfaser-, Holz- und Schleifstäube) entspricht der Staubklasse M
• K1 (vorwiegend für Asbest) entspricht der Staubklasse H

Werkzeuge und Geräte für Wärmedämmarbeiten

Dämmplatten-Standschneidegerät	Eckschneider zum Dämmplattenschneidegerät	Dämmplatten-Handschneidegerät
Zum passgenauen Zuschneiden von Wärmedämmplatten auf Stoß; auch für Nut- und Federschnitte geeignet.	Für Spezialschnitte wie Eckschnitte bei Fensterbänken, Stürzen, Dachsparren usw.	Zum passgenauen Zuschneiden von Winkeln bei der Montage

Werkzeuge und Geräte für Wärmedämmarbeiten (Fortsetzung)

Schleifbrett	Styropor-Hobel	Styroporschneider
Holzbrett mit selbsthaftenden Schleifblättern zum Schleifen von Vollwärmeschutz-Polystyrolplatten	Zum Hobeln der Kanten von Vollwärmeschutz-Polystyrolplatten	Zum schnellen Zuschneiden von Vollwärmeschutz-Polystyrolplatten
Dämmstoffmesser mit doppelter Schneide	Schaumpistole	Kleberspachtel, „Schweizer Aufziehkelle"
„Sägeschliff" für hartes, dickes Material, „Wellenschliff" für weiches Material.	Zum Injizieren von PU-Schaum	Zum Auftragen des Klebers
Furnier-Allzwecksäge	Hartschaumsäge	Gehrungswinkellade
Zum Zusägen von Wärmedämmplatten	Zum Zusägen von PS Hartfaserdämmplatten	Für den Zuschnitt von Gehrungswinkeln

Werkzeuge und Geräte: Bodenbelagsarbeiten

Fußbodenstripper	Handschaber	Nadelrolle	Gummischaber
Zum Entfernen/Lösen alter Fußbodenbeläge durch Führen der elektrischen Stripperklinge am Unterboden (Alternative: Bodenfräsmaschine)	Alternative für den Fußbodenstripper für kleinere Flächen	Zur Beseitigung von Lufteinschlüssen und Blasen nicht durchgehärteter Bodenbeschichtungen	Zum großflächigen Auftrag von Beschichtungsmitteln auf Fußböden

Werkzeuge und Geräte für Trockenbauarbeiten

Kantenhobel	Plattenmesser	Surformhobel
Zum Anfasen von Plattenkanten	Zum Durchtrennen des Kartons der Gipskartonplatte	Zum Ebnen von Schnittstellen an Gipskartonplatten

Grundlagen
Werkstoffe Hilfsstoffe
Werkzeuge Geräte, Gerüste
Arbeitstechniken
Gestaltung
Arbeitsschutz Umweltschutz
Aufmaß Abrechnung
Betriebsführung
Quellen

Werkzeuge und Geräte für Trockenbauarbeiten

Eckensetzer	Hohlraumdosenfräser	Profil-Verbindungszange
Zur Unterstützung beim Befestigen der Eckschutz-schienen in der Beplankung	Zum Herstellen von Öffnungen in der Beplankung, z. B. für Steck-dosen	Zum Verbinden von Blechprofilen bis zu 0,8 mm Materialdicke
Plattenheber	Streifenschneider/-trenner	Kammschlitten
Montagehilfe bei der Befestigung der Beplankung an der Untersei-te	Zum Schneiden von bis zu 12 cm breiten Streifen von Gips-kartonplatten; Messer ritzen Gipskartonplatten beidseitig an	Zum Auftragen des Ansetz-binders
Einhand-Montagestütze	Bohrsäge	Knaber
Zum Abstützen und Fixieren bei Über-Kopf-Montagearbeiten an Decken	Zum Heraussägen beliebiger Formen aus der Gipskartonplatte	Zum verformungsfreien Zuschneiden von Blechen bzw. Profilen

Tauchen

Elektro-phorese	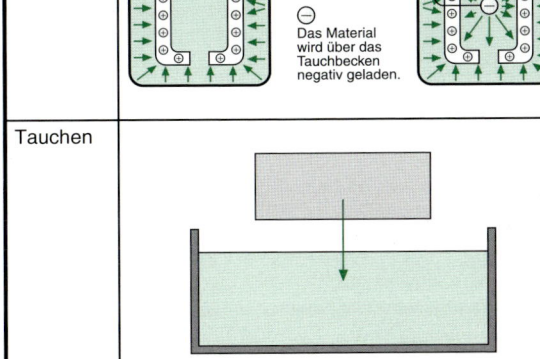 Das Werkstück ist positiv ge-laden und bildet die Anode. Das Material wird über das Tauchbecken negativ geladen.	Industrielles Beschichtungsverfahren, bei dem wasserverdünnbare Lacke (auf Melamin-, Harnstoff-, Epoxid-Acrylharz-basis) je nach Verfahren positiv oder negativ geladen werden. Das einzutau-chende Werkstück wird dazu gegenpolig geladen. Die Lackfarbenpartikel lagern sich gleichmäßig bis zu einer gewissen Schichtdicke ab.
Tauchen		Dieses Verfahren eignet sich nur für transportable Werkstücke (z. B. demon-tierte Heizkörper): Das Werkstück wird in ein Tauchbecken gesenkt, bis es völlig mit Beschichtungsmittel über-zogen ist. Die Werkstücke sollten so beschaffen sein, dass sie ein vollstän-diges Ablaufen von überschüssigem Beschichtungsmittel erlauben (z. B. keine Vertiefungen und Hohlräume).

Grundlagen
Werkstoffe Hilfsstoffe
Werkzeuge Geräte, Gerüste
Arbeits-techniken
Gestaltung
Arbeitsschutz Umweltschutz
Aufmaß Abrechnung
Betriebs-führung
Quellen

Fluten

Flutwanne und Material-rückfüh-rung	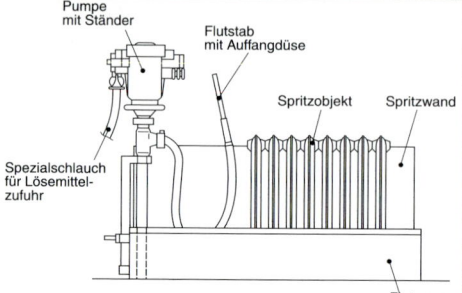	Das Werkstück wird bei diesem Verfahren mit Lack übergossen; in einer Auffangwanne wird dieser gesammelt, dann durch einen Filter geführt und mit Druck wieder über einen Schlauch zum Werkstück geleitet. Da die Verdunstung des Lösemittels während des Flutvorgangs erheblich ist, muss die Viskosität ständig überprüft werden. Gegenüber dem Tauchen ist beim Fluten der Materialbedarf geringer, da die Flutwanne nicht vollständig gefüllt werden muss.
Lack-dusche (mobil)	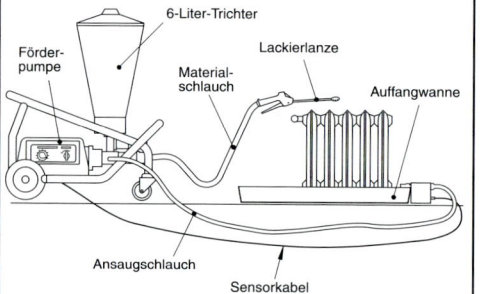	Dieses Gerät ist eine mobile Form des Flutverfahrens. Es ermöglicht die Anwendung dieses Verfahrens auf der Baustelle. Ein Trichter bevorratet den Beschichtungsstoff. Mit der Lackierlanze ist eine gleichmäßige Beschichtung ohne Läufer möglich. Im Gegensatz zum herkömmlichen Flutverfahren ist eine Demontage von eingebauten Werkstücken nicht immer zwingend.

Niederdruck-Spritzverfahren

Nieder-druck-anlage	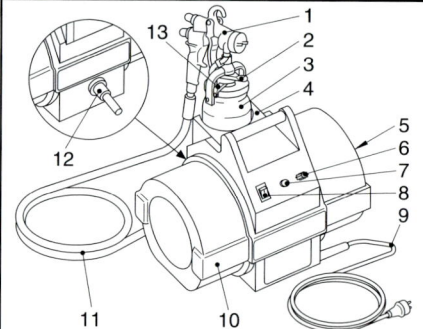	1. Farbspritzpistole (Saugbechersystem) 2. Schließhebel für Farbbehälter 3. Farbbehälter 4. Spritzpistolenablage 5. Luftfilter 6. Feinsicherung 7. Kontrollleuchte (Filterverschmutzung) 8. EIN/AUS-Schalter 9. Netzkabel 10. Turbine 11. Luftschlauch 12. Luftschlauchanschluss 13. Drehhebel für Steigrohr

Funktionsbeschreibung: Eine Turbine (ähnlich wie ein Staubsaugermotor) erzeugt Druckluft (0,1 bis 0,99 bar), die über den Druckluftschlauch in den Pistolenkörper geleitet wird. Ein Teil der Druckluft wird in den Farbbehälter geleitet. Von dort gelangt das Material über das Steigrohr zur Farbdüse, wo es vom Luftstrom erfasst und zerstäubt wird.

Verwendung findet das Niederdruckspritzgerät für vergleichsweise kleine Flächen wie Türen, Heizkörpern, Garagentore, Sockelflächen usw. sowie bei dekorativen Techniken.

Vorteile der Niederdruckanlage sind deren einfache, wartungsarme Handhabung, die Mobilität, ein vergleichsweise niedriger Anschaffungspreis und der geringe Farbnebel, was wiederum eine größere Umweltverträglichkeit und geringere Abdeckarbeiten mit sich bringt.

Nachteile des Niederdruckspritzens liegen in seinem vergleichsweise groben Spritzbild und in der Tatsache, dass lediglich kleine Flächen wirtschaftlich beschichtet werden können, da ein häufiges Nachfüllen des Farbbechers erforderlich ist.

Hochdruck-Spritzverfahren

Hoch- druck- spritz- pistole	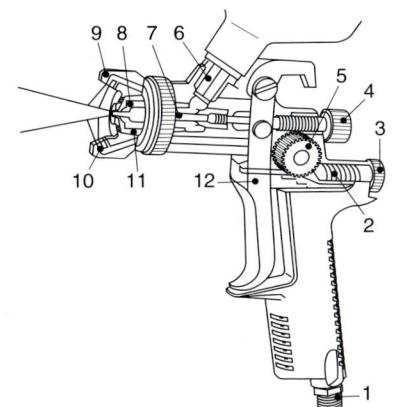

1. Lufteingang
2. Luftabsperrventil
3. Pressluftmikrometer
4. Materialmengenregulierung
5. Stufenlose Breit-
Rundstrahlregulierung
6. Lacksieb
7. Farbnadel
8. Farbdüse
9. Luftdüse
10. Luft für Breitstrahl
11. Luft für Rundstrahl
12. Abzugsbügel

Kompres- sor	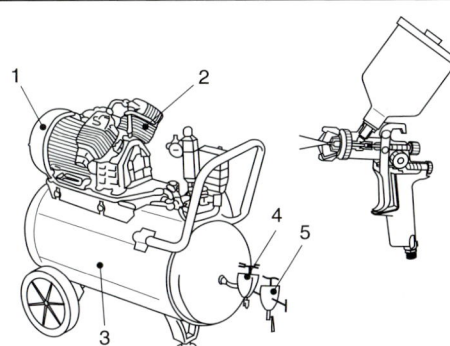

1. Elektroantriebsmotor
2. Kompressor
3. Druckluftkessel
4. Wasserabscheider
5. Ölabscheider

Funktionsweise: Der Kompressor erzeugt Druckluft (1 bis 14 bar), die über den Wasser- und Ölabscheider sowie durch den Druckluftschlauch über den Lufteingang zum Luftabsperrventil der Spritzpistole geleitet wird. Durch leichten Druck auf den Abzugsbügel wird die „Vorluft" durch den Pistolenkörper geleitet. Bei stärkerem Druck auf den Abzugsbügel wird die Farbnadel zurückgezogen, dadurch das Spritzmaterial freigegeben, welches daraufhin vom Luftstrom erfasst und zerstäubt wird. Bei waagerechter Luftdüsenstellung ergibt sich ein senkrechter Breitstrahl, bei senkrechter Luftdüsenstellung ein waagerechter Breitstrahl und bei diagonaler Luftdüsenstellung ein Rundstrahl.
Verwendung: Wegen der relativ hohen Zerstäubung des Materials ergibt sich ein sehr feines Spritzbild. Daher findet das Hochdruckverfahren vor allem in der Fahrzeuglackierung seine Verwendung. Ansonsten ist sein Einsatz dort angebracht, wo qualitativ hohe Anforderungen an eine Lackierung gestellt werden, z. B. bei Möbeln, Türen, z. T. auch Wände und Decken, bei Kleinteilen, profilierten Flächen und Schildern usw.
Die **Nachteile** des Hochdruckspritzverfahrens liegen in der starken Farbnebelentwicklung während des Spritzens. Damit ist ein hoher Materialverlust, eine Belastung der Umwelt und ein aufwendiger Atemschutz verbunden. Darüber hinaus sind die Anlagen vergleichsweise wartungsintensiv und mit einem hohen Geräteaufwand verbunden, der die Mobilität und Flexibilität dieses Spritzverfahrens stark einschränkt.
Die **Vorteile** liegen aufgrund der feinen Zerstäubung in der sehr hohen Qualität der Oberfläche einer Lackapplikation, die so nicht mit anderen Spritzverfahren erzielt werden kann.

Grundlagen
Werkstoffe Hilfsstoffe
Werkzeuge Geräte, Gerüste
Arbeits-techniken
Gestaltung
Arbeitsschutz Umweltschutz
Aufmaß Abrechnung
Betriebs-führung
Quellen

HVLP (High Volume Low Pressure) - Spritzverfahren

HVLP-Spritz-pistole	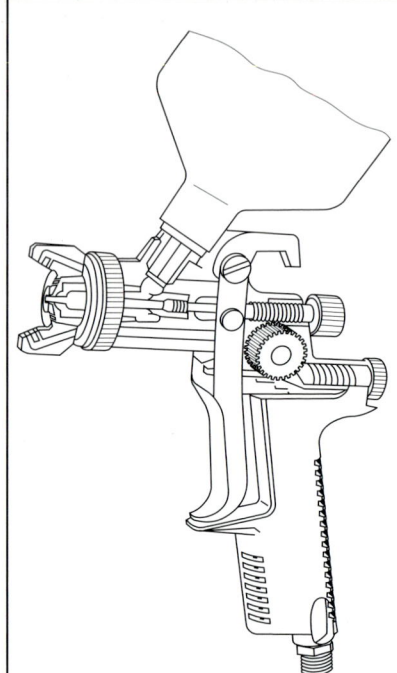

„High Volume Low Pressure" bedeutet hohes Luftvolumen mit geringem Druck. Das HVLP-System vereinigt so die positiven Eigenschaften des Niederdrucks mit denen des Hochdruckspritzverfahrens, d. h., geringer Farbnebel und eine feine Zerstäubung bedingen einen geringen Materialverlust, einen umweltfreundlichen Spritzvorgang sowie ein feines Spritzbild. Da der tatsächliche Luftdruck an der Luftdüse bei modernen HVLP-Spritzpistolen 0,7 bis 0,8 bar beträgt, wird das HVLP-Spritzverfahren dem Niederdruck zugeordnet. Tatsächlich ist aber die Technologie der HVLP-Spritzpistole von der des Hochdrucks abgeleitet: Der von einem Kompressor bzw. einem stationären Luftdrucksystem erzeugte Luftdruck gelangt mit einem Eingangsdruck von 2 bis 3 bar in den Pistolenkörper. Dort wird das Luftvolumen auf ein fein verzweigtes Luftkanalsystem verteilt, so dass der Druck beim Verlassen der Luftdüse erheblich reduziert wird. Daraus ergibt sich einerseits eine feine Zerstäubung für höchste Ansprüche an eine Lackierung, andererseits werden durch den geringen Druck der Farbnebelrückprall und ein Abströmen der Materialpartikel erheblich reduziert. Dies hat eine Materialeinsparung von bis zu 30 % zur Folge.

Hinweise zu neuen Euronormen	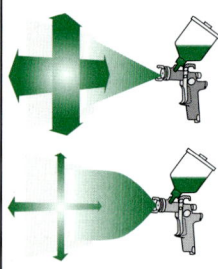

Mit der Einführung der VOC-Richtlinien (Verordnung 1999/13/EG BImSchV[1] wird die Immission von flüchtigen organischen Verbindungen (=VOC= **v**olatile **o**rganic **c**ompound), sprich Lösemitteln, für das Lackiererhandwerk beschränkt. Diese schreibt u.a. vor, dass Spritzpistolen entweder einen maximalen Luftdruck von 0,7 bar an der Luftdüse oder ein Erfüllungskriterium (Compliant-Criterion) von 65% Materialübertragungsrate aufweisen müssen. Diese Kriterien werden von modernen HVLP-Pistolen oder sog. RP-Hochdruckpistolen (RP = reduced pressure, Luftausgangsdruck ca. 1,8 bar) erfüllt. Konventionelle Hochdruckspritzpistolen erfüllen diese Kriterien nicht und so darf man davon ausgehen, dass das Hochdruckspritzverfahren in einigen Jahren durch das HVLP-Spritzverfahren abgelöst wird.

Höchstdruck-Spritzverfahren (Airless)

Das Airless- („luftlos") oder Höchstdruck-Spritzverfahren ist ein luftloses Spritzverfahren, das mit einem Materialdruck von etwa 150 bis 300 bar funktioniert. Mit diesen Spritzgeräten ist es möglich, innerhalb kürzester Zeit sehr große Flächen zu beschichten. Da mit dieser Spritztechnologie umfangreiche Abdeckarbeiten verbunden sind und die Wartung der Geräte vergleichsweise aufwändig ist, lohnt sich ein wirtschaftlicher Einsatz einer Airlessanlage nur für große Flächen. Die Arbeitsleistung dieser Geräte ist im Vergleich zu den herkömmlichen Hoch- und Niederdruckspritzverfahren höher. Das Material wird durch Kolben- oder Membranpumpen unter hohem Druck durch einen speziell armierten Höchstdruckschlauch zur Pistole und durch eine Hartmetalldüse gedrückt, wo das Spritzgut durch den eigenen Materialdruck beim Verlassen der Pistole zerstäubt wird.

[1] gültig ab 25.08.2001

Grundlagen · Werkstoffe Hilfsstoffe · Werkzeuge Geräte, Gerüste · Arbeits-techniken · Gestaltung · Arbeitsschutz Umweltschutz · Aufmaß Abrechnung · Betriebs-führung · Quellen

Höchstdruck-Spritzverfahren (Airless, Fortsetzung)

Membran-pumpen		In der Membranpumpe betätigt eine Exzenterwelle einen Kolben, der Hydraulik-Öl in eine pulsierende Bewegung versetzt, was wiederum eine Membran in Bewegung bringt, die dann das Material verdichtet. Ein Druckregelventil regelt die Hydraulikölmenge und damit das Fördervolumen der Pumpe.
Kolben-pumpen		Der Druck wird hier durch eine Kolbenhubpumpe erzeugt. Die Kolben werden entweder durch Elektro- oder Benzinmotoren angetrieben oder aber durch starken Luftdruck mittels eines Kompressors in Bewegung versetzt. Dabei vervielfacht sich der Luftdruck als Materialdruck. Um ein Pulsieren bei der Applikation von Spritzmaterialien zu vermeiden, sind die Kolbenpumpen doppelhubig ausgelegt, so dass sie einen permanenten und konstanten Druck bei der Arbeit aufrechterhalten.
Airless-pistole		Der hohe Materialdruck beim Airless-Spritzverfahren sollte den Benutzer zur Vorsicht im Umgang vor allem mit der Airlesspistole mahnen. Daher ist eine Abzugssicherung (1), ein Schutzbügel (2) für den Abzugsbügel (3) und ein Fingerschutz (4) notwendig. Je nach Spritzmaterial ist ein mit einer Kennfarbe bezeichneter Filter (5) vorhanden, der das Material von Verunreinigungen befreit. Ablenkrillen in der Düse (6) legen den Spritzwinkel und damit die Strahlbreite fest. Die Bohrungen der Düse werden in Inch (Zoll) und mm angegeben.

Zubehör	Injektionsvorsätze	Auslegerpistole	Ansaugsystem für Membrananlagen	Farbgespeister Roller

Vorteile des Airless-Spritzverfahrens:
- Sehr hohe Arbeitsleistung
- Auch für hochviskose Materialien geeignet
- Vergleichsweise geringe Spritznebelbildung
- Hohe Schichtdicken, großes Deckvermögen, da eine Verdünnung des Spritzmaterials entfällt oder sehr gering ist

Nachteile des Airless-Spritzverfahrens:
- Aufwändige Abdeckarbeiten
- Geringere Qualität des Spritzbildes als bei Hochdruck- oder HVLP-Spritzverfahren
- Hohe Anschaffungskosten
- Vorwiegend für ebene, nicht für profilierte Flächen geeignet

Airmix-Spritzverfahren

Airmix-Spritzanlage

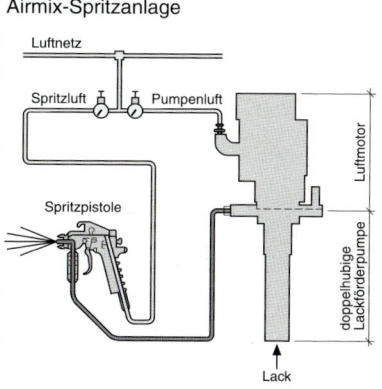

Luftnetz

Spritzluft   Pumpenluft

Luftmotor

Spritzpistole

doppelhubige Lackförderpumpe

Lack

Das Airmix-Spritzverfahren kombiniert das Höchstdruckverfahren (siehe Airless/Höchstdruck) mit dem Druckluftverfahren. Eine hydraulische Pumpe verdichtet das Material mit einem Druck zwischen 40 und 70 bar, welches wie beim Airlessverfahren über eine Hartmetalldüse vorzerstäubt wird. Durch Bohrungen an der Luftdüse wird dem vorzerstäubten Material ein zusätzlicher Luftdruck von 2 bis 4 bar hinzugegeben, was zu einer noch feineren Zerstäubung der Partikel führt. Das Airmix-Spritzverfahren findet **Verwendung** bei großen Flächen, wo Qualitätslackierungen gefordert sind. Die **Vorteile** liegen bei der nebelarmen und der gerade auf großen Flächen hohen Leistungsfähigkeit dieses Systems, was jedoch mit einem großen Geräteaufwand (Kompressoranschluss usw.) verbunden ist. Dieses kombinierte Höchstdruck-Luftdruck-Spritzen wird unter den Bezeichnungen Airmix, Aircoat oder Spraymix im Handel geführt.

Grundlagen

Werkstoffe Hilfsstoffe

Werkzeuge Geräte, Gerüste

Arbeits-techniken

Gestaltung

Arbeitsschutz Umweltschutz

Aufmaß Abrechnung

Betriebs-führung

Quellen

Elektrostatisches Spritzen

Handspritzpistole mit Steuergerät

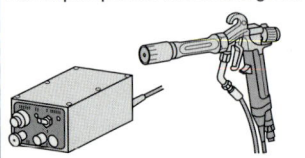

Elektrische Feldlinien beim Spritzen

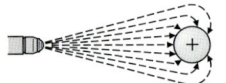

Bei diesem Applikationverfahren wird zwischen Spritzmaterial und zu beschichtendem Objekt ein elektrostatisches Feld aufgebaut. Dies geschieht, indem eine Gleichspannung bis zu 70000 Volt durch ein Steuergerät aufgebaut wird, wobei das Werkstück geerdet ist. Beim Verlassen der Anlage wird das Material negativ geladen. Es strebt dann entlang des elektrischen Feldes auf das gegenpolige Werkstück zu und lagert sich dort gleichmäßig ab. Das Objekt wird auch dann allseitig beschichtet, wenn von einer Seite aus gespritzt wird („elektrostatischer Umgriff"). Zudem gibt es aufgrund der gegenpoligen Anziehung kaum Spritznebel und Materialverlust. Dieses Verfahren wird mit dem Air-Coat-, dem Hochdruck- oder mit dem Airless-Spritzverfahren kombiniert angewendet.

Pulverbeschichtung

Die Pulverbeschichtung ist ein Prinzip, bei dem auf ein Werkstück (z. B. Heizkörper) mittels elektrischer Aufladung das Material (Bindemittel und Pigmentanteil) aufgesprüht wird, welches dann in einem Trockentunnel unter Wärmeeinwirkung zerfließt und so einen widerstandsfähigen Beschichtungsfilm erzeugt. Durch das elektrostatische Spritzverfahren gelangt das Pulver auf das vorgeheizte Werkstück. Lackpulver auf Acrylat-, Epoxid-, Polyester- oder Polyurethanharz gehen beim Einbrennprozess in einen duroplastischen, d. h. nicht mehr nachformbaren Zustand über. Da keine Lösemittel notwendig sind, wird das Material voll ausgenutzt. Die Abgase des Einbrennprozesses enthalten keine schädlichen Bestandteile und eine Läuferbildung ist bei diesem Applikationsverfahren ausgeschlossen.

Farbnebelabsaugung bei Spritzanlagen (Trockenabscheidung)

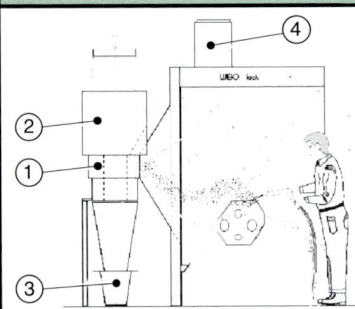

1. Ansaugöffnung
2. Filtereinheit
3. Auffangbehälter
4. Zuluft
5. Abluft

Silotechnik

Mit moderner Silotechnik ist es möglich pastöse Kleber, Spachtel oder Putze bis auf eine Höhe von 30 m zu fördern und rationell zu applizieren (innen und außen).

Edelstahl Silos	Schneckenpumpe (elektrisch betrieben; FI-Schutzschalter)	Mörtelschlauch (Längen bis über 50 m)	Applikation Zierputz-spritzgerät am Schlauchende
		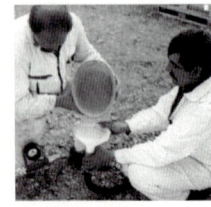	

Grundlagen

Werkstoffe Hilfsstoffe

Werkzeuge Geräte, Gerüste

Arbeits- techniken

Gestaltung

Arbeitsschutz Umweltschutz

Aufmaß Abrechnung

Betriebs- führung

Quellen

Atemschutzsysteme   **DIN 3181, DIN EN 137, DIN EN 138, DIN EN 149, DIN EN 405, DIN EN 12941, DIN EN 12942, DIN EN 14593 Teil 1-2, DIN EN 14594, DIN EN 132**

Partikelfilter

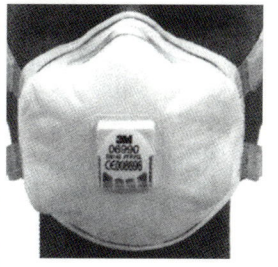

Kombinierter Gas-, Partikelfilter

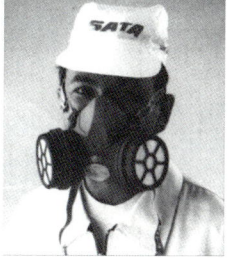

Vollmaske

Atemschutz-Set (DIN EN 132, Regelung über schadstofffreie Kompressorluft)

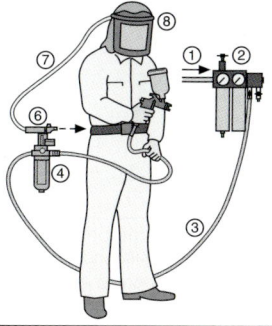

Feinstaubmasken (Partikelfilter). Diese Masken sind in drei Gruppen unterteilt:
P1 Schutz gegen Schwebstoffe (Feinstäube, Schleifstäube, Rost, Spachtelmassen);
P2 Schutz vor festen und flüssigen, mindergiftigen Stäuben (beim Schleifen von Lack, Putz, Eisen);
P3 zum Schutz vor krebserregenden Feinstäuben.

Gasfiltertypen für Farbspritzmasken. Diese Gasmaskenfilter bieten Schutz vor unterschiedlichen Gasen. Dabei werden die Schadstoffe durch Aktivkohle im Gasfilter physikalisch und z. T. auch chemisch gebunden:
A (Kennfarbe Braun) schützt gegen organische Gase und Dämpfe,
B (Kennfarbe Grau) gegen anorganische Gase und Dämpfe,
K (Kennfarbe Grün) gegen Ammoniak.
Moderne Filtertypen sind zudem mit Partikelfilter der Gruppen P2 und P3 kombiniert. Wenn Schadstoffe unbekannt sind, sind **Kombinationsfilter ABK** („Allroundfilter") zu empfehlen.

Halbmasken werden mit Gasfilter bestückt. Die Lebensdauer dieser Filter liegt bei wenigen Stunden, dann müssen sie ausgewechselt werden. Halbmasken bieten den Vorteil, mobil einsetzbar zu sein. Sie sind bequem zu tragen, sofern zwei Filter seitlich, wie bei modernen Maskentypen üblich, angebracht sind. Vorteil: Kein vorgelagerter Schwerpunkt, gutes Sichtfeld.

Vollmasken werden ebenfalls mit Gasfiltern bestückt, aber auch an stationäre Druckluftanlagen angeschlossen. Letzteres hat den Vorteil, dass keine Gasfilter eingesetzt werden müssen. Darüber hinaus sind bei Vollmasken insbesondere die Augen geschützt. Ein Eindringen von Schadstoffen über die Schleimhäute wird so verhindert.

Beim Anschluss einer Vollmaske an ein stationäres Druckluftsystem ist ein **Atemschutz-Set** (DIN EN 132) erforderlich:
1. Kompressorluft
2. Feinfilter zu Druckluftaufbereitung
3. Druckluftschlauch (knick- und trittsicher)
4. Aktivkohlefilter
5. Spritzluft-Schlauchverbindung
6. Atemlufterwärmer
7. Atemluft-Schlauchverbindung
8. Kopfhaube

Grundlagen

Werkstoffe Hilfsstoffe

Werkzeuge Geräte, Geriste

Arbeits-techniken

Gestaltung

Arbeitsschutz Umweltschutz

Aufmaß Abrechnung

Betriebs-führung

Quellen

Leitern

Standsicherung von Anlegeleitern

Gleitschutz für glatte, rutschige Standflächen	**Brettunterlage** für weiche Standflächen	**Anbinden** der Holme, für feste Standflächen bei längeren Arbeiten	**Stahldorn** für weiche, aber tragfähige Standflächen	**Widerlager** für feste, nicht versiegelte Standflächen	**Zweite Person** für kurze Arbeiten auf festen Standflächen
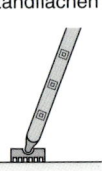	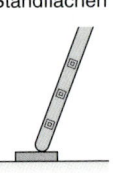	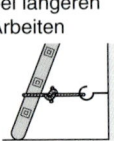	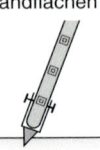		

Anlegeleitern	Standleitern (Stehleitern)	Anlegewinkel	Anlegeabstand
Bestehen aus Holmen und Wangen und sind aus Holz oder Metall gefertigt. UVV (Unfall-verhütungsvorschriften) sind zu beachten.	Sind Doppelleitern, die an gerundeten Holmen-den von je einem Gelenk zusammengehalten wer-den. Eine Spreizsiche-rung sichert die Stand-festigkeit. Standleitern dürfen nicht als Anlege-leitern benutzt werden.	Der sichere Stand erfor-dert einen Winkel von etwa 65° bis 75° (Ellen-bogenprobe). Die Leiter 1 m über die Austritt-stelle hinausragen lassen.	Alternative Methode (Ellenbogenmethode): Abstand zur Wand max. 1/3 bzw. min. 1/4 der Länge der Leiter.
	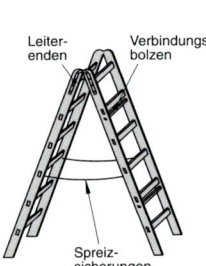		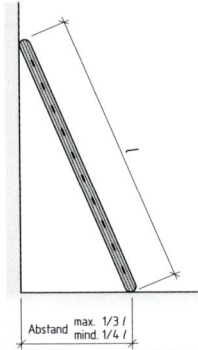

Mehrzweckleitern	Behelfsgerüste (UVV)
Als Anlegeleiter, als Standleiter, als Behelfsgerüst	Behelfsgerüste bestehen aus zwei Stehleitern und einer auf 4 Sprossen aufgelegten Bohle[1]
	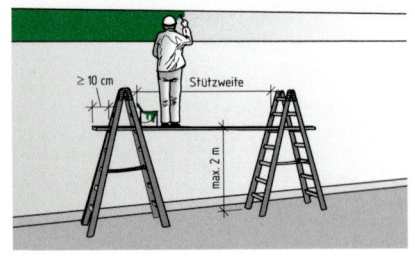

[1] Laut „Betriebssicherheitsverordnung" 2002 dürfen die Betriebsinhaber/Maler und Lackierer nur noch Behelfsgerüste aufstellen, wenn sie die „Aufbau- und Verwendungsanleitung" der jeweiligen Hersteller beachten. Ansonsten gelten Behelfsgerüste nicht mehr als Stand der Technik, da sicherere Alternativen zur Verfügung stehen.

Gerüstarten

Fassadengerüst für senkrecht Fassaden	**Fahrgerüst** für flexibles Arbeiten im Außen- und Innenbereich	**Raumgerüst** für Arbeiten an Wänden und Decken (Hallen, Kirchen)	**Schutzgerüst,** zum Schutz von Personen, Fahrzeugen usw.	**Hängegerüst** für Arbeiten an Hochhäusern, Dächern, Türmen, Kuppeln

Arbeits- und Schutzgerüste nach DIN 4420

- Die DIN 4420 beschreibt die Regelausführungen und sicherheitstechnischen Anforderungen für „Arbeits- und Schutzgerüste".
- Für den Aufbau und für die Verwendung von Gerüsten sind die **DIN 4420**, ein **Zulassungsbescheid** des Gerüstherstellers und die **UVV** (Unfallverhütungsvorschriften) der Berufsgenossenschaft zu beachten.
- Für den ordnungsgemäßen Auf- und Abbau ist der Gerüstbauer, für die ordnungsgemäße Benutzung und Instandhaltung der Gerüstnutzer (Unternehmer) verantwortlich.

Gerüstgruppe	Mindestbreite der Belagfläche in m	Flächenbezogenes Nutzgewicht in kg/m²	Belastung
1	0,50	–	
2	0,60	150	
3	**0,60**	**200**	
4	0,90	300	
5	0,90	450	
6	0,90	600	

Im Malerhandwerk wird vorwiegend die **Gerüstgruppe 3** verwendet.

Verstrebungen	Fußpunkte	Gerüstbeläge
Sie sind zur Sicherung des Gerüstes gegen seitliches Abkippen vorgeschrieben. Die Verstrebungen müssen feste Knotenpunkte aufweisen.	Sei müssen unverrückbar und gegen ein Einsinken auf weichen Böden durch eine geeignete Unterlage (Fußplatten, Bohlen) gesichert sein.	Sie sind über volle Breite auszulegen und so zu verlegen, dass ein Wippen oder Verschieben der Bohlen ausgeschlossen werden kann.

Grundlagen

Werkstoffe Hilfsstoffe

Werkzeuge Geräte, Gerüste

Arbeits- techniken

Gestaltung

Arbeitsschutz Umweltschutz

Aufmaß Abrechnung

Betriebs- führung

Quellen

Arbeits- und Schutzgerüste nach DIN 4420 (Fortsetzung)

Seitenschutz	Verankerungen

Ab einer Belaghöhe von 2 m ist ein dreiteiliger Seitenschutz erforderlich. Er besteht aus Geländerholm, Zwischenholm und Bordbrett. Der Abstand zur Wand darf max. 30 cm betragen. Wird dieser Abstand überschritten, ist auch zur Wand hin ein dreiteiliger Seitenschutz erforderlich. Das Bild zeigt die nach DIN 4420 vorgeschriebene Bemaßung des dreiteiligen Seitenschutzes.

Das Gerüst ist mit der Wand fest zu verankern. Befestigungen an Fensterrahmen, Dächern usw. sind unzulässig. Die Anzahl der Verankerungen ist im Zulassungsbescheid des Gerüstes angegeben. Verankerungen müssen die in der DIN 4420 und der UVV vorgeschriebenen Kräfte aufnehmen können:
parallel zum Bauwerk = 1,0 kN
rechtwinklig zum Bauwerk = 1,5 kN
rechtwinklig zum offenen Bauwerk = 3,0 kN
(d. h. mehr als 33 % der Ansichtsfläche sind Öffnungen)

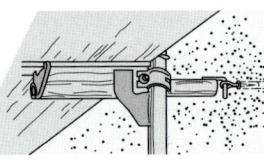

≤ 30 cm
≤ 40 cm
≥ 100 cm
≤ 40 cm
≥ 10 cm
Wand

Gerüstanker mit Ringschraube und Dübel

Verankerungen

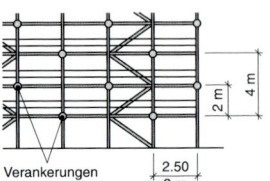

Verankerungen
2.50
3 m
2 m
4 m

Aufstiege, Leitern	Standgerüste: Rahmengerüst als Systemgerüst

Bei innen liegenden Aufstiegen müssen die Leitern versetzt angeordnet sein, Luken sind nach dem Durchstieg zu schließen. Bei außen liegenden Aufstiegen gilt: Leiterholme sind über die ganze Gerüstlänge zu befestigen, wenn möglich durch ein Geländer zu sichern.

Systemgerüst mit Diagonalführung und Verankerungspunkten

Luke

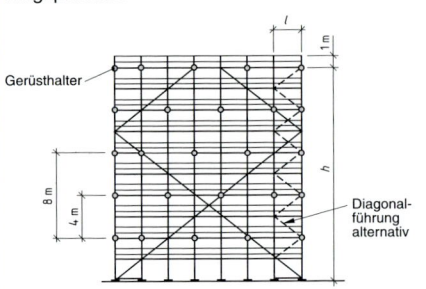

Gerüsthalter
8 m
4 m
l
1 m
h
Diagonalführung alternativ

Fahrgerüste

Fahrgerüst mit Leiteraufstieg außen	Fahrgerüst mit Innenaufstieg	

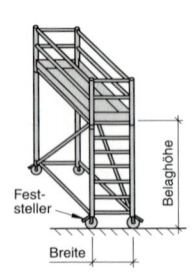

Feststeller
Breite
Belaghöhe

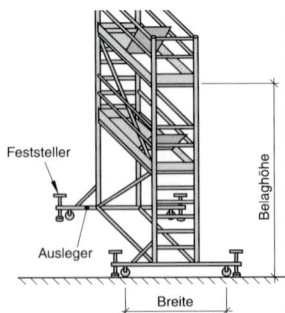

Feststeller
Ausleger
Breite
Belaghöhe

Fahrgerüste sind für Arbeiten an höher gelegenen Flächen insbesondere Decken geeignet. Die Leiteraufstiege liegen innen oder außen. Das Verhältnis **Breite : Belaghöhe** darf in geschlossenen Räumen max. 1 : 4 und in offenen Räumen oder im Freien max. 1 : 3 betragen. Fahrgerüste dürfen nur auf ebenen, festen Untergründen langsam über Eck oder in Längsrichtung verschoben werden; es dürfen sich beim Verfahren keine Personen auf dem Gerüst befinden. Beim Aufstieg (außen) immer nur die schmale Seite verwenden.

Arbeits- und Schutzgerüste nach DIN 4420 (Fortsetzung)

Hubarbeitsbühnen

Selbstfahrende Scherenarbeitsbühne	Fahrbare Hubarbeitsbühnen ersetzten häufig die Aufstellung von Gerüsten für Arbeiten an höher gelegenen Flächen. Es sind folgende Unfallverhütungsvorschriften zu beachten:

Fahrbare Hubarbeitsbühnen ersetzten häufig die Aufstellung von Gerüsten für Arbeiten an höher gelegenen Flächen. Es sind folgende Unfallverhütungsvorschriften zu beachten:

- Arbeitsbühnen sind entsprechend der Betriebsanweisung standsicher aufzustellen.
- Der Bereich unter seitlich abgeschwenkten Arbeitsbühnen ist zu sichern, wenn sie im Verkehrsbereich niedriger als 4,50 m abgesenkt werden.
- Gelbe Blinkleuchte bei Arbeiten im öffentlichen Verkehr einschalten.
- Arbeitsbühnen sind nur von Personen zu bedienen, die zuverlässig, mindestens 18 Jahre alt, in die Bedienung der Hubarbeitsbühnen speziell eingewiesen und vom Unternehmer schriftlich mit der Führung beauftragt sind.
- Nur Arbeitsbühnen mit Prüfbescheinigung benutzen.
- Hubarbeitsbühnen sind mindestens einmal im Jahr von einem Sachverständigen zu prüfen.

Es sind arbeitstäglich Funktionskontrollen durchzuführen.

Feuchtigkeitsmessung

Holzfeuchtemessgerät, zerstörungsfrei (TQC)

Messgerät zur zerstörungsfreien Messung der Holzfeuchtigkeit bis zu einer Tiefe von 20 mm. Vorprogrammiert sind Kalibrationslinien für 75 Holzsorten, die eine hohe Genauigkeit gewährleisten. Zur Messung wird die flache Messspule an der Vorderseite des Gerätes an die zu prüfende Fläche gehalten. Der Messbereich ist von 1 bis 30 % (Gewichtsprozentfeuchte) mit einer Auflösung von 0,1 %.

Darr-Methode

Bei dieser Prüfmethode wird eine Probe (z. B. Putz) dem Baukörper entnommen und luftdicht verpackt. Im Labor wird die Probe mittels Analysewaage gewogen und anschließend in einem Ofen bei konstanter Temperatur (398 K/105 °C) bis zur Trockengewichtskonstanz getrocknet. Die Massedifferenz zwischen Feucht- und Trockengewicht ergibt die Feuchtigkeit des Baustoffes:

$$\text{Feuchtigkeitsgehalt} = \frac{\text{Baustoffgewicht feucht} - \text{Baustoffgewicht trocken}}{\text{Baustoffgewicht trocken}} \cdot 100\ \%$$

CM-Messgerät (Calciumcarbid-Methode)

Es besteht aus einer Stahlflasche, an dessen Verschluss ein Druckmesser (Manometer) befestigt ist. In diese Flasche wird eine zuvor gewogene Probe des zu prüfenden Stoffes (etwa 5 bis 20 g) in fein zermahlenem Zustand zusammen mit einer Calciumcarbidampulle hineingegeben und der Deckel fest verschlossen. Durch kräftiges Schütteln wird die Ampulle zertrümmert. Durch eine chemische Reaktion mit dem Wasser (Feuchtigkeit) der Probe entsteht Calciumhydroxid und Acethylen. Dies bewirkt einen Druckanstieg in der Flasche, der am Manometer abgelesen werden kann. Dieser Wert wird anhand einer Umrechnungstabelle als Feuchtigkeitsgehalt ermittelt. Die hohe Messgenauigkeit und die hohe Mobilität machen das Gerät auf Baustellen insbesondere bei mineralischen Untergründen attraktiv.

Grundlagen · Werkstoffe Hilfsstoffe · Werkzeuge Geräte, Gerüste · Arbeits- techniken · Gestaltung · Arbeitsschutz Umweltschutz · Aufmaß Abrechnung · Betriebs- führung · Quellen

Messgeräte für die Betoninstandsetzung

Schmidthammer. Dieses Messgerät dient zur Ermittlung der Festigkeit von Beton und anderen mineralischen Untergründen. Dabei wird ein Bolzen durch Aufdrücken auf den Untergrund gespannt und gelöst. Der Rückprall des Bolzens kann an einer Skala an der Seite des Gerätes in N/cm^2 abgelesen werden.

Profometer. Zur Ermittlung der Betonüberdeckung über einen Bewehrungsstahl wird der Profometer eingesetzt. Die Schichtdicke wird elektronisch ermittelt

Karsten´sches Röhrchen. Zur Bestimmung der Feuchtigkeitsaufnahme von Beton oder eines anderen mineralischen Untergrundes (beschichtet/unbeschichtet). Hierfür wird das Karsten´sche Röhrchen mittels einer Dichtungsmasse an die Fläche angebracht und mit Wasser befüllt. Die Wasseraufnahme lässt Rückschlüsse auf den Grad der Hydrophobierung von Testflächen zu.

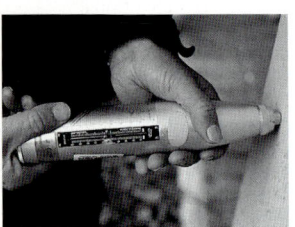
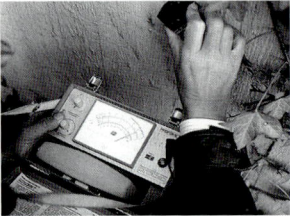

Schichtdickenmessung

Trockenschichtdickenmessung (unmagnetisch)

Trockenfilm-Dickenmessgerät nach Rossmann

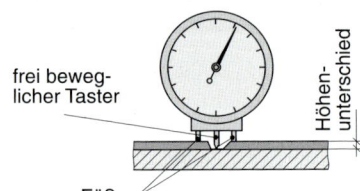

frei beweglicher Taster

Höhenunterschied

Füße

Schichtdickenmessgerät P.I.G. 455 (Fa. Erichsen)

Profil des Keilschnittes P.I.G. 455

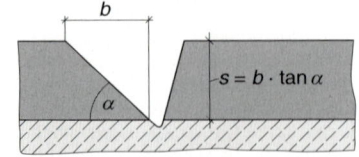

$$s = b \cdot \tan \alpha$$

Die Trockenschichtdickenmessung dient zur Kontrolle bereits durchgeführter Beschichtungen. Bei dieser Prüfung wird im Prinzip der Höhendifferenz zwischen Beschichtung und Untergrund gemessen.

Beim Trockenfilm-Dickenmessgerät nach Rossmann (Normierung: ISO 2808) für ebene Flächen wird der Höhenunterschied mit drei Tastern ermittelt. Zwei der Taster liegen auf der Beschichtung auf, der dritte, freibewegliche Taster liegt auf einer freigelegten Stelle des Untergrundes auf. Der Höhenunterschied bzw. die Schichtdicke wird auf der Uhr angezeigt. Messbereich: 0 bis 1000 µm.

Ein weiteres Prinzip der unmagnetischen Trockenschichtdickenmessung ist das des genormten Keilschnittverfahrens: Man durchritzt die Beschichtung unter festgelegten Winkeln bis in den Untergrund. Die Schichtdicke wird mit dem integriertem Messmikroskop abgelesen. Die Messskala des Mikroskops berechnet die Schichtdicke *s* aus der Schnittflankenprojektion *b* und dem Schnittwinkel α ($s = b \cdot \tan \alpha$).
Es können auch die einzelnen Schichtdicken bei Mehrschichtsystemen ermittelt werden (Normierung: DIN 50986; DIN EN ISO 2808).
Messbereich: je nach Schneide 200 µm, 500 µm, 1000 µm oder 2000 µm.

Grundlagen

Werkstoffe Hilfsstoffe

Werkzeuge Geräte, Gerüste

Arbeitstechniken

Gestaltung

Arbeitsschutz Umweltschutz

Aufmaß Abrechnung

Betriebsführung

Quellen

Schichtdickenmessung (Fortsetzung)

Trockenschichtdickenmessung (magnetisch)

Mikrotest Schichtdickengerät

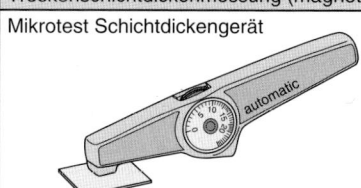

Magnetisches Schichtdickengerät Minitest

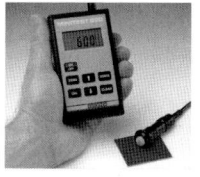

Feldlinienverlauf und deren Beeinflussung

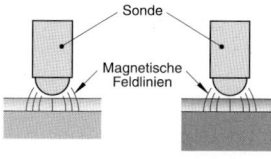

Die magnetische Schichtdickenmessung ist für Stahluntergründe geeignet. Dabei muss der Untergrund nicht freigelegt werden. Die Messung beruht auf einer magnetischen Haftkraftmessung. Die Haftkraft ist abhängig vom Abstand eines Dauermagneten zur Stahlunterlage, die durch eine Beschichtung festgelegt ist.

Das Mikrotest Schichtdickenmessgerät (Volksmund: „Banane") ist ein einfach handhabbares Gerät: Über eine Messfeder, die eine Gegenkraft zur magnetischen Haftkraft ausübt, wird der Magnet zum Abheben gebracht. Dabei wird die aufgewendete Kraft gemessen und als Wert für die Schichtdicke (μm) in der Anzeige abgelesen.

Daneben gibt es kleine magnetische Schichtdickenmessgeräte, die mittels Messsonden auf NE- bzw. E-Metallen die Schichtdicke bestimmen und auf einem beleuchteten Display anzeigen. Die Messsonden werden je nach Beschichtung, Untergrund und Untergrundbeschaffenheit ausgewechselt. Messbereich: 0 bis 3000 μm (Normierung: DIN EN ISO 2178, ISO 2361).

Nassschichtdickenmessung

Nassschicht-Dickenmessgerät nach Rossmann

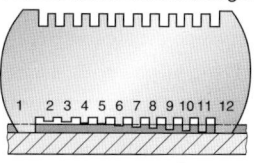

Nassschicht-Dickenmessgerät Modell 433

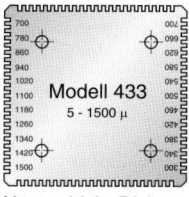

Nassschicht-Dickenmessgerät Modell 234

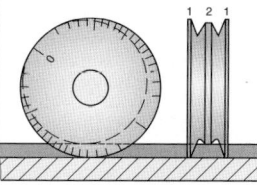

Nassschicht-Dickenmessgeräte dienen zur Überprüfung der Schichtdicke während der Applikation der Beschichtung. Die Kontrolle der frisch aufgetragenen Beschichtung gestattet eine Berechnung der Trockenfilmdicke. So kann eine Korrektur während der Applikation durchgeführt werden.

Nassschicht-Dickenmessgeräte nach Rossmann (oder Modell 433, Fa. Erichsen) besitzen in einer Ebene Zähne, die in die nasse Beschichtung eindringen. Die Zähne dieser „kammartigen" Messgeräte haben mit zunehmender Zahl einen immer größeren Abstand zur Aufsatzebene (Untergrund). Der Messwert wird von den nicht vom Anstrich berührten Zähnen bestimmt. Messbereich: 0 bis 1200 μm (Gerät nach Rossmann); 0 bis1500 μm (Gerät Modell 433)

Das scheibenförmige Nassschichtdickenmessgerät Modell 234 (Fa. Erichsen) wird auf einem Nassfilm abgerollt. Es besteht aus zwei konzentrischen Rollfelgen (1) und einer dazu exzentrisch ausgerichteten Messrippe (2). Die Messrippe wird erst dort vom Anstrich berührt, wo ihr Abstand von den Rollfelgen der zu messenden Nassfilmschichtdicke entspricht. Messbereich je nach Modell zwischen 0 und 1500 μm (Normierung: ISO 2808).

Viskositäts- und Konsistenzprüfung

Auslaufbecher

DIN-Auslaufbecher 4

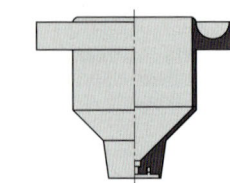

Zur Bestimmung der Viskosität wird der Auslaufbecher (Hohlzylinder mit genormter Auslaufdüse) mit Flüssigkeit gefüllt; die Düse ist dabei geschlossen. Mit der Freigabe der Düse beginnt die Messung mittels Stoppuhr. Reißt der Flüssigkeitsstrahl ab, stoppt man die Zeit. Um genaue Messergebnisse zu erzielen, sollten Messbecher und Flüssigkeit bezüglich ihrer Temperatur gemessen werden (20 °C). Angaben zur Viskosität für eine bestimmte Applikation eines Werkstoffes sind deren technischen Merkblättern zu entnehmen.

ISO-Auslaufbecher A

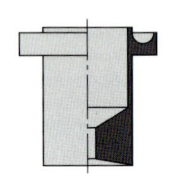

Um die Messung exakt durchführen zu können sind zu nivellierende Stative und geeichte Stoppuhren zu empfehlen. Ferner verfügen die zwei wichtigsten Auslaufbecher, der DIN-Auslaufbecher und der ISO-Auslaufbecher, über eine Überlaufrinne um eine exakte Menge von Flüssigkeit zu gewährleisten.
Normen:
DIN-Auslaufbecher: DIN 53211; SNV 37110; SIS 184115
ISO-Auslaufbecher: ISO 2431; DIN EN ISO 2431

Viskotauchbecher

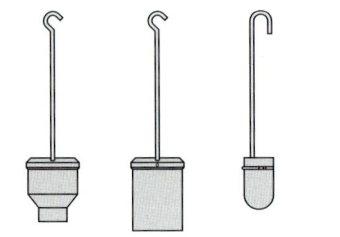

Die Funktionsweise der Viskotauchbecher entspricht der der Auslaufbecher. Die Tauchbecher sind insbesondere für eine schnelle Prüfung der Viskosität von z. B. Lackmaterialien geeignet. Hierbei wird der Becher in die zu messende Substanz getaucht, bis er sich vollständig füllt. Dann wird er schnell herausgezogen und die Zeit gemessen, bis der Becher sich vollständig entleert hat und die Düsenöffnung von oben zu sehen ist. Während der Messung ist der Becher senkrecht zu halten.
Normen: in Anlehnung an DIN EN ISO 2431.

Viskospatel

Der Viskospatel nach Rossmann dient zur einfachen und schnellen Abschätzung der Viskosität. Mit ihm wird der Anstrichstoff durchgerührt und nach dem Herausziehen bestimmt man die Ablaufzeit vom Spatel. Die Oberflächenspannung ist bei diesem Spatel gering, so dass der Endpunkt des Fließens leicht zu erkennen ist.

Rotationsviskosimeter

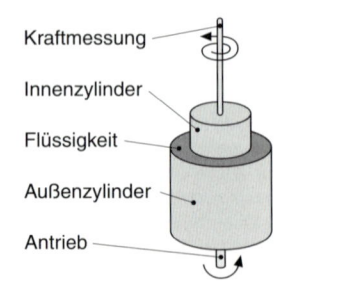

Kraftmessung
Innenzylinder
Flüssigkeit
Außenzylinder
Antrieb

Dieses Messinstrument eignet sich insbesondere zur Viskositätsmessung von thixotropen Beschichtungsmitteln. Da sich diese Anstrichmittel wegen ihres unterschiedlichen Fließverhaltens bei Bewegung bzw. Ruhe (Sol- und Gelform) für die Viskositätsmessung mittels Auslaufbecher nicht eignen, wird hier die Kraft gemessen, die aufgewendet werden muss, um einen zylindrischen Messkörper in einem Lack in Rotation zu bringen. Ein Motor bringt den Messkörper in Bewegung.
Normen: DIN 53019-1; DIN 53019-2.

Grundlagen

Werkstoffe Hilfsstoffe

Werkzeuge Geräte, Gerüste

Arbeitstechniken

Gestaltung

Arbeitsschutz Umweltschutz

Aufmaß Abrechnung

Betriebsführung

Quellen

Viskositäts- und Konsistenzprüfung

Kugelfallviskosimeter DIN 53015

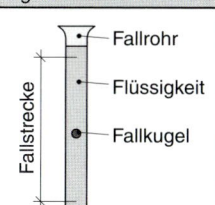

Fallrohr
Flüssigkeit
Fallkugel
Fallstrecke

Eine Kugel fällt bei diesem Messgerät durch eine Flüssigkeit in einem Fallrohr. Dabei wird die Zeit für das Durchfallen der Kugel gemessen.

Kapillarviskosimeter DIN 53177

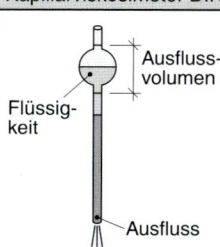

Ausflussvolumen
Flüssigkeit
Ausfluss

Es wird die Zeit gemessen, in der eine Flüssigkeit mit einem definierten Volumen eine Kapillare durchfließt. Eine Schubspannung entsteht beim Fließen, durch die eigene Schwere verursacht, so dass ein Geschwindigkeitsgefälle entsteht.

Bestimmung des Deckvermögens

Filmziehrahmen und Rakel

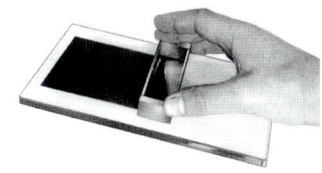

Prüfkarten

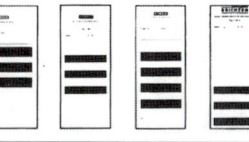

Zur Feststellung des Deckvermögens von Anstrichstoffen verwendet man das Filmziehgerät, welches aus einer Grundplatte mit seitlichen Führungsleisten, einem Rakelbalken mit eingefräster Vorratskammer und einem höhenverstellbaren Abschluss (Rakel). Eine Prüfkarte wird vor die Abschlussleiste, die auf eine bestimmte Beschichtungsdicke eingestellt ist, angelegt. Die Vorratskammer wird dann mit Anstrichmittel gefüllt und die Prüfkarten werden mit gleichmäßiger Geschwindigkeit unter den Vorratskammern herausgezogen. Die Betrachtung der Prüfkarten lässt Vergleiche des Deckvermögens am nassen Film bzw. eine Beurteilung des Glanzes und des Deckvermögens nach der Trocknung zu.

Prüfung des Trocknungsvermögens mit Stempeldruckprüfgerät

Trockengrad-Prüfgerät (Modell 415, Fa. Erichsen)

Durchtrocknungs-Prüfgerät
(Modell 416, Fa. Erichsen)

Mit diesem Gerät wird die Trocknungsgeschwindigkeit sowie der zu erreichende Trockengrad eines Anstrichstoffes geprüft. Das Trockengrad-Prüfgerät besteht aus einem Leichtmetallzylinder, einer darin integrierten Druckfeder und einem Stativ, mit dem man eine genau definierte mechanische Belastung (bis zu 250 N) senkrecht auf ein Probeblech aufbringen kann. Am Ende des Zylinders befinden sich ein Weichgummistempel und eine Papierscheibe. Gemäß DIN 53150 werden 7 Trockengrade geprüft:
Trockengrad 1: Die Anstrichsoberfläche wird mit Glasperlen bestreut, die sich leicht und restlos wieder mit einem Haarpinsel entfernen lassen;
Trockengrad 2 und 3: Belastung durch das Prüfgerät auf 20 g bzw. 200 g;
Trockengrad 4 bis 7: Belastung von 2 kg bis 20 kg.
Normen: DIN 53150; DIN EN ISO 1517.
Ein ähnliches Gerät mit gleichem Verfahrensprinzip (jedoch andere Stempel und Messnormierung) ist das Durchtrocknungs-Prüfgerät.
Normen: DIN EN 29117 und ISO 9117.

Grundlagen
Werkstoffe Hilfsstoffe
Werkzeuge Geräte, Gerüste
Arbeitstechniken
Gestaltung
Arbeitsschutz Umweltschutz
Aufmaß Abrechnung
Betriebsführung
Quellen

Prüfung auf Haftfähigkeit

Gitterschnittgerät 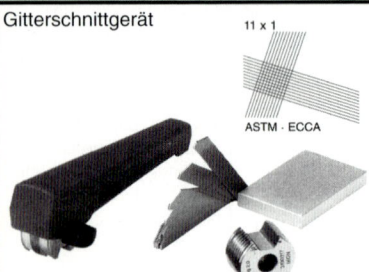	Die Gitterschnittprüfung ist eine einfache Prüfung der Haftfähigkeit von Beschichtungen. Dabei wird die Beschichtung mit definierten, rechtwinkligen und sich kreuzenden Schnitten durchzogen. Das Gitterschnittgerät führt diese Schnitte aus. Die Beurteilung des Schadensbildes ergibt sich durch die visuelle Beurteilung des Ausbrechens von Schnittkanten und dem Abplatzen von Teilstücken. Dabei werden Gitterschnittkennwerte Gt 0 (Schnittränder sind glatt) bis Gt 5 (abgeplatzte Fläche größer 65 %) ermittelt. Diese Werte sind durch die DIN EN 2409 definiert. (s. BFS-Merkblatt Nr. 20)
Abreißprüfgeräte 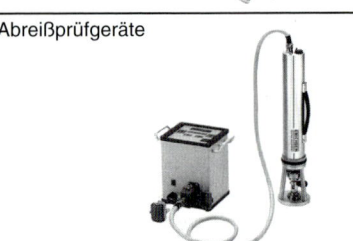	Bei der Abreißprüfung wird ein mit einem Kleber versehener Prüfstempel (Dolly) auf eine Prüfschicht fixiert und unter definierten Randbedingungen abgerissen. Im Gegensatz zum Gitterschnitt, wo Scherkräfte wirken, wirkt hier die angreifende Kraft senkrecht zur Fläche. Die gesteuerten Geräte eignen sich zur Durchführung von Abreißversuchen nach DIN ISO 4624 an Anstrichstoffen und ähnlichen Beschichtungen sowie zu Haftzugprüfungen nach DIN 1048, Teil 2, an Bauelementen aus Beton, Kunststoff und Verbundmaterialien.

Elastizitätsprüfung mit Dornbiege-Prüfgeräte

Zylindrisches Dornbiege-Prüfgerät 	Die Dornbiegeprüfung beurteilt die Dehnbarkeit und die Haftfestigkeit von Beschichtungen bei Biegebeanspruchung.
	Beim zylindrischen Dornbiege-Prüfgerät wird der größte Zylinderdurchmesser bestimmt, bei dem nach dem Biegen die Beschichtung Risse aufweist oder ihre Haftung verliert (abblättert). Normen EN ISO 1519.
Konisches Dornbiege-Prüfgerät  	Beim konischen Dornbiege-Prüfgerät wird der größte Konusdurchmesser bestimmt, bei dem die Beschichtung die oben genannten Schäden aufweist. Dabei wird die Probeplatte mit der beschichteten Seite nach außen zwischen Konus und Gegenrolle hindurch in die Einspannvorrichtung gesteckt und bis zum Anschlag am dünnen Ende des Konus verschoben. Normen: ISO 6860; EN ISO 6860

Härteprüfung

Bleistift-Härteprüfer 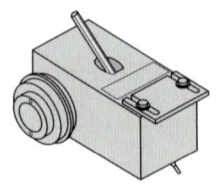	Der Bleistifthärteprüfer bestimmt in sehr einfacher Weise die Oberflächenhärte in Hinblick auf kratzende, scharfkantige Beanspruchung von Oberflächen. Hierzu werden Bleistifte unterschiedlicher Härte in einem Halterklotz unter einem Winkel von 45° und einer Belastung von 7,5 N über die Anstrichsfläche geschoben. Als Bleistifthärte gilt die Bezeichnung der beiden Bleistift-Härtegrade, von denen der weichere eine kaum merkliche Schreibspur und der nächsthärtere eine ertastbare Kerbe hinterlässt. Normen: ISO 15184.

Grundlagen

Werkstoffe Hilfsstoffe

Werkzeuge Geräte, Gerüste

Arbeits- techniken

Gestaltung

Arbeitsschutz Umweltschutz

Aufmaß Abrechnung

Betriebs- führung

Quellen

Härteprüfung (Fortsetzung)

Eindruck-Härteprüfer nach Bucholz (Modell 263, Fa. Erichsen) 	Bei diesem Eindruckprüfverfahren wirkt ein definierter Eindringkörper mit einer definierten Prüflast über eine vorgeschriebene Zeitspanne auf die Probe ein. Nach einer ebenfalls festgelegten Erholungszeit wird die Länge *l* des Eindrucks mikroskopisch gemessen, aus der man folgendes berechnen kann: • Eindruckwiderstand nach Bucholz = $100/l$ • Eindrucktiefe (μm, genähert) = $8 \cdot l^2$ Normen: DIN EN ISO 2815 (ISO 15184).
Ritzhärteprüfung (Modell 239, Fa. Erichsen) 	Die Ritzhärteprüfung dient zur Bestimmung von Oberflächenschutzschichten gegen Ritzbeanspruchung. Bei der Ritzhärteprüfung wird eine Probetafel auf einen beweglichen Schlitten montiert, über dem sich ein Pendelbalken auf zwei Metallsäulen mit dem Ritzwerkzeug samt Gewichtsblock befindet. Das Ritzwerkzeug wird mit der gewünschten Ritzkraft (1 bis 20 N) manuell über die Probetafel geführt. Folgende Ritzwerkzeuge können eingesetzt werden: • Ritzspitze nach Clemen: Hartmetallschneide im 2°-Winkel • Ritzspitze aus Hartmetall in Anlehnung an ISO 1518 • Ritzspitze nach VW

Schlagfestigkeitsprüfung

Kugelschlagprüfgerät (Modell 304, Fa. Erichsen) 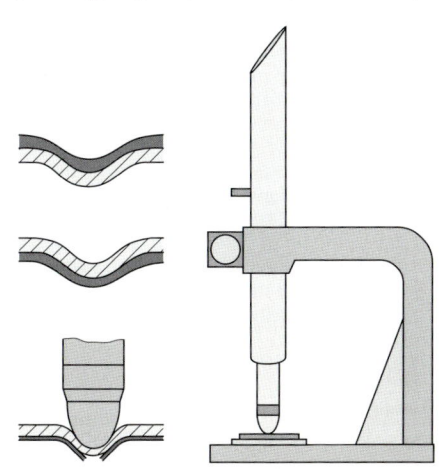	Um Schlagbelastungen auf Oberflächen zu simulieren, lässt man ein definiertes Gewicht aus einer variablen Höhe auf die Probefläche fallen. Dieses Gewicht ist an seinem probeseitigen Ende kugelförmig und fällt in einem Führungsrohr frei auf die Probe. Nach dem Schlag wird die Oberfläche im deformiertem Bereich auf Rissbildung und Schichtablösung untersucht. Normen: ISO 6272; DIN EN ISO 6272.

Grundlagen

Werkstoffe Hilfsstoffe

Werkzeuge Geräte, Gerüste

Arbeitstechniken

Gestaltung

Arbeitsschutz Umweltschutz

Aufmaß Abrechnung

Betriebsführung

Quellen

Grundlagen

Werkstoffe Hilfsstoffe

Werkzeuge Geräte, Gerüste

Arbeits- techniken

Gestaltung

Arbeitsschutz Umweltschutz

Aufmaß Abrechnung

Betriebs- führung

Quellen

Abriebprüfung

Abriebprüfgerät

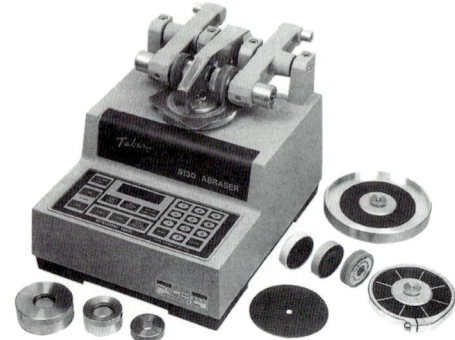

Aufbau eines Abriebgerätes (von oben gesehen)

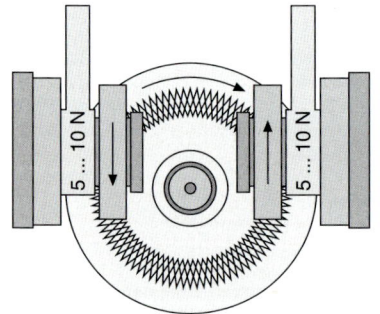

Die Beanspruchungen von Oberflächen durch Abrieb werden mit dem Abriebprüfgerät simuliert. Prinzip dieses Prüfverfahrens ist, dass zwei Reibrollen mit einer definierten Kraft auf den rotierenden Probenhalter wirken. Typisch ist für dieses Prüfverfahren das x-förmige Raster. Die Vorgaben für diese Prüfung sind:
• Art der Reibrollen
• Andruckkraft
• Abriebzyklenzahl
Daraus wird das Abriebverhalten bestimmt: Gewichtsverlust (Differenzwägung), visuelle Endprüfung (Anzahl der Zyklen bis der Untergrund sichtbar wird) und Abriebtiefenbestimmung (nach einer vorgegebenen Zyklenzahl, Messung mit einem Mikrometer)
Normen: DIN 52347; DIN 53109; DIN 53754; 53799; DIN 68 861-2; DIN EN 438-2; ISO 3444; ISO 3537; ISO 4586-2; ISO 5470

Verschmutzungsprüfung

Verschmutzungs-Prüfsatz nach Pfeil (Fa. Erichsen)

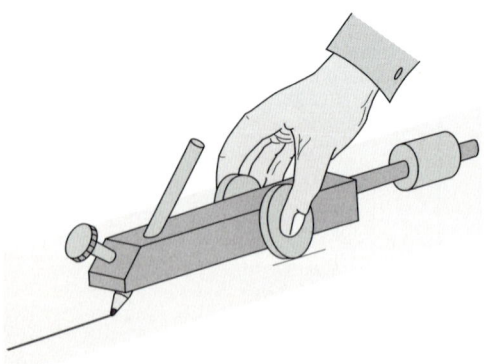

Um die Reinigungsfähigkeit von Oberflächen zu prüfen, wird mit dem Verschmutzungsprüfsatz eine definierte Verschmutzung mit diesem Prüfgerät aufgebracht. Dabei wird wahlweise ein im 45° abgestumpfter Bleistift (Härte HB 100), ein Stück Zeichenkohle (ca. 10 mm) oder rote Wachs-Signierkreide in das Gerät eingesetzt, bis der Stahlkörper parallel zur Fläche des Untergrundes steht. Das Gewicht wird so justiert, dass eine Kraft von 0,5 N wirkt. Dann wird das Gerät mit einer
Geschwindigkeit von 1cm/s in Zugrichtung gefahren.
Normen: DIN 53778, Teil 2

Prüfung der Nassabriebsbeständigkeit

Nassabriebsbeständigkeitsprüfgerät
(Fa. Erichsen)

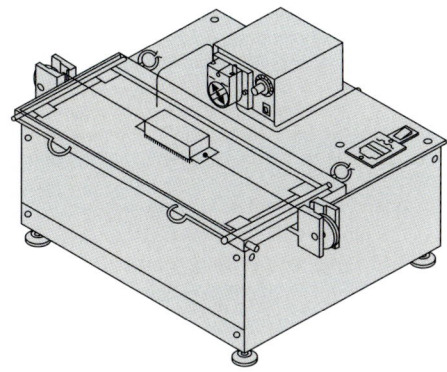

Diese Prüfung dient zur Feststellung der Nassabriebsbeständigkeit vor allem von Kunststoffdispersionsfarben sowie von allen weißen und bunten Innenfarben und -putzen.

Unter definierten Bedingungen scheuert eine hin- und herfahrende Bürste auf einer auf Folie aufgetragenen und getrockneten Dispersionsfarbe. Dazu träufelt eine Mikrodosierpumpe Waschflüssigkeit.

Nach einer bestimmten Scheuerzyklenzahl wird beurteilt, ob aufgebrachte Verunreinigungen entfernt bzw. der Anstrich durchgescheuert wurde.

Ab Mai 2001 gilt die DIN EN 13300. Die in der alten DIN 53778 verwendeten Klassen Scheuer- und Waschbeständigkeit werden durch fünf Nassabriebsklassen ersetzt. Dabei entspricht die Klasse 2 ungefähr dem bisherigen „Scheuerbeständig" und die Klasse 3 ungefähr dem bisherigen „Waschbeständig".

Die ISO 11998 verwendet ein Schleifvlies, getränkt mit 4 g Waschflüssigkeit. Dabei wird die Vlieshalterplatte mit 135 g Gewichtsbelastung mit 200 Doppelhüben über den Anstrich gezogen.

Glanzmessung

Klein-Glanzmessgerät „Picogloss" (Fa. Erichsen)

Das Erscheinungsbild einer lackierten Fläche hängt von seiner Oberflächenstruktur ab. Bei der Glanzmessung wird ein Lichtstrahl auf eine Lackschicht gerichtet. Ein Teil des Lichtes wird reflektiert, ein Teil wird gestreut, ein anderer absorbiert. Der reflektierte Strahl wird analysiert und in Glanzarten angegeben:
• Hochglanz: etwa 70 bis 100 Glanzeinheiten
• Mittelglanz: etwa 30 bis 70 Glanzeinheiten
• Matt: etwa 0 bis 30 Glanzeinheiten
Normen: ISO 2813; DIN 67530.

Grundlagen

Werkstoffe Hilfsstoffe

Werkzeuge Geräte, Gerüste

Arbeitstechniken

Gestaltung

Arbeitsschutz Umweltschutz

Aufmaß Abrechnung

Betriebsführung

Quellen

Farbmessung

Spektralphotometer	
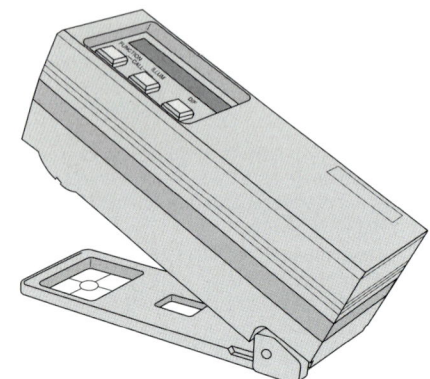	Spektralphotometer ermittelt und vergleicht Farbtöne mittels farbmetrischer Werte. Dabei werden Spektralfarben im Bereich von 400 nm bis 700 nm durch eine Glasfaseroptik und Siliciumphotodioden mit einer Lichtquelle, die genormte Lichtarten erzeugt, gemessen. Die Farben des visuellen Spektrums werden als einfache numerische Werte von einem Mikrocomputer errechnet und angezeigt. Diese numerischen Werte beziehen sich auf die Grundfarben des Spektrums: Diese sind durch die Anteile der Primärvalenzen, d. h. drei bestimmten Farblichtern in der CIE-Normtafel (Commission Internationale de l´Eclairage) definiert (vgl. Seite 206). Für jeden Farbton gibt es folgende Werte: • x (700 nm) für den Rotbereich • y (546,1 nm) für den Grüngehalt • z (435,8 nm) für den Blaugehalt • Y Helligkeitswert Viele Geräte geben auch Farbmesszahlen zum CIELAB-Farbraum an (vgl. Seite 206).

Korrosions- und Bewitterungsprüfung

Ritzstichel (Sikkens)	
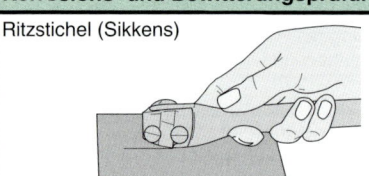	Handgerät mit Hartmetallschneide zur Erzeugung einer Schnittspur von 0,5 mm/1 mm Breite mit einem rechtwinkeligen Rand. Das Gerät ist für exakt definierte Ritzspuren auf Probebeschichtungen bei Korrosionsprüfungen gedacht.
Ritzstift (van Laar) 	Kleines Werkzeug mit einer kugelförmigen Hartmetallspitze ($\varnothing$ 0,5 mm) zum definierten Anritzen von Probebeschichtungen bei Korrosionsprüfungen.
Dewcheck (TQC) 	**Messen der Luft-, Oberflächentemperatur und Feuchte mit Taupunktbestimmung** Das Risiko von Kondensatbildung an der zu bearbeitenden Oberfläche und kann ohne geeignete Messgeräte nur schwer erkannt werden. Insbesondere auf gestrahlten Oberflächen wird leichte Kondensation ohne geeignete Messgeräte nur sehr selten wahrgenommen. **Digitales Messgerät für Luft-, Oberflächentemperatur und Feuchte mit Taupunktbestimmung** Der digitale Taupunktmeter ermöglicht genaue und stabile Messungen selbst in der Arbeitsumgebung des schweren Korrosionsschutzes und erfüllt die ISO 8502-4. Es misst und berechnet Relative Luftfeuchte, Lufttemperatur, Oberflächen-/Stahltemperatur Taupunkt-Temperatur DELTA T (Differenz von Oberflächen- u. Taupunkttemperatur). TQC

Grundlagen

Werkstoffe Hilfsstoffe

Werkzeuge Geräte, Gerüste

Arbeitstechniken

Gestaltung

Arbeitsschutz Umweltschutz

Aufmaß Abrechnung

Betriebsführung

Quellen

Entschichtungsverfahren

Arbeitsverfahren	Werkzeuge	Anwendung	Bemerkungen
Abkratzen, Abstoßen	Kratzeisen, Zug-schaber, Ziehklinge, Spachtel	• Einfache Handhabung • Für verwitterte, blätternde, unterrostete Anstriche	• Lose Schichten werden schnell entfernt • Nicht für fest haftende Anstriche
Abschleifen, Schleifen	Schleifmittel, Schleifmaschinen, Staubbesen	• Verwitterte, dünne, nur noch wenig haftende An-striche	• Riefen • Staubentwicklung
Abstrahlen	Strahlgeräte	• Entfernen aller Beschichtungen	• Wirtschaftliches Verfah-ren • Große Staubentwicklung • Angegriffener Untergrund
Flammstrahlen	Flamm-Strahl-Geräte, Acetylen-Sauerstoff-Flamme, Winkelschleifer mit Topfbürste (vgl. Seite 252)	• Nicht für dünne Teile, dick-wandige Bauteile > 5 mm • Unterschiedliche Ausdeh-nung von Stahl und Zunder bewirkt abplatzen • Nachreinigen, wenn keine Abstrahlmöglichkeit besteht • Grundanstrich auf noch warme Strahlfläche auftra-gen	• Bei Stahl lassen sich gleichzeitig Rost und Zunder entfernen • Bei Beton platzen schlecht haftende Schlämmschichten ab • Rückstände locker auflie-gender Schichten werden abgebürstet
Abbrennen	Abbrenngerät, Heißluftgerät, Propangasbrenner	• Schnelle Entfernung aller organischen Beschichtun-gen • Nicht vor farbloser Holzbe-schichtung	• Nicht für dünne Metallble-che • Feuergefährlich • Kunststoffuntergründe können schmelzen • Explosionsgefährlich
	Arbeitsschritte: 1. Heizgerät vorwärmen (UVV beachten) 2. Altanstrich erhitzen (Blasenbildung abwarten) 3. Lack abschieben (mittels Abbrennspachtel, Schutzhandschuhe tragen) 4. Lackreste abschleifen (mit Schleifpapier und Schleifklotz) 5. Glatt schleifen (Ziehklinge, feines Schleifpapier)		
Abwaschen	Wasser, Streichbürste, Spachtel	• Entfernen von Leimfarben, Kleister	• Untergrund wird nicht angegriffen • Ungefährlich
Abbeizen	UVV und Umweltbelastungen beachten		
Alkalisches Abbeizen, Chemisch	Pinsel, Spachtel, Ablaugmittel	• Geschlossene Anstrich-schichten	• Nur für Anstriche mit verseifbaren Bindemitteln (z. B. Öle, Ölfarben, Alkydharzanstriche)
Lösendes Abbeizen, Physikalisch	Pinsel, Spachtel, Abbeizfluid	• Wirtschaftliche Entfernung von KD-Farben	• Nachwaschen nötig • Trocknen lassen
Anlaugen	Ammoniumhydroxid, verdünnt (Salmiak-geist)	• Haftfähigkeit bei Überho-lungsbeschichtungen ver-bessern	• Reinigen und Aufrauen alter Öllack- und Lackfar-benanstriche
Nebelstrahl-verfahren	Hochdruckreinigen	• Nassreinigen von Fassaden	• Aufwändig • Entsorgung teuer

Grundlagen
Werkstoffe Hilfsstoffe
Werkzeuge Geräte, Gerüste
Arbeits-techniken
Gestaltung
Arbeitsschutz Umweltschutz
Aufmaß Abrechnung
Betriebs-führung
Quellen

130 *Arbeitsverfahren · Werkzeuge · Wirkung*

Grundlagen

Werkstoffe
Hilfsstoffe

Werkzeuge
Geräte, Gerüste

Arbeits-
techniken

Gestaltung

Arbeitsschutz
Umweltschutz

Aufmaß
Abrechnung

Betriebs-
führung

Quellen

Entschichten von Fassadenflächen

Nicht tragfähige Altbeschichtungen, sowie lose und mürbe Putzteile müssen bei Neubeschichtung der Fassaden vollständig entfernt werden. Bei empfindlichen und unsicheren Untergründen sollte zunächst eine Probefläche entschichtet werden.

Entschichtungsverfahren	Anwendung/Wirkung	Bemerkungen
Hochdruck-Wasser-strahlen, kaltes oder warmes Wasser, Heißdampf	• Zum Abstrahlen loser Bestandteile • Alle nicht tragfähigen Schichten werden entfernt	• Ablaufendes Wasser muss aufgefangen werden • Siehe auch Seite 253
Rotier-Fräserdüse	• Zum vollständigen Entfernen aller Beschichtungen	• Trockenverfahren
Wasser-Sandstrahlen	• Zum vollständigen Entfernen aller Beschichtungen	• Geringe Staubentwicklung • Hohe Abtragsleistung
„Duofräse"	• Zum Entfernen sehr fest sitzender Beschichtungen	• Mit Absaugung • Sehr umgebungsfreundlich
Niederdruck-Feucht-strahlen oder Nebelstrahlen	• Für empfindliche Untergründe, wie Natursteine, mürbe Putzschichten	• Behutsame Entschichtungs- und Reinigungsmethode
Entschichten mit chemischen Abbeizmitteln	• Abbeizer auf Methylenchloridbasis und CKW-freie Abbeizer	• Siehe chemisches Entschichten

Entschichten und Reinigen von Kunststoffoberflächen   BFS-Merkblatt Nr. 22

Auf Kunststoffoberflächen befinden sich oft Stoffe, die bei nachfolgender Beschichtung Haftstörungen hervorrufen können. Diese Stoffe sind sorgfältig zu entfernen.

Arbeitsverfahren	Anwendung/Wirkung	Bemerkungen
Vorbereiten der Oberfläche mit ammonikalischer Netzmittelwäsche (mit Korund-Kunststoffvlies gut verreiben)	• Zum Entfernen der Reste von Pflegemitteln • Zum Entfernen entstandener Abbauprodukte alter, unansehnlicher Kunststoffflächen • Es bildet sich ein grauer Schaum • Schaum 15 Minuten einwirken lassen	• Rezeptur: 0,5 Liter Ammoniak-lösung (25 %-Lösung) auf 10 Liter Wasser und 2 Kronkorken Netzmittel (Spülmittel) hinzugeben. • Schutzhandschuhe tragen • Gründlich mit klarem Wasser nachwaschen • Schutzbrille tragen
Reinigen der Oberfläche mit milden Lösemitteln	• Reinigen neuer Kunststoffflächen • Zum Entfernen von Silikon, Wachs, Öl, Formtrennmittelrückständen	• Silikonentferner • Falsches LM bewirkt Anquellen der Oberfläche (Probefläche anlegen)
Kunststoffoberfläche schleifen	• Kunststoffteil wird elektrostatisch aufgeladen • Staub wird angezogen	• Mit Antistatiktuch abwischen • Feines Schleifvlies • Schleifpapier mit offener Streuung • Feine Stahlwolle • Auch Schleifpads möglich • Auf Duroplasten Schleifpapier mit hartem 180er oder feiner
Oberfläche säubern	• Gründlich alle Schleifrückstände entfernen • Abstauben	• Staubbesen • Mit Netzmittel getränktem Lappen • Antistatisches Staubbindetuch
Reinigen der Oberfläche mit Spiritus	• Zum gründlichen Reinigen alter und neuer Kunststoffoberflächen • Geeignet für Polystyrol (auch geschäumt), Acrylharze und Polycarbonate	• Persönliche Schutzausrüstung beim Umgang tragen • Ethylglykol gekennzeichnet als Flasche mit der Aufschrift Spiritus

Entrostungsverfahren

Arbeitsverfahren	Entrostungsverfahren	Wirksamkeit
Mechanisch	Handentrostung mit Pickham-mer, Schaber, Drahtbürste, Schleifmittel, Schwedenhammer	Sehr gering, nur für kleine Flächen, fest haften-der Zunder lässt sich nicht damit entfernen. Nachreinigen durch Abbürsten notwendig, auch abblasen mit Druckluft ist möglich.
Maschinell	Rotierende Drahtbürsten und Schleifscheiben, Nadelpistole	Mäßig, nur für kleine Flächen
	Abstrahlen, Freistrahlen, Schleuderstrahlen	Sehr gut, nicht überall einsetzbar (Unfallgefahr), persönliche Schutzausrüstungen notwendig
Thermisch	Flammstrahlen mit Acetylen-Sauerstoff-Flamme	Gut, nicht überall einsetzbar (Brandgefahr durch Funkenflug, abplatzendes Material), PSA tragen
Chemisch	Beizen mit Säuren, mit Alkalien	Groß, nur industrielles Verfahren

Oberflächenvorbereitungsgrade von Eisenmetalloberflächen DIN EN ISO 12944-1

Für Strahlverfahren

Sa 1	Lediglich loser Zunder, loser Rost und lose Beschichtungen werden entfernt.
Sa 2	Zunder, Rost und alle Beschichtungen nahezu entfernt.
Sa 2½	Zunder, Rost und Beschichtungen werden soweit entfernt, dass nur leichte Schattierungen infolge Tönung von Poren sichtbar bleiben.
Sa 3	Zunder, Rost und Beschichtungen werden vollständig entfernt.

Für Handentrostung oder maschinelle Entrostung

St 2	Loser Zunder und lose Beschichtungen werden entfernt, Rost soweit entfernt, dass die Oberfläche nach der Nachreinigung einen schwachen Metallglanz aufweist.
St 3	Loser Zunder und lose Beschichtungen werden entfernt, Rost soweit entfernt, dass die Oberfläche nach der Nachreinigung einen deutlichen Metallglanz aufweist.

Für thermische Entrostung

Fl	Zunder, Rost und Beschichtungen soweit entfernen, dass lediglich Schattierungen in ver-schiedenen Farbtönen verbleiben (maschinelles Nachbürsten stets erforderlich).

Für chemische Entrostung (Beizen mit Säuren)

–	Beschichtungen, Zunder und Rost werden vollständig entfernt.

Entfetten von Eisenmetallen (Schmieröle, Korrosionsschutzöle, Fettreste aus dem Fertigungsprozess)

–	Industrie: organische Lösemittel (Methylenchlorid, Tri, Per u. a.) sowie wässerige Lösemittel (Tenside, Kaltreiniger) Handwerksbereich: Testbenzin und Lösemittelgemische (Nitroverdünnung)

Rostgrade ISO 4628-3, ISO 8501

Bei beschichteten Stahlflächen (ISO 4628-3)		Bei unbeschichteten Stahlflächen (ISO 8501)	
Rostgrad	Zustand der rostbedeckten Flächen	Rostgrad	Zustand der rostbedeckten Flächen
Ri 0	rostfrei	A	ganze Fläche mit festhaftendem Zunder bedeckt, keine Rostbildung
Ri 1	< 0,05 % rostbedeckte Fläche		
Ri 2	< 0,5 % rostbedeckte Fläche	B	beginnender Rostangriff, beginnende Zunderabblätterung
Ri 3	< 1 % rostbedeckte Fläche	C	weggerosteter oder abschabbarer Zunder, wenig sichtbare Rostnarben
Ri 4	< 8 % rostbedeckte Fläche		
Ri 5	> 50 % rostbedeckte Fläche	D	abgerosteter Zunder, zahlreiche, sicht-bare Rostnarben

Grundlagen

Werkstoffe Hilfsstoffe

Werkzeuge Geräte, Gerüste

Arbeits-techniken

Gestaltung

Arbeitsschutz Umweltschutz

Aufmaß Abrechnung

Betriebs-führung

Quellen

Entfernung von Graffitischichten

Graffiti heute: Auf Mauern und Fassaden widerrechtlich in Mustern aufgesprühte Lackfarbe.

100%ige Entfernung nicht immer möglich. Nur mit wirtschaftlich vertretbarem Aufwand durchführen. Auf rauen und saugenden Flächen wie Sandstein können in den Poren Pigmentreste sichtbar zurückbleiben. Vorher Probeflächen anlegen. Örtliche Abwassersatzung beachten.

Arbeitsverfahren	Erläuterungen
Manuelles Verfahren	Bürste, Schwamm, alkalische Mittel nachträglich neutralisieren
Maschinengebundene Verfahren • Heißwasser-Hochdruckreiniger • Dampfreinigungsgerät	Für größere Flächen wirtschaftlich. Für anfallendes Schmutzwasser gilt: Folienwanne + Filtervlies + Abwasserbehandlungsgeräte. Zusatz von alkalischen Entfernungsmitteln möglich.
• Hochdruckkrake	Gelöste Sprühlacke werden entfernt und das anfallende Schmutzwasser gleichzeitig aufgesaugt. Sprüh-Saugverfahren.
Sandstrahlen	Gesamte Sichtfläche behandeln, Material wird porentief abgetragen

Werkstoffe zum Entfernen der Graffitischicht

Anti-Graffiti-Spezialsysteme („Graffiti-ex" Testbox) sind auf verschiedene Untergründe und jeweils geeignete Werkstoffe abgestimmt. Sie enthalten ebenso Hinweise zur technischen Anwendung.

Vorsorge: Graffitischutzbeschichtung

Sichtflächen mit Graffiti-Schutzsystemen gegen nachfolgende „Spray-Verunreinigungen" behandeln. Eindringen der Farbmittel in den Baustoff behindern. Trennschicht zwischen Fassade und Graffiti bilden. Graffitimaterial kann nicht haften. Zu einer wirksamen Prophylaxe gehört eine abgestimmte Reinigungstechnologie. Anschließende Graffitientfernung wird leichter, schonender und preiswerter.

Beschichtungen als Anti-Graffitischutz

Imprägnierung	Poren mit Graffiti-Schutzmittel benetzen oder auskleiden
Schutzfilm, Ausbildung einer Trennschicht	Aufbau eines hydrophoben, oleophoben und/oder quellfähigen Schutzfilms auf der Oberfläche, der durch Graffiti selbst nicht penetrierbar ist.

Temporärer Schutz

Acrylate, Biopolymere, Wachse, erneuter Auftrag nach jeder Entfernung nötig, hohe Wartungskosten

Transparentes, semipermanentes Anti-Graffitischutzsystem

Anwendung	Unsichtbarer Schutzfilm für Sichtbeton, Klinkerflächen, mineralische Putze, KS-Stein, Naturstein
Eigenschaften	Opferschicht, reversibel, farbneutral, wasserdampfdiffusionsoffen, ökologisch
Zusammensetzung	Farblose lösemittelfreie Emulsion auf Silikonbasis mit organischen Wachsen, Organische Silikate, Ein-Komponenten-System
Bemerkungen	Problemlose Entfernung (da geringer Zeit- und Materialaufwand), amortisiert nach 1. Reinigung, Grundsubstanz bleibt bei Reinigung teilweise erhalten, Schutz vor Graffiti, effektiver Schutz gegen Bewitterung, Schutz gegen Verschmutzung

Permanentes, farbiges Anti-Graffitischutzsystem

Anwendung	Betonoberflächen, glatte Oberflächen (Metalle), auch auf WDVS
Eigenschaften	Permanentschutz, durchgehender Film (verschließt sicher alle Poren), glatte Oberfläche, ergibt keine Haftungsgrundlage, witterungsbeständig, chemisch beständig, dauerhafter Fassadenschutz, auch nach Reinigung funktionstüchtig, irreversibel, teuer, diffusionsdicht
Zusammensetzung	Farbiges 2-K-PUR-System, 2-K-EP-System, vernetzte Siloxane, modifizierte Acrylate, 1-K-PUR
Arbeitsverfahren	1. Untergrund völlig eben spachteln 4. Fläche farbig gestalten 2. Farblose Grundierung applizieren 5. Versiegeln mit einer transparenten 3. Helle, einfarbige Deckschicht applizieren Beschichtung

Entschichten mit lösenden Abbeizmitteln, Abbeizfluide		DIN 55945, VOB 18363 Teil C

- Abbeizfluide Lösemittel: Toluol, Xylol, Spiritus u. a.
- Unbrennbare LM: Chlorierte HKW (halogenisierte Kohlenwasserstoffe) wie Methylenclorid u. a.

Verarbeitungsfertige Mittel: Mischung verschiedener Lösemittel + Verdickungsmittel, Cellulose, Wachse + Verdunstungsverzögerer, Paraffin (verzögern schnelle Verdunstung der leichtflüchtigen Lösemittel durch Hautbildung) + Emulgatoren (ermöglichen ein Nachwaschen mit Wasser)

Eigenschaften: neutral, Lösemittelgeruch, greift Holz, Metall und mineralische Untergründe nicht an, bei Kunststoffen Löseprobe erforderlich, auch zum Erweichen eingetrockneter Pinsel

Arbeitsschritte, Werkzeuge	UVV	Anwendung/Wirkung
Gebinde vorsichtig öffnen, Deckel mit Malerspachtel langsam anheben und Druck entweichen lassen	Spritzgefahr, Gebinde kann unter Druck stehen	Intensive Tiefenwirkung, schnelle Durchdringung auch mehrerer Anstrichschichten
Abbeizfluid satt auftragen (etwa 300 g/m²), Besteckmaterial der Pinsel und Bürsten: Naturborsten, keine Kunststoffborsten	Schutzkleidung tragen, Schutzhandschuhe, Schutzbrille	Entfernen von Alkydharzlack, Ölfarbe, CN-Lack, CK-Lack, KD-Farbe, plastische KH-Putze
Einwirken lassen (10 bis 20 min), mit Folie abdecken, hochziehen, Kräuselbildung der Anstrichschicht abwarten, evtl. zweiter Auftrag	Rauchverbot, Feuerverbot, Räume gut durchlüften	Abbeizwirkung: physikalisch, starke Lösemittel erweichen und lösen Altanstriche, volle Wirksamkeit nur bei feuchtem Abbeizer
Holz-/Metalluntergründe: Erweichte Schicht mit Spachtel abschieben und mit Lösemitteln Terpentinersatz, Spiritus nachwaschen	C = ätzend Xn = gesundheitsschädlich VbF Gefahrenklasse A I, A II	Wachshaltige Abbeizer: Wachsreste im Untergrund bewirken eine Trocknungsverzögerung des neuen Anstrichs
Mineralische Untergründe mit Bürsten und Wasser nachwaschen	Nicht ins Grundwasser gelangen lassen	Abbeizmittel mit Emulgatoren: mit Wasser nachwaschen

Ablaugen mit alkalischen Abbeizmitteln		DIN 55945, VOB 18363 Teil C

- Ablaugmittel: Mischung verschiedener Laugen wie Kalilauge, Natronlauge, Salmiakgeist, Soda
- Alkalische Abbeizpasten: Ätznatron
- Kalkbrei
- Verdickungsmittel, Sägemehl, Kieselgur, Kleister verhindern Ablaufen an senkrechten Flächen

Eigenschaften: ätzend, alkalisch (pH-Wert > 7), verseift ölige Fettsäuren (Öle und Harze werden wasserlöslich), greift Leichtmetalle an, tierische Naturborsten werden zerfressen, gerbstoffhaltige Hölzer (z. B. Eiche) werden stark gebräunt, Probeflächen anlegen

Arbeitsschritte, Werkzeuge	UVV	Anwendung/Wirkung
Abbeizmittel satt auftragen, Spachtel, Pinsel, Bürsten, Besteckmaterial: Fiberborsten, alkalibeständige Kunststoffe	Schutzkleidung, Schutzhandschuhe, Schutzbrille	Entfernen von Ölfarbe, lufttrocknenden Alkydharzlacken
Einwirkzeit: 1 bis 2 Stunden einwirken lassen bis Runzelbildung und leichte Braunverfärbung auftritt, evtl. zweiter Auftrag	C = ätzend, Gewebe, Kleidung, Pinsel und Haut werden angegriffen	Abbeizwirkung chemisch: ölige Fettsäuren werden durch Laugen verseift, Seife ist wasserlöslich
Runzelige Masse mit Abbeizspachtel abschieben		
Mit heißem Wasser und Wurzelbürste nachwaschen	Laugengefäße verschlossen aufbewahren	Verseifte ölige Anstrichreste mit Wasser abwaschen
Eventuell Hölzer durch Nachwaschen mit verdünnter Säure (Schwefelsäure, Essigsäure, Kleesalz, Oxalsäure) neutralisieren und so wieder aufhellen	Kennzeichnung C = Ätzend Schutzkleidung tragen	Nur notwendig bei durch Alkalien gebräunten gerbstoffhaltigen Hölzern

Grundlagen

Werkstoffe Hilfsstoffe

Werkzeuge Geräte, Gerüste

Arbeitstechniken

Gestaltung

Arbeitsschutz Umweltschutz

Aufmaß Abrechnung

Betriebsführung

Quellen

Schleifen, Arbeitsverfahren, Schleifmittel	VOB, DIN 18363, DIN 18366

- Handschliff: Das Papier mit der Hand führen oder um einen Schleifklotz legen
- Maschinenschliff: Rundschleifer, Schwingschleifer, Excenterschleifer
- Für größere Arbeiten gibt es Schleifmaschinen; an deren Schleifplatte wird das Papier durch Einspannen oder Aufkleben befestigt
- Für den beim Trockenschliff auftretenden lästigen Schleifstaub sind angebrachte Absaugöffnungen (Löcher) sehr vorteilhaft; mobiler Staubsauger an das Schleifgerät anschließbar
- Kleinstgeräte (Minischleifer) sind auch für schwer zugängliche Stellen (Kanten, Profile) geeignet
- UVV beachten und PSA tragen, besonders auf Schleifstäube achten

Trockenschleifen

- Besonders bei leicht aufquellenden Untergründen oder bei Metallen
- Schleifwirkung sofort erkennbar
- Einfaches, rationelles Verfahren
- Fläche wird nicht wie beim Nassschleifen mit Schleifschlamm bedeckt, keine Korrosionsgefahr

Nassschleifen

- Manche Arbeiten erfordern Nassschliff; Schleifmittel wird dabei durch die Schleifflüssigkeit gebunden
- Schleifflüssigkeit wirkt auch als Gleitmittel
- Für feinere Schliffe, auch als Schmucktechnik einzusetzen
- Es entsteht kein Staub, der vom Ausführenden eingeatmet wird und zu Vergiftungserscheinungen führen kann
- Führt zu größerer Kornfreiheit

Schleiftechnik

Verfahren	Beispiele/Hinweise
Aufrauen eines glatten Untergrundes	• Anschleifen zur Vorbereitung von Beschichtungen • Die Anhaftfläche/Adhäsion zwischen Untergrund und Beschichtung wird vergrößert • Sichtbare Holzflächen immer in Faserrichtung schleifen
Korngröße und Kornhärte entscheiden über den Wirkungsgrad	• Schleifmittel muss immer härter sein als der zu schleifende Untergrund
Glätten und Ebnen eines rauen und unebenen Untergrundes	• Schleifen – Abtragen von Erhöhungen (Spachtelmassen)
Immer zuerst mit grober und dann mit feiner Körnung schleifen	• Körnung hängt jeweils vom Verwendungszweck ab • Am Ende des Schleifvorganges sind keine Schleifspuren mehr zu sehen
Entfernen von Schmutz	• Zwischenschliff • Anschleifen von tragfähigen Altanstrichen
Entfernen von losen Teilen und nicht haftenden Beschichtungen	• Entrosten von Stahloberflächen • Abblätternde Lackschichten/Holzfasern abschleifen
Polieren eines rauen Untergrundes	• Aufpolieren einer stumpf gewordenen Fahrzeuglackierung • Schmucktechniken

Material der Schleifkörner

Schleifmittel	Härte	Einsatzbereiche	Besonderheiten
Edelkorund (Aluminiumoxid)	9,0 bis 9,5	Trocken- und Nassschliff, sehr verschleißfest, für harte Werkstoffe wie Metall	Farblose oder bräunlich glitzernde Streuung auf bräunlichem Papier
Siliciumcarbid	etwa 9,8	Trocken- und Nassschliff, für weichere Materialien wie Holz	Grauschwarze Streuung auf braunem Ölpapier
Glas, Flint, Naturkorund	4 bis 6, 7, 8 bis 9	Nur Trockenschliff	Keine Bedeutung mehr

Schleifmittel

Benennung	Material/Lieferform	Aufbau	Verwendung
Schleifpapier (Aufdruck auf der Rückseite: Körnung, Streuung, Kornmaterial, Schleifkornträger)	Bogen 23 x 28 cm oder im Format A3/A4, Bänder, spezielle Trocken- und wasserfeste Schleifpapiere Je feiner das Korn, desto höher ist die Zahl auf der Rückseite	Trocken: Schleifmittel ist mit Leim auf Trägerpapier gebunden. Nass: Schleifmittel ist mit Kunststoffkleber auf Trägerpapier gebunden. Bei gleicher Körnung unterschiedliche Schleifwirkung.	Für Trockenschliff auf Holz, Metall, Spachtelmassen, Lacken. Für Nassschliff auf Spachtelmassen, 2-K-Lacken, Alkydharz lacken
Schleifscheibe	Scheiben-Ø 11,5 und 18 cm	Siehe oben	Siehe oben
Schleifleinen	Bogen und Rollen	Sehr flexibler Träger, Schleifmittel mit KH-Kleber wasserfest gebunden	Siehe Nassschliff
Schleifband (endlos)		Siehe oben	Siehe oben
Schleifmatte (Pad) Schleifvlies (Scotch-Brite)	Nylonmatten mit Bindemittel getränkt und mit Schleifkörnern durchsetzt. Type A: Rotbraun, Elektrokorund Type B: Grauschwarz, Siliciumcarbid	Sehr flexibler Träger, lösemittelbeständig, wasserbeständig, Trocken- und Nassschliff	Für verzinkte Untergründe. Typ A: Mattschleifen von Altlackierungen, Aufrauen von Aluminium Typ B : Endschliff von 2-K-Acrylfüller, Füllprimer, Ausbessern von Zwischenlackierungen
Schleifgitter	Verschiedene Körnungen	Dünne Metallgitter, beidseitig einsetzbar	Grobschliff für Holz und Metall
Schleifpulver	Pulver	Quarzmehl, Bimsmehl	Schleiflackeffekt
Schleifpaste	Tuben, Dosen	Schleifmehl (feine Körnung mit hochviskosen Flüssigkeiten, z. B. Paraffin, Wachse angeteigt)	Schleiflackeffekt, mit Modler oder Filz verarbeitbar
Schleifstein	Natürlicher Bimsstein		Oberflächeneffekte
Stahlwolle	Stahldrähte in loser durchwebter Form (ohne Reinigungsmittel)	Vorsicht bei Hölzern: Rückstände können Rostflecken verursachen	Säubern stark profilierter Bauteile, Polieren hochwertiger Oberflächen

Fehler beim Schleifen

Fehler	Ursachen	Abhilfen
Papier schmiert zu	• Zu dichte Körnung • Zu feine Körnung • Feuchter, weicher Untergrund • Schleifpapier abgenutzt • Zu lange auf einer Stelle geschliffen	• Offene Streuung • Gröbere Körnung • Trocknen, durchhärten lassen • Neues Schleifpapier • Verändern der Schleifposition
Untergrund wird zu rau	• Körnung zu grob • Falsche Maschinenart gewählt	• Feinere Körnung • Andere Maschine aussuchen
Kanten durchgeschliffen	• Unsachgemäße Handhabung, besonders bei Schleifmaschinen • Zu lange geschliffen	• Flächen maschinell und Kanten von Hand schleifen • Kanten nochmals vorlackieren und vorsichtig schleifen
Schleifpapier löst sich bei Nassschliff auf	• Kein wasserfestes Schleifpapier gewählt	• Waterproof-Papier, Leinen usw. verwenden

Schleifmittelaufbau

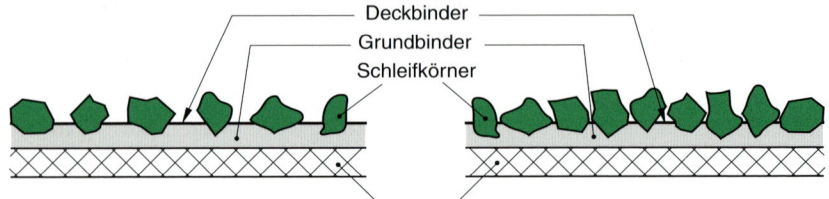

Deckbinder
Grundbinder
Schleifkörner

Schleifmittelträger

Offene Streuung: wenig Schleifkörner, 50 bis 70 % der Fläche bedeckt, verhindert Heißlaufen und Zusetzen

Dichte Streuung: viele Schleifkörner, lückenlose Streuung, für harte Untergründe

Körnung, Korngröße P   DIN 69176

Die Zahl der Korngröße P gibt die Anzahl der Maschen eines Siebes je Quadratzoll an, bei der die Körner noch durchgelassen werden.

Korngröße für den Trockenschliff		Einsatzbereich
sehr grob	P12; P16; P20; P24; P30; P36; P40	Gröbster Schliff, Entzundern, Entrosten, Entschichten der Altbeschichtung (Winkelschleifer)
grob	P50; P60; P80; P100	Grobschliff, Anrauen, Glätten von Graten (Winkelschleifer, Schwingschleifer)
mittel fein sehr fein	P120; P150; P180 P220; P240; P280 P320; P360; P400; P600	Anschleifen von Grundierungen, Vorlackierungen, Glätten von Spachtelungen (Schwingschleifer, Excenterschleifer)
Korngröße für den Nassschliff		**Einsatzbereich**
P240; P280; P320; P360		Anschleifen Grundierungen, Vorlackierungen, Glätten von Spachtelungen (Excenterschleifer)
P400; P500; P600		Anschleifen von Zwischenanstrichen, Vorlackierungen, Füller
P800; P1000; P1200		Vorschliff bei Decklackierungen, Ausbesserungen von Fehlstellen in der Schlussbeschichtung, Lackiermängel wie Läufer; Nachschliff bei fertigen Zweikomponentenlackierungen

Feinheitsgrade und Körnungen von Pads

Körnung (Anhaltswerte)	Feinheitsgrad	Körnung (Anhaltswerte)	Feinheitsgrad
P 60	blending grob	P320	fine
P 150	coarse	P400	very fine
P 220	medium	P600	super fine

Schleifmittelträger, Trägerwerkstoffe

Papier	dünnes	mittleres	mittleres	schweres	schweres	sehr schweres
Kennbuchstabe	A	B	C	D	E	F
Papiergewicht	75 g/cm^2	100 g/cm^2	125 g/cm^2	180 g/cm^2	250 g/cm^2	300 g/cm^2
Verwendung	Hand- und Maschinenschliff			grober Maschinenschliff, Winkel-, Bandschleifer		
Gewebe	Leinen, Baumwolle, Polyester					
Kennbuchstabe	F		J		T	X	Y
Eigenschaften, Verwendung	extrem flexibel, für Profilschliff geeignet			robust, flexibel		robust bis sehr robust, für Bandschleifer

Grundlagen

Werkstoffe Hilfstoffe

Werkzeuge Geräte, Gerüste

Arbeitstechniken

Gestaltung

Arbeitsschutz Umweltschutz

Aufmaß Abrechnung

Betriebsführung

Quellen

Spachteln

Prinzip

Das Spachteln dient in der Regel nur zur Glättung des Untergrundes. Dazu werden gut füllende, pastöse Werkstoffe mit dünnen Blech- oder Kunststoffwerkzeugen gleichmäßig aufgezogen. In den meisten Fällen folgen auf die Spachtelungen noch Beschichtungen.

Raue und unebene Untergründe werden vom Maler und Lackierer vollflächig gespachtelt und geglättet.

Poröse Untergründe werden durch Abporen geschlossen und kleine Löcher und Risse mit Spachtelmasse ausgefüllt.

Für Spachtelarbeiten werden Spachtelwerkzeuge aus flexiblem Stahl, Kunststoff oder Gummi verwendet.

Werkzeug	Beschreibung	Verwendung
Malerspachtel Stahlspachtel	• Griffspachtel mit langem, elastischen, trapezförmigen Stahlblatt • Mit flachrundem, ovalen Holzgriff • Blattbreiten von 2 bis 12 cm	• Verspachteln von kleinen Rissen und Löchern • Öffnen von Gebinden • Abstoßen alter Farbschichten und Tapeten • Zum Auskratzen von Putzrissen • Zum Vergipsen, Ausfüllen, Ausfugen
Japanspachtel 5; 8; 10½; 12; 16; 20; 30; 40; 50; 90	• Dünne rechteckige Stahlblechklingen mit Kunststoff- oder Aluminiumgriff • Ein Satz besteht aus verschiedenen Breiten • Es gibt auch unterschiedliche Blatthärten	• Spachteln von kleinen Flächen, z. B. Türen und Türzargen • Verschließen von kleinen Rissen und Löchern • Gleichmäßige, ebene Flächen • Fleckspachtelung, Flächenspachtelung • Glättetechniken
Doppelblatt-Flächenspachtel, Quadratspachtel	• Rechteckiges Stahlblatt mit Holzgriff • Zweites kürzeres Blatt schützt vor dem Durchbiegen, ermöglicht so ein gleichmäßiges Spachteln auf der ganzen Blattbreite	• Gleichmäßiges Spachteln • Für größere Flächen (in einem Arbeitsgang können einwandfrei glatte Flächen erreicht werden) • Überziehen von Flächen oder Flächenteilen mit Spachtelmassen durch Aufziehen
Glättkelle (Traufel)	• Auf dem rechteckigen Stahl- oder Kunststoffblatt ist eine Metallstütze mit Holzgriff befestigt	• Zum Auftragen von KD-Spachtelmassen auf größere Flächen • Aufziehen von Kunststoff-Reibeputz mit einer Kunststoff-Glättkelle
Kittmesser, Kittspachtel	• Abgerundete, spitze Klingen verschiedener Formen im Holzgriff	• Anbringen von Kittfalzen an Fenstern • Ausfüllen von Fugen, Rissen, Nagellöchern • Verarbeiten von Kitten und Spachtelmassen

Glätten

Unebene und raue Untergründe können durch Glättungsmittel egalisiert und geglättet werden.
Unebenheiten werden verursacht durch **Vertiefungen** oder **Erhöhungen.**

Unebenheiten	Arbeitsverfahren	Materialien
Vertiefungen wie Astlöcher, Schraubenlöcher, Holzfugen, Putzrisse, Lackrisse, abgeplatzte Farbschichten	Ausfüllen der Vertiefungen **Spachteln**	Kitte, Fugenmassen, Spachtelmassen
Erhöhungen wie Spachtelgrate, Putzkörner, Holzfasern, schlecht verlaufende Lackierungen	Abtragen der Erhöhungen **Schleifen**	Schleifmittel aller Art, besonders Schleifpapier und Bimsstein
Größere Vertiefungen: Kitten und Spachteln Spitzen und Spachtelgrate: Schleifen	Kombination beider Verfahren Spachteln und Schleifen	Glanz- und Glättungsmittel Schleifpoliermittel Hochglanzpoliermittel

Grundlagen

Werkstoffe Hilfsstoffe

Werkzeuge Geräte, Gerüste

**Arbeits-
techniken**

Gestaltung

Arbeitsschutz Umweltschutz

Aufmaß Abrechnung

Betriebs-
führung

Quellen

Spachtelfehler

Verarbeitungsmangel/Fehler	Ursache	Abhilfen
Wellen	Unregelmäßiges Ziehen	Gleichmäßige Spachtelführung
Riefen	Unsauberer Spachtel, Spachtelmasse verschmutzt	Nur saubere Materialien und Werkzeuge benutzen
Zu geringer Spachtelauftrag	Zu steile Spachtelhaltung	Spachtel flach halten
Oberfläche nur abgeport	Spachtelmasse nur in die Poren gedrückt	Mehr Spachtelmasse, dicker auftragen
Zu dicker Spachtelauftrag	Zu flache Spachtelhaltung	Spachtel steiler halten
Gerissene Oberfläche	Zu dicker Spachtelauftrag	Spachtelmasse dünn auftragen
Unebene Oberfläche, eingefallene Spachtelmasse	Zu wenig oder ungenügend füllende Spachtelmasse aufgetragen	Untergrund vollflächig in ausreichender Schichtdicke überziehen

Mischungsverhältnis, Wasser–Pulver–Faktor

Die Wasserzugabe richtet sich nach Außentemperatur, Schichtdicke, Saugfähigkeit des Untergrundes.

Weniger Wasser zugeben	bei abnehmender Temperatur, für zunehmende Schichtdicke, auf schwach bis wenig saugenden Untergründen
Mehr Wasser zugeben	bei steigender Temperatur, für abnehmende Schichtdicke, auf stark saugenden Untergründen
Zu viel Wasser zugegeben	deutlich erkennbare Schlieren, wenig feste Oberfläche, Masse setzt sich dann ab
Warmes Wasser zugegeben	Verkürzung der Abbindezeit, inhomogene Masse bildet sich, Spachtelmasse ist zäh, schwer ausziehbar

Spachteln auf Holz

- Das Herstellen deckender Anstriche mit hoher Oberflächenglätte erfordert das Abdecken der Holzstruktur und Ausgleichen der Unebenheiten in der Oberfläche von Holz und Holzwerkstoffen durch Spachteln.
- Pastöse Spachtelmasse mit biegsamen Japanspachtel gleichmäßig und glatt aufziehen.
- Die tieferen Löcher werden vor dem Spachteln verschlossen.
- Ein Spachtelvorlack oder Ziehgrund kann mit dem Pinsel aufgetragen werden und erleichtert durch seinen Verlauf die Arbeit.

Materialien

- Ölspachtel
- CN-, PVAC-, Latex-, UP-, PVB-Spachtel als Zieh- und Streichspachtel

Werkzeuge

- Stahlspachtel unterschiedlicher Breite
- Japanspachtel
- Großflächenspachtel
- Gummispachtel

Handwerkliche Spachtelausführung auf Holzflächen

- Viskosität der Spachtelmasse zum Ziehen so einstellen, dass die Masse nicht vom Blech abläuft
- Flächen vorzugsweise mit Ziehspachtelmasse beschichten
- Rundungen und Profile vorzugsweise mit Streichspachtelmasse beschichten
- Streichspachtelmassen mit Pinseln auftragen, dann mit Gummispachtel/Lederspachtel glätten
- Ziehspachtelmasse mit Japanspachtel oder Großflächenspachtel auftragen und glattziehen
- Spachtelschicht zwischentrocknen lassen
- Je nach Erfordernis weitere Spachtelschichten auftragen
- Schleifen der trockenen Spachtelschichten
- Zum Glätten und Porenfüllen kann ein letzter dünner Spachtelmassenauftrag erfolgen, der nicht mehr geschliffen wird

Spachteln auf Metall	VOB DIN 18363

- Spachteln einer grundierten Fläche ist notwendig, wenn vor dem weiteren Lackieren das Auftragen von Füller als Zwischenschicht zum Ausgleichen der Unebenheiten des Untergrundes nicht ausreicht.
- Das Spachteln und die Dicke der Spachtelschichten sind wegen der auftretenden Spannungen auf das notwendige Mindestmaß zu beschränken. Zu dicker Auftrag führt zu Qualitätsminderungen.
- Sind höhere Schichtdicken erforderlich, müssen mehrere dünne Schichten aufgezogen werden.

Materialien

- Für entfettete und korrosionsfreie Untergründe:
  Polyester-Spachtelmase (UP-Spachtel)
- Für grundierte oder beschichtete Untergründe:
  Alkydharz-, Epoxidharz-, Polyurethan-Spachtelmasse

Arbeitsschritte	Bemerkungen
Spachtelverflecken der tieferen Stellen vom Rand der Vertiefung zur Mitte in dünner Schicht; Vertiefungen in mehreren dünnen Schichten ausspachteln	Stahl spachteln (bei Ziehspachtel) oder Pinsel (bei Streichspachtel); trocknen lassen
Spachtelziehen von oben nach unten unter leichtem Druck	Stahlspachtel, Gummispachtel
Rundungen, Dellen und Beulen spachteln	Flexibler Kunststoffspachtel
Abstoßen des Spachtelüberschusses von Kanten und Löchern	Spachtelmesser
Bei kleineren Teilen Spachtelmasse mit Pinsel verstreichen	Pinselriefen vermeiden
Erste Spachtelschicht zwischentrocknen lassen	–
Zweite Spachtelschicht im Kreuzgang auftragen	Wie oben
Größere Ansätze können nach dem Anziehen des Spachtels leicht verwischt werden	Mit Verdünnnungsmittel (Bei Ölspachtel 30 bis 50 min)
Spachtelschicht durchtrocknen lassen	2-K-UP-Spachtel nur trocken schleifen

Spachtelspritzen:
Wird bei grundierten, verhältnismäßig glatten Flächen und Kleinteilen in gleicher Weise durchgeführt.

Verarbeiten von Spachtel- und Ausgleichsmassen auf mineralischem Untergrund	

Materialien

- Hydratspachtelmasse (Gipsspachtelmasse)
- Zementspachtelmasse
- Dispersionsspachtelmasse

Werkzeuge	Bemerkungen
Saubere, schmale Eimer; Rührgeräte (stufenlos regelbar, < 900 U/min)	Reste beeinflussen das Abbindeverhalten negativ, erhärtete Teile stören beim Auszug

Arbeitsschritte	Bemerkungen
Erst das Wasser in Ansetzgefäß geben, dann Pulver einstreuen	Mischungsverhältnis nach Herstellerangaben
Pulver im Wasser einsumpfen lassen	Klumpenfrei anrühren
Sofort nach Anrühren verarbeitbar, trockene Untergründe vornässen	Offene Zeit beachten, nicht unter 5 °C verarbeiten
Gleichmäßiger Verlauf bei flächiger Anwendung	Kein Nachspachteln, kein nachteiliges Schleifen
Feste Verbindung mit dem Untergrund schaffen	Keine Lufteinschlüsse produzieren
Konsistenz auf Verwendungszweck einstellen	Für Fußböden: selbstverlaufende Konsistenz

Grundlagen · Werkstoffe Hilfsstoffe · Werkzeuge Geräte, Gerüste · Arbeits- techniken · Gestaltung · Arbeitsschutz Umweltschutz · Aufmaß Abrechnung · Betriebs- führung · Quellen

Anstrich	
Allgemeine Begriffe	
Erstanstrich oder Neuanstrich	Erster Anstrichaufbau auf einem unbehandelten Untergrund.
Überholungsanstrich	Anstrich auf einem überholungsbedürftigen Altanstrich, von dem nur die nicht mehr tragfähigen, alten Farbteile entfernt wurden.
Erneuerungsanstrich, Renovierungsanstrich	Neuer Anstrichaufbau auf einem nicht mehr tragfähigen Anstrichuntergrund, von dem die alten Anstrichschichten restlos entfernt werden müssen.
Anstrichaufbau	Folglich aufeinander abgestimmte Anstrichschichten. Der Aufbau ist beim Erstanstrich und beim Renovierungsanstrich gleich. Die Vorarbeiten sind unterschiedlich.
Begriffe nach DIN 55945	
Beschichtungsstoff	Alle nicht vorgeformten Teile zur Herstellung von Beschichtungen, z. B. Folien, Bahnen, Anstrichstoffe.
Anstrichstoff, Anstrichmittel	Flüssige bis pastenförmige oder auch pulverförmige Beschichtungsstoffe. Sie passen sich in flüssiger Form der Oberfläche des Untergrundes an.
Beschichtung, Anstrich	Beschichtung ist ein Sammelbegriff für eine oder mehrere in sich zusammenhängende, aus Beschichtungsstoffen hergestellte Schichten auf einem Untergrund. Nach DIN 55945 ist der Begriff Anstrich dem Begriff Beschichtung untergeordnet. Durch Streichen, Spritzen, Rollen, Tauchen, Fluten usw. aufgetragene Anstrichstoffe bezeichnet man als Anstrich.
Anstrichfilm	Bildet der Anstrich nach der Trocknung eine fest zusammenhängende Haut, so nennt man diese einen Anstrichfilm.
Applikationen	Für den Begriff „Auftragen von Anstrich- und Beschichtungsstoffen" verwendet man den Fachausdruck „Applikation". Applikationen können durch Streichen, Spritzen, Tauchen, Pulverlackieren oder Bekleben ausgeführt werden.
Deckender Anstrich	Lacke, Anstrichstoffe und ähnliche Beschichtungsstoffe.
Imprägnierung	Das Tränken saugfähiger Untergründe mit nichtfilmbildenden Imprägnierschichten, um diese gegen schädliche Einflüsse (Insekten, Pilzbefall), gegen leichtes Entflammen oder Einwirken von Wasser zu schützen.
Beschichtungsverfahren	
Handwerklich	
Streichen, Rollen, Spritzen, Spachteln, Fluten, Tauchen	
Industriell	
Walzen, Coilcoating-Verfahren, Elektrotauchlackierung, Elektrophorese, Sprühen, Aerosol-Sprayen, Trommellackieren/Rommeln, Wirbelsintern, Gießen, Pulverlackieren	
Merkmale für die Auswahl des Beschichtungsverfahrens/Auftragsverfahrens/Applikationsverfahrens	

- Art des Beschichtungsobjekts
- Form des Beschichtungsobjekts
- Anzahl der Beschichtungsobjekte
- Anforderungen an die Beschichtung
- Eventuell gesetzlichen Bestimmungen/gesetzlichen Vorschriften
- Standort des Beschichtungsobjekts
- Größe des Beschichtungsobjekts
- Technisch-fachliche Anforderungen
- Anforderungen an den Beschichtungsstoff
- Wirtschaftliche (ökonomische) Gesichtspunkte

Grundlagen
Werkstoffe Hilfsstoffe
Werkzeuge Geräte, Gerüste
Arbeits-techniken
Gestaltung
Arbeitsschutz Umweltschutz
Aufmaß Abrechnung
Betriebs-führung
Quellen

Streichen

Arbeitsschritte	Bemerkungen
• Eintauchen und satt auftragen • Verteilen • Im Kreuzgang gut verschlichten • Nicht scheuern	• Mittels Streichwerkzeug flüssige Beschichtungs- mittel auf Anstrichobjekt aufbringen • Durch Bewegung und Druck wird das Beschich- tungsmittel von den Borsten auf den zu strei- chenden Untergrund übertragen

Werkzeuge
• Pinsel, Ringpinsel, Flächenstreicher, Heizkörperpinsel, Bürsten
• Vielseitiges Angebot an speziellen Sonderformen für jeden Zweck

Anwendung	Vorteile	Nachteile
• Zum Aufbringen von Grundan- strichen, wie Korrosionsschutz- anstrich • Auf porigen Untergründen • Anstrichausführung bei Baustellenbedingungen • Renovierungsanstriche auf Fenster und Türen (wenn Abdecken zu aufwändig ist) • Bei Teilanstrichen (manche konstruktiven Teile werden nicht bearbeitet) • Zum Beschneiden bei Decken-, Wand- und Fassden- anstrich	• Einfaches, preisgünstiges Verfahren • Vielseitig einsetzbar • Abstimmbar auf jedes Anstrichobjekt • Abstimmbar auf fast alle An- strichstoffe (KD-, Lacke usw.) • Anwendbar auf fast allen Untergründen • Auch für kleine schwer zugäng- liche Stellen • Einfache Handhabung • Geringe Werkzeugkosten	• Zeitintensives Verfahren • Geringe Flächenleistung • Nicht für schnelltrocknende Anstrichstoffe • Beim Handlackieren: Gefahr von Verlaufsstörungen (Läufer, Streifen, Nester) • Bei zu geringem Auftrag Gefahr des Scheuerns (zu wenig Far- be auf der Fläche)

Rollen

Arbeitsschritte	Bemerkungen
• Auftragen und gleichmäßig verteilen • Verschlichten, einmal rauf und runter • Streichrolle um 45° drehen, Kreuzgang rollen • Wieder drehen, rauf und runter verschlichten	• Mittels Streichrollern werden flüssige bis mittelviskose Anstrichstoffe auf den Anstrichuntergrund aufgetragen

Werkzeuge

Rollwerkzeuge jeder Art	Bezüge
• Je nach Untergrund und Anstrichmittel • Farbroller, Lackierroller, Heizkörperroller • Abstreifgitter, Farbwanne, Waschrohr	• Schaumgummi, Schaumstoff (Moltopren) • Lammfell, Perlon und Nylon • Mohair und Velour

Anwendung	Vorteile	Nachteile
• Fassadenanstriche • Im Innenbereich Decken, Wände und Fußböden • Zum Lackieren von Türen, Heizkörpern usw. • Dekorative Flächengestaltung (plastische Strukturen) • Teleskopstange zur Verlänge- rung der Reichweite beim Deckenanstrich in Griff einpassbar	• Rationelles handwerkliches Verfahren • Einfache Handhabung • Größere Flächenleistung als beim Streichen • Gleichmäßiger, ansatzloser, leicht strukturierter Anstrichmittelauftrag • Auch auf rauen Flächen einsetzbar • Struktur bleibt voll erhalten	• Leichte Spritzer beim Drehen der Rollen • Nicht zu beschichtende Teile gut abdecken • Tipp: Rollwerkzeuge sofort nach Gebrauch reinigen und trocknen

Untergrundprüfung auf Stahlflächen

Prüfung auf Mängel	Prüfmethode	Erkennung und Schadensbeseitigung
Rost auf Stahl	Sichtprüfung, Kratzprobe mit festem Gegenstand, abklopfen mit dem Hammer, Vergleich der Abbildungen der DIN 55928 und DIN 53210	Rotbrauner Belag auf der Oberfläche. Die Struktur des Rostes kann sehr unterschiedlich sein: fest, schichtförmig, locker sitzend, rissig, fadenförmig, punktförmig, schuppig abblätternd. Bei geringem Druck splittern bereits Beschichtungteile ab. Zackenförmiger Kratzspurenverlauf. Klebeband fest andrücken und ruckartig entfernen. Lose Beschichtungteile bleiben am Klebeband haften. Je nach Zustand der zu beschichtenden Fläche Entfernung durch Handentrostung, maschinelle oder Strahlentrostung. Siehe hierzu auch die Einteilung der Rostgrade für beschichtete und unbeschichtete Flächen.
Walzhaut, Zunder, Schweißrückstände	Sichtprüfung, Kratzprobe mit festem Gegenstand, Abklopfen mit Hammer	Zunder und Walzhaut sind spröde und haben nicht die gleiche Wärmeausdehnung des darunter liegenden Stahls (Verfärbungen von dunkelblau-grau bis schwarz). Dadurch kommt es zur Rissbildung, Unterrostung und Abplatzen der Walzhaut bzw. der Zunderschicht. Vor der Beschichtung muss die Walzhaut und Zunderschicht entfernt werden. Dieses ist nur maschinell hinreichend möglich, z. B. abstrahlen, schleifen, nadeln, sand- oder flammstrahlen.
Tragfähigkeit der Grundbeschichtung	Sichtprüfung, Kratzprobe mit festem Gegenstand, Abklopfen mit Hammer, Klebebandtest, Gitterschnittverfahren	Bei geringem Druck splittern bereits Beschichtungteile ab. Zackenförmiger Kratzspurenverlauf. Klebeband fest andrücken und ruckartig entfernen. Lose Beschichtungteile bleiben am Klebeband haften. Aus Beweisgründen sollten die Klebebandabrisse aufbewahrt werden. Grundierung ist zu entfernen, und ein sorgfältiger neuer Anstrichaufbau ist auszuführen.
Tragfähigkeit alter Beschichtungen	Sichtprüfung, Kratzprobe mit festem Gegenstand, Abklopfen mit dem Hammer, Klebebandtest, Gitterschnittverfahren	Bei geringem Druck splittern bereits Beschichtungteile ab. Zackenförmiger Kratzspurenverlauf. Klebeband fest andrücken und ruckartig entfernen. Lose Beschichtungteile bleiben am Klebeband haften. Aus Beweisgründen sollten die Klebebandabrisse aufbewahrt werden. Unterrostete Beschichtungen müssen entfernt und freigelegt werden. Die Altbeschichtung ist zu entfernen. Ein neuer Anstrichaufbau ist auszuführen.

Unbeschichtete Stahlflächen und ihre Rostgrade   ISO 8501-1

Rostgrad	Rostbedeckte Fläche und deren Zustand
A	Fest haftender Zunder auf der ganzen Fläche, keine Rostbildung
B	Anfänglicher Rostbeginn, Zunderabblätterung
C	Abschabbarer oder weggerosteter Zunder, Rostnarben wenig sichtbar
D	Abgerosteter Zunder, Rostnarben zahlreich sichtbar

Beschichtete Stahlflächen und ihre Rostgrade   ISO 4628-3

Rostgrad	Rostbedeckte Fläche und deren Zustand	Rostgrad	Rostbedeckte Fäche und deren Zustand
Ri 0	rostfrei	Ri 3	etwa 1 % rostbedeckte Fläche
Ri 1	etwa 0,05 % rostbedeckte Fläche	Ri 4	etwa 8 % rostbedeckte Fläche
Ri 2	etwa 0,5 % rostbedeckte Fläche	Ri 5	etwa 40 bis 50 % rostbedeckt und mehr

Bei Festlegung der Vorarbeiten und der Entrostungsmaßnahmen ist die Beurteilung der Rostgrade eine große Hilfe.

Beschichten von Stahl, Korrosionsschutz BFS-Merkblatt Nr. 4, Nr. 5, VOB DIN 18363, DIN 18364			
Bei der Planung und Ausführung von Korrosionsschutzmaßnahmen sind die gesetzlichen und behördlichen Bestimmungen zum Umweltschutz und Arbeitsschutz zu beachten.			
Korrosivitätskategorien und Schichtdicken gemäß DIN EN ISO 12944			
Korrosionsbelastung	Schichtdicke in µm	Beanspruchung	Schichtdicke in µm
C1: Innenräume trocken	80 bis 100	C5-M Meeresluft	200 bis 300
C2: Landluft	120 bis 160	C5-I Aggressive Industrieluft	250 bis 500
C3: Stadtluft	160 bis 200	Unterwasser	500 bis 1000
C4: Industrieluft	200 bis 250	–	
Die erforderliche Schichtdicke ist abhängig von der Korrosionsbelastung C1 bis C5.			

Normalbelastung		Aggressive Belastung	
C2: ohne besondere Umweltbelastung, UV-Strahlen und Temperaturbelastung C3: Bewitterungsbelastung durch Feuchtigkeit		C4/C5: Einwirkung von aggressiven, angreifenden Stoffen wie Schwefel- und Chlorgase, Dauerfeuchtigkeit und Salze	

Beschichtungssysteme
• Erhöhen Widerstandsfähigkeit gegen atmosphärische, chemische oder thermische Einflüsse • Ergeben langfristig wirksamen Schutz

Grundbeschichtungsstoffe
• Bindemittel: Alkydharz, Bitumen-Öl-Kombinationen, Vinylchloridharz, Epoxidharz, Chlorkautschuk • Pigmente: Eisenoxide, Zinkchromat, Zinkphosphate, Zinkstaub • Aktive Zink-Pigmente reagieren chemisch mit dem Untergrund • Passive Pigmente mit reiner Abschirmwirkung gegen Wasser und Luftfeuchtigkeit • Haftgrundanstrich auf EP-Basis Wash-Primer, Eintopf-Primer

Beschichtungsstoffe	
• Polymerisatharzlacke • Bitumenlackfarbe • Polyurethanharzlacke (PUR-Lacke) • Acrylharzlacke	• Epoxidharzlacke (EP-Lacke) • Chlorkautschuklacke • Reaktionslacke

Arbeitsschritte	Bemerkungen
Reinigen der Flächen, Entrosten, Entfetten, Schleifen	• Rost bis zum blanken Metall Norm Sa 2½ entfernen • Herstellen einer haftfähigen Beschichtungsfläche
Herstellen von Haftvermittlungsschichten und Korrosionsschutzschichten, Auftragen durch Streichen oder Rollen	• Unmittelbar nach Reinigung auftragen • Ausreichende Schichtdicke, vor allem Kantenschutz, beachten 35 bis 40 µm/Schicht
Beschichtungsaufbau fortsetzen	• Auswählen je nach Beanspruchung, innen oder außen

Beschichtungsaufbau auf Stahlteilen und Stahlblech			
normalschichtig, außen	normalschichtig, innen	dickschichtig	Dickschichtsysteme
2 Grundbeschichtungen 2 Deckbeschichtungen	1 Grundbeschichtung 1 Zwischenbeschichtung 1 Schlussbeschichtung	1 Grundbeschichtung 1 Deckbeschichtung	• Auch an senkrechten Flächen dick auftragen • Laufen nicht, guter Kantenschutz

Heizkörperbeschichtung
• Nicht grundierte Heizflächen entrosten, reinigen • Mit Pulverlacken grundbeschichtete Heizkörper nach DIN 55900 - GW gründlich aufrauen • Ausbessern beschädigter Grundbeschichtung • Aufbringen einer Grundbeschichtung aus Beschichtungsstoff nach DIN 55900 - G • Schlussbeschichtung aus Beschichtungsstoff DIN 55900 - F

Untergrundprüfung auf Zinkflächen		BFS-Merkblatt Nr. 5, 20
Prüfung auf Mängel	Prüfmethode	Erkennung und Schadensbeseitigung
Verzinkungs- und Oxidationsrückstände	Sichtprüfung	Zink korrodiert. Die Korrosionsprodukte des Zinks in reiner Atmosphäre schützen das Metall vor Zerstörung. Die Oberfläche sieht matt und grau aus, die Korrosionsprodukte sind weißlich-grau. Die Beschichtungsfläche muss gründlich von Korrosionsprodukten gereinigt werden. Ammoniakalische Netzmittelwäsche: Die Oberfläche wird mittels eines Kunststoffschleifvlieses mit Wasser verdünnter Salmiakgeistlösung und Netzmittelzugabe geschliffen. Neben der Handreinigung sind je nach Objekt auch Dampfstrahl- und Hochdruckreinigung mit geeigneten chemischen Zusätzen möglich.
Verschmutzungen	Sichtprüfung, Abreiben mit sauberem Tuch	Reinigen der Oberfläche je nach Verschmutzung von Hand durch mehrfaches Abwaschen mit Nitroverdünnung, Kaltreiniger, Spezialreiniger, Industriereiniger oder durch Dampf-Hochdruckreinigung. Nachreiben mit sauberem Lappen.
Fette und Öle	Sichtprüfung, Benetzungsprobe mit Wasser (Blumenspritze)	Durch die Benetzung mit Wasser wird ein Abperlen auf der Oberfläche sichtbar. Des weiteren findet eine sogenannte „Inselbildung" statt. Für die Vorbereitung von Zinkoberflächen hat sich die ammoniakalische Netzmittelwäsche bewährt: Die Reinigungsflüssigkeit besteht aus: 10 l Wasser plus 0,5 l Ammoniakwasser (Salmiakgeist, 25 %ig) plus 1 Kronkorken Netzmittel (Geschirrspülmittel). Keine Seifen verwenden!
Tragfähigkeit der Grundbeschichtung	Sichtprüfung, Kratzprobe mit festem Gegenstand, Klebebandtest, Gitterschnittverfahren	Bei geringem Druck splittern bereits Beschichtungteile ab. Zackenförmiger Kratzspurenverlauf. Klebeband fest andrücken und ruckartig entfernen. Lose Beschichtungteile bleiben am Klebeband haften. Aus Beweisgründen sollten die Klebebandabrisse aufbewahrt werden. Beschichtungen auf Zink, die trocknende Öle oder mit trocknenden Ölen modifizierte Alkydharze enthalten, verspröden frühzeitig und verlieren ihre Haftung. Die Enthaftung kann hier insbesondere durch Zinkseifenbildung am Untergrund verursacht werden, wenn z. B. Fettsäuren oder andere Spaltprodukte des Bindemittels direkt oder über durchlässige Grundbeschichtungen mit der Zinkoberfläche reagieren. Daher ist die Anwendung von so genannten Universal-Primern auf Alkydharzbasis ausgeschlossen. Grundierung ist zu entfernen, und ein sorgfältiger neuer Anstrichaufbau ist auszuführen.
Haftfestigkeit vorhandener Altbeschichtungen	Sichtprüfung, Kratzprobe mit festem Gegenstand, Abklopfen mit Hammer, Klebebandtest, Gitterschnittverfahren	Bei geringem Druck splittern bereits Beschichtungteile ab. Zackenförmiger Kratzspurenverlauf. Klebeband fest andrücken und ruckartig entfernen. Lose Beschichtungteile bleiben am Klebeband haften. Aus Beweisgründen sollten die Klebebandabrisse aufbewahrt werden. Die Altbeschichtung ist zu entfernen, und ein sorgfältiger neuer Anstrichaufbau ist auszuführen. Es dürfen nur spezielle für Zinkuntergründe ausgewiesene Beschichtungsstoffe eingesetzt werden. Bewährt haben sich auf Zink auch wasserverdünnbare Dispersionsbeschichtungssysteme oder Zweikomponentensysteme (2-K).

Korrosionsbelastung

Alle korrosionsfördernden Einflüsse durch chemische, physikalische, elektrische und mechanische Belastung führen nach DIN ISO 12944 zu Korrosionsbelastungen. So unterscheidet man Korrosion als

- atmosphärische Korrosion (mechanische Belastungen in der Atmosphäre, wie Abrieb durch von Wind mitgerissene Teile, z.B. Sand; chemischen Belastungen, Verunreinigungen der Luft, Immissionen durch Fabriken, saurer Regen, erhöhte Temperaturen, Feuchtbelastung, wie Kondenswasserbelastung)
- Boden-Korrosion (Erdreich) und
- Korrosion im Wasser (Mechanische Belastungen im Wasser durch Geschiebe aus Kies und Geröll, Sandabrieb, Wellenschlag, tierischer oder pflanzlicher Bewuchs)

Durch eine Kombination der Sonderbelastungen kann eine verstärkte Korrosion eintreten.

Anwendungsbereich der DIN EN ISO 12944 1-8

Angaben zum Objekt	Bemerkungen
Art des Bauwerks	Bauwerke, von mind. 3 mm Wanddicke, aus un- oder niedriglegiertem Stahl, ausgelegt entspr. einem Sicherheitsnachweis. Nicht für Stahlbeton
Art der zu beschichtenden Oberfläche und der Oberflächenvorbereitung	• unbeschichtete Oberflächen • Oberflächen mit thermisch gespritztem Überzug aus Zink, Aluminium oder deren Legierungen • feuerverzinkte, galvanisch verzinkte Oberflächen • sheradisierte Oberflächen • Oberflächen mit Fertigungsbeschichtungen • andere beschichtete Oberflächen
Art der Umgebungsbedingungen	6 Korrosivitätskategorien 3 Kategorien für Bauwerke im Wasser/Erdreich
Art des Beschichtungssystems	**NUR** unter Umgebungsbedingungen härtende Beschichtungen • physikalisch trocknende Beschichtungsstoffe einschließlich Dispersionen • Oxidativ härtende Beschichtungsstoffe • Reaktionsbeschichtungsstoffe • Wärmehärtende Lacke, u.ä. sind ausgeschlossen, wie Pulver- und Einbrennlacke
Art der Maßnahme	Erstschutz und Instandsetzung
Schutzdauer des Beschichtungssystems	3 Zeitspannen für die Schutzdauer: kurz, 2-5 J; mittel, 5-15 J; lang, über 15 Jahre

6 Korrosivitätskategorien siehe Seite 143

3 Kategorien der Belastung im Wasser und im Erdreich

Kategorie	Umgebung	Beispiele
Im 1	Süßwasser	Wasserkraftwerke, Flussbauten
Im 2	Meer- oder Brackwasser	Staustufen, Schleusentore im Hafenbereich, Sperrwerke Offshore-Anlagen, Bohrinseln
Im 3	Erdreich	Stahlrohre, Stahlspundwände, Erdreichbehälter

Möglichkeiten des Korrosionsschutzes		DIN EN ISO 12944 1-8
Maßnahmen durch Veränderung des angreifenden Mediums	Maßnahmen am zu schützenden Werkstoff	Trennung des Werkstoffs vom angreifenden Medium
	• Maßnahmen durch Planung und Konstruktion • Kathodischer Korrosionsschutz	• Metallische Überzüge • Nichtmetallische Überzüge • Beschichtungssysteme

Vor der Ausführung von Erstschutzarbeiten ist ein Planungsablaufschema zu erstellen, siehe 12944-8	
1. Korrosionsbelastung und Art der Oberflächen ermitteln	5. Ausschreibungsunterlagen erstellen, Vergabe durchführen
2. Oberflächenvorbereitungsgrad festlegen	6. Arbeiten ausführen, Kontrollflächen anlegen
3. Zeitplan aufstellen	7. Überwachen und Dokumentieren der Arbeiten
4. Mögliche Beeinträchtigungsfaktoren der Korrosionsschutzarbeiten berücksichtigen	8. Abnahme, Abrechnung und Kontrollprüfung vor Ablauf der Gewährungsfrist, regelmäßige Kontrollüberwachungen

Art zu beschichtender Oberflächen	Bemerkungen
Unbeschichtete Oberflächen	Stahloberflächen, bedeckt mit Zunder, Rost oder anderen Verunreinigungen; der Rostgrad ist nach ISO 8501-1 zu bewerten; siehe Seite 142
Thermisch gespritzte Oberflächen	Überzüge aus Zink, Aluminium oder deren Legierungen, die durch Flamm- oder Lichtbogenspritzen nach ISO 2063 aufgebracht sind; bedeckt mit Korrosionsprodukten von Zink und/oder Aluminium und anderen Verunreinigungen
Feuerverzinkte Oberflächen	Überzüge aus Zink oder Zink-Legierungen, die durch Schmelztauchen nach ISO 1461 aufgebracht sind; bedeckt mit Korrosionsprodukten von Zink u.a. Verunreinigungen
Fertigungsbeschichtete Oberflächen	Gestrahlter Stahl mit Fertigungsbeschichtungen
Beschichtete Oberflächen	Stahloberflächen bzw. Oberflächen von metallischen Überzügen mit Resten von Beschichtungsstoffen einschließlich Rost und anderen Verunreinigungen

Auswahl von Beschichtungssysteme für die Kategorien Im1, Im2 und Im3								
Oberflächenvorbereitungsgrad P SA2 1/2 oder Sa2 1/2								
Grundbeschichtung			Deckbeschichtung			Beschichtungssystem		
Binde-mittel	Schicht Anzahl	NDFT*	Binde mittel	Schichten Anzahl	NDFT*	Schicht Anzahl	Gesamt-schicht-dicke µm	Schutz-dauer, erwartet
EP/Zn(R)	1	50 µm	EP	2–3	450 µm	3 – 4	500	lang
PUR/Zn(R)	1	50 µm	PUR	3–4	450 µm	4 – 5	500	lang
EP/diverse	1	80 µm	EP	2–3	420 µm	3 – 4	500	lang
EP/CTE	1	1000 µm	–	–	–	1	1000	lang
*Sollschichtdicke NDFT: nominal dry film thickness				Trockenschichtdicke DFT: dry film thickness				

Beschichtungssysteme Zinkoberflächen	BFS Merkblatt Nr. 5, VOB DIN 18363

Grundbeschichtungsmittel (nur vom Hersteller zugelassene Produkte verwenden):
- Einkomponenten-Zinkhaftfarben
- Epoxid- und Polyurethangrundfarben

Beschichtungsmittel	Verwendung
Kunstharz-Kombination (Zinkhaftfarben)	Türen, Zargen, Treppengeländer, Dachrinnen
KD-Farben und KD-Lackfarben für Zink	Träger, Stützen, Teile ohne Beanspruchungen
Polymerisatharzfarben für Zink • PVC-Copolymere • Acrylharze	Türen, Zargen, Treppengeländer, Dachrinnen, Tore
2-K-Beschichtungsstoffe für Zink • 2-K-Epoxid-Beschichtungsstoffe • 2-K-PUR-Beschichtungsstoffe	Türen, Tore, Fenster, Zargen, Treppengeländer, Treppenstufen, Dachrinnen, Geländer, Zäune
Spezialbeschichtungsstoffe für Zink	Abdeckungen, Dachaufsichten, Masten, Lüftungskanäle, Kabelschächte, kondenswasserbelastete Teile

Untergrundprüfung auf Aluminiumflächen		BFS-Merkblatt Nr. 6
Prüfung auf Mängel	**Prüfmethode**	**Erkennung und Schadensbeseitigung**
Korrosionsmulden	Sichtprüfung	Auf der Aluminiumoberfläche sind kleine Aufwölbungen sichtbar. Sorgfältiges Ausschleifen mit Nylon- oder Perlonvlies (z. B. Scotch Britt der Firma 3M-Company). Schleifstaub ist mit Lösemittel getränktem Lappen zu entfernen.
Verschmutzungen	Sichtprüfung	Reinigen der Oberfläche von Hand durch mehrfaches Abwaschen mit Nitroverdünnung, Kaltreiniger, phosphorsaurem Spezialreiniger oder Dampf-Hochdruckreiniger. Nachreiben mit sauberem Lappen, ggf. Vorgang wiederholen.
Fette und Öle	Sichtprüfung, Benetzungsprobe mit Wasser	Durch die Benetzung mit Wasser wird ein Abperlen auf der Oberfläche sichtbar. Desweiteren findet eine so genannte „Inselbildung" statt. Für die Vorbereitung von Aluminiumoberflächen hat sich die ammoniakalische Netzmittelwäsche bewährt.
Haftfestigkeit der Grundbeschichtung	Sichtprüfung, Kratzprobe mit festem Gegenstand, Klebebandtest, Gitterschnittverfahren	Bei geringem Druck splittern Beschichtungsteile ab. Zackenförmiger Kratzspurenverlauf. Klebeband fest andrücken und ruckartig entfernen. Lose Beschichtungsteile bleiben am Klebeband haften. Aus Beweisgründen Klebebandabrisse aufbewahren.
Haftfestigkeit vorhandener Altbeschichtungen	Sichtprüfung, Kratzprobe, Hammerklopfprobe, Klebebandtest, Gitterschnittverfahren	Bei geringem Druck splittern Beschichtungsteile ab. Zackenförmiger Kratzspurenverlauf. Altbeschichtung entfernen und neuen Anstrichaufbau ausführen. Es dürfen nur spezielle für Aluminiumuntergründe ausgewiesene Beschichtungsstoffe eingesetzt werden.

Beschichtungstechnische Hinweise

- Um das Haften von Beschichtungen auf Aluminiumflächen zu gewährleisten, sind nach einer speziellen Vorbehandlung des Untergrundes Grundbeschichtungen mit haftungsvermittelnden Eigenschaften erforderlich.
- Unter + 5 °C dürfen Anstricharbeiten nicht ausgeführt werden.
- Auf Flächen, die unter Einwirkung von Regen, Nebel, Feuchtigkeit oder Kondenswasserbildung stehen, dürfen Anstricharbeiten nicht ausgeführt werden. Begonnene Arbeiten dürfen an solchen Flächen erst fortgesetzt werden, wenn die zu streichenden Flächen vollständig trocken sind (s. VOB, Teil C, DIN 18364, Abschnitt 3.119).

Grundlagen

Werkstoffe Hilfsstoffe

Werkzeuge Geräte, Gerüste

Arbeitstechniken

Gestaltung

Arbeitsschutz Umweltschutz

Aufmaß Abrechnung

Betriebsführung

Quellen

Untergrundprüfung auf Aluminiumflächen (Fortsetzung)		BFS-Merkblatt Nr. 6
Beschichtungstechnische Hinweise (Fortsetzung)		
Grund-beschichtung	Für Aluminiumflächen, von denen der Altanstrich ganz oder stellenweise entfernt worden ist, eignen sich dünnschichtbildende, metallreaktive Anstrichstoffe.	
Spachtel-arbeiten	Spachtelarbeiten sind möglichst zu vermeiden, da die Haftung des Beschichtungs-systems fast immer darunter leidet. Nur vom Hersteller empfohlene Spachtelmassen für das entsprechende Beschichtungssystem verwenden.	
Zwischen- und Schluss-beschichtungen	Die Zwischen- und Schlussbeschichtungen müssen auf die Grundbeschichtung sowie auf die zu erwartende Beanspruchung abgestimmt sein. Die Empfehlungen des Herstellers sind zu beachten.	
Hinweise für Leistungs-beschreibungen	Bei allen Beschichtungen sind die Angaben des Herstellers zu beachten. Im Zweifelsfalle ist zu empfehlen, sich die Eigenschaften und Eignung der Werkstoffe vom Hersteller schriftlich und verbindlich zusichern zu lassen. Auskünfte und Beratung durch die „Technische Beratungsstelle des Maler- und Lackiererhandwerks".	

Beschichtungssysteme auf Aluminium		BFS-Merkblatt Nr. 6, VOB DIN 18363

Grundbeschichtungsstoffe (dünnschichtbildende, metallreaktive Haftgrundanstrichstoffe):
- 2-K-Wash-Primer: dünne Schicht von 4 bis 8 µm Dicke aufspritzen, Topfzeit beachten, Vorsicht bei der Verarbeitung, Herstellerangaben beachten
- Eintopf-Primer: 6 Monate lagerfähig, müssen Chrom- oder Phosphorsäure enthalten, Streichen bis 15 µm Schichtdicke

Innenbeschichtungen

Arbeitsschritt	Deckende Innenbeschichtungen		Mit Feuchtraumbeanspruchung
Grundbeschichtung	Grundbeschichtungs-stoff (siehe oben)	Alternativ: Polymerisatharz-Lackfarbe	Epoxidharz-grundbeschichtungsstoff
Zwischenbeschichtung			Epoxidharzlackfarbe
Schlussbeschichtung	Alkydharzlackfarbe	Polymerisatharz, Acryldispersions-lackfarbe	Epoxidharzlackfarbe; Anwendung in Sanitärräumen, Kühlräumen, ungeheizten Hallen

Hinweis: Nach VOB sind nur eine Grundbeschichtung und eine Schlussbeschichtung vorgesehen, nach BFS-Merkblatt jedoch mindestens 3 Anstriche. Bei höherer Beanspruchung Anzahl der Beschichtungen erhöhen.

Außenbeschichtungen

Arbeitsschritt	Auf metallblanken und anodisch oxidierten Aluminiumflächen wie Fenstern, Außentüren, Fassadenverkleidungen, bei normaler Beanspruchung und normaler Bewitterung		
Grundbeschichtung	2-K-Epoxidharzlack	Metallaktiver Haftgrund vor Grund-beschichtung	
Zwischenbeschichtung	Alkydharzlack	Spezialhaftgrund auf Alkydharzbasis	
Schlussbeschichtung	Alkydharzlack	Alkydharzlack	
Arbeitsschritt	Industrieatmosphäre	Für farblose Außenbeschichtungen	
Grundbeschichtung	1-K-Polymerisatharz-Grundlackfarbe	Acrylharz	Polyurethanlack
Zwischenbeschichtung	Polymerisatharzlackfarbe	Acrylharz	Polyurethanlack
Schlussbeschichtung	Polymerisatharzlackfarbe	Acrylharz	Polyurethanlack
Arbeitsschritt	Für besonders wetterbeständige Außenbeschichtungen Für chemikalienbeständige Innen- und Außenbeschichtungen		
Grundbeschichtung	Zwei-Komponenten-Epoxidharz-Grundlackfarbe		
Zwischenbeschichtung	Polyurethan-Lackfarbe		
Schlussbeschichtung	Lichtechte, kreidungsbeständige Polyurethanlackfarbe		

Prüfung von Kunststoffuntergründen	BFS-Merkblatt Nr. 22

Vorbemerkungen

Kunststoffart erkennen	• Für die Auswahl des Beschichtungssystems muss die Art des Kunststoffes bekannt sein, da sich Kunststoffe anstrichtechnisch unterschiedlich verhalten. Mit baustellenüblichen Mitteln ist es nicht möglich, die Art des Kunststoffes sicher festzustellen. • Die Bestimmung des Kunststoffes kann durch die angebrachte Kennzeichnung (z. B. PVC, PS usw.) oder durch Rückfrage beim Auftraggeber, der Montagefirma oder der Herstellerfirma erfolgen. • Ist die Art des Kunststoffes zweifelsfrei festgestellt worden, beim Hersteller des Beschichtungsstoffes das für diesen Kunststoff geeignete Beschichtungssystem erfragen.
Beispiele für Beschichtungsuntergründe aus Kunststoff	• Es wird auf der Baustelle vorwiegend PVC (Polyvinylchlorid) verarbeitet, das von seiner Eigenschaft her sehr hart ist. Beispiele: Türen, Rollläden, Fenster, Balkonbrüstungen, Fenster usw. • Bauteile aus Methylmethacrylat, Polyurethan sowie aus glasfaserverstärktem Polyester sind ebenfalls oft anzutreffende Beschichtungsflächen. • An Autokarosserien, die der Fahrzeuglackierer beschichtet, werden viele Kunststoffsorten verwendet. Beispiele: Glasfaserverstärkte Polyester, Polyurethan-Elastomere (Integralschaum), Polyamid, ABS-Kunststoffe und Polycarbonat.

Prüfung

Die Kunststoffoberflächen sind vor ihrer Beschichtung auf deren Eigenschaften hin zu prüfen, um eventuelle Vorbehandlungsmaßnahmen festzustellen und einzuleiten.

Prüfung auf Mängel	Prüfmethode	Erkennung und Schadensbeseitigung
Verschmutzungen	Sichtprüfung	Durch Augenschein ist die Verschmutzung (z. B. Schmutzspuren, Algen-Moos usw.) wahrnehmbar. Die Oberfläche ist mit einem Wassernetzmittelgemisch zu reinigen (bei Bedarf mit Zusatz von Salmiakgeist). Bei Verwendung von Lösemitteln ist Vorsicht geboten, da der Kunststoff angelöst werden kann.
Öle und Trennmittel	Sichtprüfung, Benetzungsprobe mit Wasser (Blumenspritze)	Durch die Benetzung mit Wasser wird ein Abperlen auf der Oberfläche sichtbar. Desweiteren findet eine sogenante „Inselbildung" statt. Für die Vorbereitung hat sich die ammoniakalische Netzmittelwäsche bewährt.
Verwitterungsprodukte	Produkte mit der Hand abreibbar	Verwitterungsprodukte lassen sich mit der Hand abreiben. Unter Einsatz von Kunststoffschleifvlies die Oberfläche schleifen. Gründlich nachwaschen!
Tragfähigkeit alter Beschichtungen	Sichtprüfung, Kratzprobe mit festem Gegenstand, Klebebandtest, Gitterschnittverfahren	Altbeschichtung entfernen. Bei Verwendung von Abbeizmitteln kann der Kunststoff angelöst werden. Vorher Probeflächen anlegen. Untergrundvorbehandlung und Beschichtungsmittel nach Eignungsangaben des Herstellers auswählen. Die Art des Kunststoffes sollte bekannt sein.

Gewährleistungshinweis

• Bei Beschichtungen auf Kunststoffen kann der Verarbeiter die Gewährleistung nur dann übernehmen, wenn der Hersteller den Beschichtungsstoff bzw. das Beschichtungssystem für diesen Zweck als geeignet bezeichnet.
• Siehe hierzu BFS-Merkblatt Nr. 22.

Prüfung von Holz- und Holzwerkstoffuntergründen		BFS-Merkblatt Nr. 3, 18, 23
Prüfung auf Mängel	Prüfmethode	Erkennung und Schadensbeseitigung
Inhaltsstoffe	Sichtprüfung,	Auf der Oberfläche sind Veränderungen durch Inhaltsstoffe sichtbar, z. B.Terpene, Balsame, Fette, Öle, Gerb-, Farb,- und Bitterstoffe. Dadurch: Verfärbungen, Ablösung der Beschichtungen, Versprödung. Abwaschen mit Lösemittel und/oder mit Polyurethanlack absperren.
Feuchtigkeit	Sichtprüfung; Messen mit Feuchtigkeits-messgerät vor Anstrichausfüh-rung	Holzfeuchtigkeit mit dem Hydromaten in 5 mm Tiefe messen. Sie darf außen bei Nadelhölzern und außereuropäischem Laubholz 15 %, bei einheimischem Laubholz 12 % nicht übersteigen. Anstrichbeginnn: Die Holzfeuchtigkeit muss auf zulässige Werte abgesunken sein, ggf. Altanstrich entfernen und neuen Anstrichaufbau durchführen. Evtl. ein diffusionsoffeneres Beschichtungssystem vereinbaren.
Risse	Sichtprüfung	Sichtbare Risse, je nach Art und Umfang der Schäden Holzteile auswechseln. Im Innenbereich werden Zweikomponentenprodukte (2-K) auf Polyurethanbasis verwendet. Im Außenbereich finden plastisch bleibende Fugenfüller ihre Verwendung.
Fäulnis und/oder Insektenbefall	Sichtprüfung; die Festigkeit des Holzes mit Messer o. ä. prüfen	Auf der Oberfläche sind Verfärbungen, Pilze, Schwämme ggf. sichtbare Feuchtkörper sowie Insektenschlupflöcher sichtbar. Schadhaftes Holz muss entfernt und verbrannt werden, nicht befallendes Holz muss mit amtlichem Holzschutzmittel behandelt werden. Ursachenforschung: z. B. Feuchtigkeit usw. erkennen und beseitigen.
Harzausfluss und Harzgallen	Sichtprüfung	An der Holzoberfläche treten klebrige Tropfen von Harzaus-scheidungen aus. Die Harzgallen müssen ausgebrannt werden, ggf. holztechnisch entfernen. Anstrichtechnische Maßnahmen lassen keine zuver-lässige Beseitigung zu. Aufgrund der Aufheizung des Holzes, helle Farbtöne verwenden.
Ausgedübelte Äste und Ket-tendübelung	Sichtprüfung	Im Astbereich sind einzelne oder mehrere verleimte Holzdübel sichtbar. Bei lasiertem Bauteil sind nur einzelne Dübel zulässig. Ein deckender Anstrich ist ggf. auszuführen. Nach DIN 68360 sind mehr als 2 Dübel bei deckender Beschichtung nicht zulässig.
Abgewittertes, geschädigtes Holz	Sichtprüfung	Durch Sonneneinstrahlung (UV-Licht) vergraute Holzoberfläche. Gründliches Schleifen der Oberfläche, neuen Anstrichaufbau ausführen.
Bläuepilzbefall	Sichtprüfung	Je nach Schadensgröße bläuliche bis schwarze Verfärbungen. Schleifen bis auf das rohe Holz. Bläueschutzgrundierung vorsehen, um weiterem Wachstum vorzubeugen.
Lose und faule Äste	Sichtprüfung; die Festigkeit des Holzes mit Messer o. ä. prüfen	Äste (lose und beweglich) brechen bei leichtem Druck aus. Schad-hafte Holzteile entfernen/auswechseln oder mit 2-K-Holzfüllmasse schließen; isolieren.
Keilzinkungen	Sichtprüfung	Keilzinkung sind zwei Holzteile die mit einer zackenförmigen Verbindung verbunden werden. Offene Leimfugen werden mit Holzfüllmasse geschlossen. Deckende Beschichtungen empfehlenswert.

Prüfung von Holz- und Holzwerkstoffuntergründen		BFS-Merkblatt Nr. 3, 18, 23
Prüfung auf Mängel	**Prüfmethode**	**Erkennung und Schadensbeseitigung**
Scharfe Kanten und Profile	Sichtprüfung	Konstruktionsfehler, keine ausreichende Haftfläche, Kantenradius < 2 mm nicht zulässig. Kanten müssen abgerundet werden, dadurch Vergrößerung der Anstrichfläche und gleichmäßige Anstrichdicke.
Offene Holz-verbindungen	Sichtprüfung	An den Verbindungsstellen von zwei Holzteilen sind offene Abrisse in Eckverbindungen zu erkennen (Schwindbewegungen) Bei schmalen Rissen ggf. nachverleimen. Breitere Risse müssen aufgenutet werden. Diese mit Holzfüllmasse bzw. lösemittelhaltigem Dichtstoff ausfüllen. Füllungen an Türen dürfen nicht verleimt weden.
Schadhafte Glasabdichtung	Sichtprüfung; die Haftung des Kittes mit scharfem Gegenstand prüfen	Das Eindringen von Wasser zwischen Holz, Kitt und Glas ist möglich. Schadhaften Kitt entfernen und Kittfalz durch geeigneten Dichtstoff ersetzen. Siehe DIN 18545 Teile 1 bis 3. Kittarbeiten nach dem ersten Zwischenanstrich ausführen.
Außenliegende Glashalteleiste	Sichtprüfung	Die Glashalteleisten dürfen nur innen angebracht werden (sonst Einbruchgefahr). Zwischen Flügelholz und Scheibe sind besondere Abdichtungs-maßnahmen erforderlich; versiegeln.
Mangelhafte Versiegelung	Sichtprüfung Benetzungs-probe, (Tabelle der Beanspru-chungsgrup-pen zur Ver-glasung beachten) BFS Nr. 23	Abperlen des Wassers bei wachshaltigem oder siliconverseuchtem Untergrund. Dadurch können Verlaufsstörungen (Inselbildung) in der Neu-beschichtung entstehen. Die Oberfläche reinigen durch Abwaschen, Abbürsten und/oder Abschleifen. Ggf. Chemikalien zum Einsatz bringen (Siliconentferner). Durch Nachversiegelung evtl. die Beanspruchungsgruppe erhöhen (mindestens Beanspruchungsgruppe III bei einem Lasuranstrich).
Fehlende Bau-teilabdichtung	Sichtprüfung	Dichtstoffe weisen Spalten, Risse und/oder Ausbrüche auf. Im Bereich des Fensters zwischen Mauerwerk und Fensterbank ist bei einer Abdichtung erhöhte Aufmerksamkeit geboten. Zur Anwendung kommen Dichtstoffe für Anschlussfugen unter Beachtung der Anstrichverträglichkeit.
Mängel an Dichtprofilen	Sichtprüfung	Dichtprofile sind rissig, versprödet, abgerissen oder farbverschmutzt. Diese sind zu entfernen und durch geeignete Dichtprofile zu ersetzen.

Innenbeschichtung prüfen

- Der Zustand der Innenbeschichtung ist bei Überholungs- und Erneuerungsbeschichtungen auf Fenster und Außentüren in die Prüfung mit einzubeziehen.
- Im Bereich der Glasabdichtung oder Holzverkleidung dürfen innen keine undichten Stellen vorliegen, die Kondensfeuchte oder Wasser eindringen lassen.
- Haftstörungen an der Außenbeschichtung können durch das Eindringen von Feuchtigkeit von der Innenseite aus verursacht werden.
- Zu feuchtes Holz ist als Anstrichuntergrund ungeeignet, da dies zu Beschichtungsschäden führt.
- Bestehen Bedenken gegen die vorgesehene Art der Ausführung oder gegen die Beschaffenheit des Untergrundes (wegen zu befürchtender Mängel an der vorgesehenen Beschichtung), sind diese nach VOB/B, § 4 Nr. 3 dem Auftraggeber unverzüglich schriftlich mitzuteilen.

Grundlagen | Werkstoffe Hilfsstoffe | Werkzeuge Geräte, Gerüste | Arbeits-techniken | Gestaltung | Arbeitsschutz Umweltschutz | Aufmaß Abrechnung | Betriebs-führung | Quellen

Deckende Beschichtungen auf Holzfenstern und Türen   BFS-Merkblatt Nr. 18, VOB 18363

Arbeitsschritt	Wässriges Beschichtungssystem, Acryldispersionslack	Lösemittelhaltiges System, Alkydharzlack
Grundbeschichtung	Holzschutzimprägnierung auf rohem Holz nach DIN 68800-3: Bläueschutz-Grundbeschichtungsstoff (fungizid) (nur Hölzer Resistenzgruppe 3 bis 5; Nadelhölzer: Fichte, Kiefer, Lärche, Pitch-Pine). Bei dunkleren Farbtönen Beeinträchtigung der Oberfläche durch Harzaustritt möglich.	
1. Zwischenbeschichtung	Polyacrylatbasis, überstreichbar nach 4 Stunden; mindestens 8 °C Untergrundtemperatur, Acrylpinsel; Holzarten mit wasserlöslichen Holzinhaltstoffen (Eiche, Afzelia, Mahagoni) können sich verfärben: Absperrbeschichtungsstoff	Langöliges Alkydharz, überstreichbar nach 24 Stunden, geringe Quellbarkeit
Beide Arbeitsschritte müssen bei neueingebauten Fenstern und Türen vor dem Einbau erfolgen.		
2. Zwischenbeschichtung	Polyacrylatbasis, wasserdicht, sehr wasserdampfdurchlässig, überstreichbar nach fünf Stunden	Alkydharzlack, überstreichbar nach 12 Stunden, Zwischenbeschichtung mit ventilierendem Lack bis zum Absinken der Holzfeuchte auf 15 % stehen lassen
Schlussbeschichtung	Wie vor, Trocknung fünf Stunden, hoch- oder seidenglänzend	Wie vor, Trocknung fünf Stunden, hoch- oder seidenglänzend

Hinweis: Ergibt die Untergrundprüfung einen Überholungsanstrich, so ist anzuschleifen. Bei einem Erneuerungsanstrich ist die chemische oder mechanische Entfernung des Altanstriches nötig.
Bei High-Solid-Systemen entfällt die 2. Zwischenbeschichtung.

Lasierende Beschichtungen auf Holzfenstern und Holztüren, maßhaltig BFS-Merkblatt Nr. 18

Arbeitsschritt	Wässriges Beschichtungssystem, Acryldispersionen	Lösemittelhaltiges System, Alkydharzlasuren
Grundbeschichtung siehe deckende Beschichtungen.		
1. Zwischenbeschichtung	Dünnschichtlasur z. B. auf Acryldispersionslackbasis, auch als Holzschutzlasur, offenporig, geringe Eindringtiefe, Acrylpinsel, überstreichbar nach zehn Stunden	Dünnschichtlasur auf Alkydharzbasis, auch als Holzschutzlasur, offenporig, gute Eindringtiefe, überstreichbar nach 18 Stunden
Beide Arbeitsschritte müssen bei neueingebauten Fenstern und Türen vor dem Einbau erfolgen.		
2. Zwischenbeschichtung	Dickschichtlasur z. B. auf Polyacrylatbasis, wasserdampfdurchlässig, wasserabweisend, überstreichbar nach vier Stunden	Dickschichtlasur auf Alkydharzbasis, wasserdampfdurchlässig, wasserabweisend, überstreichbar nach 18 Stunden
Schlussbesch.	Dickschichtlasur wie vor	Dickschichtlasur wie vor

Beschichtungssysteme auf nicht maßhaltigen Holzuntergründen   BFS-Merkblatt Nr. 3

Arbeitsschritte	Lasierende Systeme	Deckende Systeme
Grundbeschichtung wie deckende Systeme, maßhaltig; Zustimmung des Auftraggebers einholen.		
1. Zwischenbeschichtung	Dünnschichtlasur auf Acryldispersions- oder Alkydharzbasis, auch Alkydharz-Acryldispersionskombinationen, dunkle Lasurtöne bevorzugen	Diffusionsfähige Acryldispersionsholzfarbe, nicht abblätternd, dünnschichtig, diffusionsfähiger Alkydharzlackvorlack
Beide Arbeitsschritte sind vor der Montage von Profilholzverbretterungen durchzuführen.		
2. Zwischenbeschichtung	Wie zuvor	Wie zuvor
Schlussbeschichtung	Wie zuvor	Wie zuvor

Prüfung von Betonuntergründen bei Betonschutzbeschichtung — BFS-Merkblatt Nr. 1, 8, 11

- Die Betonoberfläche ist zu prüfen, ob sie für die Beschichtungsarbeit geeignet ist.
- Bedenken nach VOB, Teil B, DIN 1961, § 4, Nr. 3, dem Auftraggeber schriftlich mitzuteilen.
- Bei Gefährdung der Standsicherheit: Architekturbüro bzw. Statiker hinzuziehen, VOB/C DIN 18349
- Für den Maler nicht erkennbare Mängel im Beschichtungsuntergrund werden als verdeckte Mängel bezeichnet.
  Dem Unternehmer können Beschichtungsschäden dieser Art nicht angelastet werden.
- Die hier beschriebenen Maßnahmen stellen im Sinne der VOB, Abschnitt 4, besondere Leistungen dar, die vom Auftraggeber gesondert vergütet werden.

Prüfung auf Mängel	Prüfmethode	Erkennung und Schadensbeseitigung
Oberflächenfestigkeit	Sichtprüfung, Kratzprobe, mit der Handfläche abreiben, Benetzungsprobe	Durch mäßigen Druck wird die Beschichtungsfläche beschädigt oder platzt aus. Wesentlicher Abrieb durch die Handfläche. Beschichtungsfläche erweicht durch Benetzungsprobe. Durch Maschineneinsatz lose, lockere und mürbe Teile entfernen, z. B. Heißwasserstrahlen, Höchstdruckwasserstrahlen, Strahlen mit festem Strahlmittel.
Oberflächenzugfestigkeit	Nach DIN 1048, Teil 2 Zugprüfgerät	Je nach Beschichtungaufbau entsprechende Oberflächenfestigkeit. Oberflächenzug oder Abreißfestigkeit: Bei Beton > C 20/25 im Regelfall mindestens 1,5 N/mm, bei geringerer Nennfestigkeit des Betons mindestens 1,1 N/mm. Kleinster Einzelwert bei OS 5 > 0,8 N/mm
Prüfen auf Hohlstellen	Mit dem Hammer abklopfen	Bei Hohlstellen ertönt beim Abklopfen ein hohler Klang. Die Hohlstelle aufstemmen und ggf. Armierungseisen freilegen.
Rostflecken und Verfärbungen	Sichtprüfung	Der Beton weist einzelne Roststellen und Verfärbungen auf. Die schadhaften Stellen sind von Kleineisenteilen oder Ähnlichem zu entfernen. Bei nicht ausreichender Betonüberdeckung (3 bis 4 cm) der Bewehrung sind Instandsetzungsmaßnahmen erforderlich.
Bautechnische und konstruktionsabhängige Risse	Sichtprüfung	Lange, gerichtete Risse, meist tief in den Beton hineingehend. Trennrisse oder oberflächennahe Risse. Die Rissursache muss ermittelt werden. Evtl. Fachberater zu Rate ziehen
Sinterschichten	Sichtprüfung, anschleifen bzw. kratzen, Benetzungsprobe mit Wasser	Im trockenen Zustand ist an der Oberfläche ein leichter Glanz zu sehen. Bei einer Benetzung mit Wasser ist eine geringe Saugfähigkeit und Dunkelfärbung im Bereich der Kratzspur zu erkennen. Die Sinterschicht ist durch Strahlen mit festem Strahlmittel bzw. Höchstdruckwasserstrahlen zu entfernen.
Feuchtigkeit auf vertikalen Flächen und Draufsichten oder auf begehbaren Flächen (gilt auch für Estriche)	Sichtprüfung, Feuchtigkeitsmessung (CM-Gerät, s. Seite 115)	An der Oberfläche sind feuchte Flächen, Wasserränder und Verfärbungen zu sehen. Die Ursache beseitigen und austrocknen lassen. Bei aufsteigender und rückseitig einwirkender Feuchtigkeit sind besondere Maßnahmen erforderlich. Der bei der Feuchtigkeitsmessung ermittelte Wert darf max. 4 % betragen. Evt. Ursache beseitigen und austrocknen lassen.

Prüfung von Betonuntergründen bei Betonschutzbeschichtung		**BFS-Merkblatt Nr. 1, 8, 11**
Prüfung auf Mängel	Prüfmethode	Erkennung und Schadensbeseitigung
Poren, Lunker, Kiesnester	Sichtprüfung	Poren, Lunker und Kiesnester müssen vor einer Schutzbeschichtung auf Stahlbeton (z. B. Karbonatisierungsbremse) mit Spachtelmassen gefüllt werden.
Schaden an Fugen und Anschlüssen	Sichtprüfung	Zu erkennen an den Flankenabrissen des Dichtstoffes. Schadhafte Abdichtungen müssen erneuert werden, Hinweise in DIN 18 540, Teil 1, Abschnitt 5 sowie BFS-Merkblatt 23
Tragfähigkeit alter Beschichtungen	Kratzprobe mit spitzem Gegenstand, Gitterschnittprüfung in Anlehnung an DIN EN ISO 2409 und DIN EN ISO 24624	Bei mäßigem Druck auf die Oberfläche splittern bereits Beschichtungsteile ab. Die Kratzspur zeigt einen abgezackten Randbereich auf. An den Schnittstellen sind Ausbrüche zu erkennen. Von der Altbeschichtung bleiben Teile durch ihre Haftungsschwäche am Klebeband hängen. Nicht tragfähige Beschichtungen müssen entfernt werden. Haftzugprüfung durchführen.

Prüfung von Beton bei Instandsetzungsarbeiten		**BFS-Merkblatt Nr.1, 8, 11**

Für die Beurteilung des Betons bei Instandsetzungsarbeiten reichen die vorher genannten Prüfungen nicht aus. Nachfolgend genannte Prüfungen und Maßnahmen sind keine Nebenleistungen nach VOB/C ATV DIN 18 299, Abschnitt 4.1. Sie sind gesondert auszuschreiben und zu vergüten. Diese Diagnose ist Voraussetzung für die Erstellung des Leistungsverzeichnisses und dient der Beurteilung der Gefährdung der Standsicherheit von Betonteilen.

Prüfung auf Mängel	Prüfmethode	Erkennung und Schadensbeseitigung
Betonüberdeckung der Bewehrung	Zerstörungsfreie Messgeräte auf magnetischer Grundlage	Das Messergebnis gibt die Betonüberdeckung der Bewehrung an. Die Überdeckung beträgt nach DIN 1045 3 bis 4 cm. Erforderliche Mindestüberdeckung wiederherstellen bzw. Betonüberdeckung erhöhen und/oder Betonschutzbeschichtungen aufbringen.
Druckfestigkeit	Rückprallhammer nach Schmidt DIN 1048 (s. Seite 116)	Aus den Rückprallwerten lässt sich die Betonfestigkeit (Druckfestigkeit in N/mm) ermitteln (z. B. C 20/25, C 30/37). Die Betonfestigkeit ist nachträglich nicht mehr änderbar. Erhöhung nur durch Neubetonierung.
Carbonatisierung, Alkalität	Frische Betonbruchstellen mit Phenolphthalein 0,1 % besprühen	Beton verfärbt sich ab pH 9 rotviolett bzw. blau (ausreichend alkalisch). Findet keine Verfärbung statt, dann nicht ausreichend alkalisch. Der Alkalitätsverlust ist abhängig von der Betonfestigkeit und der Standzeit des Bauwerkes.
Korrosion der Bewehrung	Sichtprüfung, Chloridprüfung	Voluminöser, lockerer Rost am Bewehrungsstahl. Lochfraßkorrosion (durch Chloride). Entrostung und Korrosionsschutzmaßnahmen nach DIN 55 928, Teil 4 durch Strahlen zu entrosten. Bei Querschnittsverlust statische Belange beachten. Bei Lochfraß Chloridprüfung.
Schädigende Salze (z. B. Chlor)	Baustellen- und Laboruntersuchungen	Ausblühungen, wechselnd nasse Bereiche, zersetzte Betonoberfläche, Lochfraß am Betonstahl (besonders bei streusalzbelasteten Flächen und nach PVC-Bränden).

Über die Tabelle hinausgehende Prüfungen sind vom Auftragnehmer in der Regel nicht mit handwerksüblichen Mitteln durchzuführen und daher in Zusammenarbeit mit qualifizierten Betonlabors/Bausachverständigen zu erbringen. Eine Verbindlichkeit für die allgemeine Gültigkeit sowie Anspruch auf Vollständigkeit dieser Tabellen kann nicht übernommen werden.

Prüfung von Untergründen bei Anstrich und Tapezierarbeiten

Nach VOB Teil C, DIN 18363 (Anstricharbeiten) und VOB Teil C, DIN 18366 (Tapezierarbeiten) müssen Untergründe auf ihre Tauglichkeit geprüft und für die zur Durchführung kommenden Leistungen geeignet sein. Der Umfang der Prüfung kann sich nur auf sichtbare oder anderweitige, erkennbare Mängel durch baustellenübliche Prüfmethoden beschränken.

Für den Maler nicht erkennbare Mängel im Beschichtungsuntergrund werden als verdeckte Mängel bezeichnet. Dem Unternehmen können Beschichtungsschäden dieser Art nicht angelastet werden.

Bestehen aufgrund der Untergrundprüfung Bedenken gegen die vorgesehene Art der Beschichtung oder Tapezierung, ist dies dem Auftraggeber sofort (möglichst vor Beginn der Arbeiten) schriftlich mitzuteilen (siehe VOB Teil B § 4, Nr. 3)

Prüfung von Putz, Porenbeton, Faserzementplatten   BFS-Merkblatt Nr. 1, 8, 9, 10, 11, 14

Prüfung auf Mängel	Prüfmethode	Erkennung und Schadensbeseitigung TRGS 519 beachten
Risse (fein)	Durch leichtes Benetzen mit Wasser, Sichtprüfung	Die Risse zeichnen sich durch eine Dunkelfärbung ab. Zum Einsatz kommen rissüberbrückende Beschichtungssysteme, gefüllte Kunststoffdispersionsfarbe, Dispersionssilikat oder Siliconharzemulsion.
Risse an Stoß und Lagerfuge	Durch leichtes Benetzen mit Wasser, Sichtprüfung	Durch die gesamte Putzschichtdicke verlaufen diese Risse. Sie gehen bis in die Mauerwerksfuge. Der Rissverlauf ist weitgehend identisch mit der Mauerwerksfuge
Baudynamische Risse	Sichtprüfung	Risse verlaufen gerade, vertikal oder horizontal. Sie treten z. B. am Deckenanschluss, in Höhe von Etagendecken und Ecken von Öffnungen (Fenster und Türen) auf. Je nach Umfang und Größe des Schadens finden überbrückende plastoelastische Armierungssysteme auf Kunststoffdispersionsbasis oder kunststoffvergütete mineralische Spachtelmassen Verwendung.
Ausblühungen	Sichtprüfung	Bei Kalkausblühungen, die durch Wassereinwirkungen entstehen, werden nicht erhärtende Calciumhydroxide gelöst und treten als helle Flecken an der Oberfläche auf. Je nach Umfang Fläche fluatieren, absperren mit wasserfreien Isoliermitteln. Salzausblühungen können durch die Inhaltsstoffe der verwendeten Baustoffe oder durch Umwelteinflüsse gebildet werden. Diese Salze sind wasserlöslich. Daher ist der Feuchtigkeitseinfluss zu beseitigen. Nach sorgfältiger Trocknung Salze trocken abfegen.
Schad- und Ausbesserungsstellen	Sichtprüfung, Klopfen mit dem Hammer	Ausbesserungsstellen die hohl klingen abklopfen und ausbessern. Oberflächenstruktur angleichen. Bei nachfolgenden Beschichtungen gegebenenfalls fluatieren.
Kreidene Flächen – Mehlkornschichten	Wischprobe mit der trockenen Hand	Die Handfläche ist mit einem mehligen/feinstsandigen Belag bedeckt. Die Fläche ist trocken zu säubern und mit lösungsmittelfreiem bzw. lösungsmittelhaltigem Grundanstrich zu festigen.
Verschmutzungen	Sichtprüfung	Durch Ablagerung von Kohlenstoffdioxid, Verschmutzung der Oberfläche. Diese ist abzufegen/abzusaugen. Unter Einsatz von Hochdruck- oder Dampfstrahlreinigungsgeräten reinigen, Schmutzwasser auffangen und entsorgen.
Feuchtigkeit	Sichtprüfung, Kratzprobe	Durch Feuchtigkeitseinwirkung entstehen Verfärbungen und Wasserränder zeichnen sich ab. Ursachen beheben, abtrocknen lassen, Wasserflecke absperren und geeigneten Beschichtungsaufbau ausführen.

Grundlagen

Werkstoffe Hilfsstoffe

Werkzeuge Geräte, Gerüste

Arbeitstechniken

Gestaltung

Arbeitsschutz Umweltschutz

Aufmaß Abrechnung

Betriebsführung

Quellen

Prüfung von Putz, Porenbeton, Faserzementplatten		BFS-Merkblatt Nr. 1, 8, 9, 10, 11, 14
Prüfung auf Mängel	Prüfmethode	Erkennung und Schadensbeseitigung TRGS 519 beachten
Bauteilab-dichtung	Sichtprüfung	Durch Defekte der Bauabschlüsse (offene Fugen, abgerissene Abdichtungen) kann Feuchtigkeit (Wasser) eindringen. Mangelhafte Abdichtungen erneuern, ggf. Fachberater hinzuziehen
Prüfen auf Hohlstellen, freiliegende Metallteile	Sichtprüfung Fläche mit Hammer abklopfen	Wegen des freiliegenden Bewehrungsstahls bilden sich Rostfahnen. Nicht haftende Teile klingen hohl. Aufstemmen, Bewehrung freilegen. Bewehrungsstahl entrosten ggf. erneuern. Korrosionsschutz entsprechend dem System auftragen, evt. Haftbrücke aufbringen und mit Reparaturmörtel schließen. Je nach Umfang Fachberater hinzuziehen.
Moos, Algen, Pilzbefall	Sichtprüfung	Die außen zu behandelnde Fläche ist mit einem grünen bzw. dunklen Bewuchs bedeckt. Die Hauptursache für den Bewuchs ist die Feuchtigkeit in Verbindung mit Schmutzablagerungen. Chemisch, mechanisch oder durch Dampfstrahlen entfernen und chemisch nachbehandeln. Ursache beseitigen, z. B. Fensterbänke und Abdeckungen verbreitern. Für Schimmelpilzbefall im Innenbereich ist meist ein zu feuchtes Raumklima verantwortlich. Lüftungseigenschaften verbessern, ggf. Außendämmung anbringen.
Saugfähig-keit	Benetzungs-probe mit Wasser, Sichtprüfung	Wasser bleibt auf der Oberfläche stehen (perlt ab). Die Oberfläche nimmt Wasser langsam auf und färbt sich dunkler. Unterschiedliche Saugfähigkeit lässt sich durch einen Grundanstrich ausgleichen. Im Bedarfsfall sind Trennmittelrückstände/Sinterschichten zu beseitigen.
Trennmittel-rückstände	Benetzungs-probe, Kratz-probe bzw. anschleifen	Wasser bleibt auf der Oberfläche stehen (perlt ab). Die Oberfläche nimmt Wasser langsam auf und färbt sich dunkler. Manuell oder maschinell entfernen; ggf. durch eine Fluatwäsche unter Zusatz eines Netzmittels (Spülmittel) entfernen.
Alkalität bei Tapezier-arbeiten	Indikatorpapier	Die Oberfläche wird mit neutralem Wasser (destilliertem) benetzt und das Indikatorpapier wird aufgelegt. Durch Farbveränderung lässt sich der pH-Wert ermitteln (Farbvergleich). Auf mineralischen Untergründen kann man die Alkalität nicht beseitigen. Durch die Feuchtigkeit (Kleister) wird die Alkalität wirksam. Auf alkalibeständige Produkte achten. Für den Beschichtungsaufbau sind die Angaben der Beschichtungsstoffhersteller zu beachten.
Tragfähig-keit vorhandener Altbe-schichtungen	Sichtprüfung, Gitterschnitt-prüfung in Anlehnung an DIN 2409	Bei mäßigem Druck auf die Oberfläche splittern bereits Anstrichteile ab. Die Kratzspur zeigt einen abgezackten Randbereich auf. An den Schnittstellen sind Ausbrüche zu erkennen. Von der Altbeschichtung bleiben Teile durch ihre Haftungsschwäche am Klebeband hängen. Nicht tragfähige Beschichtungen müssen entfernt werden.
Sinter-schichten	Benetzungs-probe, Kratz-probe bzw. anschleifen, Sichtprüfung	An der Oberfläche ist im trockenem Zustand ein Oberflächenglanz sichtbar. Die Saugfähigkeit ist gering. Bei Benetzung: Dunkelfärbung der Kratzspur bzw. Schleifspur. Maschinell oder manuell entfernen, im Bedarfsfall fluatieren (auf Gipsmörtel und Gipssandmörtelputze nicht fluatieren).
Oberflächen-festigkeit	Abreiben mit der Hand, Kratz-probe mit festem Gegenstand, Sichtprüfung	Bei mäßigem Druck wird die Oberfläche beschädigt, geringer bis mittlerer Abrieb auf der Handfläche. Lose, lockere oder mürbe Teile manuell oder maschinell entfernen. Bei geringem Abrieb an der Beschichtungsoberfläche mit Tiefengrund (putzfestigend) behandeln.

Anstrichaufbau auf Putzuntergründen	**BFS-Merkblatt Nr. 9, VOB DIN 18363**
• Erstanstriche • Erneuerungs- oder Renovierungsanstriche • Überholungsanstriche	

Erstanstrich auf verputzten Außenwandflächen mit KD-Farben	
Grundanstrich mit Tiefgrund • lösemittelhaltig, • wasserverdünnbar, je nach Saugfähigkeit des Untergrundes verdünnt	Sattes Einarbeiten mit Pinsel und Bürste, Verarbeitung mit Airlessgerät möglich, bei extremen Untergründen „Nass in Nass" arbeiten
Zwischenanstrich, 5 bis 15 % verdünnt	Mit wetterfester KD-Farbe, Wasser, Streichrollen
Schlussanstrich maximal 5 % verdünnt	Mit wetterfester KD-Farbe, Wasser, Streichrollen

Überholungsanstrich auf gestrichenen, verputzten Außenwandflächen mit KD-Farben	
Prüfen und Vorbereiten des Untergrundes	Prüfprotokoll erstellen, Vorarbeiten ausführen
Zwischenanstrich, je nach Saugfähigkeit des Untergrundes verdünnen	Mit wetterfester KD-Farbe, Wasser
Schlussanstrich, maximal 5 % verdünnt	Mit wetterfester KD-Farbe

Erstanstrich auf verputzten Innenwandflächen DIN EN 13300	
Grundanstrich mit Putzfestiger	Streichbürste
Zwischenanstrich, verarbeitungsfähig verdünnen	Mit KD-Farbe, Klasse 3 (waschbeständig), Wasser oder KD-Farbe, Klasse 2 (scheuerbeständig), Wasser
Schlussanstrich	

Überholungsanstrich auf gestrichenen verputzten Innenwandflächen Überholungsanstrich auf Raufaser, Präge- oder Relieftapeten	
Prüfen und Vorbereiten des Untergrundes	Prüfprotokoll erstellen, Vorarbeiten ausführen
Zwischenanstrich, verarbeitungsfähig einstellen	Mit KD-F, Klasse 2 (waschbeständig), < 15 % verdünnen oder KD-Farbe, Klasse 2 (scheuerbeständig)
Schlussanstrich maximal 5 % verdünnt	

Neuanstrich mit Silikatfarben auf neuen Putzen	
Haut und Augen schützen, Umgebung abdecken; ätzt Glas, Keramik, Natursteine	
Prüfen und Vorbereiten des Untergrundes	Prüfprotokoll erstellen; Vorarbeiten ausführen
Stark saugende Putze grundieren, Grundanstrich mit Silikatfarbe	Grundierkonzentrat (unpigmentierte Silikatfarbe), 1 : 1 bis 1 : 3 mit Wasser verdünnt; Streichbürste
Trockenzeiten abwarten	12 bis 24 Stunden Trockenzeit
Schlussanstrich mit Silikatfarbe, eventuell bis zu drei Anstrichen	Mit Wasser oder Fixativ maximal 10 % verdünnen, nicht zu dick streichen, nicht bei Sonne und Regen, immer wieder gut aufrühren, „Nass-in-Nass" arbeiten

Renovierungsanstrich mit Silikatfarben auf Alt-Silikatanstrichen, ungestrichenen Kalksandstein	
Alten Putz trocken reinigen	Sorgfältig trocken abbürsten, abstauben
Nachputzstellen fluatieren, nachwaschen	Fluate, Wasser
Grundieren	Grundierkonzentrat (unpigmentierte Silikatfarbe), 1 : 1 bis 1 : 3 mit Wasser verdünnt, Streichbürste
Schlussanstrich zweimal	„Nass-in-Nass" arbeiten

Erstbeschichtung mit Kunstharzputz	
Prüfen und Vorbereiten des Untergrundes	Prüfprotokoll, kleinere Putzschäden ausbessern
Zu schützende Teile abdecken	Abdeckmaterial, vor Durchweichen sichern
Grundieren nach Herstellerangaben	Mit Streichputz, schafft Haftbrücke
Kunstharzputz auftragen und Fläche strukturieren	Verschiedene Putzsorten, Strukturwerkzeuge

Grundlagen
Werkstoffe Hilfsstoffe
Werkzeuge Geräte, Gerüste
Arbeits- techniken
Gestaltung
Arbeitsschutz Umweltschutz
Aufmaß Abrechnung
Betriebs- führung
Quellen

Grundlagen

Werkstoffe
Hilfsstoffe

Werkzeuge
Geräte, Gerüste

**Arbeits-
techniken**

Gestaltung

Arbeitsschutz
Umweltschutz

Aufmaß
Abrechnung

Betriebs-
führung

Quellen

Prüfung von Kalksandstein- und Ziegelsichtmauerwerk		**BFS-Merkblatt Nr. 2, 13, 19**
Prüfung auf Mängel	Prüfmethode	Erkennung und Schadensbeseitigung
Feine Risse	Sichtprüfung, Benetzungsprobe mit Wasser	Durch Wegschlagen des Wassers zeichnen sich die Risse im Stein ab. Der Untergrund ist so für Anstriche weitgehend nicht geeignet. Haarrisse in der Oberfläche werden durch geeignete Anstrichstoffe überbrückt (entsprechend BFS-Merkblatt Nr. 19).
Ausblühungen	Sichtprüfung	Verfärbungen sind meist weiß, salzig oder bitter schmeckend, in Wasser leicht oder schwer löslich. Dies sind Anzeichen für ungewöhnliche Feuchtigkeitsbeanspruchung (Durchfeuchtung). Trocken entfernen, evt. mechanisch oder im Dampfstrahlverfahren bearbeiten (wenig Feuchtigkeitseinwirkung).
Absprengungen	Sichtprüfung	Bei Ziegel- oder Kalksandstein entsteht durch Frosteinwirkung oder Kalktreiber (die sog. Kalkmännchen) richtige Absprengungen von Steinoberflächenschichten. Für Beschichtungsarbeiten ist der Untergrund nicht geeignet.
Vanadinausblühungen	Sichtprüfung	Vanadinausblühungen sehen gelbgrün bis olivfarben aus, treten häufig an hellfarbigen Verblendern auf. Bewährt hat sich zur Entfernung der Flecken ein basischer (alkalischer) Spezialreiniger. Unter Umständen im Wechsel mit einer Säurebehandlung. Die mit Säure behandelten Flächen müssen unbedingt neutralisiert werden. Evt. Fachberater hinzuziehen.
Feuchtigkeit	Sichtprüfung	Es zeichnen sich dunklere Verfärbungen an der Oberfläche ab. Die Oberfläche abtrocknen lassen (lüften), ggf. bautechnische Ursachen (z. B. undichte Rinnen oder Horizontalabdichtung) beseitigen lassen.
Moos, Algen, Pilzbefall	Sichtprüfung	Die Oberfläche ist mit sichtbarem Bewuchs befallen. Den Befall mechanisch durch Schleifen, Abflammen, Abkratzen oder durch Dampfstrahlen entfernen. Evt. mit geeigneten Mitteln chemisch nachbehandeln.
Saugfähigkeit	Sichtprüfung, Benetzungsprobe mit Wasser (Blumenspritze)	An der Oberfläche perlt das Wasser ab. Geringes oder kein Aufsaugen des Wassers in die Oberfläche, ungleichmäßiges Aufsaugen. Der Beschichtungsaufbau richtet sich nach der Saugfähigkeit des Untergrundes. Vom Grundanstrich bis zum Schlussanstrich dürfen nur die Werkstoffe eines Anstrichsystems desselben Herstellers verwendet werden.
Tragfähigkeit alter Beschichtungen	Kratzprobe, Sichtprüfung, Klebebandtest	Durch geringen Druck splittern bereits Beschichtungsteile ab. Zackenförmiger Kratzspurenverlauf. Klebeband fest andrücken und ruckartig entfernen. Lose Beschichtungsteile bleiben am Klebeband haften. Je nach Umfang: Nicht tragfähige Beschichtungen entfernen.

Beschichten von Ziegelsichtmauerwerk	BFS-Merkblatt Nr. 13, VOB DIN 18363

Klinker: dichte Oberfläche, wasserabweisende Wirkung, keinerlei Beschichtung notwendig
Beschichtungen und Imprägnierungen haben • ästhetische Wirkung • zusätzliche Schutzwirkung

Die Auswahl der alkalibeständigen Beschichtungssysteme richtet sich vorwiegend nach den Beanspruchungen, der Beschaffenheit des Untergrundes und nach den gestalterischen Anforderungen.

Arbeitsschritte	
Mauerwerk und Klinker	Frei von treibenden Einflüssen und schädlichen Stoffen, die evtl. später Abblättern oder Ausblühen der Beschichtung verursachen
Vorbehandlung des Untergrundes	Abtrocknen lassen, ggf. bautechnische Ursachen beseitigen
Grundieren	Spritzen, Streichen, Rollen
Zwischenanstrich	Spritzen, Streichen, Rollen
Schlussanstrich	Spritzen, Streichen, Rollen

Deckende Beschichtungssysteme		Farblose Beschichtungssysteme

• Kalk-Weißzementfarben
• Silikatfarben
• Dispersions-Silikatfarben
• KD-Farben
• Dispersionslackfarben
• Polymerisatharzfarben
• Silikonharz-
  Emulsionsfarben
	• Silikon-Mikroemulsionen
	• plastoelastische KD-Farben,
	  zum Beschichten von Flächen
	  mit Haarrissen
	• plastoelastische KD-Farben,
	  zum Beschichten von Flächen
	  mit Einzelrissen
	• Kunstharzputze
		• Silan-, Siloxan-, Silikon-
		  Imprägniermittel
		• Silikon-Mikroemulsionen
		• Polymerisatharzlösungen
		• Kunststoffdispersionen
		• Die Angaben der Hersteller sind zu
		  beachten

Beschichten von KS-Sichtmauerwerk	BFS-Merkblatt Nr. 2, VOB DIN 18363

Deckende Beschichtungen und Imprägnierungen auf KS-Sichtmauerwerk

• Haben gestalterische Wirkung
• Verhindern Feuchtigkeitsaufnahme bei Schlagregen
• Bieten zusätzlichen Wetterschutz
• Wirken der Verschmutzung entgegen

Anforderungen an Beschichtungen

• Deckende Beschichtungen: hohe Haftfestigkeit
• Wasserdampfdurchlässigkeit s_d-Wert ≤ 0,4 m
• Beschichtungen und Imprägnierungen: kälteelastisch, alkalibeständig

Arbeitsschritte	
Imprägnierung	• Nur auf genügend trockenem Untergrund • Frisches Mauerwerk frühestens nach vier Wochen streichen • Untergrund muss vom Hersteller vorgeschriebene Mindestmenge aufnehmen
Deckender Anstrich	• Genügende Durchtrocknung des Mauerwerks etwa nach 3 Monaten • Nur als ausdrücklich geeignet bezeichnete Systeme von einem Hersteller verwenden • Witterung: trocken, niederschlagsfrei, 5 °C
Überholen der Beschichtung	• Eignungsprüfung durchführen • Haftungsprüfung anwenden • Gleiches Beschichtungssystem wie bei Erstbeschichtung einsetzen

Außenbeschichtung, wetterbeständig, deckend	Innenbeschichtungen
Dispersions-Silikatfarbe	Wie außen
Silikonharz-Emulsionsfarbe	Kunststoff-Dispersionsfarben nach DIN 53778
Kunststoff-Dispersionsfarbe	Farblose Imprägnierungen
Siloxanfarben	Kieselsäure-Imprägniermittel
Vom Hersteller zugelassene, geeignete Systeme	Silikon-Imprägniermittel

Grundlagen
Werkstoffe Hilfsstoffe
Werkzeuge Geräte · Geräte
Arbeits-techniken
Gestaltung
Arbeitsschutz Umweltschutz
Aufmaß Abrechnung
Betriebs-führung
Quellen

Schwammstupfen

Das Schwammstupfen ist eine Maltechnik. Schwamm wird in Farbe getaucht, ausgedrückt und locker auf die Wand gestupft. Es hat einen lasierenden Charakter, da der Untergrund immer durchschimmert. Vornehmste Gestaltungsmöglichkeit Ton in Ton des Untergrundes mit den aufgetupften Farben

Arbeitsschritte	Werkzeug/Material	Bemerkungen
• Naturschwamm in Farbe tauchen, ausdrücken, ganz zart an die Wand stupfen • Schwamm immer wieder drehen • Naturschwamm nach der Arbeit sofort mit viel Wasser auswaschen	• Naturschwamm • Palette • Eimerdeckel	• Kräftiger Druck erzeugt Kleckse • Drehen um ein eintöniges Bild zu vermeiden

Wickeltechnik

Das Erscheinungsbild wird von der Farbigkeit und von der Lappenstruktur geprägt: ob fein oder grob, ob glatt oder knittrig, ob Leder oder Trikot, ob Ton in Ton oder kontrastreich. Es kann sogar Ähnlichkeiten mit Marmor oder Stein haben. Zweimal wickeln ergibt ein ruhiges, gleichmäßiges Bild.

Arbeitsschritte	Werkzeuge	Bemerkungen
• Lappen in Farbe tauchen, ausdrücken, zu einer länglichen Wurst formen • In unterschiedlichen Richtungen und mit ungleichmäßigem Druck über die Fläche wickeln • Bei jedem neuen Benetzen mit Farbe den Lappen neu und anders formen	• Fusselfreie Stoffe • Leinentücher, Trikotstoffe • Leder • Gummihandschuhe • Farbmischgefäße	• Unterschiedlicher Druck und wechselnde Richtungen vermeiden gleichmäßige tapetenartige Oberfläche • Lappenumwickelte Rolle erleichtert das Arbeiten an der Decke

Schablonierung auf gewickelten Untergrund setzen oder „überwickeln" ergibt eine feine Kombination.

Effektlackbeschichtungen

Hammerschlageffekt
Nach dem Auftragen des Hammerschlaglackes entsteht selbsttätig ein ebenmäßiges Muster, das so aussieht, als sei eine Metallfläche gleichmäßig gehämmert worden. Es sieht nach einer Kraterlandschaft aus. Das aluminiumpigmenthaltige Anstrichmittel unter Zusatz von Silikonen als Verteiler ist in verschiedenen Farben erhältlich. Beim „Verteilen" entmischen sich die Aluminiumpigmente.

Weitere besondere Effektlacke
• Nach Art des Lackes (Kräusellacke, Runzellacke, Eisblumenlacke, Narbenlacke), Perlglanzlacke (mit Perlglanzpigmenten), Strukturlacke, Metalleffektlacke, Kristalllacke (enthalten besondere Zusätze)
• Leichte Ungleichmäßigkeiten des Untergrundes werden überdeckt
• Je nach Herstellerangaben verarbeiten (hauptsächlich im Spritzverfahren)

Sandsteinimitation

Soll die Imitation einem Originalstein entsprechen, muss die Farbigkeit genau nachgemischt werden. Es sind aber auch farblich andere Interpretationen möglich. Die Fläche wird mit zwei Farben dargestellt und die Flecken, wie sie auch im natürlichen Stein vorkommen, mit ein bis zu zwei Farben.

Arbeitsschritte	Werkzeuge	Bemerkungen
• Gesamte Fläche mit der hellen Farbe deckend streichen • Trocknen lassen • Zweite, dunklere Farbe unruhig anlegen • Mit farbigen Flecken versehen • Struktur in die noch nasse Farbe mit der Stupfbürste stupfen	• Großer Flächenstreicher • Streichbürste • Viereckige Tupfbürste • Borstenpinsel • Malerlineal • Strichzieher	Partnerarbeit bei zwei Farben: Einer legt die Farbe vor, der Partner stupft in die nasse Farbe. Oder: Farbe und Flecken nur in kleinen Flächen vorlegen, noch im nassen Zustand stupfen. So entsteht eine steinartige, typische Sandsteinoberfläche.

Für die Quaderung werden nach dem Trocknen die Linien für Licht und Schatten gezogen.
Lichtfarbe: die Sandsteinfarbe und Weiß, lasierend aufgetragen.
Schattenfarbe: die Sandsteinfarbe und Schwarz, lasierend (unter Wasserzugabe) gemalt.

Grundlagen · Werkstoffe Hilfsstoffe · Werkzeuge Geräte, Gerüste · Arbeitstechniken · Gestaltung · Arbeitsschutz Umweltschutz · Aufmaß Abrechnung · Betriebsführung · Quellen

Marmorieren

Von lat. Marmorare (mit Marmor überziehen), marmorartig bemalen, ädern. Farbigkeit und Struktur des geschnittenen und polierten Steins durch malerische Oberflächengestaltung auf Wänden und Gegen ständen wiedergeben. Beliebtes Stilmittel der Illusionistischen Architekturmalerei.

Marmorierung in Kaseintechnik

Natürlichen Marmor genau studieren. Entsprechend der Marmorart arbeiten.

Arbeitsschritte	Werkzeuge/Material	Bemerkungen
Kreidegrund aufbauen Kreidegrund löschen	Knochenleim und Kreide, Zugabe von Terpentin als Spannungsausgleich	Entspricht der Polimentvergoldung, Champagnerkreide, Chinaclay
Grundton in mehreren Farbabstufungen, nass in nass verlaufend, diagonal auftragen	Fertiges Kaseinpulver oder flüssiges Kaseinbindemittel. Erdfarbene Pigmente mit Wasser mindestens 24 Stunden vorher anteigen, dann mit Bindemittel vermischen. Historisch: 60 g Magerquark auf 20 g Ammoniaklösung (25 %).	Angesetzte Bindemittel ausreichend quellen lassen. Durch entsprechende Verdünnung lässt sich die Kaseinfarbe lasierend, halbdeckend oder deckend einstellen.
Auflegen von Lasuren auf die angetrocknete Grundbemalung, Lasurüberzug leicht vertrieben	Abgetönte Lasuren, große Temperapalette, Vertreiber	Ergibt reizvolle Schattierungen und Bruchstellen. Transparenz der Marmormalerei wird erhöht.
Feine Aderungen oder fein verlaufende Schichtungen einziehen und entsprechend verwischen	Verschiedene Spitzpinsel, Geflügelfedern, Modler, Vertreiber, Textilfetzen	Feinarbeit nach Naturvorbild: Echten Marmorstein genau ansehen. Wichtig sind eine lockere Pinselführung und geschickte Ausnutzung des Farbverlaufs.
Konglomerate in unterschiedlichen Farben anlegen	Zackenpinsel oder andere Werkzeuge	
Drusen und Hohlräume im Marmor herstellen	Zusammengewickeltes Fensterleder, Schwamm	
Marmorierte Fläche polieren	Achat	Gleichmäßigen Druck ausüben

Marmorierung in Sprenkeltechnik

Arbeitsschritte	Werkzeuge	Bemerkungen
Mehrere Farbtöne streifenförmig nebeneinander aufstreichen	Farbpalette aufeinander abgestimmter Farbtöne, Ringpinsel	Gleichmäßig über die zu bewältigende Fläche fortsetzen
Nach Trocknen leicht schleifen	Feines Nassschleifpapier	In eine Richtung schleifen
Verdünnte KD-Farbe in Richtung der Streifen locker aufsprenkeln	Großer Ringpinsel	Kontrastfarbton verwenden
Strukturierte Fläche abziehen	Doppelblatt-Spachtel	Lebendige, streifenartige Struktur
Wachsüberzug und polieren	Wachse, Poliermittel, Stoffballen, Japanspachtel	Als Schlussbehandlung für alle strukturierten Flächen

Arbeitsweise bei Art des Trompe-l'œil

Wände oder Sockel können durch eine Quadereinteilung nach Art des Trompe-l'œil gestaltet werden. Schützender Klarlack (z. B. 2-Komponenten-Lackierung) macht Oberflächen sehr strapazierfähig.

1. Fläche mit mittlerem Grau streichen
2. Ganz helles Grau mit dem Naturschwamm stupfen
3. Braungrauen Ton stupfen
4. Schwarz stupfen

Farben für den hellen Granit	**Farben für den dunklen Granit**
Licht: die Hintergrundfarbe, lasierend aufgetragen	Licht: der hellste gestupfte Ton, lasierend liniert
Schatten: Grauton des Granits, lasierend ausgemalt	Schatten: Schwarz, lasierend gemalt

Werkstoffe Hilfsstoffe / Werkzeuge Geräte, Gerüste / Arbeitstechniken / Gestaltung / Arbeitsschutz Umweltschutz / Aufmaß Abrechnung / Betriebsführung / Quellen

Spachteltechniken

Beim Schmuckspachteln wird mit einem Spachtel eine feine Spachtelmasse aufgetragen und gleichzeitig geglättet. Das Durcheinander und Übereinander der Spachtelschläge bleibt zu sehen. So ergibt sich eine faszinierende, elegante, transparente Oberflächengestaltung. Aber auch ziemlich aufwändig und kostenintensiv. Es gibt heute viele Interpretationen, aber nur der edelste Klassiker wird beschrieben.

Werkzeuge		
Kleine Glättekelle mit abgerundeten Ecken, Stilspachtel, Japanspachtel (alle rostfrei), Kunststoffspachtel		
Arbeitsmethode	**Werkzeuge/Material**	**Bemerkungen**
Vorbehandlung und Grundierung	Mit flüssigem Haftgrund	Nach Untergrund auswählen
Schleifen	Schleifmittel für Feinschliff	Untergrund muss glatt sein
Vorspachteln, ein- bis zweimal, Fleckspachtelmethode	Japanspachtel (30 cm), Glättekelle	Fläche in dichten Flecken spachteln; Spachtelgrate, Spachtelrinnen stehen lassen
Mehrere Spachtelschichten, zwei- bis fünfmal spachteln, Trockenzeiten abwarten, immer mit Zwischenschliff	Spachtelmassen in verschiedenen Farbtönen, kleine Japanspachtel, immer wieder mit einem zweiten Spachtel von Materialresten säubern	Kurze Spachtelschläge mit variierender Winkelhaltung setzen, Lücken schließen, Glätten (nicht schaben), glatte und porenfreie Oberfläche, gleichmäßige Struktur erzielen
Wachsen, zweimal kreuzweise auftragen	Wachspolitur, Japanspachtel	Glanz entsteht durch Druck der Spachtel von selbst, wird durch eine Wachspolitur noch gesteigert
Polieren	Rundschleifmaschine, Lammfellschwabbel	Hochglänzende, halbtransparente Fläche mit sehr viel Tiefenwirkung

Reißlacktechnik

Bewusst gesteuertes Reißen der Lackoberfläche.

Arbeitsschritte	Werkzeug/Material	Bemerkungen
Grundieren der Oberfläche	Grundiermittel	Auf Untergrund abstimmen
Spachtelung der Oberfläche	Spachtelmasse, Japanspachtel	Sorgfältig glätten
Vorlackierung	Alkydharzlack spritzen	–
Schlusslackierung, Trockenzeit abwarten	Hellgetönter Seidenglanzlack, selbst hergestellte Lasuren	Probe-Brettchen anlegen
Fläche mit Dextrinaufstrich einstreichen und stupfen	Dextrin (Stärkeprodukt aus der Drogerie) klumpenfrei in heißem Wasser zu lackartiger Konsistenz auflösen	Temperatur, Schichtdicke und Konsistenz des Dextrin beeinflussen die Rissbildung, Trockenzeit: ein bis zwei Stunden
Rissbildung abwarten	–	Starke Trocknungsspannung lässt Lackschicht craqueleartig reißen
Gesamte mit Dextrin beschichtete Fläche einstreichen	Nicht zu dünne, magere, dunkel abgetönte Ölfarbe	Risse gut mit Farbe ausfüllen, damit sie sich deutlich abheben
Überschüssige Farbe abreiben	Trockene Lappen	Auffangbehälter bereithalten
Dextrin sofort danach abwaschen	Schwamm und Wasser	Lasur in Rillen nicht verwaschen
Gesamte Fläche nachschleifen	Mit Bimsmehl und Schleifmodler	Nur wenn notwendig
Schutzbeschichtung auftragen	Seidenmatter Klarlack	Spritzverfahren

Grundlagen

Werkstoffe Hilfsstoffe

Werkzeuge Geräte, Gerüste

Arbeitstechniken

Gestaltung

Arbeitsschutz Umweltschutz

Aufmaß Abrechnung

Betriebsführung

Quellen

Lasieren

Lasieren ist ein Farbauftrag, bei dem der Untergrund durchschimmert. Die Lasur kann ganz zart sein und wie ein fast durchsichtiger Schleier die Wand überziehen. Oder sie ist so intensiv, dass der darunter liegende, deckende Anstrich gerade noch zu erkennen ist. Je saugender der Untergrund, um so dunkler erscheint die Lasur, weil die Farbe dort rasch stehen bleibt und nicht ausreichend vertrieben/verteilt werden kann. Der Reiz der Lasur liegt in ihrer belebenden Tiefenwirkung, die den Wandanstrich reizvoll fast dreidimensional wirken lässt.

Arbeitsschritte	Werkzeuge	Bemerkungen
Unregelmäßige, glatte bis körnige Oberflächenstrukturen einheitlich glätten	Glättekellen, Spachtelmassen	Unterschiedliche Materialien mit ungleichmäßigem Saugverhalten ergeben scheckiges Lasurbild
Untergründe sorgsam grundieren	Streichbürste, Grundiermittel	Gleichmäßiges, geringes Saugverhalten des Untergrundes herstellen
Gleichmäßiger Anstrich	Breite Flächenstreicher, Ovalbürste, lange offene (langsam trocknende) Lasurfarbe verwenden	In regelmäßigen, kurzen Schlägen „im Kreuzschlag" über den trockenen Grundanstrich
Lasuren mehrfach auftragen	Mehrere übereinander liegende Lasuren	Tiefenwirkung wird gesteigert, Gesamtbild muss aber gleichmäßig, nicht gescheckt, ausfallen
Alternative I: Borstenstrich ist nach dem Trocknen noch zu erkennen		
Lasurfarbe in kurzen, regelmäßigen Kreuzschlägen auftragen	Ovalbürste nur an den Borstenspitzen leicht benetzen	Ab zwei Meter Entfernung verschwimmen die Borstenstriche zu einer gleichmäßigen Lasur
Alternative II: „Gewolkte" (nicht immer völlig ebenmäßige) Textur		
Lasurfarbe auftragen	Naturschwamm, Lasurfarbe nicht so intensiv vertreiben	Der getränkte und leicht ausgedrückte Schwamm wird mit kleinen, kreisenden Bewegungen über die Wand gerieben
Lasurauftrag abbinden lassen, nach Trocknung zweiter Auftrag	Lasurfarbe	Ergibt einen farbintensiveren, regelmäßigeren Auftrag

Weitere Beispiele für Lasur-Variationen

- Mehrere, gleiche Lasuren übereinander; die Lasur wird farbintensiver, gleichmäßiger und deckender
- Helle Lasur auf dunklem Grund oder dunkle Lasur auf hellem Grund
- Zwei verschiedenfarbige Lasuren, nass-in-nass verlaufend, z. B. Komplementärfarben
- Zwei oder mehr verschiedene Lasurfarben übereinander, Ton in Ton
- Granieren: Wischen einer Lasur- oder Deckfarbe mit modlerartigem Pinsel (sehr platter Flachpinsel) über eine möglichst grobkörnige Fläche, nur die erhabenen Stellen des Untergrundes werden erfasst

Holzimitation

Untergrund anstrichtechnisch einwandfrei vorbereiten. Gewünschte Holzart nach Naturvorlage imitieren.

Trockene Lasurpigmente (Terra di Siena, Kasselerbraun u. a. entsprechend der Technik mit Öl, abgestandenem Bier (am besten Tröppelbier Pilsener-Art), Milch oder Essig anteigen. Ein paar Tropfen Benetzungsmittel zugeben, anschließend auf Verarbeitungsfähigkeit verdünnen.

- Fertige Lasur mit breitem Modler auftragen
- Die helleren Teile nur mit Spitzen des Dachsvertreiber seitwärts und senkrecht vertreiben
- Nach Anziehen der Lasur z. B. mit feinem Maserpinsel, Stahlkamm oder Gummikamm (mit unterschiedlichen Kerben), Sackleinen, Wellenmodler die Maserung der Holzart dünn nachziehen
- Bierlasur kann auch mit dem Schläger durchgeschlagen oder im Kernholzbereich getupft werden
- Nach Durchtrocknung unbedingt schützenden Überzug applizieren

Modlerarbeiten

Beleben von Flächen durch einfache Werkzeuge.

Modler sind in flache Blechzwingen gefasste Pinsel verschiedener Breiten (1 bis 4 Zoll). Wanddurchzieher bestehen aus mehreren kleinen, nebeneinander liegenden Einzelpinseln (Zackenpinsel). Modlerarbeitstechniken sind auch hervorragend als Arbeitsschritte zur Holzimitation einsetzbar. Spezielle Schleifmodlerwerkzeuge leisten gute Dienste bei Schleiflacktechniken mit Bimsmehlpulver.

Arbeitsschritte	Werkzeuge/Material	Bemerkungen
Streifenlasuren auf einen Lackgrund auftragen	Modler und Zackenpinsel in verschiedenen Breiten	Auf ein harmonisches Ineinanderspielen der lasierenden Farbtöne achten
Lasur verreiben	Vertreiber	Zufälligkeiten der Werkzeuge nutzen
Beleben der Fläche durch senkrechtes und waagerechtes Aufteilen	Mit dem Modler, Ziehfarbe muss dünn und lasierend sein	Abwägen der gebündelten Bänder mit dem freistehenden Grund, begleitende Linien oder Bänder steigern Wirkung.

Möbel-Holzoberflächen

Ölen

Nur für Möbel, die gering strapaziert werden. Nur geringer Schutz vor äußeren Einflüssen.

Arbeitsschritte	Bemerkungen
Leinöl in heißem Zustand mit einem Wolllappen in das gut trockene Holz einlassen	Vorhergehende Anstriche mehrere Tage durchtrocknen, Anstrichschichten werden sonst klebrig
Ein- oder mehrmalig wiederholen, bis das Holz kein Öl mehr aufnimmt	Widerstandsfähiger Überzug; schöner, warmer Ton, aber glanzlos
Überschüssiges Öl mit Lappen aufnehmen	Sonst entstehen klebrige und runzlige Glanzflecken
Bei Verwendung von Firnis wiederholen	Bis leichter Glanz entsteht

Wachsen

Ergibt einen stumpfen, vornehm wirkenden Mattglanz.

Arbeitsschritte	Bemerkungen
Wachslösung mit Bürste oder Pinsel gleichmäßig auftragen und verteilen	Wachslösung: 2 Teile reines Bienenwachs + 1 Teil Terpentinöl
Nach 4 bis 6 Stunden bearbeiten	Mit scharfem Spachtel abziehen
Überflüssiges Wachs entfernen und Poren füllen	Bei profilierten Flächen: Bürste statt Spachtel
Wachs trocknen und erhärten lassen	Trockenzeit: bis zu einer Woche
Nachreiben bis schwacher Glanz entsteht	Mit Bürste oder weichem Lappen

Polieren

Beim Polieren werden die Flächen eines Materials durch Schleifen glänzend oder hochglänzend, d. h., durch wiederholtes Schleifen werden die Flächen geebnet und geglättet.

Güte und Haltbarkeit der Politurfläche wird durch den zur Politur benutzten Schellack bedingt; je feiner und reiner das Material, um so klarer und haltbarer wird die damit aufgetragene Schellackschicht sein.

Arbeitsschritte	Bemerkungen
Stoff (Schellackmasse) auftragen	Poren füllen und zugleich die Holzoberfläche mit einem harten, polierfähigen Film bedecken
Schicht auf Schicht mit dem Ballen auftragen und verarbeiten	Polierballen, Füllstoffe + Schleifmittel: Bimsstein, Rötel (Ton mit rotem Eisenoxid), Ziegelmehl
Gleichzeitig Material auftragen und schleifen in einem Arbeitsgang, bis feiner Hochglanz entsteht	Politur (Schellack und Spiritus) auftragen, durch fortwährende Zugabe kleiner Mengen von Bimsmehl Oberfläche schleifen
Nass-in-Nass schleifen	Nicht trocknende Öle zugeben

Wandgestaltung mit Zierprofilen, Zierornamenten, Stuck (Fertigelemente)

Werkstoffe	Eigenschaften
• Zementgebundener Stuck, Stuckgips • PS-Hartschaum- oder PUR-Schaum-Kern mit mineralischer Ummantelung • Vollmineralisches Blähglasgranulat • Bossensteinfassaden	• In allen Abmessungen • In allen Stilepochen und in modernen Formen • Stoßfest, kratzfest • Wetterbeständig • Geringes Gewicht

Echter, zementgebundener Stuck muss manchmal direkt an der denkmalgeschützten Fassade hergestellt werden. Solche Arbeiten übernimmt das Stukkateurhandwerk.

Stilelement	Anwendung
Ornamente	Dekorationen in Verbindung mit Stiltapeten/-einrichtungen
Profile	Zur Einfassung von Flächen
Spezialprofile	Zur Einfassung von Türen, Fenstern, Raumrundungen
Zierleisten	Für Abschlüsse an Decken, Wänden, Sockeln
Gesimse und Hohlkehlen	Für Wand- und Deckenübergänge
Supraporten, Pilaster	Zur Einfassung von Türen, Fenstern
Zierstreifen, Konsolen = Zierwerk, Bauglied	Dient als Auflager für Konstruktionen, Bilder, Skulpturen
Rosetten	Für Deckenmittelpunkt in verschiedenen Größen
Stuckleuchten	Direkte und indirekte Beleuchtungen
Abdeckprofile	Für Vorhänge und indirekte Beleuchtungen

Arbeitsschritte bei der Montage von Fertigelementen

Arbeitsschritt	Bemerkungen
• Dekorprofile auswählen	• Kataloge der Hersteller • Dekor auf Baustil des Gebäudes abstimmen
• Verlegeplan erstellen • Abschnüren zur Markierung der Position des Stuckgesimses	• Skizzenblock, weicher Bleistift • Meterstab; Schlagschnur • genaues Ausmessen der Längen
• „Anbeilen" des Untergrundes	• Beil für Putz; Besen zum Abfegen • zur besseren Verankerung des Ansetzmörtels
• Zuschneiden der Profile • Zuschneiden des Gehrungswinkels	• Feinsäge, Fuchsschwanz, Gehrungssäge Gehrungslade, Gliedermaßstab
• Klebemörtel vollflächig auftragen	• Klebemörtel nach Herstellerangaben ansetzen
• Ansetzen der Gesimsteile • Ausrichten des Kropfwinkels • Teile leicht schiebend an den Untergrund drücken, bis der Klebemörtel herausquillt	• Wasserwaage, Gliedermaßstab, • Stukkateurkelle, Malerspachtel
• Hineindrücken oder Abstreifen des herausquillenden Klebemörtels zum Verschließen der Fugen	• Stukkateurkelle, Fugenkelle
• Profile bis zur Kleber-Erhärtung fixieren	• Nägel, Leisten
• Profile an Gehrungen und Stoßfugen zusätzlich verkleben	• PUR-Schaum • Ansetzmörtel
• Fugen mit Fugendichtstoff bearbeiten	• Alle, auch die Fugen zur Putzfläche hin
• Nachglätten der Fugen	• feuchter Schwamm
• Nach Beendigung der Putzarbeiten Stuckprofile farbig fassen	• geeignete Anstrichsysteme
• Alternative für Klinkerfassaden	• Flachverblender aus Dispersionsmaterial zur Dämmung

Grundlagen

Werkstoffe Hilfsstoffe

Werkzeuge Geräte, Gerüste

Arbeits-techniken

Gestaltung

Arbeitsschutz Umweltschutz

Aufmaß Abrechnung

Betriebs-führung

Quellen

Sgraffito

Putztechnik als Ritz- und Kratztechnik. Figürliches oder ornamentales Gestalten auf weichen Materialien wie Putz durch Ritzen mit harten, spitzen Gegenständen (ital. Sgraffiare = leicht ritzen) wie
- Sgraffitoeisen (sehr schmale, abgewinkelte, spachtelförmige Profile zwischen 5 und 15 mm Breite, beide Enden zum Kratzen und Schaben)
- Nagel

Putze

- Beim Mischen wird erst Kalk mit Wasser vermengt und dann trockener Sand zugegeben.
- Der Abbindevorgang ist abhängig von der Witterung, dem Kalk-Sand-Verhältnis, dem Kohlenstoff-dioxidgehalt der Luft und den hydraulischen Zusätzen.

Mischungsverhältnis
- Spritzbewurf: 1 Teil Zement oder hydraulischer Kalk + 1 Teil Puzzolanzusatz + 1,5 bis 2 Teile Sand
- Grundputz, innen: 1 Teil Sumpfkalk + 3 bis 4 Teile scharfer Sand (0,5 bis 2 mm)
- Grundputz, außen: 1 Teil Sumpfkalk + 0,5 bis 1 Teil Puzzolanzusatz + 2,5 Teile Sand

Arbeitsschritte	Bemerkungen
Spritzbewurf netzartig anwerfen	Gute Verbindung der Wand mit dem Bauwerk, um späteres Abplatzen auszuschließen
Angefärbten Grundputz etwa 1,5 cm dick auftragen und abgleichen	Bindemittel und Pigment nicht an die Oberfläche reiben, kalkechte Pigmente, z. B. Kohlenstaub, Marmormehl
Aufgebrachte Sgraffitoschicht noch am gleichen Tag bearbeiten	Putzfläche abgrenzen, Nahtstellen in Band- oder Gesimsmotive legen
Kalkmilch auf frischen feuchten Putz streichen	Zweimalig: 1. Lage horizontal, 2. Lage vertikal
Sofort nach dem Anstrich mit Anlegen der Linien und Flächen beginnen	Vorbereitete Schablonen, Ornamente, Figuren auftragen, Quader oder Zickzacklinien einritzen
Aufkratzen der Linien und Flächen	Kalktünche entfernen, gewünschte Vertiefung aus dem Grundputz abschaben und auskratzen

Fresco

Zur Gliederung von Fassaden in Felder, Denkmalpflege, Heraushebung bestimmter Bauteile.

- Die Malerei erfolgt mit in Kalkwasser angeteigten Farben direkt in den frischen, noch feuchten Kalkputz.
- Während das Wasser verdunstet, nimmt der Kalk im Mörtel durch Aufnahme von Kohlensäure wieder seine chemische Ursprungsform an (kohlensaurer Kalkstein).
- Der frische Kalkmörtel bindet mit der Farbe zusammen ab; an der Putzoberfläche bildet sich die Kalksinterschicht, unter der die Farbe wasserunlöslich mit dem Putzgrund verbunden ist.
- Wesentlich ist also das Malen **vor** Bildung der Sinterschicht in den noch feuchten Putz.

Pigmente Farbenskala: unverschnittene, kalk- und lichtechte Pigmente, Caput mortuum, Neapelgelb, Ocker, Umbra, Englischrot, als Weißpigment: reiner Kalk

Werkzeuge: weiße Blechplatte mit abgeteilten Farbbehälterfächern, langborstige Borstenpinsel, lange Haarpinsel

Arbeitsschritte (3 bis 4 Putzschichten)	Bemerkungen (3 bis 4 cm Gesamtschichtdicke)
1. Spritzbewurf	Mager, 1 Teil Kalk + 3 Teile Sand
2. Ausgleichsbewurf	Dick, grobkörnig und mager, 1 Teil Kalk + 3 Teile Sand
3. Grobe Malschicht	Mittelkörnig, 1 Teil Kalk + 2,5 bis 3 Teile Sand
4. Feinputz/Malschicht	Dünn, feinkörnig, etwas fetter, 1 Teil Kalk + 2 Teile Sand, nur soviel auftragen, wie Malleistung an einem Tag
Kalktünche mit Bürste gleichmäßig auftragen	Macht beim Auftrocknen alle Farben heller
Anziehen des Putzes je nach Putzbeschaffenheit und Witterung	Bevorzugt wird feuchtes Wetter, langsames Abbinden, vor Sonne schützen
Pause übertragen	Leichtes Eindrücken der Konturen mit Pinsel

Fresco (Fortsetzung)	
Merkmale, Verfahren	Bemerkungen
Lasierende Malweise • strichelnd • breitflächig	Putzstruktur bleibt sichtbar, gutes Abbinden der Farben, einwandfreie Haltbarkeit
Deckende Malweise	Beimischen von Kalk ergibt hellere Töne
Zu frischer Putz	Aufgetragene Farben versaufen, trocknen hell auf
Angezogener Putz	Lasurtöne verdunkeln
Geeignete Kontur für Tagesgrenze aussuchen	Ausbesserungen in Putz und Malerei vermeiden
Transparente und leuchtende Töne	Lasierende Untermalung mit Komplementärfarbe

Schabloniertechnik

Schablonieren ist ein bewährtes Hilfsmittel bei der gestaltenden Tätigkeit des Malers, um immer wiederkehrende Muster, Zeichen oder Ornamente schneller als von Hand gemalt anzubringen.

Flächenmuster, die aneinandergezeichnet werden, müssen genau im rechten Winkel gezeichnet sein. Beim Schneiden wird in jede rechtwinklige Ecke der Schablone eine Passmarkierung angebracht, an die man den neuen Rapport ansetzt. Bei Friesschablonen wird in Form eines Rapportes fortgesetzt.

Arbeitsschritte	Werkzeuge, Bemerkungen
Motiv, Muster, Zeichen oder Ornament aussuchen	• Alte Musterbücher • Selbsterstellte Motive
Motiv übertragen	• Transparentpapier • Pauspapier • Schablonenfolie • Beidseitig imprägnierte oder lackierte Pappe
Motiv exakt und sauber ausschneiden	• Schneideunterlage • Cuttermesser, Schneidemesser, Skalpell • Schere • Locheisen
Für jeden einzelnen Farbton eine Schablone schneiden	• Bei einer mehrfarbigen Schabloniertechnik spricht man von „Schlägen" • Vier verschiedene Farbtöne sind vier Schläge
Passmarkierungen auf allen Schlägen genau übereinander stanzen	• Ermöglicht genaues Anlegen der Schablonen. • Locheisen
„Stege" oder „Halter" stehen lassen	• Innenliegende Teile fallen sonst heraus
Schablone an das Objekt anlegen, Passmarkierung anzeichnen, Schablone fixieren	• Bleistift • Klebestreifen • Nägel • Heftzwecken
Jeweiligen Farbton senkrecht auf die festliegende Schablone auftupfen	• Schablonierpinsel • Schwamm • Kurzborstiger Stupfpinsel
Trockenzeiten einhalten, Schlag auf Schlag vorarbeiten	• Kurze, jedoch nicht zu dicke Farben verwenden • Zu dünnflüssige laufen leicht unter die Schnittkanten und verursachen unsaubere Ränder
Schablonenpapiere sofort säubern	• Wasser oder Lösemittel • Lappen • Schwamm
Gründliche Trocknung	• An Schablonenhaltern aufhängen • Schablone von Zeit zu Zeit reinigen, um die scharfe Form der Schablone zu erhalten

Grundlagen

Werkstoffe
Hilfsstoffe

Werkzeuge
Geräte. Geriste

Arbeits-
techniken

Gestaltung

Arbeitsschutz
Umweltschutz

Aufmaß
Abrechnung

Betriebs-
führung

Quellen

Vergoldearten

Ölvergoldung, Mattvergoldung	Das Blattgold wird auf einen noch klebrigen Anlegeölanstrich angeschossen
Glanzvergoldung, „Polimentvergoldung"	Das Blattgold wird auf einen stark saugenden Polimentgrund mittels Netze aufgetragen und mit Achatpolierwerkzeug auf Hochglanz poliert.
Hinterglasvergoldung	Das Blattgold wird auf die Rückseite von Glas aufgetragen • mit Anlegeöl: Mattvergoldung, • mit Gelatine/Leim: Glanzvergoldung.
Mordentvergoldung	Blattgold auf Leimfarben- oder Temperafarbengrund auftragen. Fest trocknender Eigelb-Glyzerin-Aufstrich. Warme Lösung aus Wachs, Talg und venezianischem Terpentin.
Pudervergoldung	Nachahmung einer echten Vergoldung. Feinteilige Messingbronze in Gelatine-lösung einrühren, auf Polimentgrund auftragen, mit Achatpolierwerkzeug auf Hochglanz polieren.
Unechte Vergoldungen	Anstelle von Blattgold werden andere Schlagmetalle (Kupfer-Zink-Zinn-Legierungen) aufgetragen. Arbeitstechnik wie beim Vergolden. Schutzbeschichtung mit Klarlack notwendig.

Blattmetalle (Übersicht)

Blattmetalle sind hauchdünn gewalzte oder geschlagene Metalle.

- Echtes Blattgold besteht aus Gold und anderen Metallen (Platin, Silber, Kupfer). Je nach Anteilen der Metalle spricht man von Orange-, Rot- oder Weißgold.
  Die Blätter werden in ein Seidenpapierheft eingelegt (Größe 80 mm x 80 mm, Dicke 1/1000 mm).
  Ein Heft enthält 25 Blätter Gold. 12 Hefte bilden ein Buch. Lieferung in Heften mit je 25 Blättern oder in Büchern (je Buch mit 12 Heften = 300 Blätter)
- Transfergold, auch Sturmgold genannt, ist auf Seidenpapier kaschiertes Blattgold, das man ohne Anschießer verarbeiten kann.
- Blattsilber besteht aus reinem Silber.
- Blattaluminium wird als Silberersatz verwendet und besteht aus reinem Aluminium.
- Schlagmetalle (Kompositionsgold) sind unedle Blattgoldsorten (Kupfer-Zinn-Legierungen), Größe 16 cm x 16 cm, nur für Innenräume geeignet.

Goldarten

Art	Karat/Größen	EInsatzbereich
Orangegold	22 Karat/80 mm x 80 mm	innen
Orange-Doppelgold	22½ Karat	innen
Dukaten-Doppelgold	23 Karat	außen und innen
Rotgold	23 Karat	Renovierung alter Vergoldungen
Dreifach-Dukatengold	23½ Karat	außen
Rosenoble-Doppelgold	23¾ Karat, extra	außen
Weißgold	12 Karat	Polimentversilberung
Zitronengold	18 Karat	Hinterglas-Vergoldung
Zwischgold	80 mm x 80 mm; 95 mm x 95 mm	–
Rollengold	etwa 21 m; 3 bis 100 mm	–
Echt Pudergold	23½ Karat	außen in Lack einrührbar
Schlagmetalle	Aluminium 16 cm x 16 cm; Kupfer 16 cm x 16 cm; 95 mm x 95 mm	Ersatzstoff für preiswerte kurz-zeitige Beschichtung (Theater)
Ewig-Gold	24 Karat	reines Gold, FF-Feingold

Ölvergoldung

Arbeitsschritte	Material, Werkzeuge, Bemerkungen
Anlegen, Auftragen des Klebemittels	Anlegeöl, Mixtion, feine Haarpinsel
Pfeifen, Feststellen des Trocknungsgrades der Mixtion: beim Drüberstreichen entsteht ein Pfeifton.	Nicht auf der Fläche testen, Probefläche anlegen
Haarestreichen, Elektrostatische Aufladung des Anschießers bewirkt Anhaften des Blattmetalles	Entfällt bei Sturm- oder Transfergold, Anschießer
Anschießen, Blattmetall aus Heft entnehmen und zuschneiden, Blattmetall lose auflegen, aufgelegtes Blattgold leicht stupfen,	Vergoldekissen, Vergoldemesser, Schere Vergoldepinsel, Transfergold mit Papierseite nach oben
Einkehren loser, überschüssiger Blattmetallteilchen	Einkehrpinsel
Polieren, vollständig getrocknete Mixtion nachpolieren	Baumwollwatte nach 1 bis 2 Tagen

Polimentvergoldung

Arbeitsschritte	Werkzeug, Material, Bemerkungen
Leimgrundierung	1 : 10, heiß (50 °C)
Kreidegrund 3 mal bis 7 mal auftragen	Kreide in Glutinlösung
Sorgfältiges Schleifen	Glaspapier, Bimsstein, Schwamm, Waschleder
Ablöschen	Leimwasser 1 : 14, warm 30 °C, Fischpinsel
Polimentgrund 3 mal bis 4 mal auftragen Aufträge in verschiedenen Farbtönen je nach Farbton des Blattmetalles	„Fette" Tonerde/Bolus + Leim (Aluminiumsilikat/Eisenoxid), Fischpinsel
Abreiben	Sauberer, weicher Baumwolllappen
Blattgold zuschneiden	Blattgold, Vergoldemesser, Vergoldekissen
Zu vergoldende Stelle mit Netze befeuchten	Netze: 1 Teil Spiritus + 2 Teile Wasser, Haarpinsel
Blattmetall sofort in feuchte Netze anlegen	Blattgold, Anschießer
Nach zwei bis vier Stunden auf Hochglanz polieren	Verschiedene Achatpolierwerkzeuge, Achat = Halbedelstein

Hinterglasvergoldung, Mattvergoldung

Arbeitsschritte	Werkzeuge, Material
Sorgfältiges Reinigen des Glases	Spiritus, weicher Lappen
Fläche hauchdünn anlegen	Mixtion; sauberer, feiner Leinenlappen
Fläche gleichmäßig abziehen	Lineal
Vergolden	Blattgold, Anschießer, Haarpinsel
Trockenzeit abwarten, etwa 6 Stunden	Zigaretten, Kiste Bier, Malertabellenbuch
Polieren des Goldes	Baumwollwatte
Trockenzeit abwarten	6 bis 12 Stunden
Motiv spiegelverkehrt auftragen	Pause
Auslegen des Motivs	Öllack, Alkydharzlack, Haarpinsel
Trockenzeit abwarten	Etwa 48 Stunden
Entfernen des Goldes außerhalb des Motivs	Wattebausch, feine Schlämmkreide, Schwamm, Leder
Walzen oder zweimaliges Stupfen eines Schutzanstriches	Fette Ölfarbe, Alkydharzlack, Streichwerkzeug

Wärmedämmverbundsysteme	DIN V 18559, BFS-Merkblatt Nr. 21

Wärmedämmverbundsysteme (WDVS): kombiniertes Klebe- und Beschichtungsverfahren	
Anwendung: Wärmedämmung, Gestaltung von Oberflächen, Überbrückung von Rissen	**Materialien:** Klebemassen, Dämmstoffe, Armierungsgewebe, Armierungsmassen, Beschichtungssysteme

Untergrundvorbereitung, Eignungsprüfung

• Örtliche Voraussetzungen für die Anbringung eines WDVS auf Eignung überprüfen und ggf. abändern • Ab 22 m Höhe zusätzlich dübeln • Horizontalabdeckungen wie Fensterbänke zuvor montieren, Überstand 3 bis 4 cm	Bei Neubauten Detailpunkte bereits bei Planung berücksichtigen: • Dachüberstände • Lüftersteine, Gitter • Fensterrahmenbreiten • Öltankstutzen • Fensterbanküberstände • Heizungsfühler • Brüstungen, Geländer • Wasserhähne, Schilder • Horizontalabdeckungen • Pflanzenbewuchs • Fallrohre, Balkonentwässe- • Offene durchgehende Fugen rung, Markisen, Rollos • Innenputze und Estriche vor • Elektroinstallationen Arbeitsbeginn austrocknen
Untergründe auf Eignung prüfen	• Tragfähig; trocken; frei von Verschmutzungen, Staub, Fett, trennend wirkenden Substanzen • Vom Systemhersteller empfohlene Grundierungen oder Haftbrücken anbringen

Ebenheitsprüfung	• Augenschein
	• Richtscheid
	• Wasserwaage • Laser
	• Unebenheiten < 10 mm: Kleben nach Kammbettmethode
	  10 bis 20 mm: Plattenkleben nach Wulst-Punkt-Methode
	  > 20 mm: Ausgleichsputz (Faustregel)

Mörtelreste entfernen	–

Dämmplattenbefestigung

Arbeitsverfahren	Werkzeuge	Bemerkungen
Sockelleiste waagerecht ausrichten	• Wasserwaage • Richtscheid	• Auf optimalen Sitz achten • Mit Schrauben verdübeln
Dämmplatten-Zuschnitte passgenau durchführen	• Cuttermesser, feinzahnige Säge, Hartschaumsäge • Thermosäge	• Spezialschneidegerät auch direkt auf der Gerüstlage einsetzbar
Klebemassen nach Herstellervorschrift auf Plattenrückseite aufbringen	• „Wulst-Punkt-Methode" oder • „Kammbett-Methode" • Plattenränder unbedingt am Untergrund fixieren	• Dämmplattenstöße müssen frei von Kleber sein • Auftretende Fugen mit Dämmstoff schließen
Dämmplatten ansetzen	• Wasserwaage, Richtscheid	• Flucht- und lotrecht ausrichten
Stoßversätze einebnen	• Hobel, Schleifbrett	• Stöße beischleifen oder abhobeln
Unter der Dämmung liegende Leitungen markieren	• Markierstifte	• Anbohren wird verhindert
Bei zusätzlicher Verdübelung: Platten dübeln	• Schlagbohrmaschine • Hammer, Spezialdübel mit Befestigung • Bolzensetzgerät	• Dübel setzen: oberflächenbündig • Alle Eckpunkte und zweimal auf die Platte • Acht Dübel je m^2
Verziehen der Platten ausschließen	• Mineralfaser-Dämmplatten grundsätzlich dübeln • Ab 8 m Gebäudehöhe: IfBt-Standsicherheitsnachweis	• Herstellervorschriften beachten • IfBt-Veröffentlichungen beachten

Wärmedämmverbundsysteme (Fortsetzung)

Arbeitsverfahren	Material, Werkzeuge	Bemerkungen
Schienenbefestigung (alternativ zur Verklebung, Befestigung der Dämmplatten mittels Schienen)		
• Halteleisten horizontal anordnen • Verwindungsfrei in der tragfähigen Wand befestigen	• Spezialdübel und Schrauben • Hammer	• Ab 8,00 m erforderlich: • Nachweis der Schwerent-flammbarkeit bei mehr als zwei Vollgeschossen • Dämmplatten zusätzlich ver-kleben oder verdübeln
• Dämmplatten mit umlaufender Nut passgenau in die Schienen einstellen	• In die vertikalen Stöße soge-nannte Verbindungsstücke einführen	• Herstellervorschriften und Vorgaben des produktbezoge-nen PA-III-Prüfbescheides be-achten
Armierungsbeschichtung		
• Armierungsmasse vollflächig aufbringen	• Spachtel • Streichbürste	• Armierungsmasse nach Her-stellerangaben verarbeiten
• Gewebe-Eckschutzschienen setzen	• Eckenspachtel • Wasserwaage	• Schienen lotrecht einsetzen
• Armierungsgewebe sofort nass-in-nass einbetten • Stöße 5 bis 10 cm überlappen • Nicht direkt auf Dämmstoff legen • Andrücken bis Masse durch-quillt • Vollständig mit Armierungs-masse abdecken • Planspachteln	• An Außenecken: Gewebe von beiden Seiten 10 cm überlap-pen • Erforderliche Einschnitte durch zusätzliche Gewebestücke überdecken • An Fassadenöffnungsecken (z. B. Fenster) zusätzliche Ge-webestreifen (30 cm x 20 cm) diagonal einarbeiten	• Übermäßiges Glätten der Armierungsschicht unterlassen • Armierungsschicht durch Kellenschnitt von angrenzen-den Bauteilen trennen, wenn keine spezielle Fugenausbil-dung (siehe Hersteller) erfolgt
Grundieren		
• Grundbeschichtungsstoffe auftragen	• Putzgrund • Streichbürste, Farbroller	• Beschichtungssystem **eines** Herstellers auswählen
Schlussbeschichtung		
• Nach dem Grundieren können beliebige Schlussbeschichtungen aufgebracht werden. • Die Schlussbeschichtung ist durch Kellenschlag vom angrenzenden Bauteil zu trennen.		
• Strukturbeschichtung	Strukturputze mit unterschied-lichen Bindemitteln gebunden: • Kunstharzputze • Silikatputze • Silikonharzputze • Mineral-Leichtputz	• Alle Verarbeitungstechniken, wie reiben, kratzen, abscheiben usw. möglich
• Flachverblender	–	• Verarbeitung nach Hersteller-vorschriften
Fugenausbildung		
• Bei Anschlüssen an andere Bauteile Fugen ausbilden • Die konstruktive Ausbildung der Fugen ist abhängig von der Art der Fugenmasse und den zu erwartenden Bewegungen • Die Armierungsschicht sowie die Schlussbeschichtung durch Kellenschnitt vom angrenzenden Bauteil trennen		• Elastische und plastische Fugenmassen: Verträglichkeit mit den Werkstoffen des WDVS beachten • Komprimierte und selbstständig expandierende Schaumstoff-Fugenbänder oberflächen-bündig einkleben

Grundlagen

Werkstoffe Hilfsstoffe

Werkzeuge Geräte, Gerüste

Arbeits-techniken

Gestaltung

Arbeitsschutz Umweltschutz

Aufmaß Abrechnung

Betriebs-führung

Quellen

Energiesparverordnung

Ab 01.02.2002 gilt die Energieeinsparverordnung (EnEV).Sie vereinigt die frühere Wärmeschutzverordnung (WSVO von 1995) und die Heizungsanlagenverordnung einschließlich der Emissionen der jeweils eingesetzten Energieträger (Primärenergiebezug). Die Neuerungen gelten für folgende Gebäude:

• bestehende Gebäude (Altbau)	• mit normalen Innentemperaturen (Neubau)
• Erweiterung bestehender Gebäude (Altbau)	• mit niedrigen Innentemperaturen (Neubau)
• Ersetzte oder erstmalig eingebaute Bauteile, sowie Instandsetzungsarbeiten unterliegen verschärften energetischen Anforderungen	• Unterschiede Wohngebäude sonstige Gebäude
	• Energiebedarf ist auf etwa 30 % weniger, gleich Niedrigenergiehausstandard, zu senken
• Bis Ende 2006 Wasser- und Wärmeleitungen und oberste Geschossdeckendämmung	• ganzheitliche Bewertung der Gebäude
	• Erneuerbare Energien berücksichtigen, wie Biomasse, Umwelt- und Erdwärme, Solarenergie

Maximaler Jahresprimärenergiebedarf und Transmissionsverlust bei Neubauten in Auszügen

Verhältnis* A/V_e	Jahresprimärbedarf Q^u_p in kWh/(m² · a) *Gebäudenutzfläche: A/ beheiztes Gebäudevolumen: V_e		Spezifischer Transmissionswärmeverlust, auf wärmeübertragende Umfassungsfläche bezogen, H_t' in W/(m² · K)	
	Wohngebäude bezogen auf die Gebäudenutzfläche	**Andere Gebäude** bezogen auf das beheizte Gebäudevolumen	**Wohngebäude Nichtwohngebäude mit < 30 %** Fensterflächenanteil	**Nichtwohngebäude mit > 30 %** Fensterflächenanteil
0,2	66,00 + 2600/(100 + A_N)	14.72	1,05	1,55
0,4	81,06 + 2600/(100 + A_N)	19,54	0,68	0,95
0,6	96,11 + 2600/(100 + A_N)	24,36	0,55	0,75
0,8	111,17 + 2600/(100 + A_N)	29,18	0,49	0,65
1	126,23 + 2600/(100 + A_N)	34,00	0,45	0,59
> 1	130,00 + (2600/100 + A_N)	35,121	0,44	0,58

Maximale Wärmedurchgangskoeffizienten U_{max} in W/(m² · K) nach EnEV 2002 bei Altbauten

Bauteil	Maßnahme	Normale Innentemperaturen	Niedrige Innentemperaturen
Außenwände	Allgemein	0,45	0,75
Putz und WDVS Erneuerung des Außenputzes	bei U > 0,9 W, Bekleidungen, Vorsatzschale, zusätzliche Dämmschichten	0,35	0,75
Außen-Fenster, Fenstertüren, Dachflächenfenster	Ersatz, einmaliger Einbau, zusätzliche Vor- oder Innenfenster	1,7	2,8
		Nachweis technische Produktspezifikation	
Decken und Wände gegen unbeheizte Räume oder Erdreich	Außenseitige Bekleidungen, Verschalungen, Drainagen Feuchtigkeitssperren	0,40	Keine Anforderungen

Grundlagen

Werkstoffe Hilfsstoffe

Werkzeuge Geräte, Gerüste

Arbeitstechniken

Gestaltung

Arbeitsschutz Umweltschutz

Aufmaß Abrechnung

Betriebsführung

Quellen

Energieeinsparverordnung	EnEV Februar 2002	DIN EN ISO 6946

Die Bedeutung der EnEV bei Altbauten

Anforderungen	• EnEV greift, wenn Bauteile erneuert, ersetzt oder erstmalig eingebaut werden.
	• Das gilt erst, wenn mindestens 20 % der jeweiligen Flächen der Bauteile z. B. Außenwände der gleichen Bauseite (z. B. Nordfassade) betroffen sind.
	• Die Werte der unten stehenden Tabelle gelten.
	• Keine Berechnung des Jahres-Primärenergiebedarfs, sondern Bauteilverfahren
	• Berechnung der *U*-Werte (s.unten Tabelle) nach DIN EN ISO 6946
	• Bei der Erweiterung um mehr als 30 m³ Gebäudevolumen ist der Wärmeschutz nach dem Energiebilanzverfahren für das neue Gebäudeteil (siehe vorherige Seite) zu erbringen

Höchstzulässige *U*-Werte nach EnEV bei Altbauten (Auszüge)

Bauteile	Maßnahme	Max. *U*-Wert bei Gebäuden mit normalen Innentemperaturen – U_{max} in W/m² · K
Außenwände mit WDVS	Vorsatzschalen, zusätzliche Dämmschichten WDVS	0,35
Fenster, Fenstertüren, Dachflächenfenster	Ersatz, Erneuerung	1,7
Decken, Dächer, Dachschrägen (bei Steildächern)	Erneuerung des Daches	0,30
Wände und Decken gegen unbeheizte Räume bzw. Erdreich	z. B. Drainageplatten (Perimeterdämmung) im Außenbereich gegen das Erdreich	0,40
Wie vor	Innen: Fußböden gegen Erdreich	0,50
Nicht begehbare, aber zugängliche oberste Geschossdecke	Die Vorschrift gilt in jedem Falle: bis zum 1.1.2007 ist sie umzusetzen.	0,30

Hinweis: Die Energieeinsparverordnung soll im Jahr 2006 geändert werden. Angesichts höherer Energiepreise sind erhöhte *U*-Werte zu erwarten.

Wärmebrücken

Wärmebrücken werden erstmalig in einer Wärmeschutzverordnung aufgenommen. Wärmebrücken entstehen z. B. an Gebäudeaußenecken, da hier der Wärmeabfluss größer ist, da die Außenfläche in der Ecke sehr hoch ist. Es ist möglich einen rechnerischen Nachweis nach DIN 4108 durchzuführen oder aber den *U*-Wert pauschal zu erhöhen.

Energiepass	Europäische Richtlinie 2002/91/EG vom 16.12.2002

Die Europäische Richtlinie über die Gesamtenergieeffizienz von Gebäuden verpflichtet alle Mitgliedsstaaten zum 04.01.2006 einen Energiepass für Gebäude einzuführen. Näheres wird in der EnEV 2006 geregelt, die ca. in der Mitte des Jahres 2006 erscheinen soll (weitere Hinweise: www.dena.de).

Nachrüstverpflichtungen

Neben der Nachrüstverpflichtung der obersten Geschossdecke (siehe oben) gibt es weitere Vorschriften, die nicht in diesem Tabellenbuch behandelt sind (z. B. Heizkessel). Bei Gebäuden, die der Denkmalpflege unterliegen und im Denkmalpflegeverzeichnis gelistet sind, erteilt die Landesdenkmalbehörde auf Antrag Ausnahmegenehmigungen. Das gilt z. B. für reich profilierte Fassaden von Gründerzeit- und Historismushäusern. Alternativen:

- Innendämmungen, die bauphysikalisch problematisch sind
- Entfernung der Dekorprofile, anschließend Aufbringung eines WDV-Systems mit Aufbau von Profilen aus Stuck bzw. Blähglasprofilen

Grundlagen

Werkstoffe · Hilfsstoffe

Werkzeuge · Geräte, Gerüste

Arbeitstechniken

Gestaltung

Arbeitsschutz · Umweltschutz

Aufmaß · Abrechnung

Betriebsführung

Quellen

Fachwerkinstandsetzung	WTA Merkblätter 8-1-96-D, 8-2-96-D, BFS Merkblätter Nr. 3 und 9
Grund-lagen	• TRL für Beschichtungen auf nicht maßhaltigen Untergründen beachten • TRL für Beschichtungen auf Putzen beachten
Besonder-heiten	• Schlagregen kann zu Auffeuchtungen in der Fuge Gefach/Holz führen (siehe unten) • Durch ungünstigen Taupunkt kann Kondenswasser in der Wand bzw. Holz entstehen

Planungsabfolge bei der Instandsetzung (historischer) Fachwerkbauten

1. Nutzungsanalyse, Zielsetzung
2. Aufnahme des Fachwerkbestands
3. Erfassung des Bauzustandes
4. Neufassung der Nutzung, Planung
5. Erstellung der Leistungsbeschreibungen, Vergabe
6. Ausführung (Protokollierung) Unterhaltung, Dokumentation

Hinweise: Der ausführende Maler wird ab Punkt 6 mit der Arbeit vertraut. Er sollte die vorhandenen, vorher erstellten Unterlagen einsehen. Oft wird der Restaurator im Handwerk und Malermeister mit diesen Arbeiten beauftragt.

Untergrundprüfung (über die in den o. g. Tabellen genannten Punkte hinaus)

Prüfung	Prüfmethode	Prüforte	Maßnahmen
Auf Holz-risse	Augenschein	Überall, auch die Ver-bindungen (Zapfen-löcher) und innen	Eventuell mit artgleichem Holz ausspänen, Risse auf keinen Fall mit Dichtstoffen abdich-ten, nicht ganzflächig spachteln
Holz-feuchte	Holzfeuchte-messgerät	Wie vor	Ursachen klären, auf Schädlingsbefall achten (Holz austauschen)
Auf Fuge, Holz, Gefach	Augenschein	Überall, auch innen	Holzfeuchte und Durchfeuchtung Gefach beachten, auf keinen Fall mit elastischen Anschlussverfugungen arbeiten
Auf Gefach	Feuchtemessge-rät, Augenschein	Überall, auch innen	Bei Durchfeuchtung Gefach: Neuaufbau, vorstehende Putzkanten schräg ausbilden

Materialanforderungen

• s_d-Wert der Holzbeschichtung kleiner als 0,5 m; für Fachwerk zugelassenes Material verwenden, Material mit geringer Versprödung wählen.
• s_d-Wert der Putzbeschichtung kleiner als 0,1 m; Schlagregenbeanspruchung beachten.

Ausführungshinweise

• Um für das Holz den s_d-Wert zu erreichen, sind in der Regel alte Anstriche zu entfernen: Hochdruck-reiniger meiden, da hoher Wassereintrag erfolgt. Niederdruckverfahren mit weichem Strahlgut bevor-zugen (JOS-Verfahren). Auswahl durch Versuche.
• Alle sichtbaren Seiten (also auch zum Gefach zeigende Seiten) der Hölzer mit Holzschutzgrund und einem Anstrich lackieren, um Wasserbefall zu vermeiden.
• Stehendes Wasser (wie Verbindungen) vermeiden und entsprechend abschrägen. Auswahl des An-strichsystems für den Putz in Abhängigkeit von Schlagregenbeanspruchung und bauphysikalischen Berechnungen wie Taupunkt und Bindemittel des Putzes auswählen.
• Probefläche für Glanzgrad und Farbgebung anlegen (Denkmalpflege, Bauherr hinzuziehen).
• Sorgfältige Dokumentation der Arbeiten erforderlich.

Schlagregenbeanspruchung — DIN 4108-3

Beanspruchungsgruppe I – geringe Schlagregenbeanspruchung	Unter 600 mm Niederschlagsmenge, auch windgeschützte Gebäude mit höheren Niederschlagsmengen
Beanspruchungsgruppe II – mittlere Schlagregenbeanspruchung	600 bis 800 mm Niederschlagsmenge, Hochhäuser und auch Häuser in exponierter windreicher Lage
Beanspruchungsgruppe III – starke Schlagregenbeanspruchung	Über 800 mm, auch für windreiche Gebiete mit niedrigen Niederschlagsmengen, Hochhäuser

• Für den Maler haben diese Gruppen eine Bedeutung im Bereich der Fachwerkinstandsetzung, der Bearbeitung von Außenholzflächen, bei Fenster-, Türanstrichen und Wärmedämmverbundsystemen.
• Bedenken anmelden, falls die Konstruktion bzw. der Beschichtungsvorschlag nicht der entsprechen-den Beanspruchung durch Schlagregen geeignet ist.

Denkmalpflege	Denkmalschutzgesetze
Einordnung	Die Denkmalpflege erfasst, erforscht und schützt Kulturdenkmale mit der Zielsetzung, unwiederbringliches Kulturgut zu erhalten. Weiterhin betreibt die D. ein umfangreiches Dokumentationswesen. Die Denkmalschutzbehörden, die Landeskirchen, die Staatshochbauämter, die Eigentümer und Besitzer von Kulturdenkmalen werden fachlich beraten und unterstützt.
Rechtliche Grundlage	In allen Bundesländern gibt es Denkmalschutzgesetze, die den rechtlichen Rahmen für die D. schaffen.
Begriffe	Kulturdenkmale sind Baudenkmale, Bodendenkmale und bewegliche Denkmale. Baudenkmale stellen die Hauptgruppe der für den im Baubereich tätigen Maler. Bodendenkmale sind z. B. Spuren frühgeschichtlicher Besiedlung. Bewegliche Denkmale wie Gemälde sind für den Maler nicht wesentlich.

Gesetzliche Forderungen (Auszüge)

Führung einer Denkmalliste	Diese Liste ist in der unteren Denkmalbehörde (z. B. Landkreis) und in der Stadt bzw. Gemeinde einsehbar. Das bedeutet aber nicht, dass jegliche bauliche Änderung verboten ist. Eine Abwägung wirtschaftlicher Interessen der Eigentümer und der Belange der D. hat zu erfolgen.
Genehmigungspflichtige Maßnahmen	Die D. legt fest, welche Teile am Baukörper unter Schutz stehen (z. B. die Fassade) und welche nicht (z. B. die Innenräume). Der Eigentümer hat die Pflicht zur Anzeige von Veränderungen im Bereich der geschützten Bauteile.
Auskunftspflicht	Den Mitarbeitern der D. ist Auskunft über die Maßnahmen am Objekt zu erteilen. Besichtigungen sind zu gestatten.
Entschädigungen	Die Denkmalschutzbehörde hat mit dem Eigentümer über die wirtschaftlichen Auswirkungen zu beraten und soll weitere Finanzierungsmöglichkeiten z. B. über Stiftungen für die Denkmalpflege beraten.

Arbeitsweise am Beispiel Fassadenrenovierung eines denkmalgeschützten Gebäudes

Bestandsaufnahme	Einsicht der vorhandenen Unterlagen aus Archiven und Dokumentationen durch Quellenstudium. Neuerstellung der Planunterlagen.
Schadensanalysen	Erfassung der verbauten Werkstoffe und deren Kartierung im Plan. Befunduntersuchungen hinsichtlich der originalen und jüngeren Farbfassungen und Anstrichtechniken vor Ort durch Freilegungen und auch durch Laboruntersuchungen. Genaue Dokumentationen.
Planungsgrundlage	Zusammenfassung der Untersuchungen und Erarbeitung eines Plans unter denkmalpflegerischen und materialtechnischen Gesichtspunkten.
Leistungsbeschreibung	Erstellung der Leistungsbeschreibungen für die jeweiligen Gewerke auf der Grundlage der Planungsgrundlagen.
Ausführung	Durch den Malerbetrieb
Dokumentation	Die Ausführung wird durch eine umfangreiche Dokumentationsarbeit begleitet. Sie umfasst z. B. die Dokumentation durch Materiallisten, durch Beschreibung der Arbeitstechniken, durch Fotos und Zeichnungen.

Hinweis: Die wissenschaftlich techn. Arbeitsgemeinschaft für Bauwerkserhaltung und Denkmalpflege e.V. stellt umfangreiches und anerkanntes Material (WTA Merkblätter) zur Verfügung (www.wta.de).

Bildungsmöglichkeiten

Studiengänge	Einige Hochschulen bieten Studiengänge z. B. im Bereich Restaurierung an. Empfohlen wird, vor Aufnahme eines Studiums eine Ausbildung in einem verwandten Ausbildungsberuf durchzuführen.
Fortbildungen	Für Meister und Techniker werden zahlreiche Kurse im Bereich Denkmalpflege angeboten, z. B. Restaurator im Handwerk (siehe hinten in diesem Tabellenbuch).
Messen	Die Messe Leipzig veranstaltet die Denkmalmesse mit einem Kongressprogramm.

Ebenheitstoleranzen													DIN 18202
Bauteile	Abstand der Messpunkte bis ... m												
	0,1	0,6	1,0	1,5	2,0	2,5	3,0	3,5	4,0	6,0	8,0	10	15
	Ebenheitstoleranzen in mm												
1. Nichtflächenfertige Oberseiten von Decken, Unterböden und Unterbeton (ohne erhöhte Anforderungen)	10	13	15	16	17	18	18	19	20	22	23	25	30
2. Nichtflächenfertige Oberseiten von Decken, Unterböden und Unterbeton mit erhöhten Anforderungen (z. B. zur Aufnahme von Estrichen, Industrieböden) **und fertige** Oberflächen für z. B. Lagerräume, Keller	5	7	8	9	9	10	11	12	12	13	14	15	20
3. Flächenfertige Böden, z. B. Estriche als Nutzestriche bzw. zur Aufnahme von Bodenbelägen (ohne erhöhte Anforderungen)	2	3	4	5	6	7	8	9	10	11	11	12	15
4. Flächenfertige Böden mit erhöhten Anforderungen, z. B. gegossene, gespachtelte und geklebte Bodenbeläge für Sporthallen	1	2	3	4	5	6	7	8	9	10	11	12	15
5. Nichtflächenfertige Wände und Unterseiten von Rohdecken	5	8	10	11	12	13	13	14	15	18	22	25	30
6. Flächenfertige Wände und Unterseiten von Decken, z. B. Sichtbeton, geputzte Wände, Sichtmauerwerk, Wandbekleidungen, Trennwände, abgehängte Decken	3	4	5	6	7	8	8	9	10	13	17	20	25
7. Flächenfertige Wände und Unterseiten von Decken mit erhöhten Anforderungen	2	2	3	4	5	6	6	7	8	10	13	15	20

Hinweise

- Zitierweise in Leistungsbeschreibungen z. B. „Einzuhaltende Toleranzwerte nach Zeile 7 der Tabelle 3 gemäß DIN 18202 Maßtoleranzen im Hochbau."
- Standardverspachtelung entspricht Zeile 6, Sonderverspachtelung entspricht Zeile 7, z. B. bei Trockenbau, Putz- und Stuckarbeiten.
- Nach ATV DIN 18350, 3.1.2 sind auch bei Streiflicht sichtbare Unebenheiten der Oberfläche nicht zu beanstanden, wenn die Toleranzen nach Zeile 7 eingehalten worden sind.

Betoninstandsetzung		BFS-Merkblatt Nr.1, VOB DIN 18363
Untergrundprüfung		
Mangel	Prüfmethode	Bemerkungen
Poren, Kiesnester, Abplatzungen, abgebrochene Ecken und Kanten	Augenschein	Mit geeigneten Spachtelmassen verschließen
Hohlstellen	Abklopfen mit Fäustel (500 g)	Hohlstellen markieren, öffnen
Festigkeit	Rückprall-, Schmidthammer	Lose und mürbe Teile entfernen
Betonüberdeckung	Profometer, elektrisches Messgerät	Misst die Betondicke über der Bewehrung
Karbonatisierung	Indikatorflüssigkeit (Phenolphtalein: Rotfärbung, Thymolphtalein: Blaufärbung)	Beton bis in ausreichend alkalische Bereiche ausstemmem
Risse	Augenschein, Benetzungsprobe	Riss-Sanierungssystem awählen
Untergrundvorbehandlung		
Arbeitsverfahren	Werkzeug, Material	Bemerkungen
Gründliches Reinigen	Trocken abbürsten mit Drahtbürste, Besen; Sandstrahlgeräte; Wasserstrahlen: Dampfstrahlgeräte (12 bar), Hochdruck (400 bar)	Alle losen Teile, allen Schmutz, Zementschlämme, Kalksinterschichten, nicht tragfähige Altanstriche entfernen; Wasser auffangen; Umweltschutz beachten (Sondermüll)
Schadstellen, angerostete Armierungsstähle freilegen	Hammer und Meißel, Drahtbürsten, Druckluftmeißel, Nadelpistole	Großzügig ausstemmen (45° Absprengwinkel); Armierungsstähle rundum freilegen, soweit kein fester Verband mehr zwischen Beton und Bewehrungsstahl besteht
Entrosten	Drahtbürste, rotierende, Drahtbürste, Sandstrahlen	Normreinheitsgrad Sa 2½ nach DIN 55928 muss erreicht werden
Untergrundbeschichtung		
Systeme von **einem** Hersteller einsetzen. Eignungsnachweis mit amtlicher Prüfung/Zulassung.		
Korrosionsschutzbeschichtung	Plattpinsel; EP-Mennige; Zinkcromatbeschichtung; wasserverdünnbare Acrylpolymerisate; rein mineralisch kunststoffvergütete Grundbeschichtung (alkalischer Rostschutz)	**Sofort** gegen neue Rostbildung schützen: 2 mal dickschichtig in 2 Farbtönen auftragen; evtl. in die letzte Beschichtung Quarzsand als Haftvermittler einstreuen; Trockenzeiten einhalten (Herstellerangaben beachten)
Haftbrücken herstellen	Haftdispersionen PCC-Mörtel (KS-vergütete Zementmörtel-Haftschlämme); EP-Mörtel (EP-Harze)	Haftbrücken mit kurzborstigem Pinsel satt auftragen und gut einarbeiten, bei hoher Beanspruchung
Ausbessern und Glätten der Ausbruchstellen	Putzkellen, Flächenspachtel, Abziehplatte, Kartätsche; Oberflächenstruktur der Sichtbetonflächen anpassen	Grobmörtel gut verdichtet, hohlraumfrei in Ausbruchstelle drücken; Feinspachtelung mit Feinmörtel (Acryl-Polymerdispersion)
Nahezu mängelfreie Oberfläche	Eventuell nur Imprägnierung	Grundieren; zweimal streichen; Betonstruktur bleibt erhalten
Feine Haufwerkporen, einzelne Grobporen und feine Netzrisse	„Beton-Füll-Coat"	Anstrichschicht verschlämmt Betonstruktur etwas, Sanierungsstellen treten optisch zurück
Gröbere Poren, Netzrisse	Faserspachtel wirkt stark füllend und rissüberbrückend	Sanierungsstellen werden kaschiert
Sehr grobe Mängel, tiefe Lunker; mürber Oberflächenbeton	Vollflächige Anwendung von Feinputzen verschiedener Hersteller	Nach der Instandsetzung: gleichmäßig strukturierte, sandpapierraue Oberfläche

Grundlagen · Werkstoffe Hilfsstoffe · Werkzeuge Geräte, Gerüste · Arbeitstechniken · Gestaltung · Arbeitsschutz Umweltschutz · Aufmaß Abrechnung · Betriebsführung · Quellen

Betoninstandsetzung (Fortsetzung)

Beschichtungssysteme

Arbeitsverfahren	Werkzeug, Material	Bemerkungen
Grundanstrich (löse-mittelhaltiger Beton-Imprägniergrund)	Silikon-Imprägnierung auf Siloxan-Basis, Streichbürste	Satt und gleichmäßig auftragen
Zwischenanstrich (elastische Zwischen-beschichtung)	Acrylat-Dispersionsfarbe, Einbetten elastischen Gewebes, Bürste, Rolle, Spritzgerät	Keine Risse: rissüberbrückendes System
Schlussanstrich	Streichbürste, Rolle, Spritzgerät, elastische Acrylat-Dispersionsfarbe, Acrylat-Polymer-Dispersion, „Beton-farben" nach Herstellerangaben	Anforderungen: schlagregendicht, diffusionsfähig, CO_2-bremsend; Hellbezugswert < 50; Strukturbeschichtung

Oberflächenschutzsysteme

Die Auswahl eines Oberflächenschutzsystems OS 1 bis OS 12 ist von der späteren Nutzung und Belastung der Betonoberfläche abhängig.

OS 1: Hydrophobierende Imprägnierung	**OS 2:** Versiegelung für nicht befahrbare Flächen	**OS 3:** Versiegelung für befahrbare Flächen
Feuchteschutz bei vertikalen und freibewitterten Betonflächen	Vorbeugender Schutz von freibe-witterten Betonflächen, im Neubau für senkrechte Flächen, Unterseiten	Fußböden und Fahrbahnen bei geringer mechanischer Belastung
Mindestschichtdicke: – HauptBM: Silan, Siloxan, Silicon	50 µm AY	50 µm EP, AY, PUR
OS 4: Beschichtung für nicht befahrbare Flächen	**OS 5:** Beschichtung für nicht be-fahrbare Flächen mit mindestens sehr geringer Rissüberbrückung	**OS 6:** Chemisch widerstands-fähige Beschichtung für mech. gering beanspruchte Flächen
Mechanisch nicht belastete freibewitterte Betonflächen, taumittelbelastete Betonflächen	Siehe OS 4, Instandsetzungsmaßnahme, wenn mindestens sehr geringe Rissüberbrückung gefordert	Decken, Wände (mech. gering beansprucht), flüssigkeits- und chemikalienbelastete Böden; Instandsetzungsmaßnahme durch Beschichtung der Bewehrung
80 µm AY, PUR-AY	300 µm AY-Dispersion, 2 mm Dispersion-Zementschlämme	500 µm EP, PUR
OS 7: Beschichtung unter bitu-minösen Dichtungsschichten bei Brücken und ähnlichen Bauwer-ken	**OS 8:** Chemisch widerstands-fähige Beschichtung für befahr-bare, mechanisch stark belastete Flächen	**OS 9:** Beschichtung für nicht befahrbare Flächen mit mindes-tens erhöhter Rissüberbrückung
Grundierungen, Versiegelungen, Kratzspachtelungen unter bitu-minösen Belägen auf Beton	Fahrbahnen, Industrieböden (nicht für BG I, schwer); Behäl-ter- und Rohr-Innenwandungen	Siehe OS 4, spritzwasserbelas-tete Flächen, bei Fassaden Begrenzung auf den Rissbereich
1 mm EP	1 mm EP	1 mm PUR
OS 10: Dichtungsschicht unter bituminösen oder anderen Schutz- und Deckbeschichtungen mit sehr hoher Rissüberbrückung	**OS 11:** Beschichtung für befahr-bare Flächen mit mindestens erhöhter Rissüberbrückung	**OS 12:** Beschichtung mit Reak-tionsharzbeton bzw. -mörtel für befahrbare, mechanisch stark belastete Flächen
Abdichtung unter befahrbaren Deckschichten bei Brücken, Tunnelsohlen, Parkhäusern	Rissgefährdete Betonflächen wie Schrammborde, Brückenkappen, Parkdecks, Brückenfahrbahnen	Industriefußböden, Betonfahr-bahnen
2 mm PUR	3 bis 5 mm EP-PUR	5 mm EP

Grundlagen · Werkstoffe Hilfsstoffe · Werkzeuge Geräte, Gerüste · Arbeits-techniken · Gestaltung · Arbeitsschutz Umweltschutz · Aufmaß Abrechnung · Betriebs-führung · Quellen

Grundlagen

Werkstoffe Hilfsstoffe

Werkzeuge Geräte, Geräte

Arbeits-techniken

Gestaltung

Arbeitsschutz Umweltschutz

Aufmaß Abrechnung

Betriebs-führung

Quellen

Trockenbau

Grundlagen (Auswahl):
- DIN 18180 ff (Plattenarten)
- DIN 18182 (Profile)
- DIN 4103 ff (Wände)
- DIN 18202 (Ebenheitstoleranzen)
- DIN 4109 (Schallschutz)
- DIN 4108 (Wärmeschutz) und EnEV 2002
- DIN 4102 (Brandschutz)
- BFS Merkblatt Nr. 12, Technische Merkblätter der Hersteller

Mineralische Trockenbauplatten

Name	DIN	Abkürzung	Name	DIN	Abkürzung
Gipskartonplatten (s. unten)	18180	GKB, GKBI, GKF, GKFI, GKP	Gipsfaserplatten (s. unten)	–	GF
Gipsvliesplatten	–	GV	Gipsdeckenplatten	18169	D, S, S, DF, SF
Gipskarton-lochplatten	18180	Schlitz- und Loch-platten	Holzwolle-leichtbauplatten	1101	HWL
Fibersilikatplatten	–	FS-L, FS-H	Gipswandbauplatten	18163	SW, GW, PW

Organische Holzwerkstoffplatten

Name	DIN	Abkürzung	Name	DIN	Abkürzung
Flachpressplatten für allgem. Zwecke	68761	FPY, FPO	Flachpressplatten für Bauwesen	68763	V 20, V 100, V 100 G
Flachpressplatten kunststoffbesch.	68765	KF	Oriented Strand Board	–	OSB
Strangpress-röhrenplatten	68762	LR	Strangpressröhren-platten durchbrochen	68762	LMD, LRD
Baufurnier-sperrholz	68705	BFU 20, BFU 100, BFU 100G	Baufurniersperrholz Buche	68705	BFU-BU 100, BFU-BU 100G
Furniersperrholz	68705	FU-IF, FU-AW	Stabsperrholz	68705	ST-IF, ST-AW
Stäbchensperrholz	68705	STAE-IF, STAE-AW	Baustäbchen-sperrholz	68705	BSTAE 20, BSTAE 100
Baustabsperrholz	68705	BST 20, BST 100	Holzfaserplatten für Bauwesen	68750, 68754	HFM, HFH 20

Gipskartonplatten · DIN 18180

Länge in mm	Breite in mm	GKB Gipskarton-bauplatte (Grau, Blau)	GKBI wie vor, imprägniert (Grün, Blau)	GKP Putzträger-platte (Grau, Blau)	GKF Feuer-schutzplatte (Grau, Rot)	GKFI wie vor, imprägniert (Grün, Rot)
		(1. Nennung Kartonfarbe, 2. Nennung Stempelfarbe) Dicke in mm				
2000 bis 4000, in 250er Stufen	1250	9,5; 12,5; 15	12,5; 15	–	9,5; 12,5; 15	12,5; 15
1500	1000	10; 12,5	–	–	–	–
2000 bis 3000	625	18	18	–	12,5; 20; 25	25
2000 bis 3500	1250; 600	Über 18			Über 18	
1500; 2000	400	–	–	9,5	–	

Hinweis:
Weitere Maße je nach Hersteller möglich. Anfragen zu Sondermaßen an den Hersteller richten.

Gipsfaserplatten (Vorzugsmaße)

Länge in mm	Breite in mm	Dicke in mm
2000; 2500; 2540; 2750; 3000	1245	10; 12,5; 15; 18
1500	1000	10; 12,5; 15; 18

Kantenausbildungen

Kantentyp	Kurz-zeichen	Abbildung	Hinweise zur Verspachtelung
Abgeflachte Kante	AK		Verspachtelung der GKB mit Bewehrungsstreifen
Runde Kante	RK		Verspachtelung der GKB ohne Bewehrungsstreifen
Halbrunde abgeflachte Kante	HRAK		Verspachtelung GKB mit und ohne Bewehrungsstreifen
Volle Kante	VK		Gipsfaserplatten ohne, aber GKB mit Bewehrungsstreifen
Halbrunde Kante	HRK		Verspachtelung GKB ohne Bewehrungsstreifen

- Geschnittene, scharfe Kanten müssen mit einem Kantenhobel vor der Befestigung angeschrägt werden. Gilt nicht bei Gipsfaserplatten.
- Besondere Fugenspachtel (faserverstärkt) erlauben auch Verspachtelungen von GKB ohne Bewehrungsstreifen.

Spachtelarbeiten bei Trockenbauarbeiten

Spachtelarbeiten müssen der DIN 18202 Toleranzen entsprechen. Höhere Anforderungen sind im Leistungsverzeichnis zu vereinbaren.

Standardverspachtelung	Sonderverspachtelung
• Der Fugenbereich soll der Plattenoberfläche angeglichen werden. Dies gilt ebenso für die Befestigungsmittel. • Vorspachteln (Fugenschluss) • Nachspachteln bis zum Erreichen eines stufenlosen Übergangs zur Plattenoberfläche (etwa 25 cm Breite), schleifen • Keine Spachtelgrate sichtbar • Für Tapeten (aber nicht Metall- und Seidentapeten) und für nicht glänzende Anstriche	• Hier werden höhere Anforderungen gestellt. • Vorspachteln (Fugenschluss) • Nachspachteln • Vollflächiges Spachteln der Fläche • Für hochwertige Tapeten • Für glänzende Beschichtungen • Flächen mit Streiflichteinfall oder besonderer Ausleuchtung

Spachtelmassen für Trockenbauarbeiten

Name	Produktbeschreibung	Anwendung
Fugengips nach DIN 1168	Erhärtung nach ca. 15 Minuten, Standardprodukt	Zum Vorspachteln, Verfugen mit Bewehrungsstreifen
Faserbewehrter Fugengips	Lange Offenzeit, Glasfasern erhöhen Festigkeit	Zum Nachspachteln ohne Bewehrungsstreifen für HRK und HRAK Kanten
Fugenfinish	Gute Ausziehbarkeit	Zum vollflächigen Spachteln, zum Nachspachteln
Dispersionsspachtel	gebrauchsfertig	Zum Nachspachteln und vollflächigen Spachteln
Jointfiller	Organischer Spachtel, maschinell verarbeitbar, faserbewehrt	Im Ames Spachtelgerät verarbeitbar, lange Verarbeitungszeiten
Ansetzbinder	Gips nach DIN 1168	Zum Ansetzen von Platten auf Wandflächen

Vorbereitende Arbeiten beim Trockenbau

Arbeit	Maßnahmen	Hinweise
Materialbestellungen	• Plattenauswahl nach Leistungsbeschreibung • Prüfzeugnisse bei besonderen Schallschutz- und Brandschutzauflagen beachten	Die Hersteller halten Handbücher über durchschnittlichen Materialbedarf je m² bereit
Lagerung	• Trockene Lagerung horizontal auf Hölzern • Profile horizontal lagern • Platten vor Lichteinwirkung schützen	Es empfiehlt sich, bei großen Materialmengen Plattenlifte zu mieten
Untergrundprüfung	• Baufeuchte • Verunreinigungen • Toleranzabweichungen nach DIN 18202 • Beim Dachgeschossausbau: Dachaufbau nach Vorschrift mit Unterspannbahn bzw. -platten • Risse, vorgeschriebene Konstruktion, lot- und fluchtgerecht, abgeplatzte GKB	• Feuchte mit Messgeräten messen • Protokolle anfertigen • Bedenken anmelden • Da häufig Rohbauzustand: Maße überprüfen

Trockenputzarbeiten

• Trockenputzarbeiten werden auf der Rohbauwand durchgeführt
• Schlagregendichtigkeit überprüfen
• Bei Einsatz von Verbundplatten (Bauplatten mit aufkaschierter Polystyrolschicht/Mineralfaserschicht) kann der Einbau einer Dampfsperre erforderlich sein;
Aufforderung an den Planer, den Einbau einer Sperre zu prüfen;
eventuell sind Verbundplatten mit eingebauter Dampfsperre zu nehmen
• Für Schallschutzverbesserung ausschließlich Mineralfaserverbundplatten einsetzen

Arbeitshinweise für Wandtrockenputz

• Glatte, wenig saugende Flächen wie Beton sind bei GKB mit Haftbrücke zu grundieren
• Stark saugende Untergründe wie Porenbeton sind bei GKB zu grundieren
• Materialmenge und Verteilung des Ansetzbinders nach Herstellervorschrift
• Verspachtelung nach völligem Aushärten des Binders

Arbeitshinweise für Wandtrockenputz auf Unterkonstruktion (Vorsatzschalen)

• Holzlattung 50/30 mm bzw. Metallprofile lot- und fluchtrecht aufdübeln
• Schall-, Wärme- und Brandschutzverbesserung durch Einbau von Mineralfaserdämmung
• Bei Konterlattung höhere Dämmdicken möglich
• Verspachtelung
• Dampfsperren Einbau beachten

Arbeitshinweise für freistehende Vorsatzschalen

• Erforderlich bei unebenem Mauerwerk bzw. wenn Installationen eingebaut werden sollen
• Befestigung mit UW Profilen an der Decke und am Boden
• Schall-, Brand- und Wärmeschutzverbesserung durch Einbau von Mineralfaserdämmung
• Verspachtelung
• Dampfsperren Einbau beachten

Richtwerte für Trockenputzaufbau (Gipsfaserplatten 10 mm)

Beplankung in mm (Verbundplatte Polystyrol-Dämmung)	Masse in kg/m²	Wärmedurchlasswiderstand R in m² · K/W	Baustoffklasse nach DIN 4102
10 mm Plattendicke	12,5	0,03	A 2
10 plus 20 mm Polystyrol	13	0,53	B 1
10 plus 30 mm Polystyrol	13	0,78	B 1
10 plus 40 mm Polystyrol	13,5	1,03	B 1
10 plus 50 mm Polystyrol	13,5	1,28	B 1

Montagewände in Trockenbau

- Diese nichttragenden inneren Trennwände im Trockenbauverfahren unterliegen der DIN 4103
- Errichtung nur nach Herstellerangaben, da diese Aufbauten geprüft sind hinsichtlich Montagehöhen, Brandschutz, Schallschutz und stoßartigen Belastungen
- Einbaubereiche nach DIN 4103 beachten:
  Bereich I für Räume wie Wohnungen, Hotel- und Büroräume;
  Bereich II für Räume mit großen Menschenansammlungen wie Hörsäle, Schulen, Kaufhäuser
- Die Statik muss angesichts des Wandgewichts und der daran anhängenden Lasten geprüft sein

Arbeitshinweise

- Wandachsen mittels Schnurschlag bzw. Rotationslaser anzeichnen
- Unter den UW-Profilen Mineralfaser-Dämmstreifen zu verwenden und bei erhöhtem Schallschutz ist Trennung des Estrichs erforderlich
- UW-Anschlussprofile fluchtrecht montieren, bauaufsichtlich zugelassenes Befestigungsmaterial verwenden, CW-Profile mit Dämmstreifen an der Wand lotrecht befestigen
- Die senkrechten CW-Ständerprofile in die UW-Profile einführen, nicht verbinden!
- Ausstanzungen der Profile für Elektroinstallationen öffnen, Kabel VDE-gerecht verlegen
- Sanitärinstallationen können darin ebenfalls fachgerecht verlegt werden
- Mineralfaser-Dämmplatten mit vorgeschriebener Dichte und Dicke einbauen
- Beplankung mit Schnellbauschrauben ohne Vorbohren nur in CW-Ständer, Einsatz von Maschinen sinnvoll
- Verspachtelung

Richtwerte für Montagewände (mit Gipsfaserplatten mit Stahlprofilen)

Beschreibung	Wand-dicke in mm	Beplan-kung in mm je Seite	Mineralwolle		Brand-schutz	Schall-däm-mung R'_w	Ge-wicht in kg/m²	Max. Höhe in cm Anwendungsbereich	
			Dicke in mm	Gewicht in kg/m³				I	II
Beidseitige Beplankung ohne Dämmung	125	12,5	–	–	F 30-A	42 dB	33	550	500
	140	2 x 10,0 1 x 12,5	–	–	F 90-A	58 dB	79	550	500
Beidseitige Beplankung mit Dämmung	75	12,5	40	40	F 30-A	46 dB	33	350	325
	125	12,5	40	40	F 30-A	50 dB	33	550	500
	150	12,5	100	40	F 30-A	53 dB	35	600	550
	125	12,5	60	50	F 60-A	52 dB	35	550	500
Beidseitige doppelte Beplankung	125	2 x 12,5	50	50	F 90-A	55 dB	58	600	550
Beidseitige doppelte Beplankung, mit Spezial-CW-Ständerprofil	125	2 x 12,5	60	50	F 90-A	57 dB	58	300	250

Hinweise:

- R'_w ist das bewertete Luftschalldämmmaß von Wänden und Decken einschließlich bauüblicher Nebenwege über flankierende Bauteile.
- Je größer der Wert, desto besser die Luftschalldämmung.
- Diese Werte sind für Gipskartonbauplatten wegen der geringeren Dichte kleiner.
- Der Normwert beträgt für Wohnungstrennwände 53 dB
- Der Wärmeschutz ist nach der Wärmeschutzverordnung von 1995 zu berechnen.
- Der Schallschutz ist abhängig von der Dicke der Beplankung, der Dichte und Dicke der Mineralfaser-Dämmplatten und der technischen Sorgfalt bei der Montage. Hierzu zählen vor allem Schallbrücken über Nebenwege.

Deckenkonstruktionen im Trockenbau	DIN 18181
Begriffe	**Kurzvorstellung**
Fugenlose Decken-systeme	Ohne sichtbare Fugen, in vielen Designs lieferbar (regelmäßig gelocht, versetzt gelocht, Streulochung, geschlitzt oder mit Akustikputzen), Montage der Platten auf Deckenprofilen, Verfugung in Spachtelfugentechnik oder Klebefugentechnik.
Demontierba-re Decken-systeme	Deckenhohlraum (z. B. für Veränderungen in Lüftungsführung oder in der Elektrischen Versorgung) bleibt erreichbar, Sichtschienenmontage (breiter Rahmenstreifen als Auflager der Platten sichtbar) oder auch verdeckte Montage
Bauliche Vor-aussetzungen	Deckensysteme mit dem Baustoff Gips dürfen nur in Bereichen mit einer durchschnittlichen rel. Luftfeuchte von 70 – 80 % (Herstellerangaben beachten) montiert werden. Alle montierten Platten dürfen niemals direkt an die begrenzenden Wände bzw. Pfeiler stoßen und nicht mit den Wandwinkeln verschraubt werden. Bauwerksdehnfugen müssen mit den gleichen Dehnungsmöglichkeiten in die Deckenkonstruktion übernommen werden.
Oberflächen-behandlung	Üblichen Aufbau (Grundierung, Beschichtung) einhalten, auf Gipsplatten: Dispersionsfarben, nicht mit Kalk- und Silikatfarben arbeiten, gelochte Platten werden nur gerollt bearbeitet (keine Pinselarbeit, keine Spritzlackierung)
Brandschutz	Die Anforderungen an den Brandschutz nach DIN 4102 sind von dem Deckensystem zu erfüllen. Abweichungen von dem durch ein Brandschutzlabor geprüften Montageaufbau sind nicht möglich.
Akustik (Regulierung der Nachhall-zeit)	Der Schallabsorptionsgrad wird zwischen den beiden Extremen vollständige Schallreflexion und vollständige Schallabsorption in einer bestimmten Frequenz bei der vorhandenen Decke gemessen. Der Schallabsorptionsgrad von 1,0 bedeutet, dass der Schall einer bestimmten Frequenz vollständig absorbiert wird. Der Wert 0,0 bedeutet eine vollständige Reflexion. Wesentliche Faktoren für die Steuerung des Halles sind die Lochungsgrößen der Platten, der Lochflächenanteil, die Abhängehöhe zur Rohbaudecke und die Auflage von Mineralwollplatten.

Montagebeispiel einer abgehängten fugenlosen Decke mit doppelter Profillage

Zeichnung

Ankerschnellabhänger   Noniusabhänger

Zulässige Achsabstände der Unterkonstruktion gemäß DIN 18181 in mm

Beplan-kung Dicke mm	Stütz weite x	Stütz weite y	Spann-weite Platten quer zur Platte	Wie vor, längs zur Platte
Ohne Zusatzlast				
12,5	900	1000	500	400
2 x 12,5	750	1000	500	420
Loch-platten	900	1000	320	–
Mit Zusatzlast in kg/m² an der Unterkonstruktion				
12,5 (17 kg)	750	1000	500	420
12,5 (37 kg)	600	750	500	420
20 (9 kg)	750	1000	750	625
20 (29 kg)	600	750	750	625

Hinweis: Unmittelbar an der Beplankung befestigte Einzellasten dürfen 6 kg je Plattenspannweite und Meter nicht überschreiten.

Werkstoffe Hilfsstoffe · Werkzeuge Geräte, Gerüste · Arbeits-techniken · Gestaltung · Arbeitsschutz Umweltschutz · Aufmaß Abrechnung · Betriebs-führung · Quellen

Trockenestriche

Begriff	Trockenestriche werden durch tragbare Estrichelemente gebildet und auf die Rohbaudecke (z. B. auf Beton, auf Holzbalkendecke) verlegt.
Normungen	Die Konstruktionen unterliegen genauso wie gegossene Nassestriche den Auflagen der Landesbauordnungen hinsichtlich z. B. Trittschall-, Brand-, Wärme-, Feuchteschutz.
Arten	Trockenestrichelemente in versch. Ausführungen, auch mit Ausgleichsschüttungen bzw. Ausgleichsschüttungen in Waben, Trockenhohlraumboden (Estrichelemente auf Ständern)

Trockenestrichelemente

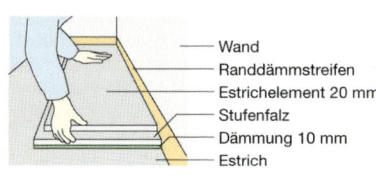

Aufbau: Massivdecke bzw. Holzbalkendecke mit einer Ebenheitstoleranz nach DIN 18202 Zeile 2, Dampfsperre mit mindestens 10 cm Überlappung der Stöße verlegen, Estrichelement schwimmend mit Randdämmstreifen im schleppenden Verband verlegen, Überfalzungen verkleben und verschrauben, sofort spachtelbar, anschließend direkt z. B. mit Fliesen, Teppichboden belegbar

Aufbau	Dicke in mm	Last Estrich- elemente kN/m²	Punkt- belastung kN/m²	Wärmedurch- lasswiderstand m²K/W	Feuerwider- standsklasse (Befl.von oben)
Estrichelement 2 x 10 mm Platten plus 20 mm Polystyrol	40	0,24	1,5	0,56	F 30
Estrichelement 2 x 10 mm Platten plus 60 mm PS	80	0,26	1,5	2,06	F 30
Estrichelement 2 x 10 mm plus 10 mm Mineralwolle	30	0,26	1	0,31	F 90
Estrichelement 2 x 10 mm plus 10 mm Mineralwolle und 20 mm Ausgleichsschüttung	50	0,33	1	1,0	F 90

Trockenestrichelemente auf einer Ausgleichsschüttung

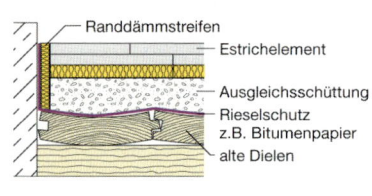

Aufbau: Massivdecke bzw. Holzbalkendecke mit einer Ebenheitstoleranz, die nicht der DIN 18202 Zeile 2 entspricht, schadhafte Stellen im Holz vorher ausbessern, Rieselschutz auslegen, Randdämmstreifen aufstellen, Ausgleichsschüttung bis 60 mm ausbringen und über Abziehlehrenset glatt ziehen, Lehren rausnehmen und Estrichelemente schwimmend am Randdämmstreifen im schleppenden Verband verlegen, Überfalzungen verkleben und verschrauben, sofort spachtelbar, anschließend direkt z. B. mit Fliesen, Teppichboden belegbar. Techn. Werte siehe Tab.

Hohlraumboden

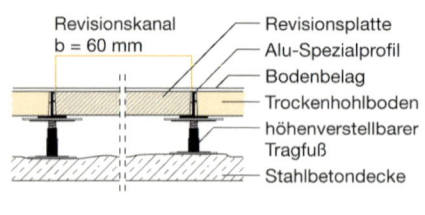

Aufbau: Randdämmstreifen aufstellen, Stützen mit Kleber auf Boden kleben, Platten auf die Stützen legen, Höheneinstellung der Stützen zwischen 70 und 300 mm mit Laser, weitere Platten verlegen und mit Kleber in der Nut verkleben, Revisionsklappen einplanen, anschließend direkt mit Bodenbelägen belegbar. Wasserleitungsrohre usw. und Leitungen werden in der Regel vorher verlegt. Nachträgliche Montagen erfolgen durch die Revisionsklappen in kurzer Zeit.

Beläge

Bodenarten
- Holzfußboden, Holzdielenfußboden; Spanplatten; neue Estriche (Zementestrich, Anhydritfließestrich, Magnesitestrich, Gussasphalt); Trockenestriche; Betonböden; Steinböden; Keramikfliesen
- Böden mit alten und verbrauchten Bodenbelägen
- Böden mit Fußbodenheizung

Estriche (Vorbehandeln nach VOB DIN 18365)
- Anforderungen: eben, sauber, dauertrocken, rissfrei, zugfest, druckfest, tragfähig, fest
- Mit hydraulisch abbindender Ausgleichsmasse egalisieren

Untergrundprüfung Fußboden

Beschaffenheit, Mangel	Prüfmethode, Geräte	Bemerkungen
Unebenheit und Rauigkeit	Augenschein; Richtscheid, Wasserwaage	• Spachtel, Spachtelmassen • Ausgleichs- und Füllmassen
Festigkeit	Gitterritzprobe; Gitterritzprüfgerät (zur Prüfung der Oberflächenfestigkeit)	• Bei mangelnder Festigkeit: Schleifen, Bürsten, Saugen, Epoxidharzgrundierung • Einwandfrei: Oberfläche nicht ritzbar
Feuchtigkeit	CM-Feuchtemessgerät, elektrischer Feuchtigkeits-Universalmesser	• Feuchtigkeit unter Berücksichtigung der zulässigen Eigenfeuchtigkeit (Haushaltsfeuchte, 0 bis 3 %)
Schäden durch Risse	Augenschein	• Reparaturmasse, Füllmasse, Gießharz
Verhältnis der Höhenlage zu anschließenden Fußböden	Augenschein; Richtscheid, Wasserwaage	• Fließestrich • Ausgleichs- und Füllmassen
Verunreinigungen durch Öle, Wachse, Lacke, Farben	Augenschein	• Entfernen • Isolieren

Entschichten / Beseitigen / Entfernen / Ablösen der vorhandenen Bodenbeläge

Arbeitsschritte	Werkzeuge	Bemerkungen
Von Hand	Spachtel, mechanischer Schaber, Handschaber, Cuttermesser	• Zur Entfernung von Bodenbelägen und Kleberresten
Maschinell	Fußbodenstripper	• Bei festsitzenden Bodenbelägen • Zum Entfernen von Neoprene-Kleber
Chemisch/physikalisch mit Wasser	Wasserlöslicher WA-Kleber	• Bei textilen Bodenbelägen mit Schaumrücken

Entsorgung der Bodenbelagsreste und der ausgehärteten Kleberreste als hausmüllähnlicher Abfall auf der Deponie (vereinfachter Entsorgungsnachweis ratsam).

Reinigen des Untergrundes/Bodens
- Größere Belagsreste entfernen
- Zementstaub aufsaugen (Staubsauger-Saugmaschinen nach § 35 GfVO BIA-C-Prüfung)

Schleifen des Untergrundes

Handmaschinen	• Tellerschleifer	• Entfernen von Graten und Sinterschichten
Schleifmaschinen	• Feinstaubbelastung • Asbesthaltige Trägerschicht	• Zum vollflächigen Glätten des Untergrundes beachte TRGS 519

Nach DIN 18365 VOB Bodenbelagsarbeiten ist Neuverlegung nur auf trockenen, festen, sauberen und mit dem Deckenbildner (z. B. Betondecken) fest haftende Unterböden (Estriche, Spanplatten) zulässig.

Befestigungmittel und Befestigungstechniken für Bodenbeläge

Aufgaben der Befestigung	Möglichkeiten der Befestigung
• Bodenbelag festhalten • Vor Verschiebungen sichern • Öffnen von Nähten verhindern • Verhindern von Beulen und Falten • Ränder und Nähte am Boden halten • Ausbeulen und Schüsseln verhindern	• Vollflächige Verklebung • Vollflächige Verklebung mit Sprüh- oder Rollkleber • Fixierung von Teppichboden und CV-Belägen • Lose Verlegung von Bodenbelägen auf Klebeband • Verlegung auf Klebenetz oder Klebevlies • Verspannen von textilen Bodenbelägen

Merkmale für die Wahl der Befestigungsart	
• Eigenarten des Belagmaterials • Zu erwartende Beanspruchungen • Besondere Wünsche des Auftraggebers • Bodenbelagsqualität • Ableitfähigkeit der Verlegung	• Verschmutzungsgefahr und Reinigungsnotwendigkeit • Trittschalldämmung • Wärmedämmung • Unterbodenschonung, Wiederaufnahmemöglichkeit • Beanspruchung des Belages durch Begehen, Stuhlrollen

Die richtige Befestigung hat erhebliche Auswirkungen auf Begehbarkeit, Aussehen und Verschleiß, sowie Pflege- und Reinigungsmöglichkeiten. **Nur so fest wie nötig soll die Befestigung sein.**

Befestigungstechnik	Eignung und Anwendung
• **Spannverlegung:** Befestigung an Rändern auf Nagelleisten	• Nur für hochwertige Teppichböden mit Zweitrücken • und für gewebte Teppiche
• **Lose Verlegung mit doppelseitigem Klebeband:** Befestigung an den Rändern und Nähten	• In kleinen, weniger benutzten Räumen möglich • Bei Möbelrollenbelastung nicht geeignet (Wulstbildung) • Sprühextraktreinigung nicht möglich
• **Klebesystem, elektrisch leitfähig:** zur vollflächigen Klebung von elektrisch leitfähigen textilen Bodenbelägen	• Kunststoffdispersion mit klebeverstärkten Harzen • Auftrag mit Zahnspachtel • Ablüfte- und Einlegezeit beachten
• **Klebstoff-Rollsystem:** zur Klebung von textilen Bodenbelägen mit/ohne Schaumrücken, Nadelvliese	• Spezial-Dispersionskleber zum Auftrag mit der Rolle • Ergibt klebstarke Verbindungen, stuhlrollengeeignet • Sprühextraktion möglich
• **Bodenbelag-Fixierung:** Anhaften des Bodenbelages ohne feste Kleberverbindung	• Für Teppichböden mit Schaumrücken und CV-Beläge • Ergibt ausreichend haltbare, wiederaufnehmbare Befestigungen für Böden mit relativ geringer Beanspruchung • Auftrag mit der Rolle
• **Haftvlies und Haftgitter:** beidseitig klebende Vliese oder Gitternetze; mit denen wird der Belag auf dem Unterboden wiederaufnehmbar befestigt	• Trockene Klebetechnik mit guter Verhaftung • Wiederaufnahme möglich, wenn Rückenbeschichtung des Teppichs ausreichend beständig • Haftgitter auch für Neuverlegung von Teppichen auf alten Teppichböden und Nadelvlies
• **Kunstharz-Dispersionskleber:** Einseitkleber, Einseit-Schnellkleber, leitfähiger Einseitkleber	• Vollflächige Klebungen für stuhlrollengeeignete Befestigung; Klebung auf Fußbodenheizungen • Auftrag mit Zahnspachtel • Ablüftezeit und offene Zeit des Klebers beachten
• **Neoprenekleber:** lösemittelhaltige Kleber für PVC- und Gummibeläge, Kork-und Linoleumfliesen; Gebindekennzeichnung beachten!	• Sofort belastbare, hochfeste Klebung • Auftrag auf beiden Seiten mit glattem Spachtel oder Zahnspachtel (bei Belägen mit stark geprägter Rückseite) • Feuer- und explosionsgefährlich
• **Polyurethankleber (2-K):** Epoxidharzkleber (nicht für PVC-Rücken)	• Klebung von textilen Outdoor-Belägen • Hochfeste Verlegungen von Gumminoppenbelägen im Strapazier- und Nassbereich

Beim Kleberauftrag mit Zahnspachtel oder Zahnkelle den vom Klebstoffhersteller vorgeschriebenen Zahnungssatz benutzen (Der Zahnspachtel darf nicht abgenutzt oder verklebt sein.):

• Grobe Zahnungen B1, B2, B3	• Feine Zahnungen A1, A2, A3, A4, A5

Vollflächiges Verkleben (verbesserte Bodenhaftung, vermeidet Wellen- und Blasenbildung)

- Linoleum
- PVC grundsätzlich
- In Arbeitsräumen, Verkaufsräumen
- In Räumen mit starker Beanspruchung
- Stuhlrollenbeanspruchung
- Bei Fußbodenheizungen
- Bei starker Verschmutzungsgefahr
- Beim Einsatz intensiver Reinigungsverfahren

Arbeitsschritte	Werkzeuge, Bemerkungen
Einpassen des Bodenbelags, Belagbahnen etwa zur Hälfte zurückschlagen	Teppichmesser mit Klingen, Lineal, Schiene, Bodenleger-Stahllineal, Winkel, Kreuzwinkel
Kleber laut Verarbeitungsanleitung auftragen, Rollkleber + spezieller Bodenroller, Sprühkleber + Airlessgerät	Zahnspachtel + Kleber (Klebstoff), aus Moltoprenschaum, parallel zur Wand rollen, Spritzschutz, in Ecken mit Pinsel arbeiten
Ablüftezeit abwarten	Fixierung (wieder anlösbare Anhaftung)
Belag in die richtige Position einschieben	Reibehammer, Anreiberolle
Belag andrücken	Reibehammer, Anreiberolle

Lose Verlegung von Teppichböden und CV-Belägen (bis 15 m^2) auf Klebeband

Arbeitsschritte	Bemerkungen
Doppelseitiges Klebeband auf sauberen Boden an den Rändern, im Nahtbereich, an und um Türschwellen fixieren	Schutzabdeckpapier nach oben, Klebebandeigenschaften: hohe Haftfestigkeit, 6 cm breit
Belag auslegen	Staubfreier, sauberer Boden
Belag sorgfältig einpassen	Saubere Schnitte ausführen
Ausspannen des Belages mit dem Reibebrett von der Mitte in diagonaler Richtung zu den Rändern	Ohne Beulen und Wellen
Belag an den Rändern leicht anheben	Belag nicht verschieben
Schutzpapier abziehen	Nicht auf Klebefläche greifen
Festkleben der Ränder auf dem Klebeband	Gut andrücken
Belag sauber machen, z. B. saugen	Staubsauger

Festverlegung von PVC-Belägen und Gummibelägen, Bahnen

Klebstoffe: Neoprene-Kleber (Kunstkautschukkleber) oder KH-Dispersions-Kleber als Einseitkleber. Industrie-Gummi-Beläge mit PUR-Kleber oder Epoxidharzkleber als 2-K-Kleber verwenden.

Arbeitsschritte	Bemerkungen
Verlegeskizze anfertigen	Nur wenn erforderlich
Bahnen auslegen	Nähte 2 cm überlappen
Dehnungsraum an den Wänden lassen	Etwa 3 mm
Kleber beidseitig auf den Untergrund und auf die zurückgerollte Bahnhälfte auftragen	Bei Neoprene-Kleber mit glattem Spachtel
Ablüftezeit beachten	10 bis 15 min, Fingerprobe
Schmale Folienstreifen schneiden (15 bis 20 cm), in der Mitte der Nähte einlegen	Spätere Kleberansätze vermeiden
Halbe Bahn ohne Lufteinschlüsse einschieben, mit den Händen oder Andrückwalze anreiben; mit mittlerer Bahn beginnen, nach außen arbeiten	Ein genaues Arbeiten ist unbedingt erforderlich; bei Neoprene-Kleber sind nachträgliche Korrekturen nicht mehr möglich
Verwendung von KH-Dispersions-Kleber (Einseitkleber)	Verarbeiten wie bei der Festverlegung von textilen Belägen

Nachträglichen Nahtschnitt ausführen: Obere Bahn mit Stahllineal anschneiden, untere Bahn genau senkrecht an der oben abgetrennten Bahn entlang einritzen und den Streifen nach hinten abziehen.

Grundlagen

Werkstoffe Hilfsstoffe

Werkzeuge Geräte, Gerüste

Arbeits-techniken

Gestaltung

Arbeitsschutz Umweltschutz

Aufmaß Abrechnung

Betriebs-führung

Quellen

Klassifizierung von elastischen Bodenbelägen			E DIN EN 685
Klasse	**Symbol**	**Nutzung**	**Verwendungsbereich**
21		Wohnen, mäßig	Geringe oder zeitweise Nutzung, Schlafzimmer
22		Wohnen, normal	Mittlere Nutzung, Eingangsbereiche
23		Wohnen, stark	Intensive Nutzung, Wohnräume
31		Gewerblich, mäßig	Hotelzimmer, Einzelbüros, Konferenzräume
32		Gewerblich, normal	Einzelbüros, Boutiquen
33		Gewerblich, stark	Klassenzimmer, Korridore, Kaufhäuser, Mehrzweckhallen, Großraumbüros, Schulen,
34		Gewerblich, sehr stark	Flughäfen, Mehrzweckhallen, Schalterhallen, Kaufhäuser
41		Industriell, gering	Arbeit wird im Sitzen ausgeführt, gelegentlich leichte Fahrzeuge im Einsatz, Elektronikwerkstätten
42		Industriell, normal	Arbeit wird im Stehen ausgeführt, Fahrzeugverkehr, Lagerräume
43		Industriell, stark	Andere industrielle Bereiche, Produktionshallen

Zusatzeignungen					
Ableitfähig	Antistatisch	Für Fußboden-heizung	Mineralöl- und fettbeständig	Stuhlrollen-geeignet	Zigarettenglut-beständig

Kennzeichnung der textilen Bodenbeläge

Teppichsiegel der Europäischen Teppichgemeinschaft (ETG)

ETG-Strapazierwert				ETG-Komfortwert			
extrem	stark	normal	gering	einfach	gut	hoch	luxuriös

Strapazierwert (nach DIN 66095) und Komfortwert werden durch Balkendiagramme angegeben. Die entsprechenden Felder werden jeweils schräg schraffiert.

Beispiel einer Teppichboden-Kennzeichnung für einen Büroraum

ETG-Strapazierwert				ETG-Komfortwert			
extrem	stark	normal	gering	einfach	gut	hoch	luxuriös

Wert	Erläuterung
Strapazierwert „gering"	Für wenig begangene Räume: Schlafzimmer, Gästezimmer
Strapazierwert „normal"	Für normal beanspruchte Räume: Wohnzimmer
Strapazierwert „stark"	Stark beanspruchte Wohn- und Aufenthaltsräume: Dielen, Büroräume, Spielzimmer
Strapazierwert „extrem"	Für Bereiche mit starkem Publikumsverkehr und extremen Belastungen: Kaufhäuser, Schulen, Großraumbüros
Komfortwert „einfach"	Bei geringen Ansprüchen an Ausstattung und Repräsentationsbedarf
Komfortwert „gut"	Es wird auch Wert auf Behaglichkeit gelegt
Komfortwert „hoch"	Hoher Anspruch an Komfort und Gemütlichkeit
Komfortwert „luxuriös"	Besonders exklusive Komfortansprüche

Kennzeichen		Zusatzeigenschaften
Antista-tisch		Die Beläge sind dauerhaft antistatisch ausgerüstet. Auch bei trockener Raumluft und Berührung eines leitfähigen Gegenstandes ist kein elektrischer Schlag spürbar.
Für Fuß-boden-heizung		Beläge mit Eignung für Fußbodenheizung sind so aufgebaut, dass sie dem Wärmedurchgang von unten nach oben keinen großen Widerstand entgegensetzen, sodass der Effekt der Fußbodenheizung erhalten bleibt. Der Belag besitzt eine normgetreue Maßbeständigkeit.
Stuhl-rollen-geeignet		Für Beläge, auf denen Büro-Arbeitsstühle oder Sessel mit Rollen stehen oder bewegt werden.
Für Feucht-raum		Für Räume, in denen der Boden des öfteren durch Wasser benetzt wird. Beläge verlieren durch Nässe und anschließende Trocknung nicht die Form und sind besonders farbecht (z. B. Badezimmer, Duschraum).
Treppen-geeignet		Beläge können ohne Treppenkantenprofile auf Treppenstufen verlegt werden. Beläge mit hoher Elastizität und Festigkeit, die den besonderen Belastungen auf Treppenstufen und Kanten widerstehen können, sofern sie fachgerecht verlegt sind.

Grundlagen · Werkstoffe Hilfsstoffe · Werkzeuge Geräte, Gerüste · Arbeits-techniken · Gestaltung · Arbeitsschutz Umweltschutz · Aufmaß Abrechnung · Betriebs-führung · Quellen

ESD-Systeme – Ableitfähige Bodensysteme I	DIN IEC 61340 DIN EN 1081

ESD	Electrostatical Discharge – Elektrostatische Entladung
ESD-Boden-systeme	Bodensysteme, die elektrostatische Aufladungen, verursacht z. B. durch das Gehen auf Böden, so über den Potenzialausgleich („Erdung") ableiten, dass keine Beeinträchtigungen (wie Zuckungen beim Berühren von Türklinken), keine Gefahren (wie Entzündungen durch Funken) und keine Schädigungen (wie Zerstörung elektronischer Bauteile) mehr vorhanden sind.

Normen	Inhalte
DIN 51953	Ungültig ab 1998 (Prüfung der Ableitfähigkeit in explosionsgefährdeten Räumen)
DIN 100015	Ungültig ab 2001 (Schutz elektrostatisch gefährdeter Bauelemente)
DIN EN 1081	Prüfung der Ableitfähigkeit in explosionsgefährdeten Räumen
DIN IEC 61340-5-1	Schutz von elektronischen Bauelementen gegen elektrostatische Phänomene – Allgemeine Anforderungen
DIN IEC 61340-4-1	Elektrostatisches Verhalten von Bodenbelägen und verlegten Fußböden, Messnorm
STM 97.2 – 1999	Bodenmaterial- und Schuhwerkmessung in Kombination mit einer Person, Walking Test, US Norm: Der Normnachweis kann von Firmen verlangt werden, die mit amerikanischen Geräten bzw. Unternehmen zusammen arbeiten.
DIN VDE 0100	Definiert untere Grenzwerte der geforderten Wiederstände. Nur die Elektrofachkraft darf ein Bodensystem an den Potenzialausgleich anschließen.

Messen von Oberflächen- und Erdableitwiederständen

Das verarbeitete bzw. verlegte Bodensystem soll die elektrostatische Aufladung über den Potenzialausgleich in die „Erde" ableiten. Um die Wirkung und die richtige Verlegung aller Teile eines ableitfähigen Bodensystems zu überprüfen, sind vielfältige Messmethoden entwickelt worden. Dem Auftragnehmer ist nahezulegen, die geforderten Widerstandswerte in Ω (Ohm) vor Auftragsbeginn mit dem Auftraggeber genau abzustimmen und hierbei die Prüfmethoden und die dazugehörige Prüfnorm festzulegen.

Oberflächenwiderstand R_o

Nach DIN IEC 1340-4-1 ist der Oberflächenwiderstand der Widerstand, den die Oberfläche eines Bodensystems der Ausbreitung von Elektrizität entgegensetzt.

Volumenwiderstand R_v

Nach DIN IEC 1340-4-1 gibt der Volumenwiderstand an, welchen Widerstand ein Bodensystem dem Durchgang von Elektrizität entgegensetzt (auch Durchgangswiderstand genannt).

Erdableitwiderstand R_e

Nach DIN IEC 1340-4-1 gibt dieses wichtige Messverfahren an, welchen Widerstand das Bodensystem der Ableitung von Elektrizität in die Erde entgegensetzt. Es wird somit auch die richtige Verbindung aller Kabelleitungen mit gemessen.

ESD-Systeme – Ableitfähige Bodensysteme II	DIN IEC 61340 DIN EN 1081

In der Praxis finden sich folgende Einordnungen von ableitfähigen Bodensystemen

Bezeichnung	Werte
ECF Elektrostatisch leitender Boden	Ein ECF-Boden erfüllt den R_e-Wert (Messmethode siehe vorherige Seite) von kleiner <10^6 Ω (Ohm). Damit erfüllt dieser Boden hohe Anforderungen der Computerindustrie bzw. der Betriebe, die mit elektrostatisch gefährdeten Bauelementen wie Computerchips (EGB) umgehen.
DIFAbleitfähiger Boden	Ein DIF Boden erfüllt den R_e-Wert mit Widerständen zwischen 10^6 und 10^9 Ω.
ASF Astatischer Boden	Ein Fußboden, der die Ladungserzeugung durch seine Werkstoffeigenschaften herabsetzt. Er ist somit so beschaffen, dass sich durch das Begehen keine wesentliche elektrostatische Aufladung entwickelt. Der vormals gebrauchte Ausdruck antistatisch ist vermeiden.

Aufbaubeispiel eines ECF-Bodenbeschichtungssystems

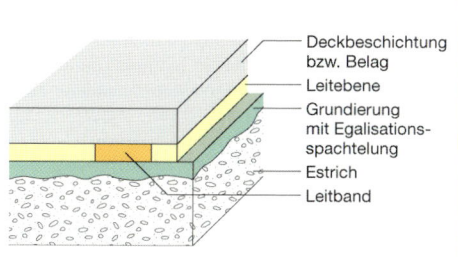

Deckbeschichtung bzw. Belag — Leitebene — Grundierung mit Egalisationsspachtelung — Estrich — Leitband

Anwendungsbereich:
explosionsgefährdete Lagerhallen, Labore, Räume mit hochempfindlichen elektronischen Geräten, Produktionshallen mit EGB (elektrostatisch gefährdeten Bauelementen)

Untergründe:
Zementgebundene Untergründe wie Beton oder Zementestriche, Magnesia- und Anhydritestriche

Ausführung:
Mit eingelegten Kupferbändern in der Leitschicht, die mit dem Erdpotenzial verbunden werden; Rutschfeste Einstellung durch Abstreuung mit Granulat

Hinweis: Der Anschluss der Leitbänder an die Ringleitung („Erdung", „Potenzialausgleich") darf nur von einer Elektrofachkraft nach VDE 0100 (Elektro-Installateur) ausgeführt werden. Anschlüsse der Leitbänder an die Heizungsrohre sind verboten, da eine dauerhafte Erdung nicht sichergestellt ist.

Die Egalisationsspachtelung

Der Erdableitwiderstand R_e ergibt sich im Wesentlichen aus der Deckbeschichtung, die die elektrischen Ströme an die Leitschicht weitergibt.

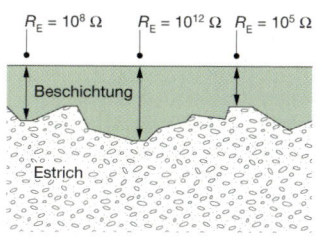 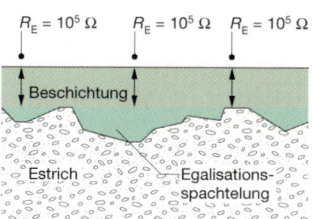

Um über der gesamten Fläche einen einheitlichen Widerstand zu erhalten, muss die Schichtdicke der Deckbeschichtung gleichmäßig sein. Um das bei rauen und unebenen Untergrund zu erreichen, muss eine Ausgleichsspachtelung erfolgen.

Hinweis: Bei Bodenbelägen kann statt der Leitschicht auch ein leitender Kleber verwendet werden. Hierdurch wird ein Arbeitsgang gespart. In diesem Kleber werden die Kupferbänder eingelegt. Die Egalisationsspachtelung ist bei unebenen Untergründen erforderlich.

Grundlagen

Werkstoffe
Hilfsstoffe

Werkzeuge
Geräte, Gerüste

Arbeits-
techniken

Gestaltung

Arbeitsschutz
Umweltschutz

Aufmaß
Abrechnung

Betriebs-
führung

Quellen

Untergrundprüfung vor dem Tapezieren

Eigenschaft	Prüfmethoden, Geräte	Erkennung	Beseitigung
Trocken	• Feuchtemess-gerät • Optische Prüfung • Folienprobe	• Dunkle Flecken • Messwerte • Ausblühungen • Wasserränder • Kondenswasser	• Ursachen der Feuchtigkeit beseitigen • Flächen austrocknen lassen • Eventuell Lüften oder Heizen • Ausblühungen trocken abreiben
Schimmelpilze	• Augenschein	• Weißer Belag	• Abbürsten • Pilze austrocknen, ggf. mit Heizlüfter • Mit fungizider Lösung streichen • Räume gut lüften
Tragfähig und fest	• Kratzprobe • Abreiben mit der Hand • Klebebandtest • Gitterschnitttest	• Mürbe, sandende Putzoberfläche • Putzrückstände auf Klebeband	• Untergrund festigen mit wässerigem oder lösemittelhaltigem Grundanstrichmittel • Lösemittel problematisch im Innenraum • Untergründe nicht absperren • Bei unsicheren, ungleich saugenden Untergründen Rollenmakulatur kleben • Alttapeten restlos entfernen • Nicht tragfähige, abplatzende, abblätternde Anstriche entfernen • Festhaftende Altanstriche anlaugen, anrauen oder abbeizen
Sauber	• Augenschein	• Verstaubte Oberflächen	• Oberflächen durch Abfegen säubern
Fleckenbildung	• Augenschein	• Öl-, Nikotin- und Wasserflecken	• Flecken isolieren
Gelbverfärbung	• Augenschein	• Zu langsames Verdunsten des Anmachwassers • Zu langes Nassstehen der Papiertapete	• Raue und ungleichmäßige Putzoberflächen ein- bis zweimal mit gipshaltiger, hydraulisch erhärtender Spachtelmasse überziehen • Im Untergrund vorhandene zur Verfärbung der Tapete führende Stoffe vom Klebstoff und den Tapeten fernhalten
Saugfähigkeit	• Benetzungsprobe	• Wasser perlt ab: dichte Oberfläche • Dunkle Flecken: stark saugend	• Untergrund anrauen, anschleifen • Rollenmakulatur kleben • Saugfähigkeit durch Grundierungen oder Rollenmakulatur mindern und egalisieren
Glatt	• Augenschein	• Raue Putzoberfläche • Im Streiflicht, Gegenlicht	• Mit Tapetenschaber abreiben • Streichmakulatur auftragen • Fläche mit gipshaltiger Spachtelmasse vollflächig überziehen

Tapezierfehler

Fehler	Ursache	Beseitigung, Vermeidung, Abhilfe
Ablösen vom Tapezieruntergrund	• Auf ungeeigneten, nicht vorbereiteten Untergründen tapeziert, z. B. auf alte poröse Kalkfarben- oder auf Leimfarbenanstriche, auf rauen oder mürben Putz • Altanstrich wird durch Spannung der Tapezierung abgerissen	• Untergründe richtig vorbereiten • Raue Flächen glätten • Makulatur streichen • Mürben Putz mit geeignetem Mittel festigen
Ungenügende Anhaftung der Tapeten	• Falsches Einkleistern	• Kleister fachgerecht ansetzen • Bahnen fachgemäß einkleistern
Faltenbildung in den Raumwinkeln	• Es wurde ohne Schnitt im Winkel durch die Ecke geklebt	• Tapeten nur 2 cm durchkleben • In den Raumecken schneiden und getrennt aufkleben
Blasenbildung (Lufteinschlüsse)	• Beim Ankleben falsch angebürstete Tapetenbahn	• Luft mit der Bürste nach den Seiten herausstreichen
Kunststoffbeschichtete Tapeten auf feuchten Untergrund geklebt	• Durch das verdampfende Wasser wird die Tapete unter Wärmeeinwirkung angehoben	• Tapeten mit nur unzureichender Wasserdampfdiffusion nicht auf feuchten Untergrund kleben
Durchschlagen des Kleisters	• Zu dick eingekleistert • Zu lange Weichzeit • Auf feuchte Makulatur tapeziert	• Dünner einkleistern • Nur kurz weichen lassen • Nur auf trockenen Untergrund tapezieren
Faltenbildung	• Tapetenbahn schief angelegt • Tapete verzogen angebürstet • Ungenügend geweichte Tapete angeklebt	• Bahn ablösen, gerade anlegen • Senkrecht aushängen lassen • Erst in der Mitte andrücken • Luft durch Bürstenstriche tannenbaumartig zu den Seiten herausdrücken • Weichzeit beachten: schwere Tapeten länger weichen lassen als leichte Sorten • Falten nicht festschlagen
Knicke	• Eingekleisterte Bahn beim Zusammenlegen scharf geknickt	• Bahnen in Schlaufen zusammenlegen und groß aufrollen
Sichtbare Nähte	• Falsch angeklebte Tapete • Überkantete Nähte nicht gegen Lichteinfall gerichtet • Tapeten nicht auf Stoß geklebt	• Am Fenster beginnend, stets in Richtung des Lichteinfalls tapezieren • Dicke Tapeten auf Stoß kleben
Offene Nähte, Nähte platzen auf	• Untergrund zu mürbe • Nahtroller beschädigt Putz oder drückt Kleister weg • Durch zu schnelles und starkes Trocknen entstehen Spannungen • Kleister an der Kante getrocknet • Tapete zu lange geweicht • Kleister zu dünn • Kleister nicht klebekräftig genug	• Untergrund festigen • Keinen tonnenförmigen Nahtroller verwenden • Frisch tapezierten Raum nicht beheizen • Zugluft vermeiden • Tapetenbahn zum Weichen einrollen • Weichzeit beachten • Empfohlenen Kleister fachgerecht ansetzen

Grundlagen · Werkstoffe Hilfsstoffe · Werkzeuge Geräte, Gerüste · Arbeitstechniken · Gestaltung · Arbeitsschutz Umweltschutz · Aufmaß Abrechnung · Betriebsführung · Quellen

Tapezierfehler (Fortsetzung)

Fehler	Ursache	Beseitigung, Vermeidung, Abhilfe
„Alte Nähte" zeichnen sich unter der neuen Tapezierung ab	• Alte Tapeten ungenügend vorbehandelt	• Alte Tapetennähte anschleifen und beispachteln • Am besten vorher Alttapeten ganzflächig entfernen
Glanzstellen und Bürstenspuren	• Tapetenbahn mit Bürste oder Nahtroller zu kräftig angerieben	• Gummirolle verwenden • Nicht direkt auf der Tapete bürsten, Schutzschicht (Papier) unterlegen
Prägetapeten verlieren ihre Prägung	• Papierbahn zu lange geweicht • Papierbahn zu stark ausgedehnt • Prägung zu schnell getrocknet	• Bei Prägetapeten mit wenig Kleister nur kurz weichen lassen • Weiche, langhaarige Bürste
Tapetenoberfläche wirkt rau	• Körniger Untergrund • Nicht ganz aufgelösten, verunreinigten Kleister verarbeitet	• Putzflächen mit Schaberspachtel oder Holzstück abreiben • Leicht abschleifen • Streichmakulatur auftragen • Kleister gründlich durchrühren und quellen lassen
Falscher Musteransatz	• Tapetenbahnen fehlerhaft zugeschnitten • Musterabweichungen durch unterschiedliche Weichzeit der eingekleisterten Tapetenbahnen	• Tapeten unter Berücksichtigung des Rapports zuschneiden • Tapetenbahnen gleichmäßig lange weichen lassen • Bahnen abziehen und neu kleben
Reißen	• Wandrisse, die sich durch Erschütterung des Gebäudes wieder öffnen • Tapete trocknet zu schnell • Luftzug im Raum • Vorgeklebtes Makulaturpapier war noch zu feucht	• Risse vor dem Tapezieren fachgerecht armieren • Ränder anspachteln • Frisch tapezierte Räume nicht zu stark heizen • Zugluft vermeiden • Trockenzeit abwarten
Auf arbeitendes Holz oder Holzkanten tapeziert (z. B. Fußleisten)	• Durch „Arbeiten" reißt die Tapete	• „Arbeitende" Holzflächen vor dem Tapezieren mit Gewebe überkleben, armieren
Verfärbungen	• Durchschlagende Stoffe, z. B. Alkalisalze von Ausblühungen, bewirken Gelbverfärbung • Tapetendruckfarben reagieren mit alkalischem Putz • Fettflecke • Farbstiftflecke, -markierungen • Rostflecken, Teerflecke • Versotteter Kamin	• Ursache entfernen • Tapezieruntergründe absperren • Untergrund vor der Tapezierung fluatieren • Absperrfolie kleben • Flecke isolieren • Isolieruntertapete kleben
Tapetenbahnen weisen Schattierungen auf	• Bahnen haben verschieden lange geweicht • Unitapeten, Kleinmuster und Effekte nicht gestürzt geklebt • Kein Seitenvergleich durchgeführt	• Auf gleichmäßige Weichzeit achten • Hinweiszettel beachten; wenn empfohlen, gestürzt kleben • Seitenvergleichsprüfung, besonders bei geprägten Tapeten
Tapetenbahnen zeigen Farbunterschiede	• Tapeten aus verschiedenen Anfertigungen • Bahnen gleichzeitig von mehreren Rollen zugeschnitten	• Anfertigungsnummer beachten • Rollenvergleich vorm Zuschneiden • Rolle für Rolle ablängen

Grundlagen

Werkstoffe Hilfsstoffe

Werkzeuge Geräte, Gerüste

Arbeitstechniken

Gestaltung

Arbeitsschutz Umweltschutz

Aufmaß Abrechnung

Betriebsführung

Quellen

Tapetenunterlagsstoffe	VOB DIN 18366

Auf den Untergrund ist eine streichbare Unterlage wie Streichmakulatur oder flüssiger Tapeten-wechselgrund aufzubringen, wenn nichts anderes vorgeschrieben ist.

Aufbringen von Unterlagsstoffen

- Unterlage für hochwertige Tapeten
- Unterlage für Tapeten, die beim Trocknen an der Wand größere Spannungen verursachen
- Streichbare Unterlage auf den Untergrund aufbringen, wenn nichts anderes vorgeschrieben ist
- Für das Tapezieren von Tapeten auf Tapetenwechselgrund oder auf Unterlagspapier mit Abzieheffekt ist zur Erhaltung des Abzieheffektes wasserlöslicher Tapetenkleister zu verwenden
- Tapetenunterlagen aus Rohpapier und Unterlagspapier mit Abzieheffekt sind mindestens mit Spezial-kleister auf Stoß zu tapezieren
- Ist für das Kleben der nachfolgenden Tapete ein Dispersionskleber vorgeschrieben, muss auch der Unterlagsstoff mit ihm tapeziert werden
- Unterlagsstoffe aus extrudiertem Polystyrol mit gefüllten Dispersionsklebern verarbeiten
- Vor der Tapezierung ist ein Zwischenanstrich (Haftbrücke) mit verdünntem Klebstoff notwendig.
- Unterlagsstoffe aus Papier werden wie Tapeten verarbeitet

Unterlagsstoffe zum Absperren und Dämmen

- Hartschaum
- Hartschaum mit Kartonoberfläche
- Polyurethanplatten
- Latexschaum mit spezieller Vliesoberfläche
- Extrudiertes Polystyrol
- Metallfolien

Die Verarbeitung erfolgt gemäß den Richtlinien für die entsprechenden Materialien.
Nach guter Trocknung (48 Stunden) Haftbrücke (z. B. Stripmakulatur) aufbringen.

Unterlagsstoff	Materialbeschreibung	Verarbeitung, Anwendung
Tapetenwechselgrund	• Flüssig, enthält Acrylat- und Wachsdispersion, zwölf Stunden Trocknungszeit; Glanzbildung vermeiden	• Mit Bürsten auftragen, Zusätze von KD-Kleber bei der dann folgenden Tapezierung können die Wirkung aufheben
Tapetengrund, pigmentiert	• Egalisiert farbliche Ungleichheiten des Untergrundes • Erhalten erforderliche Saugfähigkeit des Untergrundes	• Streichen oder Rollen • Untergrund für durchscheinende Tapeten, dünne Gras-, Seiden-, Textiltapeten, Vliesträgermaterialien
Rollenmakulatur, einfaches Grundpapier	• Schafft gleichmäßig hellen und saugfähigen Untergrund • Zum Ausgleichen von Trocknungsspannungen beim Tapezieren auf Stoß • Für schwere Stoßtapeten (deren hohe Trocknungsspannung wird aufgefangen und ein Öffnen der Nähte verhindert) • Mehrere Qualitäten erhältlich	• Grundpapier ist kein Ersatz für Grundanstriche, sie sind nach VOB Tapezierarbeiten • Standard für fertige Wandbekleidungen • Tapezierung auf Stoß • Mindestens gleichen Kleister wie für die Tapete verwenden • Weichzeit etwa fünf Minuten • Unter allen höherwertigen durchscheinenden Tapeten (Gras-, Seidentapete)
Wechselgrund aus Papier (Stripmakulatur)	• Rollenmakulatur mit spezieller Kunststoffbeschichtung • Einmaliges Abziehen ohne Einweichen	• Tapezierung auf Stoß, Weichzeit fünf Minuten, Spezialkleister • 24 Stunden Trocknungszeit, ein gleichmäßig heller Grund wird erreicht • Ermöglichen das Abziehen der aufgeklebten Tapeten in trockenem Zustand
Streichmakulatur	• Zellulose-Füllstoffmischung, füllt die Poren grober Putze	• Mit Bürste auftragen • Trocknungszeit 24 Stunden • Kann leicht geschliffen werden

Werkstoffe Hilfsstoffe · Werkzeuge Geräte, Gerüste · Arbeits-techniken · Gestaltung · Arbeitsschutz Umweltschutz · Aufmaß Abrechnung · Betriebs-führung · Quellen

Kennzeichen für besondere Anfertigungs- und Verarbeitungsmerkmale

European Standard EN 235 Symbols

Wasserbeständigkeit | Waschbarkeit

zum Zeitpunkt der Verarbeitung	waschbeständig	hoch waschbeständig	scheuerbeständig	hoch scheuerbeständig

Farbbeständigkeit gegen Licht

ausreichend lichtbeständig	befriedigend lichtbeständig	gut lichtbeständig	sehr gut lichtbeständig	ausgezeichnet lichtbeständig

Ansatz des Musters

ansatzfrei	gerader Ansatz	versetzter Ansatz	in Pfeilrichtung tapezieren	gestürzt kleben

Verarbeitung | | | | Eigenschaft

Klebstoff auf die Wandbekleidung auftragen	Klebstoff auf den zu tapezierenden Untergrund auftragen	vorgekleisterte Wandbekleidung	Überlappung und Doppelschnitt	dupliert

Verfahren für das Entfernen | | | | Eigenschaft

restlos abziehbar	spaltbar	nass zu entfernen	trocken abziehbar	Stoßfestigkeit

Grundlagen · Werkstoffe Hilfsstoffe · Werkzeuge Geräte, Gerüste · Arbeitstechniken · Gestaltung · Arbeitsschutz Umweltschutz · Aufmaß Abrechnung · Betriebsführung · Quellen

Linienarten in technischen Zeichnungen			DIN ISO 128-23	
Nr.	Beschreibung, Darstellung	Liniengruppe 0,35	0,5	Anwendungen nach DIN ISO 128-23 (auszugsweise) und zusätzliche Anwendungen (mit Spiegelstrich)
1	Volllinie, schmal	0,18	0,25	2 Schraffuren (DIN 1356, DIN ISO 4069) 7 Maßhilfslinien 8 Maßlinien und Maßlinienbegrenzungen (DIN 406-10) 9 Hinweislinien 11 Sichtbare Umrisse von Teilen in der Ansicht 12 Vereinfachte Darstellung von Türen, Fenstern, Treppen, Armaturen usw. – Projektionslinien
2	Volllinie, breit	0,35	0,5	1 Sichtbare Umrisse von Teilen in Schnitten mit Schraffur 3 Sichtbare Umrisse von Teilen in der Ansicht
3	Volllinie, sehr breit	0,7	1,0	1 Sichtbare Umrisse von Teilen in Schnitten ohne Schraffur 2 Bewehrungsstähle 3 Linien mit besonderer Bedeutung
4	Strichlinie, breit	0,35	0,5	1 Verdeckte Umrisse
5	Strichpunktlinie, schmal	0,18	0,25	1 Schnittebenen 2 Mittellinien 3 Symmetrielinien 6 Begrenzungen von teilweisen oder unterbrochenen Ansichten und Schnitten
6	Strichpunktlinie, breit	0,35	0,5	1 Schnittebenen 2 Umrisse von sichtbaren Teilen vor der Schnittebene
7	Strich-Zwei-punktlinie, schmal	0,18	0,25	1 Alternativ- und Grenzstellungen beweglicher Teile 3 Umrisse angrenzender Teile
8	Strich-Zwei-punktlinie, breit	0,35	0,5	1 Umrisslinien nicht sichtbarer Teile vor der Schnittebene
9	Punktlinie, schmal	0,18	0,25	1 Umrisse von nicht zum Projekt gehörenden Teilen – Umrisslinien nicht sichtbarer Teile vor der Schnittebene
10	Freihandlinie, schmal	0,18	0,25	– Schnittflächenschraffur bei Holz und Holzwerkstoffen

198 *Linienbreiten · Maßstäbe · Blattformate*

Grundlagen

Werkstoffe Hilfsstoffe

Werkzeuge Geräte, Geriste

Arbeits- techniken

Gestaltung

Arbeitsschutz Umweltschutz

Aufmaß Abrechnung

Betriebs- führung

Quellen

Linienbreiten in Bauzeichnungen — DIN 1356-1

Linienart siehe Seite 197	Liniengruppe				Anwendungsbereich
	I[1]	II	III	IV[2]	
	Zuordnung zu Maßstab				
	≤ 1:100		≥ 1:50		
1 Volllinie	0,5	**0,5**	**1,0**	1,0	Begrenzung von Schnittflächen
2 Volllinie	0,25	**0,35**	**0,5**	0,7	Sichtbare Kanten/Umrisse von Bauteilen, Begrenzung von Schnittflächen schmaler/kleiner Bauteile
3 Volllinie	0,18	**0,25**	**0,35**	0,5	Maß-, Maßhilfs-, Hinweis-, Lauflinien, Begrenzung v. Ausschnittdarstellungen, vereinfachte Darstellungen
4 Strichlinie	0,25	**0,35**	**0,5**	0,7	Verdeckte Kanten bzw. Umrisse von Bauteilen
5 Strichpunktlinie	0,5	**0,5**	**1,0**	1,0	Kennzeichnung der Lage der Schnittebene
6 Strichpunktlinie	0,18	**0,25**	**0,35**	0,5	Achsen
7 Punktlinie[3]	0,25	**0,35**	**0,5**	0,7	Bauteile vor bzw. über der Schnittebene
8 Maßzahlen	2,5	**3,5**	**5,0**	7,0	Schriftgröße

[1] Die Liniengruppe I ist nur dann anzuwenden, wenn eine Zeichnung mit der Liniengruppe III angefertigt, im Verhältnis 2 : 1 verkleinert wurde und die Verkleinerung weiterbearbeitet werden soll. In der Zeichnung mit der Liniengruppe III ist dann die Schriftgröße 5,0 mm zu wählen. Die Liniengruppe I erfüllt nicht die Anforderungen der Mikroverfilmung.

[2] Die Liniengruppe IV ist für Ausführungszeichnungen anzuwenden, wenn eine Verkleinerung z. B. vom Maßstab 1 : 50 in den Maßstab 1 : 100 vorgesehen ist und die Verkleinerung den Anforderungen der Mikroverfilmung zu entsprechen hat. Die Verkleinerung kann dann ggf. mit den Breiten der Liniengruppe II weiterbearbeitet werden.

[3] S. auch Linienart 5, siehe Seite 197

Verkleinerungsmaßstäbe für Bauzeichnungen — DIN 1356-1

Vorentwurfszeichnungen	1 : 500; 1 : 200	Baubestandszeichnungen	1 : 100; 1 : 50
Entwurfszeichnungen	1 : 100; 1 : 200	Schalpläne	1 : 50
Ausführungszeichnungen:		Bewehrungszeichnungen	1 : 50; 1 : 25; 1 : 20
Werkzeichnungen	1 : 50; 1 : 20	Fertigteilzeichnungen	1 : 25; 1 : 20
Detail-/ Teilzeichnungen	1 : 20; 1 : 10; 1 : 5; 1 :1	Alle Maßstäbe gelten im Regelfall.	

Zeichenblattformate der A-Reihe (Seitenverhältnis x : y = 1 :$\sqrt{2}$) — DIN 6771-6

Format	beschnitten		unbeschnitten
	Fläche in m²	Maße in mm	Maße in mm
A0	1	841 x 1189	880 x 1230
A1	1/2	594 x 841	625 x 880
A2	1/4	420 x 594	450 x 625
A2.0		420 x 1189	
A2.1		420 x 841	
A3	1/8	297 x 420	330 x 450
A3.0		297 x 1189	
A3.1		297 x 841	
A3.2		297 x 594	
A4	1/16	210 x 297	240 x 330

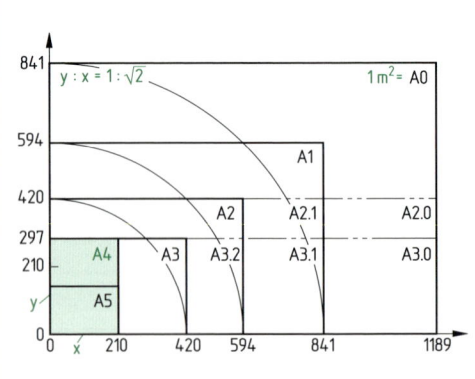

Normschrift für Bauzeichnungen — DIN 6776-1

Nach dem Verhältnis der Linienbreite d und der Höhe h der Großbuchstaben werden zwei Schriftformen unterschieden.	Schriftform **A**: → $d = h/14$ Schriftform **B**: → $d = h/10$

Schriftform B ist wegen der breiteren Linien ausdrucksstärker und wird in der Praxis bevorzugt.

Schriftform B, vertikal („senkrechte Mittelschrift")	Maße für Beschriftung

ABCDEFGHIJKLMNOP

QRSTUVWXYZÄÖÜ

abcdefghijklmnopqr

stuvwxyzäöüß±□

[(!?.:;"-=+×·:√%&)]Ø

1234567789OIVX

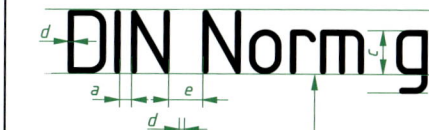

Schriftform B, kursiv

ABCDEFGHIJKLMN

OPQRSTUVWXYZ

aabcdefghijklmno

Schriftform B ($d = h/10$)		Nenngrößen	2,5	3,5	5	7	10	14	20
Beschriftungsmerkmal		Verhältnis	Maße in mm						
Höhe der Großbuchstaben[4]	h	$(10/10)\,h$	2,5	3,5	5	7	10	14	20
Höhe der Kleinbuchstaben[1][4]	c	$(7/10)\,h$	–	2,5	3,5	5	7	10	14
Mindestabstand									
zwischen den Schriftzeichen	a	$(2/10)\,h$	0,5	0,7	1	1,4	2	2,8	4
zwischen den Grundlinien[2]	b	$(14/10)\,h$	3,5	5	7	10	14	20	28
zwischen den Grundlinien[3]	b	$(16/10)\,h$	4,0	5,7	8,0	11,4	16,0	22,8	32,0
zwischen den Grundlinien[3]	b	$(22/10)\,h$	3,85	5,5	7,7	11,0	15,4	22,0	30,8
zwischen den Wörtern	e	$(6/10)\,h$	1,5	2,1	3	4,2	6	8,4	12
Linienbreite	d	$(1/10)\,h$	0,25	0,35	0,5	0,7	1	1,4	2

[1] Ohne Ober- oder Unterlängen. [2] Bei Buchstaben ohne Ober- oder Unterlängen. [3] Bei Schriftzeichen mit Ober- bzw. Unterlängen sind die angegebenen Maße für b entsprechend zu vergrößern.
[4] Die Höhen h und c sollen mindestens 2,5 mm betragen.

Grundschriftfeld für Zeichnungen — DIN 6771-1

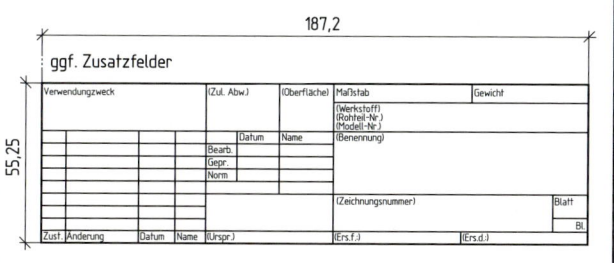

- Das Schriftfeld liegt stets in der unteren rechten Ecke des Zeichenblattes in Querlage (Ausnahme A4) und
- nach dem Falten auf der Deckseite des Plans.
- Die Leselage einer Zeichnung entspricht grundsätzlich der Leselage des Schriftfeldes.

Bemaßung von Bauzeichnungen — DIN 406, DIN 1356-1

Lese- und Schreibrichtung von Maßzahlen — DIN 406-11, DIN 1356-1

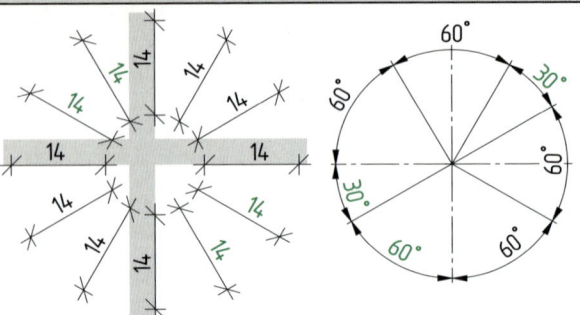

- Maßzahlen sollen hinsichtlich ihrer Lage grundsätzlich gut lesbar sein nicht auf dem Kopf stehen. In Hinblick auf gute Lesbarkeit ist der farbig markierte Bereich für das Eintragen von Maßzahlen nach Möglichkeit zu meiden.
- Die Maßzahlen sind im Regelfall so einzutragen, dass sie in Lese-lage der Zeichnung in den Haupt-leserichtungen von unten und von rechts gelesen werden können.

Begriffe — DIN 406-10/11

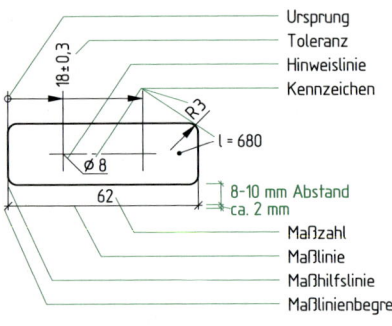

Aus einer technischen Zeichnung müssen alle für den jeweiligen Verwendungszweck erforderlichen Maße ohne Rechnen und Nachmessen ablesbar sein. Daher sind neben den Maßzahlen weitere Elemente der Maßeintragung – vorwiegend sogar international – vereinbart, die je nach Zeichnungs-umfang angewendet werden:
- Maßzahlen und Maßbuchstaben
- Maßlinien und Maßhilfslinien
- Maßlinienbegrenzung
- Ursprung der Bemaßung
- Toleranzen
- Hinweislinien
- Besondere Kennzeichen und Symbole

Labels in figure: Ursprung, Toleranz, Hinweislinie, Kennzeichen, 8-10 mm Abstand, ca. 2 mm, Maßzahl, Maßlinie, Maßhilfslinie, Maßlinienbegrenzung

Maßeinheiten — DIN 1356-1

Maß-einheit	Maße < 1 m, z. B.		Maße ≥ 1 m, z. B.
cm	24	88.5[1]	388.5[1]
m, cm	24	88^5	3.88$^{5\,1)}$
mm	240	885	3885

[1] Anstelle des Punktes darf ein Komma gesetzt werden.

- Die Wahl der Maßeinheit richtet sich nach der Bauart oder der Art des Bauwerks. Die angewendeten Maßeinheiten sind in Verbindung mit dem Maßstab zweckmäßigerweise im Schriftfeld anzugeben (z. B. 1: 50 – m, cm).
- Hiervon abweichende Maßeinheiten müssen direkt vermerkt werden (z. B. bei Maßeinheit m, cm: 50 mm, 30°).

Maßzahlen, Maßkennzeichnung — DIN 406-10/11, DIN 1356-1

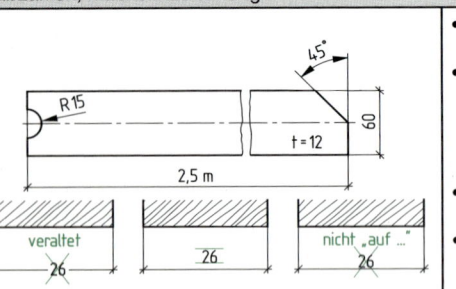

- Maßzahlen sollen möglichst nicht kleiner als 3 mm sein.
- Maßkennzeichen (-buchstaben): z. B. *t* Dicke (thickness), *l* Länge, *b* Breite, *h* Höhe, **BRH** Brüstungshöhe, **LH** lichte Höhe, **OKFF** Oberkante Fertigfußboden.
- Maßzahlen, die Längen angeben, stehen **über** der Maßlinie.
- Maßzahlen, die Höhen angeben (z. B. Fenster-höhen), stehen **unter** der Maßlinie.

Bemaßung von Bauzeichnungen (Fortsetzung) — DIN 406, DIN 1356-1

Maßlinien — DIN 406-10/11, DIN 1356-1

Maßlinien werden zwischen Maßhilfslinien oder Körperkanten von Maßlinienbegrenzung zu Maßlinienbegrenzung durchgezogen, und zwar
- rechtwinklig zu den zugehörenden Körperkanten,
- parallel zu den bemaßenden Strecken, z. B. auch als Bogenmaß (Maß 27),
- als Bogen zwischen den Schenkeln eines Winkels (z. B. Maß 30°) oder
- bei Radien z. B. mit nur einem Pfeil auf den Mittelpunkt des betreffenden Kreises hinweisend.

Maßhilfslinien — DIN 406-10/11, DIN 1356-1

- Maßlinien und Maßhilfslinien sollen sich nach Möglichkeit nicht untereinander oder mit anderen Linien schneiden.
- Maßhilfslinien verbinden die zu bemaßenden Elemente mit den Maßlinien und gehen etwa 2 mm über diese hinaus.
- In Bauzeichnungen ist es üblich, die Maßhilfslinien von der Darstellung abgesetzt zu zeichnen.
- Maßhilfslinien, die sich auf die selben Körperkanten beziehen und sich auf hintereinander liegenden Maßketten befinden, werden durchgezogen.

Maßlinienbegrenzung — DIN 406-10/1, DIN 1356-1

Die Maßlinienbegrenzung kann in Bauzeichnungen folgendermaßen dargestellt werden:
- Schrägstrich. Er verläuft von links unten nach rechts oben unter 45° zur Leselage.
- Punkt. Seine Mitte wird auf den Schnittpunkt von Maßlinie und Maßhilfslinie bzw. Körperkante gesetzt.
- Kreis. Der Punkt als Maßlinienbegrenzung darf als Kreis gezeichnet werden.

Des weiteren sind möglich:
- Kreis für die Ursprungsangabe
- Pfeile in technischen Zeichnungen der Metall- und Elektrotechnik

Höhenangaben — DIN 1356-1

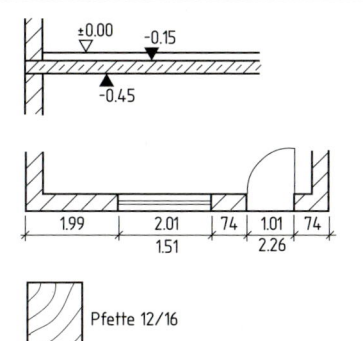

Pfette 12/16

- Höhenangaben sind in Form von Höhenkoten in Schnitte und Grundrisse einzutragen.
- Das Vorzeichen + oder – der Maßzahlen bezieht sich auf die Höhenlage ± 0,00.
- Schwarz ausgefüllte Höhenkoten beziehen sich auf Rohbauteile (z. B. OK Rohdecke).
- Nicht ausgefüllte Höhenkoten beziehen sich auf Fertigbauteile (z. B. Fertig-Fußboden OKFF).
- Wird in der Grundrissbemaßung zusätzlich zur Breite z. B. von Türen und Fenstern auch die Höhe angegeben, so ist die Maßzahl für die Höhe unter der Maßlinie, direkt unter dem Maß, welches die Breite angibt, anzuordnen.
- Rechteckquerschnitte dürfen in Bruchform bemaßt werden, z. B. 12/16 = Breite/Höhe im Schnitt.

Bemaßung von Bauzeichnungen (Fortsetzung) — DIN 406, DIN 1356-1

Maßanordnung — DIN 1356-1

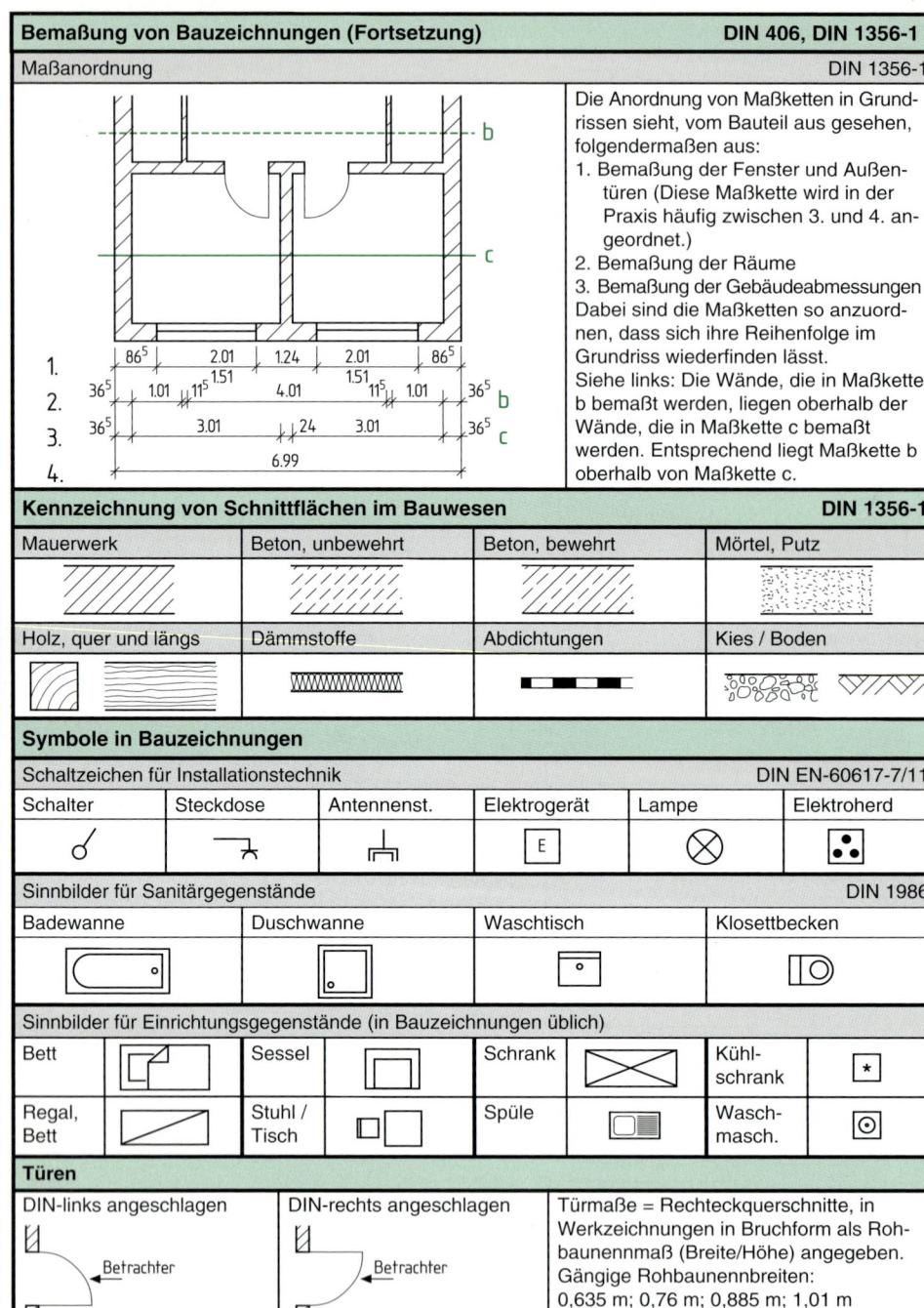

Die Anordnung von Maßketten in Grundrissen sieht, vom Bauteil aus gesehen, folgendermaßen aus:
1. Bemaßung der Fenster und Außentüren (Diese Maßkette wird in der Praxis häufig zwischen 3. und 4. angeordnet.)
2. Bemaßung der Räume
3. Bemaßung der Gebäudeabmessungen
Dabei sind die Maßketten so anzuordnen, dass sich ihre Reihenfolge im Grundriss wiederfinden lässt.
Siehe links: Die Wände, die in Maßkette b bemaßt werden, liegen oberhalb der Wände, die in Maßkette c bemaßt werden. Entsprechend liegt Maßkette b oberhalb von Maßkette c.

Kennzeichnung von Schnittflächen im Bauwesen — DIN 1356-1

Mauerwerk	Beton, unbewehrt	Beton, bewehrt	Mörtel, Putz
Holz, quer und längs	Dämmstoffe	Abdichtungen	Kies / Boden

Symbole in Bauzeichnungen

Schaltzeichen für Installationstechnik — DIN EN-60617-7/11

Schalter	Steckdose	Antennenst.	Elektrogerät	Lampe	Elektroherd
			E		

Sinnbilder für Sanitärgegenstände — DIN 1986

Badewanne	Duschwanne	Waschtisch	Klosettbecken

Sinnbilder für Einrichtungsgegenstände (in Bauzeichnungen üblich)

Bett		Sessel		Schrank		Kühl-schrank	
Regal, Bett		Stuhl / Tisch		Spüle		Wasch-masch.	

Türen

DIN-links angeschlagen	DIN-rechts angeschlagen	Türmaße = Rechteckquerschnitte, in Werkzeichnungen als Bruchform im Rohbaunennmaß (Breite/Höhe) angegeben. Gängige Rohbaunennbreiten: 0,635 m; 0,76 m; 0,885 m; 1,01 m
Betrachter	Betrachter	

Geometrische Grundkonstruktionen

Parallele ziehen

zur Geraden g durch Punkt P:

1. 45°-Zeichendreieck an **g** anlegen.
2. 60°-Zeichendreieck an 45°-Zeichendreieck anlegen.
3. 45°-Zeichendreieck am 60°-Zeichendreieck entlang bis Punkt **P** verschieben und die gesuchte Parallele **p** zeichnen.

zur Strecke AB durch Punkt P (Zirkelkonstruktion):

1. Um einen beliebigen Punkt (**C**) auf der Strecke **AB** einen Kreisbogen mit r = Strecke **CP** schlagen, ergibt Punkt **E**.
2. Mit gleicher Zirkelöffnung **r** je einen Kreisbogen um **P** und **E** schlagen, ergibt **F**.
3. Die Gerade durch **P** und **F** ist die gesuchte Parallele.

Strecke AB in mehrere gleiche Teile teilen

durch Parallelverschiebung:

1. Von **A** aus eine Hilfsstrecke zeichnen.
2. Auf der Hilfsstrecke die Anzahl der gewünschten Teilungen (z. B. 6) von **A** aus abtragen.
3. Endpunkt **C** der aufgeteilten Hilfsstrecke mit **B** verbinden.
4. Parallelen zu **CB** durch die Teilungspunkte auf **AC** teilen die Strecke **AB** in gleiche Teile.

einfache Praxismethode durch Abmessen:

1. Je eine Senkrechte durch **A** und **B** zeichnen oder vorhandene Körperkanten nutzen.
2. Auf der zu Punkt **A** gehörenden Senkrechten eine Messskala bei Null anlegen und die gewünschte Anzahl schräg abmessen (hier z. B. 6 Teile mit je 15 mm = 90 mm).

Senkrechte konstruieren

Mittelsenkrechte konstruieren:

1. Je einen Kreisbogen mit gleichem Radius **r** um **A** und **B** schlagen, ergeben die Schnittpunkte **S** und **S`**.
2. Die Verbindungslinie zwischen **S** und **S`** steht senkrecht auf der Strecke **AB** und halbiert sie im Punkt **M**.

Senkrechte im Punkt P errichten:

1. Um **P** mit dem Zirkel zwei gleich große Strecken **r** auf **g** abtragen, ergibt **A** und **B**.
2. Um **A** und **B** jeweils einen Kreisbogen schlagen, ergibt **S**.
3. Die Verbindungslinie von **S** mit **P** ist die gesuchte Senkrechte.

Lot fällen:

1. Kreisbogen um gegebenen Punkt **P** ergibt **A** und **B**.
2. Je ein Kreisbogen mit gleichem Radius **r** um **A** und **B** ergibt **S**.
3. Die Verbindung von **P** und **S** ergibt in der Verlängerung das Lot von **P** auf **AB**.

Geometrische Grundkonstruktionen (Fortsetzung)

Winkel halbieren

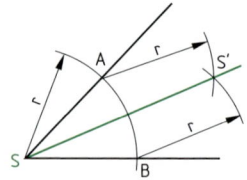

Winkel mit Scheitelpunkt:

1. Kreisbogen mit beliebigem Radius **r** um Scheitelpunkt **S** schlagen, ergibt **A** und **B**.
2. Je einen Kreisbogen um **A** und **B** schlagen, ergibt **S`**.
3. Verbindungslinie von **S** mit **S`** ist die gesuchte Winkelhalbierende.

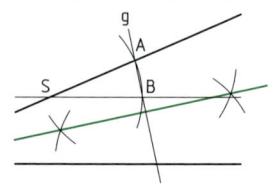

Winkel ohne Scheitelpunkt:

1. Zu einem Schenkel in beliebigem Abstand eine Parallele ziehen, die den anderen Schenkel schneidet, ergibt **S**.
2. Um den Scheitelpunkt **S** mit beliebigem Radius einen Kreisbogen auf die Schenkel von **S** schlagen, ergibt **A** und **B**.
3. Durch **A** und **B** eine Gerade **g** ziehen.
4. Die Mittelsenkrechte auf **g** halbiert den gegebenen Winkel.

Winkel übertragen

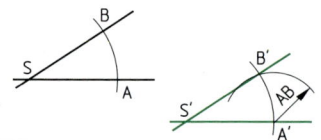

1. Je einen Kreisbogen um **S** und um **S`** schlagen, ergibt **A**, **B** und **A`**.
2. Winkelöffnung **AB** mit dem Zirkel abgreifen und von **A`** aus auf den Bogen übertragen, ergibt **B`**.
3. Die Verbindungslinie von **S`** durch **B`** ist der zweite Schenkel des übertragenen Winkels.

Winkel konstruieren

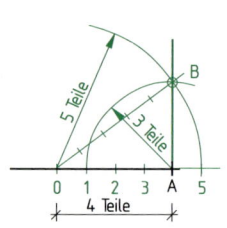

Rechter Winkel im Zahlenverhältnis 3 : 4 : 5:

1. Durch **A** eine Waagerechte zeichnen.
2. Von **A** aus 4 gleich große Teile nach links und 1 Teil nach rechts abtragen.
3. Je einen Kreisbogen um **A** mit **r** = 3 Teile und um Anfangspunkt **0** mit **r** = 5 Teile schlagen, ergeben Schnittpunkt **B**.
4. **AB** verläuft senkrecht zur Waagerechten.
   In der Praxis wird oft mit 3 Leisten im Längenverhältnis **3 : 4 : 5** ein rechter Winkel konstruiert.

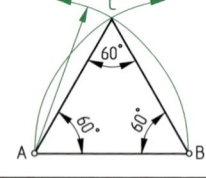

60°-Winkel und gleichseitiges Dreieck konstruieren:

1. Kreisbögen mit **r** = **AB** um **A** und **B** schneiden sich in **C**.
2. **AB** = **BC** = **CA** bilden ein gleichseitiges Dreieck.

In einem gleichseitigen Dreieck haben alle Winkel eine Größe von 60°.

Rechten Winkel dritteln bzw. 30°-Winkel konstruieren:

1. In einem rechten Winkel vom Scheitelpunkt **S** aus **A** und **B** festlegen.
2. Über **SA** und **SB** 2 gleichseitige Dreiecke konstruieren.
3. Beide Dreiecke überlappen sich um 30° und lassen jeweils auch 30° frei.

Geometrische Grundkonstruktionen (Fortsetzung)

Kreismittelpunkt bestimmen

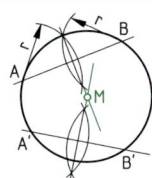

1. Zwei beliebige Sehnen am Kreisbogen antragen.
2. Mittelsenkrechte auf den Sehnen errichten.
3. Im Schnittpunkt der Mittelsenkrechten liegt der gesuchte Kreismittelpunkt.

Umkreis eines Dreiecks konstruieren

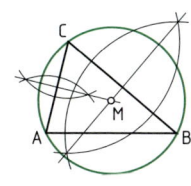

1. Auf zwei beliebigen Dreieckseiten die Mittelsenkrechten errichten.
2. Im Schnittpunkt der Mittelsenkrechten liegt der gesuchte Kreismittelpunkt.

Inkreis eines Dreiecks konstruieren

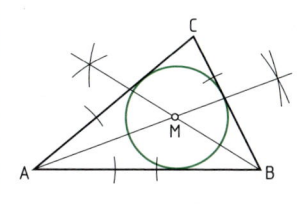

1. Zwei beliebige Winkel des Dreiecks halbieren.
2. Im Schnittpunkt der Winkelhalbierenden liegt der gesuchte Kreismittelpunkt.

Tangente zum Kreis zeichnen

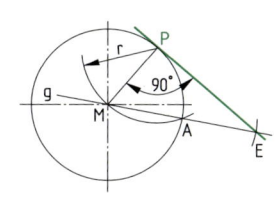

Tangente durch Kreispunkt P:
1. Um **P** einen Kreisbogen mit **r** = **PM** schlagen, ergibt **A**.
2. Gerade **g** durch die Punkte **M** und **A** ziehen.
3. Strecke **AM** von **A** aus auf **g** abtragen, ergibt **E**.
4. Gerade durch **E** und **P** ist die gesuchte Tangente.

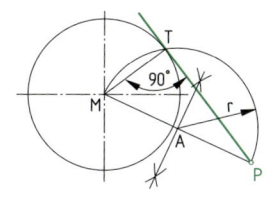

Tangente von einem Punkt P an den Kreis:
1. Strecke **MP** halbieren, ergibt **A**.
2. Um **A** einen Kreisbogen mit **r** = **AM** schlagen, ergibt **T**.
3. Gerade durch **P** und **T** ist die gesuchte Tangente.

Geometrische Grundkonstruktionen

Kreisanschlüsse

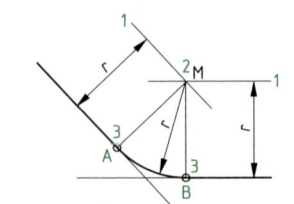

Zwei Geraden durch Kreisanschluss verbinden:

1. Parallelen zu den beiden Geraden im Abstand von **r** zeichnen.
2. Schnittpunkt der beiden Parallelen ist der Anschlussbogen-Mittelpunkt **M**.
3. Senkrechte von Mittelpunkt **M** aus auf die zu verbindenden Linien ergeben die Anschlusspunkte **A** und **B**.

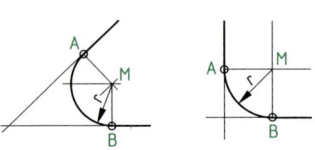

Kreisanschluss im Winkel:

1. Parallelen innerhalb des Winkels zu beiden Schenkeln im Abstand **r** zeichnen.
2. Schnittpunkt der beiden Parallelen ist der Anschlussbogen-Mittelpunkt **M**.
3. Lote von **M** aus auf beide Schenkel fällen, ergeben die Anschlusspunkte **A** und **B**.

Kreise verbinden

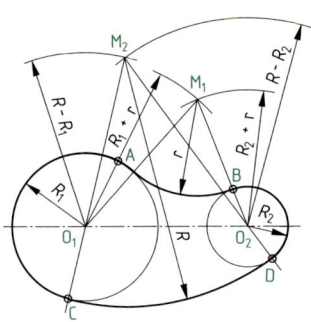

Innenkreis mit Radius r:

1. Um beide Kreismittelpunkte je einen Kreisbogen schlagen mit einem Radius von $R_1 + r$ bzw. $R_2 + r$.
2. Der Schnittpunkt der beiden Kreisbögen ist der Anschlussbogen-Mittelpunkt M_1.
3. Geraden von M_1 aus auf die Kreismittelpunkte O_1 und O_2 ergeben die Anschlusspunkte **A** und **B**.

Außenkreis mit Radius R:

1. Um beide Kreismittelpunkte je einen Kreisbogen schlagen mit einem Radius von $R - R_1$ bzw. $R - R_2$.
2. Der Schnittpunkt der beiden Kreisbögen ist der Anschlussbogen-Mittelpunkt M_2.
3. Geraden von M_2 aus durch die Kreismittelpunkte O_1 und O_2 auf die Kreise ergeben die Anschlusspunkte **C** und **D**.

Eine Gerade mit einem Punkt verbinden

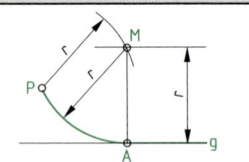

1. Parallele zur Geraden **g** im Abstand **r** zeichnen.
2. Kreisbogen um **P** mit dem Radius **r** schlagen.
3. Der Schnittpunkt der Parallelen mit dem Kreisbogen ist der Anschlussbogen-Mittelpunkt **M**.
4. Lot von **M** aus auf **g** fällen, ergibt den Anschlusspunkt **A**.

Einen Kreis mit einem Punkt verbinden

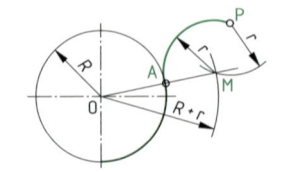

1. Kreisbogen um den Kreismittelpunkt **O** schlagen mit dem Radius $R + r$.
2. Kreisbogen um **P** schlagen mit dem Radius **r**.
3. Der Schnittpunkt der beiden Kreisbögen ist der Anschlussbogen-Mittelpunkt **M**.
4. **O** mit **P** durch eine Gerade verbinden. Der Schnittpunkt der Geraden mit dem Kreis ist der Anschlusspunkt **A**.

Grundlagen · Werkstoffe Hilfsstoffe · Werkzeuge Geräte, Gerüste · Arbeits- techniken · Gestaltung · Arbeitsschutz Umweltschutz · Aufmaß Abrechnung · Betriebs- führung · Quellen

Geometrische Grundkonstruktionen (Fortsetzung)

Bogenkonstruktionen

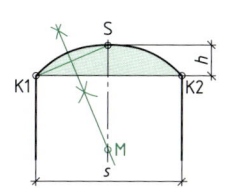

Mittelpunkt eines Segmentbogens bestimmen:

Ein Segmentbogen ist stets ein Teil eines Kreisbogens, für den der Mittelpunkt **M** zu ermitteln ist. Beispiel: Die Spannweite **s** mit den Kämpferpunkten **K1** und **K2** sowie die Stichhöhe **h** sind gegeben.

1. Sehne **K1K2** und Mittelsenkrechte zeichnen, **S** eintragen.
2. Mittelsenkrechte auf **K1S** oder **K2S** errichten, ergibt **M**.
3. Um **M** einen Segmentbogen mit **r = MS** zeichnen.

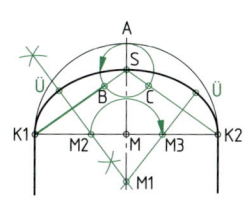

Korbbogen mit drei Mittelpunkten:

1. Spannweite **K1K2** und Stichhöhe **MS** mit Achsen auftragen.
2. Kämpferpunkte **K1** und **K2** jeweils mit **S** verbinden.
3. Um **M** einen Halbkreis zeichnen mit **r = MK1**, **A** eintragen.
4. Kreisbogen um **S** mit **r = SA** schlagen, ergibt **B** und **C**.
5. Mittelsenkrechte auf **K1B** und **K2C** errichten.
6. Ihre Schnittpunkte ergeben **M1**, **M2** und **M3** sowie die Übergangspunkte (**Ü**) für das Zeichnen des Korbbogens **K1SK2**.

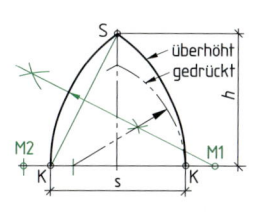

Spitzbogen („Gotischer Bogen"):

Spitzbögen bestehen aus zwei Segmentbögen, deren Mittelpunkt jeweils auf der Mittelsenkrechten der zugehörigen Sehne **KS** und auf der Kämpferlinie (Spannweite, **KK**) liegt.

Man unterscheidet folgende Bogenformen:

- **normal:** Mittelpunkte sind die beiden Kämpferpunkte
- **überhöht:** Abstand der Mittelpunkte > KK
- **gedrückt:** Abstand der Mittelpunkte < KK

Regelmäßige Vielecke konstruieren

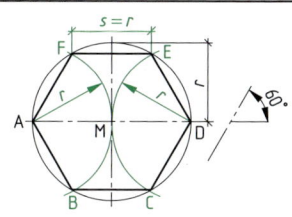

Sechseck im Umkreis:

1. Umkreis mit Radius **r** um Mittelpunkt **M** zeichnen.
2. Eckpunkte **A** und **D** festlegen (z.B. in der Waagerechten oder der Senkrechten).
3. Kreisbögen mit **r** um **A** und **D** ergeben die weiteren Eckpunkte **B**, **C**, **E** und **F**.
4. Eckpunkte verbinden (60°-Winkel ist hilfreich).

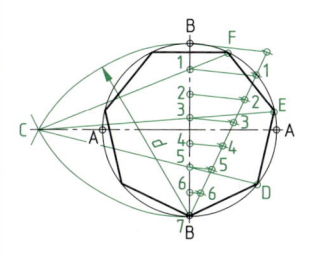

Allgemeine Vieleckkonstruktion (n-Eck):

1. Eine Mittellinie (hier **BB**) in **n** gleiche Teile einteilen (z. B. in 7 Teile für ein Siebeneck).
2. Kreisbögen um die Punkte **B** mit **r = BB** ergeben **C**.
3. Von **C** aus Strahlen durch jeden geraden (**n** = gerade Zahl, z. B. 8) oder ungeraden (**n** = ungerade Zahl, z. B. 7) Teilungspunkt bis zum gegenüberliegenden Schnittpunkt mit der Umkreislinie ziehen.
4. Diese Schnittpunkte **D**, **E** und **F** spiegelbildlich übertragen und die so gefundenen Vieleckpunkte (hier 7) verbinden.

208 *Isometrie · Dimetrie · Kavalier-Projektion · Zentralprojektion*

Grundlagen

Werkstoffe Hilfsstoffe

Werkzeuge Geräte, Geräte

Arbeits- techniken

Gestaltung

Arbeitsschutz Umweltschutz

Aufmaß Abrechnung

Betriebs- führung

Quellen

Axonometrische Darstellungen[1)] [2)]   DIN ISO 5456-3

Isometrische Projektion[3)]	Dimetrische Projektion[4)]	Kavalier-Projektion
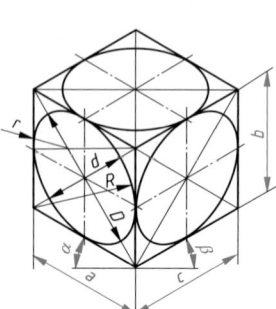	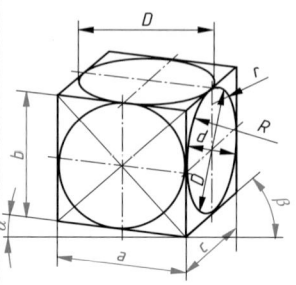	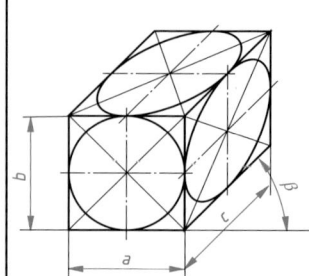
Für Perspektiven, bei denen in allen drei Ansichten Wesentliches gezeigt werden soll. • a : b : c = 1 : 1 : 1 • $\alpha = 30°$; $\beta = 30°$ • Kreise erscheinen in allen Ansichten als Ellipsen.	Für Perspektiven, die in der Vorderansicht Wesentliches zeigen und möglichst anschaulich sein sollen. • A : b : c = 1 : 1 : 0,5 • $\alpha = 7°$; $\beta = 42°$ • Ellipsen in der Vorderansicht können als Kreise gezeichnet werden.	Für Perspektiven, die maßgerechte Vorderansichten und/oder realistische Frontalschnitte ergeben sollen. • Frontalperspektive • a : b : c = 1 : 1 : 1 • $\beta = 45°$

[1)] Axonometrie (griechisch) bedeutet „Achsenmessung". [2)] Projektionen werden auch „Perspektiven" genannt. [3)] Iso (griechisch) bedeutet „gleich". [4)] Di (griechisch) bedeutet „zwei".

Zentralprojektion   DIN ISO 5456-4

Ein-Punkt-Methode	Zwei-Punkt-Methode	Drei-Punkt-Methode
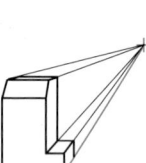	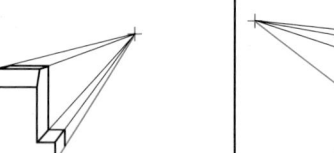	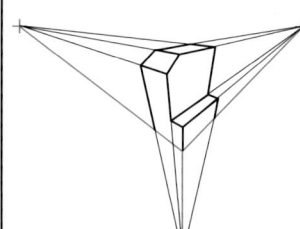
• Alle Linien, die rechtwinklig zur Projektionsebene liegen, laufen im **Fluchtpunkt** zusammen. • **Horizontale** Linien bleiben horizontal. • **Vertikale** Linien bleiben vertikal.	• **Vertikale** Linien und Kanten liegen parallel zur Projektionsebene und bleiben vertikal. • Alle **horizontalen** Linien laufen im **relativen Fluchtpunkt** auf der Horizontlinie zusammen.	• Alle Flächen des Gegenstandes sind zur Projektionsebene geneigt. • Alle Umrisse oder Kanten verlaufen nicht parallel zur Projektionsebene in drei **Fluchtpunkte**.

Orthogonale Darstellungen — DIN ISO 5456-2

Projektionsmethode 1 („Klappmethode")	Pfeilmethode

Projektionsmethode 1 („Klappmethode")

```
  5    6
1      2
8      7
4      3
```

```
4 Unter- 3
8  sicht 7
```

```
2   6       1   2       5   1       6    5
Seiten-     Vorder-     Seiten-     Rück-
ansicht     ansicht     ansicht     ansicht
von                     von
rechts                  links
3   7       4   3       8   4       7    8
```

```
5 Drauf- 6
1 sicht  2
```

Die Lage der Hauptansichten zueinander ist fest-gelegt.

Pfeilmethode

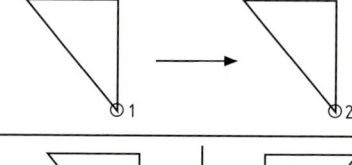

Die Ansichten dürfen beliebig zueinander ange-ordnet werden. Kennzeichnung der Ansichten durch Pfeile und Großbuchstaben und ggf. durch Angabe der Drehung.

CAD (Computer Aided Design)

CAD-Programme zum rechnerunterstützten Konstruieren unterteilen sich meistens in das Grundmodul, welches branchenunabhängig arbeitet, und das Branchenmodul (z. B. Architektur, Ingenieurbau, Tief-bau/Straßenbau usw.) mit speziellen Symbolen und Konstruktionsmöglichkeiten.
Man unterscheidet zwischen zweidimensionalem (2D) und dreidimensionalem (3D) Konstruieren.
Über Schnittstellen, z. B. DXF, DWG, können Dateien von System zu System übertragen werden.

Grundelemente (Beispiele):
1. Punkt   2. Linie   3. Polygon   4. Kreis   5. Ellipse   6. N-Eck

CAD-Grundbefehle

Festlegen von Punkten:
1. Freies Positionieren: Punkt wird per Mausklick frei festgelegt.
2. Koordinaten: Punkt wird über die Tastatur mit X- und Y- Wert eingegeben.
3. Fangmodus: z. B. End- oder Schnittpunkte bereits vorhandener Elemente werden „eingefangen".

Geometrische Grundkonstruktionen (Beispiele):
1. Parallele ableiten   2. Lot fällen   3. Strecke teilen   4. Ausrunden

Zeichnungsmanipulationen

Die beiden folgenden Beispiele stellen den grundsätzlichen Ablauf der Befehle dar.

Verschieben (Kopieren):
1. Befehl **Verschieben** (Kopieren) wählen.
2. Zu verschiebendes (kopierendes) **Objekt aus-wählen**.
3. **Basispunkt 1 zeigen**.
4. **Basispunkt 2 zeigen** / Koordinaten eingeben.

Spiegeln (oder gespiegelte Kopie):
1. Befehl **Spiegeln** wählen.
2. Zu spiegelndes **Objekt auswählen**.
3. Punkte 1 und 2 der **Spiegelachse zeigen** oder eine bereits vorhandene Linie als Spiegelachse identifizieren.

Weitere Manipulationsbefehle: Drehen, Dehnen, Strecken, Stutzen, Trimmen, Verschneiden usw.
Je nach CAD-System können unterschiedliche Begriffe für denselben Befehl verwendet werden.

Werkstoffe Hilfsstoffe · Werkzeuge Geräte, Gerüste · Arbeits-techniken · Gestaltung · Arbeitsschutz Umweltschutz · Aufmaß Abrechnung · Betriebs-führung · Quellen

Software für die EDV-Gestaltung

- **Allgemeine Grafiksoftware.** Bei dieser Software muss zugunsten eines größeren Funktionsumfangs auf die Vielfalt an gängigen Farbtonkarten verzichtet werden.
- **Branchenspezifische Software.** Hierbei handelt es sich meist um pixelbasierende Bildbearbeitungsprogramme, die zum Bearbeiten eine entsprechende Bildvorlage benötigen. Viele Farbtonkarten entsprechender Farbhersteller sind bereits implementiert.

Allgemeine Grafiksoftware (Auswahl)

Bildbearbeitungsprogramme. Auf Pixel basierend, daher geeignet für die Arbeit mit Fotos, die eingescannt und dann neu eingefärbt werden sollen.

Corel PHOTO-PAINT

Oberfläche	Möglichkeiten der (Farb-)Bearbeitung
• Windows-Optik • Gegenüber älteren Versionen aufgeräumter, Werkzeugpaletten gestrafft • Frei programmierbare Menüleisten und Kurzbefehle	• Unterschiedliche Mischbereiche definierbar, mit Farbreihen in Drei-, Vier- oder Fünfklängen mischbar • Näherungstöne definierbar • Einfärbung vollflächig oder im HSB-Modus (H Farbe, S Sättigung, B Helligkeit) möglich • Farbpaletten aus Bildern oder definierten Farbbereichen generierbar • Großer Funktionsumfang

Adobe's Photoshop (mit Studio 96, s. S. 198, zu einem Farbmanagement-System erweiterbar)

Oberfläche	Möglichkeiten der (Farb-)Bearbeitung
• Auf das Wesentliche reduziert	• Farbpalette optisch klein gehalten, Farbnamen nicht vorhanden • Hilfreiche Maskierungswerkzeuge, z. B. das „magnetische Lasso" • Schwerpunkt: Retusche und Objektbearbeitung • Großer Funktionsumfang

Zeichen- und Layoutprogramme. Vektororientiert, daher geeignet für das Zeichnen von Objekten nach Vorlage und deren Wiedergabe in Aufriss- und Ansichtszeichnungen.

CorelDRAW

Oberfläche	Möglichkeiten der (Farb-)Bearbeitung
• Windows-Optik • Frei programmierbare Menüleisten und Kurzbefehle	• In der „CorelDRAW Premium Color Collection" zusätzlich professionelle Farbmanagement- und Kalibrierungstools enthalten • Tool für Farbstile, Farben definierbar, dem Objekt zuweisbar • Zu jedem Farbstil sind Schattierungen, Aufhellungen usw. auflistbar • Großer Funktionsumfang

Freehand (Macromedia)

Oberfläche	Möglichkeiten der (Farb-)Bearbeitung
• Viele aufgeräumte Menüfenster • Konfigurierbare Symbolleisten • Platzsparendes, effizientes Handling	• Viele Gestaltungs- und Textfunktionen • Neuer Farbton kann auf eine bestehende Palettenfarbe gezogen werden, automatische Änderung aller entsprechend gefärbter Körper • Funktion „Farben nennen" erzeugt Auflistung • Linseneffekte zum Anlegen von Transparenzen • Komplexe Objekte in andere Flächen als vielfältige Muster kopierbar • Großer Funktionsumfang

iGrafx Designer (Micrografx)

Oberfläche	Möglichkeiten der (Farb-)Bearbeitung
• Abstimmbare Symbolleisten • Per Doppelklick Wechsel zwischen den beiden zuletzt benutzten Werkzeugen • Karteikartenartige Anordnung der Funktionen	• Funktionen für technisches Zeichnen und Web Publishing • CAD-Vorlagen • Farben mit oder ohne Namen anzeigbar • Auf Verläufe anwendbare Transparenzen • Farben sind über den Palettenmanager ex- und importierbar • Großer Funktionsumfang

Grundlagen

Werkstoffe
Hilfsstoffe

Werkzeuge
Geräte, Gerüste

Arbeitstechniken

Gestaltung

Arbeitsschutz
Umweltschutz

Aufmaß
Abrechnung

Betriebsführung

Quellen

Branchenspezifische Software

Fa'MOS 32 bit (Moser)

Oberfläche
- Übersichtliche Objektverwaltung
- Symbolleisten frei konfigurierbar
- Eigene Kurzbefehle einstellbar
- Hauptfenster in drei dynamische Bereiche geteilt

Möglichkeiten der (Farb-)Bearbeitung
- Großer Umfang an Farbtonkarten
- Helligkeitswert definierbar, Transparenzfunktion
- Großer Funktionsumfang
Stärken: Einfärben von Fotovorlagen

Coloris (NGS Grafik Software GmbH)

Oberfläche
- Klare Gliederung von Schaltern und Karteikarten
- Zugunsten der Übersicht keine Menüleiste mit Pop-up-Menüs vorhanden
- Programm lädt selbstständig eine Übersicht aller im Projekt angefertigten Entwürfe und Farbvariationen, die per Doppelklick aktivierbar sind

Möglichkeiten der (Farb-)Bearbeitung
- Reduzierte Möglichkeiten zum Retuschieren von Fotos und zum Erstellen von Masken
- Zugriff auf Farbtabellen verschiedener Hersteller
- Implementiertes NCS-Farbsystem: Abgleichmöglichkeiten und Harmoniebestimmung
Stärken: Schnelle Einarbeitung möglich

Color Digital (Kölling Systemlösungen)

Oberfläche
- Frei konfigurierbare Menüs
- Bei Einsatz einer zweiten Grafikkarte und eines zweiten Monitors besteht unter Windows 98 bzw. Windows NT die Möglichkeit zu einem Zwei-Bildschirm-Betrieb: Ein Bildschirm zeigt das zu bearbeitende Objekt, der zweite zeigt Paletten und Werkzeuge. Vorteil: Bessere Übersicht, Zeitersparnis (gilt ebenso für andere Programme, die diese Funktion unterstützen).

Möglichkeiten der (Farb-)Bearbeitung
- „Chroma-Maske" zur Auswahl mehrfach bestimmter Farbbereiche
- Farbkollektionen von Sikkens und Herbol
- Eigene Paletten herstellbar und speicherbar
- „Effekte" Plug-In „Farbfüllung": Möglichkeit, strukturierte Oberflächen nur einzufärben, nicht abzudecken. Struktur bleibt also erhalten.
- Helligkeit, Dichte, Farbe, usw. fein abstimmbar
Stärken: Bildbearbeitung

FARBEplus (Bonk)

Oberfläche
- Klare Gliederung
- Zugunsten der Übersicht keine Menüleiste vorh.
- Linke Seite: Tools zur Bildbearbeitung
- Rechte Seite: Werkzeuge zur Maskierung
- Bei Aufruf eines Projekts werden die unterschiedlichen Entwürfe, Masken und Farbtöne automatisch mitgeladen, sind dann in der unteren Bildleiste sichtbar.
- Per Tastenkürzel wichtige Funktionen steuerbar

Möglichkeiten der (Farb-)Bearbeitung
- Etwa 30 Farbtonkarten der Hersteller
- Farbtöne im „Farbkarten-Generator" generierbar und im Ausdruck kalibrierbar
- Transparenz-Gerade einstellbar, 3D-Modul
Stärken
- Für produktbezogene Anwender und Einsteiger
- Direkte Umsetzung und Einfärbung maskierter Bildvorlagen
- Hardware-Anforderungen gering

Studio 96 (Hightex) (mit Adobe's Photoshop, zum Farbmanagement-System erweiterbar)

Möglichkeiten der (Farb-)Bearbeitung
- Besteht aus verschiedenen Modulen zur Farberfassung, Farbdarstellung und Farbausgabe
- Colorimeter und Farbmessgerät als feste Bestandteile
- Farbdatenbank: Anlegen von Farbtönen, Zuweisung zur Druckfarbe per Referenznummer
Stärken: Große Farbkonstanz und gute Farbverwaltung, Einlesen von Farbtönen und deren Reproduktion, Verwaltung größerer Farbpaletten

BILDaufmaß (C.A.T.S.-Soft GmbH) (als Programmbeispiel; andere Programme existieren am Markt!)

Digitale Aufmaßsoftware
- Aufmaßerstellung aus digitalen Bildern ebener Objekte, die im Büro stattfinden kann
- Aufmaßerstellung unabhängig von Witterung und Tageszeit und ohne Einrüstung des Gebäudes
- keine weitere CAD-Software nötig
- liefert Einzelmaße und Gesamtmassen, Berücksichtigung der VOB
Stärken: Integrierte Bildentzerrung (beseitigt perspektivische Verzerrungen)

Grundlagen

Werkstoffe
Hilfsstoffe

Werkzeuge
Geräte, Gerüste

Arbeits-
techniken

Gestaltung

Arbeitsschutz
Umweltschutz

Aufmaß
Abrechnung

Betriebs-
führung

Quellen

Farbmischung

Additive Farbmischung	
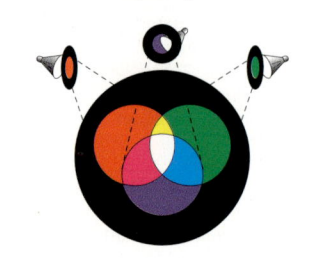	Aus der Brechung weißen Lichts ergeben sich die Spektralfarben im Wellenbereich des sichtbaren Lichts (380 bis 750 nm) und damit die Primärfarben der „Additiven Farbmischung" Orange, Violettblau und Grün. Führt man diese wieder in Form von Lichtkegeln auf eine Oberfläche übereinander, **addieren** sich deren Wellenlängen wieder zu weißem Licht. Additive Farbmischung ist also die Addition der Wellenbereiche.

In den Schnittpunkten erhalten wir die Sekundärfarben der Additiven Farbmischung:
- Grün + Violett = Cyanblau
- Grün + Orange = Gelb
- Orange + Violettblau = Magentarot

Subtraktive Farbmischung	
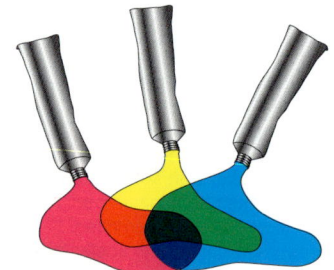	Unter subtraktiver Farbmischung versteht man die Mischung von Körper- bzw. Pigmentfarben. Die Grundfarben bzw. Primärfarben sind mit dem Erscheinungsbild der Sekundärfarben der additiven Farbmischung identisch:

- Gelb
- Magentarot
- Cyanblau

Die Grundfarben subtrahieren bzw. absorbieren gegenseitig ihre jeweiligen Anteile des Spektrums, so dass ihre Mischung (im Idealfall) Schwarz ergibt. Die Mischung der Primärfarben untereinander ergeben die Sekundärfarben der subtraktiven Farbmischung:
- Gelb + Magentarot = Orange
- Magentarot + Cyanblau = Violett
- Blau + Gelb = Grün

Farbordnungen

Sechsteiliger Farbkreis	
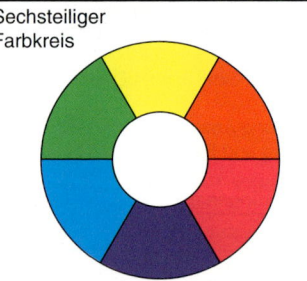	Primär- und Sekundärfarben bilden in wechselnder Reihenfolge den Farbkreis nach J. Itten. Dabei liegt die ermischte Sekundärfarbe immer zwischen den beiden an dieser Mischung beteiligten Primärfarben (P Primärfarbe, S Sekundärfarbe):

Gelb (P) – Orange (S) – Magentarot (P) – Violett (S) – Cyanblau (P) – Grün (S)
Die sich gegenüberliegenden Farbenpaare (P + S) sind komplementär, d. h., sie subtrahieren sich bei der Mischung zueinander wieder zu Schwarz (meist dunkles Grau), da die jeweilige Sekundärfarbe die Anteile des Spektrums der beiden anderen Primärfarben beinhaltet.

Zwölfteiliger Farbkreis	
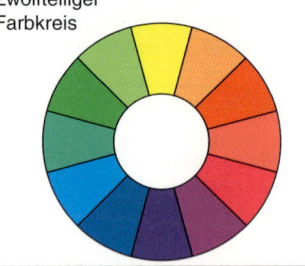	Der zwölfteilige Farbenkreis entwickelt sich aus dem sechsteiligen, indem man empfindungsgemäß gleichabständige Zwischenstufen zwischen Primär- und Sekundärfarben ermischt:

- Gelb (P) – **Gelb-Orange** – Orange (S) usw.
Auch der zwölfteilige Farbkreis ist komplementär. Auf die gleiche Weise lassen sich auch 24- oder 48-teilige Farbkreise entwickeln.

Farbordnungen (Fortsetzung)

Farbdreieck nach J. W. v. Goethe

1810 veröffentlichte J. W. von Goethe seine Farbenlehre. Er mischte Erstfarben (Gelb, Rot, Blau) und es entstehen dadurch die Zweitfarben. Indem er die Zweitfarben miteinander vermischte entstanden die Dritt- oder Tertiärfarben. Diese Farben haben ein erdiges Aussehen, die mit Bezeichnungen wie „Rostbraun“, „Ocker“ und „Umbra“ ungefähr beschrieben werden können. Diese Farben sind in Farbkreisen nicht zu finden, präsentieren jedoch Farbtöne, die in der Natur häufig anzutreffen sind. Vergleichbare Farbtöne lassen sich nur in komplexeren Farbsystemen bzw. Farbsammlungen wiederfinden.

Farbsammlung RAL Classic (840-HR/841-GL)

Das Institut für Gütesicherung e.V. (RAL: früher Reichsausschuss für Lieferbedingungen) hat für das Hauptregister ca. 200 Farben gesammelt. Die Basissammlung für matte Farbtöne ist das Register RAL 840-HR, für glänzende Farbtöne das RAL 841-GL. Die Register, in denen Farben von wichtigen Institutionen (z.B. Post, Telecom etc.) hinterlegt sind, dienen auch als Farbvorlage zur Gestaltung. Die Farbtöne sind in Farbreihen mit einer vierstelligen Kennziffer versehen:

1000er Reihe: gelbe Farbtöne; 2000er Reihe: orange Farbtöne; 3000er Reihe: rote Farbtöne; 4000er Reihe: violette Farbtöne; 5000er Reihe: blaue Farbtöne; 6000er Reihe: grüne Farbtöne; 7000er Reihe: graue Farbtöne; 8000er Reihe: braune Farbtöne; 9000er Reihe: weiße u. schwarze Farbtöne, Aluminiumfarbtöne

Normen:
DIN 2403 Ordnung, Orientierung u. Sicherheit, DIN 3400 Armaturen, DIN EN 4844 Teil 1-2 Sicherheitsfarben, DIN EN 13792 Kennzeichnung von Hand- und Ventilgriffen, DIN 30710 Sicherheitskennzeichnung von Fahrzeugen und Geräten, DIN 67510 Teil 1 Leuchtfarben, Anwendungen auf Hinweisschildern u. Markierungen.

Normen: Die DIN 2403 und das Farbregister geben Farbempfehlungen für Ordnung, Orientierung und Sicherheit.
Weitere Normen über Kennzeichnungen mit RAL-Farben: DIN 2404 Heizrohrleitungen; DIN 3400 Armaturen; DIN 4678 Druckgasbehälter; DIN 4819 Sicherheitsfarben für Bildzeichen; DIN 19920 Kennzeichnung von Hand- und Ventilgriffen; DIN 30710 Sicherheitskennzeichnung von Fahrzeugen und Geräten; DIN 67512 Leuchtfarben, Anwendung auf Hinweisschildern und Markierungen.

214 *Farbton · Sättigung · Helligkeit/Dunkelstufe · RAL-Design*

Grundlagen

Werkstoffe Hilfsstoffe

Werkzeuge Geräte, Geräte

Arbeits- techniken

Gestaltung

Arbeitsschutz Umweltschutz

Aufmaß Abrechnung

Betriebs- führung

Quellen

Farbordnungssysteme

Farbreihen, Parameter dreidimensionaler Farb-
systeme

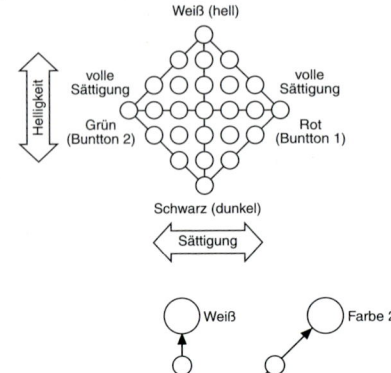

Grundsätzlich kann man Farben durch drei Parameter bestimmen:
• Farbton
• Sättigung
• Helligkeit/Dunkelstufe
Der Farbton selbst legt die farbliche Erscheinung
in eine Richtung fest. Wie intensiv bzw. wie blass
oder farblos er ist, bestimmt der Grad der Sättigung. Zudem hat der Anwender von Farben die
Möglichkeit, deren helle oder dunkle Nuancen
durch Beimengungen von Schwarz bzw. Weiß die
Helligkeit/Dunkelstufe zu steuern und zu bestim-
men (vgl. oberes Bild). Ferner sind Mischungen mit
weiteren Farbtönen möglich (vgl. unteres Bild).
In den meisten modernen Farbsystemen werden
grundsätzlich nach diesen Parametern einzelne
Farbtöne festgelegt. Diese Parameter variieren
selbst von Farbsystem zu Farbsystem. So ist die
Anzahl von Farbtönen im Vollfarbenkreis unter-
schiedlich, z. B.
NCS = 40-teiliger Farbtonkreis,
RAL-Design = 39-teiliger Farbenkreis,
ACC-Farbsystem = 24-teiliger Farbenkreis usw.

Moderne Farbsysteme der Praxis

RAL-Design-Farbsystem

Farbtonkreis, RAL-Design

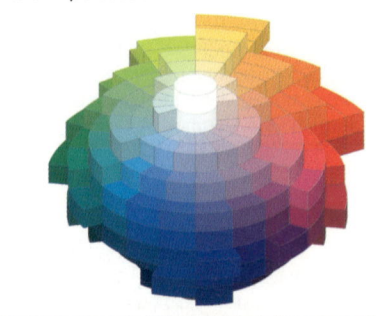

Farbkörperausschnitt mit Unbuntachse

Die Farbabstände der einzelnen Farben des RAL-
Design-Systems sind durch eine CIELAB-Farbab-
standformel definiert, die auch in der DIN 6174
verzeichnet ist.
Grundlage bildete ein 39-teiliger Farbkreis, bei
dem die Bunttöne (engl. Hue) in der Abfolge der
Spektralfarben angeordnet sind. Die Benennung
erfolgt in Winkelgraden: So ist Rot bei 0° bzw.
360°, Gelb bei 90°, Grün bei 180° und Blau bei
270°. Dieser Farbkreis ist also **nicht** komplementär.
Die Unbuntachse verläuft senkrecht durch die
Mitte des Farbtonkreises und die darunter- bzw.
darüberliegenden Ebenen. Sie beginnt bei
Schwarz (Helligkeit: engl. Lightness 0) und endet
bei Weiß (Lightness 100).
Die Buntheit (engl. Chroma value) liegt zwischen
der Unbuntachse (Chroma 0) und dem Buntton
(100). Daraus ergibt sich folgende Farbtonkodie-
rung für einen „dunkelblassen Blauton":
270 30 20
Hue (Buntton) 270;
Lightness (Helligkeit) 30;
Chroma (Buntheit) 20
Das RAL-Design System bietet einen übersicht-
lichen Farbenatlas mit etwa 1700 übersichtlich
angeordneten Farbmustern an.

Moderne Farbsysteme der Praxis (Fortsetzung)

NCS-Farbsystem

40-teiliger NCS Farbkreis

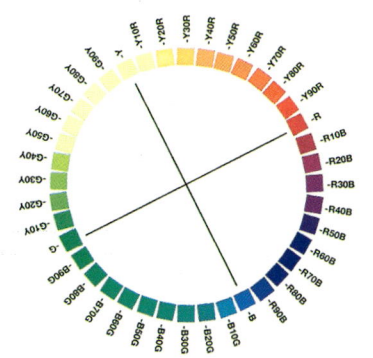

NCS-Farbkörper

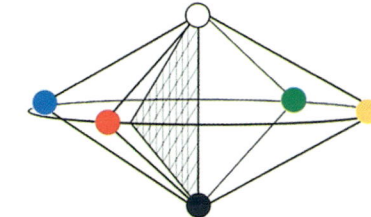

NCS-Farbendreieck

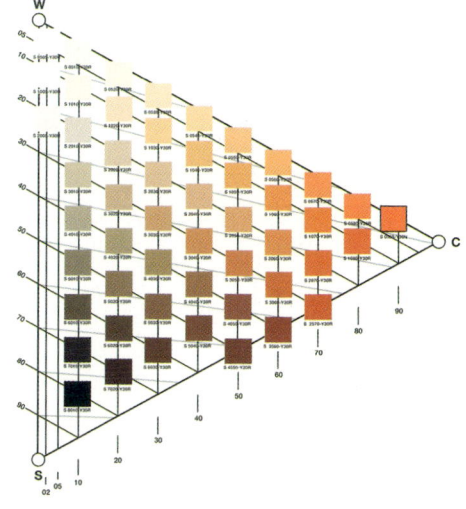

Das wohl weitverbreitetste Farbsystem in Europa, das Natural Color System (NCS), wurde 1979 auf der Basis der schwedischen Norm SS 019102 herausgegeben.

Natural Color System kann als „natürliches Farbsystem" übersetzt werden. Diese Bezeichnung deutet darauf hin, dass das NCS auf der natürlichen Farbempfindung des Menschen basiert. Daher müssen alle Farbanteile nicht als Mischungsanteile, sondern als Empfindungswerte bezüglich der Abstände von Farben untereinander betrachtet werden.

Basis des NCS bildet ein 40-teiliger Volltonkreis, der in vier Quadranten aufgeteilt ist: Y Yellow (Gelb), R Red (Rot), B Blue (Blau) und G Green (Grün). Zwischen diesen Volltönen befinden sich jeweils weitere 9 Volltöne, die empfindungsgemäßen Anteilen entsprechend zwischen diesen Quadranten platziert sind, z. B.

Y70R

30 % Gelb und 70 % Rot (rötliches Orange). Der zwischen den beiden Tönen angegebene Prozentanteil bezieht sich immer auf den letzten Buchstaben, der andere errechnet sich aus der Differenz zu 100 %.

Das NCS-Farbkörper hat die Form eines Doppelkegels (vgl. Bild, Mitte). Schneidet man vertikal entlang der Grauachse durch jeden Vollton des NCS-Farbkreises, erhält man 40 Farbendreiecke (vgl. Bild, unten), die im NCS-Farbenatlas gesammelt sind.

Die einzelnen Farbtöne sind in diesen Farbendreiecken nach den visuellen Anteilen von Schwarz, Weiß und Buntheit festgelegt und im NCS kodiert, z. B.

Nuance 20 50

- 20 % visueller Schwarzanteil S
- 50 % visueller Buntanteil C
- 30 % visueller Weißanteil W; errechnet und in der Kodierung nicht aufgeführt

Summe = **S + C + W = 100 % Nuance**

Buntton Y70R

30% Gelb und 70% Rot

Daraus ergibt sich für diesen Ton die Farbkodierung:

20 50 Y70R

(helles, mittelkräftiges Rot-Orange)

Die zweite Auflage des NCS bietet etwa 1750 Farbtöne, die samt Farbkreis und 40 Farbtondreiecken im NCS-Farbenatlas gesammelt sind.

Moderne Farbsysteme der Praxis (Fortsetzung)

ACC-Farbsystem

ACC-Farbzylinder

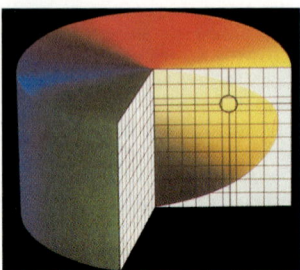

ACC-Farbkreis

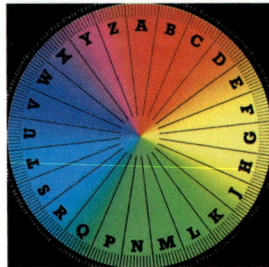

ACC-Farbzylinder mit Zahlenwerten

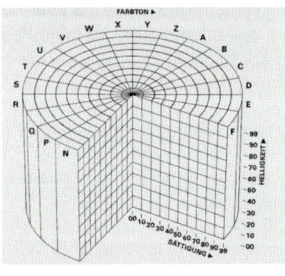

Im Acoat Color Codification System (ACC) werden Farben nach den drei Grundeigenschaften in einem zylindrischen Farbkörper bestimmt:
• Farbton
• Sättigung
• Helligkeit

Der **Farbton HC** bezeichnet die Buntheit. Dieser wird durch qualitative Empfindungsgrößen wie Rot, Orange, Gelb, Gelbgrün, Blau, Violett, Purpur und deren Zwischenwerte festgelegt. Die 24 Farbtöne werden mit Buchstaben bezeichnet und für die Zwischenwerte werden diese mit Ziffern von 1 bis 9 kombiniert, so dass man 240 mögliche Farbtonkennzeichnungen erhält.

Der Grad der **Sättigung** wird durch den Abstand der unbunten Farben im Zentrum des Zylinders zu den bunten Farben bestimmt. Die Sättigungskennzeichnung **SC** wird durch zwei Ziffern angegeben: 00 steht für unbunte Farben und 99 steht für größte Sättigung der bunten Farben (vgl. Bild, unten).

Die **Helligkeit**sbezeichnung **LC** wird in der gleichen Weise ebenfalls durch eine zweistellige Ziffernkombination bestimmt: 00 steht für größte Dunkelheit und 99 für größtmögliche Helligkeit (vgl. Bild, unten).

Jedem Farbton wird entsprechend im ACC eine Kennzeichnung zugewiesen, die aus der Kombination der Grundeigenschaften besteht: Farbton, Sättigung und Helligkeit
HC, SC, LC

Munsell-Farbsystem

1905 entwickelte der amerikanische Maler Munsell ein Farbsystem, das noch heute auf dem nordamerikanischen Kontinent die meistverbreiteste Farbordnung darstellt. Munsells System liegt ein 40-teiliger Farbkreis zugrunde, der zwischen Rot (R), Gelb (Y), Blau (B), Grün (G) und Purpur (P) empfindungsgemäß gleichabständig gestaltet ist. Die Nuancen werden auch hier durch die Helligkeit V (Value) und Buntheit/Sättigung C (Chroma) jeweils durch Ziffern von 0 bis 10 bestimmt. Etwa 1000 Farben sind in einem Farbenatlas zusammengefasst.

HKS (Pantone)

Die HKS-Farbmustersammlung umfasst 84 fortlaufend nummerierte Farben. Diese Farbmustersammlung ist vorwiegend im Druck- sowie Kunstdruckbereich zu finden und zudem auf die Bedürfnisse von Grafik-Designern zugeschnitten. Viele Farbkarten von Druckfarben und Entwurfsfarben (Desinger´s Gouache) mit entsprechenden Mischrezepturen für weitere Farbtöne basieren auf der HKS-Farbmustersammlung.

Grundlagen · Werkstoffe Hilfsstoffe · Werkzeuge Geräte, Gerüste · Arbeitstechniken · Gestaltung · Arbeitsschutz Umweltschutz · Aufmaß Abrechnung · Betriebsführung · Quellen

Moderne Farbsysteme der Praxis (Fortsetzung)

Caparol-3D-System

Farbtonkreis, Caparol-3D-System

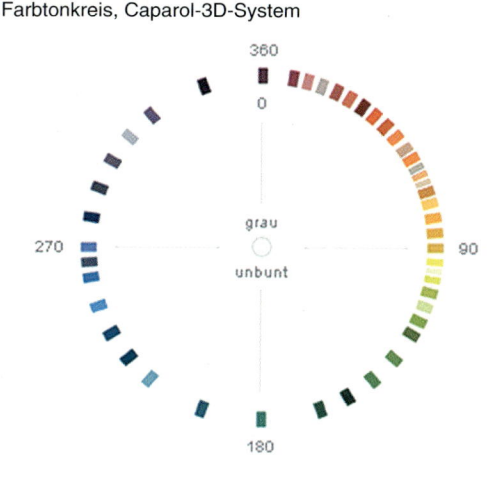

Farbraum, Caparol-3D-System

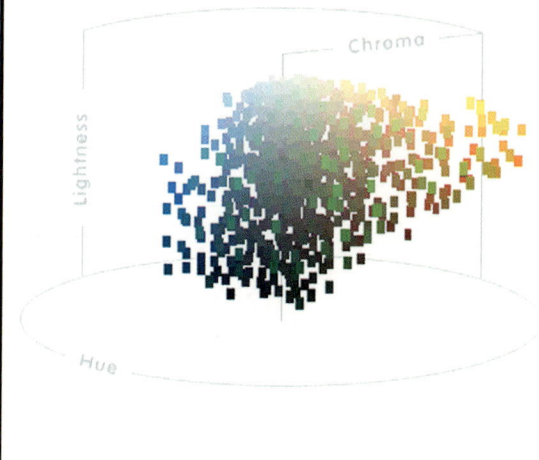

Dem Caparol-3D-System liegt ein **Farbtonkreis** zugrunde, der auf 360° in 46 Gradzahlen segmentiert ist. Diese 46 Ausgangsfarben sowie alle Nuancen sind durch den **L-C-H** (Lightness-Chroma-Hue, Helligkeit-Sättigung-Farbton) festgelegt.

Das Caparol-3D-System wendet dies auch konsequent auf den Farbtonkreis mit den Ausgangsfarben an, so dass z. B. die helleren Töne (gelblichen Töne) bei etwa 90° im Farbraum höher angelegt sind als die gegenüberliegende 270°-Seite (bläuliche Töne), d. h., dass der Farbtonkreis nicht in einer waagerechten, sondern in einer schiefen Ebene im Farbraum positioniert ist, was der Tatsache Rechnung trägt, dass nicht alle Volltonfarben die gleichen Helligkeitsstufen besitzen.

Die Nuancen werden durch die Helligkeit (L) und Sättigung (C) bei Werten von jeweils 0 bis 100 für eine Farbfamilie eines Farbtons (H) im Farbenraum definiert. Der Farbton besteht aus der Gradzahl und einem assoziativen Beinamen, z. B. H90 Curry (Gradzahl 90°).
So ergibt sich folgende Kodierung:
L-C-H = 93-32-90 Curry
hell-blasser beiger Farbton

Das Caparol-3D-System bietet mit diesem Farbsystem 1162 Farben an, die speziell für ihre Verwendbarkeit in der Architektur festgelegt sind.

218 *Blitz*

Grundlagen

Werkstoffe Hilfsstoffe

Werkzeuge Geräte, Gerüste

Arbeits- techniken

Gestaltung

Arbeitsschutz Umweltschutz

Aufmaß Abrechnung

Betriebs- führung

Quellen

Moderne Farbsysteme der Praxis (Fortsetzung)

Sto Color System

Sechsteiliger Farbkreis (Abb. 1)

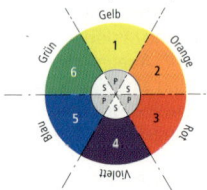

Ausgangspunkt des Sto Color System, welches 800 Farbtöne umfasst, ist ein sechs-teilige Farbkreis in den Farben Gelb, Orange, Rot, Violett, Blau und Grün.

Die sechs Wahrnehmungsbereiche werden in jeweils 4 weiteren Farbtonstufen zu einem 24-teiligen Farbtonkreis ausgemischt, der die Grundlage für das Sto Color System bildet.

Farbkreis mit 24 Basisfarbtönen (Abb .2)

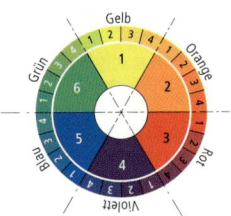

Jeder der 24 Basisfarbtöne wird nach dem Prinzip des farbtongleichen Dreiecks in 5 Farbtonreihen ausgemischt:

1. Hellklare Farbtonreihe: Basiston gemischt nach Weiß
2. Verhüllungsreihe 1: Basiston gemischt nach einem (helleren) Grau
3. Verhüllungsreihe 2: Basiston gemischt nach Grau
4. Schattenreihe: ein Ton der hellklaren Farb-tonreihe gemischt mit einem Farbton der dunkelklaren Reihe
5. Dunkelklare Farbtonreihe: Basiston ge-mischt nach Schwarz

Farbtongleiches Dreieck (Abb. 3)

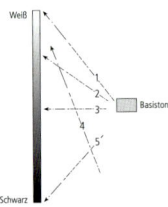

Die Kennzeichnung (Abb. 5) besteht aus:

1. Farbcodierung/Bestellnr.
2. Hellbezugswert (Wert der Lichtmenge, die von der Oberfläche reflektiert wird; 100 % = weiß, 0 % = schwarz)
3. Farbtonklasse (Definition des Farbtonzu-schlags nach Preisliste)

(Abb. 4)

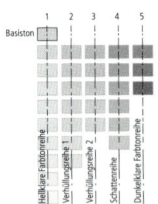

(Abb.5)

Moderne Farbsysteme der Praxis (Fortsetzung)

Farbmetrik, CIE, CIELAB

CIE-Normfarbtafel, DIN 5033

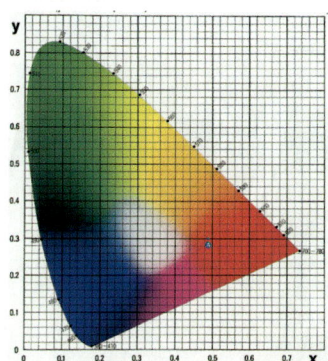

CIE-Farbraum mit der Kennzeichnung nach Farbton, Sättigung und Helligkeit

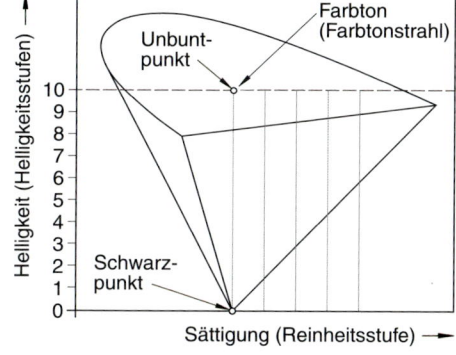

CIELAB-Farbraum

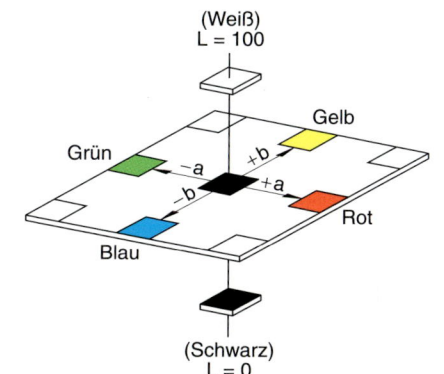

Nach den Gesetzen der additiven Farbmischung ist es möglich aus den drei Grundfarben jeden beliebigen Farbton zu ermischen. Dementsprechend ist das CIE-System der Commission International de l´Eclairage (1931) ein festgelegtes Farbsystem, welches den einzelnen Farbtönen die Anteile der drei Primärfarben der additiven Lichtmischung zuweist (vergleiche Spektralfotometer):

- x (700 nm) für den Rotbereich
- y (546,1 nm) für den Grüngehalt
- z (435,8 nm) für den Blaugehalt
- Y Helligkeitswert

Der Farbton errechnet sich x+y+z = 1. Da sich die Werte immer zu 1 zusammenfügen, genügt die Angabe von zwei Werten. Der Normfarbwert Y als Bezugswert für die Helligkeit.

Da die Lichtquellen in ihrer Zusammensetzung des Spektrums sehr unterschiedlich sein können, legt das CIE z. B. einen mittleren Tageslichtwert (D65) und einen Glühlampenwert (Normallicht A) fest, um eine normierte Farbmessung zu erreichen. Nach diesem Prinzip ist die Normfarbtafel nach DIN 5033 abgeleitet worden.

Ein entscheidender Nachteil des CIE-Systems ist, dass die empfindungsgemäßen Abstände zwischen Farben andere geometrische Abstände aufweisen als die in der CIE-Normfarbtafel. Daher wurde der CIELAB- Farbraum entwickelt.
Hier werden Farbmesszahlen als Parameter in einem Farbraum verwendet:
L Helligkeitsachse
(L100 ist Weiß; L ist Schwarz)
+a Grad des Rotanteils
−a Grad des Grünanteils
+b Grad des Gelbanteils
−b Grad des Blauanteils

Grundlagen
Werkstoffe Hilfsstoffe
Werkzeuge Geräte. Geräte
Arbeits- techniken
Gestaltung
Arbeitsschutz Umweltschutz
Aufmaß Abrechnung
Betriebs- führung
Quellen

Farbe

Glatte Fläche	Raue Fläche	Die Erscheinung einer Oberfläche ist nicht nur von der Lichtquelle abhängig, sondern auch von der Struktur der Oberfläche. Ist z. B. die Oberfläche eines Lackfilms glatt, erscheint die Fläche glänzend. Ist die Oberfläche rau, werden die Lichtstrahlen in verschiedenen Richtungen reflektiert, so dass im menschlichen Auge ein „diffuser", matter Eindruck entsteht.

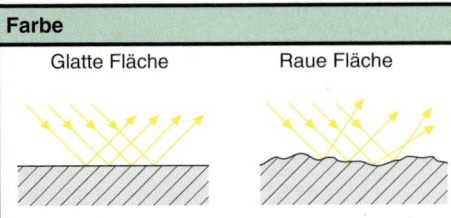

Farbkontraste

Farbe-an-sich-Kotrast	• Ein Farbe-an-sich Kontrast ist immer sehr auffällig. Hier gilt es, hochgesättigte Farben miteinander zu kombinieren. • Der Farbe-an-sich-Kontrast eignet sich für Zeichensysteme, Orientierungssysteme, Nationalflaggen usw.
Komplementärkontrast	• Der Komplementärkontrast ist die Kombination von Komplementärfarben im z. B. sechsteiligen Farbenkreis. • Beide Farben eines Komplementärfarbenpaares sind in ihrem Charakter äußerst unterschiedlich, steigern jedoch in ihrer Kombination erheblich ihre Leuchtkraft. • Komplementärkontraste: **Gelb : Violett; Rot : Grün; Blau : Orange**
Hell-Dunkel-Kontrast	• Der Hell-Dunkel-Kontrast bestimmt Gewichtungen, die den Schwerpunkt in einer Farbgestaltung z. B. an einer Fassade festlegen.
Kalt-Warm-Kontrast 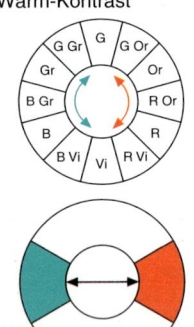	• Beim Kalt-Warm-Kontrast wird der Temperaturzustand mit Farbeindrücken assoziiert. • Im 12-teiligen Farbenkreis verläuft die Grenze zwischen warmen und kalten Farben auf der Achse Gelb-Violett. Daraus folgt, dass Gelborange, Orange, Rotorange, Rot und Rotviolett zu den warmen und Blauviolett, Blau, Blaugrün, Grün sowie Gelbgrün zu den kalten Farbtönen zählen. • Dabei gilt Rotorange als der wärmste und Blaugrün als der kälteste Farbton. • Der Kalt-Warm-Kontrast löst im Menschen Assoziationen wie „nah-fern", „feucht-trocken", „Feuer-Wasser", „anregend-beruhigend" o. Ä. aus. • Durch die Gegenüberstellung von warmen und kalten Farben kann z. B. in Räumen eine Nah-Fern-Wirkung erzielt werden. Ferner können sich kalte und warme Farben in ihrer Farbigkeit steigern bzw. in einigen Punkten relativieren.
Sättigungskontrast 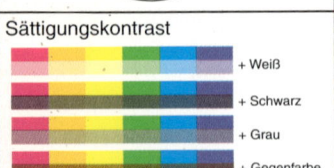	• Der Sättigungs- bzw. der Qualitätskontrast kombiniert stark gesättigte Farben mit weniger stark gesättigten Farben. • Die gesättigen Farben werden mit Schwarz, Grau oder Weiß gemischt und ergeben getrübte bzw. hellklare Farbtöne, die weniger Brillanz und Leuchtkraft als die Volltöne besitzen. • Dieser Kontrast wird vor allem in der Innenraum- und Fassadengestaltung angewendet.

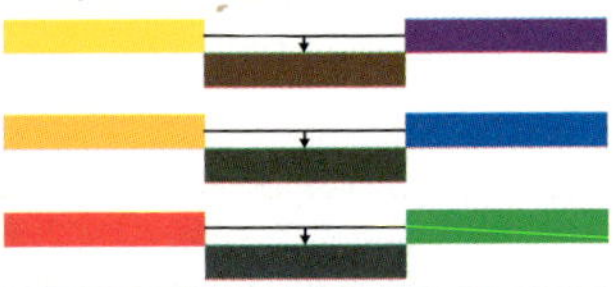

Randbeschriftung (seitlich):
Grundlagen · Werkstoffe Hilfsstoffe · Werkzeuge Geräte, Gerüste · Arbeitstechniken · Gestaltung · Arbeitsschutz Umweltschutz · Aufmaß Abrechnung · Betriebsführung · Quellen

Farbkontraste (Fortsetzung)

Simultankontrast	
 	• Der Simultankontrast befasst sich mit der gegenseitigen Beeinflussung von Farben bei deren Kombination. • Ein mittleres Grau auf weißem Grund erscheint wesentlich dunkler als das gleiche Grau in der Kombination zu Schwarz (vgl. Bild). • Gelb und Rot (Primärfarben reagieren normalerweise nicht simultan) ergeben in deren Kombination mit einem blauen oder blaugrünen Hintergrund jeweils einen farblich leicht unterschiedlichen Eindruck.
Proportionskontrast (Quantitätskontrast) 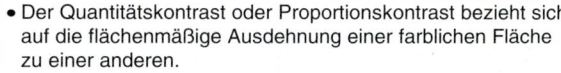	• Der Quantitätskontrast oder Proportionskontrast bezieht sich auf die flächenmäßige Ausdehnung einer farblichen Fläche zu einer anderen. • Dieser Kontrast ist ein Gestaltungsmittel um Spannungen zu erzeugen. Das farbliche Hervorheben von z. B. Faschen und Gesimsen an Fassaden ist ein Beispiel hierfür. • Je nach Auswahl der Farbtöne und deren Anordnung kann auch der mengenmäßig kleinere Anteil dominierend wirken (z. B. ein leuchtend rotes Gesims auf einer mittelgrauen Fassade).

Form

Punkt (Rasterdruck)	
	• Der Punkt ist das grundlegende Gestaltungselement. Seine Wirkung hängt von seiner Größe und der Zuordnung zu weiteren Punkten ab. • Punkte können gereiht, strukturiert, gestreut, symmetrisch, asymmetrisch oder fließend geordnet sein. • Sie können sogar die Illusion zusammenhängender Flächen erzeugen, wie es Rasterpunkte auf gedruckten Abbildungen tun (vgl. Bild). • Das Wort Punkt leitet sich aus dem lateinischen pungere (stechen) ab.
Linie (gerade, gebrochene, gerundete, gewellte, gekrümmter Form) 	• Linien, lateinisch linea (Spur, Strich), können in gerader, gebrochener, gerundeter, gewellter oder gekrümmter Form auftreten. • Kombiniert man mehrere Linien miteinander, verlieren sie ihre nüchterne Form und ergeben Bänder, Netze, Schraffuren oder Strukturen.
Fläche geometrische Form freie Form 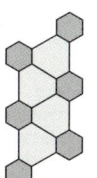 	• Eine Fläche hat zwei Ausdehnungen, eine Höhe und eine Breite. • Je nach ihrem Aussehen ist der Ausdrucksgehalt einer Fläche sehr unterschiedlich: Geometrische Flächen wie Quadrat, Dreieck, Kreis, Rechteck, Ellipse usw. sind unterschiedlich dynamisch jedoch grundsätzlich von anderem Ausdrucksgehalt als freie Formen der Fläche. • Bei der Gestaltung oder Festlegung von Flächen sind diese dynamischen Wirkungen von Einzelflächen zu beachten.

Grundlagen

Werkstoffe Hilfsstoffe

Werkzeuge Geräte, Gerüste

Arbeits- techniken

Gestaltung

Arbeitsschutz Umweltschutz

Aufmaß Abrechnung

Betriebs- führung

Quellen

Formanwendung	
Naturformen    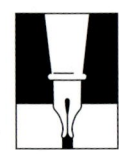	• In der Gestaltung findet man viele Formen, die von Aufbau- oder Wachsstumstrukturen in der Natur abgeleitet sind. • Konzentrischer Wuchs, Verzweigungen oder auch fächerartige Formen sind mögliche Gestaltungselemente (z. B. Ornamentbänder).
Stilisierte Formen  	• Bei der Stilisierung werden Vorbilder als Vereinfachung, Umbildungen oder auch als Verfremdung dargestellt. • Eine stilisierte Form weist eine besondere Prägung (Stil) auf, die das Eigentliche und Wesentliche betont; Details werden vernachlässigt bzw. weggelassen, wesentliche Merkmale überhöht oder umgeformt. • Es entsteht ein dekoratives Zeichen mit hohem Informationswert. Die extreme Stilisierung ist das Piktogramm (siehe nächste Zeile).
Piktogramme/Signet 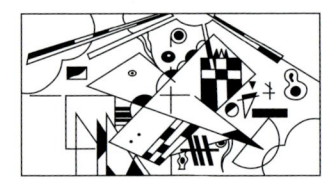	• Piktogramme sind im höchsten Maße stilisierte Zeichen, die in gleicher oder ähnlicher Größe ein Informations-Zeichen-System bilden. • Sie geben Informationen zur Orientierung, Hinweise für Verhaltensweisen usw. • Das Signet ist ein einprägsames Formzeichen, welches häufig als Firmenzeichen auf Verpackungen oder in der Werbung zu finden ist.
Abstraktion 	• Die Abstraktion enthält nicht nur Formen, die das Gegenständliche bezeichnen, sondern sie ist auch Ausdruck von Vorstellung und Empfindung. • Verliert die Abstraktion den Bezug zum Gegenstand gänzlich, spricht man von einer „gegenstandslosen Darstellung". • Abstrakte Abbildungen sind zunehmend Teil moderner Wandgestaltung, wobei ihr flächenmäßiger Anteil zu neutralen Flächen vergleichsweise klein ist.
Freie Formen 	• Freie Formen werden aus den Grundformen (Quadrat, Kreis usw.) entwickelt. • Durch Verzerren, Ziehen, Drehen, Strecken, Deformieren entstehen neue freie Formen.
Zufällige Formen	• Diese Formen entstehen im Umgang mit (Anstrich-)Farben; deren zufällige Form ist nicht reproduzierbar, sondern nur als Abwandlungen wiederholbar. • In den dekorativen Maltechniken wird diese Art der Formgestaltung häufig verwendet, z. B. der Kammzug, Bierlasurtechnik, Durchschliff, Nass-in-Nass-Verfahren, Schwammtupftechnik, Wickeltechnik, Marmoriertechnik usw.

Formanwendung (Fortsetzung)	
Konstruierte Formen  	• Konstruierte Formen sind wie die gegenstandslose, abstrakte Abbildung frei von Bezügen zum Gegenständlichen. • Sie sind vielmehr gestalterischer Selbstzweck. Sie entwickeln sich aus geometrischen Ordnungssystemen und geometrischen Formen. • Gliederungsstrukturen entstehen durch die additiven oder subtraktive Gliederung. Die additive Gliederung fügt mehrere Formelemente zusammen, die subtraktive trennt Formteil ab.

Formanordnung

Ornament und Muster  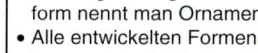  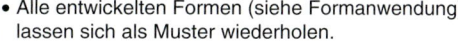	• Eine regelmäßige Wiederholung einer Schmuckform nennt man Ornament. • Alle entwickelten Formen (siehe Formanwendung) lassen sich als Muster wiederholen.
Reihung     	• Die größte Gleichmäßigkeit bei der Formwiederholung finden wir in der **stetigen Reihung,** bei der gleiche Formen gleicher Größe in gleichen Abständen zu finden sind. • Die **rhythmische Reihung** ist ebenfalls gleichmäßig; bei ihr gibt es jedoch Abwandlungen hinsichtlich Formgröße und Abstand.
Streuung, Gruppierung, Häufung 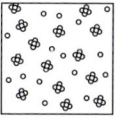 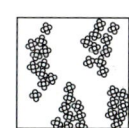 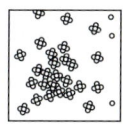	• Bei der **Streuung** liegen Formelemente in etwa gleichmäßig aber unregelmäßig dicht aneinander. Sie bilden aber doch eine regelmäßige Fläche. • Wenn Formen dicht beieinander liegen und immer wieder Abstände zwischen diesen Anhäufungen liegen, spricht man von einer **Gruppierung.** • Eine **Häufung** entspricht einer Kombination von Gruppierung und Streuung. Sie ist die spannungsreichste dieser Formen.

Formbeziehung

Rhythmus 	• Um die Gleichförmigkeit und Monotonie aber auch die chaotische Unordnung einer Gestaltung zu brechen, ist eine Art der Formbeziehung der Rhythmus. • Er stellt Formelemente so zueinander, dass Gegensatzpaare wie Tag-Nacht, Wasser-Feuer, Sommer-Winter, Regen-Dürre entstehen.
Komposition (Leonardo Da Vincis „Abendmahl") Lünette Gesims 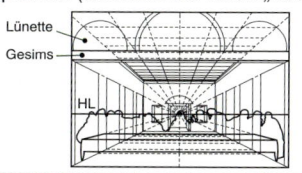 HL	• In der Komposition wird der Aufbau, das Format der Fläche, der Schwerpunkt, die gestalterischen Formelemente und deren Beziehungen zusammengeführt. • Gestaltung, in ihre formale Struktur zerlegt, legt formale Zusammenhänge und Gesetzmäßigkeiten offen wie eine Umrisszeichnung von Leonardo Da Vincis „Das Abendmahl" leicht zu erkennen gibt.

Grundlagen · Werkstoffe Hilfsstoffe · Werkzeuge Geräte, Gerüste · Arbeitstechniken · Gestaltung · Arbeitsschutz Umweltschutz · Aufmaß Abrechnung · Betriebsführung · Quellen

Proportion

Gitternetzvergrößerung

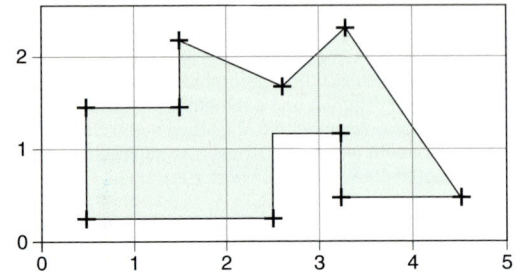

Konstruktion des „Goldenen Schnitts"

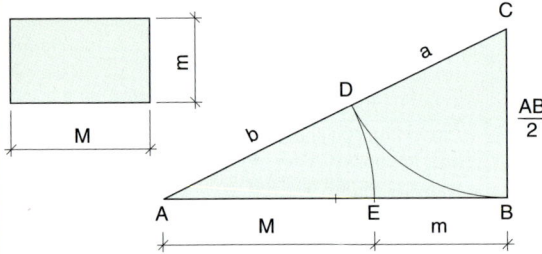

„Modulor", Le Corbusier

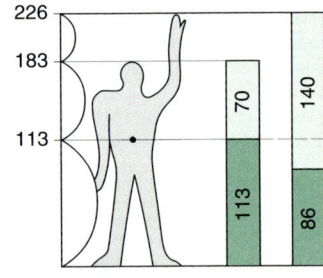

DIN-Formate

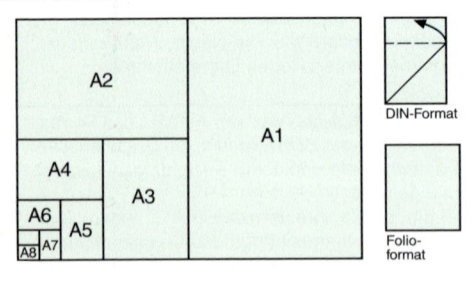

Die Proportion ist ein Maßverhältnis zwischen zwei Größen. Bei einer **Gitternetzvergrößerung** oder einer konstruktiven Vergrößerung/Verkleinerung bestimmt der Grad der Vergrößerung bzw. Verkleinerung diese Maßverhältnis, z. B.
2 : 1; 3 : 1; 1 : 2; 1 : 25 usw.
(Original : Zeichnungsgröße).

Proportionen jedoch, die allgemein als harmonisch empfunden werden, sind festgeschrieben wie der in der Antike entwickelte und in der Renaissance wiederentdeckte **„Goldene Schnitt".** In ihm ist ein Maßverhältnis von „Major" (M) und minor (m) festgelegt:
M : m = a : b = b : (a + b)
Beispiele für goldene Schnitte:
3 : 5; 5 : 8; 8 : 13; 13 : 21; 21 : 34; 34 : 55 usw.

1946 nähert sich Le Corbusier mit seiner Proportion, dem **„Modulor"**, der sich an die menschliche Gestalt anlehnt, dem „Goldenen Schnitt".

Das Deutsche Institut für Normung (DIN) entwickelte für das Maßverhältnis von Hochformat und Querformat das sogenannte DIN-Format. Die längere Seite ergibt sich dabei aus der Diagonalen des zugehörigen Quadrats. Daraus ergibt sich folgendes Maßverhältnis der DIN-Format A-Reihe:

$$1 : \sqrt{2}$$

Auch das DIN-Format kommt dem „Goldenen Schnitt" sehr nahe.

Grundlagen
Werkstoffe Hilfsstoffe
Werkzeuge Geräte, Gerüste
Arbeits-techniken
Gestaltung
Arbeitsschutz Umweltschutz
Aufmaß Abrechnung
Betriebs-führung
Quellen

Schriftstammbaum

ROEMISCHE CAPITALIS
1. Jahrhundert

QVADRATA
3. Jahrhundert

RVSTICA
3. Jahrhundert

UNZIALE
4. Jahrhundert

halbunziale
6. Jahrhundert

karolingische minuskel
8. Jahrhundert

gebrochene (deutsche) Schriften

runde (lateinische) Schriften

Gotisch
11. Jahrhundert

Rotunda
14. Jahrhundert

Textur
15. Jahrhundert

Antiqua
15. Jahrhundert

Schwabacher
15. Jahrhundert

Kursiv
16. Jahrhundert

Fraktur
16. Jahrhundert

Grotesk
19. Jahrhundert

Kanzlei
17. Jahrhundert

Egyptienne
19. Jahrhundert

Deutsche Schreibschrift
18. Jahrhundert

Lateinische Schreibschrift
18. Jahrhundert

Die Geschichte der europäischen Schriftgeschichte lässt sich aus dem **Phönizischen Alphabet** (etwa 1300 v.Chr.) ableiten. Es wurde von den Griechen zur griechischen Schrift (etwa 900 v. Chr.) wie die **Griechische Capitalis** weiterentwickelt, welche wiederum die Basis für die Entwicklung der lateinischen Schriften war.

Zunächst entstand hierbei die in Stein gemeißelte **Capitalis Monumentalis**, wobei durch den Gebrauch von Gänsefeder und Papyrus Schriften wie die **Capitalis Quadrata** und die „bäuerliche" **Rustica entstanden**. Etwa 300 Jahre später entwickelte sich eine runde römische Schrift heraus: die **Unziale**. Seit der Krönung Karl des Großen zum Kaiser (800 n. Chr.) wurde in seinem Auftrag die Entwicklung einer Schreibschrift in Kleinbuchstaben (Minuskeln) durchgeführt; es entstand die **Karolingische Minuskel**.

Ab diesem Zeitpunkt verläuft die Schriftentwicklung nördlich und südlich der Alpen getrennt. Aus der Karolingischen Minuskel wurde die **Gotische Minuskel** und die **Humanistische Minuskel** entwickelt. Aus der gotischen Minuskel heraus entstanden die deutschen gebrochenen Schriften wie die **Textur** (15. Jh.), **Schwabacher** (15. Jh.), Fraktur (16. Jh.), **Kanzlei** (17. Jh.) und **deutsche Schreibschrift** (18. Jh.). Südlich der Alpen begann die Entwicklung der lateinischen Schriften: **Rotunda** (14. Jh.), **Antiqua** (15. Jh.), **Kursiv-Druckschrift** (16. Jh.), **Grotesk** (19. Jh.), **Egyptienne** sowie die **Lateinische Schreibschrift**.

Alle nach DIN 16518 klassifizierten Druck- und Schreibschriften sind Ableitungen aus dem Schriftstammbaum.

Klassifikation der Schrift nach DIN 16518 (Übersicht)

Die DIN 16518 klassifiziert rund 1000 gängige Druck- und Schreib-Schriften nach ähnlichen oder verwandten Merkmalen.

Gruppe	Beispiele
Gruppe I: Venezianische Renaissance Antiqua **Modesalons** Deutsch-Römisch	• Deutsch-Römisch • Amalthea • Schneider-Mediäval • Trajanus • Centaur
Gruppe II: Französische Renaissance Antiqua **Rosenstock** Garamond	• Palatino • Garamond • Post-Mediäval • Trump-Mediäval
Gruppe III: Barock-Antiqua **Aktienmarkt** Times	• Baskerville • Imprimatur • Times • Caslon
Gruppe IV: Klassizistische Antiqua **Farbenharmo** Janson	• Bodoni • Didot-Antiqua • Walbaum • Madison • Augustea
Gruppe V: Serifenbetonte Linearantiqua **Nordbahnhof** Schadow	• Egyptienne • Memphis • Beton • Schadow • Candida
Gruppe VI: Serifenlose Linearantiqua **Buchladen** Helvetica	• Helvetica • Grotesk • Futura • Akzidenz-Grotesk • Folio
Gruppe VII: Antiqua-Varianten **CITOYEN** Beton licht	• Beton licht • Michelangelo • Solemnis • Columna • Largo
Gruppe VIII: Schreibschriften *Romantik*	• Englische Schreibschrift • Ariston • Legende • Virtuosa • Mistral • Charme

Klassifikation der Schrift nach DIN 16518 (Übersicht, Fortsetzung)

Gruppe IX: Handschriftliche Antiqua Handwerkskammer Delphin	• Time Script • Post-Antiqua • Delphin • El Greco
Gruppe X: Gebrochene Schriften Gotisch frühmittelalterliche Porträtplastik	Gotisch • Jessen-Schrift • Gotenburg • Manuskript-Gotisch • Maximilian
Rundgotisch Handel und Gewerbe	Rundgotisch • Wallau • Weiß-Gotisch
Schwabacher Riemenschneider	Schwabacher • Alle Schwabacher • Nürnberger Schwabacher • Renata • Lutheran
Frakturvarianten Theodor Fontane	Frakturvarianten • Breitkopf-Fraktur • Unger Fraktur • Frühling • Gilgengart
Gruppe XI: Fremde Schriften اعز الـنـاس يـلـى من الخطـوب بـالاعز، كانت الضرآ، Κόσμον τόνδε, τὸν αὐτὸν ἁπάντων, οὔτε הנני מקים מצות עשה של ספי	• Griechisch • Arabisch • Kyrillisch • Hebräisch • Chinesisch

Hinweise zur Schriftgestaltung (Typografische Gestaltung)

Nichtübereinstimmung Wortinhalt und Schriftwahl *Urlaub im Weltall* SCHÖNHEITSFARM	Es sollte bei der Auswahl der Schrift darauf geachtet werden, dass das Erscheinungsbild eines Schriftzuges mit dem Wortinhalt übereinstimmt. Daher sollten Begriffe wie „Träumerei" oder „Phantasie" nicht mit z. B. serifenlosen Antiquaschriften, sondern vielmehr mit runden, geschwungenen Schrifttypen (z. B. Englische Schreibschrift) kombiniert werden.
Übereinstimmung von Wortinhalt und Schriftwahl Bauingenieurwesen *Gesundheitsbewusst*	
Schrift mit grafischer Funktion SPASS- UND WELLENBAD	Hier steht nicht mehr die Lesbarkeit im Vordergrund, sondern vielmehr die grafische Gestaltung einer Fläche, die aus Buchstaben zusammengesetzt ist.

Hinweise zur Schriftgestaltung (Typografische Gestaltung, Fortsetzung)

Modifikationen	Heute ist es möglich mit diverser Software Schrift zu modifizieren. Solche Modifikationen sind mittels Plotter oder Lochpausen von PC/MAC-Ausdrucken leicht auf Flächen reproduzierbar.

Modifikation Modifikation
Modifikation Modifikation

Optischer Schriftausgleich	Um störende Schwerpunkte wie Verdichtungen oder zu große Negativräume (die wahrgenommenen Räume zwischen den Buchstaben) zu vermeiden, sollte bei großen Schriftzügen auf einen optischen Ausgleich zwischen den Buchstaben geachtet werden („Spationieren")

LASTWAGEN
L¹ᵖA²ᵖS¹ᵖTWAG¹ᵖE⁴ᵖN

Schriftwahl bei Bauwerken	Bei Beschriftung bzw. Gestaltung von Schildern an Gebäuden ist eine angemessene Schriftart für einen bestimmten Typus von Gebäude auszuwählen. So bietet sich bei einem Berliner Gründerzeithaus oder bei einem (klassisch) postmodernen Bau eine Klassizistische Antiqua an. Im bayerischen Raum nutzt man häufig gebrochene Schriften.

WESTERNSTORE
ASIA SHOP

Schriftenmischungen

Richtig: Mischung in der gleichen Schriftfamilie (Hinweis: Nicht mehr als zwei Schrifttypen)

Ein *Buchstabe* bleibt selten *allein*

Richtig: Mischung von Schriften gleichen Duktus

Zierbuchstaben in einer großen Auswahl

Falsch: Mischungen von Renaissance- und Klassizistischer Antiqua

Moderne Bildhauer **im Rundfunk**

Merkmale von Schriften

Dachansatz	Symmetrie-Achse	Grund- und Haarstriche	Schrägstrich „e"
𝟏𝟏𝟏𝟏∣𝟏𝟏 𝟏𝟏𝟏𝟏𝟏𝟏𝟏 Serifen	*O* **O** O	H **H** **H**	*e* **e** **e** **e**

Wichtige Begriffe und Merkmale zur Schriftkonstruktion (Groteskschrift)

Balkenstärke	Buchstabenhöhe	Buchstabenbreite	Querbalken
E 1 Teil ▪ 1 Teil Sie ist die Grundlage für die Konstruktion. 1 Balkenstärke = 1Teil	6 5 4 3 2 1 0 **E** 6 oder 7 Teile = Schrifthöhe	**E** 2½ 0 1 2 3 Angabe in Teilen nicht in cm!	**E** oberer Querbalken / mittlerer Querbalken / unterer Querbalken Waagerechte Schriftbalken der Buchstaben

Grundlagen · Werkstoffe Hilfsstoffe · Werkzeuge Geräte, Gerüste · Arbeitstechniken · Gestaltung · Arbeitsschutz Umweltschutz · Aufmaß Abrechnung · Betriebsführung · Quellen

Wichtige Begriffe und Merkmale zur Schriftkonstruktion (Fortsetzung)

Zeichnerische Mitte	Optische Mitte	Übertritte
E	**E**	**B** Übertritt
Der Mittelbalken liegt genau zwischen oberem und unterem Querbalken. Optisch erscheint er jedoch weiter unten.	Um dem optischen Phänomen der zeichnerischen Mitte zu entgehen, setzt man die optische Mitte 0,1 Balkenstärke über die zeichnerische Mitte.	Sie vermeiden optische Einschränkungen (zu schmal, zu klein usw.). Seitliche Übertritte bei A, B, K, M, V, W, usw. Übertritte nach oben und/oder unten C, G, J, O, Q, S, U usw.

Architekturbegriffe

Architrav	Attika	Balkon (Loggia)
Horizontal liegender Balken über Kapitellen	Niedriger Mauerstreifen über dem Hauptgesims einer Fassade	Balkon: offener, nach vorne ragender Anbau Loggia: Innerhalb des Gebäudes liegender, vorne offener Raum

Ballustrade (Brüstung)	Fase	Erker
Profilierte Brüstung an Fenstern, Terrassen, Geländer an Treppen oder auch als Attika	Abgeschrägte Kante an Bauteilen	Nach vorne ragender, ein- oder mehrgeschossiger, geschlossener Vorbau

Hohlkehle	Lisene	Medaillon
Konkaver Abschnitt an Bauteilen	Wandflächen gliedernder Mauerstreifen ohne Kapitell und Basis	Plastisches, reliefartiges und rundes Zierelement

Volute	Wange	Wassernase
Schneckenförmiges Zierelement	Stehende, seitliche Einfassungen von Bauteilen (insbesondere Treppen)	Nach unten stehende, profilierte Tropfkante an Gesimsen sowie an Sohlbänken und Wasserschenkeln an Fenstern

Grundlagen · Werkstoffe Hilfsstoffe · Werkzeuge Geräte, Geräte · Arbeits-techniken · Gestaltung · Arbeitsschutz Umweltschutz · Aufmaß Abrechnung · Betriebsführung · Quellen

Architekturbegriffe (Fortsetzung)

Fries	Gesims	Fassade
Glattes oder plastisches, schmales Zierband an Wänden, Decken und Bodenflächen: (1) Akanthusfries, (2) Anthemion, (3) Laufender Hund, (4) Mäander	Meist horizontales, vorspringendes Bauelement, welches Fassaden zusammen mit Lisenen, Säulen und Pilaster (alle vertikal) gliedert: (1) Sockelgesims, (2) Gurt- oder Stockwerkgesims, (3) Fenstergesims, (4) Kranzgesims, (5) Dachgesims	Hauptansicht eines Gebäudes. Fassadengliederung: (1) Sockel, (2) Quadrierung, (3) Gesims, (4) Säule, Pilaster, Lisene, (5) Fensteröffnungen, (6) Risalit, (7) Giebel, (8) Dach, (9) Dachfenster

Frontispiz (Giebelfeld)	Risalit	Dachfenster
Frontispiz: Dreieckiges Giebelfeld über Türen, Fenster oder Risalit	Risalit: Bauteil, der in ganzer Höhe vor die Gebäudeflucht tritt und meist mit einem Frontispiz oder Segmentgiebel abschließt	(1) Liegendes Dachfenster, (2) Schleppgaube, (3) Gaube, (4) Dacherker

Ortgang	Postament	Quadrierung
Die Dacheindeckung abdeckendes, schmales Brett	Unterbau von Säulen, Pfeilern und Statuen: (1) Basis, (2) Schaft, (3) Gesims	Imitation eines Quadermauerwerks durch malerisches oder plastisches Ausbilden von Steinfugen auf Putz

Bossenwerk, Rustika	Schlussstein	Segmentgiebel
Grob behauenes Quader-Mauerwerk, meist im Erdgeschossbereich	Mittig abschließender, oft vorstehender Stein eines Bogens bei Fenster- und Türöffnungen oder bei Gewölben.	Bogenförmiger Giebel als oberer Abschluss von Fensteröffnungen

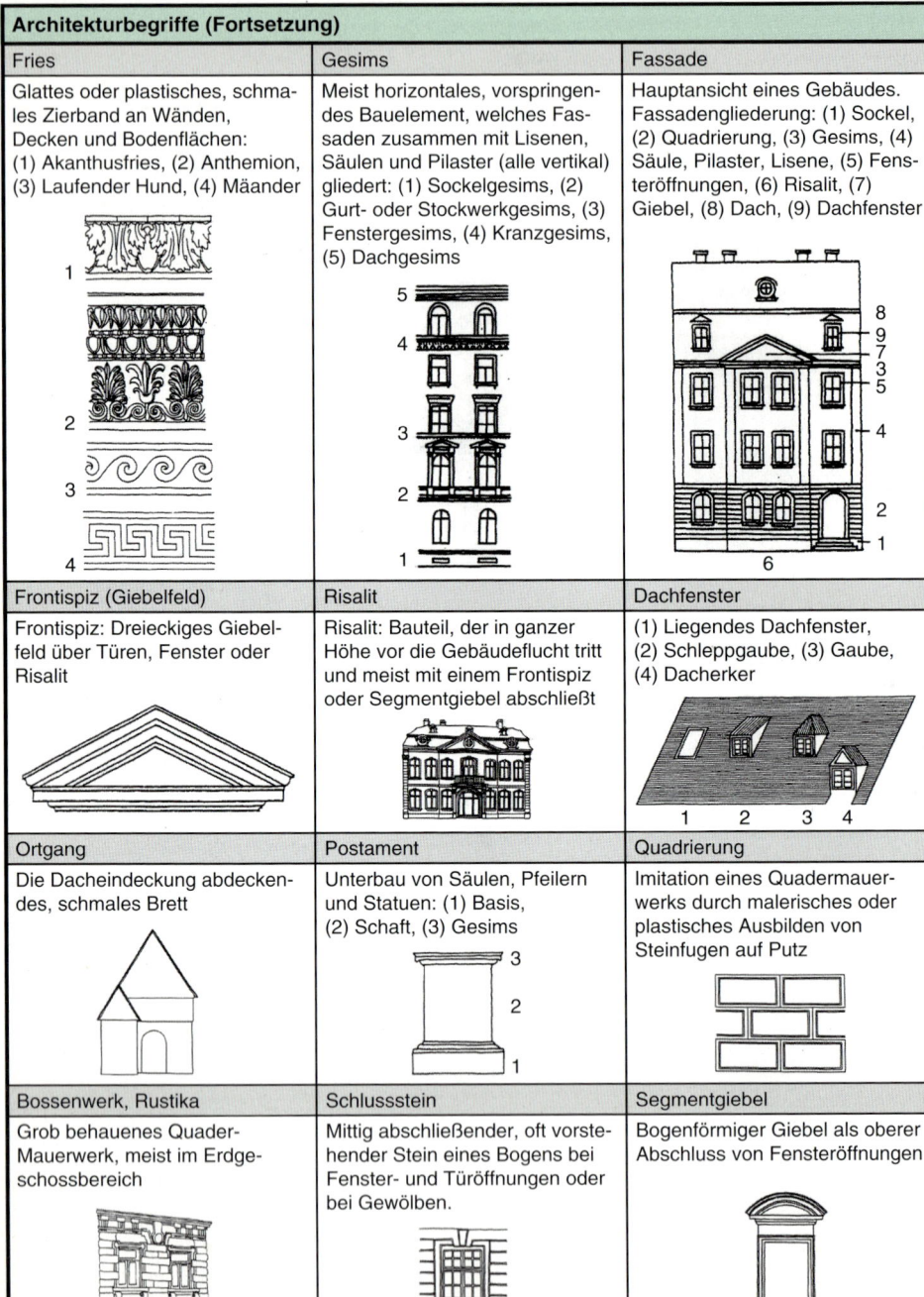

Architekturbegriffe (Fortsetzung)

Fasche und Leibung	Dachformen	Gesprengter Giebel
Fasche: Fenster bzw. Türen einfassender Rahmen in der Ebene der Fassade/Innenwand; Leibung: Seitenfläche einer Tür- oder Fensteröffnung	(1) Mansardgiebeldach, (2) Walmdach, (3) Krüppelwalmdach, (4) Schleppdach, (5) Sheddach, (6) Pultdach, (7) Satteldach, (8) Pyramidendach	Unterbrochener Giebel, Segmentgiebel oder Frontispiz
Sockel	**Stütze**	**Pfeiler**
Oft leicht vorspringendes, unteres Bauteil eines Bauwerks oder Bauteilen (z. B. Säulen)	Freistehendes, stabförmiges und lasttragendes Bauelement: Säule, Pfeiler und Pilaster	Stütze, welche gleichzeitig Teil eines Wandstückes ist, mit viereckigem oder rundem Querschnitt
Säulenformen (klassische)	**Säule**	**Pilaster**
(1) Dorische Säule, (2) Ionische Säule und (3) Korinthische Säule	Stütze bestehend aus (1) Basis, (2) Schaft glatt oder mit Kannelüren (streifenförmige, senkrecht verlaufende Verzierungen) und (3) Kapitell („Säulenkopf")	Flach aus der Wand hervortretender Pfeiler mit Basis, Schaft und Kapitell
Sturz	**Türfutter**	**Türzarge**
Horizontales Bauteil über Fenster und Türen	Die Leibung einer Tür abdeckende Verkleidung	In die Wand eingesetzter Rahmen für die Tür
Unterzug	**Verdachung**	**Verkröpfung**
Träger der Lasten einer Decke (z. B. im Treppenhaus) aufnimmt	Vorspringender Überbau an Fenster/Türen (z. B. Sprenggiebel, Segmentbogen, Frontispiz)	Führung von Gesimsen um vorspringende Bauteile (z. B. Lisenen) herum

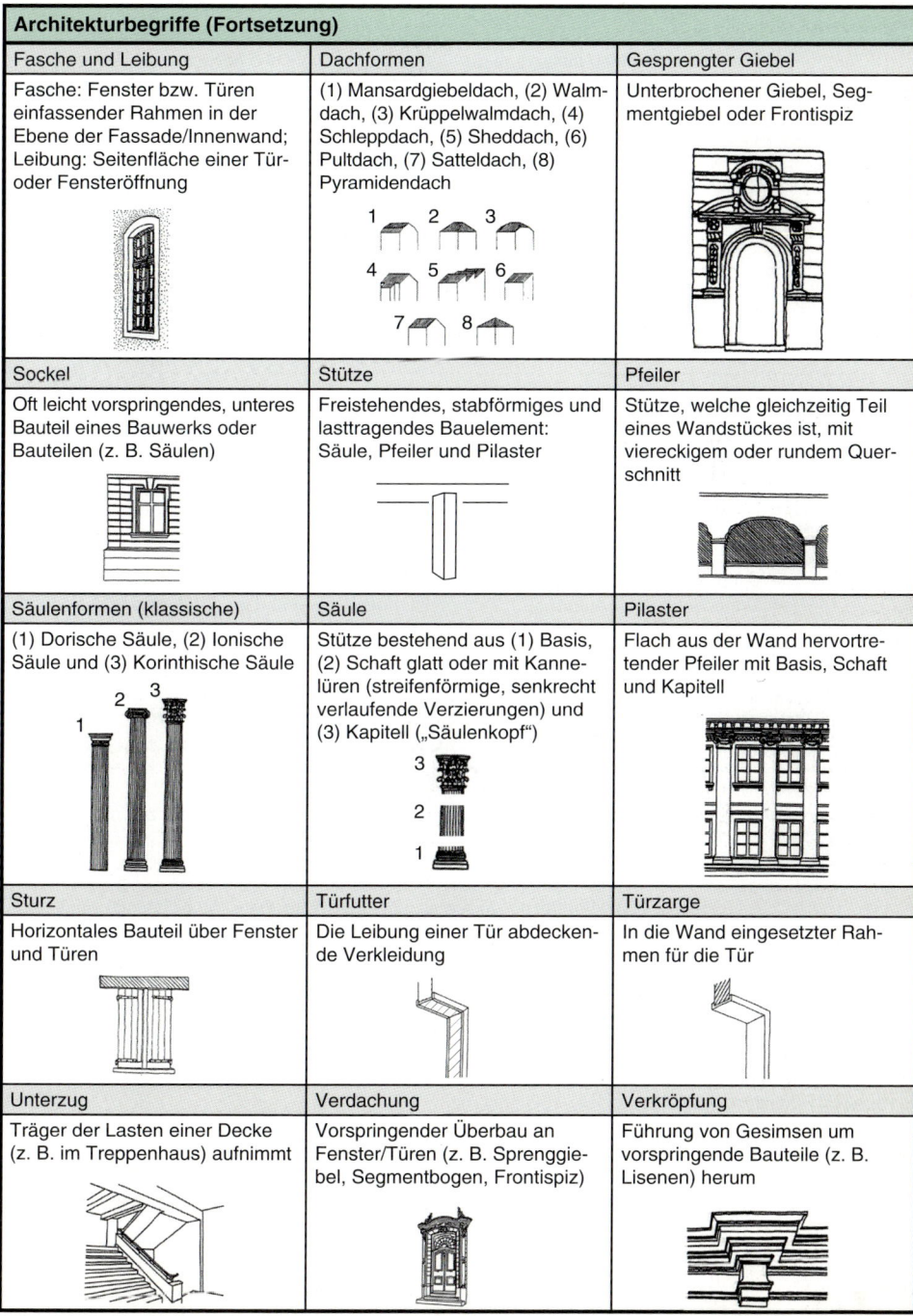

Grundlagen · Werkstoffe Hilfsstoffe · Werkzeuge Geräte, Gerüste · Arbeitstechniken · Gestaltung · Arbeitsschutz Umweltschutz · Aufmaß Abrechnung · Betriebsführung · Quellen

Fassadengestaltung

Beim Beratungsgespräch mit Kunden sollte man deren Gestaltungswünsche erfragen, um dann unter Berücksichtigung örtlicher und technischer Gegebenheiten sowie anerkannter Regeln der Farbenlehre gemeinsam zu einer optimalen Farbgestaltung zu gelangen.

Bestandsaufnahme der zu gestaltenden Fassade

Beurteilungskriterium	Bemerkungen/Fragestellungen
Historische Einordnung des Gebäudes	Dazu sind eingehende Kenntnisse historischer Baustile (postmodern, Historismus, Jugendstil usw.) und deren Architekturdetails nötig. Man sollte sich an den typischen Farben der Entstehungszeit des Gebäudes orientieren.
Gebäudeform, Fassadengliederung, Nutzung des Gebäudes	• Baumassen (groß, klein, gegliedert, kastenförmig usw.) • Anzahl der Geschosse, Gebäudehöhe, Skelettbau, Putzbau, Dachform • Wohnhaus, Geschäftshaus, Industriegebäude usw.
Standort des Gebäudes	Frei stehend, Doppelhaus/Reihenhaus, Wohnblock, Straßenzeile usw.
Behördliche Vorgaben	Besteht eine Gestaltungssatzung, die die Farbwahl einschränkt/vorschreibt?

Farbplanung

Richtfarben	Hauptfarbton (Generalfarbton)	Nebenfarben (Wechselfarben)
Richtfarben sind vorhandene, nicht veränderbare Farbtöne: • Am **Gebäude** (natürliche Farben der Baustoffe: Natursteine oder Fliesen z. B. am Sockel, Farbe der Dacheindeckung, Naturholzfenster usw.) • In **direkter Umgebung** des Gebäudes (Farben der Nachbarhäuser, Bepflanzung usw.)	Der vom Kunden ausgewählte Hauptfarbton nimmt den größten Teil der Fassadenfläche ein. Deshalb sollte er in seiner Farbigkeit/Sättigung nicht zu aufdringlich sein (helle, oder aufgehellte Farbtöne). Bei der Festlegung des Hauptfarbtons müssen die Richtfarben unbedingt berücksichtigt werden!	Nebenfarben werden zur Hervorhebung von Fassadenelementen und -details und damit in **kleinerer Flächengröße** eingesetzt, z. B. Fensterrahmen, Leibungen, Faschen, Stuckgesimse, Schmuckelemente, Balkonbrüstungen, Dachgesimse, Dachuntersichten und Ortgänge.

Farbgestaltung

Die folgenden Regeln besitzen keinen Anspruch auf Allgemeingültigkeit, geben aber doch einige Anhaltspunkte für eine systematische Farbgestaltung.
• Eine monochrome (Ton-in-Ton-)Farbgebung wird im Allgemeinen als angenehm und zurückhaltend empfunden.
• Die Farbrichtungen Gelb, Orange, Rot lassen eine Fassade freundlich und fröhlich wirken. Sie dürfen aber nicht in zu großer Reinheit und nicht zu großem Flächenanteil auftreten, da sie sonst bunt und „billig" wirken. Sie können als Nebenfarben zur Akzentuierung bestimmter Bereiche eingesetzt werden.

Was man auch beachten sollte:
• Zurückliegende Flächen, die weniger Licht erhalten (Loggien, Balkonnischen), in hellen Farbtönen.
• Vorspringende Bauteile (Erker usw.) dürfen dunkler als die übrige Fassadenfläche gehalten werden.
• An Außenecken sollte kein Farbtonwechsel stattfinden.
• Stuck sollte immer hell gestrichen werden, damit er seine Licht- und Schattenwirkung entfalten kann.
• Zu geringe Farbtonunterschiede lassen eine Fassade von Ferne „verwaschen" aussehen.
• Dunkle Farbtöne führen zu einer starken Aufheizung der Fassade und können Spannungen und Risse im Putz zur Folge haben.
• Sockelfarben dunkler als der Fassadenfarbton, um die Standfestigkeit optisch zu betonen.
• Eng zusammenstehende Gebäude sollten in hellen Farbtönen gestaltet werden, damit sie durch die Fenster mehr Licht in Räume abstrahlen können.
• Aneinander gereihte, formverbundene Gebäude (Doppelhäuser/Reihenhäuser) sollten auch durch die Farbgebung verbunden werden.
• Hohe Gebäude können durch eine nach oben stufenweise zunehmende Helligkeit von blauen und blau-grauen Farbtönen in ihrer Höhe optisch gemildert werden.
• Gebäude innerhalb einer Straßenzeile sollten ein harmonisches Gesamtbild bieten.

Farb- und Materialplan

Ein Farbgestaltungsvorschlag kann sowohl mit Hilfe eines PC-Programms, als auch in Form einer kolorierten Handzeichnung erstellt werden. Darüber hinaus gibt ein Farb- und Materialplan dem Kunden einen schnellen Überblick über das Zusammenwirken der einzelnen Farbtöne. Beim **Farb- und Materialplan** werden den Bauteilen entsprechend ihrer ungefähren Größe (Proportionen) die geplanten Farbtöne mit Hilfe von Farbtonkarten oder Aufstrichen zugeordnet. Die Materialangaben informieren über vorhandene Oberflächenstrukturen.

Bauteil, Werkstoff	Hauptfarbe/Richtfarben (Farbtonkarte einkleben)	Nebenfarben
Dach:		
Dachrinne		
Fassade		Gesims
		Fenster
		Leibung
		Fasche
Sockel		

Abstimmung der Nebenfarben

Baudetails wie Fenster, Türen, Fensterleibungen und -faschen, Fensterläden, Brüstungen, Lisenen, Stuckgesimse, Dachrinnen, Fallrohre, Geländer u. a. dürfen sich durch kräftigere Farbtöne von der übrigen Fassade deutlich abheben: **Je kleiner die Fläche, desto kräftiger darf der Farbton sein.**
Die nach speziellen Farbtonsystemen erstellten Farbtonkarten der Farbenhersteller leisten gute Dienste bei der Auswahl und Abstimmung von Haupt- und Nebenfarben aufeinander (siehe Farbplan, oben).

Historische Farben (Auswahl einiger typischer Farbtöne)

Jahrhundertwende, Jugendstil	Klassizismus	Barock

Fachwerkfarben

Niedersächsisches Fachwerk	Fränkisches Fachwerk	Alemannisches Fachwerk

Raumgestaltung

Checkliste für die Innenraumgestaltung (zur Erfassung der Kundenwünsche)

Nutzung des Raumes		Lage und Belichtung des Raumes/Helligkeit			
Wohnen, Schlafen, Kochen, Kind, Arbeiten usw.		Norden		Osten	
		Süden		Westen	
Im Raum vorhandene Farben und Materialien die für die Farbgestaltung bindend sind.		Gewünschte Raumatmosphäre			
		Hell, heiter		Warm, dunkel,	
Fußboden		Behaglich, ruhig		Natürlich	
Wände		Elegant, kühl		Modisch	
Decke		Bevorzugte Farben und Farbtöne			
Möbel		Farben:			
Dekorationen		Dezent		Hell	
		Kraftvoll		Dunkel	
Sonstige Wünsche:		Welche Farben auf keinen Fall:			

Grundlagen · Werkstoffe Hilfsstoffe · Werkzeuge Geräte, Gerüste · Arbeitstechniken · Gestaltung · Arbeitsschutz Umweltschutz · Aufmaß Abrechnung · Betriebsführung · Quellen

Grundlagen

Werkstoffe Hilfsstoffe

Werkzeuge Geräte, Geräte

Arbeits- techniken

Gestaltung

Arbeitsschutz Umweltschutz

Aufmaß Abrechnung

Betriebs- führung

Quellen

Raumgestaltung: Farb- und Werkstoffplan

Mit Hilfe einer einfachen perspektivischen Raumdarstellung lassen sich schnell aussagefähige Gestaltungsvorschläge für Wohnräume erstellen. Um dem Kunden ein anschauliches Bild zu vermitteln, können auf die Decken-, Wand- und Bodenflächen Original-Farbtonmuster und Materialproben aufgeklebt werden. Rechts können die Farben der Dekorationen und links der/die Möbelfarbtöne aufgeklebt oder aufgetragen werden.

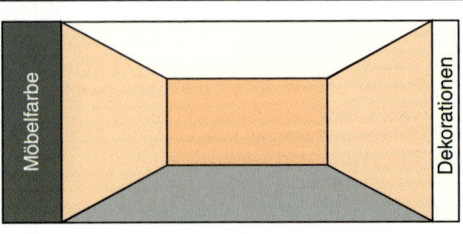

Allgemeine Gestaltungsregeln

Bei der Auswahl von Farbtönen für Wohnräume müssen die Farben der im Raum vorhandenen Einrichtungsgegenstände und deren Stil (Möbel, Dekorationen, ggf. auch Kunstwerke) berücksichtigt werden. Beim Einsatz von sehr modischen Farbtönen muss auf einen farblichen Ausgleich geachtet werden!

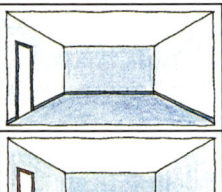 **Ton-in-Ton:** Die vom Kunden gewünschte Hauptfarbe kann in mehreren unterschiedlichen Helligkeits- und Reinheitsstufen miteinander kombiniert werden. Dabei ist ein ausreichender Hell-Dunkel-Kontrast mit einem flächenmäßigen Ausgleich zwischen größeren hellen und kleineren dunklen Flächen wichtig. **Es entsteht ein ruhiger, ausgeglichener, vornehmer Gesamteindruck.**

 **Ton-in-Ton mit komplementärem Akzent:** Zum gewählten Hauptfarbton wird die im Farbkreis gegenüberliegende Komplementärfarbe in geringer Flächengröße als Akzent gesetzt. Dadurch erhält die ausgeglichene Ton-in-Ton-Gestaltung mehr Spannung, ohne übertrieben bunt zu wirken. Je größer der Sättigungsgrad der Akzentfarbe desto aktiver wirkt der Raum.

Nachbarfarben: Zwei bis drei im Farbkreis benachbarte Farbtöne zusammen, ergeben eine **spannungsvollere, aber nicht aufdringliche Farbstimmung**. Die verschiedenen Farbtöne sollten sowohl in unterschiedlicher Helligkeit als auch Reinheit eingesetzt werden. Auch hier gilt: Zurückhaltende Farbtöne in größerer, kräftige Farbtöne in geringerer Flächengröße einsetzen.

Einfluss von Farben auf die Raumatmosphäre

Die Raumatmosphäre lässt sich planen. Bei der Kundenberatung sollten Lebensstil, Charakterzüge und Vorlieben der Bewohner besprochen und bei der Farbtonwahl berücksichtigt werden.
Je nach Einsatz der Farben kann ein Raum freundlich, warm, gemütlich, kühl, sachlich, anregend, heiter, folkloristisch usw. wirken. Bei der Beurteilung von Wandflächen spielen auch die Materialien und Oberflächenstrukturen/Texturen sowie die Beleuchtung eine Rolle.

Gemütlich	Sonnig, heiter	Sachlich, kühl, modern

Warme Beige- und Brauntöne werden von vielen Menschen als gemütlich empfunden.	Farben aus den Bereichen Gelb, Gelborange, kombiniert mit Weiß, ergeben freundliche Räume.	Weiß in Verbindung mit Grau- und Blaugrüntönen ergeben eine nüchterne, sachliche Stimmung.

Stilkunde

Romanik etwa (800) 1000 bis 1250

Baustil
- Rundbögen an kleinen Fenstern, niedrigen Portalen und Galerien
- Wuchtige, massig u. dunkel wirkende Bauweise
- Einfache, schmucklose Fassaden
- Säulen mit einfachen Würfelkapitellen
- Tonnen- und Kreuzgewölbe
- Strenge, geometrische Gliederung

Möbelstil
- Schränke nur in Sakristeien zur Aufbewahrung der Messgewänder, meist giebelförmig
- Sonst nur Truhen
- Derbe Zimmermannskonstruktionen
- Die meisten Holzverbindungen noch unbekannt
- Brettflächen oft durch ausgeschmiedete Bänder zusammengehalten

Gotik etwa 1250 bis 1520

Baustil
- Spitzbogen in Verbindung mit Strebepfeilern (Skelettbauweise)
- Wand wird in einzelne Pfeiler aufgelöst
- Viele hohe Fenster, lichtdurchflutete Räume
- Säulen hoch und schlank
- Kreuzrippen- und Netzgewölbe
- Die Senkrechte stark betonend

Möbelstil
- Zweigeschossige Schränke (zwei übereinander gestellte Truhen) mit vorspringendem Sockel
- Fast alle Standardholzkonstruktionen und Holzverbindungen
- Maßwerk und Faltwerk als Dekor
- Trapezförmig ausgeschmiedete Schlossplatten und lang ausgezogene Scharnierbänder

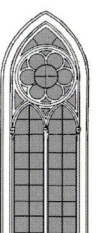

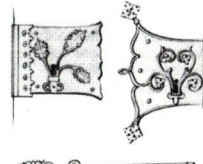
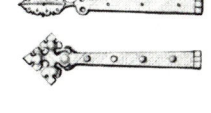

Vorformen **Tapeten**: In der Regel fein gegerbtes Leder bzw. gespannte Teppiche / Stoffe

Grundlagen

Werkstoffe
Hilfsstoffe

Werkzeuge
Geräte, Gerüste

Arbeitstechniken

Gestaltung

Arbeitsschutz
Umweltschutz

Aufmaß
Abrechnung

Betriebsführung

Quellen

Stilkunde (Fortsetzung)

Renaissance etwa 1520 bis 1650

Baustil
- Antike als Vorbild (Wiedergeburt)
- Klare, die Waagerechte betonende Fassaden
- Im unteren Schaft geteilte Säulen, die auf einem quaderförmigen Sockel stehen und sich auf das Geschoss beschränken
- Kuppelbauten

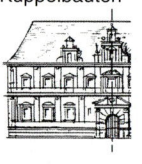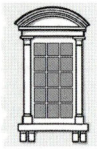

Möbelstil
- Schrank bleibt zweigeschossig
- Front wie Palastfassade gebaut
- Ganze Raumbilder perspektivisch in Intarsien umgesetzt
- Rahmenkonstruktion vorherrschend
- Medaillonschnitzerei beliebt

Tapeten / Wandbekleidung
- Wände mit Stoffen und verziertem Leder geschmückt
- Streng symmetrische Ornamente mit floralen Elementen in schweren Farben

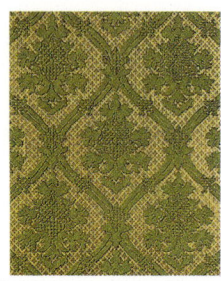

Barock etwa 1650 bis 1800 und Rokoko (Spätform des Barock, etwa 1730 bis 1780)

Baustil
- Bewegte, geschwungene Formen
- Säulen reichen über das Geschoss hinaus
- Prunkvolle Fassaden, Repräsentation als wichtigstes Gestaltungsprinzip
- Belebung des Innenraums durch Stuck, Farbe
- Kuppelbauten

Im Rokoko kommen noch schwungvollere Linien, buntere Ornamente und als Verzierung Muschelwerke (Rocaille) hinzu.

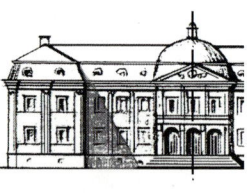

Möbelstil
- Repräsentationsschrank (bis 3 m Höhe), eingeschossig, stark profiliertes Kranzgesims

Klare Betonung der Symmetrie
- Füße in meist abgeplatteter Kugelform
- Gewundene Säulen

- Im Rokoko überwiegt die geschwungene Form
- Beliebtes, unsymmetrisches Ornament: Muschelwerksdekor

Tapeten / Wandbekleidung
Barock:
- Prunkvolle, lebendige Ornamente
- Geschwungene und gewölbte Dekor-Elemente

Rokoko:
- Verfeinerter „Salon-Stil"
- Asymmetrisches Muschelmotiv
- Freundliche Pastelltöne

Stilkunde (Fortsetzung)

Klassizismus etwa 1800 bis 1850 (Biedermeier etwa 1816 bis 1848)

Baustil	**Möbelstil**	**Tapeten / Wandbekleidung**
• Durch Ausgrabungen u. a. der Römerstadt und Pompeji antike Modewelle mit ruhigen, strengen Formen • Reiche Verwendung von Säulen und Giebeldreiecken, Kuppeln, Kolonaden und Ballustraden • Klassisch, streng gegliedert, klar in der Form	Man unterscheidet drei Entwicklungsphasen des Dekors: • Zopfstil (in Frankreich): Girlanden, Eier- und Perlstäbe • Empire, Regency (England): Palmetten, Lanzen, Rutenbündel (römische Siegeszeichen), Sphinxen • Biedermeier: Dekoratives Furnierbild, klare Form, bequem und zweckmäßig	Klassizismus: • Geradlinige, antike Formen • Herrschaftssymbole wie Kränze, Fackeln, Säulen

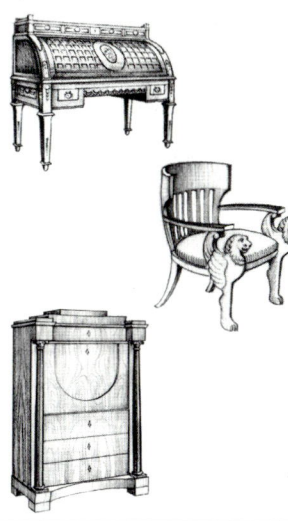

Biedermeier:
• Freundliche Muster, Farben
• Kränze, Schleifen, Streublümchen durch senkrechte Schmuckstreifen gegliedert

Historismus und Eklektizismus etwa 1850 bis 1900

Baustil
• Stilreine Nachahmung verschiedener historischer Baustile (ein Stil durchgängig an einem Gebäude)
• Nach 1871: Gründerzeit
• Neuromanisch und neugotisch meist für Kirchen, Neurenaissance für Rathäuser, Theater, Museen
• Fertigstellung auch unvollendeter gotischer Bauwerke (z. B. der Dom zu Köln und das Münster zu Ulm)
• Eklektizismus: Mischung mehrerer Baustile an einem Gebäude (jedes Baudetail in einer anderen als „passend" empfundenen Stilform)

Grundlagen

Werkstoffe Hilfsstoffe

Werkzeuge Geräte, Gerüste

Arbeits- techniken

Gestaltung

Arbeitsschutz Umweltschutz

Aufmaß Abrechnung

Betriebs- führung

Quellen

Stilkunde (Fortsetzung)

Jugendstil etwa 1890 bis 1910

Baustil	Möbelstil	Tapeten / Wandbekleidung
• Historische Stilformen wurden als unzeitgemäß angesehen; Versuch, Neues zu erfinden • Unkonventionelle Anordnung heller Räume • Dekor: Stilisierte Abb. v. Schwänen, Kranichen, Wasserpflanzen, Lilien, Magnolien, Flammen, usw. • Geschwungene Linien für Fassaden, Türen, usw.	• Alle Dinge des täglichen Lebens einbezogen, wie Möbel, Tapeten, Besteck, Kleidung • Frankreich: vegetative Formen; England/Schottland: strenges Design; Deutschland: beides • Rückbesinnung auf kreative, handwerkliche Fähigkeiten, u. a. auch als Protest gegen Industrialisierung	• Florale Ornamentik

 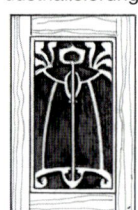  

Moderne (20. Jahrhundert)

• Zweckbauten: Die Funktion bestimmt die Form
• Durch Stahlbeton- und Stahlbau freiere Gestaltungsmöglichkeiten („Wolkenkratzer" in Skelettbauweise), Betonung des Materials

Bauhaus (1919 durch Walter Gropius in Weimar gegründet, 1924 Dessau)

Baustil	Möbelstil	Tapeten / Wandbekleidung
• Synthese aus Funktion, Konstruktion und Werkstoff • Klare, kubische, rechtwinklige Gebäudeblöcke	• Zweckmäßige, klare Formen • Ähnliche Entwicklungen in anderen Ländern, z. B. Holland „de Stijl"	• Industrielles, schlichtes Design • Funktionelle, geometrische Formen

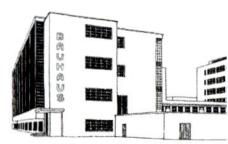 

Postmoderne (letztes Drittel des 20. Jahrhunderts)

Baustil	Möbelstil	Tapeten/Wandbekleidung
• Anlehnung an den Klassizismus, Futurismus • Verzierungen aller Stilepochen	• Weiche Linienführung	• 60er/70er Jahre: knallige Farben, einfache geometrische Formen • 80er Jahre: reine Farben, freie Formen • Ende des 20. Jh.: dezente, unaufdringliche Tapeten, edle Oberflächen

Historische Fachwerkstile

Niederdeutsch (sächsisch)	Mitteldeutsch (fränkisch)	Oberdeutsch (alemannisch)
Mittelalter bis 1470 (Fachwerkgefüge durch Standsicherheitsmaßnahmen geprägt)		
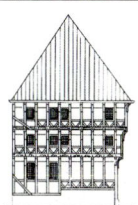 Rathaus Halberstadt, 1461 • Ständerstellung eng • Ordnung senkrecht	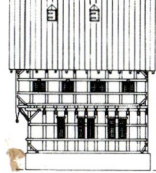 Haus in Kobern, 1320 • Dreiseitig auskragend	 Rathaus Esslingen, 1430 • Ständerstellung weit • Doppeltes Rähm
Übergangszeit 1470 bis 1550		
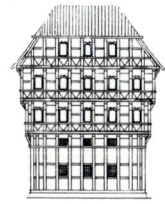 Alte Waage Braunschweig, 1534 • Ordnung senkrecht	 Haus in Büdingen, um 1500 • Charakteristisch: krumme Hölzer	 Rathaus Markgröningen, 15./16. Jahrhundert • Ständerstellung enger
Renaissance 1550 bis 1650 (Übernahme von Formen des Steinbaus, Benutzung der „Mann-Figur")		
 Stiftsherrenhaus Hameln, 1558 • Große Fensterflächen • Organische Schmuckmotive	 Haus in Osterspai, 1579 • Mannfigur • „Malerisches" Fachwerk	 Haus in Moosbach, 1589 • Mannfigur • Fränkischer Einfluss
Barock 1650 bis 1750 (Zierhölzer ohne bautechnische Bedeutung, Vereinfachung folgt)		
 „Wehlburg" im Freilichtmuseum Cloppenburg, 1750 • Ordnung senkrecht	 Haus in Vallendar, 1598 • Schalgesimse, Schweifgiebel, Fenstererker	 Haus in Ebermannstadt, Ende des 18. Jahrhunderts • Üppiges Dekor

Grundlagen

Werkstoffe Hilfsstoffe

Werkzeuge Geräte, Gerüste

Arbeits- techniken

Gestaltung

Arbeitsschutz Umweltschutz

Aufmaß Abrechnung

Betriebs- führung

Quellen

Ornamentformen

Ornamente[1] können folgendermaßen hervorgerufen werden:
- Nach den Gesetzen von Rhythmus, Regelmäßigkeit und Symmetrie werden Punkte und Linien gereiht und verbunden, geometrische Figuren gebildet usw.
- Es werden Dinge wiedergegeben, z. B. Tiere, Pflanzen, Wolken usw.

Bänder

Definition, Form:	Verwendung:	Motive:
• Säumende, einfassende, streifenartige Verzierungen • Keine Begrenzung in Längsrichtung	• Umrahmungs- und Trennungsglieder von Decken-, Wand- und Bodenfeldern usw.	• Geometrische Formen • Organische Formen • Pflanzliche Formen

Beispiele:

Mäander • Spezifisch griechisches Ornament • Rechtwinkliges Abbiegen seiner Linienzüge, Quadratnetz	Blumenbänder, Rosettenbänder • Assyrischer und indischer Stil, antike Vasenmalerei, Renaissance usw.	Blatt- und Rankenbänder • Beblätterter Stängel mit Blumen, Früchten usw. • In allen Stilen zahlreich
	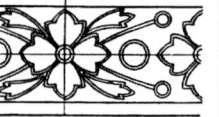	
Gestreckter Mäander	Indische Emailbordüre	Griechische Architekturfriese

Begrenztes Flachornament (Füllungen)

Definition, Form:	Verwendung:	Motive:
• Verzierung, welche eine Fläche (begrenzten Raum) schmückt bzw. überzieht • Quadrat, Kreis, Rechteck usw.	• Malerei • Einlegearbeit • Gravuren • Flachrelief usw.	• Geometrische Formen • Natürliche Formen • Künstliche Formen

Beispiele:

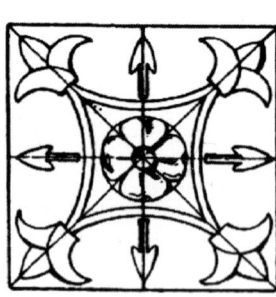		
Römisches Flachrelief	Romanisches Ornament	Füllungsornament, Deutsche Renaissance

[1] Die Bezeichnungen Ornament, Ornamentik, ornamental usw. sind von dem lateinischen Zeitwort ornare (schmücken) abzuleiten.

Ornamentformen (Fortsetzung)

Unbegrenztes Flachornament

Definition, Form:	Verwendung:	Motive:
• Auf allen Seiten beliebig ausdehnbare Ornamente • Muster lassen stets eine Wiederholung zu	• Parkettmuster • Mosaikmuster • Wandmalereimuster • Fliesenmuster u. v. a.	• Rein geometrische Formen • Rein organische Formen • Geometrische und organische Formen vereint

Beispiele:

Modernes Parkettmuster

Arabische Mosaikarbeit

Stoffmuster, dt. Renaissance

Wandmalerei, Palazzo del Podesta, Florenz, 14. Jh.

Altägyptisches Mäanderflächenschema

Arabische Malerei aus der Moschee Kaitbay

Ornamente der Stilepochen und Hochkulturen

Altertum

1.

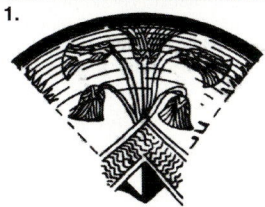

2.

3.

4.

1. **Ägyptisch:** Papyrusornament auf einer Figurenschale im Britischen Museum
2. **Griechisch:** Terrakotten aus Olympia
3. **Römisch:** Fragment eines Bronzekandelabers aus Neapel
4. **Keltisch-germanisch:** Gürtelschnalle, Museum von Cluny

Grundlagen

Werkstoffe Hilfsstoffe

Werkzeuge Geräte, Gerüste

Arbeits- techniken

Gestaltung

Arbeitsschutz Umweltschutz

Aufmaß Abrechnung

Betriebs- führung

Quellen

Ornamente der Stilepochen und Hochkulturen (Fortsetzung)

Mittelalter

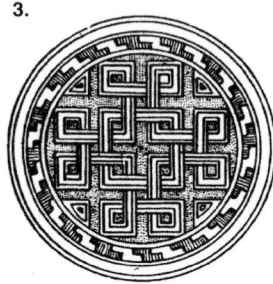

1. **Germanisch-altchristlich:** doppeltes Kreisgeflecht aus Ventimiglia (longobardisch, Italien)
2. **Keltisch:** Ornament vom Sockel eines Kreuzes an der Kirche von St. Vigean, Angusshire
3. **Byzantinisch:** Marmormosaik

Romanik (etwa 9. bis 13. Jahrhundert)

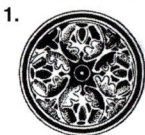

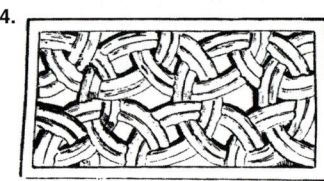

1. **Deutschland:** Schmelztafel vom Ursulaschrein in Köln, Arbeit des Fredericus, 1170
2. **Italien:** Mosaik aus Santa Maria Nuova in Monreale
3. **Frankreich:** Verglasung aus farblosem Glas, Kirche zu Bonlieu
4. **Skandinavien:** Ornament von einem Taufstein, Museum von Stockholm

1. **Russisch:** aus einem Psalterium
2. **Arabisch:** Mosaikmuster, 16. Jahrhundert
3. **Maurisch:** Dekorationsdetail aus der Alhambra
4. **Persisch:** Bordüre einer Wandverkleidung aus Fayence
5. **Indisch:** Verzierung von tauschierten Metallarbeiten

Ornamente der Stilepochen und Hochkulturen (Fortsetzung)

Gotik (etwa 13. bis 16. Jahrhundert)

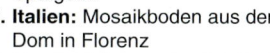

1. **Deutschland:** Ornament in flachem Holzrelief in Galeriebrüstungen eines Hauses am Hauptmarkt in Nürnberg, Spätgotik
2. **Italien:** Mosaikboden aus dem Dom in Florenz
3. **Frankreich:** aus der Sakristei der Kathedrale von Clermont
4. **England:** Gebrannte Tonfliese, 14. Jahrhundert

1. **Chinesisch:** Stilisierter Schmetterling von einer antiken Porzellanplatte
2. **Japanisch:** Teppichmuster

Neuzeit

Renaissance (etwa 16. bis 17. Jahrhundert)

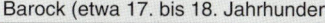

1. **Deutschland:** Spitzenmuster
2. **Italien:** Flachrelief einer Grabplatte in Santa Maria del Popolo
3. **Frankreich:** keramische Bodenfliese
4. **Skandinavien:** norwegisches Holzornament, 17. Jahrhundert

Barock (etwa 17. bis 18. Jahrhundert)

1. **Deutschland:** Stoffmuster, Ende des 17. Jahrhunderts, pfälzisches Gewerbemuseum zu Kaiserslautern
2. **Italien:** venetianischer Spitzenkragen
3. **Frankreich:** Stoffmuster

Grundlagen
Werkstoffe Hilfsstoffe
Werkzeuge Geräte, Gerüste
Arbeits- techniken
Gestaltung
Arbeitsschutz Umweltschutz
Aufmaß Abrechnung
Betriebs- führung
Quellen

Ornamente der Stilepochen und Hochkulturen (Fortsetzung)

Rokoko (etwa Ende 18. Jahrhundert)

1. **Deutschland:** Dose nach J. L. Wüst, Augsburg 1730
2. **Frankreich:** Schmuckgegenstand
3. **England:** Glastür

Klassizismus (etwa Anfang 19. Jahrhundert)

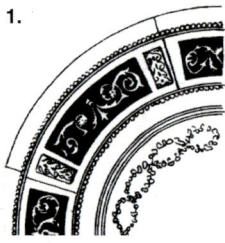

Zopfstilornamente:
1. **Deutschland:** Deckenmalerei eines runden Kabinetts
2. **Frankreich:** Kleid aus gestickter Seide
Empireornamente:
3. **Deutschland:** Diadem und Kamm
4. **Frankreich:** Möbelbeschlag

Moderne Ornamente in Deutschland

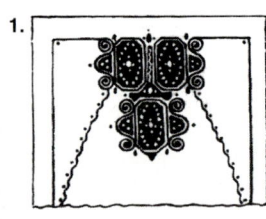

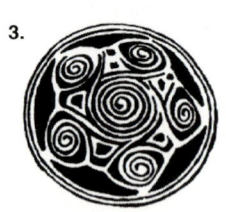

1. **Dekorative Malerei,** J. Basseches-Burgwart, Berlin
2. **Glasmalerei** der Altarnische des Betsaales im Auguststift von Cottbus, entworfen von Maler Neuhaus in Berlin
3. **Kaffeeservice,** vom Architekten von Tettau

Grundlagen · **Werkstoffe Hilfsstoffe** · **Werkzeuge Geräte, Geräste** · **Arbeitstechniken** · **Gestaltung** · **Arbeitsschutz Umweltschutz** · **Aufmaß Abrechnung** · **Betriebsführung** · **Quellen**

Wappenbestandteile · Wappenschild · Farbgebung **245**

Grundlagen

Werkstoffe Hilfsstoffe

Werkzeuge Geräte, Gerüste

Arbeits-techniken

Gestaltung

Arbeitsschutz Umweltschutz

Aufmaß Abrechnung

Betriebs-führung

Quellen

Heraldik

Heraldik ist die Lehre von den Wappen (Waffen).

Das Wort Heraldik leitet sich von „Herold" ab. Die Herolde des Mittelalters fungierten als Boten und Organisatoren von Zeremonien und Turnieren. Bei der Ausübung ihrer Tätigkeit wurden sie mit der Zeit zu Experten der Wappenkunst, so dass diese nach ihnen „Heraldik" genannt wurde.

Wichtige Bestandteile eines Familienwappens:

1. Helmzier (Helmkleinod):
- Nahm ursprünglich gewünschte Figuren auf, die im Schild keinen Platz mehr hatten
- In der grafischen Gestaltung wird die Helmzier plastisch, d. h. mit Schatten, gezeichnet

2. Helmwulst (Helmkrone):
- Dient als Übergang zwischen Helm und Helmdecke, nicht zwingend vorhanden

3. Helmdecke:
- Wurde von den Rittern als Sonnenschutz am Helm befestigt
- Darstellung stark stilisiert, z. B. als Laubwerk

4. Helm:
- Topf- oder Kübelhelm (13. Jahrhundert), Stechhelm (14. Jahrhundert) (bürgerliche Wappen)
- Spangenhelm, Bügelhelm (adelige Wappen)

5. Schild:
- Enthält die Schildfiguren („gemeine Figuren", Herolds-stücke)
- Darstellung von Schild und seinem Inhalt nicht plastisch, d. h. ohne Schatten

Der Wappenschild[1)]

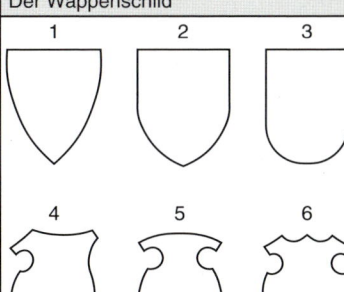

Formen
1. Dreiecksschild (12./13. Jahrhundert)
2. Dreiecksschild (15. Jahrhundert)
3. Halbrundschild (15. Jahrhundert)
4. Tartsche (16. Jahrhundert)
5. Renaissanceschild
6. Renaissanceschild

Farbgebung

- Heraldische Farben werden als „Tinkturen" bezeichnet, enthalten keine Farbnuancen (Mischungen).
- Rot, Blau, Grün und Schwarz, später auch Purpur, Aschgrau, Braun und Eisenfarbe
- Metalle: Gelb steht für Gold, Weiß für Silber.
- Nicht erlaubt: Metall auf Metall oder Farbe auf Farbe (dürfen nicht aneinander grenzen)
- Farbe und Metall sollen im Wechsel zueinander stehen.
- Farben können Wappen unterscheiden (bei sonst identischen Wappen).
- Gemeine Figuren, z. B. Menschen, Tiere, Pflanzen, Werkzeuge, werden auch in anderen Farben (Hautfarbe usw.) dargestellt.

[1)] Ausnahmen zu den aufgeführten Regeln sind möglich.

Heraldik (Fortsetzung)

Heroldsbilder
Aus den Kombinationen von Farben und Metallen resultieren immer neue Variationen. Beispiele:

1. gespalten	6. Sparren
2. geteilt	7. Andreaskreuz
3. geviert	8. Schildhaupt
4. Bord	9. Schrägbalken
5. schräglinksgeteilt	10. Pfahl

Schildfiguren
„Gemeine Figuren" sind Abbildungen aus dem natürlichen Umfeld, z. B. Menschen, Tiere, Pflanzen, Gegenstände, Bauwerke, Werkzeuge usw., keine modernen Dinge wie Autos o. ä. Neben dem Adler zählt der Löwe zu den populärsten Wappentieren. Tierfiguren sollten in den heraldischen Grundfarben und Stilisierungen ausgeführt sein.
Menschliche Artefakte und Produkte, z. B. Werkzeuge, Bauten, Lebensmittel, charakterisieren z. B. Berufsgruppen.

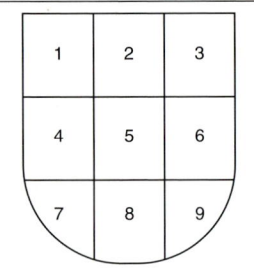

1. die Schumacher	4. Eberbach
2. die Brauer	5. Rudersberg
3. die Bäcker von Augsburg	6. Rüdenhausen

Blasonierung
Das Feld eines Wappenschildes gliedert sich in „Plätze". Dieses Grundraster erlaubt eine wappenkundliche Beschreibung und Klassifizierung (Blasonierung).
Wappen werden aus Trägersicht analysiert, daher sind rechts und links in den Beschreibungen vertauscht.
Lesart A: 1. rechtes Obereck, 2. Ort/Hauptstelle, 3. linkes Obereck, 5. Herzstelle, 7. rechtes Untereck, 9. linkes Untereck.
Lesart B (Plätze in Horizontal- und Vertikalrichtung): 1. bis 3. Schildhaupt, 7. bis 9. Schildfuß, 2. bis 8. Pfahlstelle, 4. bis 6. Balkenstelle, 1. bis 7. rechte Flanke, 3. bis 9. linke Flanke.

Piktogramme/Bildzeichen (Beispiele: Darstellung des Leistungsspektrums des Malerhandwerks)

Tapezierung

Teppichverlegung

Schwerer Korrosionsschutz

Spritzlackierung

Schriftgestaltung

Farbgestaltung

Sicherheitszeichen (Auswahl)				BGV A8, DIN 4844
Verbotszeichen				

Rauchen verboten	Feuer, offenes Licht u. Rauchen verboten	Abblasen mit Pressluft verboten	Kehren mit dem Besen verboten	Für Flurförder- zeuge verboten
Verbotszeichen				

Berühren verboten	Nichts abstellen oder lagern	Zutritt für Unbe- fugte verboten	Mit Wasser lö- schen verboten	Verbot, nur mit Zusatz einsetzbar
Gebotszeichen				

Nur mit Staubsau- ger reinigen	Augenschutz tragen	Schutzhelm tragen	Gehörschutz tragen	Atemschutz tragen
Warnzeichen				

Warnung vor feuer- gefährlichen Stoffen	Warnung vor ätzenden Stoffen	Warnung vor giftigen Stoffen	Warnung vor Laserstrahl	Warng. vor explosi- onsgefährl. Stoffen
Warnzeichen				

Warnung vor einer Gefahrstelle	Warnung vor Flurförderzeugen	Warnung vor schwebender Last	Warnung vor Quetschgefahr	Warnung vor Ab- sturzgefahr
Rettungszeichen				
			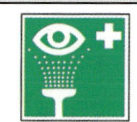	
Richtungsangabe für Erste Hilfe	Erste Hilfe	Rettungsweg durch Ausgang	Augenspül- einrichtung	Krankentrage
Allgemeine Gefahrenkenn- zeichnung durch Streifen:				

Grundlagen

Werkstoffe Hilfsstoffe

Werkzeuge Geräte, Geräte

Arbeits- techniken

Gestaltung

Arbeitsschutz Umweltschutz

Aufmaß Abrechnung

Betriebs- führung

Quellen

Gefahrensymbole zur Kennzeichnung gefährlicher Stoffe

Symbol	Explosions-gefährlich	Brandfördernd	Leicht entzündlich	Hoch-entzündlich	Ätzend
Kennbuchstabe	E	O	F	F+	C
Hinweise auf R-Sätze	R2 R3	R8 R9 R11	R11 R12 R13 R15 R17	R12	R34 R35
Beispiele	Staub-Luft-Gemische, Lösemittel-Luft-Gemische	Wasserstoff-peroxid (ab 60 %)	Löse- und Verdünnungs-mittel für Lacke	Verdünnungs-mittel für Lacke, schnelltrocknen-de Klebstoffe	Wasserstoff-peroxidlösun-gen, Säuren, Laugen
Symbol	Giftig	Sehr giftig	Gesundheits-schädlich	Reizend	Umwelt-gefährlich
Kennbuchstabe	T	T+	Xn	Xi	N
Hinweise auf R-Sätze	R23 R24 R25 R39 R48	R26 R27 R28 R39	R20 R21 R22 R40 R42 R48	R26 R37 R38 R41 R43	
Beispiele	Versiegelungs-lacke mit ei-nem Methanol-anteil > 20 %	Quecksilber, Lindan, Labor-chemikalien	Lösemittel wie Toluol, Xylol, Montage-schäume	Isocyanate, Styrol, Salmiak, Formaldehyd-dämpfe	Wasserlacke, Lacke, Holz-schutzmittel, Säure, Laugen

R-Sätze – Hinweise auf besondere Gefahren nach Gefahrstoffverordnung (Auswahl)

R-Satz	Bedeutung	R-Satz	Bedeutung
R 1	Im trockenen Zustand explosionsge-fährlich	R 20	Gesundheitsschädlich beim Einatmen
R 2	Durch Schlag, Reibung, Feuer, andere Zündquellen explosionsgefährlich	R 22	Gesundheitsschädlich beim Verschlucken
R 5	Beim Erwärmen explosionsfähig	R 23	Giftig beim Einatmen
R 7	Kann Brand verursachen	R 25	Giftig beim Verschlucken
R 10	Entzündlich	R 26	Sehr giftig beim Einatmen
R 11	Leichtentzündlich	R 27	Sehr giftig bei Berührung mit der Haut
R 12	Hochentzündlich	R 28	Sehr giftig beim Verschlucken
R 14	Reagiert heftig mit Wasser	R 29	Entwickelt bei Berührung mit Wasser giftige Gase
R 17	Selbstentzündlich an der Luft	R 31	Entwickelt bei Berührung mit Säure giftige Gase
R 19	Kann explosionsfähige Peroxide bilden	R 34	Verursacht Verätzungen

R-Sätze – Hinweise auf besondere Gefahren nach Gefahrstoffverordnung (Fortsetzung)			
R-Satz	Bedeutung	R-Satz	Bedeutung
R 36	Reizt die Augen	R 47	Kann Missbildungen verursachen
R 37	Reizt die Atmungsorgane	R 49	Kann Krebs erzeugen beim Einatmen
R 38	Reizt die Haut	R 54	Giftig für Pflanzen
R 42	Sensibilisierung durch Einatmen	R 55	Giftig für Tiere
R 43	Sensibilisierung durch Hautkontakt	R 60	Kann die Fortpflanzungsfähigkeit beeinträchtigen
R 45	Kann Krebs erzeugen	R 61	Kann das Kind im Mutterleib schädigen
R 46	Kann vererbbare Schäden verursachen	R 64	Kann Säuglinge über die Muttermilch schädigen
Kombinationen der R-Sätze sind möglich, z. B. R 36/37/38: Reizt Augen, Atmungsorgane und Haut			

S-Sätze – Sicherheitsratschläge nach Gefahrstoffverordnung (Auswahl)			
S-Satz	Bedeutung	S-Satz	Bedeutung
S 1	Unter Verschluss aufbewahren	S 30	Niemals Wasser hinzugießen
S 2	Darf nicht in die Hände von Kindern gelangen	S 36	Bei der Arbeit Schutzkleidung tragen
S 3	Kühl aufbewahren	S 37	Geeignete Schutzhandschuhe tragen
S 7	Behälter dicht geschlossen halten	S 38	Bei unzureichender Belüftung Atemschutzgerät anlegen
S 9	Behälter an einem gut gelüfteten Ort aufbewahren	S 39	Schutzbrille/Gesichtsschutz anlegen
S 13	Von Nahrungsmitteln, Getränken und Futtermitteln fernhalten	S 40	Fußboden mit ... reinigen (vom Hersteller anzugeben)
S 15	Vor Hitze schützen	S 43	Zum Löschen: .... verwenden (vom Hersteller anzugeben)
S 16	Von Zündquellen fernhalten, nicht rauchen	S 46	Bei Verschlucken sofort ärztlichen Rat einholen und Etikett vorlegen
S 18	Behälter mit Vorsicht öffnen und handhaben	S 49	Nur im Originalbehälter aufbewahren
S 20	Bei der Arbeit nicht essen und trinken	S 51	Nur in gut belüfteten Bereichen verwenden
S 21	Bei der Arbeit nicht rauchen	S 52	Nicht großflächig in Wohn- und Aufenthaltsräumen zu verwenden
S 22	Staub nicht einatmen	S 53	Exposition vermeiden, vor Gebrauch besondere Anweisungen einholen
S 24	Berührung mit der Haut vermeiden	S 56	Diesen Stoff und seinen Behälter der Problemabfallentsorgung zuführen
S 25	Berührung mit den Augen vermeiden	S 60	Dieser Stoff und sein Behälter sind als gefährlicher Abfall zu entsorgen
S 26	Bei Berührung mit den Augen gründlich mit Wasser abspülen, Arzt aufsuchen	S 61	Freisetzung in die Umwelt vermeiden. Sicherheitsdatenblatt zu Rate ziehen
S 29	Nicht in die Kanalisation gelangen lassen	S 62	Bei Verschlucken kein Erbrechen herbeiführen; sofort ärztlichen Rat einholen und Etikett vorzeigen
Kombinationen der S-Sätze möglich, z. B. S 15/21: Vor Hitze schützen, nicht rauchen			

Grundlagen

Werkstoffe Hilfsstoffe

Werkzeuge Geräte, Geräte

Arbeits- techniken

Gestaltung

Arbeitsschutz Umweltschutz

Aufmaß Abrechnung

Betriebs- führung

Quellen

Arbeits- und Gesundheitsschutz

Mit dem Begriff Arbeitsschutz werden alle rechtlichen, organisatorischen, technischen und medizinischen Maßnahmen umfasst, um die im Arbeitsprozess befindlichen Beschäftigten zu schützen und Persönlichkeitsrechte zu wahren.

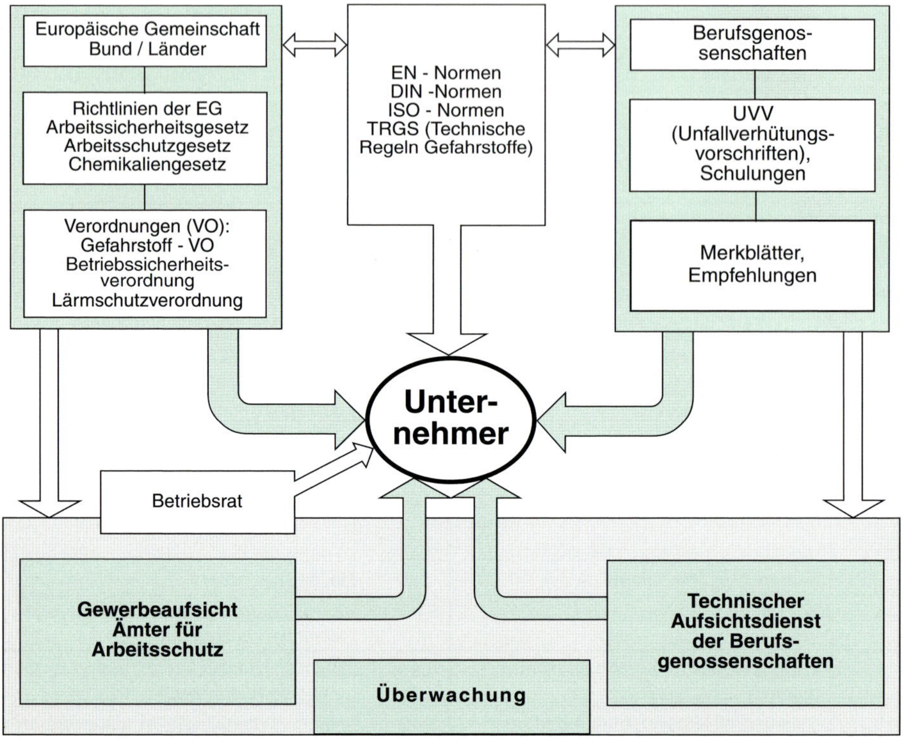

```
┌─────────────────────────┐     ┌──────────────────────┐     ┌──────────────────────┐
│ Europäische Gemeinschaft │ ⟷  │   EN - Normen        │ ⟷  │    Berufsgenos-      │
│     Bund / Länder        │     │   DIN -Normen        │     │    senschaften       │
└─────────────────────────┘     │   ISO - Normen       │     └──────────────────────┘
┌─────────────────────────┐     │   TRGS (Technische   │     ┌──────────────────────┐
│   Richtlinien der EG     │     │   Regeln Gefahrstoffe)│     │       UVV            │
│ Arbeitssicherheitsgesetz │     └──────────────────────┘     │ (Unfallverhütungs-   │
│   Arbeitsschutzgesetz    │                                  │   vorschriften),     │
│   Chemikaliengesetz      │                                  │    Schulungen        │
└─────────────────────────┘                                  └──────────────────────┘
┌─────────────────────────┐                                  ┌──────────────────────┐
│   Verordnungen (VO):     │                                  │   Merkblätter,       │
│   Gefahrstoff - VO       │                                  │   Empfehlungen       │
│   Betriebssicherheits-   │                                  └──────────────────────┘
│   verordnung             │
│   Lärmschutzverordnung   │
└─────────────────────────┘

                              ╭────────────╮
                              │  Unter-    │
                              │  nehmer    │
                              ╰────────────╯
        ┌────────────┐
        │ Betriebsrat│
        └────────────┘

┌─────────────────┐     ┌──────────────────┐     ┌──────────────────────┐
│ Gewerbeaufsicht │     │                  │     │   Technischer        │
│  Ämter für      │     │   Überwachung    │     │  Aufsichtsdienst     │
│  Arbeitsschutz  │     │                  │     │  der Berufs-         │
└─────────────────┘     └──────────────────┘     │  genossenschaften    │
                                                 └──────────────────────┘
```

Gerätesicherheitsgesetz

Das Gerätesicherheitsgesetz regelt das Inverkehrbringen technischer Arbeitsmittel. Es sorgt dafür, dass diese Arbeitsmittel den sicherheitstechnischen Anforderungen wie Arbeitsschutzvorschriften, Unfallverhütungsvorschriften und Normen entsprechen. Eine zugelassene Prüfstelle kann das GS-Zeichen „Geprüfte Sicherheit" vergeben.	
Mit der CE-Kennzeichnung dokumentiert der Hersteller die Übereinstimmung seines Gerätes oder seiner Maschine mit den Vorgaben der europäischen Sicherheitsvorschriften wie z. B. mit der EG Maschinenrichtlinie oder der EG Produktsicherheitsrichtlinie. Das CE Zeichen ist kein Prüfsiegel. Es ist ein Konformitätszeichen.	

Grundlagen

Werkstoffe
Hilfsstoffe

Werkzeuge
Geräte, Gerüste

Arbeits-
techniken

Gestaltung

**Arbeitsschutz
Umweltschutz**

Aufmaß
Abrechnung

Betriebs-
führung

Quellen

Betriebssicherheitsverordnung	BetrSichV ab 1.1.2003

Grundlagen	• Die Verordnung über brennbare Flüssigkeiten ist zum 1.1.2003 außer Kraft getreten. Dafür ist die BetrSichV in Kraft gesetzt worden. • Die Bezeichnungen für die Gefahrenklassen wie A I usw. sind geändert. Auf dieser Seite sind sie in Klammern gesetzt.

Einstufung nach Gefahrstoffrecht			RL 67/548 EWG	

Bezeichnung	Gefahren-symbol	R-Satz	Kritierien
hochentzündlich (früher A I bzw. B)	F+	R 12	Zubereitung bzw. flüssige Stoffe mit Flammpunkt (FP) < 0 °C und einem Siedepunkt (SP) von < 35 °C
leichtentzündlich (früher A I bzw. B)	F	R 11	Leichtentzündlich: flüssige Stoffe bzw. Zubereitungen mit FP < 21 °C
		R 15	Reagiert mit Wasser unter Bildung hochentzündlicher Gase: Stoffe/Zubereitungen, die bei Berührung mit Wasser bzw. feuchter Luft hochentzündliche Gase in gefährlichen Mengen entwickeln
		R 17	Selbstentzündlich an der Luft: Stoffe/Zubereitungen, die sich bei gewöhnlicher Temperatur an der Luft ohne Energiezufuhr erhitzen und schließlich entzünden können.
entzündlich (früher A II)	–	R 10	Flüssige Stoffe/Zubereitungen mit FP von mindestens 21 °C und höchstens 55 °C

Erlaubnispflicht nach BetrSichV

Die Erlaubnispflicht gilt für leichtentzündliche und hochentzündliche Flüssigkeiten bei

Lageranlagen > 10 000 Liter	Füllstellen mit einer Umschlags-menge von > 1000 Litern/h	Tankstellen

Anzeigepflicht nach BetrSichV

Sie entfällt ganz, auch für Lageranlagen und Füllstellen mit entzündlichen Flüssigkeiten.

Technischen Regeln für Betriebssicherheit	TRBS

Die TRBS konkretisieren die Anforderungen, die aus der Betriebssicherheitsverordnung erwachsen.
• TRBS 1203: Sie konkretisiert, wer eine befähigte Person im Sinne der BetrSichV ist.
• TRBS 2152: Sie konkretisiert die Gefährdung durch explosionsfähige Atmosphären.

Weitere Inhalte der Betriebssicherheitsverordnung

Geltungs-bereich	Diese Verordnung gilt für die Bereitstellung von Arbeitsmitteln durch Arbeitgeber sowie für die Benutzung von Arbeitsmitteln durch Beschäftigte bei der Arbeit. Sie gilt für überwachungsbedürftige Anlagen im Sinne des § 2 Abs. 7 Geräte- und Produktsicherheitsgesetzes, Anlagen in explosionsgefährdeten Bereichen, Bauaufzüge mit Personenbeförderung usw.
Bedeutung	Die Verordnung hat zum Ziel, die Arbeitsmittel im Sinne dieser Verordnung wie Werkzeuge, Geräte, Maschinen oder Anlagen für den Arbeitnehmer im Sinne einer gesunden und sicherheitszuträglichen Benutzung zu regeln.
	Die Verordnung legt fest, dass der Arbeitgeber eine Gefährdungsbeurteilung durchführen muss und daraus Maßnahmen ableiten muss (siehe auch § 5 Arbeitsschutzgesetz). Dabei hat er insbesondere die Gefährdungen zu berücksichtigen, die mit der Benutzung des Arbeitsmittels selbst verbunden sind und die am Arbeitsplatz durch Wechselwirkungen der Arbeitsmittel untereinander oder mit Arbeitsstoffen oder der Arbeitsumgebung hervorgerufen werden.

Grundlagen
Werkstoffe Hilfsstoffe
Werkzeuge Geräte, Gerüste
Arbeits-techniken
Gestaltung
Arbeitsschutz Umweltschutz
Aufmaß Abrechnung
Betriebs-führung
Quellen

Gefährdungen durch Gefahrstoffe im Betrieb

Grundlagen	Die Ermittlungspflicht des Unternehmers nach § 7 und die Überwachungspflicht nach § 14 Gefahrstoffverordung umfasst: • Liegt ein Umgang mit Gefahrstoffen vor? • Welche Gefahren sind damit verbunden? • Werden Grenzwerte überschritten? • Welche Maßnahmen zur Gefahrenabwehr sind nötig (TRGS 400)?
Zielsetzung	Ermittlung und Beurteilung der Gefährdungen durch Gefahrstoffe
Unterstützung	Bau BG, Handwerkskammern, Innungen

Notwendige Schritte nach TRGS 400 in Kurzform

Schritt 1: Ermittlungs-pflicht	Hierzu zählt die Ermittlung der verwendeten Arbeitsstoffe, Einschätzung der Gefähr-lichkeit, Erstellung eines Gefahrstoffverzeichnisses (Name Gefahrstoff, Einstufung, Mengen, Arbeitsbereiche), Prüfung von Ersatzstoffen bzw. mögliche Änderungen der Arbeitsabläufe und Maschinen (Absaugungen), Maßnahmen zur Gefahrenabwehr benennen
Schritt 2: Überwa-chungs-pflicht	Durch Luftmessungen ist festzustellen, ob das Auftreten von Gefahrstoffen in der Luft vorhanden ist bzw. ob die Grenzwerte nach TRGS 900 unterschritten sind.
Schritt 3: Dokumen-tations-pflicht	Die Ergebnisse der Ermittlungen und die Messungen im Rahmen der Arbeitsbereichs-analyse sind zu dokumentieren und 30 Jahre aufzubewahren. Betriebsanweisungen (§ 14 Gefahrstoffverordnung) sind zu erstellen.

Das Computerprogramm WINGIS liefert u. a. hierzu die notwendigen Informationen. Messstellenverzeichnis bei der AKMP, Ludwig-Mond-Str. 43, 34121 Kassel, erhältlich.

Gefahrstoffe im Arbeitsbereich: Einsatz von Dichlormethan Abbeizer

Rechtliche Grundlagen	• Die Pflichten des Unternehmers nach § 7 und § 14 Gefahrstoffverordung • Für den Bereich dichlormethanhaltige Abbeizer gibt es die BIA/BG Empfehlung Nr. 1015 X/96 (Branchenregelung) • Nach TRGS 612 sind dichlormethanhaltige Abbeizer verboten; ihr Einsatz ist nur noch notwendig bei der Entfernung von chemisch vernetzten Anstrichmitteln wie Ein-brennlacken oder 2-K-Lacken wie Polyurethanlacken
Ergebnisse	Das BIA hat Arbeiten mit diesem Abbeizertyp durchgeführt und ausgewertet. Die messtechnische Aufbereitung der örtlichen Messungen entsprechend der TRGS 402 und 403 ergibt: • Ein Überschreiten der Grenzwerte um ein Vielfaches ist bei allen durchgeführten Arbeiten über 0,5 m² Fläche immer gegeben – auch an der Fassade • Es sind immer die unten aufgeführten Schutzmaßnahmen zu treffen
Maßnahmen	• Technik: Einsatz von Absauggeräten im Innenbereich, was aber nach aller Erfahrung nicht passiert, bzw. Ersatztechniken • Organisation: Entfernung aller nicht direkt mit dem Abbeizen beschäftigten Mitarbeiter aus dem Arbeitsbereich • PSA: Atemschutzfiltergeräte sind nach kurzer Zeit wirkungslos und deswegen nicht erlaubt. Umgebungsluftunabhängige Atemschutzgeräte nötig
Empfehlung	• Einsatz von dichlormethanhaltigen Abbeizern nach Testung von nicht dichlormethan-haltigen Abbeizern. Entsorgungsproblematik an Fassaden sehr groß • Ersatztechniken wie Kugelstrahlen bei Böden, Fräsern und Höchstdruckreinigern an Fassaden, Feucht- bzw. Trockenstrahlen bei Metall einsetzen • Der Unternehmer unterliegt immer einer Ersatzstoffprüfung, die er dokumentieren muss

Gefahrstoffe im Arbeitsbereich: Vorstriche und Klebstoffe für Bodenbeläge

Grundlagen	• Die Pflichten des Unternehmers nach § 7 und § 14 Gefahrstoffverordnung • Für den Bereich der Vorstriche und Klebstoffe gilt die BIA/BG-Empfehlung Nr. 1013 IV/98: Überwachung von Arbeitsbereichen, Vorstriche und Klebstoffe für Bodenbeläge • Nur bei Magnesia Steinholz und calciumsulfatgebundenen Unterböden kann bei der Verlegung von Holzfußböden ein stark lösemittelhaltiger Vorstrich notwendig sein: entsprechend S 1 bis S 6 Giscode (TRGS 610) • Stark lösemittelhaltige Klebstoffe (Giscode S 1 bis S 6) können notwendig sein bei der Verlegung von PVC und Gummiprofilen auf Treppen, Gussasphalt- und calciumsulfatgebundene Unterböden
Ergebnisse	Nach der messtechnischen Aufbereitung der örtlichen Messungen entsprechend der TRGS 402 und 403 ergeben sich folgende Ergebnisse: • Ein Überschreiten der Grenzwerte um ein Vielfaches ist bei allen durchgeführten Arbeiten mit den Klebstoffen und Vorstrichen Giscode S 1 bis S 6 sowie D 4 (lösemittelarm und lösemittelhaltig), D 5 bis D 7 gegeben • Es sind immer die unten aufgeführten Schutzmaßnahmen zu ergreifen
Maßnahmen	• Technik: Einsatz von Absauggeräten im Innenbereich, was aber nach aller Erfahrung nicht passiert, bzw. Ersatzstoffe • Organisation: Entfernung aller nicht direkt mit den Arbeiten beschäftigten Mitarbeiter aus dem Arbeitsbereich • PSA: Atemschutzfiltergeräte sind nach kurzer Zeit wirkungslos, daher umgebungsluftunabhängige Atemschutzgeräte nötig • Bei Arbeiten über 80 m² ist eine Ausnahmegenehmigung der zuständigen Behörde (Gewerbeaufsichtsamt) erforderlich
Empfehlung	• Verwendung lösemittelfreier und -armer Vorstriche, Klebstoffe mit Giscode D 1 bis D 3 • Nicht saugende (dichte) und feuchtigkeitsempfindliche Unterböden können durch Spachteln bzw. der Verwendung lösemittelarmer Dispersionsklebstoffe (mit entsprechender Ablüftezeit) beklebt werden • Der Unternehmer unterliegt immer einer Ersatzstoffprüfung, die er dokumentieren muss

Gefahrstoffe im Arbeitsbereich: Oberflächenbehandlung von Holzfußböden

Grundlagen	• Die Pflichten des Unternehmers nach § 7 und § 14 Gefahrstoffverordnung • Für den Bereich Oberflächenbehandlung von Holzfußböden gibt es eine BIA/BG Empfehlung Nr. 1014 III/96 (Branchenregelung) • Nach dem Verlegen des Holzfußbodens und bei Renovierungsarbeiten wird mit Schleifmaschine und Staubabsaugung geschliffen. Mit Holzkitten werden Fugen geschlossen. Das Versiegeln ist nach TRGS 617 nur noch mit stark lösemittelhaltigen Lacken (G 1 bis G 3, KH 1 und KH 2, DD 1 und DD 2; Giscode) erforderlich, z. B. bei Holzpflaster, Sportböden, kritischen Holzarten, Hirnholzböden.
Ergebnisse	Die Aufbereitung der örtlichen Messungen (TRGS 402, 403) ergibt folgende Ergebnisse: • Ein Überschreiten der Grenzwerte um ein Vielfaches ist bei allen durchgeführten Arbeiten mit den oben genannten Lacken gegeben • Beim Schleifen wird in der Regel trotz Absaugung der Grenzwert für Holzstaub überschritten • Es sind immer die unten aufgeführten Schutzmaßnahmen zu treffen
Maßnahmen	• Technik: Einsatz von explosionsgeschützten Absauggeräten • Organisation: Entfernung aller nicht direkt mit den Arbeiten beschäftigten Mitarbeiter aus dem Arbeitsbereich, Aufstellen von Schildern: Vorsicht Explosionsgefahr • PSA: Beim Schleifen Atemschutzfiltergeräte benutzen, beim Beschichten umgebungsluftunabhängiges Atemschutzgerät benutzen
Empfehlung	• Verwendung von lösemittelfreien und lösemittelarmen Versiegelungen mit Giscode W 2 bis W 3, um die umfangreichen Maßnahmen nicht durchführen zu müssen • Der Unternehmer unterliegt nach § 16 einer Ersatzstoffprüfung mit Dokumentation

Gefährdungs- und Belastungsanalyse			§ 7 Gefahrstoffverordnung
Grundlage: Arbeitsschutzgesetz, ab 10 Mitarbeiter, Dokumentation			
Zielsetzungen	Durchführungszeitpunkt	Verantwortlichkeiten	Unterteilung
• Aufspüren unfallträchtiger Bereiche • Verringerung der Ausfallzeiten • Verringerung der Gefährdungen • Info über Bau BG: Thema „Gefährdungsbeurteilung"	• Als Erstanalyse bei bestehenden Arbeitsplätzen • Bei Umbau bzw. Nutzungsänderungen von Gebäuden • Nach Arbeitsunfällen • Zur laufenden Qualitätskontrolle und damit in regelmäßigen Abständen • Ersatzstoffe und Ersatztechniken festlegen	• Unternehmer ist immer verantwortlich • Unterstützung durch Sicherheitsbeauftragte in Betrieben ab 21 Beschäftigten (z. B. Sicherheitsfachkraft, Betriebsarzt je nach Größe)	• Technik (schlecht sitzende Schutzbrille und damit keine Akzeptanz beim Mitarbeiter) • Organisation (Schutzbrillen z. B. nicht vorrätig oder nicht im Baustellenfahrzeug) • Verhalten der Mitarbeiter (zum Tragen wird nicht aufgefordert, nicht gelobt)

Beispiel Gefährdungs- und Belastungsanalyse

Entrostungs- und Schleifarbeiten

Gefährdung, Belastung durch	Fragen	Maßnahmen	Bestehen Mängel bezüglich Technik/ Organisation/Verhalten	Mängel beseitigt bis wann?	Beratungsbedarf durch Bau BG?
Eisen- und Holzsplitter	Wie werden Gefahren durch wegfliegende Teile verhindert?	Handschuhe, Schutzbrille	Beispiele: falsche Handschuhe, zu alte Maschinen	Monatsende	Neue Vorschriften für Maschinen einholen
Entstehen von Stäuben	Wie wird eine Staubbelastung verhindert?	Ermitteln der Gefahrstoffe Absaugen Atemschutz Schutzbrille	Beispiele: Betriebsanweisungen nicht vollständig, keine Mitarbeiterunterweisung, Schwingschleifer ohne Innenabsaugung	Quartalsende	Bau BG, WINGIS

Firma: _____ Datum: _____ Unterschrift: _____

Betriebsanweisung

Grundlage: § 14 Gefahrstoffverordnung, BGV A4

Durchführung	Erstellung einer Betriebsanweisung	Inhalte gemäß § 14 Gefahrstoffverordnung
• Der Unternehmer muss eine arbeitsbereichs- und stoffbezogene Betriebsanweisung erstellen • In der Gefährdungsanalyse (siehe Tabelle oben) hat der Unternehmer auch festzustellen, ob es Ersatzstoffe gibt • Der Unternehmer muss mit der Betriebsanweisung den Mitarbeiter mindestens einmal jährlich in seiner Muttersprache unterweisen • Dokumentationspflicht	• Eine Betriebsanweisung kann eine fachkundige Kraft aus einem Sicherheitsdatenblatt erstellen (TRGS 400) • Dieser Weg ist jedoch aufwändig • Einfacher geht es mit dem Gisbau Programm WINGIS, in dem alle gängigen Produkte zu finden sind • Schulungen der Mitarbeiter	• Hinweise auf die Gefahren für Mensch und Umwelt • Schutzmaßnahmen und Verhaltensregeln • Verhalten im Gefahrenfall • Erste Hilfe • Sachgerechte Entsorgung

Grundlagen

Werkstoffe Hilfsstoffe

Werkzeuge Geräte, Geräte

Arbeitstechniken

Gestaltung

Arbeitsschutz Umweltschutz

Aufmaß Abrechnung

Betriebsführung

Quellen

Wingis Computerprogramm

- Das Gefahrstoffinformationssystem der Berufsgenossenschaften der Bauwirtschaft (GISBAU) für Windows stellt eine sehr konzentriert aufbereitete Informationsplattform dar.
- Die Oberfläche dieses EDV-Programmes ist per Mausklick zu bedienen.
- Mit der Menüleiste und der Funktionsleiste sind die Inhalte hervorholbar.
- Ein Online Dienst ist in Planung.

Inhalte sind

- Informationen zu Produktgruppen (z. B. Epoxidharze, lösemittelhaltig)
- Informationen zu Produkten (z. B. Fassadenfarbe Diwaloxan)
- Informationen zu Stoffgruppen (z. B. Lösemittel, Aromate)
- Informationen zu Stoffen (hiermit sind chemisch reine Stoffe wie Ammoniak, Toluol gemeint)

Im nächsten Schritt ist festzulegen, für wen die Informationen gedacht sind. Entsprechend ist bereits die äußere Form und der inhaltliche Umfang gestaltet:
Für den Unternehmer – Für den Arbeitsmediziner – Für die Fachkraft für Arbeitssicherheit – Für den Betriebsrat – Als Betriebsanweisung gemäß § 14 Gefahrstoffverordnung (siehe Tabelle).
Letztere kann mit örtlichen Informationen wie Telefonnummern von Notdiensten ergänzt und in den meisten Sprachen ausgedruckt werden.

Ergänzt werden diese Basisinformationen durch Listen überwachungsbedürftiger Abfälle mit EAK-Nummern, Listen mit Giscodes und Produktcodes und der Erklärung wesentlicher Fachbegriffe. Außerdem sind die Maximalen Arbeitsplatzkonzentrationen (MAK-Werte) aufgelistet.

Kennzeichnung von Rohrleitungen nach dem Durchflussstoff (DIN 2403)

Die Kennzeichnung nicht erdverlegter Rohrleitungen kann erfolgen durch:
- Schilder, die nach DIN 2403 aufgebaut sind
- Farbringe
- Anstrich der Rohrleitungen in ihrer ganzen Länge

Hinweis:
Der Maler wird vor allem Aufträge bearbeiten, bei denen die Rohrleitungen in ihrer ganzen Länge zu bearbeiten sind. Das Anbringen der Schilder wird in aller Regel das Schilder- und Lichtreklamehandwerk ausführen. Schilder werden vor allem bei denjenigen Rohrsystemen montiert, wo es wichtig ist, den genauen Inhaltsstoff z. B. der Gruppe 1 zu kennzeichnen. Hierzu gibt es Kennzahlen (z. B. 1.7 für Schweres Wasser), die auf den Schildern vermerkt werden.

Durchflussstoff	Gruppe	Farbname	Nächstliegendes Farbmuster nach RAL Farbregister 840 HR
Wasser	1	Grün	RAL 6018
Wasserdampf	2	Rot	RAL 3000
Luft	3	Grau	RAL 7001
Brennbare Gase	4	Gelb	RAL 1021
Nichtbrennbare Gase	5	Gelb mit Zusatzfarbe Schwarz	RAL 1021 mit RAL 9005
Säuren	6	Orange	RAL 2003
Laugen	7	Violett	RAL 4001
Brennbare Flüssigkeiten	8	Braun	RAL 8001
Nichtbrennbare Flüssigk.	9	Braun mit Zusatzfarbe Schwarz	RAL 8001 mit RAL 9005
Sauerstoff	0	Blau	RAL 5015

- Feuerlöschrohre sind in Rot RAL 3000 so zu kennzeichnen, dass eine Verwechslung mit der Gruppe 2 „Wasserdampf" ausgeschlossen werden kann.
- Ist das nicht der Fall, sind an den Rohren Schilder bzw. auf den Rohren weiße Felder mit einem F aufzubringen.
- Das F ist in Grün RAL 6018 für den Durchflussstoff Wasser und in Rot für den Durchflussstoff Wasserdampf RAL 3000 zu kennzeichnen.

Baustellenverordnung

Grundlagen	Baustellenrichtlinie 92/57/EWG, Baustellenverordnung, Arbeitsschutzgesetz
Geltungsbereich	Die Verordnung gilt für Bauvorhaben, bei denen bauliche Anlagen errichtet, verändert oder abgebrochen werden.
Vorankündigung	• Die voraussichtliche Dauer der Arbeiten beträgt mehr als 30 Arbeitstage und auf der Baustelle arbeiten mehr als 20 Beschäftigte gleichzeitig oder • der Umfang der Arbeiten überschreitet 500 Personentage. • 2 Wochen vorher ist der zuständigen Behörde die Vorankündigung zu übermitteln.
Koordinator	• Sind auf der Baustelle mehrere Unternehmen tätig, ist ein Koordinator zu bestellen. • Er muss einen Sicherheits- und Gesundheitsplan erstellen, wenn eine Vorankündigung erfolgt oder besonders gefährliche Arbeiten nach Anhang 2 ausgeführt werden. • Der Koordinator achtet auf die Umsetzung der Arbeitsschutzbestimmungen, der Schutzmaßnahmen und des Bauablaufplanes. • Schulung von 4 Tagen mit Zertifikat erforderlich.
Bedeutung für den Malerbetrieb	Diese Verordnung wird nicht bei Reparaturaufträgen oder Schönheitsreparaturen eingesetzt. Kommt der Maler als Subunternehmer auf eine Großbaustelle, gilt für ihn der Sicherheits- und Gesundheitsplan. Er muss sich mit dem Koordinator in Verbindung setzen und dessen Hinweisen folgen.

Bolzensetzgeräte

Grundlagen	UVV „Arbeiten mit Schussapparaten" (BGV D 9), Regeln für Lärmschutz
Prüfungen	Bolzenschubwerkzeuge mit Zulassungszeichen (PTB) und gültigem Prüfzeichen verwenden. Die Zahl auf der Prüfplakette, die zur Mündung weist, zeigt das Prüf- bzw. Auslieferungsquartal an. Nach Ablauf von 2 Jahren nach Auslieferung bzw. letzter Prüfung ist eine Wiederholungsprüfung bei einer Fachfirma durchzuführen.
Munition	• Es darf nur Munition mit dem für den jeweiligen Verwendungszweck erforderlichen Stärkegrad verwendet werden. • Die Bezeichnung der vorgeschriebenen Munition muss auf dem Gerät stehen.

Stärkegrade der Ladungen (L)

Weiß, schwächste L.	Grün, schwache L.	Gelb, mittlere L.	Blau, starke L.	Rot, sehr starke L.	Schwarz, stärkste L.

Mindestabstände

Baustoff	Stahl	Vollsteinmauerwerk, Beton, Stahlbeton	Lochziegel, Hohlblockstein-mauerwerk, Lochsteinmau-erwerk, Leichtbaustoffe
Mindestabstand der Setzbolzen untereinander	5facher Bolzenschaft-durchmesser	10facher Bolzenschaft-durchmesser	Nicht erlaubt
Mindestabstand zu freien Kanten	3facher Bolzenschaft-durchmesser	5 cm	Nicht erlaubt

Beschäftigungsbeschränkungen

Der Unternehmer darf an diesen Geräten beschäftigen:
• Beschäftigte, die das 18. Lebensjahr vollendet haben und die eine Einweisung erhalten haben.
• Jugendliche über 16 Jahre, soweit es für die Erreichung des Ausbildungszieles erforderlich ist, eine Einweisung erhalten haben und ihr Schutz durch einen Aufsichtführenden vorhanden ist.

• Bolzensetzwerkzeuge unterscheiden sich in Bolzenschub und Bolzentreibwerkzeuge. Die Bolzen-**treib**werkzeuge dürfen ab dem 1.4.1990 **nicht** mehr verwendet werden.
• Bei Lagerung der Munition sind die behördlichen Vorschriften wie Sicherung durch entsprechende Türen zu beachten (Gewerbeaufsichtsamt).
• Kleinstmengenregelung beachten.

Elektrische Anlagen auf Baustellen

Grundlagen	UVV „Elektrische Anlagen" (BGV A 3) gilt auch für Arbeiten in der Nähe von elektrischen Anlagen z. B. bei Fassadenanstrichen.
Grundsatz	Elektrische Anlagen und Betriebsmittel dürfen nur von Elektrofachkräften oder von elektrotechnisch unterwiesenen Personen unter Leitung und Aufsicht von Elektrofachkräften instandgesetzt und geprüft werden. Falls ein Mangel festgestellt wird, hat der Unternehmer dafür zu sorgen, dass er unverzüglich behoben wird bzw. keine Gefahr von ihm ausgeht.

Prüffristen

Anlage/Betriebsmittel	Prüffrist	Prüfer
Elektrische Anlagen und Betriebsmittel	Vor der ersten Inbetriebnahme	Elektrofachkraft
Elektrische Anlagen und ortsfeste elektrische Betriebsmittel	Mindestens alle 4 Jahre	Elektrofachkraft
Nicht ortsfeste elektrische Betriebsmittel, Anschlussleitung mit Steckern, Verlängerungen	Mindestens alle 6 Monate (falls benutzt)	Elektrofachkraft bzw. bei Verwendung von Prüfgeräten auch elektrotechnisch unterwiesene Personen
Fehlerstrom- und Fehlerspannungseinrichtungen bei stationären Anlagen durch Drücken der Prüftasten	Mindestens alle 6 Monate	Benutzer
Fehlerstrom- und Fehlerspannungseinrichtungen bei nichtstationären Anlagen durch Drücken der Prüftasten	Täglich	Benutzer

Hinweis: Empfehlenswert ist die Dokumentation der Prüfungen durch Prüflisten.

Schutzabstände bei Anstricharbeiten

Gelten für Anstricharbeiten in der Nähe aktiver Teile elektrischer Anlagen, die nicht gegen direktes Berühren geschützt sind.

Mit dauernder Aufsicht durch Elektrofachkraft		Ohne dauernde Aufsicht durch Elektrofachkraft	
Nennspannung	Schutzabstand	Nennspannung	Schutzabstand
Bis 1000 V	0,5 m	Bis 1000 V	1 m
Über 1 bis 30 kV	1,5 m	Über 1 bis 110 kV	3 m
Über 30 bis 110 kV	2 m	Über 110 bis 220 kV	4 m
Über 110 bis 220 kV	3 m	Über 220 bis 380 kV	5 m
Über 220 bis 380 kV	4 m	–	–

Vor Arbeiten an Fassaden in der Nähe von Freileitungen u. ä. empfiehlt sich die Rücksprache mit dem Energieversorger. Da bis 1000 Volt ein Abstand von 1 m gilt, ist hier aber zu beachten, dass Ausschwingungen von Lasten und Leitern berücksichtigt werden müssen. Ein Abdecken der Leitungen ist in der Regel erforderlich.

Schutzsymbole auf elektrischen Betriebsmitteln

Gefährliche Spannung	Schutzisoliert	Schutzkleinspannung	Trenntransformator	Explosionsgeschützt	Für rauen Betrieb	Staubgeschützt	Regengeschützt	Spritzwassergeschützt	Strahlwassergeschützt

Atemschutz (Filtergeräte)

Grundlagen	TRGS, GefStoffV, DIN EN 133 ff, BGR 190
Einsatz	Sind Ersatzstoffe (siehe auch TRGS 600 ff) nicht einsetzbar und lässt sich durch technische oder organisatorische Maßnahmen das Auftreten von Stäuben und gesundheitsgefährlichen Gasen nicht vermeiden, sind vom Unternehmer Geräte zur Verfügung zu stellen und zu benutzen.
Arten	Umgebungsluftunabhängige Atemschutzgeräte. Diese Isoliergeräte haben höchste Schutzwirkung und werden auch bei Sauerstoffkonzentrationen unter 17 Vol.-% Sauerstoff eingesetzt. Umfangreiche Schulungen und Voruntersuchungen nötig. Ersatzstoffe nehmen!
	Filtergeräte (siehe unten)

Unterteilung der Filtergeräte

Halbmasken	**Vollmasken**	**Atemschutzhauben**
Sie umschließen nur Mund und Nase. Ungeeignet gegen sehr giftige, giftige, und gesundheitsschädliche Gase sowie augenreizende Stoffe.	Sie umschließen das ganze Gesicht einschließlich Augen. Für Brillenträger gibt es besondere Masken.	Sie umschließen den ganzen Kopf und haben Filter oder aber eine Frischluftzufuhr über Gebläse.

Anforderungen

Atemschutzgeräte sind nur bis zu einer Einsatzdauer von 2 Stunden einzusetzen (Atemschutzgeräte BGR 190). Anschließend ist eine dreißigminütige Erholungszeit einzulegen. Eine Einweisung des Atemschutzträgers und eine regelmäßige Unterweisung ist durchzuführen. Die Eignung ist durch eine arbeitsmedizinische Vorsorgeuntersuchung VBG 23 bis G 26 festzustellen – gilt nicht bei gebläseunterstützten Schutzhauben.

Auswahlhilfen für Filter

Stoffbezeichnung	Gasfilter					Partikelfilter	
	AX	A	B	E	K	P2	P3
Ammoniak (Salmiakgeist)					x		
Antifouling Farben (nur noch als Altanstrich), TBT-Verbot (Tributylzinn)		x					x
Asbest						x	x
Barium Verbindungen						x	
Buchen-, Eichenholzstaub (sonstiger Holzstaub P 2)							x
Chromate (z. B. Korrosionsschutzanstriche)							x
Dichlormethan (Abbeizer), nur umgebungsluftunabhängiges Atemschutzgerät erlaubt							
Epoxydharz lösemittelbeständig		x					
Flusssäure, Salzsäure (entweder B oder E nehmen)			x	x		x	
Holzschutzmittel lösemittelhaltig		x				x	
Wasserlösliche Holzschutzmittel und Lacke						x	
Isocyanate (z. B. bei 2-K-Lacken)		x				x	
Mineralwolle						x	
Nitroverdünnung, lösemittelhaltige Lacke		x					
Polycyclische aromatische Kohlenwasserstoffe		x				x	
Terpentinöl und Terpentinersatz		x					
Schleifstaub (Estrichschleifen, Anstriche)						x	

Filter-Kennfarben: **A** Braun, **B** Grau, **E** Gelb, **K** Grün. **AX** Filter sind in der Bauwirtschaft unzulässig.

Grundlagen · Werkstoffe Hilfsstoffe · Werkzeuge Geräte, Geriste · Arbeits- techniken · Gestaltung · Arbeitsschutz Umweltschutz · Aufmaß Abrechnung · Betriebs- führung · Quellen

Handschutz	Persönliche Schutzausrüstung			EG Richtlinie 89/686 EWG		
Grundlagen	TRGS 531 Tragen von Handschuhen, EN 420, WINGIS					
Einsatz	Lassen sich durch technische und organisatorische Maßnahmen Hand- und Hautverletzungen oder Hautkontakt mit Gefahrstoffen oder z. B. splitternden Gegenständen wie Holz nicht vermeiden, sind vom Unternehmer Schutzhandschuhe zu stellen und vom Beschäftigten zu tragen.					
Handschuhformen	• Fausthandschuhe für grobe Arbeiten • Dreifingerhandschuhe für grobe Arbeiten (Daumen, Zeigefinger, Rest) • Fünffingerhandschuhe mit der Beweglichkeit aller Finger					
Belastungsbereiche	• Mechanische Belastungen wie Abriebfestigkeit, Schnittfestigkeit • Chemische Belastung • Thermische Belastung wie Altersbeständigkeit					

Auswahlhilfe für Schutzhandschuhe gegen chemische Belastungen

Stoffgruppe	Stoffe	Naturlatex	Chloropren	Nitril	Butylkautschuk	Viton
Alkohole	Methanol				x	
	Propanol, Ethanol				x	x
Laugen	Natronlauge	x	x	x	x	x
	Ammoniaklösung				x	
	Calciumhydroxidlösung	x	x		x	x
	Natron-, Kaliwasserglas, Sodalösung	x	x	x		
Ketone	Butanon (MEK)				Max. 2 Std.	
	Aceton				Max. 4 Std.	
Säuren	Essigsäure				x	
	Ameisensäure				x	x
	Schwefelsäure				x	
	Flusssäure, Phosporsäure, Salzsäure		x		x	x
Sonstige	Dichlormethanfreie Abbeizer				Max. 2 Std.	
	Testbenzin			x		x
	Terpentin					x
	Epoxidharz			x	x	
	Holzschutzmittel lösemittelhaltig			x		
	Holzschutzmittel wasserlös., Salze	x	x	x		
	Ölfarben			x		
	Toluol, Xylol, Benzole					x

Schutzhandschuhe gegen mechanische Belastungen

Die Eigenschaften sind je nach Ausprägung des Futters und der Beschichtung (z. B. Nitril) sehr unterschiedlich.
Für bestimmte Arbeiten ist ein sehr gutes Tastgefühl nötig, für andere Arbeiten ist die Abriebfestigkeit und Schnittsicherheit wesentlicher.
Baumwollbeflockte bzw. Baumwollunterziehhandschuhe verbessern den Tragekomfort bei diffusionsdichten Handschuhen.
Fluorkautschukhandschuhe sind maximal 2 Stunden bei dichlormethanhaltigen Abbeizern tragbar.

Die Auswahl der notwendigen Handschuhe hat durch eine Belastungs- und Gefährdungsanalyse zu erfolgen. Die Durchbruchzeit des Stoffes (Permeation) ist beim Hersteller zu erfragen. Das Gefahrstoffinformationssystem WINGIS gibt ebenfalls bei der Auswahl entsprechende Hilfen.

Persönliche Schutzausrüstung: Hand- und Hautreinigung (Hautschutzplan)	
Grundlagen	Merkblatt „Hautschutz" (ZH 1/132), Regeln für den Einsatz von Hautschutz (BGR 197) über die Bau BG, Video „Hautschutz" (Landesfilmdienst Hessen, Kennedyallee 105, 60596 Frankfurt a. M.), Heft 10 „Sicherheit für Sie, Hautschutz" (über Universum Verlag), WINGIS
Hinweise	• Den Hautschutzplan für Maler (Herstellerservice) beachten. • Erleichterung der Hautreinigung, wenn vor Arbeitsbeginn eingecremt wird. • Die Reinigungspasten in die trockenen Hände einreiben, dann waschen. • Wurzelbürsten meiden. • Es gibt Kombinationsmaterialien. Spender am Waschbecken erhöhen die Akzeptanz.

Hautbelastungen (Gruppen für den Malerberuf)	Hautschutz (vor und während der Arbeit)	Hautreinigung	Hautpflege (nach der Arbeit)
Stark haftende Arbeitsstoffe (Kleber, lösemittelhaltige Lacke, Benzin, Kaltreiniger)	Wasserlöslich, ölabweisend, nicht fettende Salbe	• Bei starken Verschmutzungen auch mit Reibemitteln • Seifenfreie, schwach alkalische oder schwach saure Reinigungsmittel ohne Reibemittel • Mit unbedenklichen Lösemitteln	Je nach Hauttyp • leicht fettende, • mittelstark fettende, • stark fettende Hautpflegesalbe verwenden.
UV-aushärtende Lacke	Wasserlöslich, Öl-in-Wasser-Emulsion		
Wasserbasierende Lacke	Wasserlöslich, Öl-in-Wasser-Emulsion		
Harze wie Epoxidharze, Polyesterharze	Wasserlöslich, Öl-in-Wasser-Emulsion		
Wässrige Lösungen (Kalk, Säuren, Laugen, Zement)	Wasserunlöslich, fettend, Öl-in-Wasser-Emulsion		

Persönliche Schutzausrüstung: Lärmschutz	**„Lärm" (10/2003/EU)**
Grundlagen	Unfallverhütungsvorschrift „Lärm" (BGV B 3), Regeln für den Einsatz von Gehörschützern (BGR 194), WINGIS, Vorsorgeuntersuchung Bau BG, EU-Richtlinie Lärm ab Februar 2006

Die drei Bereiche des Lärmschutzes (vgl. Gefährdungs- und Belastungsanalyse)

Technischer Lärmschutz	Organisatorischer Lärmschutz	Persönlicher Gehörschutz
• Beim Kauf lärmreduzierte Fabrikate wählen • Schalldämmung bzw. Kapselung des Lärms bei Entstehung	• Laute und leise Arbeitsplätze trennen • Lärmpausen an lärmintensiven Arbeitsplätzen vorsehen	• Gehörschutzkapseln • Gehörschutzstöpsel (z. B. „Tannenbäume") • Schallschutzhelme

Schädlichkeitsgrenzen

Der Beurteilungspegel geht von einem Durchschnitts-Schallpegel und einer Arbeitszeit von 8 Stunden aus. Da die Gefahr der Lärmschwerhörigkeit bei einem Beurteilungspegel von 80 dB(A) beginnt, wird dieser Wert als Grenzwert genommen.

Ab diesem Wert muss der Arbeitgeber den Arbeitnehmer unterweisen und Gehörschutz zur Verfügung stellen.

Ab 85 dB (A) muss der Arbeitgeber ein Lärmschutzprogramm auflegen und der Arbeitnehmer muss Gehörschutz tragen.

Maßnahmen der persönlichen Schutzausrüstung

Gehörschutzstöpsel	Arbeitsplätze mit dauernder Lärmeinwirkung, bei zu starker Schweißbildung unter Kapselgehörschützern, preiswert
Kapselgehörschützer („Mickeymaus")	Wenn häufiges Auf- und Absetzen erforderlich ist, wenn Stöpsel wegen zu enger Gehörgänge oder Neigung zu Gehörgangentzündungen nicht vertragen werden

Arbeitsschutz in ausgewählten Arbeitsbereichen: Asbest	
Grundlagen	Gefahrstoffverordnung, TRGS 519, umfangreiches Arbeitsbuch „Asbest" Herausgeber Bau BG 12/1998 Abruf Nr. 611
Unterscheidungen	Es werden in der TRGS 519 drei verschiedene Arbeiten unterschieden: • Abbrucharbeiten (z. B. von Bauten und Schiffen) • Sanierungsarbeiten (Entfernung und Ersatz von Asbestmaterialien) • Instandhaltungsarbeiten (Wartung der asbesthaltigen Flächen, also auch Beschichtungen, Ausbessern von Beschädigungen und Verfugungen)
Gefahren	Gesundheitschädigungen mit schweren und zum Teil nicht mehr heilbaren Erkrankungen (Rippen- und Bauchfellkrebs, Lungenkrankheiten wie Asbestose oder Lungenkrebs)
Asbest: Abbruch und Sanierungsarbeiten	
Qualifikationen	• Sachkundennachweis gemäß TRGS 519 Anlage 4 für den Aufsichtsführenden und nach Anlage 3, Dauer etwa 2 Tage bis 1 Woche, mit Abschlussprüfung • Abbruch und Sanierungsarbeiten schwachgebundenen Asbests dürfen nur Unternehmen durchführen, deren personelle und sicherheitstechnische Ausstattung dafür geeignet ist
Vorsorgeuntersuchungen	Arbeitsmedizinischer Dienst, Vorsorgeuntersuchung „asbesthaltiger Staub" und „Atemschutzgeräte"
Anzeigepflicht	Nach TRGS 519 Anlage 1 an die Gewerbeaufsicht und Bau BG, weiterhin ist ein objektbezogener Arbeitsplan und eine Betriebsanweisung zu erarbeiten
Sicherheitstechnische Maßnahmen	• Erfassung der frei gewordenen Asbestfasern z. B. durch Faserbindung oder Luftreinigung, aber auch durch Industriesauger der Verwendungskategorie K 1 (H) mit C-Filter nach BIA • Je nach Asbestfaserkonzentration Halbmasken, Vollmasken oder auch Isoliergeräte, weiterhin Ganzkörperanzüge, Handschuhe, eventuell auch Schleusenanlagen
Abfälle	Annahmezusage und die Form der Anlieferung durch eine Deponie oder einen Entsorger vor den Arbeiten einholen. Zerkleinern und Schütten sind verboten. Das Betreten durch Unbefugte ist durch Absperrungen usw. zu verhindern.
Beschäftigungsverbote	Für stillende und werdende Mütter, für Jugendliche – auch nicht zu Ausbildungszwecken
Hinweise	Für den durchschnittlichen Malerbetrieb dürften Abbruch- und Sanierungsarbeiten von festgebundenen Asbestzementprodukten (Platten, Fußböden, Attikablenden) in Frage kommen. Sanierungsarbeiten wie das Entfernen schwachgebundener, asbestgespritzter Trockenbauwände sollte der Malerbetrieb einer zugelassenen Fachfirma überlassen.
Asbest: Instandhaltungsarbeiten nach Nr.16 TRGS 519	
Übereinstimmungen mit vorheriger Tabelle	Vorsorgeuntersuchungen, sicherheitstechnische Maßnahmen, Beschäftigungsverbote, Anzeigepflicht (auch für die „Storch Krake"!), Abfallentsorgung nach Genehmigung
Qualifikationen	Kurzlehrgang nach Anlage 5 TRGS 519 (Arbeiten mit geringer Exposition der Arbeitnehmer), 1 Tag durch Handwerkskammer
Hinweise	• Malerbetriebe führen Instandhaltungsarbeiten wie Beschichtungen aus. • Diese Arbeiten unterliegen immer der TRGS 519. • Um die Rechtssicherheit zu erhöhen, führt das BIA (Berufsgenossenschaftliche Institut für Arbeitssicherheit) die Liste geprüfter Verfahren geringer Exposition. Nach diesen Verfahrenshinweisen haben die Arbeiten zu erfolgen. • Die oben beschriebenen Forderungen bleiben hiervon unberührt.

Asbest – Beschichtung von Asbestzementflächen	**TRGS 519**

Hinweis

Die folgenden Ausführungen beziehen sich auf die Beschichtung von Asbestzementflächen an Fassaden oder auf Dächern. Im Regelfall wird die zuständige Behörde z. B. Gewerbeaufsichtsamt **keine** Genehmigung erteilen. Sie vertreten in der Regel die Meinung, dass durch die Beschichtung die Verweildauer der Asbestflächen erhöht wird und das Problem der Asbestbelastung der Umwelt und der Menschen erhöht wird. Die Behörde wird dann z. B. auf den Besitzer einwirken, die Platten auszutauschen.

Grundlagen	Anhang III und Anhang IV Gefahrstoffverordnung, TRGS 519, umfangreiches Arbeitsbuch „Asbest" Herausgeber Bau BG 12/1998 Abruf Nr. 611, Tabelle 248 und 250, BFS Merkblatt 14: Die unten genannten Richtlinien gelten z. T. auch für Faserzementflächen
Erkennung	Die Erkennung von Fassadenbekleidungen und Bedachungen aus Asbestzement kann erfolgen durch • Erkennung der DIN Formate (DIN 274), Stempel AT (Asbest Technologie) bzw. NT (Neue Technologie) • Rechnungen, Vergleich der Namen und Nachfragen beim Hersteller (u. a. Weiß-Eternit, Weiss-Fulgurit, Glasal, Fulgural, Colorit 2000, Well Eternit und aus DDR-Produktion: Sokalit, Baufatherm, Baufanit, Neptunit) • Laborprüfungen • Die Farbe bietet keinen sicheren Anhaltspunkt. Auch das Herstellungs- und Verwendungsverbot für Asbest vom 1.11.1993 bietet keinen sicheren Ausschluss, da Lagerbestände eventuell noch verbaut wurden.

Arbeitsabfolge

• Prüfen der Konstruktion und des Erhaltungszustandes der Flächen (Architekt, Dachdecker)
• Verfahren (siehe unten) testen, Probeflächen anlegen, Angebot erstellen
• Anzeige an das Gewerbeaufsichtsamt und Bau BG 14 Tage vorher nach TRGS Anlage 1 abgeben (siehe Arbeitsbuch Asbest), hierbei Sachkundigen benennen
• Einleitgenehmigung für das Reinigungswasser bei der unteren Abwasserbehörde einholen
• Annahmebedingungen für das Sediment und die Annahmeerklärung der Deponie beschaffen
• Beginn der Arbeiten, Baustelle mit Schildern „Halt! Zutritt verboten" sichern
• Entsorgungsunterlagen zu den Akten nehmen

Künstliche Mineralfaser		**TRGS 521**	
Begriff	Als KMF bezeichnet man anorganische synthetisch hergestellte Fasern. Sie werden aus mineralischer Schmelze gewonnen. Glaswolle (Mineralwolle) wird aus Mischungen von Recyclingglas mit Sand, Soda, Kalk und Flussmitteln hergestellt. Weitere KMF sind: Steinwollen, Textilglasfasern. Asbest kommt dagegen bereits faserig und verfilzt in der Natur vor.		
Gesundheitsgefährdung	KMF setzen bei der Verarbeitung Fasern frei, aber nicht alle Fasern sind krebserzeugend. Von den lungengängigen Fasern mit einer Länge von < 250 µm und einer Dicke < 3 µm sind Fasern mit folgenden Wert kritisch (nach WHO und TRGS 521): länger als 5 µm und dünner als 3 µm, Verhältnis von Länge zu Durchmesser > 3		
Merkmal	Fasern der KMF		Fasern des Minerals Asbest
Fasermaße	3 bis 8 µm in variierenden Anteilen		Asbestfaser Chrysotil (Hohlfaser) 2 bis 4 µm Massivfaser Asbest: 0,1 µm
Faserbrüche	In der Regel keine Längsspaltung der Fasern, Brüche erfolgen quer zur Längsachse		Längsspaltung der Fasern erzeugt lungengängige Fasern mit Werten von 0,1 bis 3 µm

Bewertung: Zur Zeit werden KMF-Materalien mit einem Kanzerogenitätsindex von > 40 nach TRGS 905 angeboten. Weiterhin gilt ab dem Jahr 2000, dass nur noch KMF mit dem RAL Gütezeichen in den Verkehr gebracht werden dürfen.

Der Ausbau und der Einbau sollte so erfolgen, dass Stäube vermieden werden (Messerschnitt statt Säge, Abluftventilatoren) und P 2 Filter zu tragen sind. Die Entsorgung des besonders überwachungsbedürftigen Abfalls erfolgt in der Regel über die Verwertung (Nachweisverfahren über Begleitpapiere).

Asbestarbeiten: geprüfte Verfahren	
Hinweise	TRGS 519, BGI 664
Besonder-heiten	Nach TRGS 519 können ohne messtechnischen Ermittlungen des Unternehmers auch geprüfte Verfahren für Asbestarbeiten mit geringer Exposition angewendet werden. Geringe Exposition liegt vor, wenn eine Faserkonzentration von weniger als 15000 Fasern/m² durch die Beachtung der Vorschriften sichergestellt ist. Diese Verfahren werden in dem Regel-werk BGI 664 veröffentlicht
Verfahren	Es liegen im Bereich des Malerhandwerks zwei geprüfte Verfahren vor: • Ausbau asbesthaltiger Vinyl-Asbestbodenplatten nach DIN 16950 auf Bitumenkleber • Ausbau von PVC-Belägen nach DIN 16952-5 mit Träger aus schwach gebundener Asbestpappe
Hinweise	• Malerbetriebe können sich für diese Arbeiten qualifizieren (siehe o. g. Tabellen). • Verfahrensanweisungen beachten. Mitarbeiter sind entsprechend zu schulen. • Da die Materialien bis etwa 1980 verarbeitet wurden, ergibt sich ein steigender Sanie-rungsbedarf. • Das Überkleben intakter Flächen mit elastischen Belägen verzögert die Sanierung.

Transport gefährlicher Güter   Gefahrgutverordnung

Gefahrgutklassen

Die Gefahrgutklasse bezeichnet die Transportklasse zur Kennzeichnung der Gefährlichkeit von Chemi-kalien. Es gibt 9 Klassen. Die Einteilung wird u. a. gebraucht, um die vom Maler und Lackierer transpor-tierten Stoffe in ihrer Gefährlichkeit einzuteilen und damit die Mengen für die drei genau geregelten Transportarten (wie Kleinstmengenregelung, siehe Tabelle unten) zu bestimmen.

Klasse 1	Explosive Stoffe (wie Patronen für Bolzensetzgeräte)
Klasse 2	Gase (wie Flüssiggas)
Klasse 3	Entzündbare flüssige Stoffe (wie Kraftstoff, brennbare Lacke und Farben)
Klasse 4.1	Entzündbare feste Stoffe
Klasse 4.2	Selbstentzündliche Stoffe
Klasse 4.3	Stoffe, die in Berührung mit Wasser entzündliche Gase entwickeln
Klasse 5.1	Entzündend (oxidierend) wirkende Stoffe
Klasse 5.2	Organische Peroxide (wie Härter für UP)
Klasse 6.1	Giftige Stoffe (wie fluoridhaltige Holzschutzmittel)
Klasse 6.2	Ansteckungsgefährdende Stoffe
Klasse 7	Radioaktive Stoffe
Klasse 8	Ätzende Stoffe (wie Epoxidharzhärter- und masse, Reiniger)
Klasse 9	Verschieden gefährliche Stoffe wie Asbest, auch EP-Härter

Arten des Transports gefährlicher Güter

Transport kleinster Mengen (Kleinstmengenregelung)	Transport von kleinen Mengen (Kleinmengenregelung)	Transport von größeren Mengen gefährlicher Güter
• Die Ladung ist rutschfest zu sichern • Gesamtmenge je Fahrzeug bis 50 kg • Die Höchstmengen richten sich nach der Gefährlichkeit der Stoffe (s. Tabelle)	• Die Ladung ist rutschfest zu sichern • Höchstmengen dürfen nicht überschritten werden (siehe untere Tabelle) • Gefahrzettel und Beschriftung notwendig	• Wenn die Kleinmengenrege-lung nicht gilt, erfolgt der Transport nach der Gefahrgut-verordung • Gefahrgutführerschein • Warntafeln • Beförderungspapiere

Hinweis: Für den Maler und Lackierer ist der Transport im Bereich der Kleinstmengenregelung der einfachste, da hierbei keine Formalitäten zu erfüllen sind. Sollten jedoch größere Mengen auf einer Baustelle nötig sein, bietet es sich an, den Großhändler das Material just in time anliefern zu lassen.

Transportregelungen nach GGVSE Absatz 1 Nr. 3

Kleinstmengenregelung (Beispiele)

Klasse1, Ziffer 47	Kartuschen für Bolzensetzgeräte bis 5 kg
Klasse 2, Ziffer 5	Druckgaspackungen wie Farbspraydosen, bis 30 kg
Klasse 3, Ziffer 6.1	Verdünner bis zu 25 Litern, Farben bis zu 50 Litern
Klasse 9, Ziffer 11 c	Epoxidharze bis 50 Litern

Kleinmengenregelung (es ist nach der folgenden Tabelle die Summe aller Einzelprodukte zu ermitteln)

Klasse	UN-Nr. Stoff-Nr.	Bezeichnung	300 Liter (kg) Höchstmenge Risiko-Faktor 3	1000 Liter (kg) Höchstmenge Risiko-Faktor 1	Unbe-grenzt
2 Ziffer 5 f	1950	Druckgaspackungen	x		
3 Ziffer 3 b	1203	Benzin	x		
3 Ziffer 4 b	2059	Zellulosenitratfarben NC	x		
3 Ziffer 5 b	1133	Klebstoff	x		
3 Ziffer 31 c	1263	Farbe		x	
3 Ziffer 71	–	Verunreinigte Verpackungen			x
6.1 Ziffer 15 c	1593	Dichlormethan	x		
8 Ziffer 5 b	1789	Salzsäure ätzend	x		
8 Ziffer 5 c	1789	Salzsäure reizend		x	
8 Ziffer 8 b	1778	Fluorkieselsäure	x		
8 Ziffer 42 b	1823	Natronlauge ätzend	x		
8 Ziffer 42 c	1824	Natronlauge reizend		x	

Beispiel: Es sollen 100 Liter Farbe und 200 Liter dichlormethanhaltiger Abbeizer transportiert werden. Rechnung: 100 Liter Farbe x Faktor 1 ergibt Index 100, 200 Liter Abbeizer x Faktor 3 ergibt Index 600. Die Indexsumme ergibt 700. Als Kleinmengentransporte gelten nur Transporte, bei denen die Auf-addierung der Multiplikationsergebnisse wie im Beispiel die Indexzahl 1000 nicht überschreitet.

Installationszonen für Wohnungen   **DIN 18015-3**

Vorzugsmaße für Wohnräume

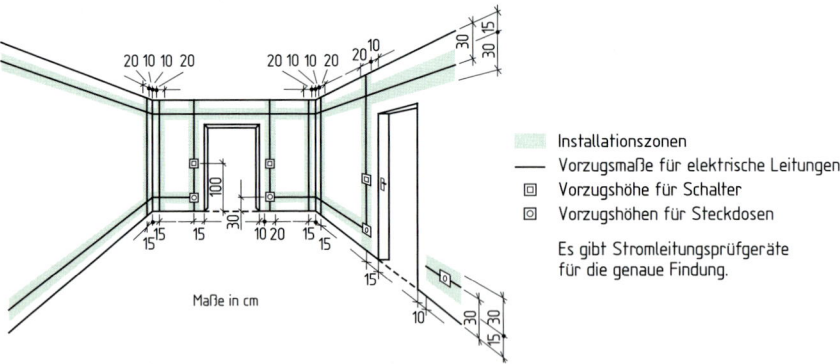

Maße in cm

- Installationszonen
- — Vorzugsmaße für elektrische Leitungen
- ⊡ Vorzugshöhe für Schalter
- ⊡ Vorzugshöhen für Steckdosen

Es gibt Stromleitungsprüfgeräte für die genaue Findung.

- Bei Räumen mit Arbeitsflächen (z. B. Küchen) befindet sich die waagerechte Installationszone 90 bis 120 cm über der fertigen Fußbodenkante.
- Bei schrägen Wänden (z. B. Dachgeschossausbauten) gilt „senkrechte Installationszone".
- Für Fußböden und Decken gibt es keine Installationszone, aber rechtwinklige Führung.

Flammstrahlen · Sandstrahlen **265**

Grundlagen
Werkstoffe Hilfsstoffe
Werkzeuge Geräte, Gerüste
Arbeits- techniken
Gestaltung
Arbeitsschutz Umweltschutz
Aufmaß Abrechnung
Betriebs- führung
Quellen

Flammstrahlen	
Qualifikationen	Kenntnisse: BGV A 1, Acetylenverordnung, TR Acetylenanlagen (TRAC 206), TR Druckgase (TRG 280), Merkblätter des Dt. Verbandes für Schweißtechnik Nr. 0212, 0301, 0302, Betriebsanweisung
Vorsorgeuntersuchungen	Arbeitsmedizinische Vorsorge BGV A 4, Atemschutzgeräte
Anzeigepflicht	Keine
Sicherheitstechnische Maßnahmen	• Anforderungen für die Brenngasversorgung mit Acetylen beachten, Schutzzonen um die Druckgasflaschen-Batterien beachten • Der Gasabbrand und gesundheitsgefährdende Gase alter Anstriche erfordern Atemschutzgeräte, Brandschutz • Persönliche Schutzausrüstung: Schutzbrille mit Schweißerschutzfilter, schwer entflammbarer Schutzanzug, Gehörschutz, Sicherheitsschuhe, Sicherheitshandschuhe, Sicherheitshelm, Atemschutz
Abfälle	Entsorgung nach Abfallschlüssel über Deponie
Beschäftigungsverbote	• Beschäftigung erst ab 18 Jahren möglich • Ab 16 Jahren nur zu Ausbildungszwecken und unter Schutz einer Aufsicht führenden Person
Hinweise	• Strahlarbeiten von Leitern und Behelfsgerüsten aus sind nicht zulässig • Der durchschnittliche Malerbetrieb wird angesichts der Fülle der zu beachtenden Verordnungen nicht mit Flammstrahlen Entrostungsarbeiten durchführen. Dies geschieht durch spezialisierte Firmen; Alternativen siehe unten

Strahlarbeiten mit körnigen Strahlmitteln („Sandstrahlen")	
Qualifikationen	Kenntnisse: TR Druckbehälter, Betriebsanweisung, BGV D 26
Vorsorgeuntersuchungen	Arbeitsmedizinische Vorsorge BGV A 4, Atemschutzgeräte
Anzeigepflicht	• Bei krebserregenden Beschichtungen (z. B. Zinkchromat) Umweltgefährdung durch Gerüstabplanungen verhindern • Eventuell Parkverbotschilder genehmigen und aufstellen lassen
Sicherheitstechnische Maßnahmen	• Wenn kein Sichtkontakt zwischen Freistrahler und Maschinenführer vorhanden ist, muss Freisprecheinrichtung vorhanden sein • Prallschutzanzug mit Strahlerhelm und Frischluftversorgung, Gehörschutz • Strahlanlage täglich bzw. nach Standortwechseln prüfen • Prüffristen für Kompressor, Strahlkessel einhalten (nur durch Sachverständige) • Strahlarbeiten auf Leitern und auf Behelfsgerüsten sind untersagt
Abfälle	• Strahlschutt (Strahlmittel und Altbeschichtung) auf Deponie entsorgen • Besondere Angabe, ob Strahlschutt blei- oder zinkchromathaltige Altbeschichtungen enthält
Beschäftigungsverbote	• Beschäftigung erst ab 18 Jahren möglich • Ab 16 Jahren nur zu Ausbildungszwecken und unter Schutz einer Aufsicht führenden Person
Hinweise	• Der durchschnittliche Malerbetrieb wird sich bei Bedarf Kompressor und Strahlkessel samt Strahlgut und Schläuchen ausleihen • Hierbei bestätigen lassen, dass die Prüffristen eingehalten sind. Zustand der Anlage überprüfen • Nur durch Materialprüfstellen zugelassene Strahlmittel (also keine silikogene Strahlmittel wie Quarze, Sand) verwenden; Strahlpartikelgröße und dessen Form sowie der Arbeitsdruck sind die wichtigsten Bestimmungsgrößen für rationelles Abstrahlen • Das richtige Strahlmittel ist durch Testen herauszufinden

Flüssigkeitsstrahler („Hochdruckreiniger")	**ATV M 370**
Qualifikatio-nen	Kenntnis BGV D 15, Abwassertechnische Vereinigung, www.atv.de oder www.dwg.de, Wasserhaushaltsgesetz, Betriebsanweisungen Reiniger, Bundes-Bodenschutzgesetz
Vorsorge	Vorsorgeuntersuchung BGV A 4 Atemschutz, Lärm
Anzeige-pflicht	Einholen der behördlichen Einleitgenehmigung, Umweltbelästigung durch Gerüstab-planungen verhindern, eventuell Parkverbotschilder genehmigen und aufstellen lassen
Sicherheits-technische Maßnahmen	• Betriebsanweisung Hochdruckreiniger (siehe unten) • Schulung der Mitarbeiter mindestens einmal jährlich • Schutzmaßnahmen bei Verwendung eines Gefahrstoffes (Reiniger wie Flussäure und Laugen, Abbeizer wie Dichlormethan, Konservierer wie Silikone und Siloxane – siehe hierzu immer die jeweilige Betriebsanweisungen bei WINGIS) festlegen • Lagerung (siehe Tabelle Lagerung) und Handhabung • Persönliche Schutzausrüstung wie Kopf-Gesichtsschutz, eventuell Atemschutz • Ökologie (siehe Zeile tiefer) und Schutz der Anwohner • Strahlarbeiten von der Leiter und von Behelfsgerüsten sind untersagt
Abwasser-aufbe-reitung, Abfallent-sorgung	• Einleitungsgenehmigung der unteren Wasserbehörde einholen, Grundlage sind die Arbeitsblätter der Abwassertechnischen Vereinigung Merkblatt 370: Erfassung und Behandlung von Fassadenabwässern und -abfällen • Mobile Wasseraufbereitungsanlage muss eine amtliche Bauartzulassung haben • Anlagenprotoll und Baustellenprotokoll führen • Farbschlammentsorgung durch zugelassenen Entsorger, durch Ausfällungen oder Ausflockungen des Abwassers entstandener Schlamm ebenso entsorgen lassen
Verbote	• Keine Beschäftigungsverbote, Jugendliche über 16 Jahre dürfen unter Aufsicht eines Fachkundigen und wenn es die Ausbildung erfordert, mit den Geräten arbeiten
Hinweise	• Bei der Reinigung ohne jegliche Zusätze sind ebenfalls Einleitungsgenehmigungen einzuholen und Schutzausrüstungen anzulegen • Bei Eigentransport Genehmigungen einholen • Angesichts des umfangreichen Regelwerks haben sich Dienstleister in diesem Bereich etabliert. Der Dienstleister sollte die Forderungen der „Entsorgungsfachbetriebever-ordnung im Rahmen des § 52 Kreislaufwirtschafts- und Abfallgesetzes" erfüllen.
Beispiel: Betriebsanweisung für Flüssigkeitsstrahler	
Allgemeines	Briefkopf, Ausgabedatum, Bezug (Betriebsanweisung nach § 14 Gefahrstoffverordnung, nach BGV D 15 Arbeiten mit Flüssigkeitsstrahlern), Personelle Verantwortungen fest-schreiben für Geräteführer, Aufsicht und Sachkundigen
Gefahren für Mensch und Umwelt	• Benennung, welche Inhaltsstoffe der Sprühnebel enthält (z. B. Abbeizstoffe) • Benennung, welche Gefahr vom Abwasser ausgeht (z. B. Bodenschädigung) • Beschreibung der Lärmemission
Schutzmaß-nahmen	• Benennung der Persönlichen Schutzausrüstung wie Gehörschutz usw. in Bezug auf die Inhaltsstoffe des Sprühnebels (siehe ersten und dritten Punkt vorherige Zeile) • Benennung der Gefahrenabwehr von Bodenschädigung (siehe vorherige Zeile)
Verhalten bei Störun-gen	• Es sollen die Punkte aufgeführt werden, die z. B. in den Checklisten der Betriebsan-leitung aufgeführt sind. Ferner ist aufzuführen, wie Schläuche geschützt verlegt werden und wie mit beschädigten Schläuchen umgegangen wird. • Hinweis, welcher Mitarbeiter für Reparaturen, Wartungen, Schläuche zuständig ist
Inbetrieb-nahme	• Kann bei Maschinen mit hoher Lärmemission durchaus zu Einschränkungen in der zeitlichen Nutzung führen
Außerbe-triebnahme	Hier benennen, wie oft die Wartungsprüfungen durchzuführen sind
Unter-schriften	Unterschriften der Mitarbeiter, denen im Rahmen einer mindestens einmal jährlichen stattfindenden Unterweisung diese Betriebsanweisung in ihrer Landessprache erklärt worden ist, Unterschrift des Unternehmers, Datum

Entsorgung von Stoffen

Nach Kreislaufwirtschafts- und Abfallgesetz (KrWG/AbfG) ist Abfall eine bewegliche Sache, die im Interesse der Allgemeinheit und der Umwelt entsorgt werden muss.

Grundsätze nach AbfG § 1a ff sind:
- Abfallvermeidung z. B. durch reststoffarme Verfahren
- Abfallverwertung durch Recycling
- Abfallentsorgung an Entsorgungsunternehmen

Entsorger

Entsorgung im Rahmen der Verpackungsmittelverordung	• Verpackungen werden je nach Aufdruck über Interseroh entsorgt. • Nach Besuch des Abfallberaters werden die Entsorgungszyklen festgelegt. • Es wird in vier Fraktionen (Papier/Karton, Kunststoff, Metall und Glas) gesammelt. • Sollten auch mal Verpackungen ohne Interseroh-Marke vorhanden sein, wird gegen Gebühr entsorgt. • Kostenlose Abholung, da die Entsorgung durch die Industrie bezahlt wird. • Interseroh ist ein Garantiegeber für die Duales System Deutschland AG. • Weitere Abfallentsorgungen sind möglich.
Entsorgung nach Kreislaufwirtschaftsgesetz/ Abfallgesetz	• Hier werden Produktreste (siehe Tabelle unten) durch ortsnahe Entsorger kostenpflichtig entsorgt. • Kosten je nach Tonnage und Überwachungsbedürftigkeit. • Klarheit schaffen die Abfallberater für gewerbliche Betriebe beim zuständigen staatlichen Müllentsorgungsunternehmen.
Eigene Entsorgung	• Sie ist aufwändig, da Annahmestelle des Wertstoffhofes angefahren werden muss. • Eigener Transport kann Kosten reduzieren, aber Transportregelung unbedingt beachten (Kleinstmengenregelung). • Gebühren und Lohnkosten einrechnen. • Transportbescheinigungen und Beförderungspapiere sind zu bearbeiten.

Verordnung Europäischer Abfallkatalog (Auswahl, s. auch www.lua.nrw.de)

Abfall	EWC-Code	Abfall	EWC-Code
PVC-Bodenbelag	120105	Pappe	150101
Lackreste, nicht ausgehärtet	080102	Altpapier, Abdeckpapier	200101
Eimer, entleert	150104	Reste von Wasserlacken	080103
Filtermatten, Filter	150299	Organische Holzschutzmittel	070404
Halogenierte Lösemittel aus Destillationen	140502	Nicht halogenierte Lösemittel aus Destillationen	140503
Lösemittel	200113	Wischtücher, Schutzkleidung	150201
Ausgehärtete Lackreste	080112	Abbeizreste, nicht halogenartig	080107
Strahlgut, trocken	120116	Abbeizreste halogenartig	080106
Folien	150102	Wässrige Farbschlämme	080108
Abfälle aus Abwasserbehandlungsanlagen	190205	–	–

Erläuterungen:
- Nach dem europäischen Abfallkatalog (engl.: European Waste Catalogue) erhält jeder Abfall eine EWC-Nummer. Mit dieser Nummer ist auch die Einstufung der Gefährlichkeit des Stoffes in nicht überwachungsbedürftig, überwachungsbedürftig und besonders überwachungsbedürftig verbunden. Je nach anfallender Menge je Jahr sind Nachweise und entsprechende Verordnungen einzuhalten.
- Entsprechend sind die Entsorgungswege mit dem Abfallberater des kommunalen Entsorgungsunternehmens abzustimmen.
- Entsorgungspapiere unterliegen einer Aufbewahrungspflicht.

Nachleuchtende Farbsysteme – Sicherheitsleitsysteme	DIN 67510 BGR 216

Einord-nung	• Diese Beschichtungssysteme haben Pigmente mit Nachleuchteffekt. • Systeme sind stromunabhängig, wartungsfrei und zugelassen, wenn sie bestimmte Nachleuchtzeiten einhalten. • Ein schnelles Auffinden der Rettungswege ist bei Notfällen wie plötzliche Dunkelheit und Verrauchung möglich. • Einsatz auch als Effektbeschichtung z. B in Diskos
Funktions-weise	• **Anregungsphase** der nachleuchtenden Pigmente durch Tageslicht, weiße Leuchtstofflampe (ca. 4000 Kelvin Farbtemperatur – Erklärungen zu den Begriffen zum Thema Licht: siehe dieses Tabellenbuch) • Weniger optimal: Glühlampenlicht, Halogenlicht, warmweiße Leuchtstofflampen • Nicht geeignet: Natriumdampflampen (monochromes, gelbbräunliches Licht), Rotlicht, Gelblicht • **Abklingphase** oder Nachleuchtphase: Die Leuchtkraft nimmt in der Intensität kontinuierlich mit der Geschwindigkeit ab, wie sich das menschliche Auge an die Dunkelheit anpasst.
Physi-kalische Größen	• Beleuchtungsstärke in Lux: Je intensiver die Einstrahlung in der Anregungsphase, desto höher die Leuchtdichte • Zeit in Minuten: Je länger die Anregung anhält, desto intensiver die Abstrahlung • Leuchtdichte in mcd/m² (Milli-Candela): Der Wert nimmt mit der Zeit ab und ist abhängig von der Einstrahlung, aber auch von der Güte der Pigmente.

Abklingverhalten von nachleuchtenden Systemen in Bezug auf die Zeit

Hinweis: Die Wahrnehmungsgrenze des menschlichen Auges beträgt 0,01 mcd/m².

Aufbau von nachleuchtenden Beschichtungssystemen

Vorbehand-lung	Es gelten die Allgemeinen Regeln der Technik: „trocken, fest, sauber, rissfrei", z. B. schleifen, abstrahlen, fräsen.
Grundierung	Neben der üblichen Grundierung z. B. zur Regulierung des Saugvermögens oder zum Korrosionsschutz ist eine weiße Grundierung als Reflektionsschicht notwendig.
Nachleuch-tende Schicht	Optimal ist ein Auftrag im Airlessverfahren, da eine gleichmäßig glatte Oberfläche erzeugt wird. Pinsel und Rollenbeschichtungen sind jedoch auch möglich. Je höher die Schichtdicke, desto höher die Leuchtdichte.
UV-Schutzlack	Er ist im Innenbereich im Allgemeinen nicht notwendig. Der Lack schützt aber auch vor Lackabtrag durch Reinigungsmaßnahmen.

Regelwerke für den Aufbau von Sicherheitssystemen

BGR 216	Optische Sicherheitsleitsysteme (einschließlich Sicherheitsbeleuchtung): Grundlagen
BGV A 8	Sicherheits- und Gesundheitsschutzkennzeichnung am Arbeitsplatz: Konkrete Forderungen, insbesondere § 10: Nachleuchtende Systeme
DIN 67510	Langnachleuchtende Pigmente und Produkte: Messung von langnachleuchtenden Produkten am Ort der Anwendung, langnachleuchtendes Sicherheitsleitsystem, Produkte für langnachleuchtendes Sicherheitsleitsystem; Markierungs- und Kennzeichnungshinweise

Regelungen des Auftrags- und Vergabewesens

- Für den Handwerker ist es in der Regel günstiger, wenn statt des Werksvertragsrechts des BGB (Bürgerlichen Gesetzbuches) die VOB (Vergabe- und Vertragsordnung für Bauleistungen) vereinbart wird. Unterschiede zwischen BGB-Werkvertrag und VOB-Bauvertrag sind z. B. Ausführungsunterlagen, Vorbereitung der Baustelle durch Auftraggeber, Leistungsverzögerung, Gefahrverteilung, Abnahme, Verjährungsfrist, Gewährleistungsansprüche, Abschlagszahlungen.
- Grundsätzlich sollte deswegen die VOB vereinbart werden. Die VOB wird in der Regel immer bei Aufträgen öffentlicher Auftraggeber wie Staatshochbauamt vereinbart.
- Die VOB ist kein Gesetz, sondern eine Vertragsordnung. Sie muss deswegen zwischen den Parteien ausdrücklich vereinbart werden. Versäumen dies beide Vertragsparteien, gelten die Bestimmungen des BGB.

Vorschrift	Bezeichnung
VOB/A	Allgemeine Bestimmungen für die Vergabe von Bauleistungen
VOB/B	Allgemeine Vertragsbedingungen für die Ausführung der Bauleistungen (DIN 1961).
VOB/C	Allgemeine Technische Vertragsbedingungen (ATV), z. B.: • Allgemeine Regelungen für Bauarbeiten jeder Art (18299) • Betonerhaltungsarbeiten (DIN18349) • Putz- und Stuckarbeiten (DIN 18350) • Maler- und Lackiererarbeiten (DIN 18363) • Korrosionsschutzarbeiten an Stahl- und Aluminiumbauten (DIN18364) • Bodenbelagsarbeiten (DIN18365) • Tapezierarbeiten (DIN 18366) • Gerüstarbeiten (18451)

VOB Teil A Allgemeine Bestimmungen für die Vergabe von Bauleistungen

Mit der VOB – Ausgabe 2002 – sind umfassende Änderungen der VOB/A sowie punktuelle Änderungen der VOB/B erfolgt. Alle DIN-Normzitate wurden geprüft und ggf. aktualisiert. Die ATV – DIN 18299 Allgemeine Regelungen für Bauarbeiten jeder Art – wurden fachtechnisch überarbeitet.

Wesentliche Inhalte der VOB Teil A	**DIN 1960**
Basisparagraph	**Bestimmungen**
§ 8 Nr. 5 Abs. 1, 1a „Teilnahme am Wettbewerb"	(1) Unternehmer dürfen als Teilnehmer vom Wettbewerb ausgeschlossen werden (1a) über deren Vermögen das Insolvenzverfahren oder ein vergleichbares gesetzlich geregeltes Verfahren eröffnet oder die Eröffnung beantragt worden ist oder der Antrag mangels Masse abgelehnt wurde.
§ 9 Nr. 1 „Beschreibung der Leistung"	Ohne umfangreiche Vorarbeiten muss die Leistung eindeutig und so erschöpfend beschrieben werden, dass alle Bewerber die Beschreibung im gleichen Sinne verstehen müssen und ihre Preise sicher berechnen können. In Leistungsbeschreibungen dürfen Bedarfspositionen (Eventualpositionen) nur ausnahmsweise aufgenommen werden. Nur unbedingt erforderliche angehängte Stundenlohnarbeiten dürfen in die Leistungsbeschreibung aufgenommen werden.
§ 10 Nr. 1 Abs. a, b „Vergabeunterlagen"	(1) Die Vergabeunterlagen bestehen aus (a) dem Anschreiben (Aufforderung zur Angebotsabgabe, ggf. Bewerbungsbedingungen (§10 Nr. 5) und (b) den Verdingungsunterlagen (§ 9 und §10 Nr. 1 Abs.2 und Nr. 2 bis 4)
§ 10 Nr.1h, i, j „Vergabeunterlagen"	(h) Die Zulassung von digitalen Verfahren und Angeboten zu ihrer Ver- und Entschlüsselung. (i) Genaue Aufschrift der schriftlichen Angebote oder Bezeichnung der digitalen Angebote. (j) Evt. auch Anschrift, an die die digitalen Angebote zu richten sind.

VOB Teil A Allgemeine Bestimmungen für die Vergabe von Bauleistungen (Fortsetzung)

Wesentliche Inhalte der VOB Teil A (Fortsetzung)	DIN 1960
Basisparagraph	**Bestimmungen**
§ 14 Nr. 5 Abs. 2 „Sicherheitsleistung"	Wenn Mängel der Leistung voraussichtlich nicht eintreten oder wenn der Auftragnehmer hinreichend bekannt ist und genügende Gewähr für die vertragsgemäße Leistung und die Beseitigung etwa auftretender Mängel bietet, soll ganz oder teilweise auf Sicherheitsleistung verzichtet werden. Sicherheitsleistungen sollen bei beschränkten Ausschreibungen sowie freihändiger Vergabe nicht verlangt werden.
§ 17 Nr. 1 Abs. 2 i, l „Bekanntmachung, Versand der Vergabeunterlagen"	(i) Anzugeben sind Unterlagen, die auch digital eingesehen und angefordert werden können. (l) Anschrift, an die die Angebote schriftlich auf direktem Weg oder per Post zu richten sind; ggf. auch Anschrift, an die Angebote digital zu richten sind.
§ 18 Nr. 2 und 3 „Angebotsfrist, Bewerbungsfrist"	Mit Öffnung der Angebote, läuft die Angebotsfrist ab. Der Eröffnungstermin ist maßgebend. Angebote können bis zum Ablauf der Angebotsfrist schriftlich, fernschriftlich, telegraphisch oder digital zurückgezogen werden.
§ 20 Nr. 1 Abs.1 „Kosten"	Für Leistungsbeschreibungen und andere Unterlagen darf bei öffentlichen Ausschreibungen ein Entgeld gefordert werden. Das Entgeld darf nicht die Selbstkosten des Auftraggebers für Vervielfältigung, Versendung sowie bei digitaler Übermittlung übersteigen.
§ 21 Nr. 1 Abs.1 „Form und Inhalt der Angebote"	Angebote schriftlich einreichen und unterzeichnen. Zulassung vom Auftraggeber von digitalen Angeboten mit digitaler Signatur, im Sinne des Signaturgesetzes, die verschlüsselt eingereicht werden müssen.
§ 22 Nr. 1 „Eröffnungstermin"	Beim Eröffnungstermin dürfen nur Bieter und ihre Bevollmächtigten zugegen sein. Angebote, auch digitale, sind bis dahin zu kennzeichnen und unter Verschluss zu halten.
§ 25 Nr. 1 Abs. 2 „Wertung der Angebote"	Angebote von Bietern können nach § 8 Nr. 5 oder wenn sie dem § 21 Nr. 3 Satz 2 nicht entsprechen, ausgeschlossen werden.

VOB Teil B Allgemeine Vertragsbedingungen für die Ausführung der Bauleistungen

Wesentliche Inhalte der VOB Teil B				DIN 1961
§§ VOB/B	**Gegenstand der VOB**	**Mitteilung durch**	**Formvorschrift nach VOB/B**	**Bemerkung**
§ 2 Nr. 3 Abs. 1	Mengenüberschreitung: Verlangen eines neuen Einheitspreises	Auftrageber oder Autragnehmer	Keine	Schriftform empfohlen (evtl. in Form eines Nachtragsangebotes)
§ 2 Nr. 3 Abs. 2	Mengenunterschreitung: Verlangen eines erhöhten Einheitspreises	Auftragnehmer	Keine	Schriftform empfohlen (evtl. in Form eines Nachtragsangebotes)
§ 2 Nr. 4	Herausnehmen eines Leistungsteils aus dem Leistungsumfang 1) Mitteilung 2) Abrechnung	Auftraggeber Auftragnehmer	Schriftform Keine	Teilkündigung nach § 8 Nr. 3 VOB/B; Auftraggeber schriftlich über die Abrechnung nach § 8 Nr. 3 VOB/B unterrichten

VOB Teil B Allgemeine Vertragsbedingungen für die Ausführung der Bauleistungen				
Wesentliche Inhalte der VOB Teil B (Fortsetzung)				**DIN 1961**
§§ VOB/B	Gegenstand der VOB	Mitteilung durch	Formvorschrift nach VOB/B	Bemerkung
§ 2 Nr. 5	Änderung Bauentwurf: Anordnungen des Auftragsgebers, verlangen eines neuen Preises	Auftragnehmer	Keine	Schriftform aus Beweisgründen empfohlen.
§ 2 Nr. 6	Anspruch auf besondere Vergütung bei Forderung einer im Vertrag nicht vorgesehenen Leistung	Auftragnehmer	Keine	Schriftform aus Beweisgründen empfohlen. Vor Ausführung der Leistung.
§ 2 Nr. 8 Abs. 2	Ausführung von Leistungen, die für die Erfüllung des Vertrages notwendig waren und dem mutmaßlichen Willen des Auftraggebers entsprachen	Auftragnehmer	Keine	Schriftform aus Beweisgründen empfohlen.
§ 3 Nr. 3	Hinweispflicht des Auftragnehmers gegenüber dem Auftraggeber bei Feststellung eines offensichtlichen oder vermuteten Fehlers in den Ausschreibungsunterlagen	Auftragnehmer	Keine	Schriftform aus Beweisgründen empfohlen.
§ 4 Nr. 3	Bedenken des Auftragnehmers gegen die vorgesehene Art der Ausführung	Auftragnehmer	Schriftform	Schriftform zwingend vorgeschrieben. Unverzügliche schriftliche Mitteilung an den Auftraggeber, möglichst schon vor Beginn der Arbeit.
§ 4 Nr. 8	Übertragung von Leistungen an Nachunternehmer	Auftraggeber	Schriftform	Die Parteien können die Schriftform auch noch nachträglich vertraglich ausschließen.
§ 5 Nr. 2 Satz 1	Mitteilung des Ausführungstermins	Auftraggeber	Keine	Schriftform aus Beweisgründen empfohlen.
§ 5 Nr. 2 Satz 3	Anzeige über Beginn der Ausführung	Auftragnehmer	Keine	Schriftform aus Beweisgründen empfohlen.
§ 6 Nr. 1	Mögliche Behinderung des Auftragnehmers in der ordnungsgemäßen Ausführung der Leistung	Auftragnehmer	Schriftform	Mündliche Anzeige kann ausreichen, weil Schriftform nur zu Beweiszwecken dient. Keine Anzeige, wenn die Behinderung für den Auftraggeber offenkundig ist.
§ 6 Nr. 3	Benachrichtigung vom Wegfall hindernder Umstände	Auftragnehmer	Keine	Schriftform aus Beweisgründen empfohlen.

VOB Teil B Allgemeine Vertragsbedingungen für die Ausführung der Bauleistungen

Wesentliche Inhalte der VOB Teil B (Fortsetzung) DIN 1961

§§ VOB/B	Gegenstand der VOB	Mitteilung durch	Formvorschrift nach VOB/B	Bemerkung
§ 6 Nr. 7	Kündigung bei Unzumutbarkeit der Hinnahme des durch die Unterbrechung der Arbeiten herbeigeführten Zustandes	Auftragnehmer, Auftraggeber	Schriftform	Bei Kündigung ist die Schriftform zwingend vorgeschrieben.
§ 8 Nr. 5	Kündigung des Vertrags durch Auftraggeber	Auftraggeber	Schriftform	Bei Kündigung ist die Schriftform zwingend vorgeschrieben.
§ 9 Nr. 2	Kündigung des Vertrags durch Auftragnehmer	Auftragnehmer	Schriftform	Bei Kündigung ist die Schriftform zwingend vorgeschrieben.
§ 11 Nr.4	Vorbehalt der Vertragsstrafe bei Abnahme	Auftraggeber	Keine	Bei förmlicher Abnahme ist der Vorbehalt der Vertragsstrafe nur wirksam erklärt, wenn er in das Abnahmeprotokoll aufgenommen worden ist.
§ 12 Nr.1	Verlangen der Abnahme der Leistung	Auftragnehmer	Keine	Schriftform aus Beweisgründen empfohlen.
§ 12 Nr.4	Verlangen einer förmlichen Abnahme	Auftragnehmer, Auftraggeber	Keine	Schriftform aus Beweisgründen empfohlen.
§ 13 Nr. 3	Leistungsmängel auftraggebende Seite	Auftragnehmer	Schriftform	Vgl. § 4 Nr. 3
§ 13 Nr. 5	Verlangen auf Mängelbeseitigung	Auftraggeber	Schriftform	Schriftform ist keine Wirksamkeitsvoraussetzung für das Entstehen des Nachbesserungsanspruches. Sie bewirkt den erneuten Lauf der Verjährungsfrist.
§ 15 Nr. 3	Ausführungsarbeiten von Stundenlohnarbeiten	Auftragnehmer	Keine	Schriftform aus Beweisgründen empfohlen.
§ 16 Nr. 3 Abs. 2 Satz 4	Vorbehalt gegen die Schlusszahlung innerhalb von 12 Werktagen	Auftragnehmer	Keine	Schriftform aus Beweisgründen empfohlen.
§ 16 Abs. 2 Satz 5	Begründung des Vorbehalts innerhalb von 24 Werktagen	Auftragnehmer	Keine	Schriftform aus Beweisgründen empfohlen.
§ 18 Nr. 2 Satz 2	Entscheidung der vorgesetzten Stelle des öffentlichen Auftraggebers bei Streitigkeiten innerhalb von 2 Monaten	Auftraggeber	Schriftform	Entscheidung innerhalb von 2 Monaten.

Die Allgemeinen Vertragsbedingungen für die Ausführung von Bauleistung sind Allgemeine Geschäftsbedingungen, die das Werkvertragsrecht des BGB um die bauspezifisch notwendigen Bedingungen ergänzen.
Sie enthalten insgesamt einen ausgewogenen Interessenausgleich der Rechte und Pflichten der Auftraggeber und Auftragnehmer.

Grundlagen
Werkstoffe Hilfsstoffe
Werkzeuge Geräte, Geräte
Arbeitstechniken
Gestaltung
Arbeitsschutz Umweltschutz
Aufmaß Abrechnung
Betriebsführung
Quellen

Aufmaßvorschriften ausgesuchter VOB

Zu der VOB DIN 18363 Maler- und Lackiererarbeiten siehe die folgenden Seiten.

DIN	Übermessen werden ...	Abzüge sind ...	Abrechnungsmaße
18451 Gerüst-arbeiten	• Öffnungen in der eingerüsteten Fläche bei Arbeits- und Schutzge-rüsten	• --	Üblich: Die einzu-rüstende Fläche – aber auch: Anzahl der Felder
18366 Tapezier-arbeiten	• Aussparungen, Öffnungen und Nischen bis 2,50 m² Einzelgröße • Fachwerkbalken, Ständer bis 0,30 m Einzelbreite • Fußleisten usw. bis 0,10 m Höhe	• Aussparungen, Öffnungen, Nischen über 2,50 m² Ein-zelgröße (bearbeitete Lei-bungen werden gesondert berechnet) • Unterbrechungen über 1,00 m Einzellänge	Flächenmaß, Längenmaß
18365 Bodenbe-lagarbeiten	• Aussparungen bis 0,10 m² Einzel-größe • In Böden nachträglich eingear-beitete Flächen wie Intarsien	• Aussparungen über 0,10 m² Einzelgröße • Unterbrechungen über 1,00 m Einzellänge	Flächenmaß, Längenmaß, Anzahl
18364 Korrosions-schutz an Stahl- und Alubauten	• Überdeckungen und Aussparun-gen bis 0,10 m² Einzelgröße • Einbetonierte Teile bei der Ab-rechnung nach Gewicht	• Überdeckungen und Aus-sparungen über 0,10 m² Einzelgröße • Unterbrechungen über 1 m Einzellänge	Flächenmaß, Längenmaß, Anzahl, Gewicht
18356 Parkett-arbeiten	• Aussparungen bis 0,10 m² Einzel-größe • In Böden nachträglich eingear-beitete Teile wie Intarsien	• Aussparungen über 0,10 m² Einzelgröße • Unterbrechungen über 1,00 m Einzellänge	Flächenmaß, Längenmaß , Anzahl
18350 Putz- und Stuckarbei-ten (ab 1/2005)	• Aussparungen, Öffnungen und Nischen bis 2,50 m² Einzelgröße (in Böden 0,5 m²) • Fußleisten usw. bis 0,10 m Höhe • Fachwerkbalken, Ständer	• Aussparungen, Öffnungen, Nischen über 2,50 m² Einzelgröße • Unterbrechungen über 1,00 m Einzellänge	Flächenmaß , Längenmaß, Anzahl (Flächen bis 2,50 m²)
18349 Beton-erhaltungs-arbeiten	• Aussparungen, Öffnungen und Nischen bis 2,50 m² Einzelgröße • Balken, Ständer usw. aus Holz, Metall, Beton bis 0,30 m Einzel-breite	• Aussparungen, Öffnungen und Nischen über 2,50 m² Einzelgröße (Leibungen werden gesondert berech-net) • Unterbrechungen über 1,00 m Einzellänge	Flächenmaß, Längenmaß, Anzahl, Gewicht (bei Einbau von Bewehrungsstahl)
18340 Trockenbau-arbeiten (neu ab 1/2005)	• Aussparungen, Öffnungen und Nischen bis 2,50 m² Einzelgröße • Unterbrechungen bis 0,30 m Ein-zelbreite	• Aussparungen, Öffnungen, Nischen über 2,50 m² Einzelgröße • Unterbrechungen über 1,00 m Einzellänge • Aussparungen über 0,50 m² Einzelgröße	Anzahl (Flächen bis 5 m²), Flächenmaß (Flä-chen über 5 m²), Längenmaß
18345 WDVS (neu ab 1/2005)	• Aussparungen, Öffnungen und Nischen bis 2,50 m² Einzelgröße • Unterbrechungen bis 0,30 m Einzelbreite	• Aussparungen, Öffnungen, Nischen über 2,50 m² Einzelgröße • Unterbrechungen über 1,00 m Einzellänge	Anzahl (Flächen bis 2,50 m²), Flächenmaß, Längenmaß

Hinweis zu DIN 18350, 18340, 18345: *Leibungen* werden nicht mehr gesondert berechnet.

Normen, Vorschriften und Gesetze für die Abrechnung von Malerarbeiten

Grundlage für die Abrechnung von Maler- und Lackiererarbeiten bilden eine Reihe von Vorschriften, Regeln, Normen und Gesetze. Den Schwerpunkt bildet die Vergabe- und Vertragsordnung für Bauleistungen (VOB). Die VOB verlangt eine **überprüfbare Abrechnung** der erbrachten Leistungen.

Vorschrift	Bezeichnung
VOB/A	Vergabe- und Vertragsordnung für Bauleistungen, Allgemeine Bestimmungen für die Vergabe von Bauleistungen
VOB/B	Allgemeine Vertragsbedingungen DIN 1961
VOB/C	Allgemeine Technische Vertragsbedingungen (ATV)
• DIN 18299	Allgemeine Regelungen für Bauarbeiten jeder Art
• DIN 18340	Trockenbau
• DIN 18345	Wärmedämm-Verbundsysteme
• DIN 18349	Betonerhaltungsarbeiten
• DIN 18350	Putz- und Stuckarbeiten
• DIN 18351	Fassadenarbeiten
• DIN 18356	Parkettarbeiten
• DIN 18363*	Maler- und Lackierarbeiten – Beschichtungen
• DIN 18364	Korrosionsschutzarbeiten an Stahlbauten
• DIN 18365	Bodenbelagsarbeiten
• DIN 18366*	Tapezierarbeiten
• DIN 18451	Gerüstarbeiten
BGB	Bürgerliches Gesetzbuch –Werkvertrag–
AGB	Gesetz zur Regelung des Rechts der Allgemeinen Geschäftsbedingungen

Zu den Texten der VOB/A bis C gibt es Kommentare mit ausführlichen Erläuterungen und Fallbeispielen.

* Die Bestimmungen der DIN 18363 und 18366 sind in weiten Bereichen gleich.

Leistungsermittlung von Malerarbeiten nach ATV-DIN 18363

Bei der Abrechnung von Malerarbeiten kann zwischen Auftraggeber und Auftragnehmer vereinbart werden, ob eine Abrechnung nach dem **Zeitaufwand in Stunden** erfolgt oder ob die Abrechnung nach der **VOB (Vergabe- und Vertragsordnung für Bauleistungen)** erfolgen soll. Diese Vereinbarung sollte schon vor der Angebotskalkulation getroffen werden. Wird die Anwendung der VOB nicht vereinbart, so tritt automatisch das BGB (Bürgerliche Gesetzbuch) in kraft. Diese Vereinbarungen haben auch Auswirkungen auf die Gewährleistungsfristen (VOB: 4 Jahre, BGB: 5 Jahre).

• Bei der Abrechnung nach VOB ermittelt der Maler und Lackierer mit Hilfe von **Aufmaßen** die Größe der bearbeiteten Fläche oder Länge.
• Die mit Hilfe von Aufmaßen ermittelten Flächen und Längen bilden die Grundlage für die Angebots- bzw. Rechnungserstellung.
• Damit Rechnungen vom Auftraggeber überprüft werden können, müssen die vorgelegten Aufmaße so klar und verständlich geschrieben werden, dass der Prüfende sich die Form der bearbeiteten Flächen vorstellen und die Bauteilen richtig zuordnen kann.

Hinweis: Da im Malerhandwerk auch Trockenbauarbeiten, Wärmedämmarbeiten und Putzarbeiten ausgeführt werden, müssen bei der Abrechnung solcher Arbeiten auch die entsprechenden ATV berücksichtigt werden (DIN 18340, DIN 18345 und DIN 18350).

Wichtig: Diese Markierung A ▸ T,W,P weist auf den folgenden Seiten darauf hin, dass bei Trockenbau-, Wärmedämm- und Putzarbeiten abweichende Aufmaßregeln beachtet werden müssen!

Abrechnung nach ATV-(VOB C)　　　　　　　　　　　　　　　　　　DIN 18299, 18 363

Die Allgemeinen Technischen Vertragsbedingungen -ATV- (VOB C) - nennen 2 Arten der Leistungsermittlung:
1. Die Leistung ist aus Zeichnungen zu ermitteln, soweit die ausgeführte Leistung diesen Zeichnungen entspricht. Für die Abrechnung nach Zeichnung müssen Ausführungszeichnungen im Maßstab 1 : 50 zur Verfügung stehen.
2. Sind keine Zeichnungen vorhanden, so ist aufzumessen.

Abrechnung nach ATV (VOB C) (Fortsetzung)	DIN 18299, 18363

Je nach dem, ob nach Zeichnung oder nach Aufmaß abgerechnet wird, müssen im Aufmaß unterschiedliche Maße eingesetzt werden. Dadurch ergeben sich auch leicht abweichende Ergebnisse bei der Massenberechnung.

Abrechnung nach Zeichnung	Abrechnung nach Aufmaß am Objekt
Die Maße in Bauzeichnungen geben die Rohbaumaße an. Der Maler und Lackierer bearbeitet aber meist das bereits fertig verputzte oder verkleidete Mauerwerk mit eingesetzten Türen und Fenstern, weshalb die Zeichnungsmaße in der Regel von den Fertigmaßen abweichen.	Bei den meisten Arbeiten, z. B. Überholungsanstrichen an Fassaden und Bauteilen bei älteren Gebäuden, werden die Maße des fertig verputzten oder verkleideten Bauteils, die **Fertigmaße** direkt am Objekt mit Messwerkzeugen oder -geräten aufgemessen.

Allgemeine Regeln für das Schreiben von Aufmaßen

Die VOB enthält keine allgemeinen Vorschriften über die Darstellung und die Schreibweise von Aufmaßen.
Sie verlangt aber die **Überprüfbarkeit der Aufmaße** und eine übersichtliche Rechnungsstellung. Damit dem Auftraggeber ein überprüfbares Aufmaß vorgelegt werden kann, sollten die folgenden Grundregeln unbedingt beachtet werden:

- Aufmaße müssen klar, einfach und eindeutig sein.
- Nur aus Bauzeichnungen entnommene oder am Objekt gemessene Maße dürfen im Aufmaß verwendet werden.
- Es dürfen keine errechneten Maße im Aufmaß verwendet werden.
- Als Maße werden nur Längenmaße verwendet.
- Alle Maße werden mit 2 Dezimalstellen in Meter geschrieben, wobei die Einheit **m** nicht geschrieben wird: nicht 2 m, sondern **2,00.**
- Die typische Berechnungsformel der Flächen/Umfänge muss im Aufmaß verwendet werden.
- Am **Zahlenbild** des Maßansatzes soll die bearbeitete Fläche wiedererkannt werden.
- Anzahl mehrerer gleicher Teile – **direkte Stückzahlen** – vor dem Flächenansatz.
- Angabe der beschichteten Seiten eines Teiles – **indirekte Stückzahl** – hinter dem Flächenansatz.
- Klammern sind nur dort zu setzen, wo sie mathematisch erforderlich sind.

Weitere Hinweise

- Die Tabellenform erleichtert das Aufmaßschreiben und -lesen. Dabei lassen sich die Maßansätze den jeweiligen Bauteilen leicht zuordnen. Das Setzen von Klammern lässt sich auf ein Minimum reduzieren.

Tabellenform		Zeilenschreibweise
Wand	$6,50 \cdot 2,50$ = **16,25 m²**	$6,50 \cdot 2,50 - 2 \cdot 1,80 \cdot 1,40 =$ **11,21 m²**
Fenster	$-2 \cdot 1,80 \cdot 1,40$ = <u>**5,04 m²**</u>	
	11,21 m²	

- Bei mehreren Räumen in Wohnungen:
  Beginnend links neben dem Eingang, dann weiter im Uhrzeigersinn. Der Flur wird zuletzt aufgemessen.
- Flächen innerhalb von Gebäuden (Decken, Fußböden usw.):
  Das Maß parallel zur Straßenseite wird zuerst geschrieben! Dadurch lässt sich die Lage der Räume zueinander besser darstellen.
- Die Abrechnung der Leistung als Positionsaufmaß oder als Raumaufmaß ist freigestellt:

Positionsaufmaße	Raumaufmaße
fassen **alle gleichartigen Leistungen** zusammen, gleich in/an welchem Gebäudeteil sie erbracht wurden. **Vorteil:** Jede Position beinhaltet eine bestimmte Leistung.	beinhalten alle Leistungen in **einem** Raum. **Vorteil:** Alle Leistungen eines Raumes sind zusammengefasst. **Nachteil:** Gleiche Leistungen innerhalb eines Gebäudes erscheinen mehrmals unter verschiedenen Positionen.

Grundlagen · Werkstoffe/Hilfsstoffe · Werkzeuge/Geräte, Gerüste · Arbeitstechniken · Gestaltung · Arbeitsschutz/Umweltschutz · Aufmaß/Abrechnung · Betriebsführung · Quellen

Aufmaßblätter

Das Schreiben von Aufmaßen wird durch die Verwendung von vorgedruckten Aufmaßblättern erleichtert. Vergleichbare Aufmaßblätter sind als Formularblöcke im Handel erhältlich oder in PC-Aufmaßprogrammen enthalten.

Beispiel

Das untenstehende Appartement wurde anhand einer Bauzeichnung unter Zuhilfenahme eines Aufmaßblattes aufgemessen.

Pos. 1: Eine einmalige Beschichtung der Wände mit Dispersionsfarbe, Nassabriebklasse 3 nach DIN EN 13300, hochdeckend, weiß oder hell getönt.

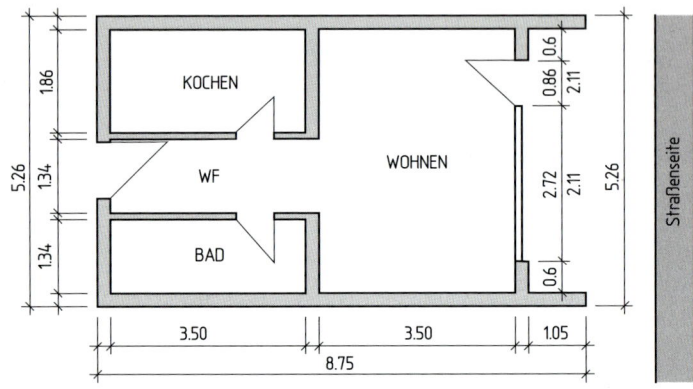

Aufmaßblatt (auf der Baustelle ausgefüllt)

Aufmaßblatt
Blatt-Nr.: 1

Kunde/Baustelle: *CS-Hausverwaltung*
Datum: *5.6.*

Lage/Etage: *Westring 11, App. 2, 4. OG*

Pos.	Bauteil/ Bezeich-nung	Stück +	Stück –	Maßansatz	Messgehalt m, m²	Abzug m, m²	Reiner Messgehalt m, m²
1	Küche	1		$(1{,}86 + 3{,}50) \cdot 2 \cdot 2{,}50$	26,80		
"	Wohnr.	1		$(5{,}26 + 3{,}50) \cdot 2 \cdot 2{,}50$	43,80		
			1	$(2{,}72 + 0{,}86) \cdot 2 \cdot 2{,}11$		7,55	
	Bad	1		$(1{,}34 + 3{,}50) \cdot 2 \cdot 2{,}50$	24,20		
	Flur	1		$(1{,}34 + 3{,}50) \cdot 2 \cdot 2{,}50$	24,20		111,45 m²
				Summe/Übertrag			

Grundlagen

Werkstoffe Hilfsstoffe

Werkzeuge Geräte, Gerüste

Arbeits-techniken

Gestaltung

Arbeitsschutz Umweltschutz

Aufmaß Abrechnung

Betriebs-führung

Quellen

Aufmaßregeln der VOB mit Erläuterungen		**DIN 18363**
Regel-Nr.	Zeichnung/Erläuterung	VOB-Text

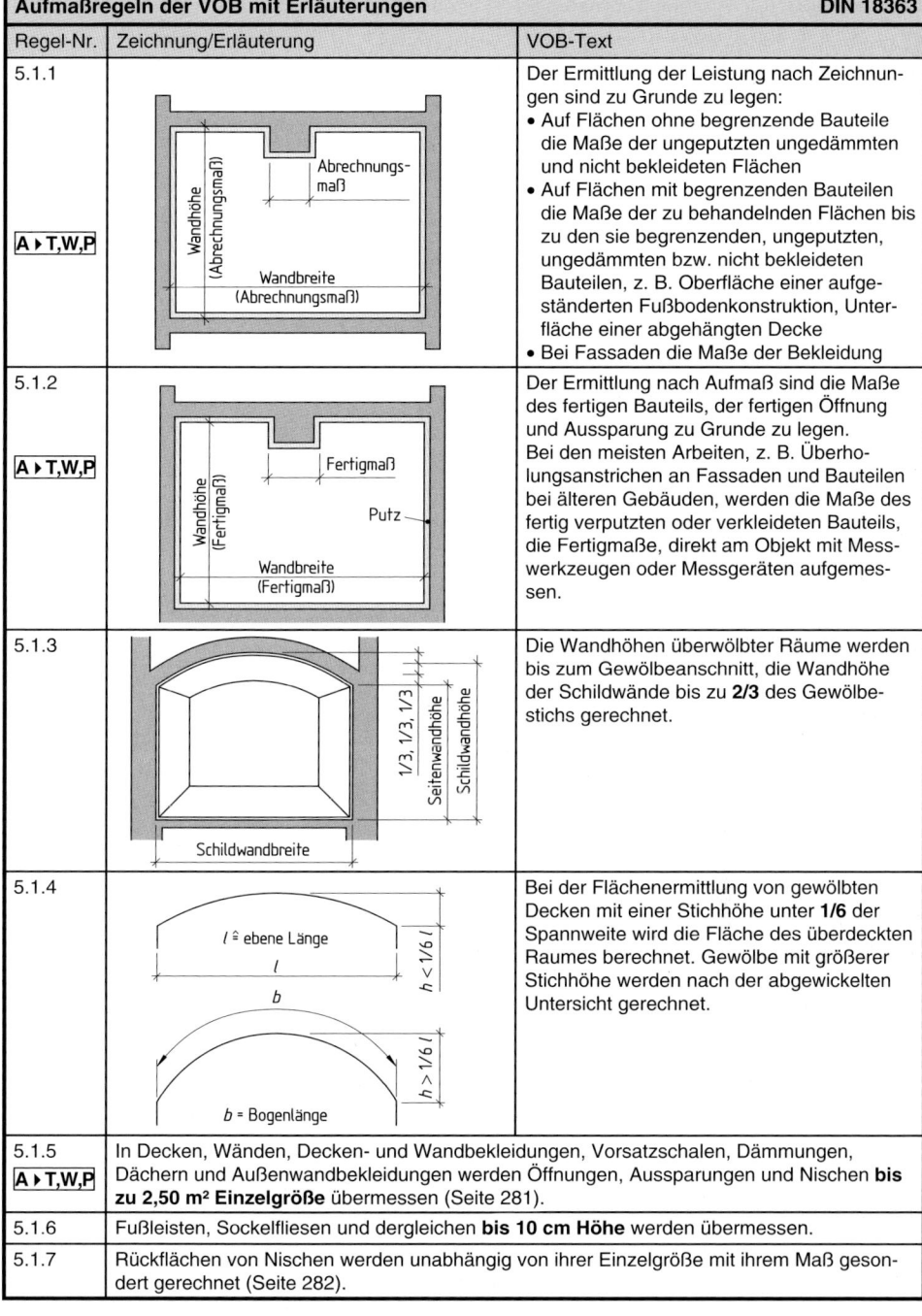

Regel-Nr.	Zeichnung/Erläuterung	VOB-Text
5.1.1 A ▸ T,W,P		Der Ermittlung der Leistung nach Zeichnungen sind zu Grunde zu legen: • Auf Flächen ohne begrenzende Bauteile die Maße der ungeputzten ungedämmten und nicht bekleideten Flächen • Auf Flächen mit begrenzenden Bauteilen die Maße der zu behandelnden Flächen bis zu den sie begrenzenden, ungeputzten, ungedämmten bzw. nicht bekleideten Bauteilen, z. B. Oberfläche einer aufgeständerten Fußbodenkonstruktion, Unterfläche einer abgehängten Decke • Bei Fassaden die Maße der Bekleidung
5.1.2 A ▸ T,W,P		Der Ermittlung nach Aufmaß sind die Maße des fertigen Bauteils, der fertigen Öffnung und Aussparung zu Grunde zu legen. Bei den meisten Arbeiten, z. B. Überholungsanstrichen an Fassaden und Bauteilen bei älteren Gebäuden, werden die Maße des fertig verputzten oder verkleideten Bauteils, die Fertigmaße, direkt am Objekt mit Messwerkzeugen oder Messgeräten aufgemessen.
5.1.3		Die Wandhöhen überwölbter Räume werden bis zum Gewölbeanschnitt, die Wandhöhe der Schildwände bis zu **2/3** des Gewölbestichs gerechnet.
5.1.4		Bei der Flächenermittlung von gewölbten Decken mit einer Stichhöhe unter **1/6** der Spannweite wird die Fläche des überdeckten Raumes berechnet. Gewölbe mit größerer Stichhöhe werden nach der abgewickelten Untersicht gerechnet.
5.1.5 A ▸ T,W,P	In Decken, Wänden, Decken- und Wandbekleidungen, Vorsatzschalen, Dämmungen, Dächern und Außenwandbekleidungen werden Öffnungen, Aussparungen und Nischen **bis zu 2,50 m² Einzelgröße** übermessen (Seite 281).	
5.1.6	Fußleisten, Sockelfliesen und dergleichen **bis 10 cm Höhe** werden übermessen.	
5.1.7	Rückflächen von Nischen werden unabhängig von ihrer Einzelgröße mit ihrem Maß gesondert gerechnet (Seite 282).	

Grundlagen · Werkstoffe Hilfsstoffe · Werkzeuge Geräte, Gerüste · Arbeits- techniken · Gestaltung · Arbeitsschutz Umweltschutz · Aufmaß Abrechnung · Betriebs- führung · Quellen

Aufmaßregeln der VOB mit Erläuterungen (Fortsetzung)		DIN 18363
Regel-Nr.	Zeichnung/Erläuterung	VOB-Text
5.1.8	Rolladenkasten (Aussparung) Fenster (Öffnung) Heizkörpernische	Zusammenhängende Öffnungen, Nischen und Aussparungen werden getrennt gerechnet. Jedes einzelne Bauteil (Rollladenkasten, Fenster, Heizkörpernische) wird bis zu einer Größe von 2,50 m² übermessen, auch wenn alle 3 Teile zusammenhängend sind.
5.1.9	Gesimse, Umrahmungen und Faschen von Füllungen oder Öffnungen werden beim Ermitteln der Fläche übermessen. Gesimse und Umrahmungen werden unter Angabe der Höhe und Ausladung, bei Faschen der Abwicklung zusätzlich gerechnet. Sie werden in ihrer größten Länge gerechnet (Seite 286).	
5.1.10 **A ▸ T,W,P**	Ganz oder teilweise behandelte Leibungen von Öffnungen, Aussparungen und Nischen **über 2,50 m² Einzelgröße** werden gesondert gerechnet. Leibungen, die bei bündig versetzten Fenstern und Türen und dergleichen durch Dämmplatten entstehen, werden ebenso gerechnet (Seite 281).	
5.1.11	Rahmen, Riegel, Ständer, Deckenbalken, Vorlagen und Fachwerkteile aus Holz, Beton oder Metall **bis 30 cm Einzelbreite** werden übermessen; deren Beschichtung in einem anderen Farbton oder anderer Technik wird zusätzlich gerechnet (Seite 286).	
5.1.12	Fenster, Türen, Trennwände, Bekleidungen und dergleichen werden **je beschichtete Seite** nach Fläche gerechnet; Glasfüllungen, kunststoffbeschichtete Füllungen oder Füllungen aus Naturholz und dergleichen werden übermessen (Seite 288, 290).	
5.1.13	Bei Türen und Blockzargen über 60 mm Dicke sowie Futter und Bekleidungen von Türen und Fenstern, Stahlzargen und dergleichen wird die abgewickelte Fläche gerechnet (Seite 290 f).	
5.1.14	Treppenwangen werden in ihrer größten Breite gerechnet.	
5.1.15	Die Untersichten von Dächern und Dachüberständen mit sichtbaren Sparren werden in der Abwicklung gerechnet (Seite 287).	
5.1.16	Fenstergitter, Scherengitter, Rollgitter, Roste, Zäune, Einfriedungen und Stabgeländer werden **einseitig** gerechnet.	
5.1.17	Rohrgeländer werden **nach Länge** der Rohre und deren Durchmesser gerechnet (Seite 293).	
5.1.18	Flächen von Profilen, Heizkörpern, Trapezblechen, Wellblechen und dergleichen werden, soweit **Tabellen** vorhanden sind, nach diesen gerechnet. Sind Tabellen nicht vorhanden, wird nach abgewickelter Fläche gerechnet (Seite 294 ff).	
5.1.19	Bei Rohrleitungen werden Schieber, Flansche und dergleichen übermessen.	
5.1.20	Werden Türen, Fenster, Rollläden und dergleichen nach Anzahl (Stück) gerechnet, bleiben Abweichungen von den vorgeschriebenen Maßen bis jeweils 5 cm in der Höhe und Breite sowie bis 3 cm in der Tiefe unberücksichtigt.	
5.1.21	Wulst	Dachrinnen werden am Wulst, Fallrohre unabhängig von ihrer Abwicklung im Außenbogen gemessen. Bei Abrechnung nach Länge muss der Rohrdurchmesser angegeben werden.
Abzüge und Übermessungen		
5.2.1 **A ▸ T,W,P**	Bei der Abrechnung nach Flächenmaß werden Öffnungen, Aussparungen und Nischen über 2,50 m² Einzelgröße, in Böden über 0,50 m² Einzelgröße abgezogen.	
5.2.2	Bei Abrechnung nach Längenmaß (m) werden Unterbrechungen über 1,00 m Einzellänge abgezogen.	

Liegende und stehende Flächen

Beim Aufmessen einer ganzen Wohnung/Etage beginnt man mit dem Aufmaßschreiben im Raum **links neben dem Eingang** und geht dann im Uhrzeigersinn weiter zum nächsten Raum. Die Räume werden fortlaufend nummeriert und enden mit dem letzten Raum, dem Flur/Windfang.

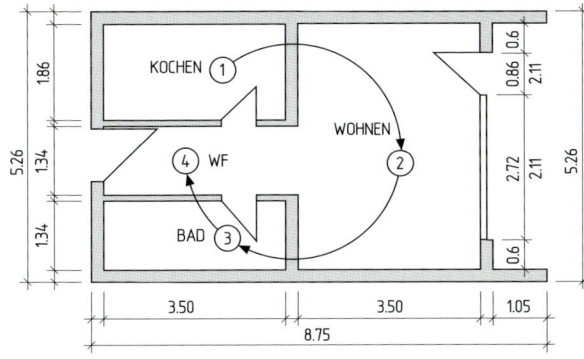

Je nach Lage der Flächen ergeben sich unterschiedliche Schreibweisen. Man unterscheidet zwischen liegenden Flächen und stehenden Flächen

Liegende Flächen

Bei **liegenden Flächen**, z. B. Fußböden, Decken, Tischplatten usw. beginnt man mit dem wichtigsten Kantenmaß (normalerweise mit der längsten Seite).

Bei Räumen in Gebäuden schreibt man das Maß der Fenster- oder Straßenseite zuerst, unabhängig von der Länge bzw. Breite des Raumes.	Bei liegenden Flächen mit veränderbarer Lage schreibt man die längste Seite zuerst.

Beispiel: Deckenflächen aller Räume in obigem Appartement beschichtet

Pos.1: Eine einmalige Beschichtung mit Dispersionsfarbe, Nassabriebklasse 3 nach DIN EN 13300,

Raum 1:	1,86 · 3,50	=	6,51 m²
Raum 2:	5,26 · 3,50	=	18,41 m²
Raum 3:	1,34 · 3,50	=	4,69 m²
Raum 4:	1,34 · 3,50	=	4,69 m²
			34,30 m²

Beispiel: Tischplatte beschichtet

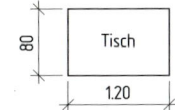

Pos. 1: eine Schlussbeschichtung mit KH-Lackfarbe, SG, weiß oder hell getönt
Tischplatte: 1,20 · 0,80 = **0,96 m²**

Stehende Flächen

Damit **stehende Flächen** wie Wände auch als solche im Aufmaß erkannt werden, wird im Maßansatz das Maß der **Grundlinie zuerst** geschrieben.

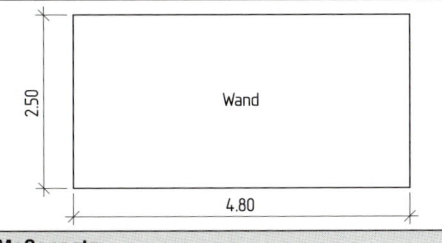

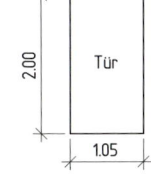

Maßansatz:	**Maßansatz:**
Wand: 4,80 · 2,50 = **12,00 m²**	Tür: 1,05 · 2,00 = **2,10 m²**

Grundlagen · Werkstoffe Hilfsstoffe · Werkzeuge Geräte, Gerüste · Arbeits-techniken · Gestaltung · Arbeitsschutz Umweltschutz · Aufmaß Abrechnung · Betriebs-führung · Quellen

Stückzahlen

- Sind in oder an einem Gebäude mehrere gleichartige Bauteile mit identischen Maßen (Türen, Fenster usw.) vorhanden, wird deren Anzahl im Aufmaß in Form von Stückzahlen angegeben.
- Türen, Fenster, Tischplatten und vergleichbare Bauteile werden häufig von zwei Seiten bearbeitet. Dies muss im Maßansatz erkennbar sein.

Direkte Stückzahl	Indirekte Stückzahl
Werden **mehrere Einzelflächen** aufgemessen, wird deren Anzahl als direkte Stückzahl **vor** das Flächen- oder Längenaufmaß gesetzt.	Wird **dasselbe Bauteil** von mehreren Seiten (meist beidseitig) bearbeitet, erscheint die Anzahl der bearbeiteten Seiten als indirekte Stückzahl **hinter** dem Flächenaufmaß.
Beispiel: In einer Wohnung wurden 5 gleich große Türblätter **einseitig** beschichtet (Türblattmaße: Breite = 0,86 m; Höhe = 2,01 m).	**Beispiel:** In einer Wohnung wurden 8 gleich große Türen **beidseitig** beschichtet (Maße der Türen: Breite = 1,05 m; Höhe = 2,10 m).
Pos. 1: Eine Schlussbeschichtung mit KH-Lackfarbe, SG, weiß oder hell getönt Türen: **5** · 0,86 · 2,01 = **8,64 m²** **Direkte Stückzahl vorne**	**Pos. 1:** Eine Schlussbeschichtung mit KH-Lackfarbe, SG, weiß oder hell getönt Türen: 8 · 1,05 · 2,10 · **2** = **35,28 m²** **Indirekte Stückzahl hinten**

- Stückzahlen dürfen **nicht mit Dezimalstellen** angegeben werden!
- Eine Zusammenfassung der direkten und der indirekten Stückzahl zu **einem Faktor** ist nicht erlaubt!

Aufmaß von Längen und Umfängen

Manche Malerarbeiten werden **nicht** nach dem Flächenmaß in m², sondern nach dem **Längenmaß in m** abgerechnet. Dazu gehören:
- Fußleisten, Gesimse, Stuckleisten und sonstige Abschlussprofile
- Fachwerkbalken bis zu einer Breite von 30 cm
- Stahlprofile mit einem Umfang/Abwicklung bis zu 30 cm

Beim Längenaufmaß werden Unterbrechungen und Aussparungen bis zu **1,00 m** übermessen.
Vorteil: Beim Aufmaß von z. B. Fußleisten werden die meisten Türöffnungen übermessen.

Wandabwicklungen

Bei den meisten Räumen werden alle Wandflächen in derselben Technik bearbeitet, z. B. alle Wände werden tapeziert oder alle Wände werden gestrichen. Räume mit gleich hohen Wänden werden mathematisch abgewickelt und zu einer Fläche zusammengefasst.

Wandabwicklung: Raumumfang   ×   Raumhöhe = Wandfläche
                  (mit typischer Formel berechnet)

Beispiel: Alle Wände eines Raumes wurden in gleicher Technik beschichtet.	Zeichnerische Abwicklung:
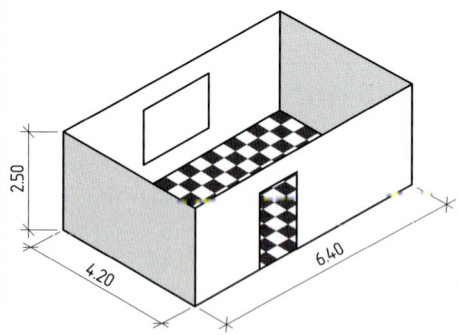	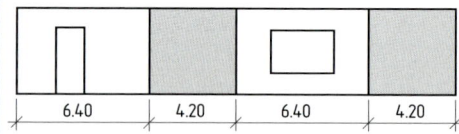 **Pos. 1:** Eine Beschichtung mit Dispersionsfarbe, Nassabriebklasse 3 nach DIN EN 13300, hoch deckend, weiß oder hell getönt Wände: (6,40 + 4,20) · 2 · 2,50 = **53,00 m²** *(Länge + Breite) · 2 · Höhe*

Flächen mit Öffnungen · Leibungsaufmaß **281**

Grundlagen

Werkstoffe Hilfsstoffe

Werkzeuge Geräte, Geräte

Arbeits- techniken

Gestaltung

Arbeitsschutz Umweltschutz

Aufmaß Abrechnung

Betriebs- führung

Quellen

Aufmaß von Flächen mit Öffnungen und Aussparungen

Öffnungen und Aussparungen in Wand- und Deckenflächen sind z. B. Fenster, Türen, Heizkörpernischen, Fliesenspiegel, Lichtkuppelausschnitte, sowie Kamindurchführungen.
Für diese **nicht bearbeiteten Flächen** gelten folgende Aufmaßregeln:

Aufmaßregeln

- Öffnungen und Aussparungen **bis zu 2,50 m²** Einzelgröße werden **übermessen**.
- **Öffnungen und Aussparungen über 2,50 m² werden abgezogen.**
- Haben die Öffnungen und Aussparungen über 2,50 m² beschichtete Leibungen, werden diese
  abgewickelt und erscheinen im Maßansatz als **Zuzug**.
- Dabei gilt die allgemeine Aufmaßregel: **Erst Zuzüge, dann Abzüge.**

Beispiel: Beschichtung der obenstehenden Einzelwand

Anmerkung: Alle Öffnungen haben
dreiseitig beschichtete Leibungen;
0,24 tief.

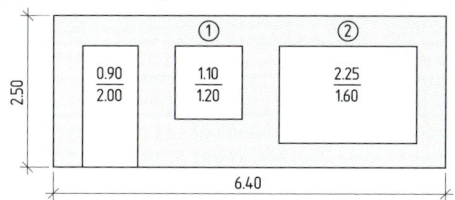

Pos. 1: Wand mit Dispersionsplastik in Glättetechnik (Marmoreffekt) seidenmatt, beschichtet

Kommentar:

Wand:	6,40 · 2,50	= 16,00 m²	• Grundlinie × Höhe
Fensterleibung ②:	+ (2,25 + 1,60 · 2) · 0,24	= 1,31 m²	• Leibung dazu, da Fenster über 2,50 m²
Fenster ②:	− 2,25 · 1,60	= 3,60 m²	• Fenster ② abziehen, da über 2,50 m²
		13,71 m²	

Fenster ① wird übermessen, da unter 2,50 m², die Leibungsfläche wird dadurch pauschal abgegolten.

Berechnung der Leibungsfläche

Bei den meisten Fenstern und bei
fast allen Türen werden **Leibungen nur an 3 Seiten** (oben,
rechts und links) bearbeitet.
Die Fensterbank bleibt unbear-
beitet.
Zur Berechnung der **Leibungsfläche** wird der Leibungsumfang
mit der Leibungstiefe multipliziert.

Leibungsabwicklung

Maßansatz: (Öffnungsbreite + Öffnungshöhe × 2) × Leibungstiefe = Leibungsfläche

Zusammenhängende Öffnungen

Ist ein Fenster-Türelement eine **konstruktive Einheit**, wird es als **eine** Öffnung behandelt:	Sind zwei Öffnungen durch Mauerstreifen oder Pfeiler getrennt, werden sie wie **zwei** Einzelöff- nungen behandelt.
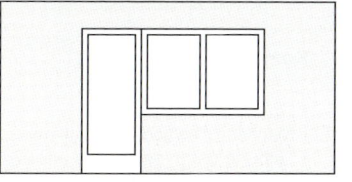	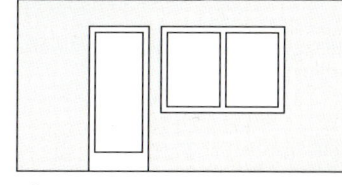
• **Fenster + Tür** unter 2,50 m²: **übermessen** • **Fenster + Tür** über 2,50 m²: **abziehen**	• **Jede** Öffnung unter 2,50 m²: **übermessen** • **Jede** Öffnung über 2,50 m²: **abziehen**

Zusammenhängende Öffnungen und Aussparungen

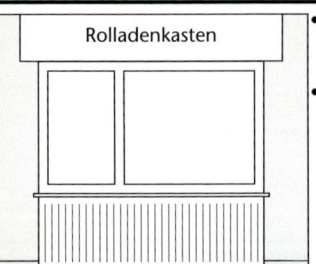

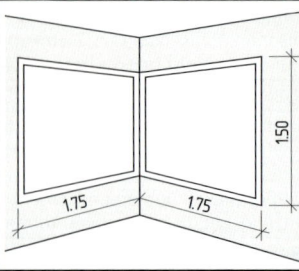

Rolladenkasten

- Eine Aussparung ist eine nicht bearbeitete Fläche innerhalb einer Fläche.
- Zusammenhängende Öffnungen, Nischen und Aussparungen werden, auch wenn sie über Eck gehen, je Wandfläche getrennt gerechnet: Für jede Öffnung, Nische und Aussparung gilt die Größe 2,50 m².

Öffnungen und Aussparungen in Böden

Öffnungen und Aussparungen in **Böden über 0,50 m²** Einzelgröße werden abgezogen.

Übermessen

Übermessen werden ohne Rücksicht auf die Größe: Gesimse, Umrahmungen und Faschen an Füllungen, Öffnungen oder Nischen, Rahmen, Riegel, Ständer, Deckenbalken, Vorlagen und Fachwerkteile aus Holz, Beton oder Metall **bis 30 cm** Einzelbreite, Fußleisten, Sockelfliesen und dergleichen **bis 10 cm** Höhe.

Aufmaß von Flächen mit Nischen

Das Bearbeiten von Nischen, besonders Heizkörpernischen, erfordert zusätzlichen Arbeitsaufwand, weshalb hier ergänzende Aufmaßregeln zu den Regeln für das Aufmessen von Öffnungen und Aussparungen hinzukommen.

Aufmaßregeln

- Beim Wandaufmaß werden **Nischen** grundsätzlich **übermessen**.
- Bei Nischen mit beschichteten Leibungen (Normalfall) bis zu 2,50 m² Einzelgröße wird als Ausgleich für die Mehrarbeit die **Nischenrückwand dazugerechnet**.
- Bei Nischen über 2,50 m² wird **nur die Leibung** dazugerechnet (die Rückwandfläche wurde ja schon beim Wandaufmaß berücksichtigt).
- Auch hier gilt wieder die allgemeine Regel: **Erst Zuzüge, dann Abzüge.**

Beispiel: Beschichtung einer Einzelwand mit Öffnungen und Nischen.

Anmerkung: Alle Öffnungen haben dreiseitig beschichtete Leibungen; 0,18 tief.

Abkürzungen in der Zeichnung:
HKN: Heizkörpernische
BRH: Brüstungshöhe

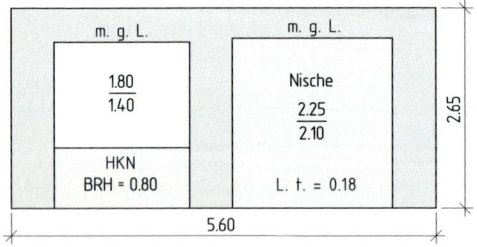

Pos.1: Auf vorbereitete Wandfläche schwere Textiltapete auf Stoß tapeziert

Kommentar:

Wand:		5,60 · 2,65	= 14,84 m²	• Grundlinie x Höhe
HKN:	+	1,80 · 0,80	= 1,44 m²	• Nischenrückwand dazu, kleiner 2,50 m²
Nischenleibung:	+	(2,25 + 2,10 · 2) · 0,18	= 1,16 m²	• Leibung dazu, da Nische über 2,50 m²
Fensterleibung:	+	(1,80 + 1,40 · 2) · 0,18	= 0,83 m²	• Leibung dazu, da Fenster über 2,50 m²
Fenster	−	1,80 · 1,40	= 2,52 m²	• Fenster abziehen, da über 2,50 m²
			15,75 m²	

Treppenhausberechnung

Für das Aufmessen von Treppenhäusern gelten die gleichen Regeln wie für das Aufmaß normaler Räume. Wegen der oft komplizierteren Raumform ergeben sich aber aufwändigere Maßansätze. Die Anwendung der jeweiligen Aufmaßtechnik hängt sowohl von der Bauart der Treppen als auch der Vereinbarung mit dem Auftraggeber ab.

Gesamtaufmaß

Beim Treppenhausgesamtaufmaß betrachtet man das Treppenhaus als einen hohen Raum.
- Bei Räumen mit gleich hohen Wänden empfiehlt sich eine Abwicklung der Wandflächen.
- Haben die Wändflächen unterschiedliche Formen (Dachschrägen o. ä.) und Höhen, sollten die Wände nacheinander aufgeführt werden.
- Die wandberührenden Flächen der Treppenläufe werden übermessen, da sie meist unter 2,50 m² betragen und somit nicht als Aussparung anzusehen sind. Zur Vereinfachung der Abrechnung wird in der Praxis häufig ein pauschaler Abzug von 5 bis 7 % für diese Flächen mit dem Kunden vereinbart.

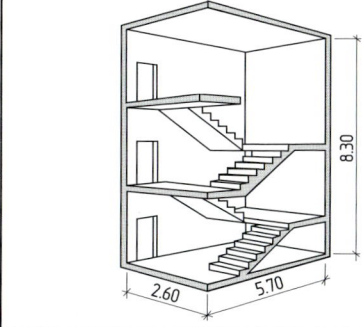

Beispiel: Im obenstehenden Treppenhaus wurden die Wandflächen verputzt.

Pos. 1: Flächen mit einem KH-Rollputz in mittlerer Struktur, weiß oder hell getönt beschichten.
Treppenhauswände: $(5,70 + 2,60) \cdot 2 \cdot 8,30 =$ **137,78 m²**

Einzelgeschossaufmaß

Beim Einzelgeschossaufmaß werden die Wandflächen **eines** Geschosses abgewickelt und mit der Anzahl der Einzelgeschosse multipliziert. Hierbei ergeben sich meist beim Erdgeschoss und dem letzten Obergeschoss abweichende Maßansätze. Bei dieser Vorgehensweise werden die wandberührenden Flächen der Treppenläufe nicht als Aussparung übermessen.

Beispiel: Pos1. Podest- und Treppenuntersichten gestrichen, Pos. 2. Wandflächen wurden mit Glasgewebe tapeziert.

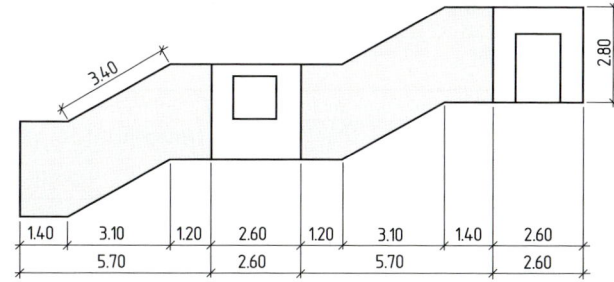

Hinweis: Die Maßansätze gelten nur für 1 Geschoss!

Pos. 1: eine einmalige Beschichtung mit Dispersionsfarbe, Nassabriebklasse 3 nach DIN EN 13300, hochdeckend, weiß oder hell getönt

Podestuntersicht 1		$1,40 \cdot 2,60 =$	3,64 m²
Podestuntersicht 2	+	$1,20 \cdot 2,60 =$	3,12 m²
Treppenuntersichten	+	$2 \cdot 3,40 \cdot 1,10 =$	7,48 m²
			14,24 m²

Pos. 2: auf die vorbereiteten Flächen Glasgewebetapete auf Stoß tapeziert
Treppenhauswände: $(5,70 + 2,60) \cdot 2 \cdot 2,80 =$ **46,48 m²**

Grundlagen

Werkstoffe Hilfsstoffe

Werkzeuge Geräte, Gerüste

Arbeits-techniken

Gestaltung

Arbeitsschutz Umweltschutz

Aufmaß Abrechnung

Betriebs-führung

Quellen

Aufmaß von einzelnen Fassadenflächen

Für das Aufmessen von Fassaden gelten die gleichen Aufmaßregeln wie für Innenräume.

Zwecks einfacherer Berechnung muss die Fassadenfläche oft in mehrere geometrische Einzelflächen zerlegt werden, z. B. Dreieck, Trapez, Rechteck usw.
Beim Aufmessen beginnt man mit der obersten Fläche. Anschließend folgen die darunter liegenden Flächen.

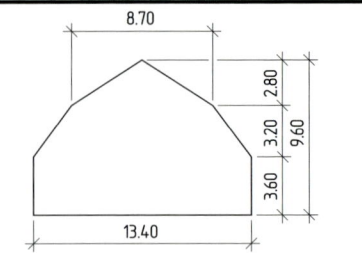

Pos. 1: Eine Schlussbeschichtung mit Dispersions-Fassadenfarbe, Farbstufe 2

Pos.	Bauteil/ Bezeich- nung	Stück +	Stück −	Maßansatz	Messgehalt m, m²	Abzug m, m²	Reiner Messgehalt m, m²
1	Fassade	1		$\dfrac{8,70 \cdot 2,80}{2}$	12,18		
		1		$\dfrac{13,40 + 8,70}{2} \cdot 3,20$	35,36		
		1		$13,40 \cdot 3,60$	48,24		**95,78 m²**

Aufmaß von kompletten Fassaden

Beim Aufmessen von ganzen Gebäudefassaden sollten die Maßansätze für Traufseiten und Giebelseiten so geschrieben werden, dass die Gebäudeform an der Form des Maßansatzes erkennbar ist.

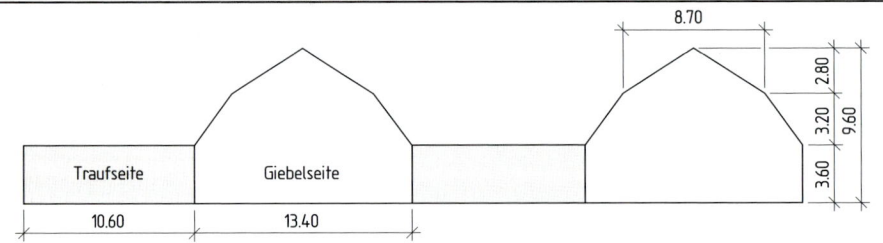

Pos. 1: Ausführung der Fassaden-Zwischen- und Schlussbeschichtung mit Silikonharz-Fassadenfarbe

Pos.	Bauteil/ Bezeich- nung	Stück +	Stück −	Maßansatz	Messgehalt m, m²	Abzug m, m²	Reiner Messgehalt m, m²
1	Traufseiten	2		$10,60 \cdot 3,60$	76,32		
	Giebel- seiten	2		$\dfrac{8,70 \cdot 2,80}{2}$	24,36		
		2		$\dfrac{13,40 + 8,70}{2} \cdot 3,20$	70,72		
		2		$13,40 \cdot 3,60$	96,48		**267,88 m²**

Aufmaß von Sockelflächen

• Bei gleichmäßiger Sockelhöhe empfiehlt sich eine Flächenabwicklung.
• Bei unterschiedlichen Sockelhöhen wird jede Seite separat aufgeführt.

Grundlagen

Werkstoffe Hilfsstoffe

Werkzeuge Geräte, Gerüste

Arbeits- techniken

Gestaltung

Arbeitsschutz Umweltschutz

Aufmaß Abrechnung

Betriebs- führung

Quellen

Fassaden: Leibungen und Faschen in gleicher Technik wie Fassade bearbeitet

Werden Faschen und Leibungen in derselben Technik wie die Fassadenfläche bearbeitet, so erscheint deren Fläche – wenn die Öffnung über 2,50 m² ist – als Zuzug im Fassadenaufmaß.

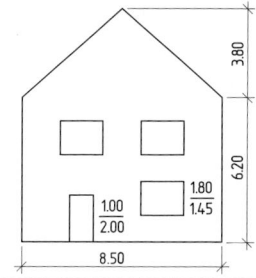

Pos. 1: Eine Zwischen- und eine Schlussbeschichtung mit 2-K-Silikatfarbe, matt, wetterbeständig

Pos.	Bauteil/ Bezeichnung	Stück +	Stück −	Maßansatz	Messgehalt m, m²	Abzug m, m²	Reiner Messgehalt m, m²
1	Fassade	1		$\dfrac{8{,}50 \cdot 3{,}80}{2}$	16,15		
		1		8,50 · 6,20	52,70		
	Leibungen	3		(1,80 + 1,45 · 2) · 0,16	2,26		
	Fenster		3	1,80 · 1,45		7,83	**63,28 m²**

Leibungen und Faschen in aufwändigerer Technik als die übrige Fassade bearbeitet

Werden Faschen und Leibungen in einer anderen, **aufwändigeren Technik** als die übrige Fassade bearbeitet, werden sie gesondert unter Angabe ihrer Abmessungen (Abwicklung) **nach Längenmaß** abgerechnet.
Begründung: Da der Arbeitsaufwand je nach Faschenform und evtl. dem Einsatz mehrerer Farbtöne sehr unterschiedlich ist, muss der Auftragnehmer einen Einheitspreis pro Meter festlegen. Eine Abrechnung nach Fläche wird dem nicht gerecht.
Abhängig von der Faschenform können sich sehr unterschiedliche Abwicklungslängen ergeben.

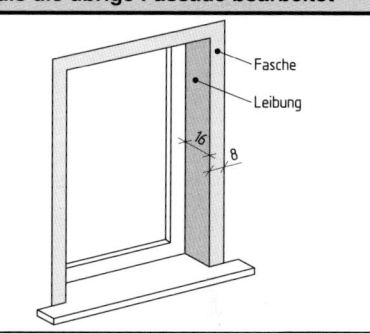

Beispiel: Gleiche Fassade wie oben, aber mit in anderer Technik bearbeiteten Leibungen und Faschen.
Pos. 1: Eine Zwischen- und eine Schlussbeschichtung mit 2-K-Silikatfarbe, matt, wetterbeständig
Pos. 2: Leibungen und Faschen mit KH-Buntsteinputz beschichten, Korngröße 1,5 mm

Pos.	Bauteil/ Bezeichnung	Stück +	Stück −	Maßansatz	Messgehalt m, m²	Abzug m, m²	Reiner Messgehalt m, m²
1	Fassade	1		$\dfrac{8{,}50 \cdot 3{,}80}{2}$	16,15		
		1		8,50 · 6,20	52,70		
	Fenster		3	1,80 · 1,45		7,83	**61,02 m²**
2	Leibungen + Faschen	3		(1,80 + 1,45 · 2) Abwicklung Leibung + Fasche: **0,24**	14,10		**14,10 m**

Stuckgesimse

Gesimse werden unter **Angabe ihrer Ausladung und Höhe** in ihrer größten Länge nach **Längenmaß** abgerechnet. Unterbrechungen bis zu 1,00 m werden übermessen.

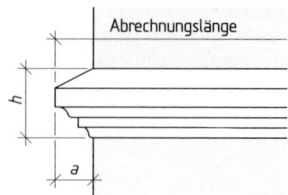

Begründung: Da der Arbeitsaufwand je nach Profilierung des Gesimses und evtl. dem Einsatz mehrerer Farbtöne oder Techniken sehr unterschiedlich ist, muss der Auftragnehmer einen Einheitspreis je Meter festlegen. Eine Abrechnung nach Fläche wird dem nicht gerecht.

a Gesimsausladung   *h* Gesimshöhe

Pos. 1: Stuckgesims farbig gestaltet; **Ausladung: 0,16; Höhe: 0,22** (muss angegeben werden!)

Maßansatz: Addition aller Einzellängen des Gesimses = Gesamtlänge (m)

(es wird jeweils die größte Länge gemessen)

Fachwerkfassaden

Zusätzlich zu den bekannten Aufmaßregeln für Fassaden gilt folgendes:
- Beim Aufmaß der Beschichtungsfläche von Gefachen in Fachwerkfassaden werden Rahmen, Riegel, Ständer, Deckenbalken, Vorlagen und Fachwerksteile bis **30 cm Einzelbreite** übermessen.
- Fachwerkbalken bis zu einer Breite von 30 cm werden unter Angabe ihrer Breite gesondert nach **Längenmaß** abgerechnet. **Kreuzungen** von zwei Balken dürfen **nur einmal** berechnet werden. Bei der Auflistung im Maßansatz werden die Balken zunächst geordnet nach ihrer Breite aufgeführt. Innerhalb gleich breiter Balken sollte die Reihenfolge waagerecht (Schwellen, Rähme, Riegel usw.), senkrecht (Pfosten/Ständer usw.) und zum Schluss die schrägen Balken (Streben, Andreaskreuz usw.) eingehalten werden.
- Für Öffnungen, Aussparungen und Nischen gelten die gleichen Aufmaßregeln wie für normale Fassaden: Übermessen bis 2,50 m²; Abziehen über 2,50 m².

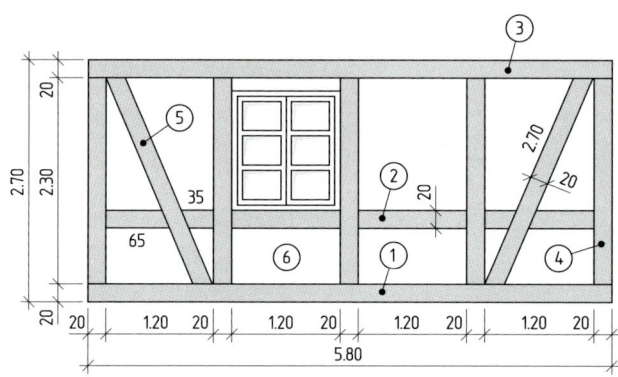

Benennung von wesentlichen Fachwerkteilen:
1. Schwelle
2. Riegel
3. Rähm
4. Pfosten/Ständer
5. Strebe
6. Gefach

Beispiel: Diese Fachwerkwand wurde komplett beschichtet

Pos. 1: Eine Schlussbeschichtung mit 2-K-Silikatfarbe, matt, wetterbeständig

| Gefache | $5,80 \cdot 2,70$ = **15,66 m²** |

Pos. 2: Fachwerkbalken: Eine Schlussbeschichtung mit Wetterschutzfarbe, schwarz

Rähm, Schwelle, b = 0,20: $2 \cdot 5,80$ = 11,60 m

Pfosten, b = 0,20:   + $5 \cdot 2,30$ = 11,50 m

Riegel, Streben, b = 0,25:   + 3 $\cdot$ 1,20 + 2 $\cdot$ 0,65 + 2 $\cdot$ 0,35 = 5,60 m

28,70 m

Dachuntersichten **287**

Grundlagen

Werkstoffe Hilfsstoffe

Werkzeuge Geräte, Geräste

Arbeits- techniken

Gestaltung

Arbeitsschutz Umweltschutz

Aufmaß Abrechnung

Betriebs- führung

Quellen

Aufmaß von Dachuntersichten ohne sichtbare Sparren

Die Untersichten von Dächern und Dachüberständen mit sichtbaren Sparren werden in der Abwicklung gerechnet. Balken- und Sparrenköpfe werden **nicht** berechnet.

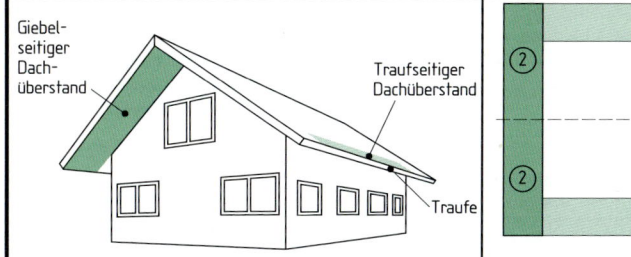 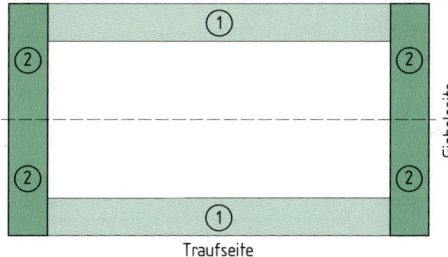

Beispiel: Traufseitiger Dachüberstand **ohne sichtbare** Sparren.
Pos. 1: Eine Schlussbeschichtung mit Imprägnierlasur, lösemittelhaltig

Traufseiten:	2	·	10,45	·	0,60	= 12,54 m²

Traufseiten × Gebäudelänge × traufseitiger Überstand

Giebelseiten:	+ 4	·	0,80	·	7,20	= 23,04 m²

Seiten × giebelseitiger Überstand × Ortganglänge   **35,58 m²**

Ermittlung der Fläche bei sichtbaren Sparren

Bei sichtbaren Sparren an den Traufseiten, werden die Sparren abgewickelt. Die **Abrechnungslänge** kann als Nebenrechnung ermittelt und das Ergebnis in den Maßansatz eingesetzt, oder in den Maßansatz einbezogen werden:

Abrechnungslänge: 10,45 + 15 · 0,18 · 2 = 15,85 m

Gebäudelänge + Sparrenanzahl × Sparrenhöhe × 2

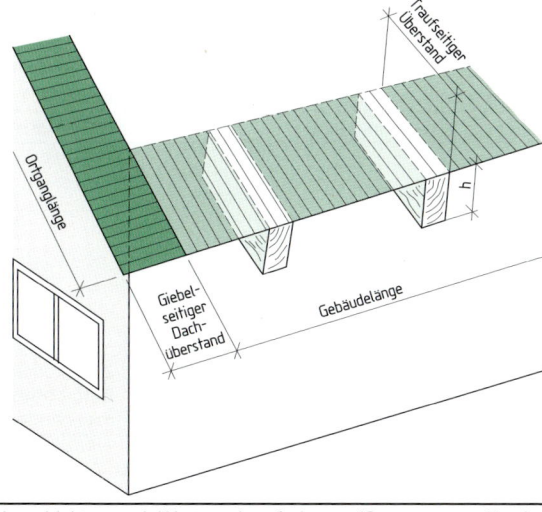

Pos. 1: Eine Schlussbeschichtung mit Wetterschutzfarbe, weiß, wasserverdünnbar
Traufseiten: 2 · (10,45 + 15 · 0,18 · 2) · 0,60 = 19,02 m²
Seiten × (Gebäudelänge + Sparrenzahl × Sparrenhöhe × 2 Seiten) × Überstand
Giebelseiten: + 4 · 0,80 · 7,20 = 23,04 m²
Seiten × giebelseitiger Überstand × Ortganglänge   **42,06 m²**

Fensterberechnung

Aufmaßregeln/Aufmaßtechnik

- Fenster werden je beschichtete Seite nach Fläche gerechnet; Glasfüllungen werden übermessen, d. h., die nicht beschichtete, aber berechnete Glasfläche dient als Ausgleich für den Mehraufwand beim Beschneiden der Rahmen- und Flügelprofile.
- Es wird eine Seite des Fensters gemessen und berechnet. Wurden beide Seiten des Fensters bearbeitet (innen und außen), erscheint hinter dem Maßansatz eine 2 als indirekte Stückzahl. Wenn Verbund- oder Kastenfenster allseitig beschichtet wurden, wurden insgesamt 4 Seiten beschichtet.
  Achtung: Bei Ausschreibungen muss darauf geachtet werden, ob die **Fensterfläche** oder die **Beschichtungsfläche** angegeben ist. Wenn die Fensterfläche angegeben ist ergibt sich bei allseitiger Beschichtung eine **Verdoppelung**, bzw. **Vervierfachung** der Beschichtungsfläche!

Bezeichnungen am Fenster und am Baukörper, Fensterarten

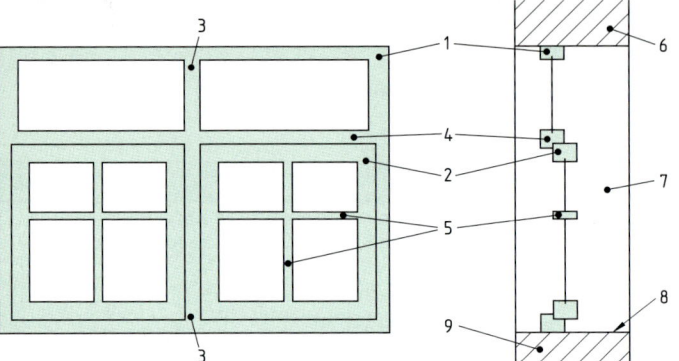

1. Blendrahmen
2. Flügelrahmen
3. Pfosten
4. Riegel (Kämpfer)
5. Sprossen
6. Fenstersturz
7. Fensterleibung
8. Fenstersims
9. Fensterbrüstung

Fensterarten

Die Bauart des Fensters bestimmt den Arbeitsaufwand. Abhängig von den unterschiedlichen Fensterbauarten ergibt sich oft ein sehr unterschiedlicher Arbeitsaufwand und damit Preis.

Einfachfenster	Verbundfenster	Kastenfenster
Am Blendrahmen ist **nur ein Fensterflügel** angeschlagen	Am Blendrahmen sind **zwei miteinander verbundene Fensterflügel** angeschlagen	**Zwei** voneinander **unabhängige Einfachfenster** sind konstruktiv miteinander verbunden

Abrechnung von Fenstern

- Es ist üblich Fenster als Stück abzurechnen, d. h., in der Rechnung wird die Anzahl der Fenster mit gleichen Maßen unter Angabe der Fensterabmessungen angegeben.
- Werden Fenster gestrichen, die durch ihre Konstruktion (Sprossen, Oberlicht, Querriegel usw.) einen größeren Arbeitsaufwand erfordern, kann der Preis mit einem **Schwierigkeitsfaktor** multipliziert werden. Dabei gilt das Normalfenster als 100 %. (Schwierigkeitsfaktoren beruhen auf Erfahrungswerten und sind nicht in einer Norm oder Vorschrift festgeschrieben.)

Grundlagen

Werkstoffe Hilfsstoffe

Werkzeuge Geräte, Geräte

Arbeits- techniken

Gestaltung

Arbeitsschutz Umweltschutz

Aufmaß Abrechnung

Betriebs- führung

Quellen

Schwierigkeitsfaktoren für Fenster

Fensterart	Schwierigkeitsfaktor	Zuschlag in %
Zweiflügeliges Normalfenster	× 1,00	0
Zweiflügelfenster mit mehreren Sprossen	× 1,10	10
Dreiflügelfenster mit Querriegel	× 1,20	20
Dreiflügelfenster mit Querriegel und mehreren Sprossen	× 1,40	40
Dreiflügelfenster mit Querriegel, unterer Flügel mit einer, oberer Flügel mit mehreren Sprossen	× 1,60	60
Dreiflügelfenster mit Querriegel, unterer Flügel mit zwei Sprossen, oberer Flügel mit mehreren Sprossen	× 1,75	75
Vierflügelfenster mit Querriegel, untere Flügel mit einer Sprosse	× 1,30	30
Schiebefenster ohne Sprossen	× 1,20	20
Kleinscheibenfenster, Fabrikfenster, Butzenscheibenfenster	× 2,80	180

Beispielaufmaße

Beispiel: 5 zweiflügelige Einfachfenster wurden innen und außen lackiert. Fenstermaße: 0,85 × 1,36
Pos. 1: Je eine Vor-, Zwischen- und Schlussbeschichtung mit KH-Ventilationssystem, weiß

Einfachfenster: 5   ·   0,85   ·   1,36   ·   **2**   = **11,56 m²**
                                   direkte Stz. × *Breite* × *Höhe* × *indirekte Stz.*

Beispiel: 8 Kastenfenster, allseitig; Fenstermaße: 1,85 × 1,32
Pos. 1: Eine Schlussbeschichtung mit Dickschichtlasur, lösemittelhaltig

Kastenfenster: 8 · 1,85 · 1,36 · 4 = **80,51 m²**
Hinweis: Ein Verbundfenster hat **4** bearbeitete Flächen!

Stückpreis- und Gesamtpreis

Beispiel: 5 zweiflügelige Blendrahmenfenster wurden innen und außen lackiert.
Fenstermaße: 0,85 × 1,36; m²-Preis: 18,60 Euro
Pos. 1: Eine Schlussbeschichtung mit KH-Fensterlack, weiß

Blendrahmenfenster   0,85   ·   1,36   ·   2   = **2,31 m²**
                              Breite × *Höhe* × *indirekte Stz.* = *Beschichtungsfläche*

Stückpreis: 2,31   ·   18,60   = **42,97 Euro**
                      Beschichtungsfläche (m²) × *m²-Preis*
Gesamtpreis für 5 Fenster: 5   ·   42,97   = **214,85 Euro**

Stück- und Gesamtpreisberechnung mit Schwierigkeitsfaktor

Beispiel: 12 dreiflügelige Verbundfenster mit Querriegel, allseitig lackiert.
Fenstermaße: 1,85 × 1,27; m²-Preis: 16,80 Euro, Schwierigkeitsfaktor: 1,20 (aus Tabelle)
Pos. 1: Eine Schlussbeschichtung mit Dickschichtlasur, lösemittelhaltig

Verbundfenster: 1,85 · 1,27 · 4 = **9,40 m²**
Stückpreis: 9,40   ·   16,30   ·   1,20   = **183,86 Euro**
               Beschichtungsfläche (m²) × *m²-Preis* × *Schwierigkeitsfaktor*
Gesamtpreis für 12 Fenster: 12 · 183,86 = **2206,32 Euro**

Erläuterung:

Der bauartbedingte Mehraufwand soll durch den Schwierigkeitsfaktor aufgefangen werden. Die errechnete Fensterfläche darf nicht durch Multiplikation mit dem Schwierigkeitsfaktor erhöht werden!
Der **Schwierigkeitsfaktor** erscheint in der Berechnung **als Zuschlag zum m²-Preis**!

Grundlagen
Werkstoffe Hilfsstoffe
Werkzeuge Geräte, Gerüste
Arbeitstechniken
Gestaltung
Arbeitsschutz Umweltschutz
Aufmaß Abrechnung
Betriebsführung
Quellen

Türberechnung

Türen werden unter Angabe ihrer Bauart und ihrer Abmessungen als Stück oder nach Aufmaß abgerechnet.

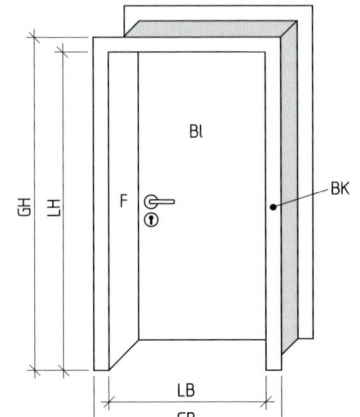

Erläuterungen:
GB Gesamtbreite
GH Gesamthöhe
LB lichte Breite
LH lichte Höhe
Bl Türblatt
F Futter/Futtertiefe
Bk Bekleidung/Bekleidungsbreite

Blockzarge

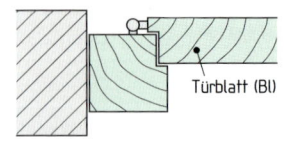

Türblatt (Bl)

Umfassungszarge

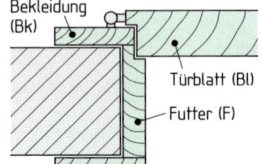

Bekleidung (Bk)

Türblatt (Bl)

Futter (F)

Aufmaßregeln/Aufmaßtechnik

• **Abrechnung nach Zeichnung:** Hier gelten als Breite und Höhe der Tür die Öffnungsmaße in der Zeichnung (Türhöhe = Zeichnungsmaß **abzüglich der Estrichdicke).**
• **Abrechnung nach Aufmaß:** Hier gelten die Maße des fertigen Bauteils (wie gemessen!). Es wird jeweils die **größte Türblattbreite** und die **größte Türblatthöhe** eingesetzt.
• Nach Aufmaß werden Türen je beschichtete Seite gerechnet, Füllungen, Fenster und dergleichen werden übermessen.
• Sind die „**Türrahmen**" (Blendrahmen, Blockzarge, Futter und Bekleidungen, Eckzargen, Umfassungszarge) **dicker als 60 mm**, wird die abgewickelte Fläche gerechnet; die Stirnseite des Türblattes bleibt unberücksichtigt.
• Sind die **Türblätter unter 60 mm** dick, werden nur die beiden Türblattflächen gerechnet, sind sie **dicker als 60 mm**, werden auch die Falze abgewickelt.

Beispiel: Tür mit Blockzarge; **Zargendicke unter 60 mm,** beidseitig lackiert

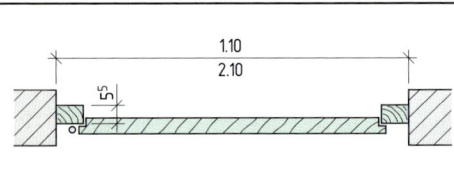

Pos.1: Eine Schlussbeschichtung mit Kunstharz-Lackfarbe, seidenglänzend, weiß oder hell getönt
Türseiten: $1{,}10 \cdot 2{,}10 \cdot 2 =$ **4,62 m²**

Kommentar:
GB × GH × 2; es werden nur die beiden Türseiten gemessen, da die Blockzarge **unter 60 mm** dick ist.

Beispiel: Tür mit Blockzarge; **Zargendicke über 60 mm,** beidseitig lackiert

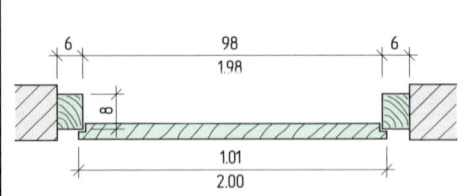

Pos.1: Eine Schlussbeschichtung mit Kunstharz-Lackfarbe, glänzend, weiß oder hell getönt
Türblatt: $1{,}01 \cdot 2{,}00 \cdot 2 = 4{,}04$ m²
Zarge: $(0{,}98 + 1{,}98 \cdot 2) \cdot 0{,}20 = \underline{0{,}99}$ m²
                                                    5,03 m²
Zargenumf: $0{,}06 \cdot 2 + 0{,}08 =$ **0,20 m**

Kommentar:
Zarge abgewickelt, da **über 60 mm**

Grundlagen

Werkstoffe Hilfsstoffe

Werkzeuge Geräte, Geräste

Arbeits-techniken

Gestaltung

Arbeitsschutz Umweltschutz

Aufmaß Abrechnung

Betriebs-führung

Quellen

Türberechnung

Beispiel: Tür mit Futter und Bekleidungen, allseitig beschichtet.

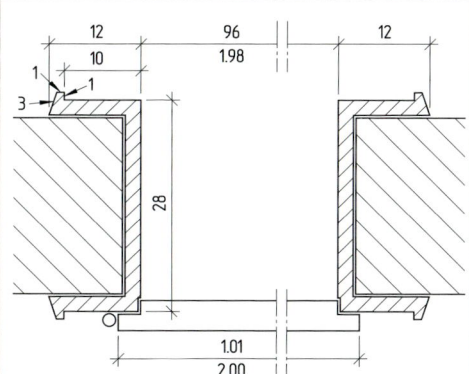

Pos.1: eine Schlussbeschichtung mit Kunstharz-Lackfarbe, seidenglänzend, weiß oder hell getönt

Türblatt:	$1,00 \cdot 2,00 \cdot 2$ =	4,00 m²
Zarge:	+ $(0,96 + 1,98 \cdot 2) \cdot 0,58$ =	2,85 m²
	↑	**6,85 m²**

Zargenumfang:
$(0,03 + 0,01 + 0,01 + 0,10) \cdot 2 + 0,28$ = **0,58 m**

Kommentar:
Futter und Bekleidungen werden abgewickelt, da über 60 mm dick. Die Abwicklung von Futter und Bekleidungen ermöglicht, den Mehraufwand bei profilierten Leisten an den Bekleidungen zu erfassen.

Stahl-Türzargen

Stahlzargen sind in verschiedenen Ausführungen im Handel. Man unterscheidet Eckzargen und Umfassungszargen.
Die hier aufgeführten Beschichtungsflächen gelten für Zargen **ohne Gummidichtung**.

M in cm	RR B × H in mm	LM B × H in mm	A in m²	M in cm	RR B × H in mm	LM B × H in mm	A in m²
Stahl-Eckzargen			2000 mm hoch	Stahl-Eckzargen			2125 mm hoch
entfällt	625 × 2000	561 × 1968	0,53	entfällt	625 × 2125	561 × 2093	0,56
	750 × 2000	686 × 1968	0,54		750 × 2125	686 × 2093	0,57
	875 × 2000	811 × 1968	0,56		875 × 2125	811 × 2093	0,58
	1000 × 2000	936 × 1968	0,57		1000 × 2125	936 × 2093	0,60
Stahl-Umfassungszargen			2000 mm hoch	Stahl-Umfassungszargen			2125 mm hoch
8	625 × 2000	561 × 1968	0,84	8	625 × 2125	561 × 2093	0,89
	750 × 2000	686 × 1968	0,87		750 × 2125	686 × 2093	0,91
	875 × 2000	811 × 1968	0,89		875 × 2125	811 × 2093	0,94
	1000 × 2000	936 × 1968	0,91		1000 × 2125	936 × 2093	0,96
9	625 × 2000	561 × 1968	0,90	9	625 × 2125	561 × 2093	0,94
	750 × 2000	686 × 1968	0,92		750 × 2125	686 × 2093	0,96
	875 × 2000	811 × 1968	0,94		875 × 2125	811 × 2093	0,99
	1000 × 2000	936 × 1968	0,96		1000 × 2125	936 × 2093	1,01
10	625 × 2000	561 × 1968	0,93	10	625 × 2125	561 × 2093	0,99
	750 × 2000	686 × 1968	0,96		750 × 2125	686 × 2093	1,01
	875 × 2000	811 × 1968	0,99		875 × 2125	811 × 2093	1,04
	1000 × 2000	936 × 1968	1,01		1000 × 2125	936 × 2093	1,06

M Mauerdicke einschließlich Putz
RR Rohbau-Richtmaß (B Breite, H Höhe)
LM Lichtes Maß (B Breite, H Höhe)
A Beschichtungsfläche

Grundlagen

Werkstoffe
Hilfsstoffe

Werkzeuge
Geräte, Gerüste

Arbeits-
techniken

Gestaltung

Arbeitsschutz
Umweltschutz

Aufmaß
Abrechnung

Betriebs-
führung

Quellen

Grundlagen

Werkstoffe Hilfsstoffe

Werkzeuge Geräte. Geräste

Arbeits- techniken

Gestaltung

Arbeitsschutz Umweltschutz

Aufmaß Abrechnung

Betriebs- führung

Quellen

Stahl-Türzargen (Fortsetzung)

M in cm	RR B × H in mm	LM B × H in mm	A in m²	M in cm	RR B × H in mm	LM B × H in mm	A in m²
Stahl-Umfassungszargen		2000 mm hoch		Stahl-Umfassungszargen		2125 mm hoch	
13	625 × 2000	561 × 1968	1,08	13	625 × 2125	561 × 2093	1,13
	750 × 2000	686 × 1968	1,10		750 × 2125	686 × 2093	1,16
	875 × 2000	811 × 1968	1,13		875 × 2125	811 × 2093	1,19
	1000 × 2000	936 × 1968	1,15		1000 × 2125	936 × 2093	1,22
14,5	625 × 2000	561 × 1968	1,15	14,5	625 × 2125	561 × 2093	1,20
	750 × 2000	686 × 1968	1,17		750 × 2125	686 × 2093	1,23
	875 × 2000	811 × 1968	1,20		875 × 2125	811 × 2093	1,26
	1000 × 2000	936 × 1968	1,23		1000 × 2125	936 × 2093	1,29
16	625 × 2000	561 × 1968	1,20	16	625 × 2125	561 × 2093	1,27
	750 × 2000	686 × 1968	1,24		750 × 2125	686 × 2093	1,30
	875 × 2000	811 × 1968	1,27		875 × 2125	811 × 2093	1,34
	1000 × 2000	936 × 1968	1,30		1000 × 2125	936 × 2093	1,37
18	625 × 2000	561 × 1968	1,29	18	625 × 2125	561 × 2093	1,36
	750 × 2000	686 × 1968	1,33		750 × 2125	686 × 2093	1,40
	875 × 2000	811 × 1968	1,36		875 × 2125	811 × 2093	1,44
	1000 × 2000	936 × 1968	1,40		1000 × 2125	936 × 2093	1,47
20,5	625 × 2000	561 × 1968	1,42	20,5	625 × 2125	561 × 2093	1,48
	750 × 2000	686 × 1968	1,45		750 × 2125	686 × 2093	1,52
	875 × 2000	811 × 1968	1,48		875 × 2125	811 × 2093	1,58
	1000 × 2000	936 × 1968	1,52		1000 × 2125	936 × 2093	1,60
27	625 × 2000	561 × 1968	1,71	27	625 × 2125	561 × 2093	1,79
	750 × 2000	686 × 1968	1,75		750 × 2125	686 × 2093	1,84
	875 × 2000	811 × 1968	1,79		875 × 2125	811 × 2093	1,91
	1000 × 2000	936 × 1968	1,84		1000 × 2125	936 × 2093	1,93
29	625 × 2000	561 × 1968	1,79	29	625 × 2125	561 × 2093	1,89
	750 × 2000	686 × 1968	1,83		750 × 2125	686 × 2093	1,94
	875 × 2000	811 × 1968	1,89		875 × 2125	811 × 2093	1,99
	1000 × 2000	936 × 1968	1,94		1000 × 2125	936 × 2093	2,03
33	625 × 2000	561 × 1968	1,97	33	625 × 2125	561 × 2093	2,08
	750 × 2000	686 × 1968	2,02		750 × 2125	686 × 2093	2,13
	875 × 2000	811 × 1968	2,08		875 × 2125	811 × 2093	2,19
	1000 × 2000	936 × 1968	2,13		1000 × 2125	936 × 2093	2,24

M   Mauerdicke einschließlich Putz
RR   Rohbau-Richtmaß (B Breite, H Höhe)
LM   Lichtes Maß (B Breite, H Höhe)
A   Beschichtungsfläche

Berechnung von Rohren, Stangen, Rinnen

Stangen unterscheiden sich von Rohren dadurch, dass sie aus Vollmaterial bestehen.

Aufmaßregeln

- Rohre/Stangen mit einem **Umfang bis zu 30 cm** werden nach dem Längenmaß in **Meter** abgerechnet. **Hinweis**: 30 cm Umfang entsprechen DN 80 bzw. D = 95 mm.
- Bei Rohren mit einem **Umfang von mehr als 30 cm** wird die abgewickelte Oberfläche nach dem Flächenmaß in **m²** berechnet.
- Bei nicht genormten Rohrdurchmessern muss eine rechnerische Abwicklung erfolgen. Dabei kommen folgende Formeln zur Anwendung:

Runde Rohre	Quadratische Rohre	Rechteckige Rohre	Konische Rohre
$D \cdot 3,14 \cdot l$	$4 \cdot a \cdot l$	$(a + b) \cdot 2 \cdot l$	$\dfrac{D + d}{2} \cdot 3,14 \cdot l$

Beispiel: Brandschutzbeschichtung von 168,00 m Rohrisolierung, Durchmesser = 380 mm

Pos. 1: eine Schlussbeschichtung mit Brandschutz-Decklack

Rohrisolierung: $\quad 0{,}38 \cdot 3{,}14 \cdot 168{,}00 = $ **200,46 m²**

$\qquad\qquad\qquad\qquad D \ \times \ \pi \ \times \ l$

- Rohrgeländer werden nach Länge der verarbeiteten Rohre unter Angabe des Durchmessers abgerechnet.
- Da Dachrinnen halbierte Rohre mit einem Wulst sind, sollte ihr genauer Umfang durch Messen am Objekt (Bauwerk) ermittelt und mit ihrer Länge multipliziert werden. Die Länge der Rinne wird am Wulst gemessen.
- Die Länge von Fallrohren wird im Außenbogen gemessen.
- Bei Rohrleitungen werden Schieber, Flansche und dergleichen übermessen.

Berechnung mit Hilfe von Tabellen

Weil die überwiegende Mehrheit der verarbeiteten Rohre genormte Durchmesser hat, lassen sich deren Oberflächen mit Hilfe von Tabellen einfach berechnen. Diese Tabellen erlauben es für genormte Nennweiten (DN) **die Anstrichfläche in m² je Meter** abzulesen.

Beispiel: 36,50 m nahtlose Stahlrohre DN 250, DIN 2448 wurden beschichtet

Pos. 1: auf die gereinigte Fläche eine Grundbeschichtung mit 2-K-Grundanstrichstoff aufbringen

Stahlrohre, DN 250: $\quad 0{,}857 \cdot 36{,}50 = $ **31,28 m²**

$\qquad\qquad\qquad$ *Tabellenwert × Länge*

Nahtlose Stahlrohre und geschweißte Stahlrohre — Auszug aus DIN 2448, 2458

DN in mm	D in mm	A in m²/m	DN in mm	D in mm	A in m²/m
20	26,9	0,0845	150	168,3	0,528
40	48,3	0,1517	200	219,1	0,688
50	60,3	0,1893	250	273,0	0,857
65	76,1	0,239	300	323,9	1,017
80	88,9	0,279	350	355,6	1,117
100	114,3	0,359	400	406,4	1,276
125	139,7	0,439	500	508,0	1,595

DN Kurzzeichen für Nennweite
D Außendurchmesser
A Beschichtungsfläche

Grundlagen

Werkstoffe Hilfsstoffe

Werkzeuge Geräte, Gerüste

Arbeits- techniken

Gestaltung

Arbeitsschutz Umweltschutz

Aufmaß Abrechnung

Betriebs- führung

Quellen

Mittelschwere und schwere Gewinderohre				Auszug aus DIN 2440, DIN 2441			
DN	R mm	D mm	A m²/m	DN	R mm	D mm	A m²/m
80	R3	88,9	0,279	125	R5	139,7	0,439
100	R4	114,3	0,359	150	R6	165,1	0,519

Quadratische Rohre			Auszug aus DIN EN 10210		
Größe	a mm	A m²/m	Größe	a mm	A m²/m
80	80	0,312	140	140	0,543
90	90	0,352	160	160	0,613
100	100	0,391	180	180	0,693
120	120	0,467	200	200	0,773

Rechteckige Rohre				Auszug aus DIN EN 10210			
Größe	a mm	b mm	A m²/m	Größe	a mm	b mm	A m²/m
100 x 40	100	40	0,280	140 x 80	140	80	0,428
100 x 50	100	50	0,300	160 x 90	160	90	0,481
100 x 60	100	60	0,312	180 x 100	180	100	0,536
120 x 60	120	60	0,348	200 x 120	200	120	0,613

DN	Kurzzeichen für Nennweite	a	Kantenlänge, Seite a
D	Außendurchmesser	b	Kantenlänge, Seite b
R	Rohrgewinde	A	Beschichtungsfläche

Berechnung von Stahlbauteilen

Stahlbauteile werden sowohl aus genormten Stahlprofilen mit unterschiedlichen Querschnitten (**I, T, U, Z** oder **L**-Profil), als auch aus beliebig geformten und verbundenen Blechen hergestellt.

Aufmaßregeln

Flächen von **Profilen**, Heizkörpern, **Wellblechen** und dergleichen werden, soweit Tabellen vorhanden sind, nach diesen gerechnet. Sind Tabellen nicht vorhanden, wird nach abgewickelter Fläche gerechnet.

Wichtig: Die in Stahlbauzeichnungen verwendeten **Millimeter-Maße** müssen für das Aufmaß **in Meter umgerechnet** werden.

Die Berechnung von Stahlbauteilen ist in der **DIN 18 364** „Korrosionsschutzarbeiten an Stahlbauten" geregelt. Danach ergeben sich verschiedene Berechnungsmöglichkeiten:

1. Stahlbauteile mit einer **Abwicklung unter 30 cm** werden nach dem **Längenmaß** abgerechnet.
2. Stahlbauteile mit einem **abgewickelten Umfang von über 30 cm** werden nach dem **Flächenmaß** abgerechnet.
2a. Da die meisten in Stahlkonstruktionen verbauten Profile genormt sind, lassen sich deren Beschichtungsflächen je Meter aus **Tabellen** entnehmen. Dabei ist aber unbedingt auf die genaue Profilbezeichnung und die DIN-Nummer zu achten, damit die zutreffende Tabelle zum Einsatz kommt.
2b. Bei **nicht genormten Profilquerschnitten** kann auch eine rechnerische **Profilabwicklung** erfolgen.
3. Die ATV DIN 18364, „Korrosionsschutzarbeiten" erlaubt auch eine Abrechnung nach der Masse (Gewicht) der Konstruktion. Das aus den Bauunterlagen ersichtliche Konstruktionsgewicht wird mit der **Anstrichfläche je Tonne**, die denTabellen entnommen werden kann- multipliziert und ergibt dann die Gesamt-Beschichtungsfläche. Dieses Verfahren ist nur dann hinreichend genau, wenn ähnliche Profiformen und -größen verbaut wurden und genaue Gewichtsangaben aus Stücklisten oder sonstigen Bauunterlagen vorhanden sind.

Hinweise zur Benutzung der Stahl-Profiltabellen

Die Tabellen enthalten nur solche Profilgrößen und solche Werte die für die Abrechnung nach Flächenmaß von Bedeutung sind.
Profilgrößen unter 30 cm Abwicklung sind nicht aufgeführt.

L	Kurzzeichen für Profilstahl	s	Schenkeldicke
a	Schenkelbreite a	A_m	Beschichtungsfläche in m² je Meter
b	Schenkelbreite b	A_t	Beschichtungsfläche in m² je Tonne

Gleichschenkliger Winkelstahl (L-Profil) — Auszug aus DIN EN 10056 (DIN 1029)

L $a \times s$ in mm	A_m in m²/m	A_t in m²/t	L $a \times s$ in mm	A_m in m²/m	A_t in m²/t	L $a \times s$ in mm	A_m in m²/m	A_t in m²/t
80 × 7		36,63	110 × 10		25,90	150 × 18	0,586	14,61
80 × 8		32,20	110 × 12	0,430	21,83	150 × 20		13,26
80 × 10	0,311	26,13	110 × 14		18,86	160 × 15		17,27
80 × 12		22,06	120 × 11		23,57	160 × 17	0,625	15,36
80 × 14		19,32	120 × 12		21,71	160 × 19		13,86
90 × 8		32,20	120 × 13	0,469	20,13	180 × 16		16,21
90 × 9		28,77	120 × 15		17,63	180 × 18		14,51
90 × 11	0,351	23,88	130 × 12		21,53	180 × 20	0,705	13,13
90 × 13		20,53	130 × 14	0,508	18,68	180 × 22		12,03
90 × 16		16,96	130 × 16		16,44	200 × 16		16,19
100 × 8		31,97	140 × 13	0,547	19,89	200 × 18		14,46
100 × 10		25,83	140 × 15		17,42	200 × 20	0,785	13,11
100 × 12	0,390	21,91	150 × 12		21,47	200 × 24		11,04
100 × 14		18,93	150 × 14		18,54	200 × 28		9,57
100 × 16		16,81	150 × 15	0,586	17,34			
100 × 20		13,73	150 × 16		16,32			

Ungleichschenkliger Winkelstahl (L-Profil) — Auszug aus DIN EN 10056 (DIN 1029)

L $a \times b \times s$ in mm	A_m in m²/m	A_t in m²/t	L $a \times b \times s$ in mm	A_m in m²/m	A_t in m²/t	L $a \times b \times s$ in mm	A_m in m²/m	A_t in m²/t
90 × 75 × 7	0,322	36,84	120 × 80 × 14	0,391	19,07	150 × 100 × 10		25,74
100 × 50 × 6		42,63	130 × 65 × 8		32,02	150 × 100 × 12	0,489	21,64
100 × 50 × 8	0,292	32,48	130 × 65 × 10	0,381	26,10	150 × 100 × 14		18,74
100 × 50 × 10		26,31	130 × 65 × 12		22,02	160 × 80 × 10		25,77
100 × 65 × 7		36,60	130 × 75 × 8		32,08	160 × 80 × 12	0,469	21,71
100 × 65 × 9	0,321	28,92	130 × 75 × 10	0,401	26,04	160 × 80 × 14		18,76
100 × 65 × 11		23,96	130 × 75 × 12		21,91	180 × 90 × 10		25,63
100 × 75 × 7		36,59	130 × 90 × 10	0,430	25,90	180 × 90 × 12	0,528	21,55
100 × 75 × 9	0,341	28,90	130 × 90 × 12		21,83	180 × 90 × 14		18,66
100 × 75 × 11		23,85	150 × 75 × 9	0,441	28,82	200 × 100 × 10		25,52
120 × 80 × 8		32,05	150 × 75 × 11		23,71	200 × 100 × 12		21,50
120 × 80 × 10	0,391	26,07	150 × 90 × 10	0,469	25,77	200 × 100 × 14	0,587	18,58
120 × 80 × 12		21,97	150 × 90 × 12		21,71	200 × 100 × 16		16,35

Grundlagen · Werkstoffe Hilfsstoffe · Werkzeuge Geräte, Gerüste · Arbeitstechniken · Gestaltung · Arbeitsschutz Umweltschutz · Aufmaß Abrechnung · Betriebsführung · Quellen

Hinweise zur Benutzung der Stahl-Profiltabellen

Die Tabellen enthalten nur solche Profilgrößen und solche Werte die für die Abrechnung nach Flächenmaß von Bedeutung sind.
Profilgrößen unter 30 cm Abwicklung sind nicht aufgeführt.

U, Z, T	Kurzzeichen für Profilstahl	A_m	Beschichtungsfläche in m² je Meter
h	Profilhöhe/Steghöhe	A_t	Beschichtungsfläche in m² je Tonne
b	Profilbreite/Flanschbreite	*U/A*	Wert für Brandschutzbeschichtungen (vgl. Seite 283)

U-Stahl — Auszug aus DIN 1026

U	h in mm	b in mm	A_m in m²/m	U	h in mm	b in mm	A_m in m²/m
80	80	45	0,312	160	160	65	0,546
100	100	50	0,372	180	180	70	0,611
120	120	55	0,434	200	200	75	0,661
140	140	60	0,489	300	300	100	0,950

Z-Stahl — Auszug aus DIN 1027

Z	h in mm	b in mm	A_m in m²/m	Z	h in mm	b in mm	A_m in m²/m
80	80	50	0,339	160	160	70	0,569
100	100	55	0,397	180	180	75	0,626
120	120	60	0,454	200	200	80	0,683
140	140	65	0,511				

T-Stahl — Auszug aus DIN EN 10055

T	h in mm	b in mm	A_m in m²/m	T	h in mm	b in mm	A_m in m²/m
70	70	70	0,268	100	100	100	0,383
80	80	80	0,307	120	120	120	0,459
90	90	90	0,345	140	140	140	0,537

Kurzzeichen für I-Profile — Euro-Norm 53-62

DIN EN-Nummer	frühere DIN-Nummer	Kurzzeichen nach DIN	Euro-Kurzzeichen
DIN EN 10034 Blatt 1	DIN 1025-1	I	Keine
DIN EN 10034 Blatt 2	DIN 1025-2	IPB	HE-B
DIN EN 10034 Blatt 3	DIN 1025-3	IPBl	HE-A
DIN EN 10034 Blatt 4	DIN 1025-4	IPBv	HE-M
DIN EN 10034 Blatt 5	DIN 1025-5	IPE	Keine

Schmale I-Profile — Auszug aus DIN EN 10034 Blatt 1 (DIN 1025-1)

I	h in mm	b in mm	A_m in m²/m	A_t in m²/t	U/A Wert	I	h in mm	b in mm	A_m in m²/m	A_t in m²/t	U/A Wert
80	80	42	0,304	51,17	402	180	180	82	0,640	29,22	229
100	100	50	0,370	44,36	349	200	200	90	0,709	27,06	212
120	120	58	0,439	39,54	309	220	220	98	0,775	24,91	196
140	140	66	0,502	35,10	276	260	260	113	0,906	21,62	170
160	160	74	0,575	32,12	252	300	300	125	1,03	19,00	149

Hinweise zur Benutzung der Stahl-Profiltabellen

Die Tabellen enthalten nur solche Profilgrößen und solche Werte die für die Abrechnung nach Flächen-maß von Bedeutung sind.

Profilgrößen unter 30 cm Abwicklung sind nicht aufgeführt.

I	Kurzzeichen für Profilstahl	A_m	Beschichtungsfläche in m² je Meter
h	Profilhöhe	A_t	Beschichtungsfläche in m² je Tonne
b	Profilbreite	U/A	Wert für Brandschutzbeschichtungen

U/A-Wert (Profilfaktor für den Brandschutz von Stahlbauteilen)

Der U/A-Wert stellt eine wichtige Bemessungsgröße für die Ermittlung der Schichtdicken von Dämm-schicht bildenden Brandschutzbeschichtungen dar.

Wenn sich Stahlprofile bei einem Feuer auf Temperaturen von über 500 °C erwärmen, verlieren sie an statischer Festigkeit. Die Temperatur des Stahlteils steigt um so schneller, je größer die dem Feuer ausgesetzte Oberfläche im Verhältnis zum Profilquerschnitt ist.

Der **Profilfaktor (U/A-Wert)** gibt das Verhältnis des beflammten Umfangs (U) zum Nennquerschnitt (A) des Stahlprofils an und ist damit ein Maß für die Geschwindigkeit der Erwärmung des Bauteils.

Die Tabellenangaben beziehen sich auf eine vierseitige Beflammung von 1 m Profillänge.

Mittelbreite I-Profile   Auszug aus DIN EN 10034 Blatt 5 (DIN 1025-5)

I PE	h mm	b mm	A/m m²/m	A/t m²/t	U/A Wert	I PE	h mm	b mm	A/m m²/m	A/t m²/t	U/A Wert
80	80	46	0,328	**54,66**	**429**	200	200	100	0,768	**34,28**	**269**
100	100	55	0,400	**49,38**	**388**	220	220	110	0,848	**32,36**	**254**
120	120	64	0,475	**45,67**	**360**	240	240	120	0,922	**30,03**	**236**
140	140	73	0,551	**42,71**	**336**	270	270	135	1,04	**28,81**	**227**
160	160	82	0,623	**39,43**	**310**	300	300	150	1,16	**27,48**	**216**
180	180	91	0,698	**37,12**	**292**	330	330	160	1,25	**25,45**	**200**

Breite I-Profile, parallele Flanschflächen   Auszug aus DIN EN 10034 Blatt 2 (DIN 1025-2)

I PB (HE-B)	h mm	b mm	A/m m²/m	A/t m²/t	U/A Wert	I PB (HE-B)	h mm	b mm	A/m m²/m	A/t m²/t	U/A Wert
100	100	100	0,567	**27,79**	**218**	220	220	220	1,27	**17,76**	**140**
120	120	120	0,686	**25,69**	**202**	240	240	240	1,38	**16,58**	**130**
140	140	140	0,805	**23,88**	**187**	260	260	260	1,50	**16,12**	**127**
160	160	160	0,918	**21,54**	**169**	280	280	280	1,62	**15,72**	**124**
180	180	180	1,04	**20,31**	**159**	300	300	300	1,73	**14,78**	**116**
200	200	200	1,15	**18,76**	**147**	320	320	320	1,77	**13,93**	**110**

Breite I-Profile, parallele Flanschfl., leichte Ausf.   Auszug aus DIN EN 10034 Blatt 3 (DIN 1025-3)

I PBI (HE-A)	h mm	b mm	A/m m²/m	A/t m²/t	U/A Wert	I PBI (HE-A)	h mm	b mm	A/m m²/m	A/t m²/t	U/A Wert
100	96	100	0,561	**33,59**	**265**	220	210	220	1,26	**24,95**	**196**
120	114	120	0,677	**34,02**	**268**	240	230	240	1,37	**22,72**	**178**
140	133	140	0,794	**32,15**	**253**	260	250	260	1,48	**21,70**	**171**
160	152	160	0,906	**29,80**	**234**	280	270	280	1,60	**20,94**	**164**
180	171	180	1,02	**18,73**	**225**	300	290	300	1,72	**19,48**	**154**
200	190	200	1,14	**26,95**	**212**	320	310	300	1,76	**18,03**	**142**

Grundlagen   Werkstoffe Hilfsstoffe   Werkzeuge Geräte, Gerüste   Arbeits-techniken   Gestaltung   Arbeitsschutz Umweltschutz   **Aufmaß Abrechnung**   Betriebs-führung   Quellen

Hinweise zur Benutzung der Stahl-Profiltabellen

Die Tabellen enthalten nur solche Profilgrößen und solche Werte die für die Abrechnung nach Flächenmaß von Bedeutung sind.
Profilgrößen unter 30 cm Abwicklung sind nicht aufgeführt.

l	Kurzzeichen für Profilstahl	A_m	Beschichtungsfläche in m² je Meter
h	Profilhöhe/Steghöhe	A_t	Beschichtungsfläche in m² je Tonne
b	Profilbreite/Flanschbreite	U/A	Wert für Brandschutzbeschichtungen (vgl. Seite 283)

Breite I-Träger parallele Flanschfl., verstärkte Ausf.   Auszug aus DIN EN 10034 Blatt 4 (DIN 1025-4)

IPBv (HEM)	h mm	b mm	A/m m²/m	A/t m²/t	U/A Wert	IPBv (HEM)	h mm	b mm	A1 m²/m	A2 m²/t	U/A Wert
100	120	106	0,619	14,81	116	240	270	248	1,46	9,30	73
120	140	126	0,738	14,17	111	260	290	268	1,57	9,13	71
140	160	146	0,857	13,56	106	280	310	288	1,69	8,94	70
160	180	166	0,970	12,73	100	300	340	310	1,83	7,69	60
180	200	186	1,09	12,26	96	320/305	320	305	1,78	10,06	79
200	220	206	1,20	11,56	92	320	359	309	1,87	7,63	60
220	240	226	1,32	11,28	89	340	377	309	1,90	7,66	60

Wellbleche eingedeckt und nicht eingedeckt (nach R. Arhelger)   **nach DIN 59231**

Hinweis: Die abgewickelte Fläche (Beschichtungsfläche) bei Profilen ist größer als die überdeckte Fläche, weshalb in jedem Fall eine Abrechnung nach Tabelle zu empfehlen ist.

Die Beschichtungsfläche kann auch mit Hilfe von **Faktoren** ermittelt werden, mit denen die aufgemessene Fläche multipliziert wird:

• aufgemessene Fläche × Faktor F_1 aus Spalte 4 = Anstrichfläche je m² **eingedeckter** Fläche
• aufgemessene Fläche × Faktor F_2 aus Spalte 5 = Anstrichfläche je m² **nicht eingedeckter** Fläche

Profilbezeichnung Höhe/Breite in mm	Baubreite in mm	Fläche **je Tafel** bei 2000 mm Länge in m²	Anstrichfläche in m² je m² **eingedeckter** Fläche	Anstrichfläche in m² je m² **nicht eingedeckter** Fläche
20/40	640	1,28	$F_1 = 1,54$	$F_2 = 1,57$
18/76	836	1,67	$F_1 = 1,16$	$F_2 = 1,20$
27/100	800	1,60	$F_1 = 1,20$	$F_2 = 1,25$
30/135	810	1,62	$F_1 = 1,17$	$F_2 = 1,24$
45/150	750	1,50	$F_1 = 1,27$	$F_2 = 1,34$
48/100	600	1,20	$F_1 = 1,60$	$F_2 = 1,67$
67/90	450	0,90	$F_1 = 2,17$	$F_2 = 2,23$
88/100	400	0,80	$F_1 = 2,45$	$F_2 = 2,52$

Heizkörperberechnung

Aufmaßregel 5.1.18: Flächen von Profilen, Heizkörpern, Trapezblechen, Wellblechen und dergleichen werden, soweit Tabellen vorhanden sind, nach diesen gerechnet. Sind Tabellen nicht vorhanden, wird nach abgewickelter Fläche gerechnet.

Heizkörper werden nach ihrer Heizfläche berechnet. Die Ermittlung der Heizfläche nach Tabelle hat nicht nur den Vorteil, dass die Maßansätze einfacher werden, sondern bei Gliederheizkörpern ergibt sich auch eine größere Heizfläche pro Heizkörperglied, gegenüber dem Aufmaß nach Abwicklung, da die Wölbungen dort nicht einwandfrei erfasst werden können.

Heizkörperberechnung nach Tabelle

Da die meisten Heizkörper genormte Abmessungen haben, lässt sich deren Anstrichfläche in m² pro Heizkörperglied leicht aus Tabellen ablesen. Sie wird mit der Anzahl der Glieder und evtl. mit der Stückzahl der Heizkörper multipliziert.

Beispiel: 4 Stahlradiatoren nach DIN 4703 mit 24 Heizgliedern, Bauhöhe = 1000 mm, Bautiefe = 160 mm, wurden lackiert.

Pos. 1: eine Schlussbeschichtung mit Heizkörperlackfarbe, wasserverdünnbar, weiß oder hell getönt

$$4 \quad \cdot \quad 0{,}345 \quad \cdot \quad 24 \quad = \quad \textbf{33,12 m}^2$$

Anzahl x **Tabellenwert** *x Giederzahl = Gesamtfläche der 4 Heizkörper*
  Beschichtungsfläche je Glied

Stahl-Gliederheizkörper (nur für Beschichtungsarbeiten relevante Daten)   DIN 4703

Bauhöhe h	Nabenabstand n	Bautiefe t	Anstrichfläche je Glied	
mm	mm	mm	m²/m	
300	200	250	0,160	
450	350	160	0,155	
		220	0,210	
600	500	110	0,140	
		160	0,205	
		220	0,285	
1000	900	110	0,240	
		160	**0,345**	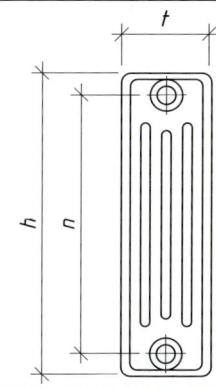
		220	0,480	

Heizkörperberechnung nach Aufmaß

Ältere Heizkörper mit nicht genormten Abmessungen werden im Aufmaß rechnerisch abgewickelt:

Allgemeine Formel: *Bautiefe x 2 x Bauhöhe x Gliederzahl*

Beispiel: Gleiches Berechnungsbeispiel wie oben

Pos. 1: eine Schlussbeschichtung mit Heizkörperlackfarbe, wasserverdünnbar, weiß oder hell getönt

$$4 \quad \cdot \quad 0{,}16 \quad \cdot \quad 2 \quad \cdot \quad 1{,}00 \quad \cdot \quad 24 \quad = \quad \textbf{30,72 m}^2$$

Anzahl x Bautiefe x Seiten x Bauhöhe x Gliederzahl = Gesamtfläche der 4 Heizkörper

Diese Art der Abrechnung berücksichtigt nicht die Wölbung der Heizkörperglieder, weshalb sich eine geringere Beschichtungsfläche ergibt!

Gegenüberstellung der Ergebnisse	bei Abrechnung nach Tabelle	**33,12 m²**
	bei Abrechnung nach Aufmaß	**30,72 m²**
	Differenz	**2,40 m²**

Grundlagen · Werkstoffe Hilfsstoffe · Werkzeuge Geräte, Gerüste · Arbeitstechniken · Gestaltung · Arbeitsschutz Umweltschutz · Aufmaß Abrechnung · Betriebsführung · Quellen

Heizkörpertabellen

Hinweise zur Benutzung der Tabellen: Mit Hilfe der Heizkörper-Kenndaten (Nabenabstand n oder Bauhöhe h **und** Bautiefe t) oder der DIN-Nummer kann in der zutreffenden Tabelle die Heizfläche (Beschichtungsfläche je Heizkörperglied) abgelesen und mit der Anzahl der Glieder multipliziert werden, um die Gesamt-Beschichtungsfläche des Heizkörpers zu ermitteln.

Stahlradiatoren (neue Form ab 1961)   DIN 4722

Nabenabstand n mm	Bauhöhe h mm	Bautiefe t in mm			
		100	160	220	250
		Heizfläche je Heizkörperglied in m²			
200	300	–	–	–	0,160
350	450	–	0,155	0,210	–
500	600	0,140	0,205	0,285	–
900	1000	0,240	0,345	0,480	–

Stahlröhrenradiatoren   DIN 4707

Nabenabstand n mm	Bauhöhe h mm	Bautiefe t in mm				
		64	101	139	177	215
		Heizfläche je Heizkörperglied in m²				
128	190	0,027	0,048	0,065	0,082	0,099
230	300	0,043	0,071	0,096	0,121	0,146
280	350	0,051	0,083	0,112	0,141	0,170
330	400	0,059	0,094	0,127	0,160	0,193
380	450	0,067	0,106	0,143	0,180	0,217
430	500	0,075	0,118	0,159	0,200	0,241
480	550	0,083	0,130	0,175	0,219	0,264
530	600	0,091	0,142	0,190	0,239	0,288
680	750	0,114	0,177	0,237	0,298	0,358
830	900	0,138	0,212	0,284	0,357	0,429
930	1000	0,153	0,236	0,316	0,396	0,476
1130	1200	0,185	0,283	0,379	0,475	0,570
1430	1500	0,232	0,354	0,473	0,592	0,712
1730	1800	0,279	0,424	0,567	0,710	0,835
1930	2000	0,310	0,471	0,630	0,789	0,947
2430	2500	0,389	0,589	0,787	0,985	1,183
2730	2800	0,436	0,660	0,881	1,103	1,324

Gussradiatoren   DIN 4703

Nabenabstand n mm	Bauhöhe h mm	Bautiefe t in mm				
		70	110	160	220	250
		Heizfläche je Heizkörperglied in m²				
200	280	–	–	–	–	0,185
350	430	0,090	0,128	0,185	0,255	–
500	580	0,120	0,180	0,225	0,345	–
600	680	–	0,226	0,313	–	–
900	980	0,205	–	0,440	0,580	–

Neben genormten Heizkörper-Bauarten werden von vielen Firmen eigne Heizkörpertypen unterschiedlichster Bauform angeboten. Für diese Heizkörper stellen die Firmen meist eigene Tabellen zur Verfügung.

Abrechnung von Flachheizkörpern

- Mit Hilfe von Aufmaßen ist es kaum möglich, die wirkliche Beschichtungsfläche von profilierten Flachheizkörpern, besonders solchen mit aufgeschweißten Konvektoren, zu ermitteln. Deshalb sollte die genaue Heizfläche = Beschichtungsfläche aus Tabellen entnommen werden.
- Neue Plattenheizkörper besitzen häufig eine planebene Vorderfront mit oberem Abdeckgitter und seitlichen, geschlossenen Abdeckungen. Hier empfiehlt sich eine Abwicklung der Oberfläche im Aufmaß, wenn keine Tabellen des Herstellers zur Verfügung stehen.
- Neben den aufgeführten Fix-Flachheizkörpern werden ähnliche Flachheizkörpertypen von anderen Herstellern angeboten, für die meist eigene Tabellen mit Heizflächenangaben bereitgestellt werden.

Hinweis: Heizkörper werden fast ausnahmslos fertig beschichtet geliefert. Überholungsbeschichtungen werden in der Regel nur an älteren Heizkörpern ausgeführt. Deshalb sind im Folgenden nur die Werte für die Fix-Flachheizkörper älterer Bauart aufgeführt.

Fix-Flachheizkörper, Type E (einlagig, ohne Konvektor), Bautiefe: 17 mm

Baulänge in mm	Beschichtungsfläche je Heizkörper in m² (bei Typ E und Bauhöhe in mm)						
	E 200	E 300	E 400	E 500	E 600	E 700	E 900
600	0,30	0,43	0,56	0,70	0,83	0,97	1,25
800	0,40	0,57	0,74	0,93	1,11	1,29	1,66
1000	0,49	0,71	0,93	1,16	1,39	1,62	2,08
1200	0,59	0,85	1,11	1,39	1,67	1,94	2,50
1400	0,68	0,99	1,30	1,62	1,94	2,27	2,93
1600	0,78	1,13	1,48	1,85	2,22	2,59	3,32
1800	0,89	1,28	1,67	2,09	2,50	2,92	3,76
2000	0,99	1,42	1,85	2,32	2,78	3,24	4,16
2200	1,07	1,56	2,05	2,55	3,06	3,56	4,58
2400	1,17	1,70	2,23	2,78	3,34	3,89	4,99
2600	1,28	1,85	2,42	3,02	3,61	4,21	5,41
2800	1,38	1,99	2,60	3,25	3,89	4,54	5,82
3000	1,47	2,13	2,79	3,48	4,17	4,86	6,24

Fix-Flachheizkörper, Typ D (doppellagig, ohne Konvektor), Bautiefe: 75 mm

Baulänge in mm	Beschichtungsfläche je Heizkörper in m² (bei Typ D und Bauhöhe in mm)						
	D 200	D 300	D 400	D 500	D 600	D 700	D 900
600	0,60	0,86	1,12	1,40	1,66	1,94	2,50
800	0,80	1,14	1,48	1,85	2,22	2,60	3,32
1000	0,98	1,42	1,86	2,32	2,78	3,25	4,16
1200	1,18	1,70	2,22	2,78	3,34	3,90	5,00
1400	1,36	1,98	2,60	3,25	3,89	4,55	5,86
1600	1,58	2,27	2,96	3,71	4,45	5,20	6,64
1800	1,78	2,56	3,34	4,18	5,00	5,85	7,52
2000	1,98	2,84	3,70	4,64	5,56	6,50	8,32
2200	2,15	3,12	4,09	5,10	6,12	7,15	9,15
2400	2,36	3,41	4,46	5,57	6,67	7,80	9,98
2600	2,54	3,69	4,84	6,03	7,23	8,45	10,82
2800	2,74	3,98	5,21	6,50	7,78	9,10	11,65
3000	2,94	4,26	5,58	6,96	8,34	9,75	12,48

Grundlagen · Werkstoffe Hilfsstoffe · Werkzeuge Geräte, Gerüste · Arbeits-techniken · Gestaltung · Arbeitsschutz Umweltschutz · Aufmaß Abrechnung · Betriebs-führung · Quellen

Heizkörpertabellen

- Mit Hilfe von Aufmaßen ist es kaum möglich, die wirkliche Beschichtungsfläche von profilierten Flachheizkörpern, besonders solchen mit aufgeschweißten Konvektoren, zu ermitteln. Deshalb sollte die genaue Heizfläche = Beschichtungsfläche aus Tabellen entnommen werden.
- Neue Plattenheizkörper besitzen häufig eine planebene Vorderfront mit oberem Abdeckgitter und seitlichen, geschlossenen Abdeckungen. Hier empfiehlt sich eine Abwicklung der Oberfläche im Aufmaß, wenn keine Tabellen des Herstellers zur Verfügung stehen.
- Neben den aufgeführten Fix-Flachheizkörpern werden ähnliche Flachheizkörpertypen von anderen Herstellern angeboten, für die meist eigene Tabellen mit Heizflächenangaben bereitgestellt werden.

Hinweis: Heizkörper werden fast ausnahmslos fertig beschichtet geliefert. Überholungsbeschichtungen werden in der Regel nur an älteren Heizkörpern ausgeführt. Deshalb sind im Folgenden nur die Werte für die Fix-Flachheizkörper älterer Bauart aufgeführt.

Fix-Flachheizkörper, Type EK (einlagig, mit Konvektor), Bautiefe: 34 mm

Baulänge in mm	Beschichtungsfläche je Heizkörper in m² (bei Typ EK und Bauhöhe in mm)						
	EK 200	EK 300	EK 400	EK 500	EK 600	EK 700	EK 900
600	0,56	0,83	1,10	1,38	1,65	1,93	2,48
800	0,73	1,10	1,47	1,84	2,20	2,57	3,30
1000	0,92	1,38	1,84	2,30	2,75	3,21	4,13
1200	1,10	1,65	2,20	2,75	3,30	3,85	4,95
1400	1,29	1,93	2,57	3,21	3,85	4,50	5,78
1600	1,45	2,20	2,94	3,67	4,40	5,14	6,60
1800	1,66	2,48	3,30	4,13	4,95	5,78	7,43
2000	1,84	2,75	3,66	4,59	5,50	6,40	8,25
2200	2,04	3,03	4,02	5,05	6,05	7,04	9,08
2400	2,20	3,30	4,40	5,50	6,60	7,70	9,90
2600	2,39	3,58	4,77	5,96	7,15	8,34	10,73
2800	2,57	3,85	5,13	6,42	7,70	8,99	11,60
3000	2,76	4,13	5,50	6,88	8,25	9,63	12,38

Fix-Flachheizkörper, Type DK (doppellagig, mit Konvektor), Bautiefe: 75 mm

Baulänge in mm	Beschichtungsfläche je Heizkörper in m² (bei Typ DK und Bauhöhe in mm)						
	DK 200	DK 300	DK 400	DK 500	DK 600	DK 700	DK 900
600	1,10	1,65	2,20	2,75	3,30	3,85	4,95
800	1,47	2,20	2,93	3,67	4,40	5,13	6,60
1000	1,83	2,75	3,67	4,59	5,50	6,42	8,25
1200	2,20	3,30	4,40	5,50	6,60	7,70	9,90
1400	2,57	3,85	5,13	6,42	7,70	8,99	11,55
1600	2,93	4,40	5,87	7,34	8,80	10,27	13,20
1800	3,31	4,95	6,59	8,26	9,90	11,56	14,85
2000	3,68	5,50	7,32	9,18	11,00	12,80	16,50
2200	4,07	6,05	8,03	10,10	12,10	14,08	18,15
2400	4,40	6,60	8,80	11,00	13,20	15,40	19,80
2600	4,77	7,15	9,53	11,92	14,30	16,68	21,45
2800	5,14	7,70	10,26	12,84	15,40	17,98	23,10
3000	5,51	8,25	10,99	13,76	16,50	19,20	24,75

Kalkulation

Für Malerarbeiten lassen sich kaum allgemein gültige Preise ermitteln, da es keine absolut feststehenden Werte an Lohnaufwendungen und Werkstoffverbrauch gibt.

Die Gemeinkosten (Materialgemeinkosten, Fertigungsgemeinkosten, Verwaltungsgemeinkosten, Vertriebsgemeinkosten) sind immer betriebsindividuell und müssen jeweils errechnet werden.

In kleinen Betrieben, in denen eine klare Trennung von Kostenstellen nicht oder nur schwer möglich ist, wird vielfach keine Differenzierung der Gemeinkosten vorgenommen, sondern ein gemeinsamer Gemeinkostensatz auf die **direkt verrechenbaren Lohnkosten** angesetzt.

Eine Reihe von Gemeinkostenarten sind direkt proportional zum Lohneinsatz, so zumindest die lohngebundenen und fertigungsbedingten Gemeinkosten.

Es liegt im Ermessen eines jeden einzelnen, eigene Preisberechnungen durchzuführen und nicht die Preise des Mitbewerbers zu übernehmen.

Für eine handwerksgerechte Leistung, zum Wohle des gesamten Handwerks, ist unbedingt eine gesunde kostendeckende und gewinnbringende Kalkulation erforderlich.

Verbrauchssätze zur Preisfindung (nach VOB Teil C Ausführung)

- Bei den hier aufgelisteten Verbrauchsmengen und Materialpreisen handelt es sich um Durchschnittswerte auf mittlere Objekte bezogen.
- Die Zeiten sind in der Praxis ermittelt worden und gelten als Richtwerte, die jedoch für jeden Betrieb individuell ermittelt werden sollten.
- Der **Werkstoffpreis** ist hier als unverbindlicher Richtpreis anzusehen.
- Die werkstoffabhängigen Gemeinkosten sowie Gewinn- und Wagniszuschlag müssen zuzüglich berechnet werden.
- Die **Lohnminute** wird, wie oben bereits erwähnt, je nach Betrieb individuell kalkuliert. Bei diesen Beispielen wurde ein Stundenlohn von 33,75 EUR angenommen, somit beträgt die Lohnminute 0,56 EUR. Die lohnabhängigen Gemeinkosten sowie Gewinn- und Wagniszuschlag sind enthalten.

Leistungsbeschreibung und Verbrauchswerte (Preise in EUR) Fallbeispiel 1 m² Raufaser tapezieren		Einzel-preis	Gesamt-preis
Einrichtungsgegenstände mit Folie 0,005 mm gegen Verschmutzung abdecken und verkleben, nach Gebrauch wieder entfernen	1,150 m² PE Flachfolie 2,500 m² Kreppband 25 mm 3,5 min. Arbeitszeit	0,13 0,06 0,56	0,15 0,14 1,97
	Preis/m²		2,26
Bodenflächen mit Abdeckpapier gegen Verschmutzung abdecken, nach Gebrauch wieder entfernen	1,150 m² Abdeckpapier 2,5 min. Arbeitszeit	0,44 0,56	0,51 1,41
	Preis/m²		1,92
Alte Tapete einlagig entfernen	0,010 l Tapetenablöser 6 min. Arbeitszeit	1,28 0,56	0,02 3,36
	Preis/m²		3,38
Kleine Schäden und Untergrund-unebenheiten mit Füllspachtel (fein) spachteln, schleifen und entstauben	0,010 m Schleifpapier K 100 0,100 kg Füllspachtel 2 min. Arbeitszeit	0,35 0,65 0,56	0,175 0,065 1,12
	Preis/m²		1,36
Grundbeschichtung mit Grundier-konzentrat, 1 : 4 mit Wasser ver-dünnt (wasserverdünnbare LF-Grundierung)	0,060 l Tiefengrund LF 10 l 3,5 min. Arbeitszeit	3,60 0,56	0,22 1,97
	Preis/m²		2,17
Raufaser (mittel) auf Stoß tapezie-ren, einschließlich Lieferung	0,010 kg Spezialkleister 1,100 m² Raufaser weiß 6,5 min. Arbeitszeit	17,00 6,80 0,56	0,17 0,43 3,66
	Preis/m²		4,26

Grundlagen
Werkstoffe Hilfsstoffe
Werkzeuge Geräte, Gerüste
Arbeits-techniken
Gestaltung
Arbeitsschutz Umweltschutz
Aufmaß Abrechnung
Betriebs-führung
Quellen

Verbrauchssätze zur Preisfindung (nach VOB Teil C Ausführung, Fortsetzung)

Leistungsbeschreibung und Verbrauchswerte (Preise in EUR)		Einzel- preis	Gesamt- preis
Zwischenbeschichtung mit wasch- beständiger Dispersionsfarbe LF nach DIN EN 13300 Klasse 3	0,150 l Dispersionsfarbe 12,5 l 3 min. Arbeitszeit	1,56 0,56	0,23 1,69
	Preis/m²		1,92
Schlussbeschichtung mit wasch- beständiger Dispersionsfarbe LF nach DIN EN 13300 Klasse 3	0,200 l Dispersionsfarbe 12,5 l 4 min. Arbeitszeit	1,56 0,56	0,31 2,25
	Preis/m²		2,56
Endsumme für eine Tapezierung	Preis/m²		**19,75**

Auszüge aus Leistungsbeschreibungen und Verbrauchswerte (Preisänderungen vorbehalten)		Einzel- preis	Gesamt- preis
Ganze Fläche mit Füllspachtel bis zur Glätte spachteln, nachschleifen und entstauben	0,200 Stück Schleifpapier K 100 0,800 kg Füllspachtel 25 kg Sack 9 min. Arbeitszeit	0,35 0,65 0,56	0,000 0,52 5,06
	Preis/m²		5,58
Grundbeschichtung mit Makulatur	0,070 kg Makulatur 4 min. Arbeitszeit	2,70 0,56	0,19 2,25
	Preis/m²		2,44
Mit Makulatur auf Stoß tapezieren, einschließlich Lieferung	1,100 m² Makulaturpapier 0,010 kg Spezialkleister 5 min. Arbeitszeit	3,81 17,00 0,56	0,47 0,17 2,81
	Preis/m²		3,45
Prägetapeten oder waschbestän- dige Tapeten auf Stoß tapezieren, Tapeten werden gesondert berechnet	0,010 kg Spezialkleister 14 min. Arbeitszeit	17,00 0,56	0,17 7,84
	Preis/m²		8,01
Beschichtung mit Latexfarbe (seidenglänzend scheuerbeständig nach DIN EN 13300, Klasse 2)	0,180 kg Latexfarbe LF 12,5 l 4 min. Arbeitszeit	2,89 0,56	0,52 2,25
	Preis/m²		2,77
Latexplastik (seidenglänzend, scheuerbeständig) auftragen und gleichmäßig strukturieren	0,500 kg Glanzplastik 15 kg 7 min. Arbeitszeit	4,42 0,56	2,21 3,94
	Preis/m²		6,15
Zwischen- und Schlussbeschich- tung mit Siloxan Fassadenfarbe, wetterbeständig nach DIN 18363	0,350 l Siloxan Fassadenfarbe 12,5 l 7 min. Arbeitszeit	5,62 0,56	1,97 3,94
	Preis/m²		5,91
Beschichtung mit Reibeputz 2 mm (außen) DIN 18558, mit rostfreier Stahlkelle auftragen, mit Kunststoffkelle strukturieren	2,800 kg Reibeputz bis 2 mm 11 min. Arbeitszeit	2,36 0,56	6,61 6,19
	Preis/m²		12,80
Fenster: Altanstrich mattschleifen und entstauben	0,500 Stück Schleifpapier K 100 10 min. Arbeitszeit	0,350 0,56	0,175 5,62
	Preis/m²		5,79
Zwischenbeschichtung mit Venti- lationsgrund streichen	0,120 l Ventilationsgrund 2,5 l 8,5 min. Arbeitszeit	8,00 0,56	0,96 4,78
	Preis/m²		5,74

Grundlagen

Werkstoffe Hilfsstoffe

Werkzeuge Geräte, Geräste

Arbeits- techniken

Gestaltung

Arbeitsschutz Umweltschutz

Aufmaß Abrechnung

Betriebs- führung

Quellen

Zuschlagskalkulation

- Für Maler- und Lackiererarbeiten sind allgemein gültige Preise nicht vorhanden, da es keine absolut feststehenden Werte für Leistungszeiten und Werkstoffverbrauchsmengen gibt.
- Der Werkstoffverbrauch schwankt je nach Art des Untergrundes und Ergiebigkeit des Materials. Je nach wirtschaftlicher Struktur ist die Höhe des Gemeinkostensatzes unterschiedlich.
- Die durch mögliche Fehlansätze in der Nettokalkulation entstandenen Verluste, werden mit dem „Kalkulatorischen Zuschlag für Gewinn und Wagnis" abgedeckt. Die Zuschlagskalkulation ist ein Kalkulationsverfahren, bei dem die Gemeinkosten als prozentuale Zuschläge den Einzelkosten hinzugerechnet werden.
- Bei der summarischen Zuschlagskalkulation verzichtet man auf eine Kostenstellenbildung. Die Kostenträgergemeinkosten werden als ein geschlossener Block, d. h. summarisch kalkuliert. Für die Verrechnung der gesamten Kostenträgergemeinkosten wird nur eine einzige Zuschlagsbasis verwendet, z. B. die Summe der für ein Erzeugnis erfassbaren Einzelkosten oder lediglich bestimmter Arten von Einzelkosten (z. B. Lohnkosten, Materialeinzelkosten).
- Für das Maler- und Lackiererhandwerk bieten sich hierfür die **direkt verrechenbaren Löhne** an, weil eine Reihe von Gemeinkostenarten eine direkt proportional zum Lohneinsatz sind, so zumindest die lohngebundenen und fertigungsbedingten Gemeinkosten.

Die Obergrenze des Gemeinkostenzuschlags für Malerbetriebe liegt bei etwa 199 %, die Untergrenze bei etwa 145 %. Bei der Untergrenze sind die kalkulatorischen Kosten (Eigenmiete, Unternehmerlohn, Abschreibungen und die kalkulatorische Verzinsung) unberücksichtigt geblieben.

Um die Grundlagen der Preisberechnung zu verstehen und richtig anzuwenden, ist es nützlich, mit dem vom Hauptverband des Deutschen Malerhandwerks herausgegebenen Werk „Grundlagen der Preisberechnung" zu arbeiten.

Vorkalkulation

Vor Annahme eines Auftrages findet eine Vorkalkulation statt. Sie hat die Aufgabe, für ein einzelnes Stück oder eine einzelne Leistung die Selbstkosten und auf deren Grundlage den Angebotspreis zu berechnen. Neben den Selbstkosten wird noch ein Zuschlag für Wagnis und Gewinn berücksichtigt. Folgende Fragen stellen sich dabei im Vorfeld:
- Wie viel Arbeitszeit ist erforderlich?
- Wie hoch ist der Preis für das benötigte Material?
- Ist eine Aufteilung in Maschinen- und Handarbeit zu erwarten?
- In welche der drei Leistungsgruppen ist der Auftrag einzureihen?
- Nach welcher Verrechnungsart sollen die Gemeinkosten aufgeschlagen werden?

Welcher Gewinnzuschlag entspricht der Besonderheit des Auftrages und der jeweiligen betrieblichen Lage?

Erfahrungswerte aus der Vergangenheit spielen bei der Beantwortung dieser Fragen eine wichtige Rolle. Die aus der Vergangenheit gewonnenen Ist-Werte als Durchschnitts- oder Erfahrungswerte gehen in die Vorkalkulation ein. Diese Werte müssen stets an Veränderungen angepasst und aktualisiert werden. Dennoch bleiben Unsicherheitsfaktoren wie Preisänderungen, Lohnerhöhungen usw. als Restrisiko.

Lohnpreisberechnungsbeispiel		Lohntarifvertrag vom 1. Januar 2005	
Ecklohn (ab 1. Juni 2003)	13,27 EUR	Vorarbeiter 115 %	15,26 EUR
+ Zuschlag für Gemeinkosten 187 %	24,81 EUR	Gesellen(Ecklohn) 100 %	13,27 EUR
= Selbstkosten	38,08 EUR	Gesellen im 1. Jahr 90 %	11,94 EUR
+ 8 % Zuschlag für Gewinn und Wagnis	3,05 EUR	Ausbildungsvergütung	
= Nettolohnpreis für eine Stunde	41,13 EUR	Im 1. Ausbildungsjahr	427,50 EUR
Kalkulationsgrundlagen wie Effektivlöhne, Gemeinkosten, Sonderkosten, Gewinn- und Wagniszuschläge sind betriebsindividuell zu ermitteln.		Im 2. Ausbildungsjahr	466,00 EUR
		Im 3. Ausbildungsjahr	603,00 EUR

Grundlagen · Werkstoffe Hilfsstoffe · Werkzeuge Geräte, Gerüste · Arbeitstechniken · Gestaltung · Arbeitsschutz Umweltschutz · Aufmaß Abrechnung · Betriebsführung · Quellen

Nachkalkulation

Nach Abschluss der Leistungserstellung findet eine Nachkalkulation statt. Hierbei sind die tatsächlich angefallenen Kosten je Stück, je Auftrag oder je Abrechnungszeitraum zu Grunde zu legen.

In erster Linie dient die Nachkalkulation
• der Kostenermittlung und Kostenkontrolle,
• der Ermittlung des Reingewinns und der Gewinnspanne,
• der Kontrolle der Vorkalkulation und ihrer Wirtschaftlichkeit durch Gegenüberstellung der Ist- und Soll-Werte.

Folgende Fragen stellen sich dabei im Vorfeld:
• Welche Materialkosten sind bei den Arbeiten entstanden?
• Wie viel Lohn ist angefallen?
• Welcher Gemeinkostenzuschlagssatz ist in Ansatz zu bringen?
• Welche Höhe des Gewinnzuschlages ist vertretbar?

Beispiel einer Nachkalkulation

Auftragsdaten
• Bruttoerlös: 9970,19 EUR
• Es wurden 390 m² Wandfläche mit Glasgewebe tapeziert
• Wandfläche mit Latex Sg. gestrichen
• Stundenlohn: 13,05 EUR
• Gemeinkosten der direkt verrechenbaren Löhne: 187 %
• Insgesamt sind 175,5 Stunden angefallen
• Netto-Materialpreise und Verbrauchswerte:

Gewebekleber	1,43 EUR /kg	Verbrauch 250 g/m²
Glasgewebe	2,24 EUR /m²	Verbrauch 1,10 m²/m²
Latexfarbe seidenglänzend	3,83 EUR /l	Verbrauch 400 ml/m²

Lösung

Erzielter Bruttoerlös		9970,19 EUR	
– Mehrwertsteuer (16 % MwSt. gerechnet)		1375,20 EUR	
= Erzielter Nettoerlös			+ 8594,99 EUR
Werkstoffkosten (laut Werkstoffzettel)			
Gewebekleber	390 · 0,25 · 1,43	139,43 EUR	
Gewebe	390 · 1,10 · 2,24	960,96 EUR	
Latexfarbe	390 · 0,40 · 3,83	597,48 EUR	
Gemeinkosten auf Werkstoffkosten		./.	
Direkt verrechenbare Löhne	175,5 · 13,05	2290,28 EUR	
Gemeinkosten auf die Löhne	187,5 %	4294,28 EUR	
Sondereinzelkosten		./.	
= Gesamtkosten			– 8282,43 EUR
Ergebnis (vor Steuern)			+ 312,56 EUR

Ergebnis in % des erzielten Nettoerlöses	$\dfrac{\text{Gewinn} \cdot 100\%}{\text{erzielter Nettoerlös}}$	$\dfrac{312,56 \cdot 100\%}{8594,99} = 3,63\ \%$

Kosten einer Malerstunde			
Kosten in EUR	Geselle 1. Jahr 90 %	Ecklohn 100 %	Vorarbeiter 115 %
1. Direkt verrechenbarer Lohn (Stundenlohn)	11,94	13,27	15,26
2. Gemeinkosten			
2.1 Lohngebundene Kosten (etwa 80 %)	9,55	10,62	12,21
2.2 Leistungsbedingte Gemeinkosten (20 %) – Hilfs- und Betriebsstoffe – Geringwertige Wirtschaftgüter – Instandhaltung für Werkzeuge und Geräte – Betriebskosten des Fuhrparks – Beiträge, z. B. Berufsorganisation, Sachversicherung – Verzinsung des Betriebsmittelbedarfs	2,39	2,65	3,05
= Leistungabhängige Gemeinkosten	11,94	13,27	15,26
= Variable Kosten (1 + 2.1 + 2.2)	23,88	26,54	30,52
2.3 Personalgemeinkosten (Fixe Kosten etwa 45 %) – Kalkulatorischer Unternehmerlohn – Gehälter für kfm./ technische Personal – Löhne für Lagerarbeiter, Fahrer usw.	5,37	5,97	6,87
2.4 Sachgemeinkosten (Fixe Kosten etwa 42 %) – Kalkulatorische effektive Miete – Kalkulatorische Abschreibung – Energie, Heizung, Reinigung – Steuer und Rechtsberatung – Büomaterialien, Telefon, Porto – Steuern, Gebühren und Umlagen – Reisespesen, Werbungskosten – Bereitschaftskosten Fuhrpark – Verzinsung des Anlagevermögens – Sonstige Gemeinkosten	5,01	5,57	6,41
= Fixe Gemeinkosten (2.3 + 2.4)	10,38	11,54	13,23
= Summe der Gemeinkosten (etwa 187 %)	22,33	24,81	28,54
3. Lohn und Gemeinkosten	34,27	38,08	43,80
4. Wagnis und Gewinn (3 bis 15 %) hier mit 5 %	1,71	1,90	2,19
5. Lohnpreis je Arbeitsstunde (netto)	35,98 EUR	39,98 EUR	45,99 EUR

Errechnung und Handhabung des Lohnmalnehmers

Zur Vereinfachung der Preisberechnung bedient man sich eines so genanten Lohnmultiplikators.

Beispiel	Hundertsatz	Ecklohn	Durchschnitt
Errechneter Stundenlohn 100 %	100 %	13,27 EUR	13,49 EUR
+ Gemeinkostenzuschlag 187 %	187 %	24,81 EUR	25,23 EUR
= Selbstkosten	**287 %**	38,08 EUR	38,72 EUR
+ Gewinn und Wagnis 5 %	14,35 %	1,90 EUR	1,93 EUR
Lohnpreis je Stunde	**301,35 %**	39,98 EUR	40,65 EUR
Lohnmultiplikator 3,01 (301,35 %)			
Vereinfachte Rechnungsart		13,27 · 3,01	13,49 · 3,01
Lohnpreis je Stunde		39,94 EUR	40,60 EUR
Lohnpreis je Minute		0,67 EUR	0,68 EUR
		13,27 · 3,01 39,94 : 60 min = 0,67 EUR	
		13,49 · 3,01 40,60 : 60 min = 0,68 EUR	

Marketing für Malerbetriebe

Marketing ist eine unternehmerische Denk- und Führungsweise, die den Markt und den Kunden in den Mittelpunkt aller Überlegungen und Maßnahmen stellt.

Einordnung: Absatzpolitische Maßnahme (Handwerkerfibel)

Maßnahme	Inhalte	Umsetzung
Betriebs-analyse	Leistungsbereiche mit Zahlenma-terial feststellen, mit Betriebs-kennzahlen vergleichen, Kompe-tenzen ermitteln	Durch Malermeister, Mitarbeiter, Steuerberater; Kennzahlen erhältlich beim Betriebswirtschaftlichen Institut des Hauptverbandes, Kundendatenbank
Betriebs-ziele	Festlegung konkreter Ziele, Dokumentation der Ziele	Beschreibung genauer Ziele wie Aufbau des Lei-stungsbereichs WDVS, Mitarbeitergewinnung
Marktfor-schung	Analyse Mitbewerber und deren Leistungen, Analyse der Kunden	Lokale Eingrenzung nötig, Branchenbuch, Kunden-datenbank
Marketing-ziele	Konkrete Zielsetzungen hinsicht-lich Leistungsumfänge und Kun-den erarbeiten	Anlegung eines Ideenbuchs, Mitarbeit in einer **Erfah-rungsgruppe** wie www.malermeisterkreis.de, Marketingseminare
Promotion	Direct-Mailing	Adressenhändler bzw. Kundendatenbank liefern nach Zielgruppen sortierte Listen (Verband Direct Marketing)
	Messeauftritte	Regionalmessen-Handwerkerschauen (Messebauer, Unterstützung durch Lackfirmen)
	Anzeigen	Gestaltung durch Grafiker, Druckereien
	Beratungsstudio	Durch (Innen-)Architekten und Ladenbauer
Kontrolle	Feststellung der Effizienz	Umfragebögen bei jedem Auftrag, Umsatzanalysen

Franchise

Grundlagen	• Alle dargestellten Punkte werden in einem Franchise (Überlassung einer Geschäfts-idee) in einem Paket gegen Gebühren geliefert. Der Betriebsinhaber greift damit auf die Erfahrungen des Franchisegebers zurück. • In dem Paket sollte in jedem Falle eine genaue Übersicht der Leistungen (Gebühren-staffel, Beratungsstunden, Preise der Promotionmaßnahmen usw.) gelistet sein. • Ein Gebietsschutz ist immer zu vereinbaren. • Die Befragung eines etablierten Franchisenehmers durch den Interessenten ist anzuraten.
Hinweise	Weitere Infos gibt der Deutsche Franchise Verband. Im Malerbereich gibt es folgende Franchisegeber: Optimaler, Arta, Etras, Mit-Maler.

Marketingbereiche

• Die Marketingbereiche umschreiben genau umrissene Leistungen und Zielgruppen.
• Die bekannten Leistungen des Malerhandwerks werden mit einer Idee, die für den Kunden einen Nutzen haben muss, kombiniert.
• Diese Bereiche, sie sind ergänzbar und kombinierbar, werden mit besonderen Aktionen beworben.

Marketing-bereich	Ideenbeschreibung	Werbung
Senioren	Menschen (ab 55 Jahre Vorruheständler) lassen aus ver-schiedenen Gründen (Reichtum, Prestige, Kinderlosigkeit) Arbeiten vom Maler erledigen, auch mit Full-Service und Urlaubsservice	Anzeigen und Faltblätter, z. B. in Seniorenzeitun-gen
Frauen	Malermeisterinnen und Gesellinnen arbeiten nur für Kundinnen	Direct Mailing, Anzeigen in Frauenmagazinen

Marketingbereiche (Fortsetzung)		
Marketing-bereich	Ideenbeschreibung	Werbung
Full Service	Übernahme aller anfallenden Arbeiten bei Überholungs-arbeiten – Leistungen des Raumausstatters, Elektrikers, Sanitärinstallateurs – in der Regel durch bekannte Fach-betriebe.	Direct Mailing an Archi-tektenbüros, Gebäude-verwalter, Anzeigen
Facility Management	Facility Management meint das wirtschaftliche Betreiben eines Gebäudes von der Planung über Nutzung bis zum Abriss. Hauswartungsverträge, Ingenieurbüros planen und vergeben.	Als Subunternehmer, aber auch als Handwer-kerzusammenschluss über Ausschreibungen
Ökologie	Verarbeitung ökologisch orientierter Produkte (Farben, Lacke, WDVS, ...) bei ökologisch interessierten Kunden.	Anzeigen
Singles	Gut ausgebildete Berufstätige mit wenig Zeit erhalten einen Full Service bei der Wohnungsrenovierung.	Anzeigen
Illusions-malerei	Repräsentative Räume (z. B. auch Swimming-Pools) erhal-ten Flächengestaltung in Form eines Gemäldes.	Direct Mailing, Mund-zu-Mund, Berichte im redaktionel-len Zeitungsteil
Urlaubs-service	Der Kunde fährt in Urlaub und überlässt dem Maler zwecks Renovierung die Schlüssel.	Anzeigen
Design Maler	Komplettprogramm der Innenraumgestaltung, also Raumausstattung, Parkett, Tapezierung, Lackierung, Sondertechniken wie Spanndecken, Fresko und Sekkotechniken, oft auch schon mit Beratungsstudio.	Direct Mailing, Anzeigen
Abbeiz- und Lackierservice	Ein stationärer Abbeizservice mit anschließender Spritz-lackierung (Türen, Möbel, Industrieteile), auch ohne Abbeizservice, z. B. Pulverbeschichtungen	Anzeigen, Direct Mailing
Graffitiservice	Innerhalb einer vertraglich beschriebenen Zeit garantiert der Malerbetrieb die Entfernung der Graffitis.	Hausverwaltungen, Anzeigen, Direct Mailing
Wartungs-dienst	Nicht umfangreiche Arbeiten, z. B. bis 7 Gesellenstunden, wie Wasserfleckenentfernungen, Ausbesserungen werden von einem Kundendienstfahrzeug umgehend ausgeführt („Malerschnelldienst").	Über die Auftrags-annahme
Night Service	Arbeiten, bei denen der Tagesablauf nicht gestört werden soll, werden nach Arbeitsschluss (15 bis 17 Uhr) ausgeführt (auch „Weekendservice" möglich).	Direct Mailing
Wartungs-verträge	Diese Verträge binden Kunden und sind hinsichtlich Leistungen und Zeitumfängen genau zu beschreiben.	Direct Mailing
Corporate Identity		
Idee	• Corporate Identity (Unternehmenspersönlichkeit) möchte eine Verbindung und eine Einheitlichkeit der drei Unterbereiche Verhalten, Kommunikation und Erscheinungsbild ermöglichen. • Der Malermeister soll erreichen, dass seine Unternehmen nach innen – also zu den Mitarbeitern – und nach außen – also zu den Kunden und dem Marktumfeld – als eine Persönlichkeit, also als ein Unternehmen, auftritt.	
Bereiche	Corporate Identity unterteilt sich in einem Malerunternehmen in drei Bereiche: • Das Unternehmensverhalten (Corporate Behaviour) • Die Unternehmenskommunikation (Corporate Communication) • Das Unternehmenserscheinungsbild (Corporate Design)	

Corporate Identity (Fortsetzung)

Unternehmensverhalten	Unternehmenskommunikation	Unternehmenserscheinungsbild
• Leistungsangebote • Lohnpolitik • Kundenumgang • Qualitätsmanagement • Preisgestaltung • Lieferantenumgang • Mitarbeiterverhalten • Lieferantenauswahl	• Pressearbeit • Sponsoring • Werbung • Ausstellungen • Mitarbeiterschulung • Mitarbeiterinformation	• Gestaltungskonzept mit Firmenlogo, Firmenschrift, Firmenfarben und Gestaltungsraster • Kundenkontakte wie Kundenbrief, Visitenkarten, Plakate, Anzeigen, Briefformulare • Werkstatt und Baustellen (Abfallplätze, Planenwerbung, Bürogestaltung, Gebäudewerbung) • Sachmittelbereich wie Fahrzeuggestaltung, Arbeits- und Schutzkleidung

Eine einheitliche und klare Linie in allen drei Bereichen führt zu einer besseren Erkennbarkeit der Firma durch den Kunden und zu einem reibungslosen Umgang innerhalb der Mitarbeiterschaft.

Bedenken anmelden

Grundlagen	VOB/B § 4 Nr. 3 Mitteilung von Bedenken, VOB/B § 13 Nr. 3 Befreiung von der Gewährleistung von diesen Mängeln, VOB DIN 18363, BFS Merkblatt 20 (mit Formulierungen)
Form	• Es wird immer die schriftliche Form empfohlen. • Die Absicherung des Auftragnehmers durch die Bedenken soll die Gewährleistung einschränken. • Deshalb ist auch das Gespräch mit dem Auftraggeber wesentlich, um eine Einsicht zu erzeugen. • Der Eindruck sollte vermieden werden, dass durch das Bedenken anmelden der Auftragnehmer keine Gewährleistung geben will. • Weiterhin sollten immer Alternativen aufgezeigt werden.

Mustertext (in Briefform zu schreiben und zu unterschreiben)

Briefkopf Malerbetrieb, Datum, Bearbeiter

Adresse Auftraggeber

Auftrag: ....   Leistungsverzeichnis Nr.: ....
Vorbehalt nach VOB/B § 4 Nr.3

Sehr geehrte Damen und Herren,

bei der Prüfung der von uns zu bearbeitenden Untergründe haben wir folgendes festgestellt:

Hier Textbausteine einsetzen

Wir sind nach VOB/B § 4 Nr.3 verpflichtet, Sie auf die oben genannten Bedenken hinzuweisen. Diese Hinweise sind in Ihrem Interesse, denn durch rechtzeitige Abhilfe bzw. Änderung der Bearbeitungstechnik können wir Ihnen die volle Gewährleistung für unsere Arbeit zusichern. Wir möchten Sie bitten, sich baldmöglichst mit uns in Verbindung zu setzen, um das weitere Vorgehen abzustimmen. Sollten wir dagegen bis zum ... nichts von Ihnen hören, gehen wir davon aus, dass Sie trotz unserer Bedenken auf die Durchführung der Arbeiten durch uns bestehen. In diesem Falle sind wir aber nach VOB/B § 13 Nr. 3 von der Gewährleistung für diesen Mangel frei, falls es zu Schäden kommt.

Mit freundlichen Grüßen

Bedenken anmelden (Fortsetzung)

Anlass/ Mangel	Textbausteine
Dunkle Lasuren	„Die Aufheizung dunkler Lasurtöne ist wesenlich stärker als diejenige heller Lasurtöne. Harz kann austreten und Beschichtungsstörungen verursachen. Mit der Anstrichtechnik kann dieser Vorgang nicht verhindert werden."
Flecken- bildung GKB	„Gipskartonbauplatten sind als unproblematische Untergründe bekannt. Inhaltsstoffe des Kartons können jedoch zu Braunverfärbungen der Beschichtungen bzw. der Tapezierung führen. Dies passiert vor allem dann, wenn zwischen der Montage und der Bearbeitung durch den Maler die UV-Strahlung längere Zeit auf den Karton einwirkt. Die Vorgänge sind nicht in ihren Auswirkungen vorhersehbar."
Helle Lasuren	„Der von Ihnen gewünschte Farbton yx (z. B. Kiefer) schützt das außen verbaute Holz nicht vor der UV-Strahlung. Gering pigmentierte Lasuren stellen keinen geeigneten Holzschutz dar, weil das Holz durch Ligninabbau vergrauen wird. Eine Gewährleistung lehnen wir deshalb ab." (Bei Klarlackwünschen des Kunden ist entsprechend zu formulieren).
Disper- sionslack- farben	„Die von Ihnen für die Lackierung der Fenster (Türen, Heizung) gewünschte Dispersionslackfarbe gehört zu einer Produktgruppe, die nicht die Eigenschaften wie Strapazierfähigkeit und Reinigungsfähigkeit aufweist wie vergleichbar lösemittelhaltige Produkte auf Alkydharzbasis."
Profil- bretter	„Die von mir zu bearbeitenden Kiefer-Profilbretter sind unbehandelt auf einer Konterlattung aufgebracht worden. Der nach dem Stand der Technik (BFS Nr. 3) erforderliche Bläueschutzanstrich und ein Dünnschichtlasurauftrag vor dem Einbau konnten nicht durchgeführt werden. Durch Schwund entstehende hellere Stellen im Federbereich und Bläuepilzbefall von hinten sind nicht auszuschließen."
An- schluss- fugen GKB	„Die Anschlussfugen zwischen den GKB und dem Mauerwerk sind mit einem Dichtstoff verfugt. Diese Fugen werden neu ausgespritzt und aus optischen Gründen überstrichen (übertapeziert). Fugenabrisse bzw. Farbtonänderungen sind möglich und können von uns nicht beeinflusst werden." Alternativ: Gleitfugenprofile vorschlagen.
Alkyd- harzlacke	„Die von Ihnen ausgewählte Produktgruppe Alkydharzlack ergibt glatte, strapazierfähige und reinigungsfähige Oberflächen. Die Alkydharze neigen zum Vergilben und zwar um so stärker, je dunkler der Raum ist. Im direkten Kontrast zu gleichfarbigen Anstrichen mit Acryldispersionsfarben können hier Unterschiede bemerkt werden. Sie liegen außerhalb unserer Einflussmöglichkeiten."
Holztüren	„Holztüren mit Füllungen können nach fachgerechtem Anstrichaufbau – wozu auch die Einhaltung der Holzfeuchtemesswerte zählt – an der Anschlussstelle Füllung und Rahmen durch Quellen und Schwinden reißen. Das Ergebnis ist kein Grund zur Beanstandung."
Balkone	„Die von uns zu bearbeitenden Bodenbretter und Balkonbrüstungen aus Holz haben einen Ablaufwinkel, der unter 15 % liegt. Die Verweildauer des Wassers ist damit hoch, ein beschleunigter Abbau der Beschichtung kann erfolgen. Die Gewährleistung nach VOB ist damit nicht möglich. Weiterhin können ausgewaschene Holzinhaltsstoffe zu Verfärbungen an ihrer Fassade bzw. ihren Balkonflächen führen."
Algenbil- dung auf WDVS	„Während bei einer ungedämmten Fassade die Wärmetransmission für ein rasches Abtrocknen der Fassadenfläche nach Regen sorgt, wird durch das WDVS erreicht, dass die Wärme im Mauerwerk verbleibt und nicht zum Außenputz gelangt. Der Regen kann weniger rasch abtrocknen. Unter ungünstigen klimatischen und örtlichen Bedingungen kann es zur Algen- und Pilzbildung kommen. Eine fungizide und algizide Ausrüstung der Schlussbeschichtung kann das Problem zunächst unterdrücken, aber auf Dauer nicht zuverlässig unterbinden."
Gerüste	„Das von uns vorgefundene Gerüst entspricht nicht den Aufbauvorschriften der Bau BG und stellt für meine Mitarbeiter ein Risiko dar. So fehlen Gerüstanker, Gerüstholme und Aufstiegsleitern. Veranlassen Sie umgehend das Gerüstbauunternehmen zu einer Behebung der Mängel."

Grundlagen

Werkstoffe Hilfsstoffe

Werkzeuge Geräte, Geräste

Arbeits- techniken

Gestaltung

Arbeitsschutz Umweltschutz

Aufmaß Abrechnung

Betriebs- führung

Quellen

Qualitätsmanagement	ISO 9000 bis 9004

Zielsetzungen:
Ein Qualitätsmanagement-System möchte zum einen die Kundenzufriedenheit erhöhen und zum anderen die innerbetrieblichen Ablaufprozesse reibungsloser gestalten.

Begriffe	DIN EN ISO 8402

Begriffe (Auswahl)	Erklärung
Qualität	Gesamtheit von Merkmalen einer Einheit bezüglich ihrer Eignung, festgelegte und vorausgesetzte Erfordernisse des Kunden zu erfüllen
Einheit	Kann z. B. ein Produkt, eine Tätigkeit, eine Dienstleistung sein
Kunde	Empfänger des vom Lieferanten bereitgestellten Produkts oder Dienstleistung
Dienstleistung	Ein im Kontakt zwischen dem Kunden und dem Lieferanten sowie durch die Arbeit des Lieferanten erbrachtes Ergebnis zur Erfüllung der Erfordernisse des Kunden
Qualitätsmanagement	Organisation aller Geschäftsprozesse, die in Verfahrensanweisungen und Arbeitsanweisungen genauer beschrieben werden
QM System	Organisationstrukturen, Verfahren und Abläufe, um ein Qualitätsmanagementsystem in einem Betrieb zu installieren
Qualitätssicherung	Begleitende Dokumentation aller wesentlichen Tätigkeiten im Herstellungsbereich
Qualitätskontrolle	Bezeichnet die Endkontrolle und betrachtet nur das fertige Produkt
Qualitätshandbuch	Dokument, in dem das QM-System eines Betriebes mit den Verfahrens-anweisungen beschrieben ist
Zertifizierer, Auditor	Der Prüfer eines QM Systems, der von einer anerkannten Zertifizierungsgesellschaft kommt
Qualitätsaudit	Momentaufnahmen zur Überprüfung des QM-Systems
Produkt	Ergebnis von Tätigkeiten wie Beschichtungen, Montagen, Entwürfe
Verfahrensanweisung	In der ISO 9000 festgelegte Tätigkeit (siehe Tabelle), um ein QM-System durchzuführen
Arbeitsanweisung	Genaue Vorgaben für die Tätigkeiten der Mitarbeiter, die bei den jeweiligen Verfahrensanweisungen durchzuführen sind

Die Qualitätsmanagement-Norm	ISO 9001

- Für Malerbetriebe kommt in der Regel die ISO 9001 in Betracht.
- Diese Norm wird bei denjenigen Betrieben angewendet, die alle Tätigkeitsbereiche umfassen.
- Grundlage der Norm ist der Prozessgedanke.
- Jedes Produkt und auch jede Dienstleistung wird durch ein Netzwerk von ablaufenden Prozessen, die ineinander verzahnt sind, geschaffen.
- Nach ISO 9001 sind 20 Verfahrensanweisungen nötig, um eine Dienstleistung erfüllen zu können.

Verfahrensanweisungen (VA)		ISO 9001
Nr.	Bezeichnung	Inhalte für Malerbetriebe
1	Verantwortung der Leitung	Festlegung der Zielsetzung, Organisationsdiagramm des Betriebes
2	QM-System	Dokumentation des Systems beim Betrieb
3	Vertragsüberprüfung	Abstimmung von Kundenwunsch und Vertragsgestaltung
4	Designlenkung	Planung der Kundenaufträge
5	Lenkung der Dokumente	Kennzeichnung, Archivierung, Freigabe von Dokumenten

Verfahrensanweisungen (Fortsetzung)		
Nr.	Bezeichnung	Inhalte für Malerbetriebe
6	Beschaffung	Regelung der Lieferung, Kontrolle der Lieferanten, Eingangsprüfungen der Lieferungen
7	Vom Auftraggeber beigestellte (gelieferte) Produkte	Trifft für Malerbetriebe kaum zu
8	Rückverfolgbarkeit der Produkte	Identifizierung der bei einem Auftrag gebrauchten Produkte, wesentlich vor allem bei Schäden
9	Prozesslenkung	Planung und Steuerung aller Arbeitsabläufe
10	Prüfungen	Erstellung eines Prüfplans für alle anfallenden Prüfungen wie Eingangsprüfung, Zwischenprüfungen, Untergrundprüfungen, Bauabnahmeprüfung
11	Prüfmittelüberwachung	Überwachung der Eichung und Normgerechtigkeit der Prüfmittel wie Holzfeuchtemessgeräte, Schmidt Hammer
12	Prüfstatus	Feststellung welche Prüfungen beim konkreten Kundenauftrag erfolgt sind, in der Projektmappe eingeordnet
13	Lenkung fehlerhafter Produkte	Umgang mit Reklamationen: Registrierung, Bewertung, Behebung
14	Korrekturmaßnahmen	Auswertung von Reklamationen, Entdeckung von Schwachstellen
15	Lagerung	Transport und Lagerung von Material und Fertigprodukten, Einhaltung von Temperaturen und Umweltschutzbestimmungen
16	Qualitätsaufzeichnungen	Archivierung und Registrierung der Kundenaufträge
17	Qualitätsaudits	Überprüfungen der betrieblichen QM-Standards
18	Schulungen	Durchführung und Dokumentation von Schulungen
19	Wartung und Kundendienst	Festlegung der Wartungsverträge bzw. Kundendienstteams für kleine Aufträge
20	Statistik	Findet im Malerbereich kaum Anwendung

Umsetzung der ISO 9001 in Malerbetrieben	
Notwendigkeit	Der Gesetzgeber schreibt nicht vor, nach einem QM-System zu arbeiten. Dies kann jedoch bei der Auftragsvergabe vom Auftraggeber verlangt werden. Generalunternehmer können durchaus vom Subunternehmer Maler die Zertifizierung verlangen.
Kosten	Je nach Größe um 5000 bis 15000 EUR, Gruppenzertifizierung möglich und preiswerter, da alle Erarbeitungen mit dem Auditor mit mehreren Betrieben erfolgen, Dauer 1 bis 2 Jahre
Nutzen	Erfahrungen bisher zertifizierter Betriebe belegen einen reibungsloseren Betriebsalltag, da jeder Mitarbeiter durch die Erarbeitung der Arbeitsanweisungen weiß, welche Kompetenzen und welche Aufgaben er hat. Der Imagegewinn wird von einigen Inhabern ebenfalls hervorgehoben.
Arbeitstechniken	Die 20 Verfahrensanweisungen werden jeweils in Gesprächen mit den Mitarbeitern in Arbeitsanweisungen umgesetzt. Diese können z. B. Checklisten beinhalten. Je detailgetreuer diese Listen, desto weniger Fehler können auftreten. Da alle Papiere zu einem Kundenauftrag dokumentiert und archiviert werden, können im Schadensfalle z. B. alle Prüfungen schnell und problemlos belegt werden.
Mitarbeiter	Die Einbeziehung der Mitarbeiter ist für die Akzeptanz wichtig. Durch das System der Dokumentation der betrieblichen Vorgänge fällt zu Beginn mehr Papier an; es führt aber auch dazu, dass sich alle Gedanken machen über eingefleischte Wege. Da jede Checkliste (z. B. Prüfungen nach VA 10) immer auch Hinweise zu der Durchführung und zu der Prüfperson enthalten, sind einige Reibereien und Unklarheiten eher zu beseitigen.

Grundlagen

Werkstoffe Hilfsstoffe

Werkzeuge Geräte, Gerüste

Arbeitstechniken

Gestaltung

Arbeitsschutz Umweltschutz

Aufmaß Abrechnung

Betriebsführung

Quellen

Umsetzung einer Verfahrensanweisung in eine Arbeitsanweisung			ISO 9001
Arbeitsanweisung Checkliste für die VA 3: Vertragsüberprüfung AA-03-01			
Prüfmerkmal	Eintragungen nach Kundenvorgaben	Eintragungen nach erstelltem Angebot	Eintragungen bei Auftragserteilung durch Kunden
Kaufmännische Überprüfung			
Angebotsart	Architekt Sommer		
Submissionstermin	25.11.03		
Vertragspartner, Auftraggeber	Fam. Lüder,1400 m² WDVS, PS, Min. Putz		
Bonität	Schufa		
Höhe des Auftrages	Etwa 84000 EUR		
Wettbewerber	Heins, Wettrock, Klink		
Entfernung	34 km		
Vergabebedingungen	Billigst		
Mindesthöhe Ausgangsrechnung		87000 EUR	
Erfüllungsbürgschaften			Beantragt
Zahlungsziele			Vertragsseite 3
Gewährleistung			Nach VOB
Verantwortliche			Architekt Sommer
Technische Überprüfung			
Technische Machbarkeit	Mit Gerüstbauer, Silo		
Liefertermine			Siehe Beiblatt 4 zur Projektmappe
Fertigstellungstermin			5. KW 2004
Eigene Personalkapazität	Etwa 5 Mitarbeiter, Team 4		
Montageerschwernisse	Abhängigkeit vom Fensterbauer Sedl		
Einsatzbedingungen	Keine befestigten Wege		
Einhaltung technischer Vorschriften	BFS, Neue WSVO	BFS, Neue WSVO	BFS, Neue WSVO
Benötigte Materialen		Siehe Beiblatt Material Projektmappe	
Fremdleistungen		Gerüstbauer, Silo	
Prüfungen	Prüfplan erstellen	Prüfungen im Angebot ausweisen	Eingangsprüfung Material, Montageprüfung Dämmplatten mit Architekten, Ebenheiten, Putzauftrag
Abnahmen		Abnahmeplan ausweisen	Zwischenabnahme vor Putz und Endabnahme

Tarifwerk	
Grund-lagen	• Grundgesetz Artikel 9/3: Tarifverträge werden ohne Einfluss des Staates von den Tarif-partnern ausgehandelt • Tarifvertragsgesetz: Ermöglicht durch kartellähnliche Regelungen die Ausgestaltung der Arbeitsbedingungen in der Wirtschaft • Betriebsverfassungsgesetz: Regelt die Zusammenarbeit der Arbeitgeber und Arbeitneh-mer (Betriebsrat) auf Betriebsebene
Tarif-parteien	• Industriegewerkschaft IG BAU (Bauen-Agrar-Umwelt) und der • Arbeitgeberverband: Hauptverband Farbe Gestaltung Bautenschutz Bundesinnungsver-band des deutschen Maler- und Lackiererhandwerks
Tarif-gebun-denheit	Tarifgebunden sind die Mitglieder der beiden Tarifparteien. Die Bindung an den Vertrag besteht solange, wie der Tarifvertrag besteht. Eine Kündigung der Mitgliedschaft in der jeweiligen Tarifpartei kann somit umgehend erfolgen, nicht aber ein Austritt aus dem jewei-ligen Tarifvertrag.

Rahmentarifvertrag für die gewerblichen Arbeitnehmer

Er regelt den Rahmen, also die allgemeinen Grundlagen der Arbeitsverhältnisse.

Zuschläge (in %, zuzüglich regulärem Lohn)

Anlass	Zuschläge
Mehrarbeit (Arbeitszeit über die Arbeitszeit von 39 Std pro Woche „Überstunden")	25 %
Nachtarbeit zwischen 20 und 6 Uhr	25 %
Nachtarbeit und Mehrarbeit	50 %
Arbeit an Sonntagen	50 %
Arbeit an Sonntagen und Mehrarbeit	75 %
Arbeit an Sonntagen und Mehrarbeit und Nachtarbeit	100 %
Arbeit an gesetzl. Feiertagen (auch wenn diese auf einen Sonntag fallen)	125 %
Arbeit an gesetzl. Feiertagen und Mehrarbeit	150%
Arbeit an gesetzl. Feiertagen und Mehrarbeit und Nachtarbeit	175 %
Arbeit am Oster- oder Pfingstmontag, am 1. Mai, am 1. und 2. Weihnachtstag, am 1. Januar	200 %
Wie vor, aber Mehrarbeit	225 %
Wie vor, aber Mehrarbeit und Nachtarbeit	250 %

Hinweise: Vergütung je Stunde bei Auszubildenden 1/169 der monatlichen Ausbildungsvergütung plus Zuschlag. Auszubildende bis 18 Jahre dürfen Mehrarbeit, nicht aber Nachtarbeit, Arbeit an Sonntagen usw. machen. Bei Auszubildenden über 18 Jahren gelten die oben genannten Zuschläge.

Fahrtkosten

Fallbeispiele	Erstattung
Fahrten innerhalb der Arbeitszeit zwischen den Arbeitsstellen	Ersatz der Kosten für öffentliches Verkehrsmittel oder eigener PKW mit Kilometerpauschale
Nahentsendung (d. h., Arbeitsantritt ist direkt auf der Arbeitsstelle) bei einer Entfernung von bis zu 20 km von der Wohnung und länger als 8 Stunden Arbeitszeit je Tag	Ersatz der Fahrtkosten und Mehraufwandsver-gütung von 4,09 EUR je Tag (Tarifgebiet Ost 2,56 EUR)
Wie vor, aber 20 bis 30 km	Wie vor, nur 6,14 EUR (Tarifgebiet Ost 4,09 EUR)
Wie vor, aber über 30 km	Wie vor, nur 8,18 EUR (Tarifgebiet Ost 6,65 EUR)
Fernentsendung (Auslöse, mit Übernachtung, wenn der einfache Fahrweg mehr als 1¼ Stunden betragen wird, ohne gestellte Unterkunft)	Die Auslösung beträgt zwei Ecklöhne. Der Arbeit-geber trägt die Kosten der Unterkunft ohne Ver-pflegung. Fahrtkostenerstattung

Hinweise: Für Auszubildende gelten die gleichen Regelungen. Die Auslösung beträgt je Kalendertag 10/169 der tariflichen monatlichen Ausbildungsvergütung.

Rahmentarifvertrag für die gewerblichen Arbeitnehmer (Fortsetzung)

Urlaubsanspruch

Personenkreis	Dauer
Jugendliche und Auszubildende, die noch nicht 16 Jahre alt sind	25 Arbeitstage
Jugendliche und Auszubildende, die noch nicht 17 Jahre alt sind	23 Arbeitstage
Jugendliche und Auszubildende, die noch nicht 18 Jahre alt sind	21 Arbeitstage
Angestellte und Auszubildende über 18 Jahre	26 Arbeitstage
Wie vor, mit mindestens 5-jähriger Betriebszugehörigkeit und Angestellte über 35 Jahre	29 Arbeitstage
Wie vor, bei mindestens 5-jähriger Betriebszugehörigkeit	30 Arbeitstage

Hinweise
- Zur Betriebszugehörigkeit zählt auch die Ausbildungszeit
- Samstage zählen nicht als Urlaubstage
- Urlaubsjahr ist das Kalenderjahr
- Für die Berechnung des Lebensalters, der Betriebszugehörigkeit und des Ausbildungsverhältnisses ist als Stichtag der 1. Januar des Urlaubsjahres maßgebend
- 1 Woche hat 5 Arbeitstage bzw. 6 Werktage

Erschwerniszuschläge

Grund	Zuschlag
Arbeiten mit Karbolineum oder Säuren	10 %
Ablaugen, Abbeizen oder Abbrennen alter Anstriche	10 %
Arbeiten in Räumen mit einer Temperatur von mehr als 40 °C	10 %
Arbeiten in Kühlräumen unter 0 °C	10 %
Arbeiten mit außergewöhnlicher Staubentwicklung oder Verschmutzung	10 %
Auf- und Abbau von Gerüsten für die 1 Stunde je Tag überschreitende Zeit	10 %
Arbeiten in außergewöhnlich einengenden Räumlichkeiten (Kanäle, Schächte)	10 %
Arbeiten auf Dächern mit mehr als 40 Grad Neigung	10 %
Arbeiten, die mit Sicherheitsgurt und Fangleine ausgeführt werden müssen	10 %
Arbeiten in unmittelbarer Nähe von in Betrieb befindlichen Maschinen oder unter Spannung stehenden elektrischen Kraftleitungen (Elektrofachkraft führt Aufsicht)	10 %
Arbeiten, bei denen wegen gesundheitlicher Gefährdung Schutzhandschuhe getragen werden müssen	10 %
Erschwernisse (Stemmarbeiten, Bohrarbeiten) bei Betonschutz-, Oberflächen-sanierungs- und Wärmedämmverbundsystemarbeiten für die 1 Stunde je Tag überschreitende Zeit	10 %
Arbeiten auf Glasdächern	15 %
Arbeiten auf beweglichen Hängegerüsten oder Arbeiten auf Gerüsten über einer Höhe von 20 Metern über der Erdoberfläche	15 %
Arbeiten, bei denen wegen gesundheitlicher Gefährdung eine Schutzmaske getragen werden muss (bei Spritzarbeiten, wenn eine Absaugeinrichtung nicht vorhanden ist oder nicht gestellt werden kann)	20 %

Hinweise
- Fallen mehrere Erschwerniszuschläge zusammen, so ist bis zu einer addierten Obergrenze von 30 % zu zahlen.
- Für Arbeiten in strahlungsgefährdeten Bereichen gelten besondere Zuschläge.

Adressen – Firmen					
Name	Leistungen	Adresse	Fon	Fax	www
Alligator	Vollsortimenter	Markstr. 203 32130 Enger	05224/ 9300	05224/ 7881	Alligator.de
Arta	Franchisegeber	Eglosheimer Str.40 71636 Ludwigsburg	07141/ 4440-0	07141/ 444033	Arta.de
Auro	Naturfarben	Postfach 1238 38002 Braunschweig	0531/ 281410	0531/ 2814161	Auro.de
Barrisol	Spanndecken- hersteller	Auenring 26 79771 Klettgau	07742/ 2428	07742/ 2420	Barrisol.de
Brillux	Vollsortimenter	Postfach 1640 48005 Münster	0251/ 71880	0251/ 7188439	Brillux.de
Caparol	Vollsortimenter	Roßdörfer Str. 50 64372 Ober Ramstadt	06154/ 710	06154/ 71222	Caparol.de
Coloris	Bildbearbeitungs- software	Postfach Lübeck	0451/ 4999814	0451/ 4992172	
Dyrup	Holzbeschich- tungsprodukte	Klosterhofweg 64 41199 Mönchengladbach	02166/ 9646	02166/ 964700	Dyrup.de
Erichsen	Prüfgeräte	Am Iserbach 14 58675 Hemer	02372/ 6431	02372/ 6430	
Etras	Fassadenreini- gung, Abwasser- entsorgung	August-Bebel-Ring 19 63067 Offenbach	069/ 8001563	069/ 8001596	Etras.de
Eytzinger	Blattmetalle	Hansastr. 15 91126 Schwabach	09122/ 97650	09122/ 73938	Eytzinger.com
Farbengroßhan- del Kaminski	Speziallacke wie Leinöllack	Roggensteiner 58a 82275 Emmering	08141/ 9795	08141/ 92794	
FELS	Trockenbau- platten	Postfach 9000 38637 Goslar	05321/ 7030	05321/ 703321	Fels.de
Festo	Werkzeugher- steller	Wertstr. 20 73240 Wendlingen	07024/ 8040	07024/ 804608	Festool.de
Heraldik	Informationen				heraldik- wappen.de
Hilti	Bohrtechnik- Befestigung	Hiltistr.2 86916 Kaufering	0800/ 8885522	0800/ 8885523	hilti.de
Interseroh	Entsorger	Stollwerckstr. 9a 51149 Köln	02203/ 9147-0	02202/ 9147390	Interseroh.de
Keim	Farbenhersteller	Keimstr. 16 86420 Diedorf	0821/ 4802-0	0821/ 4802210	Keimfarben.de
Kärcher	Reinigungs- systeme	Postfach 71346 Winnenden	07195/ 9030	07195/ 9032805	Kaercher.de
Mit-Maler	Franchisegeber	Gerd Feldmann, Lennestadt	02721/ 3069		
Moser	Maler Software	Hauptstr. 50 52139 Würselen	02405/ 72073	02405/ 72019	Moser.de

Grundlagen · Werkstoffe Hilfsstoffe · Werkzeuge Geräte, Gerüste · Arbeits-techniken · Gestaltung · Arbeitsschutz Umweltschutz · Aufmaß Abrechnung · Betriebs-führung · Quellen

Adressen von Firmen (Fortsetzung)

Name	Leistungen	Adresse	Fon	Fax	www
Noris Blattgold	Blattgoldfabrik, Schulungen	Rennmühle 3 91126 Schwabach	09122/ 98930	09122/ 73245	Noris-blattgold.de
optimaler	Franchisegeber	Junkersring 22 76344 Eggenstein	0721/ 70191	0721/ 787461	Optimalerpartner.de
Peltor	Gehörschutz	Postfach 612 76260 Ettlingen	07243/ 15975	07243/ 31269	
Profas	Handschuhe	Postfach 2447 21314 Lüneburg	04131/ 95020	04131/ 84338	profas.com
Protector-Profile	WDVS, Trockenbau	Postfach 1420 76554 Gaggenau	07225/ 9770	07225/ 977111	Protektor.com
Rigips	Trockenbauplatten	Schanzenstr. 84 40549 Goslar	0211/ 55030	0211/ 5503208	Rigips.de
Sikkens-Akzo Nobel	Vollsortimenter	Siemens-Str.11 31515 Wunstorf	05031/ 9610	05031/ 961274	Sikkens.de Herbol.de
STO	Vollsortimenter, Schulungen	Postfach 79778 Stühlingen	07744/ 57-0	07744/ 572178	Sto.de
Stockhausen	Hautschutz	Bäkerpfad 25 47805 Krefeld	02151/ 381256	02151/ 381502	Stockhausen.com
Storch	Werkzeuge	Platz der Republik 42107 Wuppertal	0202/ 49200	0202/ 4920111	Storch.de
Thyssen-Hünnebeck	Gerüste	Postfach 4220 40853 Ratingen	02102/ 937454	02101/ 937557	Thyssen-hünnebeck.com
Tümmers	Stuck	Überkendorfer Str. 66 45886 Gelsenkirchen	0209/ 923440	0209/ 9234419	
Uzin Utz AG	Vollsortimenter Bodenbeläge	Dieselstr.3 89079 Ulm	0731/ 4079189	0731/ 4079108	Uzin.de
WITEX AG	Bodenbelagshersteller	Nord-West-Ring 21 32832 Augustdorf	05237/ 6090	05237/ 609300	Witex.de

Adressen von Verbänden

Name	Leistungen	Adresse	Fon	Fax	www
Arbeitsgemeinschaft Farbe	Marketinginitiative	Schoderstr. 3 70192 Stuttgart	0711/ 16423-11	0711/ 1642312	
Baufugentechnik im Maler und Lackiererhandw.	Informationen, Schulungen über Fugen	Über Hauptverband Farbe			
Bau BG	Bauberufsgenossenschaften	Alte Heerstr. 111 53757 St. Augustin	02241/ 23101	02241/ 2311333	hvbg.de bau-bg.de
BF-SIB	Fachgemeinschaft Beton	Über Hauptverband Farbe			
BIA	Berufsgenossenschaftliches Institut der Bau BG	Alte Heerstr. 111 53757 St.Augustin	02241/ 23101	02241/ 2311333	hvbg.de

Adressen von Verbänden (Fortsetzung)

Name	Leistungen	Adresse	Fon	Fax	www
Bundesfachaus-schuss Farbe und Sachwertschutz	Technische Regeln	Hahnstr. 70 60528 Frankfurt/M	06966/ 575300		
Dt. Franchise Verband	Infos über Fran-chise	Paul-Heyse-Str. 33 80336 München			Franchise-net.de
Deutsches Lackin-stitut	Fachverband	Karlstr. 21 60329 Frankfurt	069/ 25561412	069/ 25561712	Lacke-und-farben.de
Dt. Naturwerk-stein-Verband	Merkblätter	Sanderstr. 4 97070 Würzburg	0931/ 12061	0931/ 14549	
Dt. Stuckgewer-bebund	Interessenvertre-tung Stukkateure	Kronenstr. 55 10117 Berlin	030/ 203140	030/ 20314419	Stukkateur.de
Fachverband Schadstoff-Sanierung e. V.	Technische Regeln	Hansaring 102-104 50670 Köln	0221/ 138148	0221/ 138786	
Gesellschaft für Technik	Unterstützung für Maler	Über Hauptverband Farbe			Farbe-gft.de
Hauptverband Farbe Gestaltung Bautenschutz	Beratung, Inte-ressenvertretung	Hahnstr. 70 60528 Frankfurt	06966/ 575300		Farbe.de
Industrieverband Dichtstoffe	Technische Regeln	Postfach 250112 40093 Düsseldorf	0211/ 904870	0211/ 9048635	
Initiative Pro Holzfenster e. V.	Technische Regeln	Am Herscheid 12 59846 Sundern	02393/ 911092	02393/ 170942	
„JETZT"	Initiative für WDVS	Im Letten 26 71139 Ehningen	07034/ 93470	07034/ 934749	
RAL Gütegemein-schaft Wärme-dämmung	RAL anerkannte Gütegem.	Über Hauptverband Farbe			Farbe-gwf.de
TU´s	Marketing-initiative	Schoderstraße 3 70192 Stuttgart	0711/ 16423-20	0711/ 16423-12	Tu-s.de
Verband der Fens-ter-, Fassadenher-steller	Technische Regeln	Bockenheimer Anlage 13, 60322 Frankfurt/M	069/ 9550540	069/ 95505411	Window.de
Wissenschaftlich-technische Ar-beitsgemeinschaft	Technische Re-geln für Bau- und Denkmalpflege	WTA, München	089/ 57869727	089/ 57869729	

Adressen von Bildungsträgern

Name	Leistungen	Adresse	Fon	Fax	www
Akademie des Malerhandwerks	Fortbildungen	Kammererstr.11 71636 Ludwigsburg	07141 462017	07141 405201	
Atelier Benad	Sondertechniken	Elsässerstr. 19 81667 München	089 489513-0		atelier-benad.de

Grundlagen

Werkstoffe Hilfsstoffe

Werkzeuge Geräte, Gerüste

Arbeits-techniken

Gestaltung

Arbeitsschutz Umweltschutz

Aufmaß Abrechnung

Betriebs-führung

Quellen

Adressen von Bildungsträgern (Fortsetzung)

Name	Leistungen	Adresse	Fon	Fax	www
BauAkademie des bay. Baugewerbes	Fortbildungen	Ansbacher Str. 20 91555 Feuchtwangen	09852 9002-0	09852 9002909	Baybauakad .de
BauAkademie GmbH	Fortbildungen	Neuwieder Str.15 90411 Nürnberg	0911/ 9555180	0911/ 9555140	
Bildungszentrum Hansemann	Weiterbildungs-träger	Barbarastr. 7 44357 Dortmund	0231/ 5493850		
Denkmalhof Gernewitz	Fortbildungen	Gernewitzer Str. 30 07646 Stadtroda	036428/ 6830	036428/ 68330	
FDTB	Fortbildungen	Höslinstr. 8 72587 Römerstein	07382/ 6365	07382/ 5310	
Fortbildungs-zentrum Brixner	Schulungen		07062/ 931664	07062/ 932209	
FrauenKolleg	Fortbildungen	Kreuzäckerstr. 30 70794 Filderstadt	0711/ 7787044	0711/ 7787050	
Görlitzer Fortbil-dungszentrum	Denkmalpflege	Karpfengrund 1 02826 Görlitz	03581/ 407423	03581/ 407424	Denkmal-zentrum.de
Haus Unikat	Fortbildungen	67304 Eisenberg/Pfalz			
Institut Korrosionsschutz	Weiterbildungs-träger	Gostritzer Str. 61 01217 Dresden	0351/ 8717100	0351/ 8717150	Iks-dresden. de
Schule Esmeralda	Fortbildungen	Kamener Str. 178 59077 Hamm	02381/ 992147	02381/ 403525	Schule-es meralda.de

Adressen von Verlagen

Name	Leistungen	Adresse	Fon	Fax	www
BC Verlag	Bau BG Material	Kaiser-Friedrich-Ring 53 65185 Wiesbaden			
Beuth-Verlag	DIN Normen, RAL	Burggrafenstr. 6 10787 Berlin	030/ 26010	030/ 26011260	Din.de
Das Malerblatt	Zeitschrift und Medienservice	Neckarstr. 121 70190 Stuttgart	0711/ 26310	0711/ 2631292	Malerblatt.de
Der Maler- und Lackierermeister	Zeitschrift	87714 Mindelheim	08261/ 9990	08261/ 999395	Sachon.de
Die Mappe	Zeitschrift	Postfach 1241 82418 Murnau	08841/ 612010	08841/ 612030	Mappe.de
Europäische Union	Vorschriften	Zitelmannstr. 22 53113 Bonn	0228/ 530090	0228/ 5300950	EU-Kom mission.de
GISBAU	Gefahrstoffinfor-mationssystem	Hungener Str. 6 60389 Frankfurt/M	069/ 4705279	069/ 4705288	Gisbau.de
Heymanns Verlag	Regelwerk der Bau BG	Luxemburger Str. 449 50939 Köln	0221/ 943730	0221/ 94373603	Heymanns. com
Universum Verlag	Bau BG Material	Postfach 5720 65175 Wiesbaden	0611/ 9030239	0611/ 9030281	Universum. de
Vincentz Verlag	Fortbildungen, Zeitschriften	Postfach 6247 30062 Hannover	0511/ 9910 270	0511/ 9910279	Coatings.de

Bücher und CD-ROM

Verfasser	Titel	Inhalt	ISBN
Bablick, Michael	Das Fachwissen für den Maler und Lackierer	Umfassendes Buch für die Meisterausbildung	3-8237-0087-1
Bau BG	CD-ROM: Arbeitssicherheit, über Universum Verlag	Gesetze, Verordnungen, Artikel	3-933355-52-4
Bau BG	CD-ROM: BG Info 99, erhältlich über BC Verlag Kaiser-Friedrich-Ring 53, 65185 Wiesbaden	UVV, Verordnungen und Gesetze, Arbeitshilfen zum Bereich Arbeitssicherheit	–
Bau BG	Gefahrstoffe 2000	Jahrbuch mit aktuellen Änderungen	3-933355-33-8
Bau BG, GisBau	CD-ROM WINGIS 2,0 Gefahrstoffinformationssystem, erhältlich über BC Verlag Kaiser Friedrich-Ring 53, 65185 Wiesbaden	Erstellung von Betriebsanweisungen, Sicherheitsinformationen	–
Becker, K	Trockenbauatlas	Fundierte Praxis mit Theorie	3-481-01370-1
Beermann, Oberhäuser, Weinhuber	Technologie für Maler und Lackierer	Unterrichtsbuch für die Erstausbildung	3-441-92400-2
Benad, Martin	Farbgestaltung	Handbuch für Gestalter	3-4210-3275-0
BFS	BFS Merkblätter	Merkblätter mit den aktuellen technischen Richtlinien des Malerhandwerks	Hoehl Druck
BIA	Sicherheits-und Gesundheitsschutz am Arbeitsplatz	Grundlagenwerk, Loseblatt, 2000 Seiten	3-503-02030-6
Brachert, Thomas	Lexikon historischer Maltechniken	Traditionelles Wissen von A-Z	3-7667-1431-7
Bundesinstitut für Berufsbildung	Gezielt ausbilden – auch bei Lernschwierigkeiten	Konkrete Arbeitsprojekte umfangreich erläutert, für außerbetriebliche und betriebliche Ausbildungen	Über Maler-blatt
Chmilewski	Marketing für Maler und Lackierer	Basisliteratur für Marketing	DVA Verlag
Dahmlos, H.-J.	Bauzeichnen	Umfassendes Lehrbuch	3-441-91142-1
Düker, Ingo u.a.	Tabellenbuch Holzberufe	Auch für Maler interessant	3-441-92350-2
Dukat, Ernst	Aufmaße für Maler und Lackierer	Arbeits- und Übungsbuch für Meisterschüler	3-8237-0871-6
Dupre, Ernst	Arbeitsschutz im Internet, Buch mit CD-ROM	Über 500 Internet-Adressen, Update Service	Universum Verlag
Gatz, Konrad	Ein Jahrtausend Maler und Lackierer	Umfassendes Buch	3-421-03020-0
Gress, Werner	Die neue Handwerker-Fibel	In 3 Bänden Vorbereitung auf die kaufmännischen Bereiche der Meisterprüfung	3-7783-0454-2
Greßler u.a.	Qualitätsmanagement	Einführung in das Thema	3-8237-4795-9

Grundlagen · Werkstoffe Hilfsstoffe · Werkzeuge Geräte, Geräte · Arbeits-Techniken · Gestaltung · Arbeitsschutz Umweltschutz · Aufmaß Abrechnung · Betriebs-führung · Quellen

Bücher und CD-ROM (Fortsetzung)

Verfasser	Titel	Inhalt	ISBN
Hahn, Hans	Einführung in die kaufmännische Buchführung und Bilanz	Praxisnahes Arbeitsbuch, Übungsaufgaben	3-441-00310-1
Hahn, Hans	Einführung in die kaufmännische Buchführung und Bilanz	Lösungsheft	3-441-03109-1
Klein, Klaus	Grundlagen der Gestaltung	Gestaltung im Unterricht des Berufsfeldes Farbtechnik	9-441-91077-X
Koch	Baustilkunde	Grundlagenwerk mit sehr guten Zeichnungen	3-572-00689-9
Koos, Uwe und Richter, Konrad	Das Gestaltungsbuch	Gestaltungslehre für das Berufsfeld Farbtechnik und Raumgestaltung	3-8242-6685-7
Kromer u.a.	Farbtechnik und Raumgestaltung	Zahlreiche Arbeitsblatthefte zu den Bereichen Technologie und Mathematik	3-8242-6655-5 u. a.
Lipsmeier, Antonius (Hrsg.)	Friedrich Tabellenbuch Holztechnik	Auch für Maler interessant	3-427-54101-0
Nagel, Kurt	Marketing und Management	Praxisorientiertes Buch	3-7783-0433-X
Malerblatt	Ausbildungsbeihilfen Hefte 1 bis 7	Anschauliche Darstellung der Inhalte der Malerausbildung	Über Malerblatt
Raith, Wolfgang	Kreative Maltechniken	Praxisheft	3-4210-3030-8
Sales Meyer, F.	Handbuch der Ornamentik	Nachschlagewerk	3-332-00815-3
Senner, Peter	Investition Kunde	Praxisbuch zum Thema Kundencoach	3-920834-71-2
Sponsel, Kurt	Lexikon der Anstrichtechnik, 2 Bände	Ein umfangreicher Klassiker	3-7667-0762-0
Steinbrecher, Lothar	Professionell Tapezieren	Grundlagenwerk für Maler, auch Video erhältlich	3-7667-1362-0
Strasiewsky, H. u. a.	Technische Mathematik für Maler und Lackierer	Umfangreiches Buch für die Erstausbildung	3-441-92401-0
Strasiewsky, H.	Lösungen zum Buch Technische Mathematik für Maler und Lackierer	Lösungen zum gleichnamigen Buch	3-441-92402-9
Scholz, Wilhelm	Baustoffkenntnis	Fundiertes Buch über alle Baustoffmaterialien	3-8041-3374-6
VOB	VOB 2003	Standardwerk – die aktuelle Ausgabe mit Änderungen	3-4106-1131-2
Wahl, Roland	Der erfolgreiche Malerbetrieb	Organisation von Betrieb und Baustelle, Praxisratgeber	3-7667-1411-2
Winter, Hans	Berufsperspektiven im Handwerk	Auflistung und Beschreibung von Qualifizierungsangeboten	Kleffmann Verlag

Fort- und Weiterbildungsmöglichkeiten

Die Adressen der Träger befinden sich im Adressteil.

Name der Fort- und Weiterbildung	Inhalte	Träger
Baustellenleiter	Nach Vorarbeiter die nächste Stufe	Einige Landesinnungsverbände des Malerhandwerks, Hauptverband Farbe
Berufsschullehrer, Fachpraxislehrer (Lehrer an berufsbildenden Schulen)	Nach der Meisterprüfung erfolgt ein zweijähriger Vorbereitungsdienst, dann Beamter	Kultusministeradressen der Länder über Kultusministerkonferenz Bonn
Berufsschullehrer, Theorielehrer (Lehrer an berufsbildenden Schulen)	Mindestens 1 Jahr Betriebspraktikum, Universitätsstudiengang Lehramt Gestaltungstechnik, zweijähriger Vorbereitungsdienst, dann Beamter	Über Arbeitsamt, Kultusministerkonferenz Bonn, Universitäten Essen, Hannover, Wuppertal, Dresden
Beschichtungsinspektor	Korrosionsschutz nach EN V 12837, 2 Wochen, Gesellen und Meister	Institut für Korrosionsschutz Dresden
Betriebsassistent im Handwerk	Kaufmännische Tätigkeiten im Handwerksbetrieb im mittleren Management, z. T. parallel zur Erstausbildung	Unterschiedliche Ausformungen in den jeweiligen Bundesländern, Arbeitsamt, Handwerkskammern
Betriebswirt des Handwerks	Kurs in Abend- oder Wochenendformen für Meister, Kaufleute (umfangreiche Ausnahmen)	Handwerkskammern, Arbeitsamt
Bürofachwirt im Personal- und Rechnungswesen	Abwicklung des Betrieblichen Personal- und Rechnungswesens	Arbeitsamt
Diplom-Betriebswirt Fachrichtung Handwerk	Leitungsfunktionen	Arbeitsamt
Diplom-Ingenieur	An der Fachhochschule bzw. an der Universität: Chemie, Architektur, Bau	Über Arbeitsamt
Energieberater	3- bis 5-tägiges Seminar vor allem im Rahmen der RAL Gütegemeinschaft für Wärmedämmung	Hauptverband Farbe, Landesinnungsverbände Maler und Lackierer
Existenzgründungsseminare	Aufbau einer Betriebsgründung, Recht, Finanzen, Partner	Handwerkskammer, Industrie- und Handelskammern
Fachkauffrau/-mann im Handwerk	Kurs in Abend- oder Wochenendformen für Meister, Gesellen	Handwerkskammern, Arbeitsamt
Fachkauffrau/-mann Handwerkswirtschaft	Selbständiges Lösen käufmännischer Aufgaben	Arbeitsamt
Fachschulen (Technikerschulen)	In 2 Jahren Techniker- und in der Regel Meisterprüfung	Über Arbeitsamt, Handwerkskammern
Führungskraft im Qualitätsmanagement	Kurs in Abend- oder Wochenendformen für Meister, Gesellen	Handwerkskammern, Arbeitsamt
Fugentechnik	Schulungen durch: Baufugentechnik Maler- und Lackiererhandwerk e. V.	Über Hauptverband Farbe
Gestalter im Handwerk	Kurs in Abend- oder Wochenendformen für Meister, Gesellen	Handwerkskammern, Arbeitsamt

Fort- und Weiterbildungsmöglichkeiten (Fortsetzung)

Die Adressen der Träger befinden sich im Adressteil.

Name der Fort- und Weiterbildung	Inhalte	Träger
Historische Malerei	Schulungen Restaurierungen, Malerei	Fortbildungszentrum Brixner
Korrosionsschutz-Seminar	Fortbildung über 3 Wochen für Meister, Gesellen, Korrosionsschutzschein	Bildungszentrum Hansemann, Dortmund
Lacktechnologie	Angebote für verschiedene Bereiche der Anwendung	Vincentz Verlag
Marketingseminare, Betriebsführungs-seminare	Werbung, Kostenrechnung, EDV-Einsatz	Akademie des Maler und Lackiererhandwerks Ludwigsburg, Haus Unikat, Frauenkolleg
Meisterkurse	Vorbereitungskurs, der in etwa 6 bis 9 Monaten mit der Meisterprüfung abschließt (z. T. auch in Abendform über 2 Jahre)	Über Arbeitsamt, Handwerkskammern, Hauptverband Farbe, Dt. Stuckgewerbebund
Restaurator im Handwerk	Kurs in Abend- oder Wochenendformen für Meister, Gesellen	Handwerkskammern, Arbeitsamt oder: Mohrenstr.20, 10117 Berlin, 030/20619-336
Sachkunde Asbestzement (ASI)	Nach TRGS 519 unbedingt notwendig	z. B. Bauakademie
Schule Esmeralda	Schulungen zu Maltechniken	Schule Esmeralda
Schulungen	Kaufmännische, fachliche Schulungen	Frauenkolleg
Sicherheitsfachkraft	Nach Gefahrstoffverordnung	Bau BG
Sicherheits- und Gesundheitsschutz-koordination	Sachkunde gemäß Baustellenverordnung, Baustellenkoordinator	BauAkademie
SIVV – Schützen, Instandsetzen, Verbinden und Verstärken von Beton	Befähigungsnachweis Betoninstandsetzung, 2-Wochen-Lehrgang	Ausbildungsstätten über Internet: betoninstandsetzung.web.com
Sondertechniken und Denkmalpflege	Z. B. Sgraffito, Marmorieren, Vergoldung, Fachwerksanierung	Eytzinger, Görlitzer Zentrum
Tapeten und Bodenbeläge	Marketing, Produkterklärungen	FDTB Römerstein, Witex, Uzin
Umweltschutzberater im Handwerk	Kurs in Abend- oder Wochenendformen für Meister, Gesellen (mit Ausnahmeregelungen). Mögliche Abschlüsse: • Sachkunde als Abfallbeauftragter • Fachkundenachweis nach der Entsorgungsfachbetriebsordnung • Fachkundenachweis nach Transportgenehmigungsverordnung	Handwerkskammern, Arbeitsamt; die jeweiligen Abschlüsse sind je nach Lehrgang unterschiedlich
Vorarbeiter	Nächste Stufe nach dem Gesellen, Gruppenleiter	Einige Landesinnungsverbände des Malerhandwerks, Adressen über Hauptverband Maler

Normenverzeichnis

DIN	Seite	DIN	Seite	DIN	Seite
406	200, 201, 202	6771	198, 199	52103	29
1025	296, 297	6776	199	52210-4	31
1026	296	7728	47, 71	52460	89, 91
1029	295	13310	20, 21, 29	52615	28
1048	124, 153	13342	21	53015	123
1168	52, 180	16518	225, 226	53018-1	22
1301-1	8, 17	16860	70, 71	53019-1	22
1310	22	18015	264	53019	122
1341-4	21	18161	84	53150	123
1338	7	18165	85, 86, 87	53170	62
1340	190	18174	85, 86	53171	62
1342	22	18180	179	53177	123
1356	198, 200, 201, 202	18181	183	53184	58
1960	269, 270	18202	176, 179, 181	53211	122
1961	153, 270, 271, 272	18299	269, 274 ff	53241	57
2403	213, 255	18340	273	53778	81
2404	213	18345	273	54003	34
2440	294	18349	273	55670	28
2441	294	18350	176, 273	55900	143
2448	293	18363	80, 81, 82, 83, 105, 105, 133, 134, 139	55910	65
2458	293			55912	64
3181	115	18364	294	55916	72
3400	213	18365	185, 269, 273	55928	105, 106, 142
4102	183	18366	103, 104, 134, 195, 269	55938	56
4103	179, 182			55943	64, 65, 72
4108	24, 28, 84, 88, 174, 179	18451	269	55945	28, 67, 82, 133
		18540	91, 92, 153	55964	56
4109	30, 31, 179	18545	91	55982	34, 64
4420	117, 118, 119	18550	76	55987	34
4701-1	27	18558	77	59231	298
4703	299, 300	18559	170	61340	190, 191
4707	300	30710	213	67510	213, 268
4722	300	32640	42	67512	213
4844	213, 248	50014	29	67530	36, 127
5033-7	34	50320	142	68600	73, 74
5031-3	17	50900	47, 48	68705	179
5033	219	50986	120	68761	179
5473	7	51423	64	68765	179
5474	7	51550	22	69176	136
6174	214	52102	28		

Normenverzeichnis

DIN EN	Seite	DIN EN	Seite	DIN EN	Seite
53	296	685	188	13164	87
132	115	923	69	13300	127
138	115	971	60, 62	13501	93
144	115	1062	80	13792	213
235	196	1081	190, 191	14320-1	87
335	73	2409	124	14593	115
350	73	10034	296, 297, 298	14594	115
351	73	10056	295	15416	70
405	115	10210	294	26927	89, 90
456	62	12941	115	29117	123
460	73	12942	115	60617	202
599	73	13163	87		
DIN ISO	**Seite**	**DIN ISO**	**Seite**	**DIN ISO**	**Seite**
128	197	4624	124	14446	58
277	55	5456	206, 207		
1248	65	8130	95		
ISO	**Seite**	**ISO**	**Seite**	**ISO**	**Seite**
510	72	2813	127	8501	131, 142
1518	125	4586	126	8502	128
1519	124	4618	82	9117	123
2361	121	4628	131, 142	11998	127
2431	122	6272	125	15184	124
2808	121	6860	124		
DIN EN ISO	**Seite**	**DIN EN ISO**	**Seite**	**DIN EN ISO**	**Seite**
787	34	2815	125	9000-9004	312
971	53	3262	66	11909	59
1517	123	4617	58, 59, 60, 62	12944	131, 143, 145, 146
2178	121	6272	125	24624	154
2409	96, 154	6946	172, 173	52347	126
2431	122	7345	24	53109	126
2808	120	8402	312	53778	126, 127

a (Einheit) 16
Abbeizen 129
– Alkalisches 133
– Lösendes 133
Abbeizen 309
Abbeizer 252
Abbeizfluide 133
Abbeizkrake 107
Abbeizpasten 133
Abbeizpinsel 100
Abbrennen 129
Abdichtung 202
Abfall 266 f.
Abkratzen 129
Abkürzungen für Kunststoffe 47
Ablaugen 133
Ablaugmittel 133
Ablüftzeit 184
Abnahme 272
Abrechnung nach ATV 274 f.
Abrechnung nach Aufmaß 275
Abrechnung nach Zeichnung 275
Abreißprüfgerät 124
Abriebprüfgerät 126
Abrollgeräte 100
Absetzen 40
Absolut schwarzer Körper 26
Absorptionsvermögen 26
Abstandsgesetz 35
Abstraktion 222
Abstauber 100
Abwaschen 129
Abwasser 266
Abwicklung 14 f.
Abzüge 278, 281 f.
ACC-Farbsystem 217
Achat 101, 169
Acryldichtstoff 89
Acrylharz 59
Actinide 38
Additive 53, 60 f.
Additive Farbmischung 212
Adhäsion 20
Aerosol 40
Ägyptisch 241
Airless-Spritzverfahren (Höchstdruck) 112 f.
Airmix-Spritzverfahren 113
Aldehyd 42
Alemannisch 239
Algenbildung 311
Alkalielemente 37 f.
Alkalisch 44
Alkan 42
Alkohol(e) 63
Alkydharz 58

Alkydharzlacke 311
Alkydharzspachtel 68
Allgemeine Aufmaßregeln 275
Altbeschichtung 84
Altertum 241
Alttapeten 192
Aluminium 147
Amin 42
Amorph 39
Ampere (Einheit) 16
AND 13
Andreaskreuz 246
Anion 37, 41
Anlaugen 129
Anlegeleiter 116
Anschiesser 168
Anschießer 101
Anschlussfugen 311
Ansetzbinder 180
Anstrichfilm 140
Anstrichmittel 140
Anstrichstoff 140
Antiabsetzmittel 61
Anti-Graffiti-Schutz-Systeme 132
Antihautmittel 60
Antistatisches Staubbindetuch 130
Applikationen 140
Arabisch 241 f.
Arbeitsanweisungen 314
Arbeitsschutz 250
Architrav 229
Armierungsmasse 171
Armierungsschicht 171
Armierungsstahl 177
Aromaten 42
Asbest 261 ff.
Atemschutz 258
Atemschutz-Set 115
Atombindung 41
Atommasse 37
Attika 229
Aufmaßblätter 276
Aufmaßregeln, erläutert 277 f.
Aufmaßsoftware 211
Auftragswesen 269
Ausbildungsvergütung 305
Ausflockung 40
Ausführungszeichnung 198
Ausgleichsmasse 183
Ausgleichsputze 170
Aussparungen 278, 281
Axonometrie 208

Balkon 229, 311
Ballustrade 229
Bandschleifmaschine 105

Bar (Einheit) 16
Barock 236, 239, 243
Base 44
Bauhaus 238
Baumwolle 85
Baumwollsaatöl 56
Bauschädigende Salze 49
Bauschädliche Salze 48
Baustelle 256 f.
Baustoffklasse 93
Beanspruchungsgruppe 172
Bedenkenanmeldung 271, 310 f.
Begriffe, chemische 52
Behelfsgerüst 116
Beleuchtungsstärke 17, 35
Bemaßung 200 ff.
Benetzung 21
Bernstein 54
Beschleunigung 16, 17
Beschneideschiene 103
Beton 153, 202, 273
Beton, Instandsetzungsarbeiten 154, 177
Beton-Imprägniergrund 178
Betonüberdeckung 177
Betriebsanweisung 254, 266
Bewehrungszeichnung 198
BIA 252 f, 261 ff.
Biedermeier 237
Bildbearbeitung 210
Bildung 319 f, 323 f.
Bimetallthermometer 23
Bimsmehl 135,162, 164
Bindemittel 53 ff.
Bindungsenergie 41
Biozid 60
Bitumen 89
Blähperlite 85
Blanc-fixe 66
Blasonierung 246
Blattformat 198
Blattgold 168 f.
Bläueschutz 73
Bleichen 75
Bleimennige 72
Blendrahmenfenster 288
Blends 46
Blindwiderstand 32
Blockzarge 290
Bodenbelagarbeiten 273
Bodenbeläge 253, 261 ff.
Bodenbelagskleber 184
Bogen 207
Bogenmaß 201
Bohrsäge 109
Bolzen 256
Borsten 98